100개의 주제로 엮은
그림책 북큐레이션 북

그림책의 책

그림책 오솔길을 걷는 데 든든한 친구가 되었으면 좋겠습니다.
누구나 한 권, 자기만의 인생 그림책을 발견하기를.

이제는 만날 수 없는 아버지께 이 책을 드립니다.

100개의 주제로 엮은
그림책 북큐레이션 북

그림책의 책

다정한 그림책 북큐레이터 제님 지음

에르츠나인

── 들어가며

나에게 말 거는 그림책을 만난 적이 있나요?

아장아장 걷는 아이에게 그림책 한 권 읽어준 것이 제 인생을 아름답게 수놓은 소중한 씨앗이 될 줄 어찌 알았을까요? 어느덧 세 권의 책을 내고 네 번째 책을 준비하고 있습니다.

네 권 모두 그 중심에는 아이와 사랑을 나눈 시간이 담긴 그리고 나의 마음을 사로잡았던 그림책이 자리하고 있습니다. 그 그림책은 좋은 사람들과 만나게 하는 징검다리가 되어 주었습니다. 그림책으로 누군가를 만나는 시간은 저에게 일상을 풍요롭게 하는 기쁨이 되었습니다. 그래서 그림책을 좋아하는 사람들과 분에 넘치는 행복한 시간을 보내고 있습니다.

세 번째 책인 『그림책 탱고』 원고를 쓰면서 욕심을 내어 꼭 해보고 싶은 일이 생겼습니다. 어떤 책 한 권이 방아쇠를 당겼는데, 그 일은 바로 '그림책 북큐레이션'입니다.

2016년 어느 가을밤, 책 한 권을 읽고 마지막 장을 넘기며 두근거리는 마음에 밤새 잠을 이루지 못했습니다. 양손에 살포시 놓여있던 책, 『책 따위 안 읽어도 좋지만』은 '세계적 북 디렉터의 책과 서가 이야기'라는 부제를 달고 있습니다. 이 책의 저자 하바 요시타카가 바로 책과 사람을 잇는 세계적인 북디렉터입니다.

읽을 책은 많지만 서점에 오지 않는 사람들, 도서관에 오지 않는 사람들을 마냥 기다리는 게 아니라 책이 사람들 속으로 스며들도록 하는 일을 하는 사람, 책이 사람에게 말을 걸도록 매력적인 서가를 편집하는 사람이 북디렉터입니다. 하바 덕분에 일본은 이미 북디렉터라든가 북큐레이터라는 말이 낯설지 않다고 해요.

그때부터였습니다. 주제넘게도 그림책 북큐레이터라 닉네임을 정하고 북큐레이션에 관한 책을 찾아 읽고 큐레이션이 잘 되어 있는 동네책방 순례를 시작했습니다. 작곡에 몰두한 사람에게 콩나물이 음표로 보인다는 우스갯말처럼 서가에 꽂힌 모든 책들이 북큐레이션 대상으로 보였습니다.

베껴 쓰고 싶은 멋스러운 문장이나 광고 카피를 만나면 기억했다가 책들을 연결 지어 떠올려 보기도 했고요. 마음대로 이렇게 저렇게 우리 집 서가를 매력적으로 꾸며보는 일이 일상이 되었습니다. 개미가 먹이를 물어 나르듯 다람쥐가 도토리를 모으듯 큐레이션 주제를 차곡차곡 모았습니다.

북큐레이터는 책을 많이 읽는다고 해서 누구나 할 수 있는 건 아닙니다. 엄청난 양의 책 속에서 정해진 주제에 맞는 책을 선별하고 독자적인 콘셉트에 따라 배치하고 서가 전시를 통해서 메시지를 표현해야 하는 능력이 필요합니다. 그뿐 아니라 배운다고 해서 단숨에 생기는 것이 아닌 예술적인 감각까지 있어야 한다고 합니다. 섬세하고 정교하게 다듬으면 다듬을수록 가치를 더하는 서가가 완성된다는 의미일 텐데요, 이렇게 많은 능력이 요구되는 일을 하겠다고 무모하게도 나선 겁니다. 하지만 사업으로 하는 것이 아닌 그저 혼자서 하는 북큐레이션에 오답은 없다고 생각합니다. 그래서 내 마음대로 신나게 하고 있습니다. 이렇게 작은 도서관이나 가정을 염두에 두고 하는 북큐레이션은 발견의 기쁨을 도모하고 관심과 흥미를 불러일으킬 수만 있다면 그것으로 충분합니다.

이 책은 아이들과 엄마가 더 흥미롭게 책을 발견하고 책에 다가가는 데 도움이 되리라 생각합니다. 또한 매번 새로운 책으로 서가를 구성하기엔 이것저것 할 일이 너무 많아 바쁜 작은도서관 사서 선생님, 나아가 공공도서관 사서 선생님들께도 아이디어를 떠올릴 어떤 실마리가 되었으면 하는 바람입니다. 주로 그림책을 소개하고 있지만, 아이의 언니나 오빠, 형, 누나에게도 권해 줄 동화도 같은 주제 아래 소개하고 있습니다. 물론 엄마를 위한 어른 단행본도 한두 권 살짝 얹었습니다. 그래서 같은 주제로 가족이 함께 읽을 수도 있어요. 시간이 허락한다면 그 주제로 가족 대화를 시도해 봐도 좋을 것 같습니다.

이 책은 총 6부로 구성되었는데, 1부는 그림책 북큐레이션에 대한 저의 생각을 정리했습니다. 2부에서 6부까지는 100개의 주제로 1000여 권의 책을 큐레이션한 내용입니다. 2부는 엄마의 시간을 풍요롭게 가꾸는 주제를 모았습니다. 3부는 아이의 감정을 이해하는 그림책과 동화를 엮어봤습니다. 4부는 아이의 성장을 북돋우는 주제로, 5부는 세상을 즐겁게 해주는 쓸모 있는 책들로 묶었습니다. 6부는 책과 그림책 자체의 즐거움을 주는 책에 대한 이야기를 주제로 구성했습니다.

서가에 꽂혀 있는 수많은 그림책들, 그리고 매일 밤 자고 일어나면 쏟아져 나오는 다양한 그림책들, 이런 책들이 하염없이 누군가의 손길을 기다리는 것이 아니라 어떤 형식으로든 모아지고 정리되어 사람들에게 말을 건다면 어떨까요?

큐레이션된 서가에서 좋은 그림책을 우연히 만났을 때 뜻밖의 발견이 주는 기쁨이란 이루 말할 수 없습니다. 자석에 이끌리듯 저절로 책에 손이 가게 되죠. 이런 매력적인 서가가 있는 도서관이라면 매일 가고 싶을 겁니다. 한 달에 한번이라도 그런 독특한 감동을 느낄 수 있다면 도서관이 특별하게 다가올 것입니다.

북큐레이션을 한다고 하니 한번은 선배에게서 메일이 왔습니다. 회사 동료 직원과 그 아들에게 책 선물을 하고 싶은데 추천해 달라고요. 그러면서 직원에 대한 정보를 보내왔습니다.

오랫동안 같은 사무실에서 일하던 직원이 퇴사를 결심하고 다른 회사로 이직을 하는데 이직 이유가 참 정겹다고. '사장이 맘에 들어서, 조금은 아담한 회사여서, 함께 커가는 재미가 있을 것 같아서'가 이직 이유였습니다. 아무튼 퇴사 후 아들이랑 단둘이 제주도에서 20일 살기를 계획하고 있는데 또 다른 출발을 기념해주고 싶은 마음에 제주도 현지 숙소로 책을 보내주면 좋겠다는 생각이 들었다고요. 아들은 아직도 어리광 많은 초등 4학년, 아빠는 내성적이면서 예의 바르고 배려 잘하는 영업사원이라고요.

떡하니 그림책 북큐레이터란 직함을 내걸긴 했지만 내심 걱정하면서 고심한 끝에 간단한 내용 설명과 함께 답장을 보냈더니 휴대폰으로 문자가 왔습니다.

"우와! 북큐레이터 맞네. 이렇게 빨리 보내다니."

칭찬에 약해서 어깨가 으쓱해졌지만 또 걱정이 되었습니다. 제주도에서 책을 받은 아빠와 아들은 책을 재미나게 잘 읽었을까 하고요.

2020년 1월 11일 파주에서

차례

들어가며   004

1부   그림책 북큐레이션 함께해 봐요

한 권을 위한 북큐레이션 ①   014
모아만 놓아도 신나는 조약돌

한 권을 위한 북큐레이션 ②   016
꽃보다 예쁜 열매, 노박덩굴

한 권을 위한 북큐레이션 ③   018
세상에, 풀이름이 '그령'이래

한 권을 위한 북큐레이션 ④   020
풀다발을 받고 싶은 날

한 권을 위한 북큐레이션 ⑤   022
식물 결핍이 아니라서 정말 다행이야!

한 권을 위한 북큐레이션 ⑥   024
이 그림책의 주인공은 빛

그림책 북큐레이션이란 무엇인가요?   026
깊고 넓은 그림책 바다에서 나만의 보물을 발견한다면

책 읽는 장면이 나오는 페이지 북큐레이션   031

그림책 북큐레이션 현장 ①   교하도서관   032
그림책 북큐레이션 현장 ②   물푸레도서관   033
그림책 북큐레이션 현장 ③   파주중앙도서관   034
그림책 북큐레이션 현장 ④   조리도서관   035

북큐레이션 칼럼 ①   꼬리에 꼬리를 무는 북큐레이션   036
김영민은 스가 아쓰코를 부르고, 아쓰코는 모란디에 이어지고

북큐레이션 칼럼 ②   신문을 보다가 떠올리는 북큐레이션   042
정혜윤과 미얀마 코끼리, 조지 오웰과 숀 탠

북큐레이션 칼럼 ③   게으름 핑계대기 좋은 북큐레이션   047
게으를 때 보이는 것이라니, 제목에 꽂혀서 해본 북큐레이션

북큐레이션 칼럼 ④   밥 냄새가 데려온 북큐레이션   051
당연함을 경계하고 따뜻한 시선으로

2부   엄마의 시간을 풍요롭게 가꾸는 그림책 북큐레이션

Theme 001   엄마라는 이름   057
엄마 마음에 작은 파문이 일 때

Theme 002   좋은 말 나쁜 말   063
헛소문에 꿈쩍 않도록

Theme 003 아이와 어른의 우정   068
아저씨, 나랑 친구할래요?

Theme 004 산책   072
느릿느릿 혼자, 또는 왁자지껄 함께

Theme 005 추억이 담긴 시간   077
손 때 묻은 하나뿐인 내 물건

Theme 006 라면 한 젓가락   081
맛있는데 꼬불꼬불 애잔한 것

Theme 007 책 속의 책 읽는 아이들   085
책 읽는 모습이 낯설지 않기를

Theme 008 죽음에 대한 사유   089
죽음, 삶의 또 다른 이름

Theme 009 첫눈과 11월   096
소설 속 11월, 동화 속 작은 눈송이

Theme 010 파란색의 그림책   101
자유로운 영혼의 색, 파랑에의 매료

Theme 011 공감의 깊이   106
가만히, 옆에 가만히 있어 줄게

Theme 012 바다의 마음   111
어떤 바다를 가장 좋아하나요?

Theme 013 엄마와 딸   117
엄마, 원수 같지만 사랑해요

Theme 014 뭉클, 와락, 울컥   122
잔잔하다가 또르르

Theme 015 아빠와의 교감   128
오늘은 아빠랑 읽을래?

Theme 016 할머니와 할아버지   133
할머니, 돋보기 드려요?

Theme 017 일상의 햇살   137
나의 하루가 반짝일 때

Theme 018 부모 교육   141
아이와 함께 크는 엄마 마음

Theme 019 다정한 위로   147
괜찮아! 괜찮아! 다 괜찮아!

Theme 020 부부싸움   151
엄마 아빠 싸우면 우리는 어떡해요?

Theme 021 식물 감수성   154
행복은 초록빛으로 가만히

3부 아이의 감정을 이해하는 그림책 북큐레이션

Theme 022 첫 발자국   161
겁나서 콩닥콩닥 설레서 두근두근

Theme 023 소원 빌기는 어려워   165
백만 개 중에서 어떻게 하나만

Theme 024 걱정, 불안, 두려움, 어둠   170
걱정을 걱정하다니 걱정이야

Theme 025 인형은 내 친구   178
너에게 깃든 작지만 따뜻한 생명, 난 보여

Theme 026 자존감   183
세상에 너만큼 멋진 아이가 어딨니?

Theme 027 화가 날 때   188
화 잘 내는 법이 있다고요?

Theme 028 욕심쟁이   193
나눠먹고 함께 놀면 더 재미있거든

Theme 029 잠자리 그림책   197
밤하늘에 별빛 베일이 펼쳐지면

Theme 030 이빨 빠진 날   202
헌 이 줄게 튼튼한 새 이 다오

Theme 031 외로움이 깊어진다면   206
심심한 게 아니라 외로운 걸까?

Theme 032 당당한 부끄러움   210
부끄러움은 창피한 게 아니야

Theme 033 분리불안   215
보이지 않더라도 항상 네 옆에 있을게

Theme 034 질투가 스멀스멀   220
샘내는 마음 뽀송뽀송 말려요

Theme 035 근질근질 거짓말   224
거짓말 안 한다는 거짓말은 말이지

Theme 036 깜찍 짜릿한 복수열전   228
깜찍한 복수는 어떤 맛일까?

4부 아이의 성장을 북돋우는 그림책 북큐레이션

Theme 037 혼자라도 괜찮아! 235
내 안에 있는 친절한 또 하나의 나에게

Theme 038 달라서 아름다운 우리 239
다르다는 게 오히려 다행이야

Theme 039 친구가 필요한 시간 244
날마다 신나는 이유 내 친구 너 때문이야

Theme 040 내 마음 누가 알까요? 248
마음의 집에 작은 등불 하나 켜질 때

Theme 041 싸우면서 크는 형제 자매 253
형님 먼저라고! 아우님 먼저라던데?

Theme 042 우리도 사랑을 해요 257
얼굴 빨개지고 마음 간질간질한데 너무 좋은 기분

Theme 043 모험과 용기 261
손에 쥔 땀, 꼴깍 넘어가는 침, 홀딱 반한 모험담

Theme 044 금 간 우정 266
네 마음속에서 다시 뛰어놀고 싶어

Theme 045 기다림 총총 270
매미만큼 기다릴 수 있어

Theme 046 학교 가기 싫은 날 276
더 둘러댈 핑계가 없을 때까지 가기 싫은 곳

Theme 047 비밀의 맛 280
소중히 다루지 않으면 쓴맛만 남게 돼

Theme 048 상상이 주는 위로 284
마음 상할 때 찾는 나만의 비밀 공간

Theme 049 나는 누구일까? 289
내 안의 나를 찾는 그림책 철학 여행

Theme 050 커져라 상상력 293
이런 생각 어떻게 해냈을까?

Theme 051 생각이 자란다 299
한 권 그림책 속 생각의 넓이 만 평

Theme 052 참견쟁이 304
말문을 열게 하는 쌍방향 커뮤니케이션

Theme 053 더불어 살아요 307
넉넉한 마음은 나눌수록 커져요

Theme 054 새로운 가족 312
핏줄이 아니라 사랑줄로 엮인 가족

Theme 055 선생님 선생님 315
내 마음을 알아주는 선생님이 좋아요

5부 세상을 풍요롭게 하는 쓸모 있는 그림책 북큐레이션

Theme 056 연필의 미학 321
연필을 깎는 고요한 시간

Theme 057 편지가 놓인 오후 326
마음 어딘가를 툭, 건드리는 편지

Theme 058 시인들의 시인 백석 331
어린이를 사랑한 시인 백석의 그림책

Theme 059 바느질로 지은 그림책 335
실과 바늘과 손의 섬세한 모험

Theme 060 다정한 달님 339
어떤 달이 좋아요?

Theme 061 무지개 책장 343
빨주노초파남보

Theme 062 가장 맛있는 책 347
오래 기억될 엄마의 밥상

Theme 063 행운의 날 352
행운도 좋지만 행복이 더 좋아

Theme 064 집이 주인공 355
벽마다 방마다 집이 품은 이야기

Theme 065 시간은 신비롭다 360
조금 비싸지만 달콤한 시간 사세요

Theme 066 시 그림책을 만나다 364
사부작 다가온 시를 품은 그림책

Theme 067 동시를 만나다 368
내 마음을 알아주는 동시의 숲에서

Theme 068 추억에 잠길 때 373
삶을 빛나게 하는 추억 한 자락

Theme 069 유머의 매력 380
하하하히 히히히호 호호호하

Theme 070	인간과 동물의 공존	384
동물들 마음에 다가가는 그림책

Theme 071 즐거운 생일날 388
해피 그림책 데이 투 유

Theme 072 일주일의 북큐레이션 392
월화수목금금토일일

Theme 073 꼬맹이 그림책 397
꼬맹이 그림책들 햇살 나들이

Theme 074 평화를 품은 책 400
미움과 분노를 버리고 용서의 눈으로 본다면

Theme 075 소풍가기 좋은 날 404
소풍날이 따로 있나 즐거우면 소풍이지

Theme 076 영화를 품은 책 407
그림책으로 먼저 보고 영화로 또 만나면

Theme 077 성평등 그림책 411
남녀 모두 행복하기 위한 최소한의 기준

Theme 078 북유럽에서 날아온 그림책 416
하얀 눈과 오로라, 백야의 그림책

Theme 079 치매를 긍정하다 422
치매사회 준비됐나요?

6부 책에 대한 이야기로 엮은 그림책 북큐레이션

Theme 080 은밀하고 위대한 금서 429
이 책을 왜 못 읽게 했대요?

Theme 081 베껴 쓰고 싶은 문장 434
또박또박 꾹꾹 눌러 쓰면 마음에 저장될까?

Theme 082 1940년대 그림책 441
아빠보다 나이 많은 그림책도 있어

Theme 083 절판된 그림책 445
헌책방과 도서관에서만 볼 수 있는 그림책

Theme 084 표지의 매력 450
표지에 끌려서 손을 뻗었다

Theme 085 타이포그래피 458
글자를 그림처럼 그림도 글자처럼 읽어요

Theme 086 다채로운 표현 재료 462
콜라주, 판화, 목탄, 콩테, 모노프린트, 표현의 한계를 넘다

Theme 087 말랑말랑한 과학 그림책 469
생명과 인간애를 존중하는 따뜻한 과학을 위해

Theme 088 짝꿍 책을 찾아라 474
우리 사이엔 어떤 끈이 연결되어 있을까?

Theme 089 메타북 482
그림책과 책에 대한 책

Theme 090 동화 작가 현덕 486
현덕 아저씨, 동화 한 편만 더 써주시면 안 돼요?

Theme 091 소리 내어 읽어줄 그림책 489
이야기 속에 이야기가 들어간 이야기들 모여라!

Theme 092 반전이 기가 막혀! 494
반전에 반전을 거듭하는 새옹지마 그림책

Theme 093 패러디 그림책 499
흑설공주가 아기 돼지 세 자매와 빨간 모자를 쓴다면

Theme 094 주인공은 살아있다 505
첫눈에 반해서 행복했어

Theme 095 부부 작가의 그림책 509
부부 작가의 호흡을 느끼다

Theme 096 제목에 홀렸다 512
제목이 멋져서, 제목을 알 수 없어서 두근두근

Theme 097 다른 생각, 새로운 시선 517
내 생각은 어디서 왔을까?

Theme 098 짜장면 먹는 날 521
짜장면이든 자장면이든 참을 수가 없어

Theme 099 반려동물 524
반려동물은 가족이에요

Theme 100 봄, 봄, 봄이다 527
여기도 봄, 저기도 봄, 내 마음에 봄이 올 때

Theme 100+ 그 너머의 어른 그림책 531
그림책에 푹 빠진 어른들이 온다

나가며 536
찾아보기 537

『그림책의 책』은,

1. 그림책 북큐레이션이 필요한 분들에게 작은 팁을 제공하고,
2. 그림책 활동가들에게 수업계획안을 위한 실마리가 되어 주고,
3. 그림책 육아를 꿈꾸는 엄마들에게 좀 더 친숙하고 체계적으로 그림책을 만날 수 있도록 기획했습니다.

이 책은 15년 간 기록한 제넘씨의 그림책 수첩에서 길어 올린 것입니다. 이 책을 활용하는 가장 좋은 방법은 자신만의 그림책 수첩을 만드는 것입니다.

첫 번째, 편견 없이 그림책을 고릅니다. 유명 작가와 멋진 그림이 주는 장점은 분명하지만, 그림책은 그저 읽기 위한 책이 아닙니다. 그림책의 생명은 교감입니다. 아이와 함께, 또는 친구와 함께 나누는, 그리고 기어이 나의 마음이 온전히 그림책을 통해 드러나는 경험을 하게 됩니다. 그림책과 마음으로 교감해보세요. 말을 걸어오는 그림책을 만나게 될 겁니다.
두 번째, 그림책을 읽을 때 작가가 장난스럽게 숨겨놓은 재미있는 이야기들을 발견해 보세요. 여러 방향과 관점에서 읽다 보면 읽을 때마다 새로운 걸 발견하는 데에 그림책의 묘미가 있습니다.

세 번째, 그림책과 일상을 연결 지어 보세요. 작가와 관련된 이야기, 그림책의 주제에 대한 이야기, 아이와 나눈 이야기, 그리고 일상과 관련된 이야기들. 모두 그림책에서 비롯된 새로운 이야기들이 삶을 풍성하게 합니다.

『그림책의 책』을 읽을 때는 굳이 처음부터 끝까지 볼 필요는 없습니다. 아무 페이지나 펼쳐서 보고 싶은 걸 보면 됩니다.
100가지 주제에 매일 쏟아지는 신간들을 추가하거나, 100가지 주제를 요리조리 요리하면 200가지가 넘는 주제를 가지치기 할 수도 있습니다.
아예 새로운 주제를 만들어도 좋고요.

그림책 수첩에는 다음의 내용들이 담깁니다.

1. 책 제목, 작가, 출판사, 출간일 등 기본적인 서지사항,
2. 그림책의 키워드,
3. 읽은 날짜, 그림책 읽기 전, 읽는 중, 읽은 후의 여러 상황과 감정이 만들어 낸 짧은 단상. 아이와의 교감.

이 책을 읽고 나서 당신에게도 그림책 수첩 한 권이 생겼으면 좋겠습니다.

그림책 북큐레이션 함께해 봐요

1부

───── 한 권을 위한 북큐레이션 ①

모아만 놓아도 신나는 조약돌

우리 집에는 보물이 가득한 보물 상자처럼 돌멩이가 가득한 돌멩이 상자가 있어요. 아이가 어릴 때부터 보물을 찾듯 소중하게 모은 것들입니다. 길을 걷다가 또는 놀이터에서 놀다가 특이하게 생긴 돌멩이를 보면 주워왔지요. 물론 바닷가에 갔을 때도 멋지고 신기한 돌멩이 찾는 일은 빠뜨리지 않았습니다.

각각의 돌멩이는 추억을 품고 있습니다. 각자 떠나온 고향이 있으니까요. 어떤 돌멩이에는 사람 얼굴을 그려 돌멩이 가족을 만들어 주기도 합니다. 아이의 소소하면서도 반짝이는 일상 중의 하나였습니다.

『프레드릭』으로 많은 사랑을 받아온 레오 리오니 작가도 비슷한 감성 경험이 있나 봅니다. 바닷가에서 만난 돌들만으로 구성된 그림책이 나왔네요. 실제로 이탈리아 리비에라 해안에 살면서 손자와 함께 바닷가에서 조약돌을 주우며 많은 시간을 보냈다고 해요. 그림책을 보고 나면 나만의 조약돌 하나를 갖고 싶을 것 같아요. 연필로 쓱쓱 조약돌을 그려보고 싶을지도 몰라요.

『바닷가에는 돌들이 가득』 레오 리오니 저, 보림

──── 한 권을 위한 북큐레이션 ②

꽃보다 예쁜 열매, 노박덩굴

곱게 물들었던 가을 나뭇잎이 다 떨어지고 나면 겨울 열매들의 향연이 펼쳐집니다.
제각각 다른 모양의 열매가 얼마나 흥미로운데요. 회양목 열매는 부엉이를 쏙 빼닮았고요. 풍선덩굴 열매는 쥐눈이콩처럼 동글동글 까만 씨앗에 하얀 하트 무늬가 있어요. 마음 가는 친구 손에 살짝 쥐어주기 딱 좋아요. 어떤 열매는 꽃보다 더 아름다워요. 바로 노박덩굴 열매가 그래요. 덩굴줄기를 따라 열매가 이슬처럼 조롱조롱 매달려 있는데요. 샛노랗게 익으면 세 갈래로 갈라지면서 진한 주홍빛 속살이 보여요. 노란 꽃받침이 있는 주홍빛 꽃 같아서 멀리서도 시선을 사로잡아요. 새들도 좋아하는 먹이라니, 한 가지만 살짝 꺾어 화병에 꽂으면 1년 내내 운치 있는 마루가 완성돼요.

『내가 좋아하는 겨울열매』 공혜진 저, 호박꽃

━━━ 한 권을 위한 북큐레이션 ③

세상에, 풀이름이 '그령'이래

어린 시절 산골 마을에 살 때 일입니다. 다랑논 사이로 난 좁은 길을 걸을라치면 양쪽 신발이 축축하게 젖고 자잘한 깨알 열매가 수북하게 덕지덕지 붙어 있곤 했습니다. 신발이 지저분해지니 여간 성가시고 귀찮은 일이 아니었지요. 가을이면 길가에 지천으로 자라난 풀 때문이었어요.
강아지풀 같은 기다란 이파리 사이로 가을이면 가느다란 줄기가 올라오고 깨알보다도 작은 씨앗이 맺혔습니다. 고맙게도 우리 집 암소가 좋아하는 풀이었는데요. 속눈썹 길게 늘어뜨린 커다란 눈을 껌뻑이며 싸그락싸그락 맛있게도 먹었습니다. 이 풀을 가지고 조금 얄궂은 장난을 치기도 했었죠. 누구든지 걸려 넘어지라는 심보를 가지고 길 양쪽에 길게 자란 풀을 살짝 묶어놓았습니다.
이렇듯 추억이 많은 풀임에도 이름도 몰랐고 너무도 흔했기에 그저 풀이란 이름이 딱 어울리는 풀이라고만 생각했습니다. 그리고 도시에 살면서 까마득하게 잊어버렸지요. 그깟 풀이 생각날 일이 있을 리가 있겠어요? 그런데 어느 날, 풀도감에서 그 풀을 발견하고는 깜짝 놀랐습니다. 이름이 너무 예뻤습니다. 그령. 그저 그런 풀 이름이 이렇게 예뻐도 되나 싶었습니다. 도감에서 만난 그령은 자태도 아름다웠습니다. 짧은 순간 이름과 모습에 푹 빠져버렸고 동시에 어린 시절 재미난 추억을 떠올리며 '그령을 어디 가면 찾을 수 있을까?' 하며 그령이 있을 만한 곳을 찾아 헤맸습니다. 그리고 드디어 찾아냈습니다.
척박한 땅에서도 잘 자라고 번식력이 강한 그령은 도시 길가에서도 관심만 두면 눈에 들어오는 식물입니다. 구월 즈음 깨알 같은 씨앗를 잔뜩 매달은 그령 줄기 몇 가지를 꺾어 보라색 쑥부쟁이와 함께 병에 꽂으니, 집 안에 가을이 가득합니다. 그령을 집 안에서 감상하는 일. 가을이면 꼭 해야 하는 일 중의 하나가 되었습니다.

━━━
우리 땅에서 사는 흔한 풀 100종 세밀화로 그린, 『풀 나들이도감』 김창석 외 글, 안경자 외 그림, 보리

── 한 권을 위한 북큐레이션 ④
풀다발을 받고 싶은 날

'풀다발'이란 제목만으로 마음을 홀딱 빼앗기고 말았습니다. '바로 이거야!'라는 감탄사가 절로 흘러나왔습니다. 꽃다발과 잘 어울리는 '다발'이란 단어를 흔하디흔한 '풀'과 연결 지어 풀다발을 만들었을 손과 눈과 그 마음결이 오롯이 느껴집니다.

작가가 선택한 이 짧은 단어, 풀다발 안에는 작가의 삶이 내다보입니다. 산책을 즐겨할 것이고, 한 걸음 한 걸음 내디딜 때마다 한 포기 풀에게도 다정한 눈인사를 건넬 것이고, 수많은 풀에게 나직이 이름을 불러 줄 것이고, 마음을 주지 않으면 보이지 않는 풀들의 변화에 세심하게 반응하며 감탄할 것이고, 새롭게 알아가는 풀 이름에 뿌듯해 할 것이고, 내일은 또 이 풀들이 어떤 자태를 보일지 산책길이 매번 설렐 것입니다.

다음 날 아침 일찍 산책을 나갔습니다. 아직 이슬이 채 가시지 않은 풀밭을 서성이며 풀다발을 만들었습니다. 가을의 억새풀 느낌이 가득한 실새풀과 치렁치렁한 꽃마리와 빙글빙글 돌려나기로 패턴이 아름다운 갈퀴덩굴과 보라색 꽃을 피운 지칭개를 조심스럽게 꺾었습니다. 길쭉한 실새풀 잎으로 리본을 만들어 묶으니 풀다발 완성! 혼자 보기 아까워 페이스북에 자랑했지요. 풀다발이 부담스럽다면 풀 한 가지만 유리병에 꽂아도 실내 분위기가 확 달라집니다.

표지에 나온 풀다발 그림을 물끄러미 들여다봅니다. 애기 강아지풀과 꽤 튼실하게 자란 강아지풀, 가을이면 자잘한 분홍색 꽃을 앙증맞게 피우는 기생여뀌, 보라색 꽃을 피우고 초록색 열매가 열렸다가 가을에는 쥐눈이콩처럼 까맣게 익는 초록색 맥문동 열매가 들어옵니다. 어떤 조합으로 풀다발을 만들까 고민하지 않아도 됩니다. 풀다발은 어떻게 엮든 모두 자연스러운 멋이 있으니까요.

『연남천 풀다발』 전소영 글·그림, 달그림

―― 한 권을 위한 북큐레이션 ⑤

식물 결핍이 아니라서 정말 다행이야!

언제일지는 모르지만, 다음에 낼 책에 들어갈 식물에 관한 글 몇 꼭지는 벌써 써 두었습니다. 그런데 바로 오늘 아침 아기 졸참나무 화분에 겸연쩍게 피어난 지칭개를 보다가 마음을 고쳐먹었습니다. 아예 식물 에세이를 써 보기로. 그리 마음먹으니 그림책만큼이나 많은 사연을 품은 식물들이 아우성입니다. 서로 자기 얘기는 꼭 써달라고요.

우선은 아파트 7층 베란다까지 바람을 타고 날아와 주인 있는 화분에 싹을 틔우고 꽃을 피우고 씨앗까지 맺은 풀꽃들이 주인공입니다. 강아지풀, 꽃마리, 괭이밥, 주름꽃, 며느리밑씻개, 봄맞이꽃, 지칭개…. 식물들만큼이나 내 마음도 들썩입니다. 내가 좋아하는 것 세 가지, (그림)책과 식물과 산책으로 엮으면…. 히야, 재밌겠네! 그리고 다음 날, 『아무튼, 식물』이라는 책을 만났습니다. 우와, 멋지다! 작가의 프로필부터 살폈지요. 밴드에서 노래를 짓고 연주하는 뮤지션, 어쩌다 삶에 화분 하나를 허락하고 어느새 가드너가 되어 식물을 가꾸고 다듬고 어루만지는 삶을 살고 있다고.

손바닥만 한 크기의 아담한 책을 읽기 시작합니다. 작가는 나랑은 완전히 다른 식물 취향입니다. 우리 집 식물은 우리나라에서 자라는 식물로 주로 야생화 종류인데 작가의 식물은 관엽식물입니다. 이파리가 크고 주로 습한 지역에서 잘 자라는 종류죠. 물론 다른 나라에서 왔기 때문에 이름도 독특하고 길어서 외우는 데 한 달은 족히 걸릴 것 같습니다. 노트북을 옆에 두고 모르는 단어 찾듯, 수시로 식물 이름을 검색해가며 읽으니 싱싱한 초록이 가득한 식물원에서 책을 읽는 것 같은 독특한 기분입니다.

작가가 속해 있는 밴드의 음악까지 흘러나오니 더더욱 그렇습니다. 스파티플룸, 아레카야자, 칼라데아 오르비폴리아, 필레아 페페로미오이데스, 몬스테라, 에둘레 소철….

책 표지 사진 속의 식물이 에둘레 소철이랍니다. 작가의 식물들 중 내 마음을 홀린 첫 번째 식물(두 번째는 마티스가 그리도 사랑했던 몬스테라), 당장 생애 처음으로 인터넷 구매를 했습니다. 더는 식물을 들이지 않기로 했는데…. 가느다란 선과 어딘지 모를 애틋함과 외로움의 정조가 마음을 흔들었지요. 찬찬히 보니 하늘 향해 쭉쭉 자라는 메타세쿼이아 이파리 하나를 쏙 빼닮았습니다. 집에 있는 화분으로 재활용하다 보니 너무 큰 집에 들어앉은 아이가 더더욱 작아 보입니다. 오래 신으라고 엄마가 아이 발보다 크게 사준 운동화를 신은 아이 같아요. 아주아주 천천히 자라는 식물이라니, 줄기 하나가 더 나올 즈음에 아마도 나는 할머니가 되어 있을지도 몰라요.

아무튼, 이번 생에서 식물로 인해 많은 위로를 받고 있습니다. 어딘가에 나 같은 사람이 또 있다는 것, 『아무튼, 식물』이라는 책이 있다는 것, 기쁘고도 행복한 일입니다.

"우울한 날엔 식물에 물을 주고 싶다. 졸졸 흐르는 물을 화분에 부어주는 행위는 나를 가벼워지게 하는 힘이 있다. 언제나 생각으로 가득 찬 머리를 비워주고, 엉망진창인 삶을 조금 더 단순하고 객관적으로 볼 수 있게 만들어준다. 그래서 영화 속 드류 베리모어보다도 더 많이 부어주고 싶다. 끝도 없이 콸콸 부어주고 싶다."

(맞아요. 초록이들에게 물을 콸콸 부어주는 행위에는 묘한 위로가 있어요. 그래도 초록이들에게 콸콸은 위험합니다.)

『아무튼, 식물』 임이랑 저, 코난북스

─── 한 권을 위한 북큐레이션 ⑥
이 그림책의 주인공은 빛

한 장 한 장 펼칠 때마다 책장 뒤에서 빛을 비추어야 비로소 완성되는 독특한 그림책. 책장을 팔랑팔랑 넘길 때마다 펼쳐지는 밤풍경에 감탄이 쏟아집니다. 깜깜한 곳에 온 가족이 옹기종기 모여 앉아 함께 읽으면 잠깐이나마 영화관에 있는 것 같아요. 가족을 위한 특별한 그림책이라 할 수 있지요.

어느 날, 제가 나가고 있는 우리 동네 작은도서관에 관장님이 이 책을 들이셨어요. 동네 작은책방에서 큰맘 먹고 구입했다고 하셨지요.

"관장님, 특별한 이 책은 한 권을 위한 특별 전시를 하면 좋을 것 같아요. 감상 레시피 글은 제가 작성할 테니 관장님이 예쁘게 꾸며주세요."

"좋아요."

대출 없이 홍보를 위한 일주일 전시를 하고 대출을 시작했습니다. 인기가 많아 전시대에 책이 놓인 자리는 항상 비어 있고 감상 레시피만 달랑 자리를 지키고 있습니다. 깜깜한 밤에 옹기종기 모여 앉은 가족들이 쏟아내는 감탄이 들리는 듯 뿌듯합니다. 작은도서관 이용자들에게는 소소하지만 특별한 기쁨이겠지요.

『빛을 비추면 in light』 김윤정·최덕규 지음, 윤에디션

━━ 그림책 북큐레이션이란 무엇인가요?

깊고 넓은 그림책 바다에서
나만의 보물을 발견한다면

'그림책 북큐레이터'라는 직함에 대해 가끔 궁금해하는 분들이 있습니다. 어떤 분은 그림책 북큐레이터라는 단어가 낯설고 생소하다고 하고, 또 어떤 분은 들어는 봤지만 정확히 무슨 일을 하는지 모르겠다고 합니다. 먼저 북큐레이션이라는 단어를 살펴봐야 할 것 같습니다.

'큐레이션(Curation)'은 '보살피다'라는 뜻의 라틴어 '큐라레(Curare)'에서 유래한 말로 박물관이나 미술관에서 예술품을 보살피고 소장한다는 뜻으로 사용됐습니다. 그런 일을 담당했던 사람을 '큐레이터(Curator)'라 불렀고, 큐레이터는 점차로 그 역할이 확대되어 전시 기획자로서 중요한 위치에 서게 되었습니다.

국내에서 빈센트 반 고흐 전시가 여러 번 열렸습니다. 같은 화가의 전시지만 큐레이터에 따라 중요하게 짚어내는 맥락이 다르고, 관객들도 그 다름을 흥미롭게 경험합니다. 그에 따라 성과도 차이가 나지요. 큐레이터는 미술계의 전반적인 흐름을 파악하고 주요 작품을 알아보고 보여주고자 하는 콘셉트를 확실하게 잡아내야 합니다.

미술관이나 박물관 등 특정 분야에 한정됐던 큐레이션이 '큐레이션의 시대'라 부를 만큼 다양한 분야에서 폭넓게 사용되고 있습니다. 큐레이션이라는 단어는 낯설지라도 우리는 이미 일상에서 큐레이션이 작동되는 세계에 노출되어 있습니다. 가장 쉽게는 대형 마트나 소셜 네트워크, 인터넷 쇼핑 포털 사이트, 인터넷 서점 같은 곳에서 일상적으로 영향을 받고 있습니다.

1. 북큐레이션의 개념

모든 것이 부족하던 결핍의 시대는 더욱더 많이 생산해 내는 것이 성공이었던 시절이었습니다. 이제는 일반 상품은 물론, 정보와 콘텐츠 등도 흘러넘칠 정도로 과도하게 생산되는 과잉 사회로 진입했고, 더 많아서 행복한 게 아니라 아이러니하게도 너무 많아 피곤해졌습니다. 최근 몇 년 사이에 단순한 삶에서 행복을 추구하는 '미니멀 라이프'의 인기 또한 과잉 사회의 반작용으로 나타난 현상이 아닌가 싶습니다. 바로 이 지점에서 일상생활에 대한 큐레이션의 필요성을 절감하게 됩니다.

과잉 생산은 출판 분야도 예외는 아닙니다. 하루에 200여 종의 새 책이 쏟아진다고 합니다. 다른 어떤 분야보다도 선택 장애를 심하게 겪게 됩니다. 마음에 담아 둔 책 한 권 없이 도서관이나 대형 서점에 나갔다간 어리둥절해지기 일쑤입니다. 책이 귀해서 활자로 된 것은 닥치는 대로 읽었다는 유명 작가들의 어린 시절 경험은 옛말이 된 지 오래입니다. 그래서 책에 관한 한, 책이 있는 공간은 어디든 북큐레이션이 필수라 생각합니다.

『큐레이션』(미이클 비스카 저, 예문아카이브)의 저자 마이클 바스카는 북큐레이션을 이렇게 정의합니다.

"북큐레이션은 불필요한 것들을 과감히 덜어내는 힘이자, 선별과 배치를 통해 시장이 원하는 것만을 가려내는 기술이다. 대신 선택하고 미리 보여줘라!"

대신 선택하고 더 적은 것에서 더 적은 선택으로 최고의 가치를 갖게 하는 북큐레이션이 바쁜 일상을 사느라 힘들고 흘러넘치는 정보에 피로감을 느끼는 사람들에게 매력적인 도구가 아닐 수 없습니다.

책을 큐레이션하는 북큐레이터는 '책장 편집자'라고도 합니다. 책을 편집하듯 책장을 이렇게 저렇게 편집한다는 의미입니다.

"북큐레이터는 책장에 책을 진열할 때 어떤 의도를 가지고 진열하며, 책장 전체를 통해 보는 사람에게 어떤 메시지나 세계관을 느끼도록 하는 일을 한다."

북큐레이션과 일본의 유명한 북큐레이터 하바의 이야기를 담은『책의 소리를 들어라』에서 언급한 한 구절입니다.

미술관 전시에서 큐레이터에 따라 같은 예술가라도 전시가 완전히 달라지듯, 북큐레이터의 손길이 닿은 책장은 전혀 다른 얼굴, 전혀 다른 표정으로 독자들에게 다른 메시지가 전달되는 것이지요.

2. 북큐레이션은 어떻게 하나요?

북큐레이션 또한 큐레이션의 개념에 나오는 원리대로 진행합니다. 북큐레이션의 핵심 원리 역시 '선별'과 '배치'입니다.

우선 북큐레이터가 정한 메시지나 콘셉트에 따라 책을 '선별'합니다.

선별된 책들을 콘셉트와 메시지가 잘 드러날 수 있도록 섬세하게 '배치'합니다. 북큐레이터 하바는 이 배치를 '편집'이라 말합니다. 배치가 성공적일 때 책장은 전혀 다른 얼굴, 전혀 다른 표정으로 메시지를 드러냅니다.

다시 정리하면 정해진 주제에 맞게 책을 선별하고 선별된 책을 메시지가 잘 전해지도록 적절한 순서대로 진열하는 과정이 북큐레이션이고 북큐레이터가 하는 일입니다.

아직 북큐레이션이 마무리된 건 아닙니다. 요리에 비유하자면 맛있게 정성 들여 만든 각각의 요리를 테이블에 보기 좋게 잘 차려야 하겠지요. 독자들의 시선을 끌도록 시각적으로 전시하는 일이 남았습니다.

북큐레이션 전시 공간이 처음부터 잘 마련된 곳이면 좋겠지만, 공간이 따로 마련되어 있지 않은 좁은 공간은 통로 벽이나 창가 자리 등을 최대한 활용하는 것도 방법입니다. 창문 밑에 넓은 테이블을 설치하고 아기자기한 무늬의 천만 씌워도 훌륭한 전시 공간이 됩니다. 광고 카피 같은 글, 그러니까 정해진 콘셉트에 딱 맞는 멋스러운 문장을 큼지막하게 세워두면 북큐레이션이 마무리됩니다.

북큐레이션의 기본에만 충실해도 넓은 공간의 훌륭한 전시공간보다 훨씬 더 알찬 북큐레이션 효과를 거둘 수 있습니다. 공간의 문제가 아니라 마음이 있으면 북큐레이션은 얼마든지 가능하다는 의미입니다.

3. 북큐레이션은 어떤 공간에서 필요할까요?

책이 있는 공간이면 어디라도 좋습니다. 공공도서관, 작은도서관, 학교도서관, 서점, 동네책방 등은 물론 가정에서도 유용합니다.

'자고 나면 책방이 생겨난다'는 말이 있을 만큼 최근 들어 동네책방이 유행처럼 문을 열고 있습니다. 요즘 동네책방들은 대부분 북큐레이션이 잘 되어 있습니다. 북큐레이터의 손길에 따라 책장의 표정이 달라지듯, 책방지기의 취향과 개성에 따라 책방들마다 독특한 향기를 내뿜게 됩니다. 책을 좋아하는 사람들이 동네책방을 순례하듯 찾아가는 이유입니다. 그곳에서만 만날 수 있는 '발견'의 기쁨을 누릴 수도 있으니까요.

이 경우 책방지기가 북큐레이터인 셈인데, 책방지기의 북큐레이션 능력에 따라 책방의 미래가 달려 있다고 해도 전혀 지나치지 않습니다. 동네책방은 북큐레이션이 마케팅의 강력한 무기인 셈입니다.

공공도서관은 미미하게나마 변화하려는 시도가 감지되기는 하지만 아직도 갈 길이 멀다는 느낌입니다. 그나마 다행인 건 북큐레이션을 열심히 하고 있는 도서관이 있다는 사실입니다. 또한 그 도서관의 자극을 받아 주변 도서관에서도 조금씩 변화하려는 시도를 한다는 거죠. 공공도서관임에도 이런 뚜렷한 차이를 보이는 건 도서관 운영 주체에 따라 필요성이라든가 가치를 절감하는 정도가 다르기 때문입니다. 운영 주체가 북큐레이션의 효과를 체감하고 도서관에서 실행하려는 의지가 있느냐의 문제입니다.

저는 도서관에 거의 매일 10년 넘게 다니고 있습니다. 그래서 도서관 문화의 변화를 피부로 느낄 수 있었지요. 10년 전만 해도 도서관에 갈 때마다 대출할 책 목록이 적혀 있는 수첩을 꼭 들고 다녔습니다. 그러다 수첩을 깜빡 빠뜨리고 간 날은 큰 낭패였죠. 최근 몇 년 사이에는 수첩이 없어도 별로 당황하지 않습니다. 북큐레이션 된 전시 공간에 마음이 가는 책들이 수북하니까요.

행복하게도 제가 다니는 도서관은 북큐레이션을 아주 적극적으로 하고 있습니다. 앞서 음료를 마실 수 있는 휴게 공간도 없는 중간 규모의 도서관이지만, 2층으로 올라가는 계단 옆 비좁은 공간, 그리고 벽면이나 창문 앞에 널찍한 테이블을 놓고 북큐레이션 공간으로 활용합니다. 좁은 공간이 오히려 동선이 짧아 한눈에 다 들어옵니다. 매달 주제를 바꿔가며 전시하는 테마 전시가 있고 새 책 전시 공간도 따로 있습니다. 물론 표지가 잘 보이도록 진열되어 있지요. 달이 바뀔 때마다 이번 달 테마는 뭘까, 두근두근 설레는 마음으로 도서관 문을 당깁니다.

어느 날은 너무 바빠서 연체될 위험이 있는 책만 빨리 반납하고 나와야지 했다가, 그 짧은 순간에도 전시 공간의 책들에 홀려서 뜻하지 않게 책을 빌려왔습니다. 그뿐인가요? 이미 집에 읽을 책들이 산더미인지라 책만 반납하고 그냥 와야지, 굳게 결심하고 가도 또 빌려오게 됩니다. 동네책방에서 굳은 결심에도 책에 홀려 잔뜩 사가지고 오는 경우랑 똑같은 마음인 거죠. 이것이 바로 북큐레이션의 힘입니다.

책이 있는 공간이라면 어디라도 북큐레이션이 가능하다고 앞서 말씀드렸습니다. 물론 가정에도 책이 있는 공간이 어딘가에는 있으니까 가능하겠지요? 가능한 정도가 아니라 하기만 한다면 아주 좋다고 말씀드리고 싶습니다. 동네책방에서 책을 발견하는 기쁨이 북큐레이션의 가장 큰 효과라면, 가정에서의 효과는 아이들에게 책에 대한 관심 끌기와 흥미 유발입니다. 가정에서는 어떻게 할 수 있을까요?

어렵게 생각할 것 없습니다. 우선 장식장이나 넓은 테이블에 예쁜 천을 깔고 도서용 작은 이젤을 몇 개 이용하여 전시공간을 마련합니다.

이제 어떤 주제를 할까요?

가장 간단하게는 〈오늘 동네책방에서 사 온 책들〉이나 〈오늘 도서관에서 빌려 온 책들〉이 될 수 있습니다. 〈어떤 고양이가 제일 귀여울까?〉는 고양이 표지 그림을 집에 있는 서가에서 모아봅니다. 미국의 그림책 작가 패트리샤 폴라코의 그림책을 한 권 한 권 재밌게 읽은 기억이 있다면 〈패트리샤 폴라코 총출동!〉이라는 테마도 괜찮겠고요. 〈책 읽는 장면이 나오는 페이지〉라는 북큐레이션도 흥미롭습니다. 마루나 방에 책이 빼곡히 꽂혀 있는 서가는 도서관의 보존 창고쯤으로 생각하고 주제별 책을 전시 공간으로 정기적으로 불러내 보세요. 아이들 흥미를 끌기에 그만입니다.

또 한 가지. 책을 인테리어 소품으로 이용하는 것도 좋습니다. 이미 읽었거나 앞으로 읽을 책, 또는 표지가 예쁜 책들을 꼬마 이젤에 끼워 집 안 곳곳에 놓아두세요. 평소에는 인테리어 소품으로 멋스러운 역할을 하고, 어느 날은 무심코 그곳에 시선이 꽂혀 책을 들추게 되기도 한답니다.

고등학교 1학년인 딸 방에는 네댓 권 정도의 북큐레이션 공간이 있습니다. 딸이 가장 아끼고 좋아하는 책들로 가끔 다시 읽기도 하고 평상시에는 훌륭한 인테리어 소품이 되어 줍니다. 가끔씩 더 좋아지는 책들이 생기면 그곳의 책들이 바뀌기도 하고요. 아마 어린 시절부터 몸에 밴 습관인 것 같습니다.

책이 있는 공간이면 어디서든 가능한 북큐레이션. 책이 말을 거는 매혹적인 서가, 두근두근 가슴이 설레는 향기로운 서가로 책과의 행복한 만남이 오래 지속되었으면 좋겠습니다. 특히, 모든 공공도서관이 북큐레이션이 필수가 되는 아름다운 공간으로 피어나기를 꿈꿔봅니다.

책 읽는 장면이 나오는 페이지 북큐레이션

『도도한 씨의 도도한 책빵』 김해등 글, 김효은 그림, 주니어김영사 ❶
『선생님, 기억하세요?』 데보라 홉킨슨 글, 낸시 카펜터 그림, 씨드북 ❷
『슬픔을 치료해 주는 비밀 책』 카린 케이츠 글, 웬디 앤더슨 홀퍼린 그림, 봄봄출판사 ❸
『둥글둥글 둥근 달이 좋아요』 조이스 시드먼 글, 유태은 그림, 미디어창비 ❹
『올리비아는 공주가 싫어!』 이안 팔코너 글·그림, 주니어김영사 ❺
『한밤중에 아무도 몰래』 사카이 고마코 글·그림, 북뱅크 ❻
『사자는 사료를 먹지 않아』 앙드레 부샤르 글·그림, 어린이작가정신 ❼
『숲에서 만난 이야기』 채인선 글, 배현주 그림, 책읽는곰 ❽

──── 그림책 북큐레이션 현장 ①

교하도서관

경기도 파주 교하도서관은 어린이책 자료실이 꽤 넓어 출입구에 〈테마도서〉 전시공간을 넉넉하게 마련했습니다. 교하도서관 11월 북큐레이션은 〈아삭아삭 매콤짭짤〉입니다. 엄마들에게 아무래도 11월은 한해 농사라 할 수 있는 김장이 있어 바쁜 계절이지요. 겨우내 온 가족이 함께 먹는 김치인 만큼 가족 모두가 엄마를 도와 함께 하면 더 좋겠지요. 엄마를 도우려면 우선 김치에 대해 알아야 하겠지요.

아삭아삭 매콤짭짤
『금동이네 김장 잔치』 유타루 글, 임광희 그림, 비룡소
『오늘은 우리집 김장하는 날』 채인선 글, 방정화 그림, 보림
『김치가 최고야』 임수정 글, 구은선 그림, 장영
『달려라! 김치 버스』 김진 글, 이미정 그림, 키즈엠
『왜 왜 왜 김치가 좋을까?』 이훈 글, 이광익 그림, 웅진주니어
『김치괴물』 이선일 글, 김수옥 그림, 푸른날개
『아빠는 김치왕』 김진 글, 유현준 그림, 키즈엠
『김치가 최고야』 김난지 글, 최나미 그림, 천개의바람
『김장하는 날은 우리 동네 잔칫날』 이규희 글, 최정인 그림, 그린북
『밥상마다 깍둑깍둑』 서유진 글, 김주경 그림, 웅진주니어

▬▬ 그림책 북큐레이션 현장 ②

물푸레도서관

경기도 파주 물푸레도서관에는 〈그림책길〉이 있습니다. 2층으로 올라가는 통로 벽을 활용한 그림책 전시공간입니다. 도서관 이용자가 같이 읽고 싶은 그림책을 직접 올려놓는다고 해요.

이미 지난 북큐레이션 테마도 자료화해서 벽면에 붙여 놓았습니다.

―― 그림책 북큐레이션 현장 ③

파주중앙도서관

경기도 파주 중앙도서관 어린이책 자료실 입구에 북큐레이션 전시 공간이 있습니다. 원래는 커피 자동판매기와 소파가 있던 공간이었으나 새롭게 단장을 해서 깨끗한 공간으로 변신했습니다. 어린이책 자료실을 드나들며 자연스레 시선이 머무는 곳, 북큐레이션 전시 공간으로 더없이 좋습니다. 당시는 〈작가의 나무 ― 백희나〉라는 테마로 전시 중이었습니다. 나무의 하얀 가지에는 작가의 작품에 대한 안내 쪽지가 나뭇잎처럼 대롱대롱 매달려 있습니다.

작가의 나무 ― 백희나

『알사탕』 백희나 글·그림, 책읽는곰
『이상한 엄마』 백희나 글·그림, 책읽는곰
『장수탕 선녀님』 백희나 글·그림, 책읽는곰
『달 샤베트』 백희나 글·그림, 책읽는곰
『어제 저녁』 백희나 글·그림, 책읽는곰
『꿈에서 맛본 똥파리』 백희나 글·그림, 책읽는곰
『팥죽 할멈과 호랑이』 백희나 그림, 박윤규 글, 시공주니어
『구름빵』 백희나 저, 한솔수북
『삐약이 엄마』 백희나 글·그림, 책읽는곰
『북풍을 찾아간 소년』 백희나 글·그림, 시공주니어

■■■ 그림책 북큐레이션 현장 ④

조리도서관

강아지똥으로 피어난 민들레꽃밭

강아지똥으로 피어난 민들레꽃밭, 카피도 너무 멋지죠? 2017년 아동문학가 권정생 선생님의 10주기를 기념하는 북큐레이션 전시입니다. 공간이 협소하여 그나마 비어 있던 창가 자리를 이용했지만 내용은 어느 멋진 공간보다도 알차게 꾸려졌습니다.

소설(小說) 속 소설(小雪)
■종합자료실 (성인용)
〈소설 속 11월〉 도서 북큐레이션

소설(小說) 속 소설(小雪)
■어린이책 자료실
〈동화 속 작은 눈〉 11월 도서 북큐레이션

잡학사전

한때 알쓸신잡(알아두면 쓸데없는 신비한 잡학사전)이라는 텔레비전 프로그램이 선풍적인 인기를 끌었습니다. 제목도 흥미롭지만 잡다한 지식으로 중무장한 출연진들의 수다가 채널 고정을 하게 했지요. 끊임없이 수다가 이어지다 보니 자연스레 책 소개가 많이 되었는데요. 어느 날은 도서관에 가보니 텔레비전 프로그램에서 힌트를 얻어 발 빠르게 〈잡학사전〉 북큐레이션 전시가 되어 있었습니다.

북큐레이션 칼럼 ① · 꼬리에 꼬리를 무는 북큐레이션

김영민은 스가 아쓰코를 부르고, 아쓰코는 모란디에 이어지고

『아침에는 죽음을 생각하는 것이 좋다』는 순전히 제목에 이끌려 기어이 읽게 된 책입니다. 저자 프로필을 찾아보니 재치 넘치는 칼럼 '추석이란 무엇인가'로 이미 많은 팬을 확보한 작가였습니다. 나 또한 벌써부터 다음 책이 궁금해질 만큼 팬이 되었습니다. 한겨레신문에서 새로 연재하는 〈논어 에세이〉라는 칼럼을 만나는 아침은 그냥 설레기부터 합니다.

이렇게 좋아하는 저자가 좋아하는 책으로 북큐레이션을 하면 어떨까요?

김영민 교수는 좋아하는 책으로 일본 작가 스가 아쓰코의 에세이를 꼽았습니다. 스가 아쓰코? 처음 듣는 이름이지만 여러 번 읊조리며 가슴에 담았지요. 그리고 얼마 지나지 않아 내 손에는 『코르시아 서점의 친구들』이 들려 있었습니다.

1960년대 독립적인 삶을 꿈꾸며 화물선을 타고 이탈리아 유학길에 올랐던 스가 아쓰코의 13년간의 밀라노 생활이 그림처럼 생생하게 펼쳐집니다. 밀라노의 번화가와 골목길, 근교 시골마을, 스가 아쓰코가 젊은 날 심취하고 동경했던 이탈리아 문호들, 그리고 무엇보다 코르시아 서점이라는 공간과 그곳에 연계된 사람들 이야기가 잔물결처럼 우아하게 퍼져나갑니다.

스가 아쓰코의 남편이 운영하는(아쓰코는 유학 중 밀라노 태생의 청년과 결혼했습니다.) 코르시아 데이 세르비 서점은 시인이자 사제인 다비드 투롤도 신부를 중심으로 결성된 가톨릭 좌파 그룹 공동체의 아지트였는데요. 퇴근 무렵이면 교수, 유명 작가, 출판사 편집자 등 다양한 지식인들이 모여 토론을 벌이는 장소이기도 했답니다.

어떤 책을 좋아하게 되는 이유는 다양합니다. 흠뻑 빠져들게 하는 서사 때문이기도,

『아침에는 죽음을 생각하는 것이 좋다』 김영민 저, 어크로스

자꾸만 베껴 쓰고 싶은 멋진 문장이 많기 때문이기도 하죠. 그야말로 군더더기 없이 밀도 있는 글을 만날 때는 감탄을 넘어 부러움이 가득할 때도 있습니다. 이 책은 우선 좋아하는 공간 중의 하나인 서점과 그곳의 책, 그리고 서점을 드나드는 사람들의 이야기만으로도 충분히 좋아요. 게다가 지금 우리나라에 유행처럼 번지는 동네서점이 추구하는 가치를 70여 년 전 밀라노의 작은 서점이 꿈꾸고 있었다니, 시공을 초월한 사람들의 한결같은 마음결에 모종의 연대감마저 느낍니다.

한 번도 가보지 않은 1960년대 밀라노 거리를 사부작사부작 산책하는 느낌으로 읽은 『코르시아 서점의 친구들』은 조금은 다른 방식으로 내 흥미를 끌었습니다. 혹시나 하고 기대했던 이야기를 두 번이나 만났기 때문이에요.

언젠가부터 이탈리아는 내게 화가 조르조 모란디를 떠올리게 하는 곳이 되었어요. 어떤 책이었는지도 기억나지 않게 스치듯 모란디를 만났습니다. 그러고는 까마득히 잊어버리고 있다가 다른 책에서 지나치듯 또 한 번 만났습니다. 두 번 다 두세 줄의 간단한 언급이었지만 강한 끌림이 있었지요. 이번에는 게으름 피우지 않고 서둘러서 조르조 모란디에 대해 탐색을 시작했습니다. 그러다 도무지 알 수 없는 이유로 모란디의 그림에 푹 빠져버렸어요. 모란디에 대한 모든 것을 모으기 시작했습니다. 그러면서 알게 된 안타까운 사실은 몇 년 전에 한국에서도 모란디 전시회가 있었다는 것, 그런데 한국에서 출판된 화집 하나 없다는 것이었습니다.

모란디 화집 하나 꼭 갖고 싶다는 열망에 아마존을 뒤졌고, 책의 종류가 너무 많아 선택의 난관에 부딪혔습니다. 염치불고하고 미국에 머무르고 있는 지인 어린이책 작가님께 도움을 청했어요. 그곳 도서관에 비치된 책들 중에서 직접 보시고 괜찮은 걸로 골라주셨으면 좋겠다고. 기쁘게도 내가 좋아한다는 모란디에 대해 작가님도 관심 있어 하셨고 한동안 꽤 많은 얘기를 메일로 주고받았습니다.

『코르시아 서점의 친구들』
스가 아쓰코 저, 문학동네

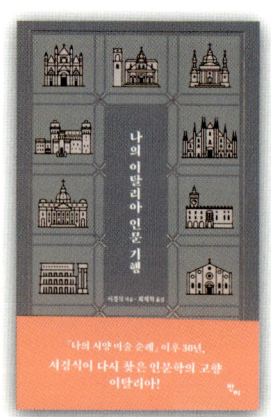

『나의 이탈리아 인문 기행』
서경식 저, 반비

모란디에 대한 자료라면 한 줄 글이라도 모으던 참에 서경식 교수님의 『나의 이탈리아 인문 기행』에서 모란디에 대한 글을 만났습니다. 무려 한 꼭지나 되다니! 우연의 신이라도 내렸나? 이런 매력적인 우연에 무척이나 행복했습니다.

'모란디는 내가 은밀히 사랑하는 화가 중 한 명이다.'

서경식 교수님의 글이에요. 나도 다짐했습니다. 모란디를 은밀히 좋아할 거라고. 한껏 부푼 꽃망울처럼 터질 듯한 기쁨을 함께하고자 서경식의 교수님의 꽤 긴 글을 하나하나 타이핑해서 어린이책 작가님께 보냈습니다.

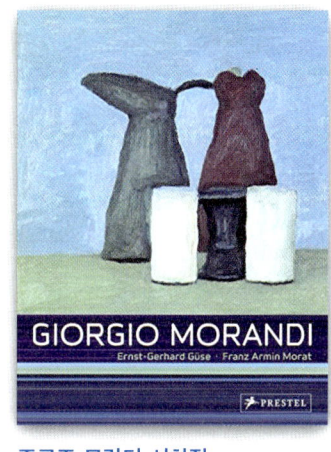

조르조 모란디 서화집

모란디의 그림을 보며 세잔을 떠올렸다는 작가님은 세잔과 모란디의 비슷한 점과 확연히 다른 점을 얘기했고 모란디에 대해 알 수 있는 어떤 영문 글도 보내주었습니다. 작가님은 자신의 주관적인 감상이라며 이렇게 표현했어요.

"제게 세잔이 차가운 불이라면, 모란디는 따스한 물 같군요."

얼마간의 시간이 흐른 후 작가님이 한국에 잠깐 오셨을 때, 모란디 화집을 선물 받는 호사를 누리게 되었습니다.

볼로냐에서 태어난 모란디는 넓지 않은 허름한 공간에서 평생 크고 작은 병들과 식기를 주로 그렸습니다. 단조롭기 그지없는 정물화일 뿐인데 왜 빠져들게 되었는지 모르겠습니다. 온후하고 담백한 색채 때문일까요? 화음이 이뤄내는 아름다운 음악처럼 색, 형태, 볼륨의 조화로운 앙상블 때문일까요? 어느 날은 '모란디 따라하기' 놀이를 하기도 했습니다. 집에 있는 자그마한 옹기와 화병들을 모아놓고 배치를 달리하며 요렇게 저렇게 사진을 찍어보는 것. 모란디 얘기가 너무 길었나요?

다시 스가 아쓰코의 책 이야기로 돌아갑니다.

밀라노가 이야기의 중심 장소다 보니 볼로냐가 가끔씩 등장하고 그렇다면, 혹시 조르조 모란디가 나올 수도 있겠다, 나왔으면 좋겠다 싶었을 때 다음 문장을 만나고 말았습니다.

'재판소 뒤쪽에는 변호사 카차니가 씨가 살았는데 친구들은 그쪽 모임은 화려하기만 하고 에스프리가 없다며 내심 꺼렸다. 거실 벽에 셀 수 없이 많은 그림이 걸려 있었는데 그중 조르조 모란디의 정물화 두 점이 눈길을 끌었다. 둘 다 화가 특유의 신비로운 광택이 숨어 있는 회색 톤이 감동적인 작품인데, 그렇게 그윽한 기품과 개성이 가득한 그림

『몬테로소의 분홍 벽』
에쿠니 가오리 글, 아라이 료지 그림, 예담

이 이렇다 할 특색 없는 조잡한 풍경화와 고등학생 딸 라파엘라의 초상화 등과 나란히 걸려있는 것이 꽤나 아이러니했다. 특히 문 위에 걸린 가로로 긴 모양의 소품이 훌륭했는데, 카자니가 씨는 "모란디가 지금처럼 유명하지 않을 때 샀다"며 뿌듯해했다.'

역시 모란디의 그림은 그때도, 누가 봐도 기품이 있구나 싶었습니다.

햇살에 반짝이는 강물 같은 스가 아쓰코의 이야기는 잔잔하게 계속 흘렀습니다. 아쓰코가 친구를 따라 친퀘테레에 갔다는 이야기에서는 나에게 또 하나의 어떤 기대가 생겼습니다. 친퀘테레는 이탈리아 북서부에 위치한 다섯 개의 해안 마을로 외국인 관광객들에게 인기 있는 장소라고 합니다. 이탈리아를 가 본 적이 없지만 2년 전쯤 그림책을 통해 알게 된 지역입니다. 언젠가 나에게도 가 볼 기회가 있을까 하고 조금 쓸쓸한 생각을 했던 것 같습니다. 그 친퀘테레가 나오자 나는 또 다섯 개 마을 중 혹시 몬테로소가 있을까 했다가 설마 그럴 리가 있겠어 하고 서둘러 기대를 접었습니다. 아, 그런데 아쓰코와 친구가 찾아간 곳은 하필 몬테로소였습니다. 아이참, 이러지 않아도 되는데….

'다음날은 미나 친구에게서 피아트500을 빌려서 제노바 동쪽의 해안을 따라 친퀘테레라는 유명한 와인 산지로 향했다. 바다 위로 벼랑처럼 솟은 밭에서 재배되는 포도와 올리브 잎의 하얀 뒷면이 초여름의 붉은 태양에 빛나는 광경이 보이는 구불구불한 해안 도로를 미나는 천천히 달렸다. 친퀘테레란 다섯 개의 육지라는 뜻으로 예전에는 배로만 왕래할 수 있었다고 했다. 벼랑 같은 밭에서 난 포도로 감칠맛 나는 화이트와인을 만든다. '육지'들에는 바위에 붙은 굴 껍데기를 연상시키는 돌집이 벼랑에 따라 늘어서 있다. 인가에서 제법 떨어진 도로가 주차장에 차를 세워두고 바위 사이로 난 길을 걸어 마을로 들어갔는데 어느 마을이나 절벽에 부서지는 파도 소리만 커다랗게 들려올 뿐 쥐죽은 듯 조용했다. 다들 바위산의 포도밭에 간 모양인지, 평일의 고요함이 마을을 지배하고 있었다. 육지 중 한 곳인 몬테로소에 가보았다. 시인 에우제니오 몬탈레가 1920년 전후에 쓴, 그의 작품 중 가장 훌륭한 초기작들의 무대가 된 곳이다. 여기저기 울퉁불퉁한 돌담으로 둘러싸인 별장이 마을을 내려다보고 있었다. 나는 위쪽에 유리조각을 박아 넣은 담벼락이며 나뭇가지 사이로 반짝이는 바다의 풍경을 보며, 그의 시에 나오는, 말을 빼앗긴 듯한 오후의 침묵이나 햇볕에 타오르는 해바라기의 광기가 어쩌면 지금도 이곳에 굴러다니고 있지 않을까 열심히 찾아보았다.'

나에게 친퀘테레와 몬테로소를 알게 한 그림책은 『냉정과 열정 사이』로 유명한 에쿠니 가오리가 글을 쓰고 아라이 료지가 그림을 그린 『몬테로소의 분홍 벽』입니다. 연한 갈색 고양이 히스카프의 이야기죠.

나이 든 부인과 안락하게 살고 있는 히스카프는 맑은 날이나 흐린 날이나 늘어지게 잠만 잡니다(비로 우리 집 고양이 레오도 그래요. 지금도 맹수가 나타나도 모를 정도로 깊은 잠에 빠져 있어요). 잠만 잔 게 아니었을까요? 히스카프는 어느 날 선언하듯 말합니다.

"아! 갈 거야. 난."

어디로 간다는 걸까요? 꿈속에서 자주 봤던 분홍 벽이 있는 몬테로소로 떠나겠다는 것이었죠. 늘어지게 자던 낮잠과 안락함을 버리고 어디인지도 모르는 몬테로소를 향해서 히스카프의 여행이 시작됩니다. 분홍벽이 있는 몬테로소는 은유의 장소지만, 혹시 몬테로소에 분홍벽이 정말 있는 건 아닐까요?

이미 세상을 떠난 스가 아쓰코와 밀라노 산책을 정겹게 다녀왔습니다. 누군가에게 밀라노를 직접 다녀온 것처럼 얘기할지도 모를 만큼. 아쓰코가 들려준 이야기를 추억하며 언젠가 좋은 친구와 함께 밀라노를 진짜로 산책할 수 있을 날을 꿈꿔 봅니다. 고양이 히스카프처럼.

■■■ 북큐레이션 칼럼 ② • 신문을 보다가 떠올리는 북큐레이션

정혜윤과 미얀마 코끼리, 조지 오웰과 숀 탠

아침에 달달한 믹스 커피를 마시며 신문을 펄럭펄럭 뒤적이는 일은 하루를 기분 좋게 여는 저의 오래된 습관입니다. 특히 금요일은 설렘까지 더해집니다. 〈책과 생각〉이라는 신간 소개 섹션이 있기 때문이죠. 이번 주엔 어떤 새로운 책들이 나왔을까? 마음을 사로잡는 책이라도 한 권 있으면 온종일 기분이 둥둥 떠 있게 됩니다.

그런 책을 만나지 않아도 괜찮아요. 아끼고 아껴 가장 마지막에 한 입 쏘옥 먹는 맛난 디저트처럼, 아끼고 아껴 가장 마지막에 읽는 〈새벽세시 책읽기〉 코너 정혜윤의 글이 있으니까요. 그녀가 소개하는 책 이야기는 천천히 곱씹어 읽어야 하고 생각의 여운을 길게 남기기에 마지막으로 남겨 놓습니다. 사회의 가장 낮은 곳, 가장 어두운 곳, 가장 아픈 곳, 가장 불편한 곳에 촉수를 드리우고 항상 따뜻한 시선으로 바라보는 그녀의 한결같은 마음결에 늘 감탄합니다. 공교롭게도 오늘 그녀가 전해주는 이야기는 『조지 오웰, 시대의 작가로 산다는 것』이라는 조지 오웰에 대한 책이네요. 그녀는 미얀마에 출장 갔다가 코끼리 떼를 보고 불현듯 조지 오웰이 생각났다고 합니다. 왜일까요? 입맛을 다시며 다음 문장을 흡입하듯 읽어 내려갑니다.

조지 오웰은 영국의 명문 사립 고등학교를 졸업했지만, 친구들처럼 대학진학을 하지 않고 제국의 경찰이 되었다지요. 경찰이 되어 사람을 감옥에 보내거나 늙은 농부를 모욕하고 화가 날 땐 하인들을 두들겨 팼다고 합니다. 우리가 알고 있는 『동물농장』과 『1984』의 작가 조지 오웰이 정말 그랬다고요? 그의 나이 겨우 스물한 살 때 일입니다. 그런데 어떤 일이 있었던 걸까요? 지금 우리가 알고 있는 조지 오웰이 되기까지. 오웰의 눈을 번쩍 뜨이게 하는 결정적인 사건이 있었답니다.

코끼리 한 마리가 거리에 나타나 오두막, 나무, 마차 등을 닥치는 대로 부수고 사람

뿐만 아니라 암소들까지 짓밟고 다닌다는 신고를 받은 경찰 오웰이 총으로 무장을 하고 현장으로 출동했답니다. 마을 사람들은 코끼리 사냥을 할 오웰을 뒤따랐고요. 도착해서 보니 코끼리는 논에 있었고 다소 진정된 것 같아 오웰은 죽이지 않을 생각이었지만, 사람들 생각은 달랐답니다.

"무기를 갖지 않은 수많은 원주민 앞에 총으로 무장한 백인으로 나는 거기에 있었다. 겉보기에 나는 그 상황의 중요한 주인공 같았지만 사실 내 뒤에 있는 노란 얼굴들의 의지에 따라 이리저리 흔들리는 우스꽝스러운 꼭두각시에 불과했다. (…) 2천 명의 사람들이 뒤따르는 가운데 손에 무기를 들고 이 길을 달려왔는데, 이제 아무것도 하지 않게 된 것에 만족하며 돌아간다는 것은 불가능한 일이었다. 그렇게 하면 나는 군중의 웃음거리가 될 것이다."

오웰은 잠깐 코끼리를 쏠까 말까 자신의 양심과 싸웠습니다. 하지만 사람들의 기대에 부응하고 웃음거리가 되지 않기 위해 코끼리를 쏘았답니다. 그날 이후 오웰은 엄청난 괴로움에 시달리게 되었고 결국 경찰직을 그만두었습니다. 그러고는 영국으로 돌아가서 작가가 되었고 인간이 다른 인간을 지배하는 갖가지 형태와 싸우는 삶을 살았답니다.

2천 명의 마을 사람들이 지켜보는 가운데 오웰이 논에 있는 코끼리를 쏠까 말까 망설이는 장면은 그림책 『야쿠바와 사자』의 한 장면과 정확하게 '오버랩'됐습니다. 몇 년 전에 읽었지만 가슴에 인장처럼 선명하게 남아 있습니다.

아프리카의 어느 작은 마을, 오늘은 전사가 될 청년을 가려내는 축제가 열리는 날입

『조지 오웰, 시대의 작가로 산다는 것』 스테판 말테르 저, 제3의공간

『1984』
조지 오웰 저, 민음사

『동물농장』
조지 오웰 저, 민음사

『야쿠바와 사자』 티에리 드되 글·그림, 길벗어린이

니다. 전사가 되기 위해서는 사자와 홀로 맞서 용감하게 싸우는 용기를 보여줘야 합니다. 청년 중의 하나인 야쿠바는 걷고 또 걸어 드디어 사자 한 마리를 만났습니다. 그런데 그 사자는 이미 피를 흘리며 쓰러져 있었습니다. 누가 봐도 이건 야쿠바가 이기는 싸움이었습니다. 그렇다면 야쿠바는 전사가 된 거나 다름없습니다. 야쿠바에게 더할나위 없이 좋은 기회가 주어진 것입니다. 하지만 야쿠바는 자신에게 말을 거는 듯한 사자의 깊은 눈과 마주하게 됩니다. 그러고는 꽤 긴 시간 생각에 잠깁니다. 코끼리를 마주한 오웰처럼 야쿠바 또한 선택의 갈림길에 서게 된 것입니다.

지칠 대로 지쳐 쓰러져 있는 사자에게 창을 겨누고 전사가 될 것인지, 사자의 목숨을 살려주고 용기 없는 남자가 되어 따돌림을 받을 것인지, 둘 중의 하나입니다. 무엇보다 자신을 믿고 기다리고 있을 아버지가 눈앞에 어른거립니다. 야쿠바는 어떤 선택을 했을까요?

아이든 어른이든, 누구나 삶을 살면서 만나게 되는 갈림길입니다. 아이에게도 다 큰 어른에게도 역시나 여전히 어려운 선택입니다.

어떤 선택을 하느냐에 따라 어떤 삶을 살게 될지에 엄청난 영향을 미치게 되지요. 조지 오웰은 미얀마에서의 죄책감을 정화하기 위해 가장 낮은 곳, 가장 험한 곳, 가장 위험한 곳에 스스로 걸어 들어가 힘들고 어려운 삶을 자처했다고 합니다.

조지 오웰이 작가가 되어 인간이 다른 인간을 지배하는 갖가지 형태와 싸웠던 시기는 1940년대입니다. 세월이 많이 흐른 지금은 어떨까요?

제4차 산업혁명 시대로 인공지능이 우리 삶에 엄청난 변화를 가져왔지만, 인간이 인간을 지배하는 태도에는 변함이 없습니다. 세계적인 그림책 작가 숀 탠의 작품 『매미』가 바로 그러한 내용을 담고 있습니다.

인간들에게 무시당하고 차별받고 괴롭힘을 당하는 매미가 나옵니다. 그 매미는 다름 아닌 우리 아버지일 수도, 우리 어머니일 수도, 바로 나일 수도 있습니다. 인간이 같은 인간들에게 단지 소수자라는 이유로, 이민자라는 이유로, 가난하다는 이유로 온갖 불합리한 일을 당하는 게 지금의 현실이니까요.

코끼리 덩치만큼이나 묵직한 오늘 하루가 되었습니

『매미』 숀 탠 글·그림, 풀빛

『뜻밖의 좋은 일』 정혜윤 저, 창비

다. CBS 피디이자 에세이스트인 정혜윤이 코끼리를 보고 조지 오웰을 떠올렸듯, 저에게도 이제 코끼리는 조지 오웰이자 야쿠바와 매미이기도 합니다.

정혜윤 피디가 미얀마에서 코끼리를 보고 단번에 조지 오웰을 떠올렸다는 것은 조지 오웰의 삶과 글이 그녀의 마음속에 고결하게 깃들어 있었기에 가능한 일이라 생각합니다. 삶과 글이 완벽하게 일치하는 조지 오웰과 책을 읽기만 하는 것이 아니라 책을 살아내려고 하는 그녀의 삶은 참 많이 닮아 있습니다. 문제가 많은 세상에서 힘이 필요할 때 무기가 되어 주었던, 그리하여 아, 이렇게 살면 되겠구나!를 깨닫게 되었다는 책들에 대한 이야기인 『뜻밖의 좋은 일』에 나오는 구절입니다.

"책에서 읽은 것을 현실에서도 만들어 보려고 시도하면서, 책을 읽기만 하는 것이 아니라 책을 살아내려고 하면서, 마치 사랑이 한순간의 꿈이 아닌 것처럼 감동과 깨달음을 한순간의 일로 만들지 않을 수 있고, 일시적인 기쁨을 오래가는 기쁨으로, 우연을 필연으로 만들 수 있다."

정혜윤은 글과 읽은 책과 삶이 일치하는 따뜻한 사람이었습니다.

———— 북큐레이션 칼럼 ③ • 게으름 핑계대기 좋은 북큐레이션

게으를 때 보이는 것이라니,
제목에 꽂혀서 해본 북큐레이션

『게으를 때 보이는 세상』이라니! 제목이 단박에 마음을 사로잡았습니다. 도대체 어떤 세상이 보인다는 걸까? 온갖 상상을 하며 책을 펼쳤지요.

역시 제목을 배반하지 않은 멋진 풍경들이 마음을 물들입니다. 여유로움으로, 기쁨으로, 고요함으로, 따뜻함으로, 산뜻함으로, 황홀함으로, 가만함으로, 신비로움으로. 신문을 보는 삼촌, 저녁 준비를 할 거라는 이모, 수영을 배울 거라는 이웃집 아저씨, 시장에 갈 거라는 아주머니, 불침번을 서는 중인 스카우트 대원들, 지붕을 고치는 목수 아저씨, 우편물을 나르는 중인 우체부 아저씨…. 모두 할 일이 있지만 잠깐 미루고 누워 있습니다. 팔베개를 하거나 두 팔을 축 늘어뜨리고 편안하게 누웠을 때 보이는 풍경들, 저마다의 풍경이 다양한 앵글로 펼쳐집니다. 게으름을 피우는 주변 사람들을 지켜본 주인공 꼬마 아가씨, '나'도 자려고 누웠지만 잠깐 게으름을 피워 봅니다. '잠'이라는 임무를 잠깐 미루고 꼬마 아가씨가 침대에서 바라본 풍경, 내가 가장 좋아하는 장면이기도 합니다.

책장을 덮으니 감각적인 그림들이 가슴 가득 출렁이며 행복감이 밀려옵니다. 그와 동시에 목소리 하나가 목덜미를 당깁니다.

그래서 게을러지겠다고? 요즘 같은 세상에 어떻게 살아남으려고? 지금 제정신이야?

그렇지? 정신을 차려야지. 나도 알아.

그때부터 '게으름'에 대한 나의 고찰이 시작되었습니다. 게으름이라는 단어가 머리에 둥지를 틀었습니다. 나의 게으름부터 살펴봅니다.

나는 게으른가? 몇 년 전부터 게으르게 살고 있는 것 같습니다. 마냥 그런 건 아니고 성실한 게으름으로. 느리지만 꾸준히 뭔가를 하는 성실함을 품고 있는 게으름이에요. 마냥 게으르면 터져버리니까, 터지기 전까지만 요령껏 게으름을 피우는 것이지요. 혀가

『게으를 때 보이는 세상』 우르슐라 팔루신스카 글·그림, 비룡소

매운맛을 잘 느끼지 못하도록 청양고추를 감쪽같이 먹는 것처럼. 게으름에 대한 서정적 고찰입니다.

이번에는 게으름에 대한 논리적 고찰입니다. 중요한 지점이지요. 게으름을 피우려면 객관적 사실을 들먹여야 하니까요. 감사하게도 딱 들어맞는 책이 한 권 있습니다.

노벨 문학상을 받은 문필가에 40여 권의 저작을 남긴 철학자 버틀란드 러셀의 『게으름에 대한 찬양』입니다. 내용을 잘 모르는 상황에서 제목이 참 거창하다고 생각했습니다. 뭘 또 찬양씩이나? 하지만 읽고 나면 고개를 크게, 오랫동안 끄덕이게 됩니다.

인간의 노동이 우리 사회에 얼마나 필요하고 어떤 의미가 있는지에 대해서, '밤낮으로 열심히 일해야 한다'라는 사회적 통념과는 달리 오히려 '여가'의 필요성에 대해서, 여가를 갖게 되면 그것이 주는 여러 가지 이점에 대해서, 모두가 편안하고 안전할 수 있는 현대의 생산 방식에도 불구하고 장시간 노동하는 우리의 어리석음에 대해서, 이 모든 것이 누구의 배를 불리게 하는지에 대해서도 통렬하게 설파하는 철학자의 통찰력에 연신 고개를 끄덕이게 됩니다. 읽는 내내 온몸에 소름이 돋는 것 같았습니다. 이쯤 되면 교과서에 실려야 되지 않을까? 라는 생각도 했지요.

이효석의 「메밀꽃 필 무렵」으로 서정적 감수성을 키웠듯,『게으름에 대한 찬양』으로 노동 감수성을 키우면 어떨까? 그래서 뼛속 깊숙이 새겨진 '근로'에 대한 미덕을 이제는 잘라내야 하지 않을까?

유머 감각까지 갖춘 러셀은 촌철살인의 비유로 우리에게 항상 통쾌한 웃음을 선사했던 노회찬 의원을 떠올리게도 합니다.

러셀이 이 글을 발표했던 게 1935년, 80여 년 전의 일입니다. 부끄럽지만 우리는 지금에서야 '미련한 부지런함'에 고개를 갸우뚱거리기 시작했습니다. 더 늦지 않음에 감사해야 하나? 소득주도성장, 기본소득제, 근로시간 단축 등 정부가 펼치려 하는 경제 정책이 오늘 고찰하려는 주제, 러셀의 게으름과 노동에 대한 생각과 맥을 같이하고 있다니. 이런 우연 또한 소소한 즐거움 중의 하나입니다.

경제 활동을 하는 나이가 되면서부터 한 사람의 일상의 전부라 할 수 있는 노동에 대해서 생각해 봅니다.

『게으름에 대한 찬양』
버트런드 러셀 저, 사회평론

『헨리는 피치버그까지 걸어서 가요』
D.B. 존슨 글·그림, 달리

『세 강도』 토미 웅게러 글·그림, 시공주니어

노동의 사전적 의미는 '사람이 생활에 필요한 물자를 얻기 위하여 육체적 노력이나 정신적 노력을 들이는 행위'라고 나와 있습니다. 그렇지요? 노동 자체는 사람에게 있어서 너무도 중요하고 신성한 활동입니다. 하지만 행복한 삶을 위한 수단일 뿐인 노동이 언제부턴가 삶의 목적이 되어버렸습니다.

스스로 생각의 중심을 확실하게 잡거나 자신의 삶에 대해 성찰하지 않으면 유행에 휩쓸리듯 그렇게 살아가게 됩니다. 거창하게 성찰이란 단어를 쓰지 않아도 그림책만으로도 번뜩이는 깨달음이 찾아옵니다.

『게으름에 대한 찬양』을 읽다가 벼락처럼 떠오른 두 권의 그림책이 그랬어요.

『세 강도』와 『헨리는 피치버그까지 걸어서 가요』를 함께 읽으며 스스로의 노동과 일상에 대해서 생각해보는 시간이 되기를 바랍니다.

━━━ 북큐레이션 칼럼 ④ • 밥 냄새가 데려온 북큐레이션

당연함을 경계하고
따뜻한 시선으로

'밥하는 시간'이라…. 사실 주부로서 밥하는 시간은 따뜻함보다는 가사 노동의 고단함으로 먼저 다가옵니다. 돌아서면 끼니가 돌아오고, 매번 무슨 반찬을 해야 할까 고민하고, 반찬거리 살 지갑은 얇고. 거기다 직장인이라면 부랴부랴 퇴근해서 준비하는 밥은 그야말로 아수라장이지요. 그런데 책 제목으로 만난 '밥하는 시간'은 온통 그리움으로 물들게 했습니다.

한지에 먹물 스미듯 가슴엔 따뜻한 추억들이 잔물결처럼 번져나갔지요. 반사적으로 입에 침이 고인 건 물론이고요. 오감 중 가장 예민하다는 혀의 기억과 따뜻한 추억들이 동시에 출렁거립니다. 윤기 자르르 흐르는 하얀 쌀밥과 솥뚜껑을 열면 하얀 김으로 엄마 얼굴을 숨겨버린 아궁이의 시래깃국, 둥그런 양은 상에 둘러앉아 한 그릇씩 먹던 허여멀건 명태국, 아궁이 석쇠에서 지글지글 구워지던 영광굴비…. 밥은 곧 원초적 그리움이자 따뜻함이고 자연스레 엄마와 등치됩니다.

제목이 피어올린 따뜻한 상상으로 꽤 긴 시간 뜸을 들인 후, 맛있는 밥상을 마주하듯

『밥하는 시간』
김혜련 저, 서울셀렉션

『다시 그곳에』
나탈리아 체르니셰바 저, 재능교육

『밥하는 시간』을 열었습니다. 목차를 보고는 생각했지요.

한 여자의 집과 몸과 밥에 대한 사유인가? 4장 밥하는 시간부터 읽어야지.

입에 고인 침을 꼴딱 삼키며 읽기 시작했는데, 얼마 지나지 않아 입이 바짝바짝 마르기 시작했습니다. 가슴은 서늘해졌다가 뜨거운 슬픔이 차올랐습니다. 밥 먹는 일에서 느끼는 '따뜻한 정서' 같은 게 도통 없었다는 그녀. 그녀의 밥의 역사에는 '따뜻한 밥'의 기억이 없다고. 밥에 대한 아픈 기억들만 줄줄이 이어진다고.

"'밥을 하는 사람'으로 있을 때, 엄마는 늘 화가 나 있었다. 내게 밥을 먹는 행위는 화가 난 엄마가 언제 뒤통수를 갈길지 몰라 빨리 먹어 치워야 하는, 불안한 일이었다. 어쩌다 맛있는 반찬이 상에 올라왔을 때, 두어 번 손이 가면 엄마의 부릅뜬 눈과 마주치기도 했다. 언제부턴가 나는 나의 식욕을 부끄러워하기 시작했다."

여기까지 읽다 말고 앞으로 돌아가 그녀의 프로필을 꼼꼼히 읽고 목차를 다시 살피고 출판사 소개를 뒤졌습니다. 이 생각 저 생각으로 머릿속이 복잡했습니다.

맛은 보장하지 못하지만, 내가 할 수 있는 한 가장 정성을 담은 밥상을 차리고 싶다. 그녀를 위해. 책이 언제 나왔지? 북토크는 했으려나? 벌써 했네. 또 북토크 계획 있는지 출판사에 알아볼까?

어쭙잖게 허둥대는 생각들 중에 돌올해지는 감정이 하나 있었습니다. 얼굴이 빨개지는 부끄러움. 항상 '당연함'을 경계하며 살자고 다짐했었는데, 그 다짐이 너무도 허망하게 무너져버린 순간입니다. 누구나 밥에 대한 따뜻한 추억 하나쯤은 가지고 있을 거라고, 그 따뜻한 추억은 곧 엄마에게서 비롯됐을 거라 생각했습니다. 너무도 당연하게. '밥하는 시간'이라는 제목만 보고도 저 혼자서 호들갑을 있는 대로 떨었지요.

얼마 전에 이런 일도 있었습니다.

그림책 모임에서 『다시 그곳에』라는 그림책으로 이야기를 나누었습니다. 삶이 힘들 때나 일상에 지쳤을 때 힘이 되는 '따뜻한 음식'이 주제였지요. 역시나 각자 엄마가 해준 '따뜻한 밥'에 대한 추억을 경쟁하듯 풀어놓았습니다. 지금에서야 돌아봅니다. 혹시나 그중에 '누구나' 논리에 묻혀 상처를 더 깊숙이 꾹꾹 누르고 돌아간 사람이 있지는 않았을까 하고요.

마음속으로 깊이 좋아하는 『아모스 할아버지가 아픈 날』이라는 그림책이 있습니다. 동물원지기인 할아버지가 동물들 하나하나 섬세하게 살피는 모습을 보며 생각했지요. 내가 만나는 주변 사람들의

『아모스 할아버지가 아픈 날』
필립 C. 스테드 글, 에린 E. 스테드 그림, 별천지

『존 버거의 글로 쓴 사진』
존 버거 저, 열화당

『민병헌』
박영택 글, 민병헌 사진, 열화당

세부에 예민하게 감각하면서 살자고요. 누구나에 속하지 못하는 한 사람을 살필 줄 아는 사람이 되자고요. 쓸모없이 고귀한 것들과 겨우 존재하는 아름다운 것들을 많이 볼 수 있는 눈과 마음을 갖고 싶다고요. 이를테면 말라비틀어진 꽃 대궁, 산책길에 만난 캣맘과 길고양이, 골목길 자투리땅의 작은 정원, 아이의 배냇저고리, 어떤 나무를 꼭 안아 보는 일, 풀꽃을 하염없이 바라보는 일, 시 한 편을 소리 내어 읽어보는 것….

이러한 감각들이 무뎌지지 않고 예민하게 살아 있으려면 책이 큰 도움이 됩니다. 저에게는 식탁 위 선반에 올려두고 가끔 펼쳐보는 두 권의 책, 존 버거의 아름다운 산문집 『존 버거의 글로 쓴 사진』과 민병헌의 사진집 『민병헌』이 있습니다. 작가 존 버거의 글쓰기가 탐나고 사진가 민병헌의 눈이 부럽지만, 무엇보다 두 사람의 따뜻한 시선을 닮고 싶습니다.

아, 참 밥하는 시간의 그녀 이야기는요?

가장 근원적인 밥을 내팽개친 오십여 년의 긴 여정 끝에 백 년 된 집을 가꾸고, 몸을 돌보고, 직접 기른 채소로 한 끼 밥을 정성스레 차리며, 느리고 여유로운 삶을 살고 있답니다.

"밥을 정성스럽게 해서, 소박하고 아름다운 그릇에 담는다. 오늘 아침은 현미잡곡밥에 찐 고구마, 김치찌개, 갖은 채소, 된장, 얼갈이김치다. 오래된 소나무 밥상에 올려놓고, 스스로 감사하며 한 입씩 먹는다. 혀끝에서 느껴지는 통통한 밥알의 무게, 쌀 알갱이가 톡 터지며 씹힐 때 입 안 가득 빛이 도는 환한 느낌, 베어 물면 사르르 녹는 호박고구마의 다디단 맛, 감자가 으깨지도록 푹 익혀 먹는 강원도식 고추장 김치찌개."

엄마의 시간을
풍요롭게 가꾸는
그림책 북큐레이션

2부

 엄마라는 이름

엄마 마음에 작은 파문이 일 때

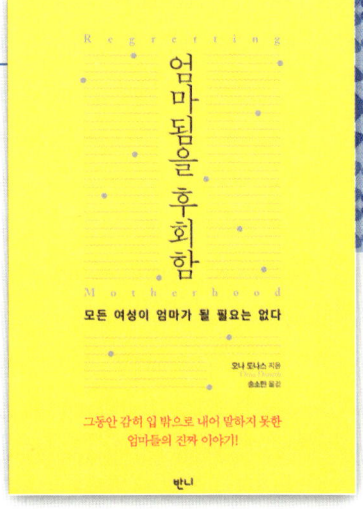

지난 몇 년간 도서관에서 진행했던 그림책 강연 중에 엄마들의 가슴을 찡하게 하고 눈물이 핑그르르 돌게 했던 그림책들을 모아 봤습니다.

눈물의 의미는 아마도 아이에 대한 미안함과 자신의 말과 행동에 대한 어떤 후회와 반성이 아닐까 싶은데요. '어쩌면 나는 좋은 엄마가 아닌가 봐'라든가 '나는 엄마로서 자격이 없는 것 같아'라는 자책도 들어 있겠지요. 이런 분들을 보면 꼭 안아주고 토닥토닥 해주고 싶을 만큼 마음이 짠해집니다.

아무 준비 없이 얼떨결에 엄마가 되어 한 생명을 오롯이 책임지고 길러낸다는 게 녹록지 않은 일임을 어느 누구도 얘기해주지 않았으니까요. 그저 좋은 엄마, 모성애라는 멍에를 씌우기에만 급급할 뿐이었습니다.

그럼에도 아이를 하나의 온전한 인격체로 대하려면 엄마됨에 대한 준비와 공부가 필요합니다. 아이도 엄마도 상처받지 않고 행복한 시간을 보내고 좋은 관계를 맺어가려는 노력이지요. 그런 의미에서 그림책 한 권이 어떤 두꺼운 육아서보다 훌륭한 육아서가 될 수 있습니다. 엄마의 잘못된 말과 행동이 아이를 아프게 했다면, 엄마 자신을 훌쩍거리게 하는 그림책으로 반성의 기회를 만들 수도 있습니다. 더불어 아이에게 주는 넘치는 사랑을 조금 나누어 엄마인 자신도 돌봤으면 하는 바람입니다. 이미 우리는 최선을 다하고 있으니까요. 완벽하려 하지 않아도 괜찮습니다. 엄마이기 이전에 한 사람으로서 자신의 감정을 솔직하게 말할 수 있었으면 좋겠습니다.

세상에 태어나 가장 잘한 일이 뭐냐고 누군가 묻는다면 아이를 낳아 엄마가 된 일이라고 말합니다. 그 아이는 눈에 넣어도 아프지 않다고 말합니다. 그런데 그렇게나 소중한 아이가 가끔씩 말할 수 없이 미울 때도 있습니다. 아이를 보살피느라 몸과 마음이 극도로 지쳐있을 때 그런 생각이 듭니다. 그러고는 곧 좋은 엄마 콤플렉스로 자책을 합니다. 항상 최선을 다했음에도 항상 뭔가 부족하고 능력 없는 엄마라는 생각에 죄책감을 갖기도 합니다. 어쩌면 엄마가 된 걸 후회한다고 말하는 이도 있을 수 있습니다.

『엄마됨을 후회함』의 저자 오나 도나스는 엄마됨을 후회하는 것이 자식의 존재를 부정하는 것이 아님을, 전혀 다른 차원의 일임을 명확히 하고 있습니다.

지금까지 어느 누구도 발설하지 않은 '엄마됨을 후회한다'라는 말. 정말 아무도, 한 사람도 이런 감정을 느끼지 않았던 걸까요? 아니면 모성애라는 아우라에 감히 입 밖에 내지 못하고 한 번도 느끼지 못한 감정처럼 가슴 속 깊이 꼭꼭 눌러놓았던 건 아닐까요?

"만일 지금의 경험과 지식을 가지고 과거로 돌아간다면 또다시 엄마가 되겠습니까?"라는 질문에 여러분은 어떤 대답을 하실 건가요? 비밀이 보장된다면.

아이에 대한 희생으로 자신의 존재를 지우고 있는 엄마들에게 토닥토닥 위로가 필요할 때입니다. 무조건적인 희생만이 최선이 아니라고요. 이미 충분히 좋은 엄마라고요. 어쩌면 조금은 부족하고 헐렁한 엄마가 아이에게는 더 편안하고 좋은 엄마일지도 모른다고요. 프랑스 철학자 미셸 푸코의 말을 빌리자면 사람은 자기 자신을 잘 돌볼 때 가장 큰 능력을 발휘하고 또 다른 사람들에게 가장 큰 도움을 준다고 합니다.

아이들에게 한없이 퍼붓는 그 사랑, 이제는 엄마인 스스로에게도 조금 나누어 스스로를 돌보고 보살피는 엄마가 되었으면 합니다. 가까이에 있는 누군가가 엄마의 마음을 알아주고 토닥여주는 것도 필요하지만, 엄마인 자신을 스스로 사랑하는 것도 더없이 중요합니다.

『엄마됨을 후회함』

오나 도나스 저, 반니

제목부터가 너무나 도발적인 책. 엄마라면 한 번쯤 손이 가는 책이 아닐까 싶습니다. 이 책을 읽은 분들은 대체로 이런 느낌이었다고 하네요. '나만 느끼는 감정이 아니었구나.'

엄마 마음을 울리는 그림책

『고함쟁이 엄마』
유타 바우어 글·그림, 비룡소

엄마가 무심코 내지른 고함이 아이에게 얼마나 큰 두려움이고 공포인지를 유머러스하면서도 가슴을 콕! 찌르게 합니다. 한동안은 집 안에 큰소리가 나지 않을 듯 싶어요.

『혼나지 않게 해 주세요』
구스노키 시게노리 글, 이시이 기요타카 그림, 베틀북

오늘도 내일도 혼나고, 학교에서도 집에서도 혼이 나 어깨가 항상 축 쳐진 아이. 이 아이의 소원은 착한 아이가 되어 혼나지 않는 거랍니다. 이런 아이는 그저 한 번 꼭 안아주기만 하면 될 텐데요. 아이에게 미안한 마음을 전하고 싶을 때 읽어주면 좋아요.

『조금만』
타키무라 유우코 글, 스즈키 나가코 그림, 한림출판사

동생이 생긴 이후, 혼자서 많은 것을 해야 하는 단비의 외로움이 잘 그려져 있습니다. 첫째 아이에 대한 미안함이 많은 엄마들, 오늘은 첫째 아이를 무릎에 앉히고 이 책을 읽어주세요.

『엄마가 정말 좋아요』
미야니시 다쓰야 글·그림, 길벗어린이

이런 엄마였으면 좋겠어요, 하고 엄마에 대한 바람을 하나하나 나열하는 아이. 그렇지만 이런 엄마가 아니라도 엄마가 정말 좋다는 깜찍한 아이를 만나보세요. 우리 아이는 엄마에 대해 어떤 바람을 가지고 있을까요?

『태어나 줘서 고마워』
니시모토 요우 글, 구로이 켄 그림, 아이세움

엄마의 딸로 태어나줘서 고마워! 엄마의 아들로 태어나줘서 고마워! 아이들이 엄마에게서 가장 듣고 싶은 말입니다.

『네가 아니었다면』

김별아 글, 이장미 그림, 토토북

감사와 설렘, 떨림과 슬픔 등 엄마가 되어야만 느낄 수 있는 마음을 갖게 해준 소중한 존재, 아이에 대한 고마움이 가득합니다. 아이와 함께 읽으면 아이의 어깨가 으쓱! 할 것 같아요.

『만점짜리 도시락』

구스노키 시게노리 글, 이토 히데오 그림, 스콜라

내일은 신나는 소풍날, 주인공 나오는 엄마의 도시락을 잔뜩 기대합니다. 동물 모양 도시락, 만화 주인공 모양 도시락 등 엄마의 도시락은 나오의 자랑이거든요. 그런데 저녁도 거를 만큼 엄마가 많이 아픕니다. 엄마를 힘들게 하고 싶지 않은 나오는 엄마를 위해 무엇을 할 수 있을까요?

『동갑내기 울 엄마』

임사라 글, 박현주 그림, 나무생각

엄마의 엄마, 그러니까 할머니가 일곱 살 은비에게 말합니다. 은비 엄마도 엄마가 된 지 일곱 살이니 모르는 것도 많고, 힘든 일도 많을 거라고요. 그러니 은비가 엄마를 많이 도와줘야 한다고요. 그때부터 은비는 생각합니다.

엄마에게도 엄마가 필요할까? 엄마도 엄마가 보고 싶어서 울까? 우리가 몸이 아플 때는 항상 엄마가 보살펴 주는데 엄마가 아플 때는 누가 보살펴줄까? 하고요. 엄마라는 소중한 존재에 대해 생각해보는 아이를 통해 엄마는 그만 울컥해지며 어떤 위로를 받게 됩니다.

『엄마가 만들었어』

하세가와 요시후미 글·그림, 천개의바람

초등학교 3학년 요시오의 엄마는 재봉틀로 옷 만드는 일을 해요. 요시오의 청바지도, 체육복도, 가방도 모두 엄마가 만들어주셨어요. 엄마는 뭐든지 만들 수 있대요. 그런데 아빠의 참관수업날을 앞두고 요시오는 엄마에게 아빠를 만들어달라고 하는데….

육아에 지친 엄마를 위로하는 그림책

『엄마는 알까?』

원은정 글, 김도아 그림, 고래이야기

한 번 방긋 웃어주기만 해도 힘이 나게 하는 아이가 말해요. 자신이 특별히 엄마를 선택해서 엄마를 찾아왔다고요. 그러고는 엄마를 선택하게 된 이유를 조잘조잘 끝도 없이 얘기합니다. 아, 듣다 보면 구름 위를 걷는 듯, 입 안에서 솜사탕이 녹는 듯 행복해져요. 아이는 여기서 멈추지 않아요. 엄마가 우리 엄마라서 얼마나 행복한지! 모른다네요. 엄마도 화답하듯 말하지요. 다른 누구도 아닌 바로 네가 엄마에게 와줘서 엄마가 얼마나 행복한지! 모른다고요. 우리 아이는 엄마를 선택한 이유를 뭐라 말할까요? 혹시 잘못 선택했다고 말하면 어쩌죠?

『파이팅!』

미우 글·그림, 달그림

슈퍼맨 옷을 입은 엄마는 아침부터 가랑이가 찢어지도록 바쁩니다. 삶의 고비가 있을 때마다 가족들 옆에서 한결같이 응원합니다. "파이팅! 견딜 만해지기를. 파이팅! 참을 만해지기를. 파이팅! 열정으로 바뀌기를." 아이들뿐만 아니라 힘든 하루를 보낸 남편에게도 응원을 보내고, 무료한 하루를 보낸 노년의 부모님을 챙기는 것도 엄마입니다.

자신만의 시간을 마주할 필요가 있는 한 사람인 엄마는 어디서 위로를 받을까요? 고단한 하루를 보낸 엄마가 슈퍼맨 옷을 벗어 막 옷걸이에 거는 순간 엄마를 부르는 소리가 들립니다. 슈퍼맨 옷을 아직 벗을 시간이 아닌 건가요? 무슨 일인가 싶어 엄마가 황급히 달려갑니다.

『엄마는 왜 화만 낼까?』

노부미 글·그림, 미디어창비

아침에 일어나서 유치원에 가기까지의 풍경을 담았어요. 엄마를 화나게 하는 재미로 산다는 환이, 정말 엄마를 화나게 하는 데 천부적인 재능이 있어요. 환이가 그럴 때마다 엄마는 화를 내고요. 한국이나 일본이나 비슷한 아침 풍경에 웃음이 나오네요. 생일 선물로 뭘 갖고 싶냐는 엄마의 물음에 환이는 화내지 않는 엄마라고 말해요. 환이도 사실은 엄마가 화내는 게 싫었나 봐요. 순간 엄마는 환이에게 화

만 내서 미안하다며 폭풍 눈물을 흘리고 환이도 엄마 품에 안겨 눈물을 흘리는데…. 작가가 책 속에 숨겨놓은 작은 그림들을 찾는 재미가 있어요. 달팽이, 메뚜기, 똥 친구, 도둑을 찾아보세요.

『고양이 손을 빌려드립니다』

김채완 글, 조원희 그림, 웅진주니어

양손 가득 장바구니를 들고 뛰어오니 집에는 가득 쌓인 빨래 바구니와 설거지거리들이 기다리고 있습니다. 청소기를 돌리고 행주질을 하던 엄마가 한숨 섞인 푸념을 합니다. 고양이로 태어났으면 좋았을 텐데 하고요. 이 말을 들은 고양이가 엄마를 돕겠다고 나섭니다. 고양이 손을 빌린 덕분에 엄마는 그렇게 좋아하던 산책을 나가게 됩니다. 그동안은 바빠서 봄이 오는지 가을이 오는지도 몰랐는데 알록달록 단풍도 눈에 들어오고 바스락거리는 낙엽소리도 들립니다. 무관심한 아빠를 대신하여 집안일을 도와주는 고양이 덕분에 엄마는 꿈결같은 여유를 갖게 된 거죠. 그런데 어떡하죠? 엄마의 몸이 점점 이상해지더니 고양이가 되고 말아요. 집안일을 척척 해내는 고양이 보는 재미도 쏠쏠하지만, 고양이로 변해 버린 엄마를 위해 뒤늦게 애쓰는 아빠의 모습에 얼마간은 위로가 좀 되는 듯해요. 아빠도 꼭 읽어야 되겠지요?

『개미요정의 선물』

신선미 글·그림, 창비

신선미 작가의 전통 채색화 기법의 고운 그림이 먼저 시선을 사로잡아요. 엄마인 나의 어린시절과 친정엄마가 떠올라 울컥해지는 이야기. 시간을 거슬러 만나고 싶은 사람이 있나요? 그 사람이 친정엄마라면 몇 살 때의 나로 돌아가고 싶나요?

『날 좀 그냥 내버려 둬!』
베라 브로스골 글·그림, 미래엔아이세움

작은 집에 아주 많은 아이들과 할머니가 살고 있었어요. 한시도 가만히 있지 않는 아이들 때문에 겨울이 코앞인데도 할머니는 뜨개질을 할 수가 없었지요. 할머니는 "날 좀 그냥 내버려 둬!" 라고 소리치고는 뜨개질거리를 담은 자루를 둘러메고 집을 떠납니다. 혼자만의 조용한 곳을 찾아 숲 속으로, 다시 높고 높은 산으로 갑니다. 그곳도 조용하지 않아 또 다시 달로, 달에서 다시 침묵만이 있는 웜홀로 들어가지요. 하루에도 수십 번씩 "날 좀 그냥 내버려 둬!" 라고 소리치고 싶고 혼자만의 시간과 공간이 절실한 엄마들에게 공감되는 이야기입니다.

『엄마 모습』
마리아나 루이스 존슨 글·그림, 풀과바람

아이의 눈으로 바라본 엄마의 모습을 들려줘요. 엄마는 포근한 집이고 편안하고 걱정할 게 없는 행복한 곳이래요. 엄마가 화나면 폭풍이 몰려오지만 해님과 별님, 달님 이야기를 멋지게 들려주고 엄마랑 함께 있으면 정글도 무섭지 않대요. 아주 많은 일을 하는 엄마는 대단하대요. 우리 아이는 엄마를 어떤 모습으로 바라볼까요?

엄마를 위한 책

『한밤중의 육아일기』
소로소로 허지애 저, 시공사

24시간 오롯이 육아와 집안일에 매여 있는 일상의 반복. 그럼에도 지친 몸으로 한밤중 잠깐 짬을 내어 글을 쓰는 시간은 내일을 위한 비타민과도 같습니다. 여기 육아의 일상과 엄마의 섬세한 감정을 따뜻한 그림에 차곡차곡 담아낸 한밤중의 일기는 그렇게 탄생했어요. 스스로에게는 치유와 위로의 글쓰기였고, 독자들은 자신의 모습과 감정을 거울로 들여다보듯 공감하며 읽게 되지요. 무릎을 치며 웃기도 하고, 순간 울컥해지기도 하고, 놓쳤던 소중한 순간을 만나기도 하고요. 짧은 글과 따뜻한 그림, 아무 때나 조각 시간에 슬쩍슬쩍 읽기에 좋아요.

『익명의 엄마들』 그래픽노블
그웬돌린 레송 글, 마갈리 르 위슈 그림, 북콘

'익명의 엄마들'이라는 모임이 있습니다. 빙 둘러앉아 마음속 고민들을 털어놓으면 가만히 귀 기울여 들어주고 공감해주고 격려해주는 엄마들의 모임입니다. 너무도 적나라하고 생생한 여자 사람들의 마음속 이야기는 듣기만 해도 위로가 됩니다. 특히 한국이나 프랑스나, 세상의 엄마들 마음은 다 똑같다는 사실.

 좋은 말 나쁜 말

헛소문에
꿈쩍 않도록

말 한마디에 천 냥 빚도 갚는다, 발 없는 말이 천 리 간다, 낮말은 새가 듣고 밤말은 쥐가 듣는다, 가는 말이 고아야 오는 말이 곱다, 혀 아래 도끼 들었다….

말과 관련된 속담들입니다. 너무도 익숙하고 흔히 듣는 말이라 마음에 남지 않고 바람 스치듯 흘러가 버립니다. 혼자서 천천히 읊조려보고는 옛 어른들은 말씀을 어찌 이리도 절묘하게, 재미있게 엮어냈는지 새삼 깨닫습니다.

세상에는 참으로 많은 말들이 있습니다. 마음에 편안함과 위로를 주는 따뜻한 말이 있는가 하면, 찬바람 쌩쌩 부는 차가운 말이 있습니다. 몸에 난 상처는 시간이 지나면 자연스레 아물고 부드러운 새살이 돋지만, 말로 받은 마음의 상처는 깊숙하게 오래 남습니다. 어떤 말은 힘과 용기를 주지만 어깨를 축 늘어뜨리게 하는 말도 있습니다.

또한 발도 없는 말이 퍼져나가 생긴 소문은 한 사람의 인생을 송두리째 빼앗아가기도 합니다. 소문에는 퍼뜨린 자의 뱃속을 두둑이 할 거짓이 들어 있는 경우가 많으니까요. 아무 생각 없이 소문을 옮기는 일에 동참하게 되는 경우도 있습니다. 본인은 큰 잘못을 했다고 생각하지 않지만 결과적으로 누군가의 마음을 아프게 하는 공동가해자가 되기도 합니다.

일상생활에서 흔하게 부딪치는 말 중에 거짓말도 빼놓을 수 없죠. 특히 아이들의 경우라면 더더욱 그러합니다. 아이들에게 거짓말은 의도했다기보다는 순간적으로 불쑥 찾아오게 되니까요.

소문이든 일상으로 내뱉는 말이든, 우리가 하는 말에는 한 사람의 평생의 경험이 담겨 있다고 합니다. 그러니 자신의 말을 잘 들여다보는 일은 자신을 이해하는 일이고, 그래서 말에 뭔가 문제가 있다면 그 원인 또한 마음 안에 있다고요.

'말'은 온 가족이 함께 이야기 나누기에 아주 중요한 소재입니다. 말로 인해 벌어지는 여러 가지 이야기를 만나보고 자신의 말을 되돌아보는 계기가 되었으면 합니다. 더불어 각자의 말의 온도도 높여보고요. 관계를 깊어지게 하는 말, 바로 가장 가까운 가족 관계부터 변화가 필요하니까요.

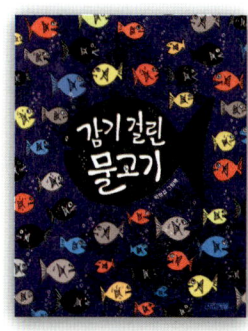

『감기 걸린 물고기』
박정섭 글·그림, 사계절

소문, 거짓말, 따돌림이라는 키워드를 가지고 흥미로운 이야기를 펼칩니다. 물고기를 잡아먹고 싶은 아귀가 거짓 소문을 퍼트립니다. 함께 어울려 다니던 물고기떼는 소문에 휘둘려 서로를 따돌리게 되고 무리에서 벗어나 힘이 약해진 물고기는 아귀에게 먹히게 됩니다. 살아있는 캐릭터와 그들이 나누는 대화에 깔깔깔 웃게 되지만 뒷맛은 씁쓸합니다. 어째 우리 사람들 모습과 이리도 똑같을까요?

소문을 다룬 그림책

『그 소문 들었어?』
하야시 기린 글, 쇼노 나오코 그림, 천개의바람

멋진 황금빛 갈기를 가진 사자는 자신이 다음 왕 후보로 제격이라며 의기양양해합니다. 그런데 마을광장에는 이런 소문이 떠돌고 있었습니다. 마을 변두리에 마음씨가 아주 고운 은색 사자가 살고 있는데 그 사자야말로 왕에 어울린다고요. 욕심 많은 금색 사자가 가만히 있을 리가 없겠지요. 곧바로 은색 사자에 대한 거짓 소문을 퍼트리기 시작합니다. 은색 사자는 왕이 될 수 있을까요?

『말말말』

맥 바넷 글, 젠 코레이스 그림, 아이맘

내가 한 말이 옆으로 옆으로 릴레이처럼 전해졌을 때 어떻게 엉뚱하게 변하는지를 잘 보여주는 이야기입니다. 해질녘, 비둘기 피터의 엄마가 아이 친구에게 '저녁밥 먹게 집으로 곧장 날아오라'는 말 좀 전해달라고 합니다. 피터는 저녁밥을 먹을 수 있을까요?

『늑대가 뭐래?』

잉그리드 샤버트 글, 모린 푸아뇨넥 그림, 푸른숲주니어

다른 사람의 말을 옮기는 일이 얼마나 어려운 일인지를 유쾌하게 풀어낸 책. 쫄깃쫄깃한 돼지고기가 먹고 싶다고 한 늑대의 말이 친구들 사이에 전해지면서 전혀 엉뚱한 말이 되고 맙니다. 친구들 사이에 떠도는 이야기를 궁금해 하는 돼지에게 토끼들이 조용히 말해줍니다. 늑대가 너하고 결혼하고 싶어 한다고요. 그 말을 듣고 신이 난 돼지는 예쁘게 차려입고 늑대의 집으로 부리나케 달려갑니다. 돼지는 어떻게 될까요?

『화장실 몬스터』 동화

사스키아 훌라 글, 마리아 슈탈더 그림, 라임

화장실에 검정구두 어른이 나타납니다. 이 목격담은 교실전체에 퍼지고 마침내는 무서운 이야기로 발전합니다. 이제 혼자서는 화장실도 못가고 화장실에 안가기 위해 학교에서는 음료도 마시지 않습니다. 재밌게 읽은 아이에게 결말을 물어보면 얄궂게 말합니다. "읽어 봐. 반전이 있어."

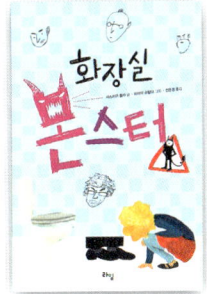

『왜 나한테만 그래?』 동화

루이스 새커 글, 슈 헬러드 그림, 현북스

코 파기 대장이라는 헛소문에 휘말린 마빈의 억울한 이야기입니다. 단짝 친구들마저 마빈과 거리를 두고 선생님은 비위생적이라며 고치라고 하고요. 마빈은 이 상황을 어떻게 헤쳐나갈까요?

천냥 빚도 갚는다는 좋은 말에 대한 그림책

『말하면 힘이 세지는 말』
미야니시 다쓰야 글·그림, 책속물고기

별나게 행동하고 엉뚱하게 말하는 눈썹아저씨는 친구들이 깔깔거리며 비웃지만 신경 쓰지 않아요. 왜냐면 아저씨에게는 말하면 힘이 세지는 특별한 힘이 있거든요. 꿈은 이루어진다고 믿고, 끝까지 포기하지 않고, 늘 상냥하게 행동하는 아저씨는 하루하루가 행복하답니다. 말하면 힘이 세지는 말들을 적어볼까요? 반대로 말하면 힘이 빠지는 말들은 어떤 것들이 있을까요?

『용기가 솟는 말』
윤여림 글, 정현지 그림, 미세기

휘파람 유치원에 다니는 아홉 명의 친구들이 꼭대기 집을 향해 모험을 떠나요. 장애물을 만나고 험난한 길을 맞닥뜨리고 미로를 만나 길을 잃을 수도 있어요. 하지만 친구들은 씩씩하기만 합니다. 비결이 뭘까요?

『세상에서 가장 힘이 센 말』
이현정 글, 이철민 그림, 달달북스

세상에서 가장 힘이 센 말에는 어떤 것들이 있을까요? 들으면 가슴이 두근거리고 자꾸자꾸 또 듣고 싶고 조용히 말해도 용기가 불끈불끈 솟고 마음이 따뜻해지는 말들을 먼저 떠올려보세요. 책을 읽으면 힘이 센 말들이 가슴 속으로 쏙쏙 들어와요.

『나쁜 말이 불쑥』
오드리 우드 글, 돈 우드 그림, 책과콩나무

나쁜 말을 하면 할수록 나쁜 말을 먹고 자라는 괴물이 몸에 딱 달라붙어 함께 살아요. 자꾸만 나쁜 말이 튀어나오려고 해요. 이럴 땐 어떡해야 할까요?

『마두의 말씨앗』 동화
문선이 저, 정지윤 그림, 사계절

마두는 잘 놀아주지 않는 아빠를 바꿨으면 좋겠다고 입버릇처럼 이야기합니다. 그 말을 백 번째 하던 날, 정말 말이 씨가 되었던 건지 마두가 원하는 대로 아빠를 네 번이나 바꿀 수 있대요. 신이 난 마두는 잘 놀아주는 아빠, 부자 아빠, 뭐든 오냐 아빠 등 원하는 대로 아빠를 마음껏 바꾸는데…. 이제 마두는 행복할까요?

『말들이 사는 나라』 동화
윤여림 글, 최미란 그림, 스콜라

제목만 보면 푸른 초원이 떠오르지요? 말들이 사는 나라는 좋은 말, 나쁜 말이 태어나는 바로 사람들의 입 속입니다. 좋은 말만 쓰라고요? 윤여림 작가는 천만의 말씀이라네요. 나쁜 말이라도 꼭 필요한 순간이 있대요. 부당한 상황에서 자신을 지켜내기 위해서요. 그러니까 좋은 말과 나쁜 말을 지혜롭게 사용하는 것이 중요하다는 메시지를 담고 있어요. 우리 다함께 나쁜 말을 배워볼까요? 쳇! 흥! 으으으!

엄마를 위한 책

『너 왜 울어?』 그림책

바실리스 알렉사키스 글, 장·마리 앙트낭 그림, 북하우스

그림책이란 표현 수단을 이용한 엄마를 위한 자녀 교육서입니다. 엄마가 아이에게 내뱉는 말들로만 이루어진 텍스트는 거울에 비친 내 모습만 같아 뒤통수가 뜨거워집니다. 아이와 소통을 위한 대화를 하는지, 일방적인 엄마의 말인지, 나의 말을 돌아보게 하네요.

『말 그릇』

김윤나 저, 카시오페아

비울수록 더 채우는 말 그릇. "말은 몇 초만에 세상 밖으로 나오지만, 그 한마디 한마디에는 평생의 경험이 남겨 있다. 따라서 당신의 말 그릇을 살핀다는 것은 말 속에 숨어 있는 자신을 이해하는 과정과 같다." 자신의 말 그릇을 살피는 일이 곧 내적자아와 대면하고 마음의 상처를 치유하는 길일 수도 있다는 사실이 놀랍습니다.

『엄마의 말공부』

이임숙 저, 카시오페아

아동·청소년 상담사인 저자가 15년간 2만 시간 동안 아이와 부모를 상담한 후 건져 올린 핵심은 '엄마의 말'이었다고 합니다. 엄마의 말 5가지만 알아도 전쟁 같은 하루가 행복한 하루로 바뀐다고 하는데요. 엄마의 말 5가지란 이유가 있을 거야, 그래서 그랬구나, 좋은 뜻이 있었구나, 훌륭하구나, 어떻게 하면 좋을까? 입니다. 오늘부터 당장 실천해보고 싶은, 어른이 듣기에도 마음이 편안해지는 말들입니다.

『언어의 온도』

이기주 저, 말글터

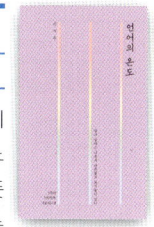

우선 보랏빛 표지와 제목이 끌리는 책입니다. 사람의 생각과 느낌을 목소리로 표현한 말을 따뜻하다, 차갑다, 하고 말하곤 했는데 '언어의 온도'라 이르니 멋스럽네요. 언어의 온도를 느껴볼 수 있는 일상의 자잘한 이야기들이 담겨있습니다. 매일 매일 내뱉는 나의 말의 온도는 어떨까요?

『언제 들어도 좋은 말』

이석원 저, 그책

'언제 들어도 좋은 말'이라는 제목에 괜스레 기분이 좋아집니다. 어떤 말들이 있을까 상상해보게 합니다. 이야기와 산문의 독특한 결합으로 현실인지 소설인지 혼란스럽다가 소설처럼 결말이 정말 궁금해지는 이 책. 게다가 저자가 모던 록 밴드 〈언니네 이발관〉의 보컬이라니 〈언니네 이발관〉 노래를 들으며 읽으면 아름다운 영화를 보고 난 기분이 들어요.

 아이와 어른의 우정

아저씨, 나랑 친구할래요?

『나의 클리외르 아저씨』 이세 히데코 저, 청어람미디어

그림책을 즐겨 읽는다는 분들에게 마음에 남는 그림책을 꼽으라고 하면 겹치는 그림책들이 있습니다. 바로 이세 히데코의 『나의 클리외르 아저씨』가 그렇습니다. 투박한 옹이가 박힌 오래된 나무 테이블을 바라보듯 한 번 읽고 나면 언제 봐도 마냥 기분 좋아지는 그런 책입니다.

너무 많이 펼쳐봐서 너덜너덜해진 식물도감을 안타까운 마음으로 만지작거리는 소피. 책방에는 새로 나온 식물도감이 잔뜩 있지만 어린 소피는 닳고 닳은 자신의 식물도감을 어떻게든 고치고 싶어 합니다. 손때 묻은 추억의 소중함을 아는 참으로 기특한 마음결이지요?

다행히 책을 고쳐주는 클리외르(프랑스 말로 예술제본가라는 뜻) 아저씨를 찾아가게 됩니다. 손이 나무옹이처럼 변하도록 대를 이어 책 고치는 일을 해온 클리외르 아저씨. 온종일 책에 관한 이야기며, 자신이 평생 해온 클리외르 일이며 소피와 조곤조곤 이야기를 주고받으며 소피의 식물도감을 고치는 작업을 함께 합니다. 배꼽시계가 울릴 즈음엔 공원에 가서 4백 살도 더 된 아카시아를 바라보며 빵도 함께 먹고요. 식물도감 속지로 쓸 종이를 숲 색깔로 직접 고르고 작업 과정 하나하나를 지켜보면서 이런저런 참견도 하고 끊임없이 질문을 퍼붓는 꼼꼼한 꼬마 아가씨 소피. 아저씨는 소피에게 밤늦도록 마무리 작업을 할 테니 식물도감은 내일 찾으러 오라고 합니다.

다음날 두근두근 설레는 마음으로 달려간 소피의 두 손에 새로운 식물도감 책이 들려 있습니다. 표지도 책 제목도 새롭게 태어났습니다. 표지에는 소피가 직접 그린 아카시아 나무 그림이 들어가 있습니다. 소피가 아카시아 나무를 좋아한다는 걸 소피의 재잘거림 속에서 놓치지 않고 알아챈 아저씨의 섬세함이 느껴지는 대목입니다. 어린 소피와 진심으로 대화를 나눴기 때문에 가능한 일이었겠지요? 새롭게 이름 붙인 책 제목 또한 탄성을 자아내게 합니다. 〈소피의 나무들〉이랍니다.

'소피'라는 이름은 금박으로 새겨져 있고요. 이보다 더 적확한 제목은 없을 듯합니다. 세상에서 단 하나뿐인 소피의 식물도감입니다.

식물도감을 품에 꼭 껴안은 소피의 마음을 가늠해 봅니다. 얼마나 기쁠까요? 제 심장이 요동칩니다. 단순히 너덜너덜한 책을 고쳐낸 게 아니라 소피의 마음을 흠뻑 담아낸 식물도감입니다.

소피가 책을 들고 정중하게 고맙다고 인사하는데, 아저씨는 소피가 선물로 준 작은 화분을 안고 금세 잠드셨네요. 아마도 어제 밤을 꼴딱 새셨나 봅니다.

마지막 장에 가면 커다란 나무 앞에 다 자란 소피가 서 있습니다. 식물도감을 사랑했던 꼬마 소피가 식물학자가 되었다고 하네요.

그림책을 살포시 두 손으로 감싸 쥐고 곰곰이 생각해봅니다. 청소를 오랫동안 안 한 듯 엉망인(소피가 보기에) 작업장에서 너덜너덜한 식물도감을 안고 찾아간 소피와 클리외르 아저씨의 만남.

단 하루의 짧은 시간이지만, 아이와 어른의 관계지만, 그 둘은 아주 오랜 친구 같았습니다. 가족도 아니고 친척도 아니고 선생님도 아닌 어른이 아이의 좋은 친구가 되었을 때, 동갑내기 친구가 해 줄 수 없는 부분이 있습니다. 그런 어른 친구를 갖는다면 참스승을 만난 것만큼 아이에겐 크나큰 행운이겠지요.

그러고 보니 주위 어른이 아이들의 좋은 친구가 되는, 아이와 어른의 우정을 다룬 책들이 줄줄이 떠올랐습니다.

아이와 어른의 우정을 다룬 그림책

『카진스키 할머니를 위한 선물』
마릴린 레이놀즈 글, 린 스미스-애리 그림, 시공주니어

낡고 허름한 연립주택에 요리사 엄마와 단둘이 살고 있는 프랭크. 프랭크는 연립주택 꼭대기 다락방에 혼자 사는 카진스키 할머니와 둘도 없는 친구랍니다. 엄마 다음으로 할머니를 좋아할 만큼요. 엄마가 일 나가고 혼자 있는 시간에는 할머니와 차를 마시기도 하고 할머니의 오래된 사진 앨범도 같이 보고 극장에도 함께 갑니다. 그런데 이번 일요일이 할머니 생일이랍니다. 세상에서 가장 멋진 생일 선물을 하고 싶은데, 고민입니다.

『할머니의 기억은 어디로 갔을까?』
멤 폭스 글, 줄리 비바스 그림, 키득키득

양로원 바로 옆집에 살고 있는 주인공 소년 윌프리드 고든은 양로원의 낸시 할머니를 가장 좋아합니다. 자신처럼 이름이 네 마디로 길다는 이유로요. 그런데 낸시 할머니가 알츠하이머에 걸려 기억을 잃어버렸다고 해요. 소년은 할머니의 기억을 되찾아주기로 결심하고 바구니에 기억을 찾아서 조심스레 담아요. 바닷가에서 주운 소라와 조개껍데기, 꼭두각시 인형, 메달, 축구공, 따뜻하고 신선한 달걀. 소년이 가져온 기억들을 하나씩 하나씩 꺼내어보는 할머니, 기억을 되찾을 수 있을까요? 기억에 관한 아이와 어른의 대화가 특히 인상적입니다.

『커다란 나무 같은 사람』
이세 히데코 글·그림, 청어람미디어

사에라는 식물을 사랑하지만 방법을 몰라 식물원에 들락거리며 말썽을 피우는 소녀입니다. 그런 사에라에게 30년 넘게 세상의 나무와 사람들의 관계를 연구해온 식물학자 아저씨가 말을 걸어옵니다.

식물학자 아저씨는 어린 사에라에게 그루터기며 나무화석이며 으아리꽃이며, 그리고 새 둥지처럼 생긴 너도밤나무의 돌연변이에 대해 조근조근 들려줍니다. 아 참, 호랑가시나무에 왜 가시가 있는지도요. 나무와 식물에 대해 이야기꽃을 피우는 동안 사에라와 아저씨는 다정한 친구가 되었습니다. 이제 사에라는 비가 오는 날이면 식물원에 있는 나무 둥지에 우산을 씌워주기도 합니다.
사에라 마음 속에는 식물학자 아저씨가 커다란 나무 같은 든든한 존재로 자리하고 있습니다.

『할머니와 고양이』
패트리샤 폴라코 글·그림, 보물창고

카츠 할머니는 폴란드계 유대인으로 혼자 살고 있습니다. 라넬의 엄마는 외로운 할머니 집에 이틀에 한 번꼴로 들러 할머니 손을 꼭 잡아드립니다. 어느 날 라넬은 가

장 약하고 작고 꼬리도 없고 못생겨서 아무도 데려 가지 않는 아기고양이를 데리고 할머니 집에 갑니다. 보잘것없는 아기고양이를 할머니가 키워 주었으면 하는 마음에서였지요. 할머니는 잠깐 생각하는 듯하더니 라넬이 고양이 돌보는 걸 도와준다면 아기고양이를 키우겠다고 합니다. 그래서 아기고양이가 끄나풀이 되어 라넬은 할머니 집에 자주 놀러 가게 되고 할머니의 고향이야기나 할머니의 옛이야기를 듣는 것을 좋아하게 되었습니다. 물론 따뜻한 차와 할머니가 직접 구운 비스킷을 먹으면서요. 가장 약하고 못생겼던 고양이는 따뜻한 보살핌으로 잘 자랐고요. 그런데 어느 날 외출했다가 돌아와 보니 고양이가 보이지 않는데….

『우리 동네 할머니』

제임스 스티븐슨 그림, 샬롯 졸로토 글, 시공주니어

우리 동네 할머니는 제목처럼 우리 동네 아이들 모두의 할머니입니다. 혼자 살지만 정원을 가꾸며 겨울에는 빨간 호랑가시나무 열매를 우리에게 선물합니다. 학교 오가는 우리에게 웃으며 손을 흔들어주고 할로윈데이나 크리스마스, 부활절에는 손수 만든 사탕이나 케이크를 주십니다. 숲 속 오솔길을 산책하며 새들에게 모이를 주고 늙은 길냥이를 위해 우유접시도 챙겨 놓습니다. 혼자 살지만 마음이 넉넉한 할머니는 동네아이들 모두가 할머니의 친구입니다. 심지어 내 이름도 알고 내 강아지 이름까지도 알고 있는 할머니, 할머니도 우리처럼 조그만 아이였을 때 사랑과 정이 가득한 어떤 할머니가 있었을까요?

『산으로 오르는 길』

마리안느 뒤비크 글·그림, 고래뱃속

블레르 할머니는 일요일마다 산에 오르며 세상에 두려움이 많은 고양이 룰루를 다독이고 이끌어줍니다. 천천히 할머니의 삶과 마음이 그대로 룰루 삶에 스미며 할머니의 산은 룰루의 산이 됩니다. 이제 룰루는 토끼와 함께 산에 오릅니다. 옛날의 할머니처럼 다독이고 이끌어주면서.

『내 친구 윈딕시』 동화

케이트 디카밀로 글, 송재호 그림, 시공주니어

열 살 소녀 오팔은 엄마에 대한 그리움을 가슴에 품고 아빠와 외롭게 살고 있습니다. 낯선 곳으로 이사까지 가는 바람에 오팔은 더욱 마음 둘 곳이 없습니다. 그런 오팔에게 떠돌이 개 윈딕시가 들어와요. 잘 웃는 윈딕시 덕분에 좋은 친구들도 많이 만나게 됩니다. 슬픈 기분을 느끼게 하는 사탕을 서랍에 넣고 사는 도서관 관장 프래니 할머니, 음악을 통해 자신과 동물들의 마음을 달래는 애완동물가게 오티스 아저씨, 마녀라고 동네 아이들은 근처에 얼씬도 하지 않는 글로리아 할머니. 이제 외로움이라곤 느낄 틈이 없는 오팔의 어른 친구들입니다. 오팔은 프래니 할머니, 글로리아 할머니, 과거에 감옥에 갔다 온 오티스 아저씨와 어떻게 친구가 되었을까요?

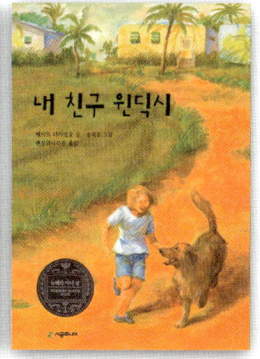

 **004** 산책

느릿느릿 혼자, 또는 왁자지껄 함께

나는 느린 걸음으로 온갖 해찰을 하며 빈둥거리며 걷는 산책을 그림책만큼 좋아합니다. "나는 편안하게 걷다가 마음 내킬 때 멈춰 서는 것을 좋아한다. 날씨가 좋을 때 서두르지 않고 아름다운 동네를 걷는 것. 그리고 다 걷고 나서 유쾌한 대상을 만나는 것. 바로 그것이야말로 내 취향에 가장 잘 맞는 방식이다."

18세기의 사상가 장 자크 루소가 산책에 대해 했던 말입니다. 루소는 삶의 끝자락에서 산책을 통해 파란만장했던 자신의 삶을 회고하고 그 내적 성찰의 기록을 남깁니다. 그 기록이 바로 『고독한 산책자의 몽상』(문학동네)이란 책입니다.

책을 좋아하는 사람에게 이 세상에 책이 없다면? 이라는 가정문을 제시하면 끔찍하다, 암흑이다, 도저히 상상조차 할 수 없다 등 더 이상의 강한 감정 표현을 찾기 위해 애를 씁니다. 마찬가지로 앞으로 결코 산책할 수 없다는 명령이

『고독한 산책자의 몽상』 장 자크 루소 저, 문학동네

나에게 내려진다면 바로 책이 없는 세상만큼이나 끔찍하고 앞이 깜깜할 것 같습니다.

『걷기의 인문학』의 저자 리베카 솔닛은 '걷기'라는 가장 보편적인 행위가 가장 철학적이고 예술적이고 혁명적인 행위라고 예찬하는데 저도 깊이 공감합니다. 걸으면서 직접 몸으로 마음으로 느낀 걷기의 장점에 대해 끝없이 수다를 떨 수 있으니까요.

화산이 폭발할 듯 화가 났을 때 현관문을 열고 바깥 공기가 스미는 순간 화가 스르르 녹는다, 보고 듣고 맛보고 만지고 느끼며 온몸의 감각이 깨어난다, 실타래처럼 엉킨 생각들이 가지런히 정리가 된다, 마음이 고요해지고 풍요로워지며 창작의 에너지가 샘솟는다, 마음속의 또 다른 나를 만나게 되어 외롭지 않다, 산책길에 만난 고양이, 곤줄박이, 이제 막 피어난 매화꽃이 가슴에 들어와 아름다운 풍경으로 피어난다….

『걷기의 인문학』 리베카 솔닛 저, 반비

걷기에 관한 한 무한한, 하염없는, 대책 없는 사랑 때문에 걷기라든가 산책이란 단어가 들어가는 책은 자석에 이끌리듯 마음의 주머니에 담습니다. 혼자 걷기도 하고 때로는 함께 걷고, 비가 오는 날은 우산에 빗방울 떨어지는 소리를 들으며 걷고 맑은 날엔 흘러가는 구름과 함께 걷습니다. 코가 떨어져 나갈 만큼 추운 날엔 산책에 관한 책을 읽다가, 어느새 걷고 있는 나를 발견합니다.

『달님의 산책』

김삼현 글·그림, 푸른숲주니어

놀이터에서 신나게 놀다가도 옅은 어둠이 내리기 시작하면 집으로 돌아가야 한대요. 그런데 그 시간에 달님은 어슬렁어슬렁 산책을 간대요. 깨끗하게 씻고 저녁을 맛있게 먹고 포근한 이불 속에서 얼른 달님과 함께 산책을 가봐야겠어요.

아이와 함께 읽는 산책 그림책

『아빠와 함께 산책』
볼프 예를브루흐 글·그림, 길벗어린이

『누가 내 머리에 똥쌌어?』에 그림을 그린 작가입니다. 깜깜한 한밤중에 아이는 아빠를 졸라 산책을 나갑니다. 아빠는 모두 잠들어 아무것도 없다고 심드렁하지만 아이는 신나기만 합니다. 맞아요! 밤산책이 얼마나 신나는지 나가 본 사람만이 알아요.

『엄마를 산책시키는 방법』
클로딘 오브룅 글, 보비+보비 그림, 씨드북

아이가 엄마를 산책시킨다고요? 네, 집안일로 지친 엄마에게 아이가 건넨 선물이 산책이랍니다. 이보다 더 상큼하고 유쾌한 선물이 있을까요? 엄마와 딸의 산책이에요.

『혼자 오니?』
김하늘 글, 정순희 그림, 사계절

실컷 놀다 보니 형이 보이질 않아요. 어쩔 수 없이 처음으로 혼자서 집으로 오게 된 아이. 두려움보다는 눈에 보이는 것 하나하나를 만져보고 궁금해하는 아이의 발걸음에 호기심이 가득합니다. 걷는 길은 항상 나무와 풀과 꽃과 온갖 생명들이 함께 하기에 결코 혼자가 아니에요.

『아빠, 나한테 물어봐』
버나드 와버 글, 이수지 그림, 비룡소

울긋불긋 나뭇잎이 곱게 물든 가을날, 아빠와 딸이 산책하는 풍경을 담았습니다. 산책은 정말 정말 신나, 라든가 산책은 바로 이렇게 하는 거야, 라는 걸 보여주는 것 같아요.

『촉촉한 여름 숲길을 걸어요』
김슬기 글·그림, 시공주니어

비오는 숲 속에서 자연의 친구들이랑 놀아 본 적 있나요? 유치원 아이들이 빗방울이 방울방울 맺힌 숲 속을 거닐며, 곤충들과 들풀들을 만나고 자연 속에서 신나게 노는 장면이 생기발랄하게 펼쳐집니다.

『걸었어』
이정덕,우지현 공저, 청어람주니어

한 땀 한 땀 바느질로 수놓은 그림책. 윗집 아이, 아랫집 아이가 반짝반짝 해를 따라 걷고 넘실넘실 강을 따라 걸으며 온몸으로 자연을 즐기는 모습이 신나 보여요. 그대로 함께 따라 걷고 싶을 만큼.

『안녕, 가을』

케나드 박 글·그림, 국민서관

늦여름 아침, 그러니까 가을이 막 시작될 즈음 아이가 혼자서 산책을 나갑니다. 산책길에서 만난 모든 것들에게 인사를 건네는 아이의 모습이 어찌나 사랑스러운지요?

『여름밤에』

문명예 글·그림, 재능교육

여름밤에 강아지와 산책을 나가요. 신이 나서 이리저리 쏘다니는 강아지에 초점이 맞춰져 있어요. 여름밤의 아름다운 정취와 자연의 노래를 글없이 시각적으로 보여줍니다.

『걷는 게 좋아』

하영 글·그림, 파란자전거

엄마 손을 잡고 산책을 나간 아이, 오늘은 엄마 손을 놓고 혼자서 걸어 봐요. 살금살금, 총총총총, 성큼성큼, 사뿐사뿐, 잠방잠방, 쿵쾅쿵쾅, 걸어 봐요.

『산책을 듣는 시간』 청소년

정은 저, 사계절

제목을 본 순간 냉큼 집어든 책. 한 문장 한 문장 아껴가며 읽은 책. 딸에게도 꼭 읽어보라고 권한 책. 장애에 대해, 듣는다는 것에 대해, 산책에 대해 많은 생각을 하게 한 책. '산책을 듣는 시간'은 주인공 수지가 벌인 사업 아이템. 수지의 고객으로 참여하고 싶을 만큼 참신하고 흥미로운 산책 사업이랍니다. 듣지 못하는 열아홉 수지와 전색맹인 한민과 한민의 안내견 마르첼로, 셋이 이끌어가는 따뜻하고 당차고 상큼한 청소년 소설.

『소리 산책』

폴 쇼위스 글, 알리키 브란덴베르크 그림, 불광출판사

산책은 눈뿐만 아니라 귀도 즐겁게 합니다. 귀에 마음을 기울이는 만큼 풍요롭게 들립니다. 바람소리, 새소리, 고양이 사뿐사뿐 걷는 소리, 내 발자국 소리, 나뭇가지 부러지는 소리, 비둘기 걷는 소리…. 오늘의 주제는 소리 산책이에요.

엄마를 위한 책

『시와 산책 Poetry and Walks』

한정원 저, 시간의흐름

산책하는 마음과 사유에 밤하늘의 별처럼 시가 뿌려져 있어요. 시별을 하나씩 주워 읽고는 가슴 호주머니에 담아 산책을 나가는 기쁨을 천천히 누리고 있어요. 마음속 깊숙이 숨겨두고 혼자만 야금야금 먹고 싶었던 책.

『고양이와 느릿느릿 걸어요』

박용준 저, 예담

시간이 멈추어 있는 듯한 옛 골목의 나른한 오후, 그곳엔 어김없이 아무런 걱정 없이 어슬렁거리는 길고양이가 있습니다. 사람의 속도와는 달리, 위험한 상황이 아니라면 절대 뛰는 법이 없는 느긋한 고양이. 그 길고양이들과 눈을 맞추며 느릿느릿 걸어 봐요.

『느리게 걷는 즐거움』

다비드 르 브르통 저, 북라이프

산책이란 단어를 좋아하는 사람이라면 한 번쯤 읽어야 될 책. 길 위에서 탄생한 수많은 이야기들이 담겨 있고, 무엇보다 걷기와 산책을 즐겼던 수많은 작가들과 그들의 짤막한 글을 만나는 재미가 쏠쏠해요. 장 그르니에, 헨리 데이비드 소로우, 리베카 솔닛, 로베르트 발저, 장 자크 루소, 헤르만 헤세, 마르셀 프루스트…. 걷기와 산책이 불가능했다면 수많은 작가들은 어떻게 견디어 냈을까요? 어디서 어떤 방식으로 영감을 떠올렸을까요? 뭔가 사색적이고 깊고 풍부한 걷기를 원한다면 산책 나갈 때 한 꼭지씩 읽고 나가면 좋아요.

『산책자』

로베르트 발저 저, 한겨레출판

산책자,라는 말과 참 잘 어울리는 작가 같아요. 밤중에도 산책하고 기나긴 산책자이자 홀로인 산책자였던 작가는 자신의 산문 〈크리스마스 이야기〉에서처럼 실제로 크리스마스날 산책하다가 눈 속에서 죽음을 맞이했답니다. 〈산책〉이란 작품에서 자신이 산책을 할 수 밖에 없는 이유와 산책의 유용함에 대해 7쪽에 걸쳐서 줄줄이 풀어놓은 장면이 인상적이에요. 이야기를 끌어가는 방식 또한 어디에서도 본 적 없는 파격적인 형식으로, 도저히 예측할 수 없는, 재즈의 즉흥연주 같기고 하고, 참여형 연극을 보는 것 같기도 해요. 어떤 사람은 펄쩍 뛰어오를 만큼 좋다며 감탄하고, 명성 때문에 도전했으나 도무지 이해할 수 없다며 도리질하는 사람도 있습니다. 동시대 작가 헤세와 카프카가 그의 열렬한 애독자였다니 더 끌리지 않나요?

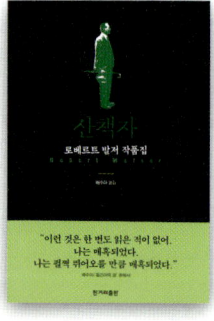

『산책하는 마음』

박지원 저, 사이드웨이

산책에 관한 에세이를 쓴다면 딱 이렇게 쓰고 싶다고 생각되는 책. 산책에 관한 정갈한 이야기가 잔물결처럼 우아하게 퍼져갑니다.

'내 반경을 어슬렁거리는 일은 언제든 우리 존재를 은근하게 고양시켜 주며 또 윤기 있게 만든다.'

005 추억이 담긴 시간

손 때 묻은
하나뿐인
내 물건

　현관문을 열고 들어서면 첫눈에 흑백사진 하나가 들어옵니다. 예술가들이 사랑한 파리지앵 사진가 로베르 두아노의 〈파리 시청 앞에서의 키스〉라는 작품인데요. 수많은 복사본 중의 하나지만 저에게는 특별한 의미가 있는 소중한 액자입니다.
　20여 년 전, 사진이 삶의 전부였을 만큼 사진에 푹 빠져 사진가가 되겠다고 파리 유학을 준비하던 시절, 파리 유학을 먼저 떠난 친구가 보내준 사진입니다. 여건이 되지 않아 미처 떠나지 못하고 흑백사진 한 장으로 마음을 달래며 행복한 꿈을 꾸었습니다. 그 꿈을 이루지는 못했지만 빛바랜 사진 액자를 볼 때마다 빙긋이 웃게 됩니다.
　수동카메라에 '철커덕 척' 롤필름을 끼우고, 두 손을 바쁘게 놀려 피사체를 담아내고, 밤새 필름을 현상하고, 어슴푸레한 암실에서 프린트하던 일이 어제 일처럼 여전히 가슴 설레게 합니다.
　남 보기에는 하찮고 보잘것없이 보여도 세상에 하나뿐인 특별하고도 소중한 '내 보물'입니다.
　매일매일 신상품이 쏟아져 나오고 인공지능 로봇의 시대지만 사람들은 다시금 아날로그를 찾고 있습니다. 몸을 여러 번 움직여야만 하는 번거로움을 마다하지 않습니다.

수제맥주를 만들고 LP판을 턴테이블에 올리고 필름카메라에 열광하고 원두를 갈아서 커피를 내리고…. 번거로운 과정 속에서 오히려 어떤 위로를 받는다고 합니다.

손때 묻은 물건들은 또 어떻고요? 일상에서 아무리 쓸모없어도 시간의 향기를 머금고 있는 물건에는 그립고도 애틋한 이야기가 담겨 있습니다. 그 이야기는 잠들어 있던 기억을 깨우고 행복한 추억을 소환해오는 소중한 보물이지요.

할아버지의 시계, 손때 묻은 너덜너덜한 식물도감, 분신처럼 항상 가지고 다닌 어린 시절의 인형, 할머니의 달달달 재봉틀, 가족들의 낡은 흑백사진 한 장, 어머니가 바느질할 때 쓰던 골무, 길모퉁이에서 주워온 돌멩이 하나, 비밀스러운 나만의 열쇠, 어쩐지 폼 나 보이는 오래된 만년필….

내가 가지고 있는 가장 오래된, 소중한 물건은 무엇인가요?

『할아버지의 낡은 타자기』
호몽 윌리 글·그림, 국민서관

할아버지는 오랜만에 찾아온 손자와 실컷 놀아줄 생각에 한껏 부풀어 있어요. 그런데 손자는 숙제한다며 컴퓨터 앞에만 앉아 있어요. 할아버지는 도와주고 싶지만 컴퓨터는 할 줄 몰라 대신에 비장의 무기, 타자기를 꺼내는데 손자는 구닥다리라며 쳐다보지도 않아요. 그때 마침 정전이 되고 남아 있던 배터리까지 다 닳아버리는 일이 일어나요. 시무룩하던 할아버지 얼굴에 생기가 돌며 할아버지가 바쁘게 움직여요. 남포등을 켜고, 둥그런 LP를 축음기에 올리고, 타닥타닥타닥 능숙하게 타자를 치는데…

추억과 시간을 품은 그림책

『할머니의 찻잔』
패트리샤 폴라코 글,그림, 미래아이

작가의 증조할머니인 안나의 어렸을 때 이야기예요. 모든 유대인은 러시아 땅에서 떠나야 한다는 황제의 명령으로 안나의 가족은 고향에서 쫓겨나게 돼요. 험난한 여행길에 오른 안나의 가족은 '축복의 잔'으로 차를 나눠 마시며 함께 기도하고 서로 위로하며 버텨내지요. 7대에 걸쳐 내려온 이 축복의 잔은 엄마가 결혼 선물로 받은 아름다운 찻잔인데, 힘들 때 함께 했던 추억까지 품고 있으니 소중한 보물과도 같겠지요. 찻잔 같은 우리집 보물은 무엇일까요?

『엘리자베스』

클레어 니볼라 글·그림, 느림보

어린 시절 너무나 사랑해서 자는 것도 먹는 것도 함께 했던 인형 엘리자베스. 주인공 소녀는 유대인 박해를 피해 도망치듯 떠나오느라 분신 같았던 엘리자베스와 헤어지게 됩니다. 어느덧 아이의 엄마가 되는 긴 세월이 흐르고 두 대륙을 건너서 살다가 우연히 엘리자베스를 만나게 됩니다. 단순히 우연은 아니겠지요? 이런 걸 기적이라 불러야 하지 않을까요?

『안 버려, 못 버려, 모두 소중해!』

페트라 포스테르트 글, 엔스 라스무스 그림, 씨드북

아빠와 아이의 빨래 시간. 아빠는 아이 주머니 속의 쓰레기 같은 잡동사니를 버리려고 하는데 아이는 모두 소중하다며 절대 버릴 수 없다고 맞섭니다. 녹슨 열쇠, 단추, 돌멩이. 쓸모없어 보여도 아이에겐 자신만의 추억거리를 품고 있으니 소중할 수밖에요.

『할머니의 조각보』

패트리샤 폴라코 글·그림, 미래아이

증조할머니의 옷과 바부슈카(러시아 모자), 그리고 삼촌의 셔츠와 숙모의 잠옷으로 조각조각 이어 꿰매어진 조각보. 그것은 대를 이어 나의 결혼식과 어머니, 할머니, 그리고 증조할머니의 결혼식과 임종을 함께 했고 어떤 때는 식탁보로, 또 어떤 때는 새로 태어난 아기의 이불보로 사용됩니다. 끈끈한 가족애가 담겨 있는 세상에 단 하나뿐인 조각보네요.

『할머니의 장난감 달달달』

린샤오베이 글·그림, 문학동네

자전거마냥 신나게 바퀴가 돌아가며 달달달 소리를 내는 재봉틀, 어린 손녀에게는 할머니의 장난감처럼 보입니다. 신기하게도 그 장난감은 손녀가 원하는 것은 뭐든 만들어냅니다. 공주 치마, 작은 가방, 망토…. 재봉틀이 매개가 되는 할머니와 손녀 이야기에 행복한 기억이 덩달아 소환되는 경험을 하게 됩니다.

『할아버지의 시계』

윤재인 글, 홍성찬 그림, 느림보

할아버지가 태어나던 날 집에 와 팔십년 동안 집안의 기쁜 일과 슬픈 일을 함께 했던 괘종시계. 아버지는 어느 날 다락방에서 시계를 꺼내 먼지를 닦으며 한 식구처럼 지낸 시계의 이야기를 아이들에게 조곤조곤 들려줍니다.

『첼로 노래하는 나무』

이세 히데코 글·그림, 천개의바람

소년의 할아버지는 숲에서 나무를 가꾸고 아버지는 그 나무로 첼로를 만듭니다. 어느 날 소년은 아버지가 만든 첼로로 한 첼리스트가 연주하는 음악을 듣고 깊이 감동받게 되지요. 소년 또한 첼리스트가 되어 숲의 소리를 기억하고 있는 첼로로 연주하게 됩니다. 숲과 나무, 나무와 첼로, 할아버지와 아버지, 아버지와 소년, 그 사이에 시간의 향기와 이야기가 담뿍 담겨 있습니다.

엄마를 위한 책

『나의 고릿적 몽블랑 만년필』

민병일 저, 아우라

저자가 독일 유학 시절 벼룩시장에서 애써 모은 소소한 물건들, 연필깎이, LP 원반, 무쇠촛대, 주전자, 케케묵은 잉크병과 펜촉들, 오래된 독일제 타자기, 무쇠 다리미, 마른 들꽃과 초록 꽃병, 몽당연필, 세월을 머금은 단추, 편지 개봉칼, 램프 등 오래된 물건들에서 길어 올린 예술적 사유를 들려줍니다. 독일 함부르크 들녘에 피었던 키 작은 들꽃 브람을 말린 것을 13년이 된 지금도 소중히 간직하고 있다는 저자의 마음결이 담긴 사유, 빨리 듣고 싶어 마음이 안달이 납니다.

『오래된 집에 머물다』

박다비 저, 상상출판

오래된 물건이 아니라 오래된 집은 어떨까요? 한 신혼부부가 제주도에서 100년 된 집을 손수 고치고 새롭게 단장한 이야기가 고스란히 담겨 있습니다. 100년 된 집은 새로 맞이한 사람들과 어떤 모습으로 어떻게 살아가고 있을까요?

 라면 한 젓가락

맛있는데 꼬불꼬불 애잔한 것

  공부(?)하듯 한창 그림책에 빠져 있던 어느 날 그림책 강연을 들으러 갔습니다. 강연 내용이 좋았다는 것과 강사가 동화작가였다는 것밖에는 기억나지 않는 그날, 모든 것이 어슴푸레합니다. 그러나 한 가지만은 또렷합니다. 그날 강연에서 작가님이 읽어준, 가슴에 쑥 들어온 그림책이 한 권 있었습니다.

  일본작가 하세가와 요시후미의 『내가 라면을 먹을 때』입니다. '내가 편안하게 라면을 먹고 있을 때 이웃집 아이는 무얼 하고 있을까?'라는 궁금증에서 출발합니다. 라면을 먹을 때 고양이 방울이는 하품을 하고, 이웃집 미미는 텔레비전 채널을 돌리고, 이웃집의 이웃집 디디는 비데 단추를 누르고, 그 이웃집 유미는 바이올린을 켜고, 이웃마을 남자아이는 야구방망이를 휘두르고 그 이웃마을 여자아이는 달걀을 깹니다. 더 멀리 이웃나라로 건너가 보면 누군가는 아기를 돌보고, 누군가는 물을 긷고, 누군가는 소를 몰고, 누군가는 빵을 팔고, 누군가는 쓰러져 있습니다.

  지구라는 별에 살고 있는 우리는 거미줄처럼 이어져 있는데 같은 시간에 이리도 다른 삶을 살고 있음을 담담히 보여주고 있습니다. 조용히 일상을 보여줄 뿐인데 그림책이 전하는 울림은 작지 않습니다. 그림책의 힘과 매력을 느끼는 순간이었습니다.

그리고 몇 년의 시간이 흘러갔습니다. 어디에서도 이 그림책에 대한 글을 읽지 못했고, 누구에게도 듣지 못했습니다. 가끔 제가 도서관에서 하는 강연에서 학부모님께 소개해드릴 뿐. 그런데 전혀 예상치 못한 장소에서 이 책을 만났습니다. '동네책방의 창업과 경영 노하우'를 주제로 한 〈책방이음〉을 운영하는 조진석 대표님의 강연이었어요.

평생 NGO 활동가로 살았다는 이력을 듣고 난 후 조 대표님이 『내가 라면을 먹을 때』를 언급한 건 당연하다는 생각이 들었습니다. 그 분 역시 하세가와 요시후미처럼 내가 라면을 먹을 때 먼 이웃나라 아이가 쓰러져 있는 걸 그냥 넘기지 못하실 것 같았습니다. 비영리로 책방을 운영하면서 끊임없이 공동체와 연결되는 삶과의 끈을 놓지 않고 치열하게 사는 조 대표님의 이야기에 이 그림책이 더 뭉클하게 다가왔습니다.

그날 집으로 돌아오는 기차 안에서 내내 머릿속을 지배하는 키워드는 '라면'이었습니다. 집에 돌아오자마자 냄비에 물을 끓이며 라면이 나오는 그림책들을 주섬주섬 챙겼습니다. 라면 그림책을 보며 먹는 라면의 맛이라니.

오랫동안 먹어 왔고 여전히 먹고 있고 어른아이 할 것 없이 누구나 좋아하는 라면. 먹을 것이 없어서 먹고, 돈이 없어서 먹고, 시간이 없어서 먹고, 맛있어서 먹고. 그래서 오늘의 서가 구성은 애잔한 라면입니다.

『내가 라면을 먹을 때』
하세가와 요시후미 글·그림, 고래이야기

몇 권의 그림책을 놓고 아이들에게 어떤 책을 읽고 싶은지 묻는다면 아이들은 한목소리로 대답하겠지요. "내가 라면을 먹을 때요." 분명 웃으면서 읽은 것 같은데 매콤한 라면을 먹은 것처럼 읽고 나면 마음이 조금 아릿해져요.

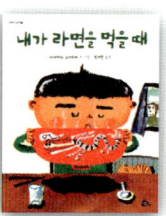

라면이 나오는 그림책

『후루룩 냠냠 라면기차』
이노우에 요스케 글·그림, 효리원

라면이 아니라 기차가 포인트입니다. 기차를 무척 좋아하는 아이가 톡톡 튀는 상상력으로 기발한 기차들을 만들어냅니다. 그 중에 라면을 끓여 먹을 수 있는 기차가 있는 거지요. 아하, 기차만큼이나 라면도 좋아하나 봅니다. 후루

룩~ 냠냠 라면기차, 아이들 손님들로 북적북적하겠는데요.

『아빠와 아들』
고대영 저, 한상언 그림, 길벗어린이

세상에서 가장 맛있는 라면은 저녁을 배불리 먹고 난 후, 늦은 밤 아빠가 끓여주는 라면입니다. 아빠와 단둘이 냄비째 놓고 땀을 뻘뻘 흘리며 먹는 라면 맛은 최고예요. 아, 참 나는 어서 커서 아빠가 되는 게 장래희망이에요. 왜일까요?

『비가 오면』
신혜은 글, 최석운 그림, 사계절

마지막 수업 시간, 갑자기 소나기가 내리기 시작합니다. 수업을 마치고 나오자 복도 입구가 우산을 가져온 엄마들로 시끌벅적합니다. 그중에 우리 엄마는 없습니다. 친구들은 모두 집에 가고 현관 입구에 쪼그리고 앉아 비가 그치기만을 기다리는데…. 그 때 선생님이 불쑥 물어요. "얘들아, 라면 먹을래?" 비오는 날 교무실에서 옹기종기 모여 끓여 먹는 라면은 어떤 맛일까요?

『라면 먹는 개』 동화
김유 글, 김규택 그림, 책읽는곰

경비원 개 아저씨는 울고 싶은 날, 화가 나는 날, 쓸쓸한 날이면 라면을 먹습니다. 라면을 먹을 때면 쓸쓸함도 외로움도 다 잊을 수 있으니까요. 개 아저씨는 특별한 요리법으로 나한테 꼭 맞는 '친구라면'을 끓여 준대요. 한번 맛보면 좋은 친구가 되는 '친구라면'을 먹으러 갈까요?

『우리 빌라에는 이상한 사람들이 산다』 동화
한영미 글, 김완진 그림, 어린이작가정신

유진이는 여름방학이 열흘이나 지났는데도 늘 혼자입니다. 엄마는 미용실 원장님 보조일로 항상 바쁘고 피곤하고, 아빠는 주말에만 집에 오니까요. 방학 내내 혼자 지낼 생각을 하니 갑자기 답답해진 유진이는 소풍을 떠납니다. 물론 혼자서요. 장소는 빌라 1층 현관. 소풍 간식은 생라면. 유진이의 생라면 소풍, 함께 떠나볼까요?

『라면 맛있게 먹는 법』 동시집
권오삼 시, 윤지회 그림, 문학동네

표지만 보면 언뜻 라면 레시피 책인가 싶지만, 일흔 세 살 개구쟁이 할아버지의 맛있는 동시집입니다. 표제작 〈라면 맛있게 먹는 법〉을 읽다가 글줄에 젓가락 하나 척 걸치고 싶어집니다. 어찌나 맛있게 먹던지 글줄이 꼬불꼬불 라면으로 보인다니까요.

『라면은 멋있다』 청소년

공선옥 저, 창비

전에 사귄 여자 친구와 헤어진 게 가난 때문이라고 생각하는 민수는 새로 사귄 연주에게는 자신의 가정 형편을 숨기고 있습니다. 그래서 연주를 만나 라면을 먹을 때면 조마조마합니다. 오늘도 역시나 라면을 먹습니다. "우리는 라면을 맹렬하게 먹기 시작했다. 라면은 역시 추울 때 먹어야 제맛이다. 그리고 갈비뼈 밑에서 찌잉 찌잉, 버저 울리는 소리가 나는 저녁의 라면은… 멋있다." 민수와 연주의 사랑은 어떻게 될까요?

엄마를 위한 책

『라면을 끓이며』

김훈 저, 문학동네

'모르는 사람과 마주앉아서 김밥으로 점심을 먹는 일은 쓸쓸하다. 쓸쓸해하는 나의 존재가 내 앞에서 라면을 먹는 사내를 쓸쓸하게 해주었을 일을 생각하면 더욱 쓸쓸하다. 쓸쓸한 것이 김밥과 함께 목구멍을 넘어간다.' 라면에 얹혀진 쓸쓸함의 정서가 오래오래 남습니다. 가끔씩 책 속에 자세히 묘사된 김훈 표 라면 끓이기 레시피로 라면을 끓여 쓸쓸하게 먹어봅니다.

『라면 완전정복』

지영준 저, 북레시피

라면도 완전정복하고 먹어야 하나요? 대한민국 모든 라면의 맛을 담은 '미슐랭 가이드' 같은 책이랍니다. 라면 좋아하는 분들이나, 좀 더 특별한 라면 맛을 즐기고 싶은 이들에게 좋을 듯싶어요. 라면의 신세계가 펼쳐진답니다.

007 책 속의 책 읽는 아이들

책 읽는 모습이 낯설지 않기를

　사진집 하나를 우연히 발견하고 단숨에 푹 빠져버렸습니다. 꽤 비싼 가격임에도 해외 배송으로 망설임 없이 구입했습니다.
　1894년 헝가리에서 태어나 파리와 뉴욕에서 사진가로 활동한 앙드레 케르테츠의 사진집 『On Reading』입니다. 35밀리미터 소형 카메라를 들고 거리와 일상을 촬영했던 앙드레 케르테츠는 역사상 가장 독창적인 다작의 사진작가 중의 한 명으로 평가받고 있습니다.
　1971년에 출간된 『On Reading』은 1920년부터 1970년까지 50년간 세계 각지의 사람들이 책 읽는 모습을 담고 있습니다. 자신의 고향인 헝가리에서 세 명의 남자아이들이 맨발로 앉아 열심히 책을 보고 있는 사진을 시작으로 옥상이나 공원, 붐비는 거리, 창틀, 다리 밑, 거리의 벤치 등 다양한 곳에서 활자화된 글을 읽고 있는 사람들 모습을 빼곡하게 담았습니다. 책을 좋아하는 사람이라면 이 아름다운 모습에 매혹되지 않을 수가 없겠지요? 어떤 곳이든, 어떤 책이든 뭔가를 읽고 있는 모습은 언제 보아도 항상 아름답습니다. 책을 읽어본 사람들만이 공유할 수 있는 은밀한 감동입니다.
　얼마 전에 지하철에서 책을 읽는 사람을 발견(!)했습니다. 지하철에서 정말 오랜만에,

『On Reading』
Andre Kertesz, W W Norton & Co Inc

어쩌면 스마트폰이 대중화된 이후로 처음일지도 모를 만큼 아주 드물게, 책을 읽고 있는 한 사람을 만났습니다. 어찌나 반갑고 친밀감이 느껴지던지 말을 걸고 싶어 목구멍 근처가 간질간질 했습니다. 어떤 책일까? 궁금해서 시선을 거두지 못하고 그 사람 앞에 서서 교양 없이 계속 들여다보기까지 했습니다.

이렇듯 반세기 전이나 지금이나, 파리나 서울이나 책 읽는 모습은 여전히 아름답습니다. 그림책 속의 책 읽는 아이들은요? 사랑스럽기 그지없습니다.

표지 제목에 '책'이라는 단어가 들어 있지 않아도 이야기의 흐름 속에서 자연스럽게 책 읽는 아이들이 나오는 그런 책들 위주로 모았습니다.

『혼자 집 보는 날』
모리 요코 글·그림, 북스토리아이

엄마가 잠깐 할머니 집에 간 사이, 처음으로 혼자 집에 있게 된 아짱. 아짱은 도너츠를 먹고 블록 쌓기를 하다가 이제는 엎드려 책을 읽어요. 점점 어두워지는데 엄마는 언제 올까요? 책을 다 읽기 전에는 엄마가 돌아와야 할 텐데요.

책 속의 책 읽는 아이들의 그림책

『올리비아의 잃어버린 인형』
이언 포크너 글·그림, 주니어김영사

강아지와 올리비아 사이에 무슨 일이 있었던 걸까요?

올리비아는 잠자기 전에 꼭 책을 읽어요. 오늘 밤도 올리비아는 책을 들고 엄마에게로 갑니다. 그런데 오늘은 강아지 책은 안 되고 고양이 책만 읽는다네요.

『용기가 필요해』
뮈데 프린츠 모엔슨 글·그림, 국민서관

생쥐가 온갖 책을 늘어놓고 다급하게 책을 읽고 있습니다. 평화롭게 책 읽는 모습과는 좀 달라 보여요. 생쥐가 들쥐에 대해 연구를 하고 있는 걸까요? 어쩐지 잔뜩 겁먹은 표정 같기도 하고요. 생쥐에게 무슨 일이 있는 걸까요?

『둥글둥글 둥근 달이 좋아요』
조이스 시드먼 글, 유태은 그림, 미디어창비

둥글둥글 둥근 달에서 시작해 세상의 모든 둥근 것들에 대한 아름다운 이야기예요. 세상 모든 둥근 것들을 불러와서 왜 둥근지, 둥근 것은 왜 좋은지를 리듬감 있는 문장으로 들려줘요.
우리가 살고 있는 지구, 따스한 빛을 비춰 주는 태양, 어두운 밤 환하게 빛나는 달, 퐁퐁 터지는 비눗방울, 싹을 틔울 씨앗, 깨어나길 기다리는 알, 부푸는 버섯, 둥글둥글 익어 가는 블루베리, 해바라기…. 또 어떤 것들이 있을까요? 오늘은 둥근 것들에 대해 생각하는 날이에요.

『올리비아는 공주가 싫어!』
이언 포크너 글·그림, 주니어김영사

잠자기 전에 꼭 책을 읽어야만 잠이 드는 올리비아. 엄마가 옛날이야기를 읽어주자 눈물 흘리는 올리비아, 마음도 착한가 봐요. 어떤 이야기일까요?

『화분을 키워 주세요』
진 자이언 글, 마거릿 블로이 그레이엄 그림, 웅진주니어

토미는 궁금한 것이 있을 때마다 도서관을 이용하나 봅니다. 오늘도 도서관에서 식물 키우기에 관한 책을 모두 뒤져서 찾아냈어요. 옆에 산처럼 쌓아 두고 읽고 있네요.

『한밤중에 아무도 몰래』
사카이 고마코 글·그림, 북뱅크

가족이 모두 잠든 한밤중, 아이는 아무도 몰래 혼자만의 시간을 만끽합니다. 하고 싶었던 일들을 마음대로 해 봅니다. 방금 읽었을 것 같은 책으로 인형에게 텐트를 만들어주고 발레 하는 소녀 오르골 연주를 들으며 상상의 나래를 펼치는 중이에요.

『체피토, 뭐하니?』
엘리사 아마도 글, 마누엘 몬로이 그림, 북스토리아이

학교에 가기 싫은 체피토는 동네 곳곳을 돌아다니다 다양한 사람들을 만납니다. 신문을 읽고 있는 아저씨, 만화책을 보고 있는 여자아이, 관광 안내서를 읽고 있는 아가씨, 자동차 설계도를 살펴보는 정비사 아저씨, 상형문자를 연구하는 고고학자…. 하나같이 무언가를 읽고 있는 사람들입니다. 마치 앙드레 케르테츠 사진집 같은 구성이 연출되고 있네요. 체피토는 그 사람들에게 도대체 왜 읽는지를 물어봅니다. 체피토는 어떤 대답을 들었을까요?

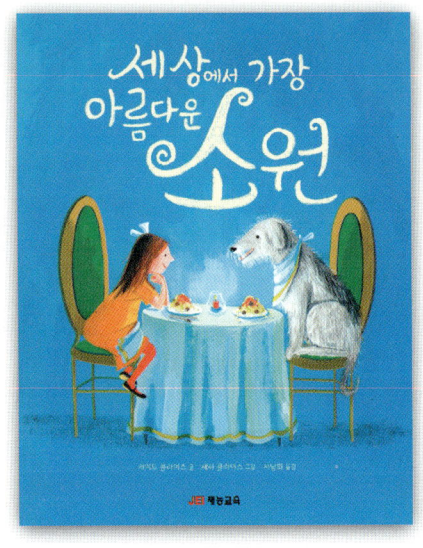

『꿈꾸는 포프』
에스펜 데코 글, 마리 칸스타 욘센 그림, 지양어린이

오랫동안 함께 해온 반려견을 보낼 시간입니다. 죽어가면서도 아이를 위로하는 반려견 포프. 아직 어린 아이는 이별의 슬픔을 어떻게 건널까요?

『세상에서 가장 아름다운 소원』
케이트 클라이스 글, 새라 클라이스 그림, 재능교육

아스트리드는 태어날 때부터 반려견 엘리와 모든 일을 늘 함께했습니다. 그런데 엘리가 나이가 들어 몸이 예전 같지 않아요. 걱정이 된 아스트리드는 엘리와 함께 할 수 있는 소원 목록을 만듭니다. 물론 그 중에는 엘리에게 책 읽어주는 일도 있어요.

『훈트와 테디』
로라 바커로 시거 글·그림, 더큰

사냥개 훈트와 곰인형 테디의 우정 이야기가 알콩달콩 티격태격 잔잔하게 흘러요. 신기하게도 읽을 때마다 가슴이 훈훈해집니다.

008 죽음에 대한 사유

죽음, 삶의 또 다른 이름

'누구나 죽는다'라는 사실, 머리로는 너무나 잘 알고 있으면서 평생 죽지 않을 것처럼 살아갑니다. 죽음은 너무도 먼 미래의 일이라 나와는 상관없는 일처럼 생각되고 어쩐지 생각만으로도 두렵고 불길해서 멀리하고만 싶습니다. 미래가 창창한 아이들에게는 더더욱 말도 꺼내고 싶지 않지요.

참 어리석게도 지금껏 그렇게 살았습니다. 삶과 죽음이 둘이 아니라 한 몸이라는 걸 이제야 깨달았습니다. 죽음에 대한 사유가 깊으면 깊을수록 삶이 더 겸손해지고 깊어진다는 것. 항상 죽음에 대한 생각을 하고 있는 사람이 삶도 잘 살아낼 수 있다는 것. 죽음을 잘 맞이하고 잘 죽는 것 또한 잘 사는 삶의 완성이라는 것. 어떻게 죽는 것이 잘 죽는 것인가를 아는 사람은 어떤 삶이 잘 사는 것인지도 알고 있다는 것. 존엄한 죽음을 원한다면 존엄한 삶을 살아야 한다는 것.

'메멘토 모리(Memento Mori 죽음을 기억하라)'라는 말이 있습니다. 죽음을 항상 기억하면서 얻게 된 깨달음들입니다. 그러니까 지금의 삶을 더 각별하게 만드는 건 항상 죽음을 기억하는 일입니다. '현재를 즐겨라!'라는 그 유명한 '카르페 디엠(Carpe Diem)'이 더 진하고 달콤하려면 메멘토 모리의 삶이 긴밀하게 연결되어 있어야 합니다. 로마인들은 화려한 연회를 열 때마다 노예가 해골을 은쟁반에 받쳐 들고 손님 사이를 지나다니게 했다고 합니다. 가장 달콤한 순간에 죽음을 떠올리는 해골이라니요? 알고 보니 연회의 흥을 더 돋우었기 때문이라고 합니다(김영하의 『보다』에서). 로마인들은 메멘토 모리의 삶을 이천 년 전에 이미 알고 있었던 걸까요?

어느 날 그림책에서 만난 문장 하나가 가슴에 들어와 나가지 않고 매일매일 깨어있게 합니다.

"살아있는 모든 것은 시작과 끝이 있다. 그사이에만 사는 거지."

그사이에만 살면서 누군가는 좀 더 일찍 떠나고 누군가는 조금 늦게 떠나기도 합니다. 이유야 어찌 됐든 누군가를 떠나보내는 건 슬픈 일입니다. 중요한 건 뒤에 남아있는 사람이 상실의 슬픔을 치유하는 태도와 방식이겠지요. 애도에 대한 공부가 필요한 지점입니다.

동물이든 곤충이든 사람이든, 살아있는 것의 죽음과 자연스레 직면하고 죽음으로 인한 상실의 슬픔을 치유해가는 여러 방식들을 그림책과 이야기로 만나보세요. 그리고 아이들과 함께 유쾌하게 외쳐보세요.

"메멘토 모리!(Memento Mori 죽음을 기억하라)."

『나는 죽음이에요』

엘리자베스 헬란 라슨 글, 마린 슈나이더 그림, 마루벌

죽음이 화자가 되어 들려주는 죽음에 관한 솔직한 이야기예요. 그러니까 죽음을 자연스럽게 받아들이도록 도와주는 내용이에요. 그래서일까요? 그림 또한 산뜻한 봄날 분위기로 연출했어요.

죽음은 오래 살아 주름이 많은 사람을 주로 찾아가지만, 가끔 작고 따뜻한 아이들의 손을 잡기도 한대요. 심지어 아직 태어나지 않은 뱃속의 생명을 찾아가기도 하고요. 새들이 눈뜨기 전 아침 일찍 찾아가기도 하고 바다 위를 떠도는 물안개 속이나 가느다란 달빛 속에서 나타날 수도 있대요. 어떤 사람들은 죽음이 지나가기를 바라며 문을 꼭 닫아걸지만 누구도 죽음을 피할 수는 없지요.

죽음이 우리에게 묻습니다. 죽음이 없다면 이 땅에 태어나는 모든 생명의 자리를 누가 마련해 주느냐고요. 새로운 단어와 꿈의 자리는 또 누가 마련하느냐고요. 모든 생명의 시작과 끝을 함께 하는 삶과 죽음은 하나래요.

빨래가 빨랫줄에서 하늘하늘 말라가는 마당 풍경입니다. 죽음이 찾아왔는데 삶이 이불자락 뒤에 숨어 있어요. 아직 죽음이 두려운 걸까요? 죽음이 그 두려움을 없애줄 비밀을 알려줍니다.

죽음을 맞이하는 방식에 대하여

『여행 가는 날』
서영 글·그림, 스콜라

여행이라는 단어에, 벚꽃처럼 화사한 그림에 덥석 집어 들었습니다. 늦은 밤 손님이 찾아오자 할아버지는 기다렸다는 듯 반갑게 여행 준비를 서두릅니다. 할아버지는 그리운 사람을 만나러 가는 거래요. 덩달아 설렙니다. 처음 생각했던 그 여행은 아니지만, 기분 좋은 여행입니다. 저의 마지막 여행 또한 이러하기를 바라봅니다.

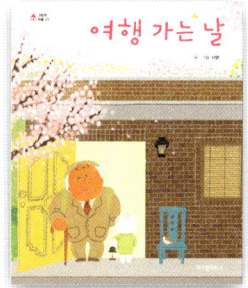

『3일 더 사는 선물』
레미 쿠르종 글·그림, 씨드북

오래오래 할아버지는 새봄이의 증조할아버지예요. 나이가 많아 얼굴에는 주름이 자글자글하고 허리가 굽으셨어요. 그 정도로 오래 사시게 된 사연이 참 재미나요. 글쎄 할아버지가 생일 선물로 3일 더 사는 선물을 원해서 그리 됐다나요? 이제는 그 선물이 할아버지를 지치게 한대요. 이제는 생일 선물로 책이나 음악 시디, 영화 디브이디를 받고 싶으시대요. 그날 이후로 새롬이는 할아버지가 안락의자에 앉아 새롭게 받은 생일 선물을 즐기고 있는 모습을 보게 되었지요. 책을 읽고, 음악을 듣고, 영화를 보고. 그리고 새롬이에게 살면서 느낀 것들을 얘기해 주셨습니다. 이제 새롬이는 혼자서 채소밭을  가꿀 줄 알게 되었고 할아버지는 뿌듯하게 지켜보면서 새롬이에게 이야기 들려주는 즐거움을 누리셨어요.

그리고 시간이 흘러 할아버지는 제일 좋아하는 음악을 들으며 세상을 떠나셨습니다. 새롬이와 가족들은 무척 슬퍼했지만 새롬이는 할아버지 마음을 알 것 같았어요. 새롬이는 할아버지와 나눈 많은 이야기를 떠올리며 여전히 할아버지의 채소밭을 가꾸어요. 그리고 태어난 동생에게 '오래오래'라는 이름을 지어주었습니다. 죽음과 삶은 오래오래 할아버지에게서 새봄이에게로, 그리고 새봄이에게서 또 다른 오래오래로 그렇게 이어져갑니다.

『여우 나무』
브리타 테켄트럽 글·그림, 봄봄

오랫동안 행복하게 살았지만 이제는 많이 지친 오렌지빛 여우, 가장 좋아하는 숲 속 공터로 가서 사랑하는 숲을 마지막으로 지그시 바라보고 땅에 누웠습니다. 그러고는 숨을 깊이 내쉰 뒤 영원한 잠에 빠져들었지요.

부엉이와 다람쥐, 족제비, 곰과 사슴, 새와 토끼, 생쥐 등 여우를 좋아했던 동물 친구들이 빙 둘러 앉았어요. 친구들을 잘 보살펴주며 다정했던 여우가 없는 숲은 상상도 할 수 없었지요. 그런 여우의 죽음 앞에서 친구들은 얼마나 슬펐을까요? 오래오래 말

없이 앉아 있다가 각자 여우와 함께 했던 추억들을 이야기하기 시작했습니다.

켜켜이 쌓인 추억은 여우가 얼마나 잘 살아왔는지를 파노라마처럼 보여줍니다. 그래서 마지막 떠나는 모습도 이리 행복한 걸까요? 친구들이 미소를 지으며 이야기를 나누는 동안 여우가 있던 자리에 작은 새싹이 돋아나 나무로 자라기 시작했어요. 여우에 대한 추억이 많으면 많아질수록 나무는 쑥쑥 자라 어느새 숲에서 가장 큰 나무가 되었답니다. 그 여우나무는 여우를 사랑한 모든 동물친구들에게 보금자리가 되어 주었어요. 여우의 몸은 사라졌지만 친구들의 마음속에 영원히 살아 있는 것입니다.

어떤 삶을 살아야 하는지, 가능하다면 어떤 죽음을 맞이하고 싶은지, 애도는 어떻게 해야 하는지를 생각해보게 합니다. 죽음을 주제로 한 책들 중 가장 오래오래 곁에 두고 싶은 책.

『영원한 이별』
카이 뤼프트너 글, 카트야 게르만 그림, 봄나무

아이는 죽음을 어떻게 받아들이고 그 슬픔을 어떻게 치유해갈까요? 아빠의 죽음을 맞닥뜨린 다섯 살 아이의 목소리로 들려줍니다.

에곤은 스스로를 남아 있는 사람이랍니다. 학교에서 공부를 못해 나머지 공부를 하는 사람이 아니라 영원한 이별로 아빠를 떠나보내고 남아있는 사람이라고 정확하게 말합니다. 영원한 이별을 치료하는 약이 있다면 아이는 아무리 쓴 약이라도 먹고 싶지만 약이 없다는 사실도 알고 있어요.

그렇게 아이는 담담하게 받아들이고 있는데, 아이를 대하는 사람들이 아이는 싫답니다. 아빠 잃은 아이라고 처량한 눈빛으로 바라보고 이상한 말을 하며 머리를 쓰다듬고 자신을 웃기려는 듯 농담을 하는 사람들 말이에요. 아이는 어떤 위로를 원하는 걸까요? 아이는 단호하게 말합니다. 딱 한 마디면 충분하다고요.

『너무 울지 말아라』
우치다 린타로 글, 다카스 가즈미 그림, 한림출판사

세상을 떠난 할아버지가 하늘에서 손자에게 전하는 따듯한 편지입니다.

할아버지의 죽음을 모르는 아이는 할아버지의 우산을 들고 버스 정류장에서 할아버지를 기다립니다. 비오는 날이면 항상 그랬듯이. 할아버지와 손자는 항상 함께였습니다. 함께 강가에서 휘파람새 소리를 듣기도 하고 들판에서 고추잠자리를 잡기도 했습니다.

그런 할아버지의 죽음을 맞이하게 될 손자에게 할아버지는 마음으로 말합니다. "울어도 좋아. 슬플 테니까. 그래도 너무 울지 말아라. 내가 좋아한 너는 웃고 있는 너란다."

맞아요. 슬플 땐 울어야지요. 삶의 흐름 끝에 자연스레 놓이는 것이 죽음이라지만, 마음마저 슬프지 않은 것은 아니니까요. 아이는 자라면서 문득문득 할아버지와의 추억을 떠올리겠지요. 푸른 하늘에서, 저 멀리 구름에서, 스치는 바람에서 그렇게 세월이 흐르고 아이는 죽음에 대해 자연스럽게 받아들이며 어른이 되어 갑니다.

『오래 슬퍼하지 마』
글렌 링트베드 글, 샬로테 파르디 그림, 느림보

사랑하는 가족의 죽음을 맞이했을 때 따뜻하게 보듬어주는 이야기예요.

네 남매가 작은 식탁에 앉아 있습니다. 식탁 끝에는 검은 옷을 입은 사람, '죽음'도 함께 앉아 있어요. 분위기는 무겁게 가라앉아 있습니다. 죽음이 병든 할머니를 데리러 왔으니까요. 너무 슬픈 아이들은 죽음이 무섭다는 생각조차 하지 못해요. 그저 죽음에게 커피를 대접하며 시간을 끌려고 애씁니다. 아침

이 오기 전에 밤에만 다니는 죽음이 떠나야 한다는 걸 알고 있거든요. 아무리 그래도 불가능한 일이라는 걸 알기에 아이들의 애쓰는 모습이 애처롭기 그지없습니다. '죽음'도 안타까운 마음인지 아이들에게 이야기를 들려주며 죽음의 의미를 일깨워 줍니다. "죽음이 없다면 삶이 무슨 의미가 있겠니? 비오는 날이 없어도 햇빛의 고마움을 알 수 있을까? 밤이 없다면 아침을 기다릴 필요가 없겠지?"

『할아버지는 바람 속에 있단다』
록산느 마리 갈리에 글, 에릭 퓌바레 그림, 씨드북

할아버지가 손자에게 전하는 마지막 작별인사. 근사한 일러스트와 시적인 문장이 평온하게 합니다. '산들바람이 네 머리카락을 간지럽힐 때면 할아버지를 떠올려 주렴. 너무나 재미있던 이 할아버지를. 영원히 너를 사랑할 이 할아버지를. 할아버지는 바람 속에 있단다.'

『씩씩해요』
전미화 글·그림, 사계절

갑작스럽게 아빠를 떠나보내고 남은 두 사람, 아이와 엄마가 상처를 치유해가는 과정을 담담하게 보여줍니다. 슬퍼할 새도 없이 생활을 씩씩하게 해내려고 애쓰는 모습에 가슴이 먹먹해집니다. 그래도 희망이 보여서 다행입니다.

『애니의 노래』
미스카 마일즈 글, 피터 패놀 그림, 새터

애니는 인디언들의 옛이야기를 들려주는 할머니를 많이 좋아합니다. 그런데 할머니가 말씀하십니다. 애니의 엄마가 짜고 있는 양탄자가 완성되면 할머니는 땅의 어머니에게로 돌아갈 거라고요. 할머니의 죽음을 직감한 애니는 어떻게든 좋아하는 할머니의 죽음을 늦춰보려고 갖은 애를 씁니다. 그런 애니를 지켜보는 할머니는 어떤 마음일까요? 애니의 노력은 어떻게 될까요?

『할머니 어디 있어요?』
안은영 글·그림, 천개의바람

돌아가신 할머니를 그리워하는 아이를 만나봐요. 깜깜한 밤, 조용한 밤이면 아이는 할머니를 만나기 위해 따뜻하고 소중한 추억들을 떠올립니다. 하지만 그리움이 짙어만 갑니다. 아이는 꿈에서라면 할머니를 만날 수 있지 않을까 싶어 잠을 청해보는데…. 작가가 돌아가신 어머니를 그리워하며 지은 그림책이라니 더욱 뭉클합니다.

『어느 날, 우리는』
안승준 글, 홍나리 그림, 사계절

죽음으로 인한 이별의 아픔을 가진 사람들에게 위로가 되는 이야기예요. '바람이 되든 나무가 되든 그물이 되든 언젠가 보겠지. 알아볼 수 있겠지. 모습이 달라도 알아볼 수 있겠지.'

『오소리의 이별 선물』

수잔 발리 글·그림, 보물창고

오소리는 도움의 손길이 필요한 곳이면 누구나 친절하게 도와주기 때문에 마을 동물들이 가장 믿고 의지하는 존재입니다. 그러던 어느 날, 나이가 많은 오소리는 죽을 날이 가까웠음을 직감하고 저녁 식사를 하고는 책상에 앉아 편지를 씁니다. 자신이 떠나고 나면 슬퍼할 친구들에게요. 오소리가 남기고 간 이별 선물은 무엇일까요?

『바다가 그리울 때』

천위진 글, 마이클 류 그림, 산하

바다가 그리울 때면 아빠와 아이는 훌쩍 바닷가 여행을 떠납니다. 바다가 그리운 건 바다가 엄마와의 추억을 품고 있기 때문입니다. 슬픔이 겉으로 드러나지 않아 더 애달프고 아름다운 이야기입니다.

『잘 가, 작은 새』

마거릿 와이즈 브라운 글, 크리스티안 로빈슨 그림, 북뱅크

여우 가면을 쓰고, 나비 날개를 달고, 연을 들고 공원에서 놀던 아이들, 우연히 죽은 새 한 마리를 발견합니다. 어떻게 할까요? 노래를 불러주며 꽃무덤을 만들어주고 돌멩이로 묘비명까지 세워줍니다. 세상에서 가장 아름다운 장례식이 되었네요.

『사랑하는 고양이가 죽은 날』

그뤼 모우르순 글·그림, 찰리북

사랑하는 고양이를 갑작스럽게 떠나보낸 아이는 무슨 일을 할 수 있을까요? 아이는 우선 고양이의 죽음을 인정하고, 정식으로 작별 인사를 하고, 무엇보다 자신의 감정을 숨기지 않고 충분히 슬퍼합니다. 마음을 다하는 그 과정에서 아이는 한 뼘 더 성장하면서 앞으로 나아가게 됩니다.

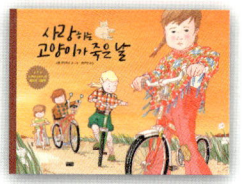

『그리운 메이 아줌마』 동화

신시아 라일런트 저, 사계절

여섯 살에 엄마를 잃고 짐짝처럼 여기저기 떠맡겨졌던 서머는 메이 아줌마와 오브 아저씨에게 입양됩니다. 처음으로 따뜻한 사랑과 가정의 아늑함이란 걸 맛보게 되지요. 그런데 갑작스러운 메이 아줌마의 죽음으로 모든 게 엉망진창이 되고 맙니다. 오브 아저씨마저 깊은 슬픔에 빠져 서머는 하루하루가 불안합니다. 서머와 오브 아저씨는 이별을 극복해낼 수 있을까요?

『마지막 이벤트』 동화

유은실 글, 강경수 그림, 비룡소

동화에서는 드물게 죽음과 장례식 이야기를 꼼꼼하게 그리고 있습니다. 영욱이 할아버지는 젊은 시절 워낙 사고를 많이 쳐서 할머니조차 할아버지와 이혼하고 일본으로 건너가 재혼하셨답니다. 하지만 할아버지와 한 방을 쓰는 영욱이에게는 세상에서 둘도 없이 친한 친구입니다. 그런데 그런 할아버지가 돌아가셨어요. 영욱이 눈에 비친 할아버지 장례식과 장례를 치르는 어른들의 모습이 웃음과 함께 많은 생각거리를 던져줍니다. 영욱이를 만나러 가 볼까요?

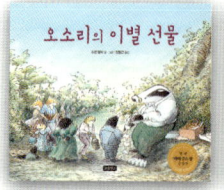

엄마를 위한 책

『어떻게 죽을 것인가』

아툴 가완디 저, 부키

누구나 마지막까지 가치 있는 삶을 살고 싶어 합니다. 그러나 혼자 설 수 없는 순간이 찾아오고 갑작스레 죽음과 맞닥뜨리게 될 지도 모릅니다. 그렇다면 존엄하게 죽음을 맞이할 준비를 하고 있나요? 여기 어쩐지 두렵고 피하고 싶은, 하지만 꼭 나눠야 하는 이야기가 담겨 있습니다.

『숨결이 바람 될 때』

폴 칼라니티 저, 흐름출판

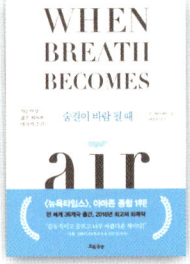

뇌 손상 환자들을 치료하며 죽음과 싸우던 신경외과 의사 폴 칼라니티. 서른여섯에 폐암 말기 판정을 받고 죽음과 마주하게 된 젊은 의사가 스스로 기록한 마지막 2년의 이야기입니다.
8개월 된 딸을 두고 촉망받는 의사였던 그의 마지막 숨결이, 간절한 숨결이 우리에게 묻는 것만 같습니다. "마지막 순간 가장 소중한 것들은 무엇일까요?"

『애도 일기』

롤랑 바르트 저, 걷는나무

프랑스의 사상가 롤랑 바르트가 사랑하는 어머니를 잃고 2년 동안 써내려간 일기입니다.
사랑의 끈이 떨어져버리고 난 후, 깊이 팬 고랑에서 터져나오는 슬픔이 짧은 문장에 촉촉이 젖어 있습니다. "한 사람이 직접 당한 슬픔의 타격이 얼마나 큰 것인지를 측정한다는 건 불가능한 일이다.", "사랑하는 사람을 잃고 그 사람 없이도 잘 살아갈 수 있다면 그건 그를 많이 사랑하지 않았다는 걸까?"

『죽음이라는 이별 앞에서』

정혜신 저, 창비

책을 다 읽고 났을 때 가슴에 하나의 문장을 담았습니다. '나의 죽음을 준비하는 방법이 있을까?'라는 어떤 독자의 질문에 정혜신은 이렇게 얘기합니다. '사랑하고 사랑받았다'가 아니라 '사랑하고 사랑받은 삶을 살았음을 확인할 수 있었다'는 것이 죽음에 대한 진정한 대비인 것 같다고요. 자신의 삶을 통째로 확인하는 시간, 서로의 사랑을 확인하는 시간을 매일 갖는 것이 무엇보다 중요하고 필요하다고요. 죽음이 언제 불시에 찾아올지 모르니까요.

『엄마의 죽음은 처음이니까』

권혁란 저, 한겨레출판

구순 엄마와의 마지막 2년을 섬세하게 기록한 애도 일기. 마지막 책장을 덮고 나면 '존엄하고 아름다운 죽음을 채비하게 되었다'는 작가의 말이 가슴에 인장처럼 남아요.

 첫눈과 11월

소설 속 11월, 동화 속 작은 눈송이

언제까지가 가을이고 언제부터가 겨울인지 애매한 11월은 옷 입기도 애매합니다. 세련된 트렌치코트를 입어야 할지, 포근한 패딩 코트를 입어야 할지 아침마다 망설여집니다. 마음도 덩달아 갈팡질팡합니다.

곱던 나뭇잎이 빛을 잃기도 전에 우수수 떨어져 내리는 날이면 마음이 갈 곳 몰라 합니다. 밟으면 바스락거리는 나뭇잎 위로 비라도 내리면 축축한 나뭇잎마냥 마음도 축축하게 내려앉습니다. 모든 생명체가 겨울을 잘 견디고 봄을 위해 더, 조금 더, 조금만 더 가벼워지는 11월, '사람 동물'도 평소와는 다르게 생각이란 걸 좀 더 깊게 하나 봅니다. 그래서 마음이 더 어지러워지는 11월이기도 합니다.

웬일인지 나이를 한 해 한 해 더 먹어도 11월은 예전의 그 느낌 그대로입니다. 그런데 2017년 11월은 분명히 조금 달랐습니다. 우리 동네 아담한 도서관에서 만난 책들 덕분입니다.

도서관 문을 열고 들어서자 바로 2층으로 향하는 계단 옆, 종합자료실 앞에 11월의 테마 전시가 가슴을 설레게 했습니다.

'소설(小說) 속 소설(小雪), 소설 속 11월'

그러고 보니 11월은 24절기 중 하나인 소설(小雪)이 있는 달입니다. 갑자기 소설 속 11월들이 너무도 궁금해졌습니다. 그러면서 발걸음은 또 2층으로 바삐 움직이고 있었습니다. 아이들의 11월 테마는 어떻게 되어 있을까, 궁금했던 거지요. 어린이책 자료실 문을 열면 정면으로 보이는 곳에 11월 테마 전시가 보입니다. '동화 속 작은 눈'이랍니다. 그리고 덧붙인 글이 몽글몽글 피어난 목화송이 같습니다.

"늦가을과 초겨울을 모두 느낄 수 있는 11월. 소설(小雪)은 첫눈을 뜻한대요. 작지만 포근한 눈. 이야기와 함께 기다려볼까요?"

그날 하루 참으로 따뜻했고, 11월 내내 축 처지지 않은 고요함으로 보냈습니다. 설레는 마음으로 어린이책을 넘기고 어른책을 뒤적이면서. 11월의 테마 도서를 준비한 손길과 그 마음에 감사하며. 마음이 버석거릴 새 없이. 그러고는 거짓말처럼 목화송이 같은 포근포근한 첫눈을 맞았습니다.

『감귤 기차』
김지안 글·그림, 재능교육

미나는 할머니가 가져온 감귤바구니에서 감귤 기차표를 발견합니다. 첫눈 오는 날에만 운행한다는 신기한 기차표. 미나가 귤을 까먹다 무심코 창밖을 내다보니 포근포근 첫눈이 내리지 뭐예요? 미나와 함께 첫눈을 맞으며 감귤 기차여행을 떠나볼까요?

11월과 첫눈을 그려낸 그림책

『헨리에타의 첫 겨울』
롭 루이스 글·그림, 비룡소

아기 두더쥐 헨리에타는 엄마가 일찍 돌아가시고 처음 맞이하는 겨울을 혼자서 준비해야 해요. 야무지게도 숲 속 동물 친구들 충고를 귀담아들으며 열심히 열매를 모아 곳간을 두둑하게 했지요. 그런데 예상치 못한 일들 때문에 곳간은 텅 비고 말아요. 날은 점점 추워지는데 아기 두더지 헨리에타는 어떡해야 할까요?

『두더지의 소원』
김상근 글·그림, 사계절

누구나 설레게 하는 첫눈 오는 날, 아기 두더지가 뽀드득 뽀드득 새하얀 눈 위를 걷다가 눈덩이를 만나요. 두더지는 눈덩이에게 조근조근 말을 건네고 어느새 둘은 서로의 마음을 보듬는 다정한 친구가 되어 있습니다. 두더지는 눈덩이랑 함께 집에 가기 위해 버스를 기다리고 있어요. 과연 버스를 무사히 탈 수 있을까요?

『숲 속의 겨울 준비』
다루이시 마코 글·그림, 시공주니어

알록달록 예쁘게 물든 숲 속의 가을날, 동물들은 겨울 채비로 가을 들녘만큼이나 바빠요. 너구리는 다른 친구들을 돕느라 열매를 하나도 모으지 못했어요. 결국 텅 빈 자루를 들고 털레털레 집에 돌아가는 너구리 앞에 깜짝 놀랄 일이 기다리고 있네요.

『꼬마 너구리 라스칼』 동화, 절판
스털링 노스 저, 아이세움

아버지와 단둘이 사는 열두 살 스털링은 종종 아버지가 출장을 가면 혼자 집을 지킵니다. 그러던 어느 날 야생 새끼 너구리를 데려와 라스칼, 이라 이름 짓고 엄마처럼 사랑으로 돌봐줍니다. 침대에서 잠도 같이 자고 식탁에서 밥도 같이 먹고 어디든 함께 가는 라스칼은 스털링의 외로움을 달래주는 소중한 가족이자 친구가 됩니다. 어느덧 어른으로 자란 너구리, 계속 데리고 있어야 할까요? 너구리와 함께 마음이 훌쩍 자란 스털링은 너구리를 위해 중대한 결심을 합니다. "네가 원하는 대로 하렴, 라스칼. 이건 네 인생이야."

『공놀이 하자!』
피터 매카티 글·그림, 봄봄

온종일 노는 시간을 기다린 바비와 친구들. 나뭇잎이 수북이 쌓인 공원에서 공놀이를 하며 신나게 놉니다. 노는 시간은 어찌 그리 빨리 지나가는지? 아쉽게도 벌써 집에 갈 시간이랍니다. 바로 그때 첫눈이 내리기 시작합니다. 기분 좋게 눈을 맞으며 집에 오니 맛있는 저녁밥과 포근한 잠옷과 따스한 담요가 기다리고 있어요. 더 없이 행복한 순간입니다.

『숲 속의 가게』 동화

하야시바라 다마에 글, 하라다 다케히데 그림, 찰리북

가끔 바람소리 들리고 숲이 예쁜 색으로 물들어갈 무렵, 숲 속 동물들이 저마다 지혜와 솜씨로 숲 속 가게를 열어요. 너도밤나무 앞 소리 가게, 오솔길 모퉁이 녹나무 뿌리쯤의 주머니 가게, 숲 속 외딴길의 그늘 가게, 벽오동 나무 아래 하늘의 배 가게…. 11월 숲 속 가게로 놀러오세요.

『무민 골짜기의 11월』 동화

토베 얀손 글·그림, 소년한길

책은 제대로 읽지 않아도 귀여운 캐릭터 무민 인형만은 누구나 좋아합니다. 핀란드인 토베 얀손의 무민 시리즈입니다. 여행 중이라 가족이 없는 무민 골짜기에 개성 강하고 독특한 손님들이 찾아옵니다. 무민 골짜기가 그립거나 무민 가족이 보고 싶어 온 손님들, 무민 가족이 없는 골짜기에서 어떻게 지낼까요? (작가 정신에서 『늦가을 무민 골짜기』로 개정 출간)

엄마를 위한 11월의 책

『베로니카, 죽기로 결심하다』

파울로 코엘료 저, 문학동네

(1997년 11월 21일, 베로니카는 드디어 목숨을 끊을 순간이 왔다고 생각했다. 그녀는 세들어 살고 있는 수녀원의 방 구석구석을 청소하고, 난방을 끈 다음, 이빨을 닦았다. 그리고 침대에 누웠다.) 책의 시작 부분입니다. 자살을 기도했다가 정신병원에 갇히게 된 20대 젊은 여성 베로니카의 10일간의 이야기를 담고 있어요.

『벌거숭이들』

에쿠니 가오리 저, 소담출판사

목차가 이러합니다. 11월, 2월, 5월, 8월, 9월, 11월, 2월. 특이한 목차만큼이나 이야기 구성이라든가 장면전환 방식도 종횡무진. 언제나, 누구나 어려워하는 사람과 사람 사이의 관계를 섬세하게 그리고 있어요.

『빛 혹은 그림자』
스티븐 킹, 리 차일드 외 15명, 문학동네

에드워드 호퍼는 미국의 대표적인 사실주의 화가입니다. 호퍼의 그림은 일상의 한순간을 담아내기 때문에 그 그림에서는 금방이라도 어떤 이야기가 피어오를 것만 같습니다. 바로 그 점에 착안하여 여러 작가들이 호퍼의 그림에서 탄생시킨 소설 모음집입니다. 호퍼의 그림 〈11월 10일의 사건〉이라는 제목의 스릴러계의 거장 제프리 디버가 빚어낸 이야기를 만나 봐요.

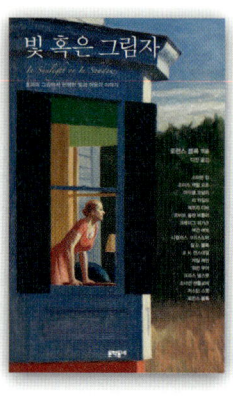

11월의 한 문장

『라면을 끓이며』 중 〈11월〉에 나온 한 문장
김훈 저, 문학동네

"11월은 습기가 빠진 존재의 모습을 가차 없이 드러내 보인다. 말라서 바스락거리는 것들이 들판에 가득하다. 벌레들의 죽음에서도 그런 바스락거리는 소리가 들린다. 11월은 말라가고 바래어간다. 갈대와 억새의 죽음에서도 바스락거리는 소리가 들린다. 11월의 들판은 조용히 바스락거리면서 죽어가는 것들로 가득하다. 나뭇잎이 죽고 벌레들이 죽고 새들이 또 어디선가 바스락거리면서 죽을 것이다."

『가끔, 오늘이 참 놀라워서』 중 〈11월의 오솔길〉에 나온 한 문장
황선미 저, 예담

"바람도 없는데 잎들이 지고 있다. 생명이 다해 스스로 떨어지는 잎들이다. 마지막 숨을 놓아버리며 가볍게 떨어진 나뭇잎조차 성한 것이 없다. 벌레 먹었고, 태풍의 상처인 듯 귀퉁이가 찢겼고, 대칭이 어긋난 기형도 있다. 낙엽에도 삶의 흔적이 다르게 새겨져 있는 것이다."

『하늘 잠자리』 중 〈이 가난한 11월을〉에 나온 한 문장
손광성 저, 올유문화사

"11월은 내가 좋아하는 바바리코트를 입을 수 있는 달이고, 첫눈을 밟을 수 있는 달이며, 술과 담배와 그리고 커피가 제맛을 내는 달이다. 무엇보다 11월은 혼자 여행하기에 좋은 달이다. 새벽 4시 반에 가방 하나를 들고 몰래 집을 빠져나와 흔들리는 기차에 몸을 싣는다."

010 파란색의 그림책

자유로운 영혼의 색, 파랑에의 매료

18세기부터 서양의 많은 화가들에게 영감을 준 색은 무엇일까요? 바로 파란색이랍니다. 고흐, 샤갈, 마티스, 드가, 피카소, 르누아르, 모네, 프란츠 마크, 요하네스 베르메르, 이브 클랭 등이 파랑을 사랑한 예술가들입니다.

피카소는 특별히 '청색 시대'로 이름 붙인 시기가 있을 만큼 한동안 주로 검푸른 색이나 짙은 청록색의 색조를 띤 그림을 그렸다고 합니다. 이브 클랭은 파란색에 특별한 의미를 부여하고 자신만의 파란색을 만들어 '클랭 블루(International Klein Blue, 즉 IKB)'로 특허를 받았습니다. 저는 이브 클랭의 IKB에 매료되어 한동안 SNS 계정 배경화면으로 사용했습니다. 끝없이 깊이 빨려 들어갈 것 같은 치명적인 유혹의 파란색이랄까요?

문학가 요한 볼프강 폰 괴테가 19세기 초 유럽에서 색에 관한 한 최고 권위자였던 사실을 알고 계신가요? 약 2백여 년 전에 벌써 색의 효과를 강조했다는 사실이 무척이나 흥미롭습니다. 괴테는 『색채론』에서 다음과 같이 말했습니다.

"우리가 저 멀리 사라져가는 매력적인 사물을 잡고 싶은 것처럼 파란색을 보고 있으면 빠져들게 된다. 그것은 파란색이 우리 쪽으로 밀려오는 것이 아니라 우리를 자기 쪽으로 끌어당기기 때문이다."

스카이블루, 울트라마린, 코발트블루, 코엘린블루, 프러시안블루 등 백여 가지가 넘는 파란색은 어떤 의미를 담고 있을까요? 나라마다, 개인에 따라, 색채이론가들마다 그 상징성 또한 조금씩 다르게 나타납니다.

독일 낭만주의 문학의 대명사인 노발리스의 소설 『푸른 꽃』이나 프랑스의 영화감독 뤽 베송의 『그랑 블루』에서는 파랑이 상실감을 치유하고 회복을 가져오는 색임을 상징하고 있습니다(스에나가 타미오의 『색채심리』 참고). 피카소의 청색 시대의 작품 〈자화상〉의 파랑은 '우울'이 느껴지기도 하지요. 일반적으로는 파랑은 자유로움, 창조적인 상상력, 그리움을 의미합니다.

다양한 스펙트럼의 파란 빛깔의 옷을 입은 책들을 모아 봤습니다. 어떤 표지에 마음이 이끌리나요? 그때 느끼는 감정은 무엇일까요? 괴테에 따르면 각각의 색채는 독특한 기분으로 마음에 전해진다고 하니까요.

『파란나무』
아민 하산저데 샤리프 글·그림, 책빛

힘차게 뻗어나가는 파란 나무가 인상적입니다. 어떤 억압으로도 무너뜨릴 수 없는 강렬한 '자유'가 느껴집니다. 파란 나무는 어떤 이야기를 들려주고 싶은 걸까요? 마을 한가운데서 끝없이 성장하는 나무의 줄기는 어둡고 차가운 벽을 지나 작은 창문을 가로질러 구불구불 사방으로 뻗어 나갑니다. 파란 나무는 언제나 사람들과 함께 하며 기쁨과 평화를 주고, 사람들은 모두 그런 파란나무를 사랑합니다. 단 한 사람만 빼고요. 파란나무를 싫어하는 왕은 결국 파란나무를 베어내게 하는데….

파란색의 그림책

『세상의 많고 많은 파랑』
로라 바카로 시거 글·그림, 다산기획

세상의 많고 많은 파랑을 만날 수 있어요. 보들보들 아기 파랑, 새콤달콤 열매 파랑, 오슬오슬 시린 파랑, 철썩철썩 바다 파랑, 새근새근 한밤 파랑, 우릉우릉 폭풍우 파랑, 눈적눈적 늙은 파랑, 아슴아슴 슬픈 파랑…. 여기에 파랑으로 맺어진 소년과 반려동물의 우정이 서사를 이끌어갑니다.

『이유가 있어요』
요시타케 신스케 글, 봄나무

『벗지 말걸 그랬어』나 『뭐든 될 수 있어』를 읽은 독자라면 꼭 보고 싶은 책입니다. 천재 작가라 일컬어지는, 믿고 보는 요시타케 신스케 작품이니까요. 누구나 하나쯤은 가지고 있는 버릇, 그 버릇을 소재로 기발한 이야기와 재미난 그림으로 풀어냈어요. 글쎄, 코를 후비는데도 다 이유가 있다는 식의 기상천외한 이유들이 궁금하지 않으세요?

『잘만 3형제 방랑기』
신동근 글·그림, 사계절

군내 나는 김장김치에 질릴 즈음 입맛 돋우는 향긋한 봄나물 같은 그림책. 옛이야기 〈재주있는 삼형제〉가 오늘날에 맞춤하여 맛깔스럽게 나왔어요. 잘만쏘니, 잘만뛰니, 잘만보니, 잘만 삼형제의 세상방랑기예요. 산뜻한 색감, 흥미로운 말풍선, 살아있는 캐릭터, 흥미진진한 속도감에 입에 침이 고여요.

『파랑이 싫어!』
채상우 글·그림, 길벗어린이

파랑이 싫어 파란 하늘도 파란 호수도 싫은 사자 이야기예요. 톡, 토독 비가 내리는 파란 호수에 파랑이 넘실넘실, 동물 친구들이 참방참방, 찰콩찰콩 신나게 놀아요. 사자만 빼고요. 사자는 왜 파랑을 싫어하는 걸까요? 사자 표정을 찬찬히 살피면 속마음을 알 것도 같아요.

『곰아, 자니?』
조리 존 글, 벤지 데이비스 그림, 북극곰

곰을 못살게 구는 오리 이야기예요. 덩치가 오리보다 몇 배나 더 큰 곰이 오리에게 왜 괴롭힘을 당하는 걸까요? 곰은 지금 한 달 내내 잘 수도 있을 만큼 잠이 고파요. 그런데 문제는 바로 이웃에 사는 오리는 무척이나 심심하다는 거예요. 이제 짐작이 가나요? 곰의 달콤한 잠을 방해하는 얄궂은 오리를 만나 볼까요?

『내가 왜 파란색으로 그리냐고?』
매리언 튜카스 글·그림, 국민서관

뭐든지 함께 했던 단짝 친구가 사라지자 빌리는 우울해졌어요. 그래서 그림을 그릴 때면 모두 다 파란색으로 그렸지요. 어떤 감정을 극복해내는 빌리만의 방식일까요? 파블로 피카소의 '청색시대'를 어린이 눈높이로 담아낸 이야기랍니다.

『소년』
윤동주 시, 이성표 그림, 보림

윤동주의 시 그림책입니다. 표지 속의 소년과 함께 책의 처음부터 끝까지 맑고 투명한 파란 빛깔이 강물처럼 고요하게 흘러요. 읽고 나면 내 몸도 소년처럼 파랗게 물들고 마음은 시로 물들 것만 같아요.

『엘 데포』 그래픽노블
시시 벨 글·그림, 밝은미래

그래픽노블 최초로 뉴베리상을 받은 작품. 네 살에 뇌수막염으로 갑자기 청각을 잃어버린 주인공이 겪은 외로움과 설렘, 분노와 기쁨이 경쾌하고 행복하게 그려졌습니다. 작가 자신의 실제 이야기라 더 감동적으로 전율하게 됩니다. 온 가족이 함께 읽기에 더없이 좋습니다.

『파랑 채집가』 청소년
로이스 로리 저, 비룡소

로이스 로리의 『기억 전달자』 후속격인 청소년 소설. 문명이 파괴된 먼 미래의 사회가 배경입니다. 주인공 키라는 장애인이라는 이유로 살해 위기에 처하지만 뛰어난 자수 솜씨로 살아남게 됩니다. 그런데 어느 날 키라는 과거에는 있었던 파란색이 사라진 걸 알게 되고 파란색을 찾아 나섭니다. 파란색은 왜 사라진 걸까요? 파란색은 무얼 상징하는 걸까요? 책을 한 번 펼치면 덮을 수가 없을 만큼 속도감 있게 전개됩니다.

『귀신 사는 집으로 이사 왔어요』 동화
서연아 글, 김현영 그림, 한겨레아이들

여름에 가장 잘 어울리는 파란색 표지에 귀신 사는 집이라니! 눈과 마음을 확 잡아끕니다.
한시도 눈을 뗄 수 없는 공포 동화라는데….

『복제인간 윤봉구』 동화
임은하 글, 정용환 그림, 비룡소

자신이 복제인간이라는 사실을 알게 된 한 소년이 겪는 가슴 찡한 성장 이야기. 바로 여러분이 어느 날 우편함에서 '나는 네가 복제인간이라는 것을 알고 있다'라는 편지 한 통을 받게 된다면?

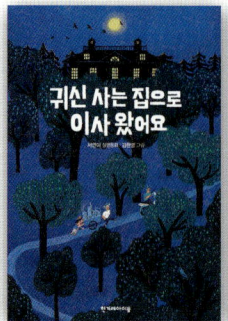

엄마를 위한 책

『온전히 나답게』
한수희 저, 인디고

현실을 직시하고 낭만을 잃지 않고 나답게 산다는 것, 그러니까 온전히 나답게 산다는 것에 대한 이야기예요. 우선 고개가 갸우뚱합니다. 과연 가능한 일일까 하고요. 그렇다면 작가의 일상 안으로 잠깐 들

어가 볼까요?

'나의 책 구입법—단 한 번도 누군가에게 있어 보이기 위한 목적으로 책을 고르거나 사 본 적은 없다.' 사소한 듯 보이지만 나답게 살기 위한 중요한 일상 중의 하나입니다. 이런 하찮아 보이는 일상들을 소중하게 다루는 작가의 삶의 태도에 공감하게 됩니다.

『색채의 향연』

장석주 저, 호미

장석주 시인의 색에 대한 인문학적 사색을 담은 에세이. 16가지 색을 매개로 문화와 일상을 넘나들며 시와 소설, 철학을 이야기합니다.

『모든 요일의 여행』

김민철 저, 북라이프

작지만 확실한 나만의 행복을 만들어가는 카피라이터의 여행 기록입니다. 글 읽는 맛이 쫄깃쫄깃합니다. 저는 순서대로 읽지 않고 목차 중에서 끌리는 대로 읽습니다. 참, 작가 김민철은 남자 이름이지만 여성 작가입니다.

『색채심리』〈파랑의 심리〉 중에서 한 단락

스에나가 타미오 저, 예경

"파리의 피카소 박물관에서 피카소의 대표작 〈자화상〉을 본 순간, 나는 그 조용한 청색에 매료당했다. 스무 살 때의 피카소가 친한 친구의 자살 직후 아직 그 충격에서 벗어나지 못했던 때에 그린 것이다. 분명히 그 전후 나는 생애 처음이라고 말할 수 있을 듯한 상실감을 안고 있었다. 피카소의 청색시대 작품을 만나기 반 년 전 어머니를 여의고 얼마 안 된 시기였던 것이다. 나는 심리적인 모체를 잃었으며, 죽음이 가까워진 어머니에게 어떤 도움도 되지 못했던 무력감과 슬픔에 빠져 있었다. 그런데 그 아픔이 문득 피카소의 파랑을 본 때에 갑자기 솟아난 것이다. (…) 어쩌면 사람은 살아 있는 한 반복해서 어떤 상실감을 맛보고 그것을 피하지 않으면 안 되는지도 모르겠다. 그때에 어떤 감정의 죽음이 일어난다. 불가사의한 것은 그때 인간의 마음이 물의 색깔로 물들여진다는 것이다. 생명의 고향인 바다의 기억이 깊은 무의식 속에서 솟아나는 것일까. 〈푸른 꽃〉의 하인리히도 〈그랑블루〉의 자크도 상징적인 파란 세계를 통과함으로써 생사를 초월한 경지에 다다른다. 파랑의 통과의례라고나 할까."

『삶은 언제 예술이 되는가』

김형수 저, 아시아

삶을 예술처럼 살 수 있다고 믿기에, 삶을 예술처럼 살고 싶기에, 제목에 이끌려 읽게 된 책. 창작자들을 위한 창작원론이지만 읽는 내내 감탄하면서 머리를 끄덕이면서 그래 그래 중얼거렸습니다. 삶을 문학적으로 살 수 있을 것 같은 믿음을 더 곤고히 굳힐 수 있었지요.

 공감의 깊이

가만히, 옆에 가만히 있어 줄게

    가끔 어떤 단어의 사전적 의미가 궁금할 때가 있습니다. 문득 '공감(共感)'이란 단어가 그랬습니다.
    공감의 사전적 의미를 찾아보니 '남의 감정, 의견, 주장 따위에 대하여 자기도 그렇다고 느낌, 또는 그렇게 느끼는 기분'이라고 나와 있습니다. 평소에 생각했던 바와 별반 다르지 않습니다. 공감이 감정의 한 부분처럼 느껴져 그다지 어려워 보이지도 않습니다. 사람이라면, 특별히 악한 사람이 아니라면, 누구나 공감 능력 한 뼘쯤은 가지고 있습니다. 하지만 깊게 들여다보면 볼수록 그리 단순한 단어가 아닙니다. 있으면 좋지만 없어도 그만인 그저 그런 감정의 한 조각일 뿐은 더더욱 아니고요.
    '제4차 산업혁명 시대에 우리 교육은 어떤 방향으로 나아가야 할 것인가?'라는 주제로 열린 한 교육포럼에서 미래사회 학생들이 갖춰야 할 주요 능력으로 '공감 능력'을 첫 번째로 꼽았습니다. 의미심장한 메시지를 담고 있습니다. 사회 구성원 모두가 이에 공감했으면 하고 바라봅니다. 공감을 키워드로 하는 『당신이 옳다』라는 책이 사람들의 많은 사랑을 받고 있다니 잘 나아가고 있는 것이겠죠?
    정신건강의학과 의사 정혜신은 『당신이 옳다』에서 공감에 대해 이렇게 얘기합니다.

공감은 다정한 시선으로 사람 마음을 구석구석, 찬찬히, 환하게 볼 수 있을 때 닿을 수 있는 어떤 상태로, 타고난 성품이 아니라 배워야 하는 것이라고요. 공감을 정서적 공감과 인지적 공감으로 나눈다면 2:8 정도로, 공감이란 것은 인지적인 노력이 필수적인 일이라는 것도요. 배워야 하는 것, 인지적인 노력이 필수적인 일이라는 구절에 고개를 끄덕끄덕, 밑줄을 긋고 그곳에 오래 머무르게 됩니다. 공감은 타고난 성품이 아닐뿐더러 나이가 든다고 해서 우리 마음에 강물처럼 흘러들어오지도 않는다는 걸 지금에서야 깨닫게 됩니다.

공감에 대해 제대로 알지 못하면 악의가 아니라도 타인에게 큰 상처를 줄 수도 있다는 사실에 가슴이 서늘해집니다. 막연하게 배워야 하는 어떤 것 정도가 아니라 공감은 인간관계에서 핵심입니다. 가족 관계, 친구 관계, 더 나아가 사회적 관계에서도 공감은 관계를 매끄럽게 오래 유지해나가기 위한 윤활유 같은 역할을 하니까요.

뿐만 아니라 타인의 고통에 다정한 눈길을 포개는 온전한 공감자가 많아지기만 해도 우리가 살아가는 사회가 좀 더 따뜻해지지 않을까 싶습니다. 고통을 보고 눈물을 뚝뚝 흘리는 정서적 호들갑이 아니라, 성숙하고도 온전한 공감자가 되기 위해 공감에 대한 깊이 있는 공부가 필요합니다.

아이와 함께 그림책으로 공감의 따뜻한 시선을 만나보세요. 나와 가족, 그리고 이웃에게 항상 예민하게 감각할 수 있도록. 물론 우리와 함께 살아가는 동물들과 자연에게도요.

『너처럼 나도』

장바티스트 델 아모 글, 폴린 마르탱 그림, 문학동네

동글동글 귀엽고 친근한 그림과 쉽고 간결한 글 속에 공감의 의미를 담고 있어요. 왼쪽 면에는 각기 다양한 동물들이, 오른쪽에는 아이가 등장하는데, 동물들이 화자가 되어 이야기를 들려줍니다.

너처럼 나도 사랑하는 가족이 있고, 너처럼 나도 때론 행복하고 슬픈 감정이 있고, 캄캄할 때 혼자일 때 너처럼 나도 겁이 나고, 너처럼 나도 나만의 개성이 있고, 너처럼 나도 아름답고 부서지기 쉬운 이 세상의 일부라고요. 모습은 달라도 두근두근 뛰는 심장을 가지고 우리는 함께 살아가고 있다고요.

너처럼 나도, 나도 너처럼이라는 말, 소리 내어 말해볼수록 연대의 따스한 기운이 스미며 왠지 위로받는 느낌이에요. 너와 나를 옆에 나란히 두는 마음결은 성숙한 공감의 시작점이자 기본입니다.

공감을 배우는 그림책

『오늘아, 안녕』
김유진 글, 서현 그림, 창비

잠자리 그림책으로 더없이 좋지만 공감이란 주제에도 훌륭한 그림책이에요.

아이는 잠자리에 들기 전에 토닥이에게 오늘 하루 있었던 일을 말해요. 유치원에서 속상했던 일이나 혼자라서 외로웠던 일, 무서웠던 일과 좋았던 일까지 모두 이야기해요.

토닥이는 아이 옆에서 귀 기울여 들으며 가끔씩 '괜찮아?'라든가 '아팠겠다'라든가 '정말?'이라는 말로 아이의 감정에 공감해줘요. 자신의 이야기를 들어줘서 고맙다 말하고 씨익 웃으며 잠드는 아이, 너무 행복해 보입니다.

아이들에게는 자신의 이야기를 안심하고 말할 수 있고 귀 기울여 들어주는 누군가가 꼭 필요합니다.

『소피가 속상하면, 너무너무 속상하면』
몰리 뱅 글·그림, 책읽는곰

선생님이 아이들에게 가장 좋아하는 나무를 그리라고 합니다. 소피에게는 다가가기만 해도 기분이 좋아지는 나무가 있어요. 화가 나거나 슬플 때 이 나무에 오르기만 해도 마음이 스르르 풀릴 만큼 좋아해요. 바로 너도밤나무예요.

소피는 너도밤나무를 자세히 관찰하고 느낀 대로 그렸어요. 그런데 친구들이 나무 색깔이 틀렸다고 키득대고 하늘이 괴상한 색깔이라며 또 키득거려요. 소피가 얼마나 속상할까요? 얼굴이 화끈 달아오른 소피는 고개를 떨구고 뺨에서는 눈물이 주르륵 흘러내려요. 이를 지켜본 선생님은 어떻게 할까요?

틀렸다고 말하는 아이들에게 화도 내지 않고 빙그레 웃으며 소피에게 말합니다. 소피의 그림 이야기를 들려달라고요.

소피가 자신의 그림에 대해 차근차근 이야기를 마치자 나무에게 어떤 느낌이었는지도 물어요. 그리고 소피의 나무 색깔이 틀렸다고 말한 앤드류에게도 그의 그림 이야기를 들려달라고 합니다. 선생님은 그저 아이들의 이야기를 집중해서 들어주고 인정해줍니다.

아이들은 자신의 그림 이야기를 들려주면서 스스로 깨닫게 됩니다. 각자의 느낌은 틀리고 맞다의 차원이 아니라, 모두 다 소중하다는 것을요.

『바부시카의 인형』
패트리샤 폴라코 글·그림, 시공주니어

자기중심적인 아이 나타샤 이야기입니다. 나타샤는 빨래하고 염소에게 먹이를 주는 바쁜 할머니에게 떼를 씁니다. 지금 당장, 빨리, 나타샤가 하고 싶은 것을 해달라고 조릅니다. 그래도 할머니는 화내지 않고 지금 당장 해줄 수 없는 이유를 조근조근 말해줍니다.

겨우 일을 마치고 함께 차를 마시는 순간 나타샤는 인형 하나를 발견하고는 할머니가 시장에 간 사이 인형과 함께 놀게 되지요. 그런데 인형이 사람처럼 살아 움직이더니 나타샤에게 떼를 씁니다. 바로 조금 전의 나타샤처럼요. 더 놀아 달라고 보채고, 그네를 더 높이 밀어 달라 하고, 염소 수레를 그만하라고 할 때까지 빨리 끌어 달라 하고, 갑자기 배고프다고 소리칩니다. 나타샤는 벌써 쓰러지기 직전입니다.

『너를 보면』

최숙희 글·그림, 웅진주니어

이 책을 시작하는 작가의 말 일부입니다. "스스로가 소중한 존재임을 믿는 『괜찮아』의 아이, 마음을 열고 먼저 손 내미는 『나랑 친구 할래?』의 아이는 어떤 모습으로 자라고 있을까요? 이제 누군가의 아픔을 돌아보고 공감하며 때론 함께 눈물도 흘리는 고운 사람으로 커 가기를…."

표지 한 면을 가득 채운 아이 얼굴에 슬픔이 가득합니다. 금방이라도 눈물이 또르르 흘러내릴 것만 같아요. 아이는 누군가를 오래 응시하며 누군가의 마음에 눈길과 마음을 포개어 봅니다. 그리고 그 마음을 느껴봅니다. 얼마나 슬펐을까? 얼마나 답답했을까? 얼마나 아팠을까? 얼마나 외로웠을까? 얼마나 무서웠을까?

아이는 이 모든 아픈 존재들에게 자신이 해줄 수 있는 게 하나도 없다며 결국 눈물을 흘립니다. 정말 아무것도 해준 게 없는 걸까요? 이 아이의 따뜻한 눈길을 받는 존재들이 한목소리로 얘기합니다. 함께 울어줘서 정말 고맙다고, 네가 있어 참 다행이라고.

소한 걸까요? 슬픔에도 등급이 있는 걸까요? 우리는 모두 개별적인 존재이고, 따라서 감정 또한 개별적으로 소중하고 그 감정은 언제나 옳은데 말이지요.

마지막 책장을 덮고 나면 다른 사람의 감정에 함부로 '그깟'이나 '고작'이란 말이 얼마나 뾰족한 송곳이었는지를 실감하게 됩니다.

『가만히 들어주었어』

코리 도어펠드 글·그림, 북뱅크

테일러가 공들여 만든 놀랍고 새롭고 특별한 어떤 것이 와르르 무너지고 말았습니다. 실의에 빠진 테일러에게 동물 친구들이 찾아와 저마다의 방식을 강요하고 가르치려고 해요. 모두 테일러를 위로하고 도와주려는 마음이었지요.

하지만 테일러는 그 누구와도, 아무것도 하고 싶지 않아요. 어쩐지 더 외롭고 슬픈 테일러에게 토끼가 조용히 다가옵니다. 토끼의 따스한 체온이 테일러에게 스밀 때까지 토끼는 여전히 테일러 곁에 가만히 앉아만 있어요. 그러자 테일러가 먼저 이야기를 시작합니다.

『내 얘기를 들어주세요』

안 에르보 글·그림, 한울림어린이

브루는 슬퍼요. 브루가 부르면 언제나 달려오곤 했던 길고양이가 사라졌거든요. 그런데 브루가 만난 사람들은 자신의 고민을 말할 뿐 브루의 이야기를 귀 기울여 듣지 않아요. 오히려 그깟 고양이 때문에 우냐고 핀잔이나 하지요. 브루는 점점 움츠러듭니다. 듣고 보니 세상에는 자기보다 더 큰 슬픔들이 많은 것 같거든요. 하지만 브루는 고양이 생각에 여전히 슬퍼요. 정말 브루의 슬픔은 사

『마음도 복제가 되나요?』 동화

이병승 글, 윤태규 그림, 창비

함께 살아가는 세상에서 중요한 삶의 가치인 공감을 일깨우는 이야기 여덟 편이 담겨있어요. 내 마음이 중요하다면 다른 사람의 입장에서 생각해보는 것, 다른 사람의 마음도 소중하다는 걸 깨닫게 합니다.

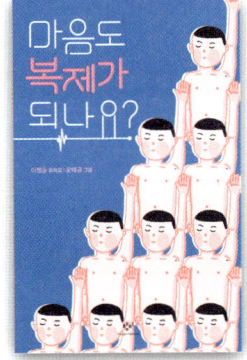

엄마를 위한 책

『당신이 옳다』
정혜신 저, 해냄

이 책이 베스트셀러가 된 첫 시작은 문재인 대통령 덕분이라지요. 책 홍보에서도 '문재인 대통령이 읽고 칭찬한 책'이라는 문구를 자주 마주치곤 했습니다. 그러한 이유로 더 외면하고 있다가 평소 '진짜 사람' 정혜신에 대한 믿음에 있었기에 좀 느지막이 읽게 되었습니다.

읽는 중간 중간 강물처럼 울기도 하고, 때론 먹먹해지고 때론 울컥하기도 했습니다. 아니 읽는 내내 울컥했습니다. 공감에 대하여 이토록 가슴 깊이 스미도록 공감되는 이야기는 처음이었으니까요. 무엇보다 수없이 들어왔던 공감이란 단어에 대해 얼마나 얄팍하게 알고 있었는지 실감하는 순간이기도 했습니다.

다른 심리학책들과 달리, 심리학 전문용어가 한 단어도 쓰이지 않고도 공감에 대하여 아주 쉽고 정확하게 이야기합니다. 정혜신 박사가 말한 적정심리학에 한 치의 어긋남도 없이 딱 들어맞는 내용들로 가득합니다. 전문가가 아니라도 일상에서 온전한 공감자가 되도록 아주 쉽게 공감에 대해 이야기하고 있다는 사실이 무척이나 매력적이었습니다.

울컥하는 마음으로 읽는 내내 들었던 생각은 이런 책이 좀 더 일찍 나왔다면 얼마나 좋았을까 하는 아쉬움이었습니다.

책을 읽고 나서 가장 먼저 한 일은 올해 고등학생이 되는 딸에게 이 책을 권한 것이었습니다. '너를 지키는 방법을 알려주는 책'이라는 말과 함께요. 그리고 한 챕터를 마칠 때마다 함께 이야기를 나눴습니다.

『관계를 읽는 시간』
문요한 저, 더퀘스트

『당신이 옳다』를 읽으면서, 그리고 읽고 난 후에도 가슴에 표지석처럼 남아있는 단어가 있습니다. 정혜신은 다른 사람의 아픔에 공감하는 일에도 '경계를 품은 공감'이어야 한다고 했는데요. 바로 '경계'라는 단어입니다.

경계가 흐트러진 공감은 앙꼬 없는 찐빵이라 할 만큼 경계 바로 세우기가 중요한데요. 이 점에 집중하여 이야기하고 있는 책이 『관계를 읽는 시간』입니다.

사람은 사회적 동물이기 때문에 거미줄 같은 관계망 속에서 살아가고 있습니다. 그러나 건강하지 못한 관계 때문에 많이들 힘들어하지요. 바로 이 '관계'에 주목하고 있는 이 책은 바운더리 심리학으로 관계의 틀을 재구성하는 변화의 심리학입니다.

조금은 생소한 단어 '바운더리(boundary)는 '경계'라는 뜻입니다. 건강한 관계를 유지해 나가기 위해서는 '나와 나 아닌 것'의 경계를 확실히 하는 것, 즉 관계의 틀을 바로 세우는 것이 무엇보다 중요하다고 합니다. 가깝게는 부모와 자식 간의 경계, 부부 사이의 경계, 형제자매 간의 경계, 밖으로는 친구나 연인 사이, 직장 동료 간의 경계 등 모든 관계가 해당됩니다.

관계의 틀을 바로 세우지 않는다면, 혼자 아무리 애를 쓰고 불편한 점을 참아낸다 해도 관계는 결코 좋아지지 않는답니다.

012 바다의 마음

어떤 바다를
가장
좋아하나요?

바다와 하늘이 만나다
테리 펜, 에릭 펜 글·그림 이순영 옮김

　하얀 종이에 파란색 색연필로 '바다'라고 써 놓고 가만히 바라보면 여러 생각이 떠오릅니다. 수줍은 듯 살며시 밀려와 찰랑찰랑 속삭이는 고요한 바다, 떼굴떼굴 굴러와 하얀 포말을 일으키며 처얼썩 물결치는 파도 소리, 신발 벗고 양말까지 벗고 맨발로 걷고 싶은 고운 모래톱, 와자하고 소란스러운 한여름의 해수욕장, 하늘을 보라색으로 물들이며 주홍빛 해가 스르르 빠져드는 검푸른 바다, 언제고 애틋하게 그리운 바다의 다채로운 표정입니다.
　어느 날은 온 마을을 집어삼킬 듯 어마어마한 파도가 휘몰아쳐 덜덜 떨게도 하지요. 그러고는 언제 그랬냐는 듯 시치미 뚝 떼고요. 그 사이에 우리의 소중한 누군가를 데려가기도 합니다. 그래서 누군가에겐 애끓는 그리움이 넘실대는 바다이기도 하고요.
　혹시 바다를 한 번도 보지 못한, 그래서 바다가 무척이나 궁금한 사람에게는 바다를 어떻게 설명할 수 있을까요? 깊은 산골 마을에 살았던 저는 한때 바닷가에 가보는 게 소원이기도 했습니다. 반면 바닷가에 살았던 아이는 끝이 안 보이는 바다를 보며 항상 바다 건너 저쪽을 상상했을 거고요. 변덕스러운 날씨만큼이나 다양한 얼굴을 보여주는 바다는 신비와 모험의 상징이기도 하지요. 애틋하고 따뜻한 추억을 간직한 이도 있을 거고요.

나는 바다에 대해 가장 먼저 어떤 생각이 떠오를까요? 나는 어떤 바다를 가장 좋아할까요? 바다를 좋아한다면 그건 어떤 이유에서일까요? 다양한 바다 이야기를 품은 그림책으로 바다 산책을 떠나볼까요?

『바다와 하늘이 만나다』

테리 펜, 에릭 펜 ·그림, 북극곰

바닷가에 사는 어린 호는 날마다 바다를 보며 할아버지를 생각합니다. 바다를 좋아했던 할아버지는 호에게 종종 바다와 하늘이 만나는 곳에 대해 이야기해 주었습니다. 그곳에 꼭 가보고 싶은 호는 할아버지의 아흔 번째 생일날, 할아버지를 생각하며 배를 만듭니다. 그러다 깜빡 잠이 들었는데 호는 자신이 만들 배를 타고 항해 중이었어요.

시간이 흐르고 밤이 찾아와 호가 외롭다 생각하는 그때 커다란 황금물고기가 나타났어요. 꼭 할아버지 눈빛을 닮은 그 물고기가 바다와 하늘이 만나는 곳으로 호를 데려가 주겠대요. 호는 황금 물고기를 따라 책을 좋아하는 새들이 아주 많이 모여 있는 도서관 섬에도 가고, 거대한 소라껍데기 섬에도 가요. 해파리들이 춤추는 바다를 지나자 갑자기 호의 눈이 휘둥그레졌어요. 바로 이곳이 바다와 하늘이 만나는 곳일까요? 달빛 속에서 할아버지가 활짝 웃고 계신 걸 보면 바로 그곳인가 봐요.
환상적인 그림과 신비로운 이야기로 아이들을 사로잡은 『한밤의 정원사』와 같은 작가랍니다.

바다를 담은 그림책

『파도가 차르르』

맷 마이어스 글·그림, 창비

해변에 가면 자신만의 세계에 빠져있는 아이들을 곧잘 만나게 돼요. 제이미도 지금 흠흠흠 콧노래를 부르며 마음껏 자신의 환상 세계를 만들어가는 중이에요. 차르르르르 파도에 실려온 바다 이야기에 귀 기울이면서요. 바다는 마법의 공간임에 틀림없어요.

『작은 배』

캐시 핸더슨 글, 패트릭 벤슨 그림, 보림

파란 하늘을 배경으로 작은 배를 치켜든 아이의 클로즈업 된 얼굴 표지 그림이 시선을 사로잡습니다. 아이의 앙다문 입술과 강한 눈빛에서 의기양양한 태도가 엿보이네요.
엄마와 해변에 간 아이는 어떤 놀이에 흠뻑 빠져 있

어요. 물결이 자갈을 적시고, 모래를 쓸어 가는 바닷가에 항구를 만들고 물길을 만들었어요. 그리고 스티로폼 조각에 막대기로 돛대를 세우고 낡은 노끈으로 돛을 달아 만든 작은 배를 띄웠습니다. 아이가 잠깐 한눈을 파는 사이 작은 배는 아이가 만든 작은 항구를 떠나 진짜 바다로 긴긴 여행을 떠나게 되었지요. 지금부터는 넓은 바다를 무대로 작은 배가 주인공인 모험 이야기가 펼쳐집니다.

작은 배는 산들바람에 실려 가다 게잡이 배와 돛단배를 지나고, 빌딩만큼 거대한 유조선이 일으킨 물결에 휩쓸려 이리저리 흔들리고, 석양에 비친 황금빛 바다를 유유히 떠다니다 갑자기 으르렁대는 산더미 같은 파도를 넘고, 물고기에게 먹힐 뻔하기도 합니다.

웅장하면서도 섬세한 바다의 다채로운 표정이 시선을 떼지 못하게 하고, 그 안에서 작은 배를 찾아보는 재미가 있습니다.

『여름휴가 전날 밤』

미야코시 아키코 글·그림, 북뱅크

내일은 엄마 아빠랑 바다에 가기로 한 날이에요. 그런데 날씨가 이상해요. 하늘을 보니 자꾸 시커먼 구름이 몰려와요. 바닷가의 따가운 햇볕을 가릴 챙 넓은 모자랑 파도 타기할 튜브도 챙겨 놓았는데, 아이는 걱정이 한가득입니다. 하늘을 집어삼킬 듯한 거대한 먹구름, 갑자기 쏟아지는 굵은 빗방울, 휘몰아치는 바람 등 변화무쌍한 태풍의 모습이 가득한데, 내일 바다에 갈 수 있을까요? 목탄으로 그려낸 흑백 그림이 멋진 그림책입니다.
(구 판본의 제목은 『태풍이 온다』로 베틀북에서 나왔습니다.)

『지구의 파란 심장 바다』

클레어 A. 니볼라 글·그림, 보물창고

미국의 〈타임〉지에 최초의 지구영웅으로 선정된 해양학자 실비아 얼의 자전적 이야기예요. 여태껏 누구도 걸었던 적 없는 381미터 깊이의 바다 밑바닥을 처음으로 걸었대요. 914미터 깊이까지 내려갔을 때는 은하계에 뛰어든 것 같은 느낌이었대요. 7천 시간 이상 잠수하며 관찰한 심해 생명체들은 어떨까요? 신비롭고도 놀라운 바닷속 세계가 아름다운 일러스트로 생생하게 펼쳐집니다.

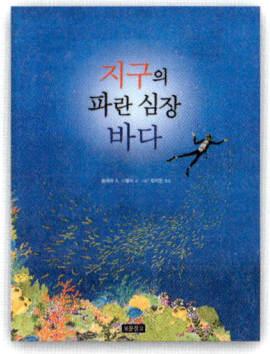

『파도야 놀자』

이수지 글·그림, 비룡소

파도는 장난꾸러기 강아지였다가, 기분이 좋아 부드럽게 꾹꾹이를 해주는 고양이였다가, 갑자기 으르렁대는 사나운 개가 되기도 합니다.

아이는 그런 파도의 리듬에 맞춰 다가갔다 물러섰다를 반복하더니, 함께 춤을 추기도 합니다. 끼룩끼룩 날던 갈매기도 날개를 퍼덕이며 축하해주는 것 같고요. 바다의 얼굴과 마음을 담당하는 파도와 노는 아이의 자유로운 모습이 글 없이 그림만으로 풍성하게 펼쳐집니다.

『바다 건너 저쪽』

고미 타로 저, 보림

한 아이가 뒷짐 지고 찰싹이는 바다를 바라보고 있는 표지 그림을 보며 생각해봅니다. 저 아이는 바다를 보며 무슨 생각을 하고 있을까 하고요. 책장을 넘기니 딱 아이다운 상상이 펼쳐집니다.

어린 시절, 끝도 없이 펼쳐진 바다를 보며 한 번쯤 품었을 생각들입니다. 바다 건너 저쪽 세상이 궁금했었지요. 책 속의 아이는 여기서 끝나지 않고 바다처럼 끝없이 상상의 나래를 펼쳐 보입니다. 리듬감 있는 글과 담백한 그림이 아이의 상상과 조화롭게 흘러갑니다.

『바다가 보고 싶었던 개구리』

기 빌루 저, 열린어린이

갈매기에게서 바다 이야기를 들은, 호기심 많은 개구리 앨리스는 바다를 보기 위해 떠납니다. 연잎을 뗏목 삼아 강의 급류 속으로 뛰어들고 바다로 나아가는 동안 낯설고 신기한 것들을 실컷 구경하지요. 용기를 가지고 새로운 것에 도전하는 자에게 주어지는 선물이겠지요.

마침내 온통 파랗게 물결치는 바다를 마주한 앨리스, 기쁨과 두려움을 동시에 느끼게 됩니다. 두려움이 더 컸던 걸까요? 결국 바다 한복판에서 울음을 터뜨린 앨리스는 달빛의 도움으로 아늑한 작은 연못으로 돌아오게 됩니다. 이제 바다 쪽으로는 눈길도 주지 않을까요? 어찌 된 일인지, 작은 연못에서 두 번 다시 앨리스를 볼 수 없게 되었대요.

『난 커서 바다표범이 될 거야』

니콜라우스 하이델바하 글·그림, 풀빛

외딴 바닷가에 한 가족이 살고 있습니다. 어부인 아빠는 먼 바다로 나가고, 아이는 대부분의 시간을 바다에서 보내요.

신기하게도 아이는 한 번도 수영을 배운 적이 없는데도 수영을 아주 잘 해요. 아빠가 없는 날이면 엄마는 아이에게 바닷속에 사는 신비로운 동물들의 이야기를 들려줍니다. 인어 아가씨, 바닷가재 소녀, 궁중 대신 바다소, 뽀뽀 뱀장어, 달고기 왕, 도둑 달팽이…. 엄마는 단 한 번도 바다에 들어가 본 적이 없다고 했는데, 어떻게 바닷속 모든 동물들을 알고 있는 걸까요? 어느 날, 아이는 창고에서 신기한 물건을 가지고 나오는 아빠를 보게 되는데….

호기심을 자극하는 제목과 신비로운 이야기에 딱 어울리는 환상적인 그림이 눈길을 끕니다. 특히, 엄마가 들려주는 바닷속 동물들을 상상하며 아이가 꿈을 꾸는 장면은 압권입니다.

『할머니의 여름휴가』

안녕달 글·그림, 창비

푹푹 찌는 더운 여름날, 바닷가에 다녀온 손자는 혼자 사는 할머니를 찾아옵니다. 선풍기로 더위를 식히고 있는 할머니를 위해 손자는 소라를 선물하지요. 손자의 따뜻한 마음 덕분일까요? 할머니는 소라에서 나는 파도 소리를 따라 바닷가로 뜻밖의 휴가를 떠납니다. 할머니를 위해 바다는 세상에서 가장 아름다운 풍경을 준비해 두었네요. 아, 고운 모래톱과 비췻빛 바다! 탁 트인 시야와 바다색이 탄성을 자아내게 합니다.

『바다 100층짜리 집』

이와이 도시오 글·그림, 북뱅크

우와! 보자마자 나오는 감탄입니다. 아래로 아래로 바닷속 100층짜리 집이래요. 꼭 바닷속 엘리베이터 같기도 해요.

100층짜리 집을 10층, 20층, 30층…. 이렇게 10층씩 내려가면서 각각 다른 동물들을 만나게 돼요. 해달, 돌고래, 불가사리, 문어, 해마, 해파리, 게, 아귀, 소라게. 바다에 사는 동물들의 특징을 기발한 상상력으로 그려낸 오밀조밀한 그림을 다 보려면 수십 번은 봐야 될 것 같아요.

『해적』

다시마 세이조 글·그림, 한림출판사

조금 많이 특별한 해적 이야기예요. 분명히 외모는 해적인데, 부하도 없고 사람들의 물건을 빼앗지도 않고, 오히려 섬사람들을 괴롭히는 못된 짐승을 혼내 주고 물고기와 놀면서 평화롭게 살아가요.

어느 날, 그런 해적에게 첫사랑이 찾아와요. 놀랍게도 인어공주와의 사랑이에요. 해적은 인어와 행복한 시간을 보내며 사랑을 키워 가는데 그것도 잠깐, 인어는 편지 한 장을 남기고 사라져요.

슬픈 사랑 이야기 속에 환경 사랑을 품고 있어요. 일본 작가 다시마 세이조. 팔순이 가까운 나이에도 여전히 생동감 있고 자유로운 그림이 매력적입니다.

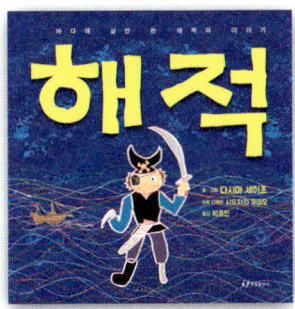

『한 줌의 모래』

시빌 들라크루아 글·그림, 북스토리아이

달콤한 꿈처럼 즐거웠던 바닷가에서의 여름휴가가 끝나고 일상으로 돌아온 율리스 남매는 아쉬움이 가득합니다. 율리스 눈에는 눈물까지 그렁그렁 고였어요. 누나도 신발 속에 남아 있던 모래를 만지작거리며 서운하고 허전한 마음을 달래고 있었지요. 율리스는 그런 누나에게 뭐하냐고 물었고, 바로 그때 누나에게는 아주 기발한 생각이 떠올랐어요.

"율리스, 이리 와 봐, 우리 모래를 심어 보자." 한 줌의 모래를 심으면 무엇이 자랄까요?

『바다 이야기』 동화

질 바클렘 글·그림, 마루벌

찔레꽃 울타리 마을에서 살아가는 들쥐들을 통해 사계절의 자연을 오롯이 느낄 수 있는 〈찔레꽃 울타리〉 시리즈 중의 한 권이에요.

이번에는 소금을 구하기 위해 배를 타고 바다로 나가는 모험 이야기를 담고 있어요. 도중에 만난 폭풍우와 바닷가 모래언덕에 사는 새로운 친구들, 처음 먹어보는 바다향 가득한 바다 음식, 그리고 무엇보다 처음 보는 바다. 산골 마을의 들쥐들에게는 분명 가슴 벅찬 경험들입니다.

『바다에서 M』

요안나 콘세이요 글·그림, 사계절

여름 바닷가에서 하루를 보낸 소년 M의 이야기. 그 이야기 안에는 불완전했던 어느 시기의 상처와 고민과 후회, 그리고 오해와 외로움 등 성장통이 담겨 있어요. 읽고 나서 고등학생 딸에게 선물했어요. 딸은 힘들 때마다 바닷가를 찾아서 한시간이고 두 시간이고 하염없이 바다를 바라보곤 합니다. 그리고 얼마간 괜찮아지곤 하죠. 특별히 청소년에게 건네고 싶어요.

엄마를 위한 그림책

『바다로 간 화가』

모니카 페트 저, 안토니 보라틴스키 그림, 풀빛

큰 도시에서 가난하게 살아가던 화가는 끝없이 넓고 말로 다할 수 없이 아름답다는 바다 이야기를 들었습니다. 바다를 한 번도 본 적이 없는 화가는 잠을 이룰 수 없도록 바다가 보고 싶었지요. 바다로 떠날 비용을 마련하기 위해 감자와 빵과 물만 먹으며, 세간까지 내다 팔았습니다. 그리고 드디어 바다를 보게 되는데, 그토록 보고 싶었던 바다에서의 화가의 삶이 아름답게 펼쳐집니다.

가슴 한가운데로 파고드는 바다의 멜로디를 들으며 날마다 눈앞에 보이는 모든 것을 그리는 화가를 상상해보세요. 모든 것을 걸 만큼 그토록 간절한 바다는 나에게 무엇일까요?

013 엄마와 딸

엄마, 웬수 같지만 사랑해요

　세상에서 가장 깊은 이해와 사랑을 주고받을 수 있는 사이는 누구일까요? 바로 엄마와 딸이라고 생각해요. 같은 여자로서, 딸이었다가 그 자신 또한 엄마가 되면서 똑같은 역할을 살아내기에 공유하는 바가 많기 때문이겠지요.

　가족 내에서도 특히, 엄마와 딸은 서로를 가장 잘 이해해주는 세상에 둘도 없는 친구처럼 지내기도 합니다. 이쯤 되면 결코 동의하지 못하겠다는 듯 고개를 갸웃거리는 분들이 많습니다. 이론상으로는 그러할진대 친구 같은 모녀 관계는 그리 많지 않으니까요. 얽히고설킨 실타래처럼 참으로 복잡하고 오묘한 관계가 바로 엄마와 딸의 관계입니다. 엄마가 아니면, 딸이 아니면 결코 이해할 수 없는 세계지요.

　엄마라는 단어만으로도 폭풍 눈물을 쏟을 만큼 애틋해하면서 또 그만큼 답답해하고, 서로의 마음을 가장 잘 이해할 것 같으면서도 벽에 얘기하듯 불통의 말들을 쏟아내고, 가장 사랑한다면서 가장 깊은 상처를 주고, 만나면 반갑다가도 싸우면서 헤어지고, 돌아서면 곧 후회가 밀려오고 그저 안쓰럽고.

　딸을 낳아 너무 좋다는 어린 시절이 지나고 나면 장밋빛 미래가 흙빛이 되고 맙니다. 엄마와 딸 이야기를 담은 그림책을 보면 행복하고 미래에 멋진 친구 하나가 생길 것 같아 마냥 설레기도 합니다. 그런데 딸아이가 커갈수록 불안해집니다.

"나는 엄마처럼 안 살 거야." "더도 말고 덜도 말고 딱 너 같은 딸 하나만 낳아봐라." "내가 널 어떻게 키웠는데?" "내가 너 때문에 얼마나 많은 걸 포기했는데?" 다 큰 딸과 엄마의 대화 중에 가장 흔하게 들리는 말들입니다. 두렵습니다. 내 입에서 이런 말이 흘러나올까 봐. 혹시라도 딸에게서 듣게 될까 봐.

딸이 있어 너무 행복하고 평생 친구 같은 딸을 꿈꿔온 저에게 최근 큰 깨달음 하나가 번뜩 다가왔습니다. 친구 같은 딸, 이것 또한 엄마의 욕심이고 자기만족일 뿐 딸에게는 또 하나의 부담이나 굴레가 될 수 있다는 사실 말입니다. 엄마와 딸 관계를 다룬, 요즘에 출간되는 책들을 보면 보통 일이 아니구나 싶습니다.

『나는 엄마가 힘들다』, 『나는 착한 딸을 그만두기로 했다』, 『딸은 엄마의 감정 쓰레기통이 아니다』, 『나는 엄마와 거리를 두는 중입니다』, 『나는 왜 엄마에게 화가 날까』. 이 중에 한 권이라도 마음 가는 책이 있다면 분명 모녀 관계에 불편함이 있는 거겠지요. 자아 회복력과 자아 존중감, 그리고 모든 대인 관계에까지 깊은 영향을 끼친다는 모녀 관계, 이번 기회에 차분히 돌아보는 시간을 충분히 가져야 되겠습니다.

『우리는 엄마와 딸』
정호선 글·그림, 창비

아빠의 부재로 엄마와 딸 둘이서 알콩달콩 일상을 꾸려가는 모습이 유머러스하면서도 따스합니다. 힘들 때, 화날 때, 울고 싶을 때도 있지만 이것저것 뭐든지 같이 합니다. 그러면 거짓말처럼 기분이 좋아진대요. 엄마와 딸 둘뿐이지만.

엄마와 딸 이야기 그림책

『딸은 좋다』
채인선 글, 김은정 그림, 한울림어린이

딸을 낳아 키우고 그 딸이 다 자라서 결혼하고 엄마가 되어 또 딸을 낳는 과정이 잔잔하게 그려져 있습니다. 엄마와 딸이 함께 보며 딸이 좋은 이유에 대해 얘기 나누기에 좋아요.

『딸들이 자라서 엄마가 된다』 청소년

알리야 모건스턴, 수지 모건스턴 공저, 웅진지식하우스

너무 다르지만 너무 사랑하는 엄마와 딸의 솔직하고 발랄한 릴레이 일기. 같은 일을 두고 어쩜 그리 다르게 생각하고 느끼는지 그 점이 무척이나 흥미로워요.

『엄마는 좋다』

채인선 글, 김선진 그림, 한울림어린이

어린 딸과 엄마와 외할머니, 삼대가 함께 읽기에 좋아요. 엄마가 외할머니가 좋은 이유를 끝도 없이 늘어놓는데, 엄마 목소리에 자꾸만 물기가 어려워요. 앞서 나온 그림책 『딸은 좋다』에 화답하는 편지 같아요.

『딸에게 보내는 심리학 편지』 청소년

한성희 저, 메이븐

정신분석 전문의 엄마가 자유롭고 당당한 삶을 꿈꾸는 딸에게 전하는 자기 돌봄의 심리학 편지글. 딸과의 건강한 관계를 위하여 엄마가 먼저 읽고 청소년 딸에게 선물하면 좋을 책. '자기 돌봄'이란 단어가 유난히 마음에 착 안깁니다. "네 길을 걸어가면 그 뿐. 지나가는 일과 사람에 너무 크게 흔들리지 말기를."

『세 엄마 이야기』

신혜원 글·그림, 사계절

시골로 새로 이사한 엄마는 콩을 심다가 힘들어 엄마의 엄마(외할머니)를 부릅니다. 그래도 힘에 부쳐 엄마의 엄마는 엄마의 엄마의 엄마(증조할머니)를 부르지요. 콩농사를 매개로 4대가 만들어내는 이야기가 유쾌합니다.

『엄마를 미워해도 될까요?』 청소년(절판)

다부사 에이코 저, 이마

자기중심적인 엄마 때문에 힘들어 하던 딸이 엄마의 그늘을 벗어나 진정한 자립을 하는 과정을 그린 가족 만화. 작가가 어린 시절부터 직접 겪은 엄마와의 갈등과 상처를 수십 개의 크고 작은 에피소드로 과감하게 드러내 많은 공감을 자아냅니다.

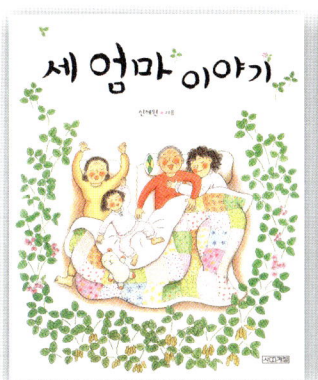

엄마를 위한 책

『엄마의 초상화』 그림책
유지연 글·그림, 이야기꽃

밥하고 빨래하고 청소하는 일상적인 모습의 엄마 말고, 한 여성으로서 당당한 모습의 엄마를 만나봅니다. 엄마라는 이름 말고 젊고 멋진 '미영씨'로요. 엄마를 깊이 이해할 수 있는 하나의 방법입니다.

『다정해서 다정한 다정 씨』 그림책
윤석남 저, 한성옥 기획, 사계절

마흔에 독학으로 화가가 된 윤석남은 주로 자신의 '어머니'를 그렸으니, '엄마와 딸'이라는 주제에 빠질 수 없는 책. 이 책은 윤석남 자신의 이야기로 시작해 자신의 어머니와 세상의 모든 다정(多情)한 어머니들을 담았습니다.

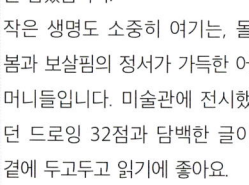

작은 생명도 소중히 여기는, 돌봄과 보살핌의 정서가 가득한 어머니들입니다. 미술관에 전시했던 드로잉 32점과 담백한 글이 곁에 두고두고 읽기에 좋아요.

『엄마가 딸에게』 그림책
김창기, 양희은 저, 키큰나무 그림, 위즈덤하우스

두 아티스트가 협업한 세상 모든 엄마와 딸을 위한 노래 그림책. 앞부분엔 어느새 훌쩍 자라버린 딸에 대한 엄마의 얘기가, 뒷부분엔 딸의 얘기가 담겨 있어요. 다 자란 딸에게 읽어주고 함께 노래를 들으니 가슴이 뭉클하고 눈가는 그렁그렁, 콧등이 시큰해집니다. 선물하기에도 좋아요.

『시즈코 상』
사노 요코 저, 펄북스

『백만 번 산 고양이』의 세계적인 그림책 작가 사노 요코의 자전적 에세이. 네 살 무렵 엄마가 매몰차게 손을 뿌리친 이후로 엄마 손을 잡지 않겠다고 결심하고, 평생을 엄마와 불화한 작가가 일흔에 써 내려간 엄마 이야기입니다.

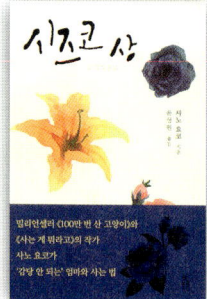

엄마에 대한 애정을 실로 꽁꽁 묶어두고 산 수십 년 세월도, 평생을 함께한 사무친 미움도 어느 순간 툭 끊어진다는데…. 사노 요코가 엄마를 이해하는 방식을 만나볼까요?

『나는 착한 딸을 그만두기로 했다』
노부타 사요코 저, 북라이프

고유명사 같은 '착한딸'을 벗어나 내 삶의 주인으로 살고 싶은 여성들을 위한 책. 소설 형식을 취하고 있어 흥미롭습니다. 엄마와의 거리두기를 실현해 가는 과정 중에 발생하는 일곱 가지 갈등 때마다 메시지가 제시되어 있어요.

『나는 엄마와 거리를 두는 중입니다』

손정연 저, 팜파스

가장 친밀한 엄마와 딸 사이에 거리두기의 중요성을 얘기합니다. 거리두기는 상대를 객관화해서 바라볼 수 있어 서로에 대한 이해의 폭이 넓어지고 미처 몰랐던 새로운 발견을 하는 계기가 된답니다. 다양한 모녀 관계 사례와 각 장마다 나오는 시네마 프롤로그가 많은 공감을 끌어내며 묘한 위로를 주네요.

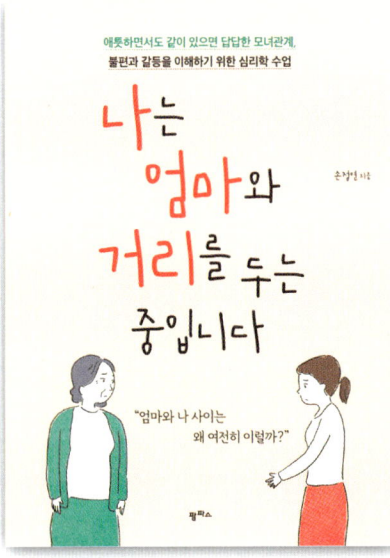

『나는 왜 엄마에게 화가 날까』

김반아, 박범준 공저, 예담

감성에 상처를 입은 엄마는 감정줄로 딸을 옭아매고, 그 감정줄이 되물림되는 엄마와 딸의 관계를 면밀히 들여다봅니다. 감정줄을 잘라내고 자존감을 회복하여 새로운 존중 관계를 시작하는 작가의 실천적 방법이 인상적입니다.

『딸은 엄마의 감정 쓰레기통이 아니다』

가야마 리카 저, 걷는나무

엄마에 대한 분노와 죄책감으로 힘들어하는, 어른이 된 딸들을 위한 정신과 전문의의 심리 치유서. 착한 딸 콤플렉스에서 벗어나 내 삶의 주인으로 살고 싶은 딸들에게 권합니다.

『엄마와 딸 사이』

곽소현 저, 소울메이트

엄마와 딸의 힘든 관계에 대한 풍부한 사례와 그림, 시, 영화를 통해 이해를 돕고 깊이 있게 돌아볼 수 있도록 합니다. 특히 딸과 친구 같은 관계를 꿈꾸고 있는 엄마들에게 좋아요.

『나는 나, 엄마는 엄마』

가토 이쓰코 저, 한국경제신문사

엄마 때문에 힘들다면, 엄마와 상처를 주지도 받지도 않으면서 잘 지내고 싶은 세상의 모든 딸들에게 권합니다. 여섯 유형의 모녀가 등장해 여섯 가지 사연을 풀어내고 모녀관계 갈등을 분석한 책.

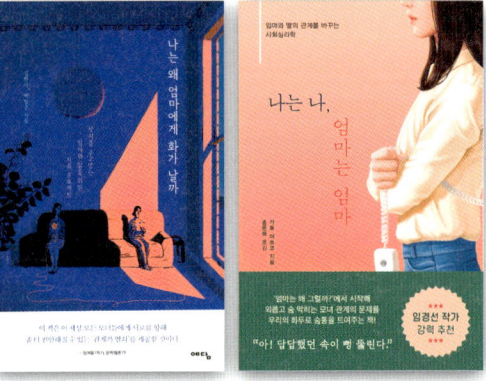

014 뭉클, 와락, 울컥

잔잔하다가
또르르

자고 일어나면 흉포한 사건, 사고가 쏟아집니다. 힘들고 지친 삶에 여유가 없다 보니 어떤 인내나 배려가 들어설 자리가 조금도 없습니다.

불행한 뉴스는 사람들 마음을 그늘지게 합니다. 지금 우리 모두에게 따뜻한 이야기가 절실한 이유이지요. 지친 마음을 위로하고 아픈 상처에 공감해주는 소박하지만 따뜻한 이야기들 말입니다. 사람의 마음자리에 좀 더 민감한 편인 출판계에서 힐링 에세이가 대세인 걸 보면 더욱 그런 생각이 듭니다. 슬며시 마음으로 흘러든 따뜻한 이야기는 마음을 순하게 하는, 마음에 잠깐의 여유를 갖게 하는 마법이 있습니다.

SNS에서 만났던 사진 한 장이 떠오릅니다. 비 내리는 날 오들오들 떨며 우산 속에 웅크린 채 앉아 있는 길고양이 한 마리. 길을 가다 빗속에 떨고 있는 고양이를 발견하고서 쓰고 있던 우산을 고양이에게 씌워주고 빗속을 뛰어갔을 그 누군가의 마음결에 스르르 스며들고 맙니다. 창가에 놓인 식물이 햇살을 향해 뻗어나가듯, 사람들 또한 햇살처럼 따뜻한 이야기에 저절로 감화합니다.

삶의 공간에서 이런 일들이 자주 일어나고 사람들 사이에 회자된다면 더없이 좋겠지만, 현실에서 불가능하다면 따뜻한 그림책을 자주 들여다보는 수밖에요. 바람이라면 산들바람 같고, 비라면 보슬비 같고, 계절이라면 애기쑥 뾰족뾰족 올라오는 봄날 같고, 물이라면 졸졸 흐르는 시냇물 같고, 그 옛날 아랫목 이불 속에 묻어둔 하얀 공깃밥 같고, 소곤소곤 귓속말 같은, 무엇보다 눈과 마음을 편안하게 하는 그림책들입니다. 이도 저도 아닌 저녁 어느 때, 마음 둘 곳 없이 허허로울 때, 따뜻한 그림책을 품어보세요.

『그해 가을』

권정생 원작, 유은실 글, 김재홍 그림, 창비

글이 많은 것도 아닌데 읽는 데 오래 걸렸습니다. 글과 그림에 머물러 있었기 때문입니다. 이태준의 단편소설이 김동성 화가의 그림옷을 입고 새롭게 탄생한 그림책 『엄마 마중』이 떠올랐어요.
권정생 선생님의 산문을 유은실 작가가 매만지고 다듬어 김재홍 화가의 그림으로 『그해 가을』은 재탄생했습니다. 세 분의 만남이라니, 읽기 전부터 가슴이 울렁거렸지요. 겨울엔 춥고 여름엔 더운 예배당 문간방에 사는 청년 권정생이 지체장애를 가진 열여섯 살 창섭이를 만난 이야기예요.
아무도 찾아오는 이 없는 이곳에 창섭이가 가끔 찾아오곤 했답니다. 비 오는 어느 해 가을, 흙투성이 바지도 걷어 올리지 않은 채 찾아와 배고프다고 말합니다. 그때서야 글쓰기에 몰두해 있던 청년 권정생도 허기를 느꼈습니다. 그러나 먹을 것이 없어서 배고픔을 참기 위해 나란히 누워 찬송가를 불렀는데…. 창섭이가 문간방 앞에 서 있어도 쉬이 말을 걸어주지 않자 창섭이가 내뱉은, "서새니도 냉가 시치?"라는 말. 청년 권정생의 가슴에 화살처럼 내리꽂혔습니다.
그림 하나하나 시선을 뗄 수 없지만, 책장을 덮고 나니 세 장면이 생생하게 가슴에 남아 있습니다. 본문 속에 등장하지 않은 표지만을 위한 표지 그림, 모든 것을 알고 있는 듯한 슬픔 가득한 창섭의 눈빛, 그리고 마지막 성경책 그림. 하필이면 계절이 가을이었고, 하필이면 비까지 내렸을까요?

뭉클하고 따뜻한 그림책

『들꽃 아이』

임길택 글, 김동성 그림, 길벗어린이

깊은 산속 외딴 마을에 사는 6학년 보선이는 하루도 빠지지 않고 등굣길 숲길에서 만난 들꽃을 꺾어 선생님 책상에 놓아둡니다. 담임선생님은 보선이 덕분에 들꽃에 관심을 갖게 되고 식물도감까지 사서 공부하게 되지요.
어느 날, 선생님은 수업에 늦은 보선이를 꾸중하다 손전등을 들고 학교에 다녀야 할 만큼 멀리 산다는 것을 알게 되고 놀랍니다. 보선이는 힘든 내색 한 번 하지 않고 언제나 씩씩한 아이였으니까요. 하루는 선생님이 보선이네 집을 찾아 길을 나섰는데, 자꾸만 깊은 숲 속으로 이어지고 어두워지기 시작합니다. 시골마을 선생님과 보선이의 순수하고 따뜻한 마음이 잔잔한 감동을 불러옵니다.

『찰리가 온 첫날 밤』

헬린 옥슨버리 그림, 에이미 헤스트 글, 시공주니어

함박눈이 펑펑 내리는 어느 날 밤, 헨리는 길에서 주인 잃은 강아지를 데려와 찰리라는 이름을 지어주고 집 안 구석구석을 구경시켜 줘요. 엄마 아빠는 찰리를 돌보는 건 오로지 헨리의 몫이고 잠 잘 공간도 식탁 밑이라고 정해주셨어요.

헨리는 자기 침대에서 함께 자고 싶지만 식탁 밑에 푹신한 이불을 깔아주고 곰인형 보보와 심장소리처럼 들리는 시계도 놓아주었어요. 그리고 헨리가 잠들 때까지 옆에 누워 있었지요. 바로 엄마가 찰리를 재워줬던 것처럼요.

그리고 자기 방으로 돌아와 눈 내리는 날 찰리와 함께 신나게 뛰어노는 상상을 하고 있는데 찰리의 울음소리가 들려요. 걱정이 된 헨리가 부리나케 뛰어가는데….

『아모스 할아버지가 아픈 날』

필립 C. 스테드 글, 에린 E. 스테드 그림, 별천지

부지런한 동물원지기 아모스 할아버지는 아침 자명종이 울리면 다림질한 제복으로 갈아입고 조용조용 차를 마시고 느릿느릿 문을 나섭니다. 5번 버스를 타고 여섯 시에 동물원에 도착해서는 아무리 바빠도 동물 친구들을 꼭 방문하지요.

먼저 코끼리처럼 등을 굽히고 앉아 코끼리와 느릿느릿 체스를 두는데 코끼리가 궁리하고 또 궁리하는 걸 기다려주고요. 거북이와 느릿느릿 달리기 경주를 할 때는 거북이한테 한 번도 이겨 본 적이 없어요. 어둠을 무서워하는 부엉이에게는 이야기책을 읽어 줘요. 동물들의 처지를 하나하나 섬세하게 살피는 할아버지의 마음결은 수면 양말을 신고 수면 잠옷을 입은 듯해요.

어느 날 아침, 할아버지가 감기에 걸려 동물원에 나오지 못하게 됐어요. 기다리고 기다리다 걱정이 된 동물 친구들은 버스를 타고 할아버지 집으로 찾아가요. 침대에 비스듬히 누워있는 할아버지를 위해 동물 친구들이 하는 아주 작은 움직임은 마음의 온도를 한껏 끌어올려 줍니다.

코끼리는 할아버지와 체스 놀이를 하며 할아버지가 궁리하고 또 궁리하도록 기다리고, 너무 피곤해서 경주를 못하는 할아버지를 위해 거북이는 숨바꼭질 놀이를 해요. 부엉이가 준비한 차를 한 잔씩 마시고 모두 함께 잠들어야 할 시간, 부엉이는 어둠을 무서워할 할아버지를 위해 큰 소리로 책을 읽어줘요.

특별할 것 없는 너무도 작은 움직임들이 빚어내는 부드러운 파동이 우울했던 마음을 환하게 비춰줍니다.

『떨어질 수 없어』

마르 파봉 글, 마리아 지롱 그림, 이마주

호기심을 자극하는 제목입니다. 무엇과 무엇이, 혹은 누구와 누가 떨어질 수 없다는 걸까요?

신발 가게의 쇼윈도에 전시된 신발 한 켤레가 유독 눈에 들어옵니다. 아니나 다를까, 한 아이가 바로 그 신발을 신고 아주 만족스럽게 거울 앞에 서 있네요. 동시에 이야기를 들려줘요. 우리는 하나로 태어났다고요.

신발과 아이는 함께 달리고 장애물을 뛰어넘고 춤을 추고 잠 잘 때도 함께 해요. 정말 하나인 듯 완전한 한 쌍 같아요. 그런데 신발 한 짝이 찢기는 바람에 엄마는 두 짝 모두 버려야겠다고 했어요. 신발을

한 짝만 신을 수는 없는 노릇이니까요. 그렇게 신발 두 짝은 쓸모가 없어져 초록색 쓰레기통에 버려집니다.
완전하지도 않고, 쓸모도 없는 찢어진 신발 한 짝은 쓰레기장에 버려지고, 나머지 한 짝은 역시 짝을 잃은 초록 양말 한 짝과 함께 어디론가 옮겨집니다. 신발은 또 다시 버려질 거라 생각했는데, 초록색 양말 한 짝과 함께 한 할아버지가 깨끗이 빨아 햇볕에 잘 말리더니 선물 상자 안에 넣는 게 아니겠어요.
평생의 짝을 잃어 완전하지도 않고 그래서 쓸모가 없다고 생각했는데 누군가의 완벽한 선물로 태어나게 된 거예요. 누구의 선물이 되는 걸까요?
수많은 제품이 쏟아져 나오고 수없는 버려짐에 무감각해진 우리에게 '완전함'과 '쓸모'에 대해 생각해보게 하는 따뜻한 이야기입니다.

『어느 작은 사건』

루쉰 글, 이담 그림, 두레아이들

중국을 대표하는 문학가이자 사상가인 루쉰의 글을 그림책으로 펴냈다니 손이 덥석 책으로 향합니다. 대학 때 읽었던 루쉰에 대한 기억 때문이죠. 이 책은 루쉰의 삶에 가장 큰 영향을 끼친, 오랫동안 결코 잊지 않는 어느 작은 사건에 대한 자전적인 이야기예요. 루쉰이 타고 가던 인력거에 걸려 한 할머니가 넘어졌는데요. 루쉰은 그 할머니가 인력거에 부딪히지도 않았고, 천천히 넘어졌으며, 다치지도 않았으니, 모른 척 그냥 빨리 가자고 인력거꾼을 재촉했습니다. 더구나 이른 아침이라 본 사람도 없었고, 갈 길도 바빴으니까 말이에요. 하지만 인력거꾼은 루쉰의 말에는 아랑곳없이 할머니를 일으켜 세워 부축한 채 천천히 근처 파출소로 발길을 옮겼습니다.
이런 상황에서 나는 어땠을까 생각해봅니다. 왁스 페인팅의 독특한 방식으로 작업하는 이담 작가의 그림도 인상적입니다.

『후와후와 씨와 뜨개 모자』

히카쓰 도모미 글·그림, 길벗스쿨

털실을 아주 좋아하고 뜨개질도 아주 잘하는 후와후와 씨는 털실 가게에서 일해요. 가게에서는 손님에게 주문을 받아 손뜨개질을 하고, 학생들에게 뜨개질을 가르치는 교실도 열고 있어요.
좋아하는 일을 하는 후와후와 씨, 그래서인지 무척 행복해 보이고 모든 일에 정성을 다합니다.
오늘도 바쁘게 뜨개질 수업을 하고 있는데 모자를 주문한 손님이 물건을 찾으러 왔어요. 그런데 후와후와 씨의 실수로 모자가 잘 맞지 않아요. 뜨개질 수업도 중단하고 미안한 마음에 모자를 다시 짜는데 여념이 없는 후와후와 씨. 뜨개질을 배우던 두 사람도 후와후와 씨를 돕고 싶은 마음에 옆에서 마음을 졸입니다.
모자 문제가 해결되고 나서야 테이블에 쿠네쿠네 씨가 구워 온 빵이 놓인 것을 발견한 후와후와 씨, 따뜻한 밀크티와 함께 빵을 먹으며 맛있다고 중얼거립니다. 후와후와 씨 볼에 눈물이 또르르 흘러내립니다. 빵이 너무 맛있기 때문일까요?

『노란 달이 뜰 거야』
전주영 글·그림, 이야기꽃

아이는 돌아오지 않는 아빠를 기다리며, 그리움과 간절함을 담아 노란 나비를 그립니다. 어느 순간, 그림 속에서 나비가 날아오릅니다. 식구를 닮은 인형들, 소박한 책장, 가족사진, 거울과 우산…. 집안 곳곳에 잠시 머물던 나비는 열린 창문으로 날아가고,

아이는 나비를 따라갑니다.
별꽃이 핀 담장 아래, 엄마 몰래 아이스크림을 사 먹던 구멍가게 앞, 가위바위보 놀이를 하던 층계참, 서툰 낙서를 하던 담장 골목길 등 나비가 들르는 곳은 한결같이 아이와 아빠가 함께 했던 추억의 장소들입니다. 아이는 아빠와 많은 것을 함께했나 봅니다.
아빠 대신 아이와 골목골목을 걸어온 나비들은 밤하늘 가득히 날아오르고, 깜깜한 하늘에는 노란 달이 뜹니다. 홀로 잠이 든 아이는 늦게 집에 온 엄마 품에 안겨 잠에서 깨는데, 노란 달빛이 환하게 비추고 있습니다. 목이 메어 끝까지 소리 내어 읽기가 힘들지만 2014년 4월을 경험한 우리 모두가 읽어야 할 책입니다.

『진짜 투명인간』
레미 쿠르종 글·그림, 씨드북

피아노 치기 싫어하는 에밀과 피아노 조율사인 블링크 아저씨와의 가슴 뭉클한 우정 이야기입니다.
투명인간이 되고 싶어 투명인간에 대한 책을 끼고 사는 에밀은 블링크 아저씨와도 투명인간에 대해서 신나게 이야기합니다. 그리고 집에 돌아오는 길에 에밀은 슬퍼집니다. 왜일까요? 에밀 눈에 보이는 색깔들이 너무 아름다웠기 때문이죠. 그런데 왜 슬프냐고요? 이렇게 세상은 아름다운 색깔로 가득한데 블링크 아저씨는 색깔을 볼 수 없기 때문이지요.
에밀은 아저씨에게 색깔을 가르쳐주기로 합니다. 에밀이 붉은색을 가르쳐주면 아저씨는 딱 붉은색인 피아노 한 곡을 연주해주셨어요.
아저씨가 멀리 여행을 떠나 있는 동안 에밀은 아저씨를 위해 싫어하던 피아노를 열심히 연습합니다. 아저씨가 돌아오면 세상 모든 색을 연주해줄 생각이거든요. 드디어 아저씨가 돌아오는 날… 엄청난 변화가 생겼어요.

『큰 늑대 작은 늑대의 별이 된 나뭇잎』
올리비에 탈레크 그림, 나딘 브랭코슴 글, 시공주니어

작은늑대는 큰늑대에게 꼭대기에 있는 나뭇잎을 따달라고 합니다. 큰늑대는 곧 떨어질 거라며 기다리라고 할 뿐이었죠. 겨울이 되어도 떨어지지 않자 큰늑대는 나뭇잎을 따기 위해 미끄러운 나무에 오릅니다. 아름다운 그림 속에 두 친구의 순수함이 별빛처럼 반짝입니다.

『사랑에 대한 작은 책』 동화

울프 스타르크 글, 이다 비에슈 그림, 책빛

제2차 세계대전이 끝나갈 무렵 가장 추운 겨울날의 이야기예요.
아빠는 전쟁터에 나갔고 엄마는 힘들어진 삶을 지탱하느라 지쳐 있습니다. 아빠가 그리운 프레드는 아빠의 옷과 구두, 모자가 있는 옷방의 통풍구와 이야기하며 상상 속의 아빠와 만납니다. 통풍구와 이야기하는 시간은 프레드가 스스로를 위로하며 용기를 주는 성장의 시간입니다.
어느 날, 프레드는 학교에서 인체 뼈대 모형에 히틀러의 콧수염을 붙여 '뼈다귀 총통 각하'를 만들었다가 벌점통지서를 받게 되지요. 안 그래도 힘든 엄마에게 프레드는 미안한 마음으로 별점 통지서를 내미는데, 다 읽은 엄마는 어쩐 일인지 눈물을 흘리며 프레드를 안아줍니다. 담임선생님은 별점 통지서에 무슨 내용을 썼을까요?

『엄마라고 불러도 될까요?』 동화

패트리샤 매클라클랜 글, 천유주 그림, 풀빛미디어

애나는 외딴집에서 아버지와 동생 칼렙과 함께 쓸쓸하게 살고 있습니다. 엄마는 동생을 낳다 돌아가셨거든요. 어린 애나는 아버지를 도와 집안 살림을 하며 외로움에 익숙해져야 했고, 칼렙이 엄마 이야기를 해달라고 조를 때마다 애나는 엄마를 향한 그리움을 속으로 조용히 삭이곤 했습니다.
그러던 어느 날 아버지가 새엄마를 찾는다는 신문광고를 내고, 얼마 후 바닷가에 사는 새라 아줌마가 애나의 집에 오게 됩니다. 새엄마라도 엄마를 갖고 싶어 하는 애나와 칼렙, 이들은 새라 아줌마와 잘 지낼 수 있을까요?
새라 아줌마가 고향 마을을 그리워할 때마다 마음을 졸이는 아이들 모습에 마음에 짠해집니다.
그림책 『내 마음』, 『팔랑팔랑』의 천유주 작가의 일러스트입니다.

엄마를 위한 책

『뭉클』

신경림 편, 책읽는섬

어느새 60년 시인의 길을 걸어온 신경림 시인은 감동적인 산문이 많은 영향을 끼쳤다고 합니다.
그런데 우연히 어딘가에서 스치듯 읽었기 때문에 소유하지 못했고, 남아있는 건 확신하기 힘든 제목과 지은이의 이름, 그리고 무언가 물컹하고 뭉클했던 감각뿐이었다고 해요. 그런 산문들을 더듬더듬 찾아내어 엮어냈답니다.
목차를 쭉 훑어보니 뭉클하다 못해 왈칵 눈물을 쏟았던 작품 두 편이 눈에 들어오네요.
함민복의 〈눈물은 왜 짠가〉와 권정생의 〈목생 형님〉. 이번 책에서 가장 반갑고 기뻤던 일은 JTBC 손석희 앵커의 글을 만나게 되었다는 것입니다. 소년 손석희의 마음을 들여다볼 수 있는 따뜻한 글이었지요. 한동안 여러 모임에서 제 목소리로 읽어주었던 기억이 있습니다.

015 아빠와의 교감

오늘은 아빠랑 읽을래?

아빠 효과(Father's Effect)라는 말이 있습니다. 미국의 심리학 교수 로스 파크가 아이의 성장에 미치는 아빠의 고유한 영향력을 처음 개념화시킨 말인데요. 아빠와 아이의 유대관계가 두터울수록 아이의 정서와 사회성, 지능발달 점수가 높게 나온다고 합니다. 그래서일까요? 몇 년 전부터 아빠의 육아를 주제로 한 TV 예능 프로그램이 인기를 끌면서 아빠의 육아 참여에 대한 중요성이 부각되고 있습니다.

이런 얘기 하면 밥벌이만으로도 힘든 아빠들, 머리가 아프시겠지요? 지금까지 육아에 관한 한 뒷짐 지고 있거나 보조 역할만 해왔으니까요. 하지만 걱정하지 마세요. 쉽고 간단하면서도 효과 만점인 아빠의 그림책 육아로 시작할 수 있습니다. 아이와 무슨 놀이를 해야 할지? 아이와 무슨 대화를 해야 할지? 막막한 아빠들, 아이에게 사랑하는 마음을 전하고 싶지만 쑥스러운 아빠들에게 그림책이 훌륭한 징검다리가 되어줍니다. 그림책 육아가 더 어렵다고요? 그래서 특별히 아빠가 읽어 주기 좋은, 아빠와 친해질 수 있는 그림책을 준비했습니다.

폭신한 이불 위에서 간지럼 놀이를 하며 책을 온몸으로 읽다 보면 친밀감이 생기고 (『간질간질』), 공원을 산책하며 끝없이 묻고 답하며 즐거운 시간을 보내는 아빠와 딸의 이야기에서는 대화의 실마리를 얻고(『아빠, 나한테 물어봐』), 매일 매일 들려주고 싶은, '사랑해'라는 아빠의 마음을 책을 통해 자연스레 전할 수도 있습니다(『사랑해, 아빠』). 아이에게 엉뚱하고 재미난 이야기를 끝도 없이 들려주는 아빠의 이야기에서는 특별한 비법을 배울 수도 있어요(『아빠 아빠, 재미있는 이야기 해주세요』).

그런데 재미나게 읽어줄 자신이 없어 걱정이라고요? 대부분의 시간을 엄마 목소리에 노출된 아이들은 잠깐 아빠 목소리를 듣는 것만으로도 행복합니다. 더구나 아빠의 중저음의 편안한 목소리는 아이들에게 정서적으로 안정감을 주고 귀에 쏙쏙 들어오게 하고요. 아빠의 이런 목소리로 언제 들어도 따뜻하고 기분 좋은 말들이 가득한 책(『아빠는 언제나 널 사랑해!』)를 읽어준다면 아이는 아빠 목소리 그대로 생생하게 평생 기억할 거예요.

자, 아이에 대한 사랑만 있으면 충분한 아빠의 그림책 읽어주기, 즐겁게 시작해볼까요?

아빠의 그림책 읽어주기, 이렇게 해보세요.

- 반드시 아빠가 먼저 읽어본다.
- 아빠가 감동한 책이어야 한다.
- 그림책을 즐기는 아빠라면 더 좋다.
- 읽어주기 편안한 자세로 읽어준다.
- 구연동화 같은 드라마틱한 것보다는 편안한 목소리로 읽어준다.
- 읽어주는 날이나 시간을 정해두면 좋다.
- 그림책 읽어주기는 정서적 교감이 우선이라는 걸 염두에 둔다.

아빠가 읽어주는 그림책

『간질간질』
최재숙 글, 한병호 그림, 보림

아빠와 아이의 유쾌한 몸놀이 그림책. 아빠가 아이의 발바닥을 간질이고 배꼽과 엉덩이에 입을 대고 푸르륵거리자 아이는 킥킥대며 토끼처럼 개구리처럼 도망을 갑니다. 폭신한 이불 위에서 뒹굴며 읽기에 좋아요.

『아빠와 나』
오호선 글, 정진호 그림, 길벗어린이

아빠와 놀고 싶어 주말만을 기다려온 아이와 주말이 되어 푹 쉬고 싶은 아빠의 치열한 대결! 누가 이길까요? 티격태격 말싸움 같은 대화 속에 사랑이 가득합니다. "아빠, 하늘에서 나는 아빠의 아빠가 될래요."

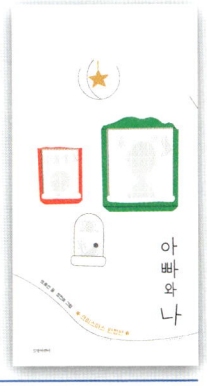

『아빠가 우주를 보여준 날』
울프 스타르크 글, 에바 에릭슨 그림, 크레용하우스

어느 날 아빠가 우주를 보여주겠다고 했어요. 아빠와 나는 어스름 저녁에 단단히 차려입고 우주를 보러 갔지요. 한참 만에 집으로 돌아오는 길에 아빠는 내 손을 꼭 잡으며 말했어요. "아빠는 오랫동안 네가 기억할 만한 아름다운 것들을 보여주고 싶었단다." "난 오늘 아빠가 보여준 우주를 영원히 기억할 거예요."

『아빠는 언제나 널 사랑해!』
아스트리드 데보르드 글, 폴린 마르탱 그림, 토토북

이제 막 삶의 여정을 시작하려는 아이는 온갖 걱정과 두려움을 안고 있습니다. 그럴 때마다 아빠는 평생 기억해도 좋을 따뜻한 말로 사랑과 용기를 주지요. 대화체 형식이라 묻는 부분은 아이가, 대답은 아빠가, 주거니 받거니 함께 읽으면 좋아요.

『아빠 아빠, 재미있는 이야기 해주세요』
아델리아 카르발류 글, 주앙 바즈 드 카르발류 그림, 북극곰

재미있는 이야기를 해달라고 조르는 아이에게 아빠는 기상천외한 동물 이야기를 들려줍니다. 이 책을 읽고 나면 어떤 아빠라도 재미있는 동물 이야기를 쉽게 할 수 있는 비법을 알게 될 거예요. 아 참, 책장을 넘길 때마다 밑에 나오는 개를 눈여겨보세요.

 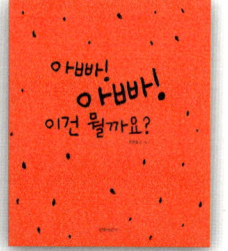

『아빠가 그려준 코끼리』
양미주 글·그림, 북극곰

아빠의 사랑이 듬뿍 담긴 미술놀이 그림책. 쉽고 재미있는 코끼리 그리기를 통해 아빠와 아이의 교감을 담았습니다.

『아빠, 더 읽어 주세요』
데이비드 에즈라 스테인 글·그림, 시공주니어

아빠 닭이 꼬마 닭에게 책을 읽어주는 이야기. 꼬마 닭은 자꾸만 아빠 이야기에 끼어들어 서둘러 결론짓고 자꾸만 또 다른 책을 읽어달라고 조릅니다. 졸린 아빠 닭은 꼬마 닭에게 오히려 이야기를 들려달라고 청하는데….

『아빠! 아빠! 이건 뭘까요?』
신현정 글·그림, 길벗어린이

추운 나라에서 처음 먹어 본 딸기 맛에 반해버린 아기 펭귄들은 모든 것이 딸기로 보입니다. '딸기! 딸기!'를 외치며 딸기를 간절히 원하는 아기들을 위해 아빠는 어떡할까요? 모르는 게 없고 못 하는 일이 없는 아빠이니 딸기를 구해올 수 있을까요?

『방방이』

이갑규 글·그림, 한림출판사

방방이에서 신나게 뛰놀던 하람이는 아빠에게 같이 놀자고 손짓합니다. 잠깐 고민하던 아빠는 방방이에서 무법자가 되고 이를 본 다른 어른들이 몰려듭니다. 이제 방방이는 어른들 차지가 되고 멈출 것 같지가 않습니다. 방방이에서 어른과 아이가 하나 되는 쾌감이 느껴집니다.

『금붕어 2마리와 아빠를 바꾼 날』

닐 게이먼 글, 데이브 맥킨 그림, 소금창고

집에서 신문 보는 일 말고는 별 쓸모가 없어 보이는 아빠를 아이는 금붕어 2마리와 바꿔 버립니다. 당장 아빠를 찾아오라는 엄마의 호령에 아이는 아빠를 찾아 나서지요. 그러나 아빠는 이미 전자 기타와 바뀌었고, 고릴라 가면과 그리고 또 토끼와 바뀌었습니다. 아빠의 가슴을 뜨끔하게 하는 그림책. 아빠의 역할에 대해 생각해 보게 합니다.

『나의 작고 커다란 아빠』

마리 칸스타 욘센 글·그림, 손화수 역, 책빛

달라도 너무 다른 성향의 아빠와 딸이지만, 사랑 가득한 장면이 따뜻하면서도 유머러스하게 펼쳐집니다. 대담한 색감의 시각적 대비는 눈맛을 시원하게 하고요. 특히 내향적인 아이의 단단한 힘을 느낄 수 있어요.

아빠에게 위로가 되는 그림책

『코끼리 아저씨와 100개의 물방울』

노인경 글·그림, 문학동네어린이

호기심을 잔뜩 유발하는 제목은 이야기 전개를 짐작할 수 없기에 더더욱 궁금해집니다. 그림 또한 독특한 픽셀 아트라 하네요. 1밀리미터 크기의 작고 네모난 점, 픽셀 조각들이 모이고 쌓여서 사물 하나하나가 만들어지는 기법입니다.

내용은 보통의 우리 아빠들 이야기입니다. 집 밖에서 우리 아빠의 모습은 어떨까요? 여기 우리 아빠를 그대로 닮은 코끼리 아저씨 뚜띠가 있습니다. 애타게 기다리고 있을 아이들을 위해 뜨거운 사막에서 물방울 100개를 양동이에 담아 씩씩하게 집으로 가는 아빠를 만나보세요. 우리 아빠랑 얼마나 많이 닮았나요?

『우리 아빠는 외계인』

남강한 글·그림, 북극곰

우리 아빠는 외계인이지만 외계인 친구를 찾지 못해 지구인으로 외롭고 힘들게 살아왔대요. 오랜만에 좋아하는 외계인이다 싶어 결혼했는데 슬프게도 잘못 본 거였대요. 여전히 외롭고 힘들게 살다가 드디어 정말 외계인 친구를 만나 정말 행복했대요. 아빠가 만난 외계인 친구는 누구일까요?

『나의 아버지』

강경수 글·그림, 그림책공작소

어느덧 아빠가 되어 아이들의 영웅으로 살아가는 '나'가 '나의 아버지'를 떠올리는 이야기입니다. 아빠인 나의 어린 시절과 아버지와의 추억은 생각만으로도 뭉클해집니다.

『아빠 셋 꽃다발 셋』

국지승 글·그림, 책읽는곰

탄탄 건설 김 과장님으로, 튼튼 소아과 김 원장님으로, 오케이 택배 김 기사님으로 일하는 세 아빠의 평범하고도 특별한 하루를 그리고 있어요. 바쁜 하루를 보내는 사이사이, 세 아빠는 제각각 꽃다발을 준비합니다. 무슨 꽃다발일까요?

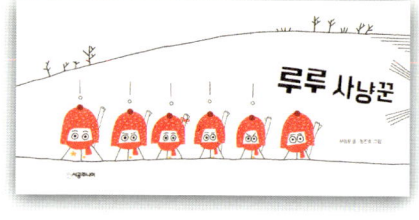

『루루 사냥꾼』

허정윤 글, 정진호 그림, 시공주니어

얼룩 곰 루루를 잡기 위해 고군분투하는 사냥꾼들 앞에 조금 수상한 사냥꾼이 나타나 자꾸만 엉뚱한 질문을 합니다. 루루는 왜 잡으려 하느냐? 잡아서 뭐 할 거냐? 는 등. 진짜 루루 비슷한 것이 나타났을 때는 사냥꾼들을 따돌리기까지 하는데….

『내 옆의 아빠』

수쉬 글·그림, 주니어김영사

아빠와 딸의 일상이 하나하나 따스하게 담겨 있어요. 그림책 보고 나면 아빠도 딸도 힘이 날 것 같아요.

『사랑해, 아빠』

김주현 글, 천유주 그림, 마루벌

아기 펭귄이 태어나 자라기까지 무한한 사랑을 건네는 아빠 펭귄의 이야기. 수십 번을 들어도 질리지 않는 '사랑해'라는 말과 책장을 넘길 때마다 다르게 풀이되는 사랑에 대한 정의가 가슴을 따뜻하게 데워줍니다. 아이에게 사랑의 마음을 전하고 싶을 때 좋아요.

『아빠는 내가 지켜 줄게』

고정순 글·그림, 웅진주니어

딸이 어른이 되어도 지켜주고픈 아빠에게 어린 딸은 오히려 아빠를 우주까지 지켜주겠다고 단언합니다. 아빠에게 이보다 더 큰 위로가 있을까요? 그런데 사랑하는 사람을 지켜준다는 건 어떤 의미일까요?

016 할머니와 할아버지

할머니, 돋보기 드려요?

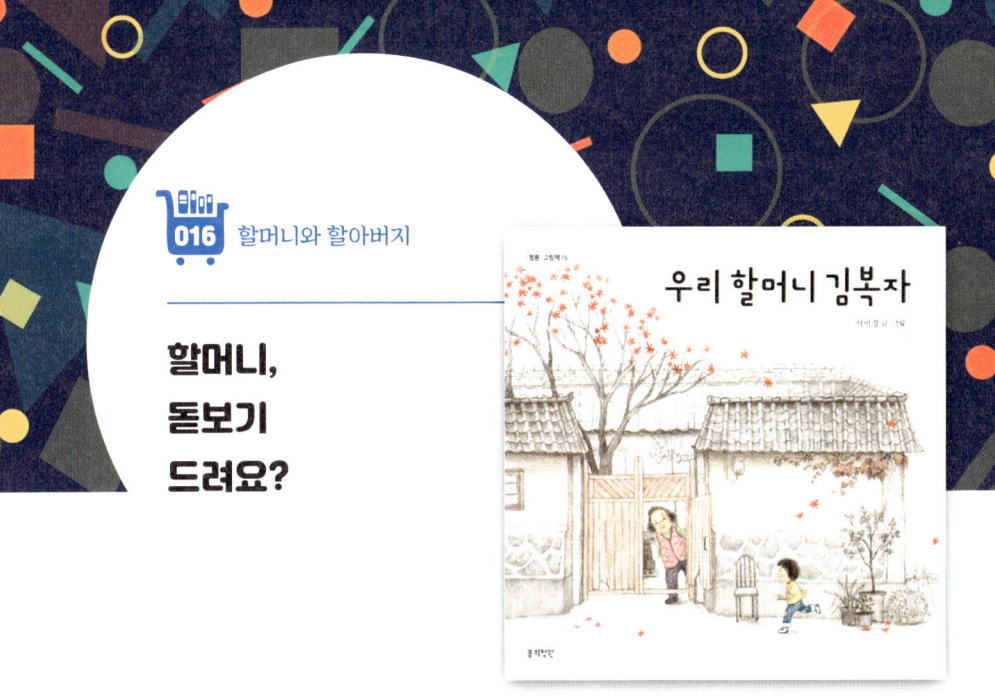

　아기였을 때 엄마 아빠 다음으로, 아니 어쩌면 엄마 아빠보다 더 많이 재미있게 놀아준 할머니 할아버지. 할머니는 늘 맛있는 음식을 만들어주시고 할아버지는 걸음마를 가르쳐주셨지요. 그런데 이제 가끔 만나는 할머니는 주름이 자글자글하고 할아버지는 하얀 머리조차 듬성듬성합니다. 절뚝거리는 걸음걸이나 돌아앉은 뒷모습은 쓸쓸하고 외로워 보입니다. 혼자 계신 할머니나 할아버지는 더욱 그렇겠지요. 그림책을 엄마 아빠랑 재미나게 읽은 것처럼 기념일이나 주말, 방학 때 그림책을 챙겨 가서 가끔씩 만나는 할머니 할아버지와도 그림책을 읽는 건 어떨까요? 할머니 할아버지와 어린 시절을 함께한 추억이 담겨 있거나 할머니 할아버지가 주인공인 그림책이면 더 흥미로울 거예요.
　그림책 속의 할머니 할아버지를 만나는 건 시간이 흐르면서 점점 다른 모습으로 변해 가는 할머니 할아버지를 이해하는 좋은 계기가 되어주기도 해요. 틀니, 보청기, 돋보기 같은 기구들을 착용하고 있는 모습이 아이들에게는 낯설어 보이기도 하니까요. 할머니 할아버지랑 주거니 받거니 함께 읽어도 좋지만 가능하다면 읽어드리면 더 좋겠지요. 마침 할머니에게 책 읽어주는 손녀 이야기가 나오는 그림책이 있으니 도움이 될 거예요.

『우리 할머니 김복자』

서미경 글·그림, 봄의정원

엄마에게 바쁜 일이 생겨 할머니 집에 맡겨진 단이. 심심하다고 툴툴대며 혼자 공놀이 하다가 우연히 발견한 앨범 속으로 시간 여행을 떠나요. 그 곳에서 할머니의 어린 시절을 만나게 되는데……

할머니랑 할아버지랑 함께

『책 읽어주는 할머니』

김인자 글, 이진희 그림, 글로연

글을 못 읽는 할머니에게 손녀가 밤마다 전화로 그림책을 읽어드립니다. 1년의 시간이 흐른 후 할머니의 팔순 잔칫날, 할머니가 가족들에게 그림책을 읽어줍니다. 참으로 감동적인 장면이지요? 작가의 딸과 어머니 이야기라고 하네요.

『몰리는 할머니가 좋아요』

레나 안데르손 글·그림, 청어람아이

바쁜 엄마 대신 할머니와 함께 지내는 몰리 이야기예요. 하루가 얼마나 바쁜지 몰라요.

아침을 먹으며 할머니와 도란도란 얘기를 나누고, 따라쟁이 몰리는 할머니를 따라 머리를 빗고, 시장에도 다녀오고, 요리하는 할머니 옆에서 장난도 치고요. 꿈나라로 깊숙이 빠진 할머니와 몰리를 보니 하루가 정말 바빴나 봅니다. 작가 레나 안데르손이 큰손녀와 함께 보낸 경험을 담은 이야기래요.

『오른발, 왼발』

토미 드 파올라 글·그림, 비룡소

보비에게 걸음마를 가르쳐주고 좋은 친구였던 할아버지가 뇌졸중으로 쓰러지셨습니다. 이제는 보비가 할아버지의 잃어버린 기억을 되돌리기 위해 이야기를 들려드리고 걸음마를 가르쳐드립니다.

『강철 이빨』

클로드 부종 글·그림, 비룡소

이빨이 왜 하나밖에 없냐고 묻는 손자에게 할아버지는 셀 수도 없이 많은 강철 이빨을 가졌던 젊은 시절의 이야기를 들려줍니다.
할아버지의 무용담 같은 이야기를 듣고 나면 손자는 자신의 물음을 이해할 수 있을까요? 이빨을 소재로 한 이야기에 손자와 할아버지의 정이 듬뿍 담겨 있어요.

『할머니 주름살이 좋아요』
시모나 치라올로 글·그림, 미디어창비

할머니 얼굴에 있는 주름살에는 기억과 추억이 오롯이 담겨 있대요. 물론 할머니를 폭 끌어안는 손녀가 태어나던 날의 기억도요. 할머니는 손녀에게 주름살이 기억하는 소중한 추억을 유쾌하게 들려줍니다.

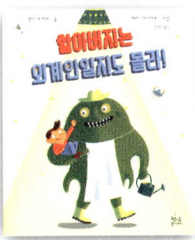

『할아버지는 외계인일지도 몰라!』
엠마 로베르 글, 레미 샤이아르 그림, 현암주니어

할아버지와 손자의 추억이 듬뿍 담긴 유쾌한 그림책. 할아버지를 외계인이라 의심하는 손자는 증거를 찾기 위해 할아버지 관찰 일기를 씁니다. 이빨을 뺐다 꼈다 하고 귀에는 수상한 장치를 달고 신통방통한 안경을 낀 할아버지는 정말 외계인일까요?

『할머니에겐 뭔가 있어!』
신혜원 글·그림, 사계절

할머니 집에는 침이 꼴깍 넘어가는 할머니 표 맛있는 음식들이 많아요. 마트도 없는데 어디서 나는 걸까요? 할머니의 능청스러운 대답에 아이의 신기한 상상이 끝없이 피어오릅니다.

『이름 짓기 좋아하는 할머니』
신시아 라일런트 글, 캐드린 브라운 그림, 보물창고

친구들을 모두 떠나보내고 혼자 사는 할머니는 자기보다 더 오래 살 수 있는 것들에게만 이름을 지어줍니다. 왜일까요? 어느 날 할머니에게 주인 없는 강아지 한 마리가 찾아오는데….

『할아버지, 할아버지!』
선미화 글·그림, 북극곰

할아버지 호통에 놀라 안경을 잃어버린 보고. 안 보이는 눈으로 안경을 찾는 소동이 벌어집니다. 할아버지와 함께 보고의 안경을 찾아보는 재미가 있어요.

『할아버지의 이야기 나무』
레인 스미스 글·그림, 문학동네어린이

손자는 할아버지가 가꾼 정원을 거닐며 할아버지의 인생 이야기를 들려줍니다. 농장에서 자란 이야기부터 어쩔 수 없이 전쟁터에 나간 일, 할머니를 만나 결혼한 일 등. 할아버지 이야기와 절묘하게 연결된 다양의 모양의 나무들이 더욱 흥미롭게 이끌어줍니다.

『할머니네 방앗간』
리틀림 글·그림, 고래뱃속

작가의 할머니네 방앗간을 경험으로 방앗간의 1년을 보여줍니다. 1월이면 가래떡, 봄에는 쑥향기 가득한 쑥떡, 여름에는 구수한 미숫가루, 가을엔 추석 명절의 송편, 고소한 참기름과 찰떡이 쌓이면 어느새 겨울이래요.

『쑥갓 꽃을 그렸어』
유춘하,유현미 글·그림, 낮은산

아흔 살 할아버지가 막내딸 성화에 못 이겨 생전 처음 그림을 그려요. 한 장 한 장 그릴수록 마음이 뿌듯하고 무엇보다 재미가 있대요. 작가의 아버지 이야기에 가슴이 뭉클해집니다. 우리 모두의 아버지이고 할아버지니까요.

『누가 상상이나 할까요?』
주디스 커 글·그림, 웅진주니어

첫 장을 펼치니 머리가 하얀 할머니가 소파에 앉아 있어요. 옆에는 고양이도 한 마리 있는데 어쩐지 쓸쓸해 보여요. 그런데 할머니는 생각지도 못할 재미난 상상놀이에 빠져 있어요. 할머니가 이러실 줄 누가 상상이나 할까요?

『할머니 엄마』
이지은 글·그림, 웅진주니어

바쁜 엄마를 대신하여 손자 손녀를 키우는 엄마 같은 할머니, 즉 할머니 엄마 이야기예요.
회사에 간 엄마 때문에 울고 있는 지은이를 달래기 위해 할머니는 칼국수를 만들어 먹자고 합니다. 할머니가 가장 잘 할 수 있는 일이지요.
조물조물 밀가루 반죽으로 만들기 놀이를 하며 지은이는 어느새 마음이 풀리고, 호로록 칼국수를 먹고 나니 기분도 좋아집니다.
그런데 지은이가 그토록 기다리던 운동회 달리기에

서 엄마 대신 참가한 할머니 때문에 꼴등을 하고 마는데….
이번에도 할머니는 지은이 마음을 풀어 줄 묘안이 있을까요?

『할머니를 위한 자장가』
이보나 흐미엘레프스카 글·그림, 비룡소

시적인 글과 이보나 흐미엘레프스카만의 독특한 일러스트레이션이 또 하나의 작품을 탄생시켰어요. 작가의 자전적인 할머니 이야기이지만, 힘든 삶을 살았던 세상 모든 어머니들의 이야기이기도 합니다.

017 일상의 햇살

나의 하루가 반짝일 때

하루하루의 일상. 나이가 들면서 그에 대한 생각이 점점 변합니다. 어릴 적엔 매 순간 신나고 하고 싶은 일이 너무 많아 잠자는 시간이 아까워 잠도 자기 싫었고, 눈에 보이는 모든 것은 궁금하고 신기하기만 했던 하루였습니다. 그러다 어느 순간 매번 반복되는, 결코 끝날 것 같지 않은 일상에 숨 막혀 하는 어른이 되어 있습니다. 그렇게 무색무취의 잿빛 나날을 보내다 정신을 가다듬고 보니 반짝이는 일상의 조각들이 하나둘 보이기 시작합니다.

버스에 올랐다가 친절하게 인사하는 기사 아저씨를 만난 날, 산책길에 자신만의 시간 감각으로 오후의 봄 햇살을 한껏 즐기고 있는 까만 고양이를 마주한 날, 작년 가을에 말린 무말랭이 무침을 오도독오도독 씹으며 가을의 맑은 햇살과 바람을 느껴 본 날, 가을의 화려한 빛깔과 달리 너무도 소박하게 은밀히 피어난 단풍나무 꽃잎을 생애 처음으로 오래오래 바라본 날, 베란다 화분에 어디선가 날아와 홀로 피어난 보랏빛 제비꽃….

하얀 종이에 '오늘의 짧지만 가볍고 좋은 어떤 것들'을 적어보니 결코 별 볼 일 없는 하루가 아니었습니다. 서 말 구슬이 꿰어져 보배가 되듯 일상의 좋은 조각들을 모으면 인생이 되는. 중년의 터널을 지날 즈음에 얻게 된 깨달음입니다. '일상의 소중함' 말입니다. 이제 다시 날마다 멋진 하루를 품었던 어린아이의 마음으로 돌아가 하루를 살아보는 거예요. 반짝이는 일상의 감각이 아직 무딘 어른이라면 아이와 함께 그림책을 보면서 되살려보는 겁니다.

　이해인 수녀님에게 특별히 아끼는 글씨 선물이 있는데, 어느 날 법정 스님이 한지에 붓글씨로 적어 보낸 것이라고 합니다. '날마다 새롭게!/구름 수녀님에게/수류산방에서 법정'이라고 쓰여 있는 한지인데요. 수녀님은 '날마다 새롭게'라는 말에 그때그때 필요한 항목을 넣어 일상에 정진하는 수도자가 되려고 애쓰고 있답니다. 수도자가 아니라도 누구에게나 필요한 좋은 글귀입니다. 날마다 새롭다면 하루를 소중하게 엮어갈 테니까요.

『오늘』
줄리 모스태드 글·그림, 크레용하우스

심심하고 지루한 하루를 재미있고 특별하게 만들어주는 비법이 들어 있어요. 주인공 아이는 아침에 눈을 뜬 순간부터 자신에게 질문을 던져요.
오늘은 뭐 할까? 오늘은 어떤 옷을 입을까? 오늘 아침에는 무엇을 먹을까? 오늘은 어디를 갈까? 하고요. 아기자기한 수많은 그림 중에서 자신이 좋아하고 해볼 수 있는 걸 골라보는 재미가 있어요.

일상의 소중함을 담은 그림책

『나의 도시』
조안 리우 글·그림, 단추

엄마 심부름으로 편지를 부치러 가는 마루는 날아갈 듯 신나 보여요. 그럴 만도 하겠죠? 마루 눈에는 시끌벅적한 도시가 미술관보다 더 신기하고 재미난 볼거리로 가득하니까요. 앞만 보고 바삐 걷는 어른들 눈에는 보이지 않는 것들이에요. 아름다운 순간을 눈과 가슴에 담뿍 담은 마루는 노을 진 저녁이 돼서야 우체통을 발견해요. 그러고 보니 우체통이 바로 집 앞에 있었네요.

하하, 『넉점 반』의 아기 같아요. 우리의 일상 곳곳에 아름다운 것들은 널려 있습니다. 발견하기만 하면 돼요.

『날마다 멋진 하루』

신시아 라일런트 글, 니키 매클루어 그림, 초록개구리

눈이 부시도록 환한 아침 해가 떠오르면 새로운 하루를 시작하는 아이의 일상을 보여줍니다.

아이는 씨앗을 심고 텃밭에 물을 주고 암탉한테 모이를 줍니다. 엄마와 한가로이 낮잠도 자고, 아빠와 먼 숲으로 소풍도 가고…. 그리고 마지막 장에 이런 질문을 남겨 놓습니다. '오늘 여러분은 무엇을 할 건가요?'

하루하루 반복되는 똑같은 나날들 같지만, '오늘' 하루가 얼마나 소중한지를 다시금 깨닫게 합니다. 하루가 차곡차곡 쌓이면 '삶'이 됩니다. 그 삶이 얼마나 아름다운지 시적으로 노래한 『삶』(신시아 라일런트 글, 브렌던 웬젤 그림, 북극곰)도 함께 읽으면 좋아요.

『오늘도 좋은 하루』

간자와 도시코 글, 하야시 아키코 그림, 한림출판사

아이의 눈을 통해 본 하루를 섬세하게 그렸습니다. 어른들은 무심코 지나치는 일상이죠. 아빠와 자전거를 타고 지나가는 길, 유치원 친구들과 나누는 인사, 엄마와 함께 시장 보는 일 등 너무도 평범하지만, 무엇과도 바꿀 수 없는 소중한 일상입니다.

『파랑새의 노래』

번 코우스키 글·그림, 미디어창비

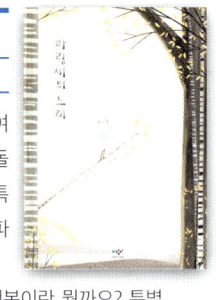

특별한 노래를 찾아 힘겨운 여행을 떠났던 파랑새가 결국 돌아온 곳은 엄마가 있는 집. 특별한 노래를 찾지 못했어도 파랑새는 너무도 행복합니다.

마음에 질문이 피어납니다. 행복이란 뭘까요? 특별함은 어디에 있는 걸까요?

『오늘은 특별한 날』

권재희 글·그림, 노란상상

오늘은 두더지 두두에게 아주 특별한 날입니다. 두두는 잃어버린 구슬을 찾다가 낡은 안경을 발견하게 되는데요. 그 안경을 써 본 두두는 눈이 휘둥그레질 만큼 깜짝 놀랐습니다. 눈앞에 완전히 다른 세상이 펼쳐졌거든요. 어쩌면 우리가 잃어버린 안경일지도 모릅니다. 우리 바로 앞에 서 있었을지도 모를 멋진 순간들을 놓치고 살아가고 있으니까요. 두두와 함께 마음의 안경을 끼고 오늘을 특별한 하루로 만들어 볼까요?

『소중한 하루』

윤태규 글·그림, 그림책공작소

모두가 사랑하는 만나 떡볶이가 옆동네 꿀단지 마을로 이사간대요. 단짝 친구인 똘이와 욱이는 떡볶이 모험 대작전 계획을 세웠어요. 꿀단지 마을까지 가려면 무시무시한 숲을 지나고 오싹오싹 마녀탕을 건너서 위험천만한 악마의 입을 통과해야만 하는데…. 하루하루 성장하는 아이들, 유쾌한 모험이 담긴 똘이와 욱이의 소중한 하루를 만나보세요.

『오늘 참 예쁜 것을 보았네』 동화

모리야마 미야코 글, 타카하시 카즈에 그림, 북극곰

바쁜 발걸음을 멈추고 가만히 들여다봐야 보이는 일상 속의 작은 행복을 그렸어요. 한낮에 친구와 맡은 좋은 냄새, 구구단을 외우는 아이와 맛있는 완두콩, 잃어버린 가방을 찾으러 온 아이, 새로 전학 온 친구의 우산, 한밤에 목련을 보러 나갔다가 만난 가족 등 일상 속의 반짝이는 이야기 다섯 편이 들어 있어요.

사랑스러운 이야기를 만나고 나면 은은한 매화꽃 향기처럼 마음속에 온기가 천천히 스며듭니다. 여러분은 오늘 어떤 예쁜 것을 보았나요?

엄마를 위한 책

『오늘의 인생』 만화

마스다 미리 글·그림, 이봄

'하루가 모여 인생이 된다'라는 삶의 진리는 누구나 알고 있습니다. 그러나 곧 잊어버리거나 모르는 척 먼 곳을 바라보며 바쁘게 살아갑니다. '일상의 소중함'을 다시금 일깨워주는 일본의 마스다 미리 작가를 만나봅니다.

평범한 일상의 묘사만으로 이토록 우리를 따듯하게 위로하고 감싸 안는 포근함이 있을까 싶어요.

"지금의 기분. 정말로 지금, 이때의 기분. 수첩을 펼쳐 지금의 기분을 적었습니다. 문득 여유가 생기면 이렇게 '지금'을 적습니다. 마음이 차분해지고, 어디에 있든 내 책상에 앉아있는 것처럼 안심하게 됩니다."

『과자가게의 왕자님』 그림책

마렉 비에인칙 글, 요안나 콘세이요 그림, 사계절

과자 가게에서 왕자와 그의 연인 칵투시아가 맛있는 도넛을 먹으며 이야기를 나누고 있습니다. 틀림없이 행복한 시간이겠지요?

그런데 왕자는 도넛을 한 입 베어 물며 말합니다. 행복은 골칫덩어리일 뿐이라고요. 맛있는 디저트를 먹는 내내 행복에 대한 생각을 쏟아내는 왕자를 통해 행복이 찾아와도 행복을 느낄 줄 모르는 우리 모습을 거울처럼 보여줍니다.

행복에 대해 상반되는 입장을 보이는 왕자와 칵투시아를 통해 행복이란 정말 무엇일까에 대해 진지하게 생각해 보게 됩니다. 저마다의 올록볼록한 행복과 일상의 소소한 행복에 대해서도요.

018 부모 교육

아이와 함께 크는 엄마 마음

    산후조리원을 예약하고 아기용품점에서 배냇저고리와 기저귀, 우유병을 사면 엄마 되는 준비가 끝인 줄 알았습니다. 얼렁뚱땅 엄마가 되고서야 알았습니다. 그것도 아이가 아장아장 걷고 말을 하기 시작하고서야 뼈저리게 느꼈습니다.

    정현종의 유명한 시 〈방문객〉의 첫 행이 떠오릅니다. 사람이 온다는 건 실로 어마어마한 일, 한 아이의 엄마가 된다는 건 더 어마어마한 일이라는 것을요. 그러니까 엄마됨의 공부가 절실하다는 것을요. 인생의 필수 과목인 엄마됨의 공부를 빼놓고 엉뚱한 공부만 해왔다는 것을요.

    그러다 보니 그저 좋은 엄마가 되고 싶다는 막연한 열정만으로 불타오릅니다. 자칫하면 헬리콥터처럼 아이 주변을 맴돌면서 온갖 일에 간섭하는 헬리콥터맘이 되거나, 잔디를 깎듯이 아이 장래에 걸림돌이 되는 것들을 알아서 척척 처리해주는 잔디깎기맘이 되기 쉽습니다. 아무런 문제의식 없이 헬리콥터맘이나 잔디깎기맘이 되지 않으려면 엄마로서의 나를 돌아보는 시간을 가져야 합니다.

    나는 어떤 엄마일까? 엄마로서 해서는 안 될 무엇이 있을까? 내가 무심결에 내뱉는 말이 아이에게 생채기를 남기지는 않을까? 아이의 말에 얼마나 귀를 기울이고 있나? 아이를 키우면서 엄마됨의 공부를 해도 늦지 않습니다. 몸과 마음이 자라는 아이와 함께 엄마도 또 다른 의미의 성장을 함께해 나가는 것이지요. 두툼한 육아서보다 더 극적으로, 감동적으로 다가오는 그림책이 도와줄 테니까요.

『악어 엄마』

조은수 글, 안태형 그림, 풀빛

이 세상에는 아주 다양한 엄마가 있어요. 수십 일간 물 한 모금 마시지 못한 채 알을 품어 주는 펭귄 엄마가 있는가 하면, 알을 낳자마자 뒤도 안 돌아보고 내빼는 타조 엄마도 있대요. 그럼, 우툴두툴한 거죽, 날카로운 이빨, 매서운 눈빛, 보기만 해도 오싹한 악어 엄마는 어떤 엄마일까요?

악어 엄마는 비바람을 막아 주지도 먹이를 잡아 주지도 않는대요. 그저 조금 떨어진 곳에서 지켜볼 뿐이래요. 역시 겉모습처럼 냉정한 엄마라고요? 밤에 잠을 잘 때도 한쪽 눈을 뜨고 새끼들을 지켜본대요. 가장 약한 새끼의 소리를 귀담아 듣고 스스로 껍데기를 깨고 나오지 못하는 새끼 악어의 소리를 금방 알아채고 날카로운 이빨로 껍데기를 깨어 준대요. 갓 태어난 새끼들을 물에 풍당풍당 빠트리며 헤엄치는 법을 알려 주고, 호시탐탐 새끼 악어를 노리는 왜가리를 둔탁한 꼬리로 물리친대요.

그렇지만 새끼 악어가 제법 자라고, 짝짓기를 할 때가 되면 뒤도 돌아보지 않고 새끼들을 떠나간대요. 안태형 작가가 나무 조각, 구멍 난 양말, 먹다 남은 튀밥, 마늘 쪼가리 등 일상에서 흔히 접하는 물건으로 3년이란 긴 시간동안 공들여 만든 악어 엄마와 새끼 악어들을 보는 건 덤이에요.

엄마됨을 위한 그림책

『너무너무 공주』

허은미 글, 서현 그림, 만만한책방

공주를 좋아하는 아이들의 마음을 유머러스하게 담아낸 책일 거라 생각했어요. 이렇게나 멀리 어긋난 짐작은 처음이에요. 아이를 키우는 부모의 정곡을 콕 찌르는, 부모됨의 마음자리를 돌아보게 하는 이야기예요.

늘그막에 딸 하나를 낳은 임금님은 그 딸을 너무너무 사랑했어요. 그런데 얼굴도 성격도 머리도 너무너무 평범한 공주를 보고 임금님은 잠이 오지 않을 만큼 걱정이 되었지요. 공주를 걱정하는 임금님의 한숨 소리가 연못 속의 잠자던 잉어를 깨웠어요. 잉어는 소원을 들어주는 수염 세 가닥을 주며 수염 하나에 소원 하나씩 이루어질 거라고 했어요. 단, 소원을 빌 때마다 임금님은 늙고 쭈글쭈글해진다는 경고도요. 그런 경고쯤이야 임금님 귀에는 전혀 안중에도 없었지요. 자식이 행복해지기만 한다면야 자신이야 어찌 되든 신경 쓰지 않는 게 부모의 마음이니까요.

임금님은 당장 '세상에서 가장 예쁜 공주가 되게 하라!'는 첫 번째 소원을 말하고 '세상에서 가장 착한 공주가 되게 하라'는 두 번째 소원도 빌었어요. 그런데 소원은 이루어졌지만 공주는 전혀 행복해 보이지 않았어요. 물론 임금님은 늙고 주름도 더 늘어 쭈글쭈글해졌고요. 점점 생기를 잃고 마른 꽃처럼 버석버석 말라가는 공주를 보며 임금님의 고민이 깊어졌어요. 세 번째 소원에 대한 고민이었죠. 생각에 생각을 거듭한 임금님은 결국 마지막 수염을 들고 소원을 빕니다. 세 번째 소원은 과연 공주를 행복하게 만들어 줄 수 있을까요?

아이의 행복이란 게 아이의 생각과 상관없이 부모의 희생만으로 가능할까요? 마지막 장을 보니 임금님의 늙고 주름진 얼굴 위로 눈물 한 방울이 또르르 흘러내립니다. 또르르 눈물 한 방울에 부모됨의 어떤 깨달음이 스며있을까요?

입니다.

하지만 이리제는 다른 아이들과 어울려 놀고 싶고 더군다나 학교에 가고 싶어 합니다.

자신의 울타리 안에 딸을 안전하게 보호하고 있던 메두사 엄마는 불안 요소가 가득한 사람들 속으로 이리제를 보낼 수 있을까요? 딸 이리제가 메두사 엄마의 성장을 이끌어낼 수 있을까요?

『나의 독산동』

유은실 글, 오승민 그림, 문학과지성사

공장이 많았던 독산동에서의 행복했던 유년시절을 추억하는 작가 자신의 이야기래요.

받아쓰기를 틀려도 아빠는 괜찮다며 머리를 쓰다듬어 줍니다. 틀린 사회문제를 두고도 교과서랑 선생님이 틀린 것 같다고 하자, 엄마는 "우리 동네는 우리 은이가 잘 알지." 하시며 시험지를 파일 맨 앞에 잘 끼워둡니다.

아빠는 어른이 될 때까지 시험지를 잃어버리지 말라고 합니다. 지금껏 보관하고 있는 시험지가 지금 이 그림책을 쓰게 된 계기가 되었다네요.

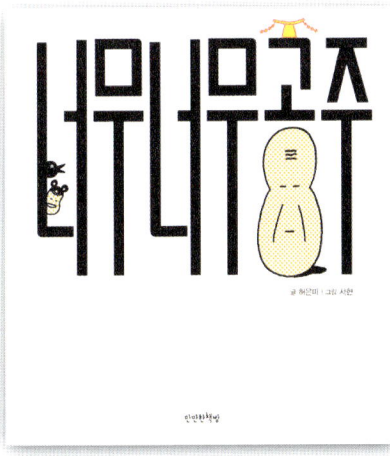

『메두사 엄마』

키티 크라우더 글·그림, 논장

보름달이 유난히 밝은 날, 메두사가 딸 이리제를 낳았어요. 엄마가 된 거예요. 메두사는 딸 이리제를 고귀한 진주라며 자신은 진주를 감싸 안는 조개비가 되겠다고 다짐해요.

그리하여 이리제의 생활은 밥을 먹는 일도, 첫 발을 내딛는 일도 모두 다 메두사 엄마의 치렁치렁한 머리카락 속에서 이루어져요. 메두사 엄마는 이리제를 자신의 머리카락 속에 꼭꼭 품어 둡니다. 메두사의 머리카락은 이리제에게는 견고한 보호막이자 엄마에게는 다른 사람들과 고립되어 살아가는 차단벽

『나무는 아무 말도 하지 않는단다』

가타야마 켄 글·그림, 나는별

아빠와 공원에 간 준이는 아빠에게 나무가 되어달라고 부탁해요. 준이는 나무에 오르면서 아빠에게 끊임없이 질문을 하지만 나무가 된 아빠의 대답은 한결같아요. 나무는 아무 말도 하지 않는다는 말만 속삭이듯 되풀이하지요.

그래도 아이는 대답 없는 질문을 끝없이 던지며 스스로 답을 찾아나가요. 나무에 혼자 오르고 벌레를 보며 깜짝 놀라기도 하지만 새를 만나 즐거워하고 새로운 친구를 만나 한걸음한걸음 세계를 넓혀 갑니다.

멀지 않은 곳에 듬직한 아빠가 믿음으로 기다리고 있으니 가능한 일이겠지요. 아빠와 아이 사이에 이러쿵저러쿵 대화가 없어도 은근한 정이 강물처럼 흐르고 있다는 게 느껴져요. '아이에게 어떤 부모여야 할까?'라는 질문에 어떤 답안이 될 수도 있을 것 같아요.

『토끼 아저씨와 멋진 선물』

샬롯 졸로토 글, 모리스 샌닥 그림, 시공주니어

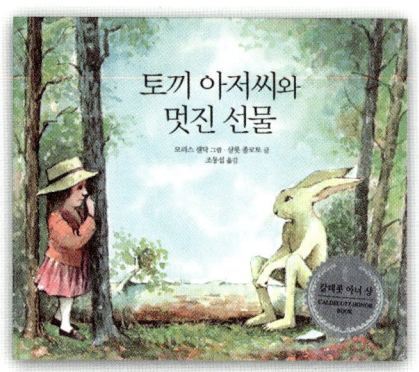

엄마의 생일선물을 고민하는 한 아이의 사랑스러움이 가득한 이야기예요. 하지만 여기서 주목하고 싶은 건 아이의 고민에 귀 기울이는 토끼 아저씨의 태도랍니다.

귀엽고 깜찍한 아이가 토끼 아저씨에게 도움을 청해요. 오늘이 엄마 생일인데 아직도 생일 선물을 준비하지 못했대요. 아이의 고민을 들은 아저씨는 곧바로 정답 같은 해결책을 제시하지 않아요. 그저 아이가 원하는 방향으로 길을 잘 찾아갈 수 있도록 아이의 말에 공감하면서 살짝쿵 힌트만 제시해요. 똑같은 실수를 반복하기는 하지만 그래도 아이와 함께 고민을 해결하기 위해 최선을 다하는 모습입니다.

가장 인상적인 건 아이가 말을 계속 이어가도록 하는 아저씨의 화법이에요. 이를테면 엄마가 좋아하시는 걸로 선물하고 싶다고 아이가 말하면 토끼 아저씨는 '엄마가 좋아하시는 거라, 그거 좋지'라고 말합니다. '그런데 뭐가 좋을까요?' 하고 아이가 또 물으면 '그래, 뭐가 좋을까?' 하고 토끼 아저씨는 아이의 말을 다시 한 번 반복하지요.

신기하게도 아이는 편안하게 물 흐르듯 자신의 의견을 말하면서 스스로 정리해나갑니다. 토끼 아저씨의 대화법은 아주 평범해 보이지만 전문적인 용어로 말하자면 대화법에서 중요한 '공감적 경청'이라고 하는데요. 상대방의 말을 그대로 수용하고 존중하면서 공감해주는 대화법입니다. 어른들이 아이들과의 성공적인 대화를 이끌고 싶다면 꼭 필요한 부분이지요. 50여 년이 넘은 오래된 그림책에 이런 비법이 비밀스레 담겨 있네요.

『나는 흰곰을 키워요』

우쓰미 노리코 글·그림, 스콜라

눈처럼 하얗고 털이 복슬복슬한 흰곰은 너무 사랑스럽습니다. 이런 흰곰을 키우는 아이 이야기입니다. 더없이 귀엽고 사랑스럽지만 시시때때로 엄마를 지쳐 떨어지게 하는 악당 같은 아이가 흰곰을 똑 닮았습니다. 천방지축 사고뭉치! 하지만 결코 미워할 수 없는, 아이 같은 흰곰을 한 번 만나 볼까요?

흰곰은 아직 모든 것에 서툴기 때문에 혼자서 할 수 있는 일이 많지 않아요. 놀 때도, 밥을 먹을 때도, 곁을 지키며 돌봐야 해요. 전보다 훨씬 무거워졌는데도 계속 안아 달라고 졸라 대고 세상에서 제일가는 어리광쟁이기도 하고요. 이런 흰곰의 엄마인 아이는 흰곰을 어떻게 키울까요?

아이의 시선으로 바라본 열두 가지 방법이 나와 있어요. 엄마와 아이가 함께 읽으면 서로의 마음을 잘 이해할 수 있을 것 같아요.

『엄마, 잠깐만!』

앙트아네트 포티스 글·그림, 한솔수북

아이 손을 붙잡은 엄마는 앞만 보며 걸음을 재촉합니다. 가끔 시계를 들여다보며 엄마는 빨리 가자는 말만 합니다. 주변을 두리번거리는 아이는 자꾸만 잠깐만을 외치며 엄마 걸음을 멈추게 하려고 하고요. 호기심 많은 아이는 모든 것들이 신기하기만 한데, 엄마는 그런 아이가 그저 한눈파는 거라고 생각합니다.

어느 순간, 아이는 정말 간절하게 엄마에게 부탁합니다. "엄마, 진짜 진짜로 잠깐만요."

아이의 시선 끝에 무슨 일이 벌어진 걸까요? 이번에는 엄마가 걸음을 멈추고 아이와 같은 곳을 볼까요?

평소에 아이와 함께 걷는 나의 모습은 어떠할지 생각해봅니다. 아이와 길을 걸을 때 항상 바쁜 엄마. 정말 바쁜 일이 아니라면 아이와 걸을 때는 아이의 속도로, 아이의 시선으로 천천히 걸어보세요. 아이가 잠깐만! 이라고 외치면 얼른 바라봐주고요.

『문제가 생겼어요!』

이보나 흐미엘레프스카 글·그림, 논장

아이가 다림질을 하다 잠깐 딴생각을 하는 바람에 식탁보에 커다란 얼룩이 생겨 버렸어요. 이 식탁보는 할머니가 수를 놓은, 엄마가 가장 아끼는 소중한 것인데 말이에요. 어떡하지요?

엄마에게 혼날까 봐 걱정에 휩싸인 아이는 이 상황을 모면하기 위해 온갖 생각을 해 봅니다. 동생이 그랬다고 할까? 할아버지가 그랬다고 할까? 아무도 모르는 데로 숨어 버릴까? 땅속 깊숙이, 아니 세상 끝으로 갈까?

아이들이 실수했을 때 나타나는 아이들의 마음 속 불안을 잘 보여주고 있는데요. 엄마가 외출에서 돌아왔을 때 엄마는 망가진 식탁보를 보고 어떻게 할까요?

가정에서 아이가 실수했을 때 엄마인 나는 어떤 반응을 보이나요? 우유를 줄 때마다 엎질러버리고 마는 우리집 아이가 떠오르면서 제 얼굴이 화끈 달아오릅니다.

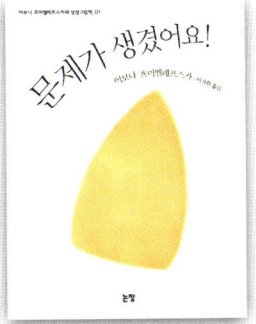

을 그렸어요. 아이와의 관계에서 길을 잃고 방황할 때 들여다보면 가장 소중한 것이 무엇인지 깨닫게 해 줍니다.
'우리에겐 하나의 약속이 있지? 한 달에 한 번씩 주고받는 카드. 고, 마, 워. 사, 랑, 해. 행, 복, 해. 우리에겐 또 하나의 약속이 있지?
화날 때마다 서로 주고받는 카드. 미, 안, 해. 약, 속, 할, 게. 다, 시, 는, 그, 러, 지, 말, 자.'

『오늘도 재미있게 놀았습니다』
아라이 료지 글·그림, 천개의바람

"아침으로 연어 주먹밥을 먹고 놀다가, 점심으로 카레를 먹고 놀다가, 간식으로 떡을 먹고 놀다가, 저녁으로 진짜 맛있는 걸 먹고 책을 보다가 잤습니다. 오늘도 재미있게 놀았습니다."
표지를 넘기면 면지에 있는 곰돌이의 네 칸 만화 일기입니다. 우리 아이에게 곰돌이의 일기를 읽어주면 아이는 어떤 반응을 보일까요?
오늘 재미있게 놀아서 만족스럽고, 내일도 신나게 놀 수 있는 좋은 날을 기대할 수 있다면, 아이들에게 이보다 더 완벽한 하루가 있을까요? 이런 완벽한 하루를 열어주는 것이 부모의 역할이 아닐까 하는 생각이 듭니다.

『엄마 얘기 좀 들어 보렴!』
박향미 글, 에바 알머슨 그림, 서우미디어

엄마가 아이들에게 들려주고 싶은 사랑스러운 말들이 가득해요. 정감 있는 그림은 푹신한 이불로 감싸 안은 듯 포근한 느낌을 전해줍니다. 『엄마는 해녀입니다』로 우리에게 이미 친숙한 에바 알머슨이 그림

『실수투성이 엄마 아빠지만 너를 사랑해』
사토 신 글, 하지리 도시가도 그림, 키위북스

내 아이니까 잘 알 거라고 생각해서 함부로 말하고, 힘들다는 이유로 아이를 윽박지르는 부모의 모습이 적나라하게 펼쳐집니다.
얼굴이 화끈거리지 않을 사람이 없겠지요?
아이에게 실수투성이 엄마 아빠라서, 많이 부족한 엄마 아빠라서 미안하다고 그렇지만 많이 사랑한다고 엄마 아빠의 속 깊은 마음을 전하고 싶을 때 좋아요.

019 다정한 위로

괜찮아, 괜찮아 다 괜찮아!

'괜찮아'라는 키워드로 다양한 책이 나와 있습니다. 아이든 다 큰 어른이든 '괜찮아'라는 마법의 주문이 필요한 순간이 많다는 방증이겠지요.

단지 수줍음이 많아 우물쭈물하는 자신이 싫고, 또래 중에 행동이 굼뜨다고 혼나고, 걸핏하면 운다고 편잔 듣고, 틀릴까 봐 움츠러들고, 넘어질까 봐 겁내고, 마음에 상처받을까 봐 뒤로 숨고, 완벽하지 않아서 속상하고.

그런데 여기 그래도 된다고, 그래도 괜찮다고, 완벽하지 않아도 행복할 수 있다고 손잡아주고 등을 토닥이는 '괜찮아 책'들이 있습니다.

그런데 정말 울어도 괜찮은 걸까요? 틀려도 괜찮다고요? 늦어도 괜찮고요? 조금 부족해도 괜찮다고요?

스스로 그런 감정을 느껴도 된다고 자신을 수용해주고 우리 모두가 서로를 너그럽게 바라보는 눈을 가진다면, 있는 그대로 인정해주는 마음을 가진다면 안 괜찮은 일이 있을까요? 천만번도 괜찮다잖아요.

『틀리면 어떡해?』

김영진 글·그림, 길벗어린이

독서골든벨 1등을 놓쳤다고 풀이 죽고 태권도 승품시험에 탈락하는 악몽을 꾸는 그린이가 주인공입니다. 매일매일 새로운 도전을 마주하는 세상의 모든 그린이들에게 보내는 응원과 위로의 그림책.

괜찮아 그림책

『틀려도 괜찮아』

마키타 신지 글, 하세가와 토모코 그림, 토토북

초등학교 1학년 아이들에게 알립니다. 교실은 틀려도 괜찮은 곳, 틀리면서 정답을 찾아가는 곳이라고요. 정말일까요? 틀릴까 봐, 답이 틀렸다고 친구들이 웃을까 봐, 발표를 망설이는 친구들은 꼭 봐야겠죠.

『울어도 괜찮아!』

윤여림 글, 변정연 그림, 웅진주니어

눈물이 무엇인지, 어떨 때 눈물이 나는지 알려줘요. 그리고 참지 말고 실컷 울어보라고 합니다. 건강한 울음 후에 환히 웃을 수 있다고요. 일상에서 눈물에 대해 생각해보는 시간도 중요합니다.

『무슨 꿈이든 괜찮아』

프르체미스타프 베히테로히츠 글, 마르타 이그네르스카 그림, 마루벌

우물, 하루살이, 뱀장어, 벌새 등 세상 모든 친구들이 들려주는 꿈 이야기예요.
뱀장어 가족의 꿈은 에베레스트산에 오르는 것이고, 하루살이는 딱 하루만 더 살고 싶고, 상어는 머리를 기르고 싶고, 우물은 바닷물과 손잡는 거래요.
이제 여러분의 꿈을 들려주세요. 무슨 꿈이든 괜찮으니 자유롭고 행복한 상상이 빚어낸 꿈을요.

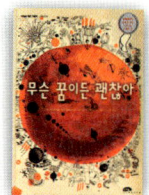

『늦어도 괜찮아 막내 황조롱이야』

이태수 글·그림, 비룡소

아파트 화분 받침대에 둥지를 튼 황조롱이 가족 이야기예요. 뭐든지 느리고 더딘 막내 황조롱이가 넓은 하늘을 날 수 있을 때까지 보살피며 기다리고 용기를 준 엄마 아빠의 노력이 뭉클합니다. 정성이 가득한 생태 세밀화로 더 생생하게 다가옵니다.

『넘어져도 괜찮아!』

일란 브렌만 글, 이오닛 질베르만 그림, 꿈꾸는꼬리연

우리 몸 어디엔가 하나쯤 있는 흉터, 혹은 마음의 흉터에 대한 이야기로 시작합니다. 흉터는 우리 몸에 남아 많은 이야기를 들려주지요. 그 이야기를 듣다 보면 아플까 두려워 새로운 도전을 겁내는 아이들도 과정의 소중함을 일깨우게 됩니다.

『괜찮아 아저씨』

김경희 글·그림, 비룡소

머리카락이 딱 열 개인 아저씨는 아침마다 거울을 보며 머리를 매만집니다. 자신의 머리 스타일에 만족해하며 외칩니다.
"오, 괜찮은데?" 어느 날은 새가 날아와 머리카락 한 올을 뽑아가도 "오 괜찮은데!" 합니다. 그날 오후에는 거미가 머리카락에 매달리는데….
혹시 아저씨의 머리카락이 모두 사라지는 건 아닐까요? 그래도 괜찮다고 할까요? 흥미로운 캐릭터와 유머러스한 이야기에 아이도 어른도 함께 즐기기에 너무 좋아요.

『조금 부족해도 괜찮아』

베아트리체 알레마냐 글·그림, 현북스

남보다 조금 부족하지만 나름대로 행복하게 살아가는 다섯 친구들 앞에 완벽한 친구가 나타나요. 못난이 친구들은 이제 어떻게 되는 걸까요? 사랑스러운 못난이들의 긍정에너지를 느껴보세요.

『뭐 어때!』

사토 신 글, 돌리 그림, 길벗어린이

출판사 대표님이 반대했지만 직원들이 "뭐 어때"라며 이 세상에 나오게 된 책이라지요. 그림책을 수없이 읽어온 아홉 살 아이가 가장 재미있는 그림책이라 했다지요. 한 초등학교 선생님은 난감한 상황에 유연하게 대처하는 방법을 알려주기 위해 아이들에게 읽어 주었다네요.
뭐 어때!는 대충대충, 적당히, 어물쩍 넘어가자는 게 아니라 주저앉지 않고 끝까지 최선을 다할 수 있는 힘이 되어 준답니다.

『오늘 하루도 괜찮아』

김나은 글·그림, 씨드북

저녁 무렵 아이의 얼굴빛이 어둡다면 이 책을 함께 읽으세요. 고단하고 힘든 하루를 함께 나누며 괜찮은 하루였다고 토닥여주고, 내일은 예쁜 하루를 만들 수 있다고 용기를 줄 테니까요.

『미움받아도 괜찮아』 아동심리학

황재연 글, 김완진 그림, 인플루엔셜

『미움받을 용기』라는 책이 사람들의 많은 사랑을 받았지요. 미움받지 않기 위해 타인의 눈치를 보며 '나 자신'으로 살지 못했다는 사람들이 많다는 걸 증명하는 셈입니다. 이제는 어린이를 위한 용기의 심리학으로 아이들에게도 용기를 심어주세요.

엄마를 위한 책

『완벽하지 않아도 괜찮아』

박미라 저, 휴(休)

모든 순간 아이를 위해 애쓰지만 그래도 항상 부족한 엄마라고 자책하는 엄마들에게 권합니다. 완벽하지 않은 엄마가 아이에게는 오히려 좋은 엄마랍니다. 엄마의 따뜻한 사랑이면 충분히 좋은 엄마라고요.

『나 안 괜찮아』

실키 저, 현암사

단 컷 또는 2, 4컷의 만화에 별반 다르지 않을 우리의 일상을 콕 집어 담아낸 그림에세이입니다. 안 괜찮은데 괜찮다고 말하는, 또는 괜찮은 척 애쓰며 살아내는 사람들에게 웃음 한 줌과 잔잔한 위로가 되기에 충분한 카타르시스가 있습니다.

내 마음속에 들어와 보기라도 한 듯 지질한 이야기인데, 비단 나만의 지질함이 아니기 때문일까요? 많이 피곤하지만 이대로 잠들기는 아쉬울 때 잠자기 전 천천히 한두 편씩 읽으면 분명히 다음날 출근길이 가벼워지지 않을까 싶습니다. 힘들고 피곤할 때 스스로에게 괜찮다는 암시를 걸기 위해서 작가가 자주 들었다는 가수 진주의 〈난 괜찮아〉도 가끔 들으면 더 좋을 듯합니다.

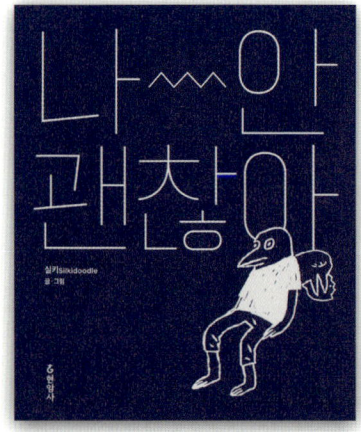

『웬만해선 아무렇지 않다』

이기호 저, 박선경 그림, 마음산책

『나 안 괜찮아』가 만화형식이라면 이 책은 짧은 소설입니다.

폼 나는 사람들, 세련된 사람들이 아닌 좌충우돌 전전긍긍 갈팡질팡하는 평범한 사람들, 그러니까 바로 우리 이야기가 담겨 있습니다.

웬만해선 아무렇지 않은 사람들의 지지리 궁상이 익살스럽게 버무려져 웃고 싶을 때 읽어도 좋고 울고 싶을 때 읽어도 좋습니다. 저는 부엌에서 찌개가 끓는 동안 짬짬이 읽습니다.

『나무늘보라도 괜찮아』

이케다 기요히코 저, 홍익출판사

게으름은 혼자 도태되기 위한 지름길이라며 항상 바쁘게 사는 것이 미덕이라 생각하며 살아온 삶. 오늘도 내일도 아득바득 살아오느라 지친 분들에게 나무늘보처럼 살아도 괜찮다고, 또 나무늘보처럼 게으르게 살기 위한 즐거운 삶의 기술을 전해줍니다.

『그래도라는 섬이 있다』

김승희 저, 김점선 그림, 마음산책

시인 김승희의 시와 산문, 불꽃 같은 삶을 살다 간 김점선의 그림이 어우러진 산문집. '그래도'라는 접속사를 사랑하게 한 시 〈그래도라는 섬이 있다〉 때문에 읽게 된 책이에요.

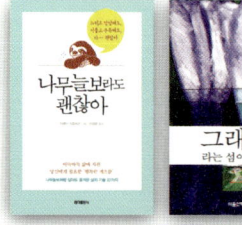

020 부부싸움

엄마 아빠 싸우면 우리는 어떡해요?

아이들에게 이 세계는 낯설고 처음인 것투성이입니다. 그래서 이해하기 어려운 난감한 상황은 감당하기 벅찹니다. 그중에 자신을 가장 사랑한다는 엄마 아빠의 싸움은 아이들 마음을 특히나 슬프게 하지요. 혹시 나 때문에 싸우는 게 아닐까 싶어 죄책감이 들기도 합니다. 왜 싸우는지 말해주지 않아 더욱 난감하기만 합니다. 엄마 아빠 사이에서 어찌할 바를 몰라 모르는 척해봅니다.

엄마 아빠는 어른들 일이라며 아이들은 몰라도 된다고 생각합니다. 몰래 싸우니 아이들은 모를 것이라고 착각합니다. 집안의 이상한 분위기를 누구보다 예민하게 느끼는 아이들인데 말이에요. 아동상담가들은 조언합니다. 부부싸움은 어물쩍 넘어가지 말고 아이들에게 솔직하게 얘기해야 한다고요. 스리슬쩍 넘어가게 되면 이상한 침묵 속에서 아이들은 마음 깊숙이 어두운 무늬를 새긴다고요. 복잡하고 세세한 속내까지는 아니더라도 최소한 어찌할 바 모르는 아이들 마음을 살피는 일이 다른 어느 때보다 더 중요한 시점이라고 합니다.

엄마 아빠의 싸움이 그림책에서는 어떻게 그려져 있을까요? 아이들에게 말 걸기가 어렵고 무슨 말을 어떻게 해야 할지 모르겠다면, 아이들의 마음이 어떠할지 헤아리기 어렵다면, 그림책으로 먼저 시작해보세요.

『엄마 아빠가 싸우면 나는 어떡해요』
브리기테 베니거 글, 베레나 발하우스 그림, 그린북

엄마 아빠가 싸우는 소리에 당황한 토비는 폰타 아줌마에게 달려갑니다. 엄마 아빠가 싸우는데 자신은 어떡해야 하느냐고 물었지요. 아줌마의 현명한 답변에 토비는 나름대로의 방법을 찾아내는데…. 토비의 섬세한 심리 변화는 아이에게도 어른에게도 많은 생각을 하게 합니다. 부부싸움에서 자유롭지 못한 부모님과 아이들이 꼭 함께 봐야 할 책.

엄마 아빠 그만하셔요

『검은 새』
이수지 저, 길벗어린이

책을 펼치면 첫 장면부터 가슴을 서늘하게 합니다. 열린 방문 사이로 엄마 아빠 싸우는 모습이 보이고, 금방이라도 울음을 터뜨릴 것 같은 아이가 슬픈 표정으로 정면을 응시하고 있습니다. 마지막 장면 또한 아이가 정면을 바라보고 있는데 이번에는 표정이 행복해 보입니다. 그동안 무슨 일이 있었던 걸까요?

『눈물바다』
서현 글·그림, 눈물바다

학교에서 속상한 일을 잔뜩 겪은 날, 아이는 비까지 쫄딱 맞고 집에 갑니다. 그런데 엄마 아빠가 아는 척은커녕 싸우느라 정신없습니다. 그 모습을 아이는 이렇게 표현합니다. 두 마리 공룡이 싸우고 있다고. 아이 마음은 누가 위로해줄까요?

『모르는 척 공주』
최숙희 글·그림, 책읽는 곰

밤새도록 무시무시한 소리가 들리더니 이튿날은 집 안에 찬바람이 쌩쌩 붑니다. 공주는 배가 고프지 않은데도 음식을 다 먹고 아무것도 모르는 척 블록 쌓기만 합니다. 어느새 스스로 쌓은 높은 탑 안에 갇힌 공주, 엄마 아빠에게로 돌아갈 수 있을까요?

『고함쟁이 엄마』
유타 바우어 글·그림, 비룡소

엄마의 고함에 깜짝 놀란 아기 펭귄은 이리저리 흩어져 날아갑니다. 머리는 우주까지 날아가고 몸은 바다에 떨어지고 두 날개는 밀림에서 길을 잃고 부리는 산꼭대기에 내려앉았지요. 엄마는 왜 고함을 질렀을까요? 혹시 아빠와 싸우고 아이에게 화풀이를 한 건 아닐까 하고 엄마인 나 스스로를 돌아보게 합니다.

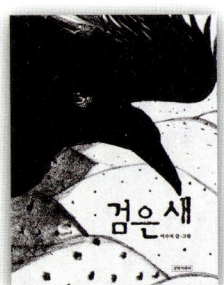
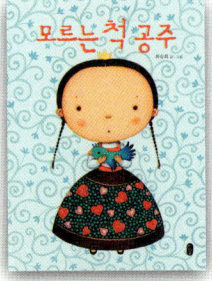

『딸꾹』

김고은 글·그림, 북극곰

엄마 아빠가 싸우고 난 뒤 아빠가 큰 소리를 내자 영양이는 딸꾹질을 시작합니다. 이런저런 방법을 써 보지만 딸꾹질이 멈추지 않아 병원에 갔는데요. 의사 선생님이 영양이의 속마음을 보여주자 엄마 아빠는 깜짝 놀라게 되는데….

『가끔은 싸우기도 하는 거야』

다그마 가이슬러 글·그림, 풀빛

누구나 화를 내는 것처럼, 한 번 쯤은 싸우기도 합니다. 그래도 엄마 아빠의 싸움은 아이에게 여전히 당황스럽습니다. 엄마 아빠가 싸운 날은 어떻게 해야 할까요? 싸움을 현명하게 받아들일 수 있도록 도와주는 책.

『나 때문에』

박현주 글·그림, 이야기꽃

거실 작은 화분에 꽃망울이 툭 터졌어요. 아이들은 어찌나 신기하고 기쁘던지 엄마에게로 달려갔지요. 하지만 엄마는 너무 바빴어요. 그래서 아빠에게로 달려갔지요. 너무 피곤한 아빠는 버럭 화를 냈어요. 아빠의 버럭 소리에 엄마는 더 화가 나서 아빠에게 짜증을 냈고, 급기야는 부부싸움이 벌어졌어요. 으르렁거리는 두 사람 사이에서 놀란 아이들은 무서웠고 작아졌어요.

엄마, 아빠의 싸움이 자신들 때문이라고 자책하는 아이들. 정말 아이들이 잘못한 걸까요?

간결한 문장 하나하나가 송곳처럼 마음을 찔러대는, 어른들에게는 참으로 불편한 그림책입니다. 바쁘다고, 피곤하다고, 얼마나 자주 아이들 마음을 외면하고 무시했는지 돌아보게 하니까요.

더 읽어 보아요

『싸우지 말고 사이좋게』
마리알린 바뱅 글·그림, 시공주니어

『숲 속으로』
앤서니 브라운 글·그림, 베틀북

『따로 따로 행복하게』
배빗 콜 글·그림, 보림

『엄마 아빠가 싸울 때』 동화
잔 브나메르 글, 지효진 그림, 크레용하우스

 식물 감수성

행복은
초록빛으로
가만히

어느 늦가을 날, 동네 도서관에서의 일입니다. 빌리고 싶은 책을 골라 대출 데스크에 올려놓다가 방실방실 웃고 있는 노란 산국 몇 송이에 시선이 가 닿았습니다. 순간 내 마음 또한 노랗게 물들었습니다. 내가 좋아하는 꽃이기도 하지만 그 꽃을 화병에 꽂았을 손길과 마음결에 더 마음이 갔습니다.

'아, 이 사서 샘도 산국을 좋아하는구나' 하는 뭔가 연결된 듯한 느낌이 더없이 포근했습니다. 반가운 마음에 아는 척을 했지요.

"산국 너무 예쁘네요. 향도 좋고요."

"그죠? 그런데요 다른 선생님은 치우라고 하네요."

"아니, 왜요?"

"추레하고 너저분하다고요."

책모임에서 강화도로 겨울 여행을 갔을 때의 일입니다. 2월이라 아직은 온통 회색빛입니다. 그래도 전등사의 오래된 나무는 감탄을 부르고 가슴 속을 상상의 초록빛으로 물들입니다. 몇 명이서 나무 한 그루 한 그루 이름 맞추기를 해 봅니다. 수수께끼 놀이 하듯 아주 재미납니다. 꽃도 이파리도 걸치지 않은 알몸 나무의 이름을 알아내기란 그리 쉬운 일이 아닙니다. 나무껍질이나 나뭇가지를 찬찬히 살피며 추측을 합니다. 그래도 모르겠으면 땅에 떨어진 나뭇잎이나 열매가 결정적인 실마리가 되어줍니다. 어떤 나무 아래서는 실마리조차 전혀 없어 나무 이름을 놓고 한참 토론이라도 벌어지지요.

바닷가 돈대에 가서는 땅을 향해 허리를 구부리고 탄성을 지릅니다.

"와, 예쁘다! 꼭 꽃잎 같아."

꽃다지를 본 것입니다. 아직은 추운 날씨라 꽃대를 올리지 못하고 이파리만 펼치고 있는 꽃다지를요! 꽃잎처럼 펼친 꽃다지 이파리를 장미꽃 같다 하여 로제트(Rosette)라 부른다지요. 한 사람은 찰칵찰칵 사진 찍기에 바쁩니다. 여행 무리들 중 나무에게, 들꽃에게, 수많은 풀들에게 섬세한 관심과 애정이 있는 일부가 이러합니다. 나들이만 나가면 끝없는 수다를 펼치는 우리에게 일행 중 또 다른 일부는 농담반 진담반 말합니다.

"나무가 다 나무지. 풀이 다 풀이지. 또 토론이야?"

숲 속에 빽빽이 들어선 나무들, 길가에 들쑥날쑥 자란 풀들, 수많은 들꽃들, 자세히 오래 들여다보면 생김새도 다르고 얼마나 예쁜지 몰라요. 이름을 불러주면 더 애틋하고요. 나무와 들꽃과 풀에게 따뜻한 말 한 마디 건네며 자연 속을 거닐면 소소한 기쁨이 밤하늘의 별처럼 가슴 가득 떠오릅니다.

이런 마음이라면 같은 길을 걸어도 다른 사람에 비해 감상의 폭이 훨씬 넓겠지요. 이런 마음이란 어떤 마음일까요? 길가에 외롭게 서 있는 나무의 이름이 궁금하고, 보도블록 틈새에 피어난 제비꽃에게 인사를 건네고, 정보라빛 봄까치꽃에 탄성을 지르고, 흔하디흔한 풀에게도 아름다움을 느낄 줄 아는 마음, 바로 식물 감수성이 풍부한 마음결입니다.

요즘은 생태 감수성을 기르기 위해 숲놀이 수업이나 생태 수업이 대중화되어 있습니다. 그러나 수업에서 끝나지 않고 일상에서도 식물 이야기가 이어졌으면 더없이 좋겠다는 바람입니다. 그러기 위해서는 엄마가 식물에 관심을 가지고 공부(?)를 해야겠지요. 부모 되는 공부에 우리 아이의 식물 감수성을 위한 엄마의 식물 공부가 들어가면 어떨까요? 식물 감수성은 바로 아이의 행복지수와도 연결되니까요.

다행히도 식물 감수성에 도움이 되는 재미난 그림책이 많이 나와 있어요.

『작은 풀꽃의 이름은』

나가오 레이코 글·그림, 웅진주니어

타로는 튤립에 물을 주다 심은 적 없는 풀꽃을 발견하고는 할아버지에게 전화로 물어봤어요. 연둣빛이 도는 줄기에 초록색 잎이 붙어 있고 꼭대기에 하얗고 작은 꽃이 피었는데 무슨 꽃일까 궁금하다고요. 풀꽃에 대해 많이 알고 있는 할아버지도 타로의 말을 듣고는 난감해해요.

작은 풀꽃 하나 알아내기 위해 많은 풀꽃들이 불려 나오고, 할아버지와 타로의 대화가 너무도 정겹습니다. 풀꽃들이 한땀한땀 자수로 피어난 정성 가득한 그림책이에요.

식물 감수성 그림책

『정원을 만들자!』
제르다 뮐러 글·그림, 비룡소

어느 봄날, 애나와 벤저민 가족은 마당이 있는 집으로 이사했어요. 엉망이었던 마당에 잔디를 심고 애나와 벤저민, 그리고 엄마는 각자 자신만의 뜰을 만들었지요. 마당에는 흙을 만지며 식물을 가꾸는 애나 가족의 설렘과 기쁨이 가득합니다. 식물 가꾸기에 대한 정보와 자연물로 하는 놀이도 재미난 이야기 속에 자연스레 녹아 있어요. 무엇보다 제르다 뮐러의 서정적이고 섬세한 감각으로 그린 사계절에 푹 빠지게 돼요.

『나무 고아원』
이정록 글, 박은정 그림, 동심

나무도 고아가 있나요? 나무가 울어요? 나무도 마음이 있는 거예요? 나무의 슬픈 얘기에 귀 기울이고 아픈 나무에게 시선을 두고 나무의 마음이 되어보도록 시인의 다정한 글이 잘 이끌어줍니다. 그림작가의 고요하고 아름다운 판화는 눈을 떼기가 힘들어요.

『휴, 다행이다!』
기슬렌 로망 글, 톰 샴프 그림, 푸른숲주니어

떡갈나무의 한살이를 환상적인 그림과 함께 서정적으로 보여줍니다. 작은 씨앗이 온갖 위험을 통과하여 아름드리나무가 되어 가는 과정이 조마조마하지만 아름답게 펼쳐집니다. 글작가와 그림작가의 프로필을 읽고 나면 책을 한 번 안아주고 싶어요.

『나뭇잎 손님과 애벌레 미용사』
이수애 글·그림, 한울림어린이

나뭇잎을 야금야금 갉아먹는 애벌레를 숲 속의 미용사로, 기꺼이 애벌레의 먹이가 되어주는 나뭇잎을 미용실의 손님으로 등장시켜 흥미로운 이야기를 지어냈습니다.

나뭇잎 손님은 무슨 머리 모양을 원할까요? 벽에는 양버즘나무, 튤립나무, 단풍나무, 신갈나무, 떡갈나무, 계수나무, 상수리나무 등 다양한 나뭇잎들이 붙어 있습니다. 양버즘나무는 어떻게 생겼을까요? 봄이면 피어나는 튤립꽃이 아니라 튤립나무라고요? 자연스레 나뭇잎에 관심이 가고 자세히 들여다보게 됩니다. 특히 나뭇잎마다 다른 잎맥의 독특한 무늬를 보는 재미도 있습니다.

『팔랑팔랑 버들잎 여행』
안네 뮐러 글·그림, 비룡소

봄이면 물오른 연둣빛에 자꾸만 눈이 가는 버드나무. 가을에 연한 노란빛으로 물든 가지각색 버들잎 열 장이 바람에 날려 어디론가 날아갑니다. 쓸모없어 보이는 버들잎이 한 장 한 장 자연스럽게, 따뜻하게 쓰입니다. 버들잎 열 장으로 자연의 순환을 이해하게 돼요.

『밀짚모자』

김윤이 글·그림, 한울림어린이

길쭉한 이파리를 너울거리며 서 있는 옥수수가 참 아름답다고 생각했습니다. 볼 때마다 고민했습니다. 멋스러운 옥수수를 그림책에 어떻게 담아낼까, 하고요. 저만 그런 생각을 한 게 아니었나 봅니다. 초록빛 물결처럼 넘실대는 옥수수가 그림책에 등장했어요. (사실 진짜 아름다운 옥수수 그림은 『숲으로 간 코끼리』에 딱 한 번 나와요.)

『투둑 떨어진다』

심조원 글, 김시영 그림, 호박꽃

감도 떨어지고 호두도 떨어지고 밤도 떨어지는, 의성어 가득한 그림책. 그래서 서너 살 아이들에게 읽어주기 좋은 책. 전통 영모화풍의 세밀화가 너무 아름답고 가을의 정취가 가득한 그림책. 그래서 어른인 나도 홀딱 반한 책.

『나무는 변신쟁이』

나가사와 마사코 글·그림, 비룡소

크고 길쭉한 할아버지 은행나무와 작고 동그란 꼬마 동백나무가 주고받는 대화체 글이 친근하게 이끌어줘요. 싹을 틔우고, 초록색 이파리를 노랗게 물들이고, 노란 은행잎을 떨어뜨리고, 꽃을 피우는, 나란히 선 은행나무와 동백나무의 아름다운 사계절의 풍경 속으로.

『우리는 당신에 대해 조금 알고 있습니다』

권정민 글·그림, 문학동네

식물이 화자가 되어 가까이에서 오래 관찰해온 사람들 이야기를 들려줍니다.
식물의 마음이 되어보는 낯선 시간, 여러 생각들이 불려나옵니다. 한 공간에 존재하는 우리도 식물도 어쩐지 안쓰럽기만 합니다. 특히 빛도 바람도 없는 지하 공간에서 초록의 싱그러움을 뿜어내는 식물들이라면 더욱 그렇습니다.

엄마를 위한 책

『숲으로 읽는 그림책테라피』

김성범, 황진희 공저, 나는별

학부모님 대상의 그림책 강연에서 저는 꼭 이렇게 얘기합니다.
"그림책을 읽어주는 것만큼이나 중요한 게 아이들이 자연을 온 몸으로 느끼는 것이에요. 그림책 한 권을 읽었다면 아이와 손을 잡고 산책을 나가세요."
마법의 주문처럼 저의 이런 바람을 담은 책이 나왔어요. 숲과 그림책이 만나면 우리를 얼마나 행복하게 하는지 직접 확인해보세요.

『처음 만나는 야생화 그림책 : 봄 여름』
마에다 마유미 글·그림, 길벗스쿨

길가 풀숲에 홀로 피고 지는 야생화를 수채 색연필로 섬세하게 그려낸 귀엽고 따듯한 감성 식물 그림책. 봄과 여름에 만날 수 있는 야생화 28가지가 담겨 있어요. 가을에 피는 야생화가 궁금하다면 『처음 만나는 야생화 그림책 : 가을』이 있어요.

『풀꽃 친구야 안녕?』
이영득 글·사진, 황소걸음

풀꽃이 품고 있는 재미난 이야기뿐 아니라, 풀꽃에 대한 지은이의 어린 시절 경험과 풀꽃 기행에 대한 체험이 생생하게 녹아 있어 더 정겹고 친근합니다. 비슷한 이름이나 비슷한 풀꽃을 견주어 볼 수 있도록 했습니다.

냉이만 해도 다닥냉이, 말냉이, 황새냉이, 개갓냉이, 나도 냉이, 미나리냉이 등 여섯 종류의 냉이 사진이 나옵니다. 같은 풀꽃 사진이라도 시기별로 비교해볼 수 있도록 사진마다 날짜를 기록해놓았고요. 책을 읽다가 아하! 하고 무릎을 쳤던 내용이 기억납니다. 손톱에 봉숭아물 들일 때 괭이밥도 함께 찧어 넣으면 봉숭아물이 더 곱게 들곤 했는데, 그 이유를 아세요? 그 비밀이 여기에 있습니다.

침대 머리맡이나 식탁 한켠에 두고 달콤한 곶감 빼먹듯 아껴가며 풀꽃 한 송이씩 만나보세요.

따뜻한 느낌의 세밀화 『봄 여름 가을 겨울 풀꽃과 놀아요』(박신영 저, 사계절)와 비교하며 함께 보면 좋아요.

더 읽어 보아요

『은행나무』
김선남 글·그림, 천개의바람

『우리 동네에 들꽃이 피었어요』
카도 아쥬 글·그림, 푸른숲주니어

『나무의 아기들』
세 히데코 글·그림, 천개의바람

『행복한 봉숭아』
박재철 글·그림, 길벗어린이

『안녕, 가을』
케나드 박 글·그림, 국민서관

『그러던 어느 날』
전미화 글·그림, 문학동네

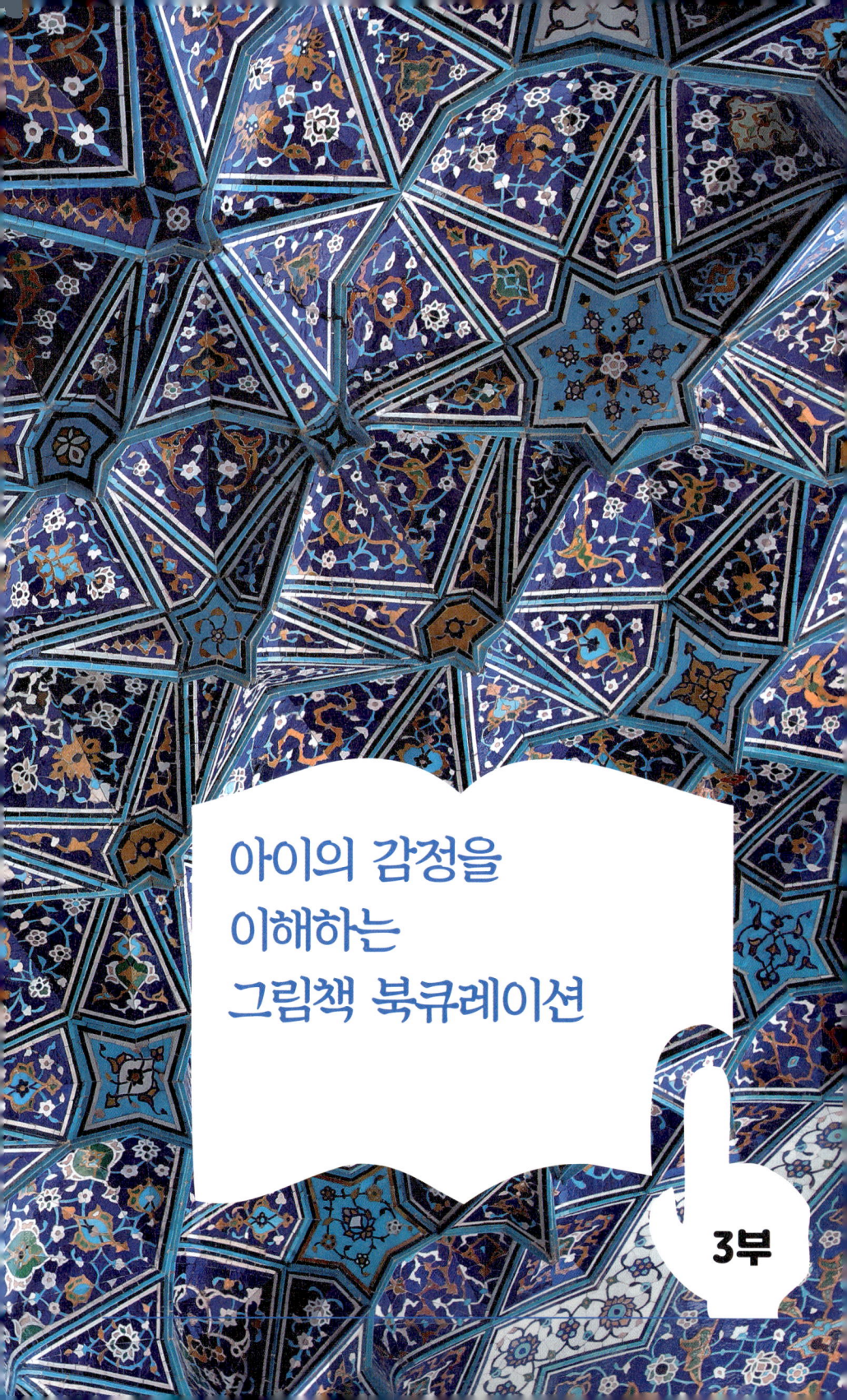

아이의 감정을
이해하는
그림책 북큐레이션

3부

 첫 발자국

겁나서 콩닥콩닥 설레서 두근두근

'처음'은 어른에게도 두렵습니다. 힘든 경험을 수없이 겪은 어른도 그럴진대 아직 보드레한 꽃길만 걸어온 아이들은 오죽할까요? 아이에겐 모든 게 처음인 것투성이입니다. 혼자서 심부름 가기, 혼자서 버스 타기, 혼자서 집 보기, 수영 배우기, 친구 집에서 자기, 자기 방에서 혼자 자기, 두 발 자전거 타기…. 처음이라 설렘도 있지만 두려움이 더 커서 망설이는 경우가 많지요.

아이들은 어둠을 두려워합니다. 아이들에게 어둠은 알 수 없는 세상이고 통제할 수 없어서 자신이 무력하다는 것을 느끼게 되니까요. 아이들에게 처음은 곧 어둠과도 같습니다. 통제도 대처도 불가능하다고 느낍니다. 오직 두려움만 존재합니다. 두려움으로 가득한 아이에게 "괜찮아. 아무것도 아니야."라는 말은 아무런 도움이 되지 않습니다. 그럼 어떻게 해야 할까요?

아이들에게 처음은 또한 성장을 의미하기도 합니다. 처음 한 번이라도 경험하고 나면 훌쩍 성장해 있으니까요. 그래서 서툴지만 한 번이라도 경험을 해 보는 것이 아주 중요합니다. 현실에서는 두렵기 때문에 책을 통해 간접 경험을 하는 거예요. 무엇보다도 안전하고 다른 친구도 나와 같은 마음이라는 생각이 용기를 내게 합니다.

『나 홀로 버스』

남강한 글·그림, 북극곰

혼자 처음으로 버스를 탄 아기돼지 이야기. 아기돼지가 의자에 가방을 두고 요금을 내고 돌아오니 늑대가 자신의 초콜릿을 먹고 있지 뭐예요? 도움을 청하려고 주위를 둘러보니 온 세상이 어둡고 승객들은 모두 괴물로 보여요. 아기돼지는 어떻게 해야 할까요?

조심조심 첫 발자국

『괜찮아, 우리 모두 처음이야!』

이주희 글·그림, 개암나무

입학을 앞둔 도윤이, 도윤이 엄마, 그리고 1학년을 처음 맡는 담임 선생님이 각자의 입장에서 이야기를 들려줍니다. 입학하기 전날 엄마랑 집에서도 읽고, 입학식날 교실에서도 선생님이 읽어주면 최고로 좋겠어요.

『이상한 기차』

한아름 글·그림, 창비

할머니 집에 가기 위해 처음으로 혼자 기차에 오른 아이를 따라가 봅니다. 처음으로 뭔가를 해야 하는 아이의 두려운 마음이 긴장감 있게 펼쳐지는 글 없는 그림책입니다.

『무섭다고 숨지 마!』

자넷 A. 홈즈 글, 다니엘라 저메인 그림, 책속물고기

오늘은 학교에 처음 가는 날, 무섭고 싫지만 아이는 악어가면을 쓰고 갑니다. 무서울 땐 힘껏 외쳐봅니다. 힘들지만 친구도 사귀게 되고요. 혼자서 스스로 헤쳐 나가는 모습이 대견해 보여요.

『어떡하지?』

앤서니 브라운 글·그림, 웅진주니어

처음으로 친구 생일파티에 초대받은 조는 자꾸만 겁이 납니다. 일어나지도 않을 온갖 상상을 하는 조, 파티에 잘 다녀올 수 있을까요? 처음 하는 일을 두려워하는 아이의 심리가 섬세하게 담겨 있어요.

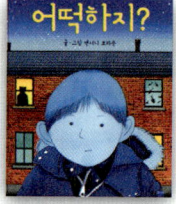

『이슬이의 첫심부름』

쓰쓰이 요리코 글, 하야시 아키코 그림, 한림출판사

다섯 살 이슬이가 처음으로 우유를 사러 가는 심부름을 합니다. 아슬아슬하지만, 첫심부름을 해낸 이슬이의 성취감이 보는 이도 뿌듯하게 합니다.

『내 방에서 잘 거야!』

조미자 글·그림, 한솔수북

처음으로 자기 방이 생긴 준이는 내 방에서 잘 거라고 자신 있게 외치며 좋아합니다. 그런데 자꾸만 이상한 일이 생겨 혼자 자기에 실패하는 준이, 언제쯤 혼자 잘 수 있을까요?

『할머니 집 가는 길』

마거릿 와이즈 브라운 글, 하야시 아키코 그림, 북뱅크

혼자서 할머니집에 찾아가는 아이, 도중에 꽃과 나비를 만나고, 개울을 건너 산등성이를 넘어요. 또 마구간과 개집과 벌집을 지나 드디어 할머니를 만나요. 시적인 글과 귀여운 그림이 포근하게 감싸줍니다.

『처음으로 친구를 사귄 날』

멜라니 와트 글·그림, 내인생의책

손가락을 물릴까 봐 단 한 명의 친구도 사귀지 않는 겁쟁이 다람쥐 이야기. 절대 위험하지 않을 친구만 원하던 겁쟁이 다람쥐는 과연 친구를 사귈 수 있을까요?

『혼자 버스를 타고』

마리안 뒤빅 글·그림, 느림보

할머니 집에 가려고 혼자 버스를 탔어요. 처음이라 긴장되지만 우쭐하기도 해요. 친절한 염소 아줌마, 귀여운 꼬마 늑대, 나쁜 여우 아저씨… 버스 안의 승객들을 찬찬히 바라보다 그만 정거장 세는 걸 깜빡하고 말았어요. 아이는 할머니 집에 무사히 도착할 수 있을까요?

『별거 없어!』

정진영 글·그림, 낮은산

처음으로 집을 짓는 아기 거미, 걱정이 되어 다른 거미들에게 물으니 한결같이 별거 없어! 라고 말합니다. 더욱더 겁이 나는 아기 거미, 집을 지을 수 있을까요?

『수영장 가는 날』

염혜원 글·그림, 창비

수영장 가는 날만 되면 배가 아픈 아이. 혼자 수영장 벽에 서 있다가, 수영장 가장자리에 앉아 발만 물에 적시고 있다가, 선생님 도움으로 겨우 물속에 들어가 발차기를 해요. 마지막 장을 펼치니 아이가 환하게 웃고 있네요. 어떤 일이 있었을까요?

『선생님도 1학년』 동화

김수정 글, 안성하 그림, 책고래

1학년 2반 담임 선생님은 새내기 선생님이에요. 그러니까 선생님도 1학년이나 마찬가지예요. 수줍음이 많아 얼굴이 자주 빨개지고 자기소개도 덜덜 떨면서 했대요. 툭하면 을음보를 터뜨리는 혜인이를 달래기 위해 왕초보 선생님은 어떻게 했을까요? 우왕좌왕 실수투성이 선생님을 보면 처음이라 떨리는 아이들도 용기가 불끈 솟을 거예요.

『두근두근 1학년을 부탁해』 동화

이서윤 글, 윤유리 그림, 풀빛

초등학교에 입학하는 아이들이 궁금해 할 학교생활의 모든 것이 담겨 있어요. 신나는 이야기는 덤이에요. 읽고 나면 학교에 빨리 가고 싶은 자신감이 생긴답니다.

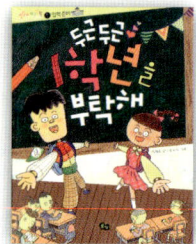

『처음 친구 집에서 자는 날』 동화

버나드 와버 저, 보림

친구 집에서 처음 자는 날이라는 기대감에 잔뜩 들떠 있습니다. 그런데 한 가지 문제가 있어요. 잘 때는 꼭 곰인형이 있어야 하는데…. 곰인형 없이도 잘 수 있을까요?

엄마를 위한 책

『엄마도 처음이라서 그래』

김주연 저, 글담

전업주부, 초보엄마로서 서툴지만 천천히 나만의 육아법을 찾아가는 이야기.
하루에도 몇 번씩 불안감에 휩싸여 "이렇게 하는 게 맞는 걸까? 잘하고 있는 걸까?"라고 자문하지만, 조금씩 지혜로워지는 초보엄마의 모습이 뭉클하게 다가옵니다.

『처음부터 엄마는 아니었어』

장수연 저, 어크로스

목표 지향적으로 앞으로만 내달리는 삶을 살다가 아이를 낳고 세상과 가족, 그리고 자기 자신을 올바로 바라볼 수 있게 된 과정이 담겨 있습니다. 육아로 인해 불안과 초조에 시달리는 엄마들에게 많은 위로가 됩니다.

 소원 빌기는 어려워

백만 개
중에서
어떻게 하나만

    어느 날 갑자기 소원을 이루어주는 마법봉을 얻거나 소원을 들어주는 요정을 우연히 만난다면 어떨까요? 그 요정이 소원을 딱 한 개만 말해 보라던가, 인심 써서 세 개까지 들어준다면 곧바로 똑 부러지게 소원을 얘기할 수 있을까요?

    갑자기 머리가 지끈지끈 아파올지도 몰라요. 소원 수십 개가 머릿속에서 우왕좌왕 왔다갔다 헤매고 돌아다닐 테니까요. 수십 개의 소원 중에서 딱 하나, 또는 세 개를 골라내기란 31가지 맛이 있는 아이스크림 가게에서 딱 한 가지 맛을 선택하는 것보다 더 어려운 일이지요.

    고민 고민하다가 가장 엉뚱한 소원을 말해버릴지도 몰라요. 바로 옛이야기 〈소시지 소시지〉처럼요. 평생 한 번이나 올까 말까 한 황금 같은 기회를 놓치지 않으려면 평소에 준비를 하고 있어야 해요. 욕심부리지 않고 나에게 꼭 필요한, 너무도 간절한 단 하나의 소원을 마음속에 품는 거예요. 그리고 그 소원을 향해 한 발 한 발 천천히 나아가는 거죠. 내 진짜 진짜 소원은 무엇일까, 곰곰이 고민하는 시간은 내가 진정 원하는 것이 무엇이고 나에게 가장 소중한 것이 무엇인지를 알아가는 과정이기도 합니다. 이것만으로도 굉장히 뜻 깊은 일이지요. 설령 소원이 이루어지지 않더라도 말이에요.

『카멜라의 행복한 소원』

맷 데 라 페냐 글, 크리스티안 로빈슨 그림, 비룡소

일곱 살 생일을 맞은 아침, 카멜라는 생일초를 불기도 전에 소원이 이루어진 것 같아 기뻤어요. 오빠를 따라 심부름 가는 나이가 되었으니까요. 마침 오빠와 함께 걷다가 콘크리트 바닥에서 민들레를 발견한 카멜라에게 오빠가 얘기해요. 민들레 홀씨에 소원을 빌면 이루어진다고. 그때부터 카멜라는 민들레 홀씨를 들고 어떤 소원을 빌지 행복한 상상에 빠지는데….

따뜻한 이야기와 크리스티안 로빈슨의 우아한 그림이 아주 멋져요.

소원을 들어주는 그림책

『사소한 소원만 들어주는 두꺼비』

전금자 글·그림, 비룡소

훈이의 도움을 받은 두꺼비가 그 보답으로 소원 한 가지를 들어주겠다고 합니다. 그런데 조건이 있어요. 반드시 사소한 소원이어야 한다나요? 훈이가 싸운 친구와 화해하게 해 달랬더니 너무 큰 소원이라 안 된다 하고, 미술 시간을 체육 시간으로 바꿔 달랬더니 약속된 시간표를 지키는 건 중요해서 안 된다고 하면서 훈이의 소원을 매번 거절하는데, 결국 두꺼비가 들어준 훈이의 사소한 소원이란 무엇일까요?

『루비의 소원』

시린 임 브리지스 글, 소피 블랙올 그림, 비룡소

어린 루비는 대학에 가는 것이 소원이랍니다. 소원이 뭐 이러냐고요? 루비는 남녀차별이 심했던 옛날 중국의 소녀거든요. 루비는 가정과 사회의 남녀차별에 대한 불만을 글로 써서 할아버지에게 전합니다. 루비의 당찬 의지가 받아들여질까요?

『소시지 소시지』

제시카 수하미 글·그림, 웅진주니어

가난한 나무꾼 존이 요정을 구해주자 그 보답으로 세 가지 소원을 들어주겠다고 합니다. 존과 아내는 세 가지 소원을 고르느라 고민하고 또 고민하다가 배가 고파져서 무심코 한 마디 던집니다. 소시지가 먹고 싶다는 존의 말에 소시지가 줄줄이 떨어집니다. 화가 난 아내는 소시지가 존의 코에나 붙어버렸으면 좋겠다고 말하지요. 그 말이 떨어지기 무섭게 소시지는 코에 철썩 붙어버립니다. 벌써 두 가지 소원이 이루어졌네요. 세 번째 소원은 무엇일까요?

『소원을 들어주는 황금 사자』

그레그 폴리 글·그림, 베틀북

윌러비는 새로 이사 온 집이 싫습니다. 그러던 어느 날, 뒷마당의 바위에 앉아 있는 황금사자를 발견하지요. 황금사자는 윌러비에게 열 가지 소원을 들어주겠다고 합니다. 단, 최고로 멋진 소원이 아니면

자신은 영원히 바위 위에서 살아야 한다나요? 윌러비는 아홉 가지 소원이 이루어져 신이 났습니다. 그런데 웬일인지 황금사자가 시무룩하고 힘이 없어 보입니다. 왜일까요? 윌러비는 마지막 소원으로 무엇을 빌었을까요?

『신기한 사탕』
미야니시 다쓰야 글·그림, 계수나무

주인공 꿀꿀이는 숲에서 신기한 사탕 가게를 발견합니다. 천하장사가 되는 노란 사탕, 호랑이 소리를 낼 수 있는 파란 사탕, 투명 돼지로 변하는 녹색 사탕 등 색깔마다 다른 마법을 부리는 마법 사탕이에요. 꿀꿀이는 숲 속 친구들을 골라 줄 생각에 빨간 사탕과 녹색 사탕을 고르고 덤으로 하얀 사탕을 받는데…. 여러분은 어떤 사탕을 고를 건가요?

『빨간 머리 우리 오빠』
패트리샤 폴라코 글·그림, 시공주니어

트리샤는 항상 뭐든지 자기가 잘한다고 뻐기는 오빠를 참을 수가 없습니다. 그런데 오빠가 잘하는 것들이란 기껏 옷을 더 많이 더럽히고, 트림을 더 요란하게 하고, 침을 더 멀리 뱉는 것이랍니다. 어른의 눈으로는 도저히 이해되지 않는 이러한 것들이 트리샤는 부럽기만 합니다. 그러던 어느 날 트리샤는 별똥별을 보며 소원을 빌지요. 무엇이든, 어떤 것이든, 오빠보다 잘하게 해 달라고요. 트리샤의 소원이 이루어졌을까요?

『아기여우 리에의 소원』
아망 기미코 글, 사카이 고마코 그림, 주니어김영사

리에는 동생과 함께 나무에 걸어둔 줄넘기를 찾으러 갑니다. 그런데 줄넘기는 없고 어디선가 아이들 노는 소리가 들려 왔어요.
소리를 따라간 남매는 눈앞에 펼쳐진 풍경을 보고 깜짝 놀랐습니다. 무슨 일일까요? 아기 여우 이름도 리에라고요?

『소원 팔찌』
이형진 글·그림, 시공주니어

소원을 들어주는 은하수 팔찌가 문방구 아줌마의 실수로 리리의 손에 들어오게 됩니다. 리리는 갖고 싶었던 팔찌라 모르는 척하지만 시간이 갈수록 마음이 불편하기만 합니다. 리리는 팔찌를 어떻게 할까요?

『무엇이든 삼켜버리는 마법상자』

코키루니카 글·그림, 고래이야기

자꾸만 억울한 일을 당해 우울한 아이는 길에서 상자를 하나 주워 와요. 아이가 싫어하거나 미워하는 건 뭐든지 삼켜버리는 마법상자랍니다. 싫다는 생각만 해도 삼켜버리는 대단한 마법을 가지고 있어요. 먹기 싫은 생선도, 귀찮게 하는 동생도, 짜증나게 하는 선생님과 친구들도, 잔소리만 하는 엄마까지도 삼켜버리게 했습니다. 이제 마음대로 했으니 아이는 행복할까요?

『당나귀 실베스터와 요술 조약돌』

윌리엄 스타이그 글·그림, 다산기획

당나귀 실베스터는 냇가에서 조약돌 하나를 주웠습니다. 그 조약돌은 내리던 비를 그치게 했다가, 다시 내리게 할 수 있는 신기한 조약돌이었지요. 이제 무슨 일이든 이룰 수 있겠다고 기뻐하며 집으로 돌아가던 실베스터는 무서운 사자를 만납니다. 너무 놀란 나머지 실베스터는 조약돌에게 소원을 빌었지요. 자신이 바위로 변했으면 좋겠다고요. 바위 실베스터, 이제 어떻게 되는 걸까요?

『트리혼의 세 가지 소원』

플로렌스 패리 하이드 글, 에드워드 고리 그림, 논장

오늘 생일인 트리혼은 잔뜩 기대를 하며 선물을 넣어 둘 공간까지 마련해둡니다. 그러나 선물은 감감무소식이에요. 혹시나 하고 뒷마당으로 나간 트리혼은 흙투성이 병을 발견합니다. 병을 씻으려고 마개를 여는 순간 커다란 금 귀걸이를 한 대머리 남자가 폭 튀어나와요. 혹시 요정 지니일까요?

『봄날의 곰』 동화

송미경 글, 차상미 그림, 문학동네

이상이는 생일 촛불을 앞에 두고 무슨 소원을 빌까 고민 중입니다. 그런데 동생이 대신 소원을 말해버립니다. 커다란 갈색곰이 생기게 해달라고요.
그래서일까요? 지루하고도 심심한 이상이네 교실에 거짓말 같은 선물이 찾아와요. 갈색곰이 있는 교실, 기대해 보세요.

『엉망진창 10가지 소원』 동화

크리스틴 팔뤼 글, 에릭 가스테 그림, 주니어김영사

어느 날 조리스에게 요정 아저씨가 나타나 소원 10개를 들어주겠다고 합니다. 신이 난 조리스가 소원을 말하자 요정 아저씨는 자기 마음대로 해석해서 엉뚱하게 소원을 이루어줍니다. 다섯 번째 소원으로 라디오를 원했는데 방울뱀 백 마리가 너울대는 바구니들이 나오다니요? 참다못한 조리스는 나머지 다섯 개의 소원은 모두 한 가지로 통일합니다. 그 한 가지 소원이란 뭘까요?

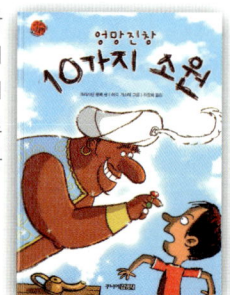

『소원 자판기』 동화

야마구치 다오 글, 다마루 요시에 그림, 책과콩나무

달리기를 잘 못하는 아유무는 운동회 이어달리기 때문에 걱정이 태산입니다. 그러던 중 소원을 들어주는 자판기에서 산 '로켓 신발 스프레이' 덕분에 잔뜩 부풀어 있습니다. 그걸 뿌리면 로켓처럼 빨리 달리게 된다니 1등은 맡아 놓은 거나 다름없으니까요. 정말 그럴까요?

『빕스의 엉뚱한 소원』 동화

한스 마그누스 엔첸스베르거 글, 로트라우트 수잔네 베르너 그림, 비룡소

선생님과 부모님께 혼나고 형은 제멋대로이고 비가 와 수영장에도 못 간 빕스는 속상해서 외칩니다. 세상 같은 거 사라져버리라고. 그러자 신기하게도 모든 것이 사라지고 맙니다.

빕스는 이번 기회에 마음에 쏙 드는 완벽한 세상을 만들기로 결심합니다. 과연 빕스만의 완벽한 세상이 가능할까요?

『내 진짜 진짜 소원은』 동화

노경실 저, 파란자전거

소원을 이루어 준다는 마법봉을 갖게 된 현호. 그런데 어찌 된 일인지 더 안 좋은 일만 일어납니다. 공부 일등하게 해 달랬는데 선생님께 야단맞고, 연지의 남자 친구 되게 해 달랬는데 바보라고 놀림당하고, 엄마의 건강을 빌었는데 현호 때문에 혈압 올라간다 하고.

결국엔 책가방마저 잃어버립니다. 현호의 진짜 소원은 무엇일까요?

『세 번째 소원』 동화

이영아 저, 노란돼지

빨간 자동차 세 대를 보면 소원 세 가지가 이루어진다는데, 바로 그 일이 3학년 준희에게 일어났어요. 무심결에 내뱉은 첫 번째, 두 번째 소원이 이루어지고, 마지막 소원은 동생에게 돌멩이나 돼버리라고 말했어요. 세 번째 소원도 이루어질까요?

더 읽어 보아요

『소원 들어주는 호랑이 바위』
한미호 글, 이준선 그림, 국민서관

『소원을 말해 봐』
김소연 글, 이승원 그림, 비룡소

『까마귀의 소원』
하이디 홀더 글·그림, 마루벌

『소원을 들어주는 요정 꼬끼에뜨』
디디에 레비 저, 한울림어린이

『위대한 돌사자, 도서관을 지키다』
마거릿 와일드 글, 리트바 부틸라 그림, 비룡소

024 걱정, 불안, 두려움, 어둠

걱정을 걱정하다니 걱정이야

　화를 내는 아이들의 행동 뒤편에는 다양한 속마음이 있습니다. 마음의 영역에 연결된 부분은 외양에 드러난 모습만으로 단순하게 판단하면 오해가 생깁니다. 단순하게 해결하려다 오히려 더 큰 상처를 입히게 되죠.

　아이들이 느끼는 사소한 걱정이나 두려움, 불안에는 다양한 원인이 있습니다. 우선은 아이가 느끼는 감정을 오롯이 존중하고 아이의 속마음을 읽으려고 노력해야 합니다. 개별적인 원인에 따라 아이의 마음을 다독거리는 일은 그 다음 일이지요. 이때 주의할 점은 어른이 보기에 아무 일도 아니라 생각해서 아이의 감정을 무시하는 말은 삼가야 합니다. 무심코 내뱉게 되는 '겁쟁이'라든가 '너는 어린애처럼 그런 걸 무서워하니?'라는 말은 열등감을 느끼게 하거나 자존심을 상하게 하니까요.

　사소한 일에도 걱정을 심하게 하는 아이가 있습니다. 걱정이 많은 아이는 성격이 꼼꼼하여 준비성이 철저한 장점도 있지만, 걱정하느라 많은 에너지를 소비하게 되어 불안으로 이어집니다. 그 불안은 하고자 하는 일을 그르치게 하는 경우가 많습니다.

　이런 불안은 평소 아이를 대하는 부모의 태도가 원인일 수도 있습니다. 아이를 통제하기 위해 불안을 조장하는 말을 부모도 의식하지 못한 채로 했을 수도 있으니까요. 부모가 아이에게 하는 말을 일주일 정도 노트에 적어서 읽어보면 낯이 화끈거릴 겁니다.

또 하나의 해결책으로는 아이의 사소한 걱정이나 두려움을 구체화시켜 보는 겁니다. 실체를 파악하고 나면 막연하게 걱정했던 불안은 줄어듭니다. 아이들은 대부분 어둠이나 괴물, 귀신을 두려워합니다. 이 세 가지는 우리 눈에 보이지 않고 실체가 없다는 공통점이 있습니다. 그래서 아이들이 더 무서워하는 요소이기도 하지요. 아이들이 어둠을 두려워하는 것은 지극히 정상적인 것으로 불을 켜고 자는 것을 허용하면 됩니다. 그렇다면 실체가 없는 귀신이나 괴물은 어떡할까요? 논리적으로나 과학적으로 설명하면 아이들이 안심할까요? 아이의 두려운 마음과는 동떨어진 지루하고 답답한 이야기에 불과합니다. 부모의 어린 시절 경험을 들려주며 먼저 아이를 안심시키는 것이 중요합니다. 옷장 문을 열거나 침대 밑을 들여다보며 확인시키는 것은 오히려 불안감이 생긴다고 하네요. 첫째도 둘째도 아이의 두려운 마음을 받아주며 곁에서 안심시키는 것이 최고의 방법입니다.

『불 끄지 마』

마에카와 도모히로 글, 고바야시 게이 그림, 길벗어린이

어둠이 무서운 아이는 저녁이 되면 집 안 모든 곳의 불을 다 켜요. 어두운 곳에서 누군가 보고 있는 것만 같거든요.

어느 날, 아이는 용기를 내어 조심스럽게 어둠 속의 누군가에게 말을 건네요. 거기 누구 없냐고요. 그런데 정말 어둠 속에서 대답이 들려왔어요. 아이는 귀신이라 생각하고 귀신이 싫어하는 손전등을 어둠 속에 비추었지요.

장난꾸러기 같은 어둠이 불 좀 꺼 달라고 부탁을 하네요. 캄캄하다고 해서 아무것도 안 보이는 게 아니고, 어두워야만 보이는 것이 아주 많다면서요. 어둠의 말에 호기심이 생긴 아이는 어둠에 이끌려 밤하늘을 여행하게 돼요. 별처럼 빛나는 밤 풍경과 시원한 밤공기, 펑펑 터지는 불꽃놀이와 혼자 앉아 고요하게 바라보는 밤바다. 어둠 덕분에 볼 수 있었던, 어두워야만 보이는 것들이에요.

막연한 두려움을 이기는 그림책

『윌리와 구름 한 조각』

앤서니 브라운 글·그림, 웅진주니어

소심하고 겁 많은 윌리 이야기예요. 윌리는 구름 한 조각에 신경이 쓰이더니 점점 오들오들 떨게 되고 경찰에 신고하다 놀림을 당하면서 스스로 비참한 기분까지 듭니다. 숨이 막히고 속에서는 부글부글 끓어올라 화까지 치밀어 오르고요. 구름 한 조각은 다름 아닌, 실체가 없는 불안과 두려움을 상징하지요. 윌리는 어떻게 두려움을 극복해나갈까요?

『블랙 독』
레비 핀폴드 글·그림, 북스토리아이

어느 날 호프 아저씨네 집에 커다란 검둥개 한 마리가 나타나요. 신기한 것은 두려워하면 할수록 검둥개의 몸집이 커진다는 거예요. 온 가족이 이불 속에서 벌벌 떨고 있을 때, 이 사실을 뒤늦게 안 가장 어린 막내는 다짜고짜 밖으로 나가 어마어마하게 커다란 검둥개와 마주하게 되는데…. 두려움은 두려움을 먹고 자란다는 표현이 딱 맞는 이야기입니다.

사소한 걱정을 떨치는 그림책

『걱정은 걱정 말아요』
톰 퍼시벌 글·그림, 두레아이들

어쩐지 제목만으로도 위로가 되는 듯해서 얼른 펼쳐보고 싶어요.
하루하루 정말 행복한 루비 앞에 걱정이 나타났어요. 옆에 있는 줄도 모르게 그다지 크지 않았는데 점점 커지기 시작했어요. 루비를 항상 따라다니며 루비 마음을 괴롭혔지요. 아무 일도 없는 것처럼 걱정을 모른 척하려고 했는데 걱정은 루비가 좋아하는 일들조차 못하게 했지요. 이제 루비는 걱정에 대해 걱정하게 됐어요. 물론 처음보다 걱정도 어마어마하게 커졌고요.
그러던 어느 날, 루비는 자신처럼 걱정을 가진 남자아이를 알아보고 살며시 말을 걸게 되고, 걱정이 있는 사람이라면 할 수 있는 제일 멋진 일을 하죠.

『걱정 상자』
조미자 글·그림, 봄개울

걱정이 많아서 잘 웃지도 않고 축 늘어져 있는 주주를 위해 친구 호는 좋은 생각을 해냈어요. 상자에 걱정을 담으라고 했지요. 산더미처럼 쌓인 걱정 상자를 보고 호는 입이 다물어지지 않았지만 주주와 함께 하나씩 하나씩 해결해가요. 호와 주주의 익살스러운 표정에 읽고 나면 기분이 상쾌해져요.

『걱정이 따라다녀요』
안느 에르보 글·그림, 담푸스

세상 걱정 없이 지내던 아이가 처음으로 걱정을 만나게 되었을 때 어떤 느낌일까요? 눈썹 위에 작은 걱정 하나를 갖게 된 아기 곰 바바는 몹시도 당황했지요. 거꾸로 매달려 보고, 화를 내기도 하고, 달려보기도 했어요. 꽃과 풀 냄새를 맡고, 달콤한 꿀도 먹어 보았어요. 어떻게 하면 걱정이 사라질까요? 걱정은 휴지통처럼 깨끗하게 비워야 하는 걸까요?

『걱정쟁이 공룡 조마』
브라이언 모스 글, 마이크 고든 그림, 봄별

높은 탑에 사는 공룡 조마는 제대로 못 날까 봐, 제대로 땅에 내려앉지 못할까 봐 걱정이에요. 엘리베이터를 타는 것도 조마조마해요. 날개가 엘리베이

터 문에 낄까 봐 걱정이거든요. 조마의 걱정은 끝이 없어요. 이런 조마에게 엄마는 걱정 상자를 만들어 주었어요. 조마는 걱정거리를 종이에 적어 걱정 상자에 넣고 엄마와 함께 매일 저녁 이야기를 나누었지요.
조마는 걱정거리를 이겨냈을까요?

『걱정 많아 걱정인 걱정 대장 호리』
나고시 가오리 지음, 씨드북

매일 같은 이불을 덮고 같은 음식을 먹는 왕 소심쟁이 호리는 곧 피어날 장미 화분을 깨뜨리고는 걱정에 휩싸였어요. 잊어버리기 위해 차를 마시고 책을 읽고 온갖 노력을 해보지만 소용이 없었지요. 안절부절못해 밖으로 뛰쳐나가 달리고 또 달리다가 날이 저물어 낯선 곳에서 하룻밤을 자게 돼요.

지나고 보면 별일 아니라는 걸 스스로 깨달아야 함을 호리에게서 배우게 됩니다.

실수를 딛고 나아가는 그림책

『아름다운 실수』
코리나 루이켄 글·그림, 나는별

아이들은 수많은 실수를 통해 성장합니다. 아직 어린 아이들에게 마음으로 스미기에는 어려운 진실이지요. 실수에 대한 두려움이 많은 아이들은 특히 그림을 그릴 때 분명하게 드러납니다. 작은 실수에도 짜증을 내느라 그림 그리는 걸 즐기지 못하게 되지요. 바로 이 부분에 착안한 이 이야기는 실수로 인한 두려움이 많은 아이들에게 용기와 위로를 줍니다. 작은 실수는 멋진 생각의 씨앗이고 무슨 일을 해내기 위한 발판이 되는 아름다운 실수라고요. 앞으로는 실수할 때마다 이렇게 말해보려고 합니다. 앗, 아름다운 실수잖아! 앗, 아름다운 실수네!

『실수해도 괜찮아』
케이트 뱅크스 글, 보리스 쿨리코프 그림, 보물창고

연필 끝에 매달린 부엉이, 악어, 돼지 지우개가 주인공이에요. 부엉이, 악어, 돼지는 맥스가 무언가를 잘못 쓰거나 그릴 때마다 지워 주는 일을 해요.
어느 날 악어는 맥스가 그린 길을 완전히 지워버리는 실수를 하고, 맥스는 그림을 그리다가 실수했다고 종이를 꾸깃꾸깃 구겨서 버렸어요. 종이 안에서 지우는 일을 하던 부엉이, 악어, 돼지는 종이 안에 갇히고 마는데…. 흥미로운 이야기를 통해 실수를 받아들이고 다시 시작하는 용기가 중요하다는 걸 느낄 수 있어요. 실수를 실수로 내팽개치면 거기서 한 발자국도 앞으로 나아갈 수 없다는 것도요.

『조마조마』

정재경 글·그림, 한솔수북

사람들에게 칭찬만 듣고 싶고, 실수할까 봐 항상 마음을 졸이는 조마조마는 '틀릴까봐병'에 걸렸어요. 실수할까 봐 두려워하는 마음이 깊어져 생긴 병이래요. 어느 날 조마조마는 울고 있는 꽃을 발견하고 매일매일 정성으로 보살핍니다. 되살아난 꽃을 보며 조마조마는 자신감을 되찾게 되지요. 잘 하는 것 하나쯤 갖게 되면 실수는 그리 큰일이 아니라는 걸 스스로 깨닫게 돼요.

『실수 왕 도시오』

이와이 도시오 글·그림, 북뱅크

〈100층짜리 집〉 시리즈로 아이들에게 많은 사랑을 받는 이와이 도시오 작가의 어린 시절 이야기래요. 이렇게 재미난 세계적인 그림책 작가도 어렸을 땐 실수왕이었다니! 그 사실만으로도 아이들에게 큰 위로가 될 거예요. 그런데 어린 도시오는 어떤 실수를 했을까요?

무서움, 어둠을 물리치는 그림책

『겁쟁이 공룡 무무』

브라이언 모스 글, 마이크 고든 그림, 꿈꾸는꼬리연

공룡 무무는 무서운 것이 정말 많아요. 침대 밑에 괴물이 숨어 있을 것만 같고, 냉장고 소리도 이상한 소리로 들리고, 거미도 무섭고, 못된 깡패 공룡도 무서워요. 혹시라도 길을 잃어버릴까 봐 무섭고 보드를 탈 때도 무서워서 새 기술을 배우지 못하고, 놀이 기구도 무서워서 못 탄대요. 이런 무무에게 엄마 아빠는 어떻게 할까요? 엄마 아빠의 모습이 참으로 인상적이에요.

『난 (안) 무서워』

강소연 글, 크리스토퍼 와이엔트 그림, 풀빛

두 털북숭이가 놀이공원 앞에서 만났어요. 주황 털북숭이는 조금 무섭다고 실토하고 보라 털북숭이는 뱀이 무섭다면서 무서운 것들에 대해 서로 이야기해요. 그때, 그들 앞에 보라 털북숭이가 무서워하는 뱀과 주황 털북숭이가 무서워하는 '이것'이 함께 나타나요. 두 친구는 무서운 순간을 견뎌 낼 수 있을까요? 주황 털북숭이가 무서워하는 '이것'은 무엇일까요? 무서워하는 것을 얘기 나누다 보면 생각만큼 안 무서울지도 몰라요. 무서움을 극복하는 현명하고 유쾌한 방법을 만나보세요.

『침대 밑 괴물』

션 테일러 글, 닉 샤랫 그림, 북극곰

괴물이 태어나면 둘 중 하나래요. 머나먼 숲 속에 살거나, 바로 아이들의 침대 밑에 살거나! 침대 밑의 괴물이라니 으스스하고 무섭다고요? 만약 귀엽고 사랑스러운 괴물이라면요? 이런 괴물이 내 방 침대 밑에 함께 산다면 하루하루가 즐겁고 신날 것 같지 않나요? 재미난 상상으로 괴물에 대한 두려움이 싸악 사라질 것 같아요.

『내 방에 괴물이 있어요!』

키티 크라우더 글·그림, 미디어창비

밤을 무서워하는 아기 개구리 제롬이 자려는데 "삭삭, 짹짹, 퐁퐁!" 자꾸만 이상한 소리가 들려요. 제롬은 도망치듯 엄마 아빠 방으로 뛰어가고 아빠는 제롬을 다시 방에 데려다주고, 제롬은 또다시 엄마 아빠 방으로 가는데…. 정말 괴물이 있는 걸까요? 제롬은 오늘 밤 잠을 잘 수 있을까요?

『괴물이 운다 아아 우우우!』

조니 램버트 글·그림, 키즈엠

깜깜한 밤, 숲 속에 괴물의 울음소리가 들려요. 숲 속의 동물 친구들은 겁이 나서 덜덜 떨었지요. 누구의 울음소리일까? 하고 서로를 의심하기도 했어요. 그 울음소리는 점점 더 가까이 다가오고, 동물들은 괴물일지도 모른다는 생각에 공포에 떨었지요. 벌벌 떠는 동물들 모습에 아이들은 키득댈지도 몰라요. 섬뜩한 울음소리는 누구일까요?

『침대 밑에 괴물이 있어요!』

안젤리카 글리츠 글, 임케 죄니히젠 그림, 웅진주니어

침대 밑에 괴물이 있다고 믿는 빌리도 아직 그 괴물을 본 적은 없어요. 혼자서 막 잠을 자려는데 괴물 소리가 들리는 것 같아요. 소리를 지르자 엄마가 달려왔어요. 엄마와 함께 이상한 소리들을 하나하나 들어봤지만 괴물이 내는 소리가 아니었어요. 엄마에게 마지막으로 침대 밑을 봐 달라고 부탁했지요. 침대 밑으로 기어들어간 엄마는 그곳에서 잡동사니들을 꺼내다가 말똥말똥 반짝이는 두 눈과 마주치고는 소스라치게 놀라는데….

『그날, 어둠이 찾아왔어』

레모니 스니켓 글, 존 클라센 그림, 문학동네어린이

눈에 보이지도 않고 손으로 만져지지도 않는 어둠은 흔히 두려움의 상징입니다. 어둠의 그러한 부정적 시각을 걷어내고 새롭게 바라보는 이야기예요. 어둠이 무서운 라즐로는 항상 손전등을 머리맡에 두고 잠잘 때는 꼬마전구를 켜 두지요. 그런데 어둠이 하나의 인격체가 되어 라즐로에게 말을 걸어옵니다. 라즐로는 두려움과 싸우며 홀로 어둠의 안내에 따라 지하실로 가요. 그곳에는 자그마한 2단 서랍장이 있었는데 어둠은 라즐로에게 아래 서랍장을 열어보라고 해요.
그 안에는 무엇이 기다리고 있을까요?

『앗, 깜깜해』

존 로코 저, 다림

아이는 가족들과 함께 놀고 싶지만, 모두들 너무 바빠 보여요. 아빠는 저녁 준비하고, 엄마는 밀린 회사일 하느라 컴퓨터 앞에 있고, 언니는 친구와 전화로 수다를 떨고 있어요.
할 수 없이 아이는 혼자서 게임기를 만지는데 갑자기 온 세상이 깜깜해졌어요. 정전이 된 거예요. 식탁에 촛불과 손전등을 켜고 뿔뿔이 흩어져 있던 가족들이 모여앉아 그림자놀이를 했지요. 그러다가 다함께 옥상에 올라가 별구경도 하고, 깜깜한 집 밖으로 나가 아이스크림도 사 먹었어요.
깜깜한 어둠 덕분에 온 가족이 모여 즐거운 시간을 보내고, 유쾌한 추억까지 만들었어요.

『너무 캄캄해』

엘리센다 로카 글, 크리스티나 로산토스 그림, 노란상상

후안은 예의 바르고 잘 웃고 뭐든지 잘 먹는 사랑스러운 아이예요. 침착하기도 하고요. 그런데 밤이 되어 잠자리에 들 생각만 하면 무서워서 어쩔 줄 몰라 했어요. 방 안의 인형이 악당으로 변하거나 어둠 속에서 마녀나 유령, 해적이 나타나 자신을 잡아먹을 것 같은 생각이 들거든요.

할머니는 그런 후안을 쓰다듬으며 상상을 많이 하는 건 아주 좋은 거라고 하셨어요. 그리고 밤은 아주 고요한 친구라며 어둠 속에서 재미나게 놀아보자고 하셨지요.

고양이가 앞장을 서고 후안은 할머니 손을 잡고 어둠 속으로 한 발 한 발 발걸음을 옮겼어요. 후안은 아무것도 보이지 않는 캄캄한 어둠 속에서 무엇을 발견하게 될까요? 어둠 속의 놀이란 어떤 것일까요?

『코끼리의 밤』

마틴 발트샤이트 글, 카타리나 지크 그림, 붉은삼나무주니어

집채만큼 크고 나무처럼 강해서 두려움이 없고 위풍당당한 코끼리를 만나볼까요? 코끼리는 밤만 되면 잠을 잘 수가 없어요. 조금이라도 이상한 소리가 나면 예민해져서 무서운 상상을 하고, 그러면 심장이 쿵쾅쿵쾅 뛰고 코끼리의 다리도 뛰기 시작해요. 밤새도록 다리에 힘이 빠지고 더 이상 뛸 수 없을 때까지 뛰다가 잠이 들곤 하죠. 코끼리가 잠에서 깨어나 보면 자신이 어떻게 왔는지도 모르는 낯선 곳이에요. 매일 밤 정체를 알 수 없는 소리에 도망칠 수 있을 때까지 멀리 도망가 어딘지도 모르는 곳에서 지쳐 잠이 드는 코끼리라니, 누가 상상이나 하겠어요?

어느 날, 누군가 뛰어다녀 초토화된 흔적에 두려워진 숲 속 동물들은 코끼리에게 함께 자달라고 부탁하는데…. 코끼리는 어떻게 했을까요?

『한밤의 왕국』

막스 뒤코스 글·그림, 국민서관

넓은 숲 한가운데에 있는 숲속학교에 다니는 아쉴은 엄청난 말썽꾸러기예요. 하루 종일 장난을 치던 어느 날, 친구들과 격리되어 혼자 있는 벌을 받게 돼요. 순간 아쉴은 재미난 생각을 하지요. 한밤중에도 학교에 남아 있을 방법이 없을까? 하고요.

아쉴의 바람처럼 모두가 집으로 돌아가고 사막처럼 텅 빈 학교에 아쉴 혼자만 남았어요. 게다가 숲속학교는 어둠에 휩싸였고요. 깜깜한 숲속학교라니 무섭지 않냐고요? 아쉴은 깜깜한 밤, 아무도 없는 학교에서 가슴 졸이는 모험을 시작해요.

아 참, 교장선생님의 아들, 겁많은 마시모도 함께요. 아쉴과 마시모는 학교 곳곳을 돌아다니며 긴장감 넘치는 모험을 즐기고, 학교 밖 숲 속 빈터로 모험을 떠나요.

어둠 속에서 펼쳐지는 놀이가 얼마나 신나는지, 어둠이 두려운 아이들에게도 즐거움을 줍니다.

『깜깜한 어둠, 빛나는 꿈』

크리스 해드필드, 케이트 필리언 글, 팬 브라더스 그림, 다림

우주에서 찍은 최초의 뮤직비디오로 유명한, 노래하는 우주비행사 크리스 해드필드의 어린 시절 이야기예요. 4천 시간을 깜깜한 우주에서 보낸 우주비행사에게도 실은 어둠을 무서워하는 꼬마 시절이 있었대요. 밤이 무서워 혼자 자기 싫어하던 어린 크리스는 1969년 아폴로 11호가 달에 착륙하는 장면을 텔레비전으로 보고 깜짝 놀랐답니다. 달나라가 그렇게 깜깜한 곳인 줄 처음 알았거든요. 그때부터 우주비행사를 꿈꾸는 크리스는 이제 자기 방의 어둠을 무서워하지 않기로 했어요. 우주의 어둠은 자기 방의 어둠보다도 훨씬 더 크고 훨씬 더 깊다는 걸 깨달았으니까요.

깜깜한 어둠 속에서 빛나는 꿈을 키워낸 용기 있는 크리스를 만나보세요.

『밤의 세계』

모디캐이 저스타인 글·그림, 파랑새

모두가 쿨쿨 잠든 깜깜한 밤, 고양이 실비가 자꾸만 밖으로 나가자고 조릅니다. 아이는 고양이를 따라 그림자로 가득한 밤의 세계를 탐험하기로 해요. 저건 사슴 그림자일까? 저건 해바라기 그림자일까? 그러는 사이 아이와 실비가 다다른 곳은 어디일까요?

『깜깜한 밤은 싫어!』 동화

질 톰린슨 글, 한림출판사

아기 올빼미 플랩은 깜깜한 밤이 두려워 낮새가 되고 싶다고 하고, 어둠 속에서 사냥하는 것도 싫어합니다. 엄마 아빠는 밤을 싫어하는 플랩이 걱정스러워 친구들을 만나게 하지요.

플랩은 매일매일 다양한 친구들을 만나며 밤에 대해 하나씩 하나씩 알아갑니다. 친구들은 플랩에게 밤이 얼마나 신나고, 친절하고, 재미있고, 필요하고, 매혹적이고, 근사하고, 아름다운지를 들려주지요. 마지막에 만난 친구 고양이 오리온은 플랩에게 달빛에 은은하게 물든 밤풍경을 보여줍니다. 이 순간 플랩은 자신이 확실하게 밤새라는 걸 깨닫게 돼요.

그러고는 집으로 돌아와 사냥을 하기 위해 엄마 아빠와 함께 밤하늘 달빛 속으로 날아오릅니다.

『두려움을 담는 봉투』 동화

질 티보 글, 지니비에브 데프레 그림, 천개의바람

마냥 행복하게 잘 지내던 마티유는 언젠가 스르륵 뱀을 본 후 두려움이 생겼어요. 처음에는 조그맣던 두려움이 점점 커져 마티유를 괴롭혔고, 마티유는 온갖 두려움 때문에 아무것도 못 하게 돼요.

자전거 자물쇠 열쇠를 잃어버리면 어떡하지? 선생님께 야단을 맞으면 어쩌지? 비행기가 떨어져서 우리집이 망가지면 어쩌지? 엄마 아빠가 이혼하면 어쩌지? 전쟁이 나지 않을까? 지구가 산산조각이 나지 않을까?

마티유는 숨을 쉴 수가 없을 정도였어요. 결국 병원에도 다녀오게 됐어요.

그런데 아무리 해도 사라지지 않던 두려움이 조금씩 물러나기 시작했어요. 마티유가 두려움을 맞서는 네 가지 방법이 모두 효과가 있었거든요.

 인형은 내 친구

너에게 깃든
작지만 따뜻한 생명,
난 보여

　아이들은 대부분 인형을 좋아합니다. 우선 귀엽고 깜찍한 외모에 첫눈에 반합니다. 그 다음 부드러운 촉감과 엄마 품처럼 따뜻한 포근함에 마음이 한없이 편안해집니다. 그래서인지 다 큰 어른들도 많이들 좋아하지요. 그러나 충동적으로 인형을 사서 호기심으로 가지고 놀다가 시들해지면 내팽개쳐지는 게 인형들의 슬픈 운명이기도 합니다.

　이와 반대로 인형에 애착을 가지고 인형과 모든 걸 함께 하는 아이들도 있습니다. 아기 때부터 함께 한 인형을 유치원이나 학교에까지 데려가기도 하고요. 고등학생이 되었는데도 침대 한 편에 소중하게 자리하고 있기도 합니다. 이런 경우 아이에게 인형은 사물로서 존재하는 그저 그런 인형이 아닙니다. 엄마를 대신하는 애착 대상입니다. 생명이 있는 것처럼 대화하고, 때론 친구를 대신해 친구처럼 함께 놀고, 때론 자신과 같은 약한 존재인 아기처럼 무한 사랑을 쏟아 돌봐주기도 합니다. 또한 많은 추억을 함께 공유하고 있기에 분신과도 같은 존재입니다. 그러니 다른 인형으로 바꾼다는 건 있을 수 없는 일이지요.

　어른이 되어서도 인형을 떠나보내지 못하는 것은 애착과의 이별을 못 해서가 아니라 추억을 기억하기 위해서입니다. 인형은 애착의 대표적인 상징이기 때문에 꼭 인형이 아니더라도 베개나 작은 조각이불이 애착의 대상이 되기도 하지요. 소아정신과 의사 서천석

선생님은 『그림책으로 읽는 아이들 마음』이란 책에서 인형을 소중히 여기는 아이 마음의 뿌리는 불안에 있다고 합니다. 불안한 마음에 아이는 인형에 매달리고, 자신이 아끼는 인형을 통해 자신도 소중한 존재로 생각해주기를 부모에게 당부하고 있는 거라고요.

아이들이 인형을 대하는 태도를 찬찬히 들여다보면 아이들 마음을 읽어낼 수 있습니다. 애착 인형과 잘 이별할 수 있도록 기다리고 지켜봐 주는 시간도 필요하고요. 애착 인형과의 헤어짐은 아이가 한 뼘 성장했다는 걸 의미하기도 해요.

짧은 시간이든, 긴 시간이든 항상 아이 곁에 머물러 있는 인형들, 그래서 그림책 속의 단골 캐릭터가 되고 있지요. 다양한 애착 인형을 만나볼까요?

『한밤중의 외출』
모리 요코 글·그림, 북스토리아이

밖에서 놀던 아짱이 급하게 집으로 들어가던 중, 손에 들고 있던 곰인형의 눈이 어디론가 떨어져 나갔어요. 아짱은 곰인형의 눈에 붕대를 감아 주면서 미안하다며 사과를 하고, 눈을 꼭 찾아 주겠다는 약속을 하지요. 그러고는 곰인형과 함께 잠자리에 들었어요. 아짱이 한밤중에 깨어나보니 달빛이 방안을 환하게 비추고 있었지요. 신기하게도 곰인형만큼 몸이 작아진 아짱은 곰인형과 함께 곰인형의 눈을 찾으러 나갔어요.

어린이가 한밤중에 외출이라니, 아짱의 용기가 대단하지요? 사랑하는 곰인형을 생각하는 따뜻한 마음 때문이겠지요. 아짱은 곰인형과 함께 용기를 가진 자만이 누릴 수 있는 특별하고도 신나는 모험을 즐깁니다.

그런데 아짱은 정말 한밤중에 외출을 나간 걸까요? 마지막 장에 의젓하게 앉아 있는 곰인형을 보면 알 수 있어요.

인형이 나오는 그림책

『여우가 내 인형을 훔쳤어』
스테퍼니 그레긴 글·그림, 스콜라

책을 읽을 때도, 잠을 잘 때도 여우인형과 항상 함께하는 아이가 있어요. 그런데 학교에서 소중한 물건에 대해 발표하는 날 여우인형을 가져갔다가 잃어버려요. 아이는 친구와 함께 숲 속으로 여우인형을 찾으러 가는데…

글 없는 그림책으로 새로운 이야기가 조잘조잘 만들어지는 마법이 일어납니다.

『보들보들』

야마자키 요코 글, 이모토 요코 그림, 북극곰

숲 속에서 놀던 토끼가족이 작은 바구니에서 울고 있는 토끼인형 보들보들을 발견했어요. 이삿짐을 가득 실은 트럭에서 혼자 떨어진 거래요. 토끼가족이 잘 보살펴주지만 도시에 살던 보들보들은 숲 속이 낯설기만 해요. 낙엽 이불을 덮어주자 보들보들은 따뜻한 이불과 오르골 자장가가 없으면 잘 수가 없다는데…. 도시에서 온 보들보들이 숲 속에서 잘 지낼 수 있을까요? 무엇보다 인형 토끼와 진짜 토끼가족이 잘 지낼 수 있을까요?

너무나 귀엽고 사랑스러운 그림책. 읽고 나면 하늘 텔레비전, 바람 자장가, 시냇물 거울이 가슴 속에 흘러 다녀요.

『여기서 기다릴게』

도요후쿠 마키코 글·그림, 반달

인형이 주인공입니다. 공원 벤치에 양 인형이 혼자 있습니다. 친구 미나가 자신을 깜박 잊고 두고 간 거라고, 꼭 찾으러 올 거라고 꼼짝 않고 기다립니다. 미나는 양 인형을 찾으러 올까요?

『내 토끼 어딨어?』

모 윌렘스 글·그림, 살림어린이

세상에 단 하나뿐인 토끼 인형을 애지중지하는 트릭시는 자다가 한밤중에 벌떡 일어납니다. 안고 있던 토끼 인형이 유치원 친구 소냐의 인형과 바뀌었다는 걸 직감적으로 깨달았거든요. 새벽 두시 반, 그때 마침 전화벨이 울립니다. 소냐도 자신의 인형을 찾고 있었던 거죠. 아이들 성화에 못 이겨 트릭시네 아빠와 소냐네 아빠는 당장 만나기로 하는데…….

『테디를 찾습니다』

에밀리 랜드 글·그림, 봄의정원

주인공 아이는 손을 꼭 잡고 있던 곰인형 테디를 전철에 두고 내렸어요. 아이들에게 한 번쯤은 있을 법한 흔한 일이지요. 엄마의 다독거림도, 할아버지가 안겨 준 다른 곰인형도 아이에게는 아무런 도움이 안 돼요. 특별한 마음을 쏟았던 그 곰인형이어야 해요. 이런 경우 아이의 마음을 어떻게 위로할 수 있을까요?

『시메옹을 잃어버렸어요』
가브리엘 뱅상 글·그림, 황금여우

셀레스틴느가 눈밭을 산책하다 시메옹을 잃어버렸어요. 깜깜한 밤이라도 당장 찾아야 한다며 슬퍼하는 셀레스틴느. 인형을 잠깐이라도 잃어버린 경험이 있는 아이들은 깊이 공감하겠지요.

『조그만 광대 인형』
미하엘 엔데 글·그림, 시공주니어

광대 인형과 행복하게 지냈던 남자아이 이야기예요. 어느 날 갑자기 크고 멋있는 인형이 더 좋아졌다며 광대 인형을 창문 밖으로 내던져 버려요. 광대 인형의 꿈은 오직 그 아이를 즐겁게 해주는 일이었는데 말이에요. 버려진 광대인형은 세상에 왜 태어났는지도 잊어버릴 정도로 괴롭게 이리저리 떠돌아다니게 되는데…. 아이는 새로운 인형들과 잘 지내고 있을까요?

『말하는 인형 미라벨』
아스트리드 린드그렌 글, 피자 린덴바움 그림, 보물창고

인형이 너무 갖고 싶지만 집안 형편이 어려워 간절하게 바라기만 하는 브리타. 어느 날, 할아버지를 도와준 대가로 씨앗 하나를 받은 브리타는 정성껏 심고 물을 주며 기다립니다. 그런데 그 씨앗에서 싹이 트는 대신 빨간 인형 모자가 땅을 비집고 나와 쑥쑥 자라는데….

『은지와 푹신이』
하야시 아키코 글·그림, 한림출판사

여우인형 푹신이는 은지가 아기일 때부터 항상 함께한 친구예요. 은지가 어느 정도 자라자 푹신이는 너무 낡아서 팔이 터져버렸어요. 걱정이 된 은지는 푹신이 팔을 고치기 위해 기차를 타고 모래언덕 마을의 할머니를 찾아가지요. 그런데 겨우 도착한 모래언덕에서 갑자기 개가 나타나 푹신이를 물고 도망가버리는데…. 낡을 대로 낡았어도 은지가 여전히 사랑하는 푹신이, 이렇게 잃어버리고 마는 걸까요?

『가장 사랑 받는 곰인형』 절판

다이애나 누넌 글, 엘리자베스 풀러 그림, 별숲

학교에서 〈가장 사랑받는 곰인형 대회〉를 연대요. 하지만 팀은 걱정이에요. 사랑하는 곰인형이 있지만 너무너무 사랑해주어서 너덜너덜해졌거든요. 팀은 창피한 마음으로 인형을 학교에 데려가는데….

『토끼 인형의 눈물』 절판

사카이 코마코 글·그림, 웅진주니어

마저리 윌리엄즈가 자신의 어린 딸을 위해 지은 이야기로 1922년에 출간된 『The Velveteen Rabbit』을 사카이 코마코가 클래식한 그림으로 함께했어요.
수많은 크리스마스 선물 중 하나였던 벨벳 토끼인형은 어느 날부터 아이와 언제나 함께 지내게 돼요. 밤늦도록 이야기를 나누고, 함께 잠들고, 소꿉놀이도 하며 토끼인형은 하루하루 행복한 시간을 보내지요. 하지만 숲에서 진짜 토끼를 만난 토끼인형은 '진짜'라는 것에 대해서 생각하게 되고 말인형은 토끼인형에게 다정하게 알려줍니다. 아이가 진심으로 소중하게 대해주면 진짜가 되는 마법이 일어난다고요. 그런데 병을 앓던 아이가 요양을 위해 바닷가로 떠나고 토끼인형은 다음날이면 불태워지게 되는데….
아이는 토끼 인형을 진짜처럼 진심으로 대했는데, 진짜가 되는 마법은 어찌 된 것일까요?

『곰돌이가 괜찮다고 그랬어』 어른

정소영 저, 어떤책

어른에게도 보들보들한 존재가 필요하다고 말하는 정소영 작가의 반려인형 에세이입니다.
1장에서는 첫 번째 반려인형 곰탱이, 스무 살 무렵 언제나 함께 했던 꿀, 20년 된 곰인형 순남이, 헌옷 수거함에서 데려온 연남이, 막내 곰돌이 술빵이까지 30년 가까이 반려인형과 함께 한 따뜻한 이야기를, 2장에서는 인형에 관한 사회 문화적인 탐구를, 3장에서는 인형의 세계에서도 고민해봤으면 하는 부분을, 4장에서는 인형놀이의 모든 것을 담고 있습니다.
이 책의 출간 소식을 접한 순간 아! 읽고 싶다 했던 책. 왜 이제야 나왔을까 했던 책. 반려인형에 대한 책 한 권 정도는 꼭 필요하다고 생각했던 책. 이렇게 만나게 되어 무척이나 반가운 책입니다. 아픈 인형을 고쳐주는 인형 병원 정보도 있어요.

026 자존감

세상에 너만큼 멋진 아이가 어딨니?

    자신감은 자기 효능감으로 무슨 일인가를 성공적으로 해낼 수 있다는 자기 자신에 대한 믿음입니다. 한 글자 다른 자존감과는 어떤 관련이 있을까요?

    자존감은 자신의 존재를 스스로 존귀하게 여기고 가장 가깝고 신뢰하는 사람에게서 사랑받고 있다는 감정입니다. 따라서 자존감이 낮으면 자신감은 당연히 떨어지겠지요. 역으로 자존감이 높은 사람은 자연스레 자신감도 높을 거고요.

    자신감이 없는 아이들은 자신을 다른 사람과 비교하여 스스로 못났다고 생각하거나, 무슨 일을 해 보기도 전에 '난 못해'라는 말을 합니다. 또한 어떤 일을 하다가 잘 안 될 것 같으면 쉽게 포기하고, 자신감이 없으니 사람들 앞에서 말하거나 발표하는 것도 꺼리게 되지요. 자신감 부족으로 나타나는 이런 증상들은 자존감이 높아지면 저절로 해결되는 행동들입니다. 자신감과 밀접한 관련이 있는 자존감에 대해 더 알아볼까요?

    자존감은 한 아이의 인생을 좌우할 만큼 인생 전체에 큰 영향을 미친다고 합니다. 자존감이 높은 아이는 어떤 문제에 부딪혔을 때 자존감이 낮은 아이보다 더 잘 이겨내고, 친구를 사귈 때나 공부할 때도 자존감 높은 아이가 더 잘 해낼 수 있다고 해요. 교육 전문가에 따르면 아이의 인성도, 창의성도, 리더십도 모두 자존감과 직결되어 있어 자존감이 높은 아이가 행복하다고 합니다. 실제로 자존감은 자신의 내부에서 만족감을 찾기 때문에 행복을 나타내는 지표가 되어 주지요.

그렇다면 자존감을 높이려면 어떻게 해야 할까요? 아이가 세상에 태어나 가장 먼저 신뢰하고 가장 좋아하는 부모가 아이의 자존감 형성에 가장 많은 영향을 끼칩니다. 아이의 존재 그 자체로 사랑해주고, 아이의 생각과 가치를 존중해주어야 합니다. 외부에서 받는 상이나 다른 사람이 해주는 칭찬보다는 부모가 해주는 칭찬, 인정, 지지가 자존감 형성에 가장 튼실한 영양분이니까요.

자존감을 다룬 그림책을 가까이하면서 자존감에 대해 항상 예민한 감각을 유지해나가는 것도 하나의 방법입니다.

『그 무엇보다 소중한 나』 동화

이모령 글, 장은경 그림, 아름다운사람들

나를 지키는 방법 다섯 가지를 각 꼭지마다 짧막한 이야기와 쉬운 설명으로 들려줘요.
잘못할 때나 실수할 때도 우리는 존중받아야 할 소중한 존재라는 것을, 어떤 행동이나 선택을 하기 전에 옳은지, 그른지, 또 나를 더 나은 사람으로 만들어 주는지, 내가 진정으로 원하는 것인지를 생각해 봐야 한다는 것을 알려줘요. 나를 안다는 것은 무엇이고 왜 나를 잘 알아야 하는지를, 나를 지키는 가장 아름다운 방법이 무엇인지를, 어떤 경우에도 나 혼자가 아니라는 사실도 깨우쳐줍니다.
한 번에 한 꼭지씩 엄마가 읽어주고 함께 얘기 나누기에 좋아요.

자존감을 높이는 그림책

『완두』

다비드 칼리 글, 세바스티앙 무랭 그림, 진선아이

완두는 몸은 작지만 수영도, 줄타기도, 자동차 운전도 좋아합니다. 토마토 줄기를 나무처럼 타고 오르기도 하고, 화창한 날에는 숲을 탐험하기도 하죠. 완두의 하루하루는 신나는 일이 가득합니다.
드디어 학교에 들어간 완두. 여전히 몸집이 작은 완두에게 학교생활은 불편하기만 합니다. 혼자 그림을 그리면서 시간을 보내지요. 선생님은 작은 완두가 나중에 무슨 일을 할 수 있을까 걱정합니다. 그래도 언제나 씩씩하고 즐거운 완두, 어떤 모습으로 성장할까요?
자신에게 딱 맞는 일을 찾아 행복하게 살아가는 완두를 기대하세요.

『소피는 할 수 있어, 진짜진짜 할 수 있어』

몰리 뱅 글·그림, 책읽는곰

채소밭을 가꾸고 숲 속 탐험을 좋아한다는 소피, 저랑 좋아하는 것이 비슷해서 소피가 마음에 쏙 들어요. 오늘은 비가 많이 와서 소피가 집 안에서 칠교놀이를 하고 있어요. 언니가 다가오더니 금세 정사각형을 완성해 소피를 기죽게 하고, 결코 해서는 안 될 말까지 했어요. "넌 이런 것도 못 하니?" 소피는 "난 못해" 라고 외치며 책상에 풀썩 엎드리고 맙니다. 고양이가 어쩔 줄 모르는 표정으로 소피 옆에 찰싹 달라붙네요.

다음 날, 소피는 잔뜩 흐린 마음으로 고개를 푹 숙이고 학교에 갑니다. 맙소사! 첫 시간부터 수학입니다. 소피는 수학이 너무 어려워 앞으로도 절대 못 할 거라고 생각하거든요. 선생님은 생각하는 연습으로 정사각형 열두 개로 큰 직사각형 하나를 만들어보라고 했어요. 소피는 시작도 안 하고 무조건 "나 못해"라고 말합니다. 이 모습을 지켜본 선생님이 빙그레 웃으시며 세상에서 최고로 멋진 말을 합니다. "지금이 가장 중요한 말을 할 때예요. 그건 바로… 아직이라는 말이에요. 아직 어떻게 해야 할지 모르겠죠? 계속 노력하면 할 수 있어요!"

학교를 마치고 집으로 돌아가는 소피가 빙그레 웃고 있어요. 어깨도 쫙 펴고 고개도 숙이지 않았어요. 마법의 주문 같은 말, 아직! 덕분이에요.

『여섯 번째 바이올린』

치에리 우에가키 글, 친령 그림, 청어람아이

이제 막 바이올린을 배우기 시작한 하나는 학예회에 나가기로 했어요. 이 사실을 안 오빠들은 머리가 어떻게 된 게 아니냐며 비웃었지요. 하지만 하나는 꿋꿋하게 연습했어요. 꼭 들려주고픈 멜로디가 있었거든요. 그래도 그렇지, 하나는 레슨을 겨우 세 번 받았을 뿐인데 어떻게 한다는 것일까요? 드디어 학예회날, 무대로 걸어가면서 하나는 한 톨 쌀로 변해서 강당 마룻바닥 틈 사이로 숨어버리고 싶었어요. 하지만 하나는 어린 시절 아름다운 바이올린 선율을 들려주시던 할아버지를 떠올리며 용기를 냈지요. 두 뺨을 부풀리고 숨을 내쉬고 멋진 연주를 해냅니다. 하나는 어떤 멜로디를 연주했을까요?

『내가 코끼리처럼 커진다면』

이탁근 글·그림, 한림출판사

상이는 반에서 키가 제일 작아요. 그 이유로 친구들에게 놀림을 받지요. 작고 싶어서 작은 것도 아닌데 말입니다. 어느 날 상이는 재미난 상상을 해요. 코끼리처럼 커진다면 얼마나 좋을까 하고요. 상이는 씩씩하게 코끼리처럼 커지겠다고 다짐했어요. 지금 작다고 영원히 작을 것도 아니니까요.

덩치가 작다고, 남들보다 좀 느리다고, 친구들은 잘 하는데 나는 잘 못 한다고 움츠러드는 아이들에게 좋아요.

『3초 다이빙』
정진호 글·그림, 스콜라

잘하는 것이 하나도 없다고 생각하는 아이가 주인공이에요. 아이는 달리기도 못하고 수학도 자신이 없고 느리기까지 하대요. 심지어 아이가 응원하는 야구팀도 이기는 법이 없어요. 그래도 아이는 고개를 떨어뜨리거나 절대 움츠러들지 않아요. 아이는 이기거나 지거나, 순위를 매기는 것보다는 친구들이 다 함께 웃으며 즐기는 것을 좋아하거든요. 그것이 바로 다이빙을 좋아하는 이유예요.

『너에게만 알려 줄게』
피터 레이놀즈 글·그림, 문학동네

난 행복한 아이라고 선언하는 아이가 있어요. 행복의 비결은 상상이라나요? 온갖 희한하고 재미난 상상에 푹 빠져 지낸대요. 그래서 걸핏하면 어른들한테 잔소리를 듣지만 어쩔 수가 없대요.

가끔은 상자 안에 완전히 갇힌 듯 외롭기도 하고 갑자기 땅바닥으로 곤두박질칠 수도 있지만 금방 일어나는 비결이 있대요.

그 중요한 비결은 책을 읽는 사람만 알 수 있겠지요? 또한 행복해질 수 있는 방법이 48가지나 소개되어 있어요. 보고 있으면 어쩐지 행복해진 느낌이 들기도 해요. 아이들의 마음을 너무도 잘 읽어내는 『점』과 『느끼는 대로』의 작가, 피터 레이놀즈 작품이에요.

『날아라 태권 소녀』
허은실 글, 김고은 그림, 책읽는곰

겁 많고 부끄러움도 많은 아리 이야기예요. 왕창고릴라는 키가 작고 팔다리가 짧다고 아리를 돌콩이라 부르며 놀려요. 아리는 친구들이 놀려도 말 한 마디도 못하고 눈물만 그렁그렁하지요. 그래도 힘을 기르기 위해 태권도를 열심히 배우고 있어요. 자신을 지키고 약한 사람을 괴롭히는 악당을 멋지게 혼내주고 싶거든요.

그러던 어느 날, 고양이를 괴롭히는 왕창고릴라와 딱 마주쳤어요. 그만두라고 하는데도 계속되는 괴롭힘에 아리가 두 주먹을 불끈 쥐고 왕창고릴라에게 뚜벅뚜벅 다가가는데….

『발표하기 무서워요!』 동화
미나 뤼스타 글, 오실 이르겐스 그림, 두레아이들

자잘한 걱정이 많은 알프레드는 친구들 앞에서 발표하는 것이 세상에서 가장 무서운 일이라 생각해요. 그런데 바로 금요일날, 대왕고래에 대해 발표해야 한대요. 알프레드는 발표만 생각하면 가슴이 울렁거리고 숨도 제대로 쉴 수 없었어요. 어쨌든 준비는 해야 됐기에 대왕고래에 대해 하나하나 알아가기 시작했어요. 그 일은 생각보다 즐거웠어요.

드디어 발표하는 날, 알프레드는 우물쭈물하며 말을 시작했어요. 그런데 한 마디 한 마디 해나갈수록 자신감이 생기고 마지막엔 대왕고래 노래를 흥얼거리기까지 했어요. 전혀 계획에 없던 일이었지요. 기뻐서 어쩔 줄 모르는 알프레드, 즐겁게 열심히 준비했으니 흠뻑 빠져서 발표할 수 있었겠지요.

자신감에 관한 한 처음 한 번의 경험이 참 중요합니다. 한 번 해보고 나면 자신감이 쑥쑥 오르게 되니까요.

『반짝이고양이와 꼬랑내생쥐』 동화

안드레아스 슈타인회펠 글, 올레 쾨네케 그림, 여유당

춥고 비오는 밤, 반짝이지 않는다는 이유로 주인에게 버림받은 고양이는 다행히도 생쥐를 만나 친구가 되었어요. 생쥐 또한 심한 꼬랑내 때문에 가족에게 폐가 될까 봐 스스로 떨어져 나와 외롭게 혼자 지내고 있었으니 잘된 일이지요.
생쥐는 반짝이지 않아 자신을 못생겼다고 생각하는 고양이에게 반짝이지 않아 나쁠 게 뭐가 있냐며 있는 그대로 멋지다고 말해줍니다. 세상에 단 하나뿐인 친구 생쥐에게 고양이는 "네가 원하는 만큼 꼬랑내를 풍겨도 좋아."라고 말해주지요.
고양이와 생쥐는 아주 중요한 진실을 알고 있네요. 이 세상 모든 존재는 존재 그 자체로 소중하다는 진실 말이에요.

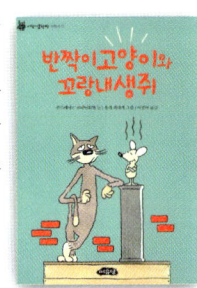

엄마를 위한 책

『초등 자존감의 힘』

김선호·박우란 공저, 길벗

일주일에 한 번 한겨레신문에 연재하는 김선호 선생님의 〈우리 아이 마음 키우기〉라는 칼럼을 통해 알게 된 책이에요.
현직 초등교사라서 그런지 자존감 관련 다른 책들과 차별성이 있는 것 같아요. 아이들 눈높이에서 아이들의 마음과 행동을 속속들이 들여다본 듯 따뜻하고 섬세한 관찰에서 나온 자존감 이야기라 마음과 머리에 쏙쏙 들어옵니다.

『호텐스와 그림자』 그림책

나탈리아 오헤라, 로렌 오헤라 글·그림, 다산기획

우리가 숨기고 싶고 다른 사람에게 보여주고 싶지 않은 인격의 부정적인 측면을 심리학에서는 '그림자'라고 합니다.
우리 마음을 아프게 하는 기억이나 상처 같은 것들이죠. 바로 그 그림자를 아름다운 그림과 옛이야기 형식의 서사에 담아낸 그림책입니다.
여기서 그림자는 그림책 『마음샘』의 샘물에 비친 부정적인 자신의 모습과 같은 의미라고 볼 수 있습니다. 그림자는 삶이 길어질수록 더 다채롭기 때문에 어른에게 더 필요한 주제인 것 같습니다.
그림자는 숨기고 싶다고 숨겨지지도 않고 지우고 싶다고 결코 지워지지 않고 그럴수록 더 우리 내면을 괴롭히는 괴물이 되어 나타납니다.
그림자에 대해 말하자면 문학평론가 정여울이 가장 먼저 떠오릅니다. 그림자를 정면으로 직시하고 그림자와 대화하고 독자들에게 자신의 그림자를 내보이고, 그래서 한 걸음 성큼 성장한 작가로 기억됩니다. 그림자를 전면에 내세운 『그림자 여행』이라는 책도 있지요.
정여울 작가는 말합니다. 내면의 그림자와 맞선다는 것은 가장 어려운 일이기도 하지만, 정체성을 이해하기 위해서 반드시 넘어가야 할 장애물이라고. 그러니 사랑스러운 손길로 어루만지며 함께 걸어가야 한다고.
그림책으로 가벼운 듯 결코 가볍지 않은 우리 내면의 그림자를 만나는 시간을 가져보는 건 어떨까요?

027 화가 날 때

화 잘 내는 법이 있다고요?

　슬픔이나 기쁨처럼 화 또한 자연스러운 감정의 일부분입니다. 그런데 유독 화는 부정적으로 바라봅니다. 아마도 화라는 감정이 폭력성을 수반하고, 주변 사람들에게 나쁜 기분을 느끼게 하기 때문이 아닐까 싶습니다. 그러나 누구라도 화를 내지 않고 살 수 없기에, 화를 무조건 참는 건 또 다른 부정적 결과를 낳을 수 있기 때문에 화에 대한 생각을 좀 바꿀 필요가 있습니다.

　우선은 어른이나 아이나 화에 대한 부정적인 시각을 걷어내고 화는 우리 삶에서 건강한 감정 표출의 한 방법이라는 생각을 가져야 합니다. 아이들이 화를 내고 나서 죄책감이라는 진짜 부정적인 감정을 갖지 않도록 말이에요.

　아이들은 왜 화를 낼까요?

　아이들의 화는 어른들이 화를 내는 상황과는 많이 다릅니다. 아이들은 아직 감정 표현에 서툴 뿐 아니라, 자신의 감정이 어떤 상태인지조차 모를 때가 많으니까요. 화라는 형태로 표출되지만 화를 내는 속마음에는 여러 가지 다른 원인이 있을 수 있습니다. 따라서 화로 표출할 수밖에 없는 아이의 속마음을 먼저 읽으려고 노력하는 것이 중요합니다.

　원하는 것을 얻지 못했거나 계획했던 대로 되지 않아 좌절감을 화로 표출하기도 합니다. 먼저 아이의 속상하고 부글부글 끓는 마음을 알아주어야 하겠지요. 자존감이 낮아서 사소한 일에도 자주 화를 내는 아이도 있습니다. 이런 경우는 아이에게 평소 자신이 얼마나 소중하고 존중받을 만한 존재인지를 이야기해주어 긍정적인 자아상을 형성해 나갈 수 있도록 도와줘야 합니다. 친구들과 함께 놀고 싶은데 끼워주지 않아 소외감의 표현으로 화를 내기도 합니다. 불안하거나 슬프고 우울해서 화를 내기도 하고요. 불안해서 화를 내는 아이에게 엄마가 야단치면 얼마나 답답할까요? 슬퍼서 화를 내는 아이에게 엄마가 혼을 내면 아이는 얼마나 슬플까요?

어떤 경우든 아이의 속마음을 먼저 읽어주고 안아주고 토닥여줘야 합니다. 단, 다음부터는 화가 아닌 다른 방식으로 자신의 감정을 표현할 수 있도록 다양한 감정을 나타내는 말을 들려줘야 하겠지요.

진짜 화가 난 경우에는 화가 너무 공격적이거나 폭력적으로 흐르지 않도록 평소에 화에 대처하는 습관을 만들어 놓는 것도 필요합니다. 이를테면 가족끼리 열 셀 동안 꼭 껴안고 있다던가, 아이가 왼손으로 자기 이름을 다섯 번 써본다던가, 아이가 마음속으로 혼자서 열까지 수를 센다든가 하는 것들이요. 상상력이 풍부한 아이들 스스로 만들어보면 더 좋고요.

화를 어떻게 하면 잘 표현하고, 화를 내고 난 후에는 어떻게 해야 하는지가 더 중요합니다. 화에 대해서 많은 이야기를 나누면 나눌수록 다양한 해결책이 나올 수 있을 것 같아요.

화를 표출하는 친구들을 그림책으로 만나 볼까요?

『화가 나서 그랬어!』

레베카 패터슨 글·그림, 현암주니어

감정을 어떻게 표현해야 할지 몰라 자꾸만 화를 내는 벨라 이야기예요. 벨라는 동생이 자기 방에 들어와 물건을 어지럽혀 화가 났어요. 하지만 아무도 벨라의 기분을 몰라주네요. 화가 풀리지 않은 벨라는 하루 종일 모든 일에 화를 냈어요. 음식 투정을 하고 마트에서 소리를 지르고 거리에서 뒹굴고 아이가 특별히 짜증을 많이 낸 날, 아이와 함께 읽기에 좋아요.

화가 날 때 함께 읽는 그림책

『화 잘 내는 법』
시노 마키 & 나가나와 후미코 글, 이시이 유키 그림, 뜨인돌어린이

화를 드러내는 것은 나를 지키는 방법입니다. 그렇다고 무턱대고 화부터 내거나 충동적으로 화를 내라는 건 아닙니다. 참지도 말고 울지도 말고 화나는 감정을 정확하고 똑똑하게 표현하는 것, 그것이 바로 화를 잘 내는 방법입니다. 그러기 위해서는 먼저 화가 무엇인지 알아야 하고, 충동을 조절하는 연습을 하고, 화낼 때 지켜야 할 세 가지 규칙과 화낼 때 피해야 할 네 가지 금기 사항을 알아야 합니다.

엄마와 이야기 나누며 함께 읽기를 권합니다. 초등학교 중학년 아이들에게 적당해요.

『화내지 말고 예쁘게 말해요』
안미연 글, 서희정 그림, 상상스쿨

고슴도치는 모든 일에 짜증을 내고 말할 때마다 화를 내는 버릇이 있어요. 동생이나 친구들뿐만 아니라 엄마에게도 버럭 소리를 지른답니다. 어느 날은 도치가 자꾸 화를 내자 머리 위에 처음 생겼던 구름이 먹구름이 되고 천둥과 비바람까지 몰고 왔어요. 결국 홀로 남겨진 도치에게 양산을 쓴 할머니가 나타나 이런 곤란에서 벗어날 방법을 알려줍니다.

『소피가 화나면, 정말정말 화나면』
몰리 뱅 글·그림, 책읽는곰

소피가 재미있게 놀고 있는데 언니가 인형을 빼앗아갔어요. 소피는 화가 나서 발을 구르고 소리를 질렀지요. 그래도 화가 풀리지 않고 화산처럼 폭발할 것만 같았어요. 이럴 땐 어떻게 해야 할까요?
소피는 문을 쾅 닫고 나가 달리고 또 달려서 더 이상 달릴 수 없을 때까지 달려요. 그리고 도착한 곳은 사람이라곤 없는 조용한 숲 속이에요. 소피는 한참 동안 펑펑 울다가 새소리에 귀를 기울이고 주변의 나무를 바라보고 바위와 고사리도 바라봐요. 마음에 드는 커다란 밤나무에 올라가 출렁이는 바다와 파도도 바라보고요. 부드러운 산들바람이 소피를 어루만지고 토닥이는 것 같아요. 지금 소피는 어떤 기분일까요? 이제 기분이 나아진 소피는 집으로 돌아가고 싶은 생각이 들어요. 소피가 집에 돌아오니 집은 따뜻하고 좋은 냄새가 나요. 그리고 무엇보다 모두들 소피를 기쁘게 맞이하고 가족들 모두 빙 둘러앉아 퍼즐 놀이를 해요.
소피는 아직 어리지만 화를 푸는 아주 좋은 자기만의 방법을 알고 있는 것 같아요. 무작정 달리기와 나무와 바람과 바다는 마법처럼 화가 풀리게 하거든요. 제가 가장 애용하는 방법이기도 해요.
소피도 알았겠지요? 일상에서 순간적으로 빚어지는 싸움이란 가족들이 기다리고 있는 이상 별일 아니라는 것을요.

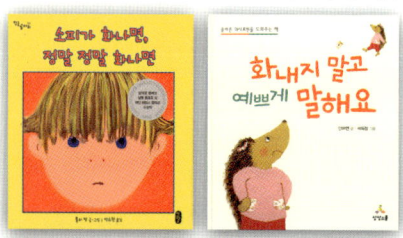

『오늘도 화났어』
나카가와 히로타카 글, 하세가와 요시후미 그림, 내인생의책

월요일부터 일요일까지 화를 내는 사람들을 보며 주인공 '나'는 생각합니다. 사람들은 왜 화를 낼까? 하고요. 그리고 자신이 내는 화에 대해서도 떠올려 보며 아주 중요한 사실을 깨닫게 됩니다.
화를 내고 난 다음에는 마음이 찝찝하고 화를 낸다고 속이 시원해지는 것도 아니라는 것을요. 그래서 될 수 있으면 화를 안 내는 사람이 되고 싶다는

바람을 가지게 됩니다.
주변 사람들과 자신이 내는 화에 대해서 찬찬히 관찰하는 모습이 참 인상적입니다.

않고 화를 잘 다스리는 것이라는 걸 깨닫게 해요. 아이가 기분이 좋을 때 일상에서 일어나는 아이의 화, 그리고 엄마 아빠의 화에 대해서도 이야기 나누기 좋아요.

『곰 때문이야!』
에이미 다이크만 글, 자카리아 오하라 그림, 함께자람

빨간 곱슬머리 아이는 곰 때문에 연이 망가졌다며 화를 내며 소리쳤어요. 바보 멍텅구리 곰!이라면서요. 사실 곰은 아무런 잘못도 하지 않았는데요. 아이는 집에 가는 길에 염소 할아버지 돗자리도 쿵쿵 밟아버리고 집에 가서도 계속 화를 냈어요. 토끼 인형에게 속상한 마음을 털어놓으려다 그만 인형의 귀를 망가뜨렸고요. 아이는 울음을 터뜨리며 토끼 인형에게 말해요. 일부러 그런 게 아니라고요. 그 순간 아이는 깨닫게 되지요. 곰도 자신에게 일부러 그런 게 아니라는 것을요. 이제 아이는 어떻게 해야 할까요? 한편 아무 잘못도 없는데 멍텅구리 소리를 들은 곰도 화가 나서 아이에게 화를 내려고 달려오고 있었지요. 아이의 집 앞에서 곰과 딱 맞닥뜨린 아이, 한쪽 귀가 떨어진 토끼인형을 들고서 울먹이며 곰에게 미안하다고 말해요. 그러자 화가 나서 씩씩거리던 곰은 마음이 스르르 풀려서 아이 머리를 쓰다듬어주고 눈물도 닦아줍니다. 그러고는 아이를 위해 아주 멋진 생각까지 해내요.

『자꾸자꾸 화가 나』
김별 글, 신현정 그림, 큰북작은북

하고 싶은 것을 하지 못했을 때 느끼는 좌절감을 화로 표출하는 아이가 있어요. 더 자고 싶은데 엄마가 유치원 가라고 깨울 때, 갖고 싶은 장난감을 사 주지 않을 때, 밥 먹을 시간에 놀지 못하게 할 때 아이는 화를 냅니다. 이런 이유들은 한여름 나뭇잎만큼이나 많지요.

화를 내는 아이의 속마음이 잘 보인다면 먼저 아이의 속상한 마음을 읽어주어야 합니다. 하지만 이런 경우, 모든 욕구불만을 화로 표현하는 건 적절하지 않다는 것 또한 단호하게 알려주어야 합니다.

다행히 아이는 화를 내고 나니 기분이 안 좋다며 울음을 터뜨리네요. 이것 또한 아이니까 가능하고 정확한 느낌이기도 하지요. 이럴 땐 또 따뜻하게 안아주면 될 일이지요.

『화가 날 땐 어떡하지?』
코넬리아 스펠만 글, 낸시 코트 그림, 보물창고

어떨 때 화가 나는지, 그럴 땐 어떤 행동을 하고 싶은지, 여러 가지 상황을 구체적으로 보여줌으로써 화가 나는 건 자연스러운 감정임을 알게 합니다. 나아가 불처럼 타오르는 화를 가라앉히는 현실적인 방법도 제시함으로써 중요한 것은 남에게 피해를 주지

『화를 낼까? 화를 풀까?』
마더 컴퍼니 글·그림, 보물창고

누구나 화를 낼 때면 괴물 같아 보입니다. 본래의 내가 아닌 괴물이 더 큰 존재감으로 화를 내고 있는 것이지요. 그렇다면 마음속 괴물을 잘 다독이고 달래면 될 텐데 어떤 방법이 있을까요?

사실 이 책은 아이뿐만 아니라 감정 조절에 자주 실패하는 어른에게도 유용합니다.

『꿀오소리 이야기』

쁘띠삐에 글·그림, 씨드북

항상 화가 나 있는 꿀오소리는 친구들에게 겁을 주고 덤벼들고 발로 뻥 차고 사납게 쫓아가고, 친구들의 선물도 내팽개칩니다. 더 이상 참다 못한 동물 친구들은 복수를 하기로 하는데……. 화를 내는 자신의 모습을 객관적으로 돌아보게 합니다.

『자꾸자꾸 화가 나!』 놀이 활동 워크북

줄리아 두덴코 글·그림, 알라딘북스

화라는 감정에 대해서 놀이하듯 이렇게 저렇게 활용해 볼 수 있는 워크북이라 할 수 있어요. 엄마와 함께 봐도 되지만 일기장처럼 혼자서 화날 때, 또는 화가 나지 않을 때라도 심심할 때 끼적거리면서 보기 좋아요.

화풀이공 만들기, 화가 난 것과 관련이 있는 낱말들로 끝말잇기, 돌멩이에 화가 난 괴물을 그려 땅 속에 파묻기, 화풀이 종이배 만들기, 화풀이 풍선 터뜨리기, 화났을 때문에 걸어두는 알림판 만들기 등 재미난 활동들이 많아요.

화났을 때 보면 자꾸자꾸 웃음이 새어나올지도 몰라요.

『42가지 마음의 색깔』

크리스티나 누녜스 페레이라, 라파엘 R. 발카르셀 공저, 가브리엘라 티에리 외 그림, 레드스톤

포근함, 그리움, 차분함, 당황, 너그러움, 안심, 짜증 등 42가지 마음의 색깔이 담겨 있어요.

아이의 연령에 따라 해당하는 내용을 찾아 읽어도 되고, 그날그날 아이 기분에 해당하는 내용을 찾아 읽어도 돼요. 조금 큰 아이라면 앞에서부터 순서대로 차근차근 읽어나가도 좋고요. 중요한 건 반드시 엄마와 함께 읽는다는 사실이에요.

각각의 그림을 보고 느낌을 얘기해 보고 자신의 감정과 엄마의 감정에 대해서도 서로 얘기 나누는 것이 무엇보다 중요합니다. 침대 머리맡에 두고 가끔씩 오래오래 읽고 싶은 책이에요.

엄마를 위한 책

『아이의 감정이 우선입니다』

조애나 페이버, 줄리 킹 공저, 시공사

3부 〈아이의 감정을 이해하는 그림책 큐레이션〉에서는 아이의 다양한 감정을 다루고 있습니다. 화, 부끄러움, 두려움, 걱정, 거짓말, 외로움, 질투 등등. 그때마다 가장 중요한 건 '아이의 감정 읽어주기'입니다. 나쁜 감정이란 없으니까요.

아이의 감정과 관련하여 딱 알맞은 육아서가 나왔습니다. 아이의 내면에 귀 기울이며 아이의 마음을 이해하고 존중하도록 도와주는 내용입니다.

"받아들이면 안 되는 감정은 없다. 제한해야 하는 행동은 있다."

028 욕심쟁이

나눠먹고 함께 놀면 더 재미있거든

　만 세 살부터 다섯 살 사이는 자기중심적 사고가 발달하는 시기로 소유에 대한 개념이 생기기 시작합니다. 그래서 이 시기의 아이들은 장난감을 독차지하기 위해 싸우거나 음식에 욕심을 내지요. 친구들이 자기 장난감을 만지지 못하게 하고, 친구들과 어울릴 때도 "다 내 거야!"라는 말을 주로 하고요. 그렇다고 해서 이 아이들이 특별히 이기적인 것이 아닙니다. 그 나이에 나올 수 있는 자연스러운 행동입니다.
　욕심을 부리는 아이들을 가르치는 가장 좋은 방법은 어른이 여러 방식으로 나눔을 실천하는 모습을 보여주는 겁니다. 가장 쉽게는 음식 나눔이겠지요.
　아이들이 장난감을 가지고 실랑이를 할 경우는 두 아이 모두 감정이 다치지 않도록 어른들이 개입하는 것이 중요합니다. 특히 주의해야 할 점은 아이가 너무 욕심을 부린다 해도 이런 말은 삼가야 합니다.
　"너 그렇게 하면 친구가 싫어해."
　부모님들이 가장 쉽게 무의식적으로 내뱉게 되는 말이지요. 그렇게 극단적이거나 상처가 되는 말보다는 양보하고 함께 어울리면서 누리게 되는 기쁨을 맛보게 하는 것이 좋습니다. 그것 또한 쉬운 일은 아니겠지만 다양한 상황과 그에 따른 각각의 다양한 방법이 제시되는 그림책의 도움을 받아보세요. 우리 아이 상황에 맞는 그림책을 찾는거예요.

『싫어! 다 내 거야!』

애런 블레이비 글·그림, 현암주니어

퍼그 통통이는 닥스훈트 길쭉이와 한집에 살아요. 하지만 둘은 사이좋게 놀아본 적이 없어요. 통통이가 뭐든 자기 거라고 우기기 때문이에요.
그런데 마지막 장면을 보니 통통이와 길쭉이가 재미나게 놀고 있어요. 통통이에게 무슨 일이 있었던 걸까요?

욕심 대신 나눔의 즐거움을 느끼는 그림책

『별을 사랑한 두더지』
브리타 테크트럽 글·그림, 봄봄출판사

밤마다 바위에 앉아 하늘을 올려다보며 별빛 보는 것을 좋아하는 두더지가 있었어요. 그날도 바위에 앉아 하늘을 보는데 별똥별 하나가 떨어졌어요. 순간 두더지는 눈을 감고 소원을 빌었지요. 하늘에 있

는 별을 모두 갖게 해 달라고요.
그러자 하늘까지 닿는 사다리가 놓이고 두더지는 별을 모두 따서 집으로 가져왔어요. 미로처럼 연결된 두더지의 아늑한 집에는 굴마다 별빛이 가득했지요. 이제 밤하늘은 어떤 모습일까요?
하늘은 아무것도 없이 까맣기만 했어요. 동물 친구들은 별이 없어진 하늘을 보고 모두 슬퍼했고요. 모두의 별에 욕심을 부린 두더지, 슬퍼하는 친구들을 보고 어떻게 할까요?

『먹어도 먹어도 줄지 않는 죽』
최숙희 글·그림, 책읽는곰

두루와 단짝친구 쪼르의 기적 같은 나눔 이야기예요. 돼지 아줌마가 열두 쌍둥이를 낳았다는 소식에 아끼던 털외투를 풀어 열두 쌍둥이 목도리를 떠 주고, 아무것도 먹지 못해 기운이 없는 산양 할머니를 위해서는 먹어도 먹어도 줄지 않는 죽을 끓이기로 합니다.
먹어도 먹어도 줄지 않는 죽이란 어떻게 끓이는 걸까요?

『한 입만』

경혜원 글·그림, 한림출판사

꼬마 티라노사우루스는 뭔가를 먹고 있는 친구들에게 한 입만 달라고 부탁합니다.
거절하지 못하는 친구들은 모두 티라노사우루스에게 친절하게 건네주지요. 하지만 티라노사우루스는 한 입이 아니라 몽땅 먹어버리는데….

『털모자가 좋아』

번 코스키 글·그림, 미디어창비

아기 곰 해럴드에게는 좋아하는 털모자가 하나 있어요. 잠잘 때도 쓰고 무더운 여름에도 쓰고 목욕할 때조차 써요. 그런데 어느 날 까마귀가 훔쳐가버렸어요. 화가 난 해럴드는 나무 꼭대기에 있는 까마귀 둥지에 올라갔는데….
귀여운 일러스트와 따뜻한 이야기에 마음이 보들보들해져요.

『행복한 줄무늬 선물』

야스민 세퍼 글·그림, 봄볕

호랑이 칼레는 어느 화창한 날, 모험을 떠났다가 곤경에 처한 동물 친구들을 그냥 지나치지 못하고 모두 도와줘요. 호랑이한테 가장 소중한 줄무늬를 탈탈 털어 부서진 사다리와 물이 새는 지붕을 고쳐 주고, 끊어진 다리를 이어주고…. 그러고는 집에 돌아와 거울을 보고는 깜짝 놀랐지요. 줄무늬가 몽땅 사라진 호랑이라니? 갑자기 몸이 으스스 떨려 밤새 한숨도 못 잤는데 아침에 선물상자가 도착했어요.

『놀이터는 내 거야』

조세프 퀘플러 글·그림, 불광출판사

모두가 함께 노는 놀이터가 자기 거라며 큰소리치는 아이가 있어요. 바로 조나와 레녹스가 그래요. 놀이터를 반으로 갈라 깃발을 세우고 각각 자기가 놀이터의 왕이라며 친구들에게 명령하고 자기 마음대로 해요. 왕국을 넓히기 위해 싸우기도 하고요. 그런데 어쩌지요? 친구들이 놀이터를 떠나 자기네들끼리 놀고 있어요.
놀이터에 썰렁하게 남은 조나와 레녹스, 어떻게 할까요?

『다 내 거야!』

제라 힉스 글·그림, 다림

욕심 많은 갈매기는 생쥐의 샌드위치도 내 거야! 라며 덥석 채 가고 감자칩도 덥석 채가요.
생쥐는 갈매기에게 예의 바르게 물어봤다면 나누어 주었을 거라고 말하지만, 갈매기는 아랑곳하지 않아요. 결국 생쥐는 꾀를 한 가지 생각해냈어요. 갈매기가 침이 꼴깍 넘어가는 케이크를 먹으려다 줄행랑을 치는데….

『내가 다 먹을 거야』

민들레 글, 김준문 그림, 크레용하우스

먹고 또 먹어도 언제나 맛있는 사탕. 메리는 그 사탕을 친구들에게도 주지 않고 혼자서만 몰래 숨어서 먹는답니다. 그런데 어느 날부터 메리는 이가 아프기 시작하고 사탕이 전처럼 맛있지도 않아요. 겁이 나서 치과에도 못가는 메리를 위해 친구들이 용기를 주며 함께 가 줍니다.

혼자서 다 먹겠다며 음식에 욕심을 부리는 아이들에게 좋아요.

『내 거 (아니)야』

강소연 글, 크리스토퍼 와이엔트 그림, 풀빛

항상 내 거야!라고 외치며 욕심부리는 아이들을 위한 그림책.

두 털북숭이가 의자 하나를 두고 싸워요. 서로 자기 거라고 하지만 알쏭달쏭해요. 유머러스한 이야기에 나눔과 사과할 줄 아는 마음까지 유쾌하게 담았어요.

『무지개 물고기』

마르쿠스 피스터 글·그림, 시공주니어

신비롭고 환상적인 바닷속에 무지개빛 반짝이 비늘을 가진 무지개 물고기가 살고 있었어요. 무지개 물고기는 친구들이 함께 놀자고 해도 예쁜 반짝이 비늘만 뽐내며 휙 지나가 버리곤 했습니다.

어느 날은 파란 꼬마 물고기가 무지개 물고기에게 반짝이 비늘 한 개만 달라고 부탁했어요. 물론 무지개 물고기는 반짝이 비늘을 잔뜩 가지고 있음에도 단번에 거절했죠.

이런 무지개 물고기가 우리 친구들 곁에 있다면 어떨까요?

결국 무지개 물고기는 친구들이 떨어져 나가고 혼자 지내게 되는데….

『내 거야!』

세라 해먼드 글, 로라 휴스 그림, 키즈엠

키티가 찻집 소꿉놀이를 하는데 레아가 놀러 왔어요. 레아가 멋대로 굴자 키티는 소꿉놀이 세트를 모두 챙겨서 천막 안으로 들어가 버렸어요.

그런데 왠지 그곳에 있으니 심심하고 우울해요. 바로 그때 레아가 들어가도 되냐고 물으니, 살짝 자리를 내주네요. 다시 재미난 소풍놀이가 시작되었어요. 함께 노는 방법에 서툰 아이들에게 좋아요.

029 잠자리 그림책

밤하늘에 별빛 베일이 펼쳐지면

    육아에서 힘든 일이 뭐냐고 묻는다면 아이들 잠자리 투정이 다섯 손가락 안에 꼽힐 겁니다. 아이들의 잠은 힘든 육아 일 중의 하나지만, 아이들 성장에 있어서 아주 중요한 요소입니다. 몸과 마음의 건강뿐만 아니라 아이의 성격 형성에도 영향을 미치니까요. 특히 성장기에 있는 아이들은 잠을 자는 동안 성장 호르몬이 가장 많이 분비되므로 이 시기의 잠은 더할 나위 없는 보약입니다.

    자야 할 시간이 되면 아이를 재워야 하는 엄마도, 자기 싫은 아이도 고통의 시간입니다. 잠자기 싫은 아이들은 싫은 이유 또한 다양할 테고, 아이들은 자기 싫은 마음을 다양한 방식으로 표출합니다. 더 놀고 싶은 욕구, 깜깜한 밤과도 같은 잠에 대한 두려움, 잠든 사이에 엄마가 사라질지도 모르는 불안감, 무서운 꿈에 대한 두려움….

    어떤 이유이든 아이들 마음을 편안하게 가라앉혀주는 것이 우선이겠지요. 그래서 오랜 옛날부터 아이들의 잠자리 시간을 위해 자장가를 불러왔던 것일까요? 잠자리 정서에 자장가만큼이나 효과적인 것이 바로 그림책이라 할 수 있습니다. 부드럽고 따뜻한 그림과 자장가의 운율을 실은 리듬감 있는 글이라면 잠자리 그림책으로 더없이 좋겠지요.

    다양한 그림책 중에서 우리 아이에게 맞는 그림책을 찾는 것도 중요합니다.

아이의 수면습관을 길러주는 기본 원칙

- 아이들은 매일 반복되는, 일정한 틀이 있는 습관을 좋아합니다. 이제 잘 시간이구나 하고 예측할 수 있도록 잠자리에 들기까지 매일 반복되는 아이만의 습관을 만들어 주면 좋습니다.
- "자, 이제 잘 시간이야." 하고 명확하게 말해 주도록 합니다.
- 한 번 습관이 들면 바꾸기 어려우므로 계속해서 감당할 수 없을 만큼 어려운 상황은 처음부터 만들지 않습니다.
- 헝겊으로 된 인형이나 부드러운 이불 같은 것을 이용하면 좋습니다.
- 침실을 혼을 내거나 벌주는 곳으로 사용하지 않도록 합니다.
- 자라고 눕혔는데 자꾸 왔다 갔다 하면 단호한 태도로 아이 손을 잡고 침실로 데리고 가야 합니다.

상황별 대처

- 자야 할 시간에 잠이 안 온다며 장난감을 가지고 노는 경우, 되도록 정해진 시간에 자는 버릇을 들입니다.
- 불을 끄면 무섭다며 잠을 못 자는 경우, 처음에는 불을 켜고 자는 것을 허용하면서 단계별로 수면등을 이용합니다.
- 막연한 두려움이 있는 경우, "뭘 그런 걸 무섭다고 그래?" 하면서 무시하거나 대수롭지 않게 여기는 태도는 금물입니다. 그 나이 때는 그럴 수 있다며 두려워하는 아이의 마음을 충분히 인정해 주면서 두려워하는 것에 대해서 이야기 나누는 시간을 갖습니다.
- 혼자 자지 못하고 부모와 꼭 같이 자려고 하는 경우, 혼자 자는 것이 익숙할 때까지 함께 자거나 잠이 들도록 도와줍니다.

『잠이 오는 이야기』

유희진 글·그림, 책소유

너무나 사랑스러운 잠 친구 이야기예요. 잠은 아이가 꿀 꿈을 노랑 가방 안에 잔뜩 넣어가지고 멀리서 온대요. 아이가 불러줄 때까지 기다리고, 천천히 느릿느릿 오다가 아이가 눈을 뜨거나 말을 하면 쌩 돌아가버린대요. 그러니 눈을 감고 살포시 속삭여요. "잠아, 이리 와!"

잠자리에서 읽는 그림책

『잠이 오지 않는 밤에』
후안 무뇨스 테바르 글, 라몬 파리스 그림, 모래알

제목처럼 잠이 오지 않아 뒤척이는 밤에 펼쳐보기 좋아요.
엘리사는 다정한 친구와 함께 그곳으로 아름답고 고요한 산책을 나갑니다. 그곳은 잠이 든 것도 잠이 깬 것도 아닌, 선잠의 세계입니다.
세 페이지 펼침면으로 된 환상적인 밤하늘이 기다리고 있어요.

『이불을 덮기 전에』
김유진 글, 서현 그림, 창비

처음 기획부터 잠자리 그림책으로 만들어진 그림책이에요.
이불을 덮기 전에 우리 아이들 모습은 어떤가요? 졸려서 하품을 하면서도 어떻게든 더 놀고 싶어 온갖 상상력을 발휘하는 아이들 모습에 피식 웃음이 납니다. 책을 펼치니 바로 그 아이가 등장하네요.
이불 속에 들어가 딸깍 전등을 끄기 전, 그 사이 시간

에도 아이 눈은 말똥말똥합니다. 그 옆에는 아이 마음을 잘 알아주고 말없이 도와주는 토닥이가 있어요.

『엄마는 언제나 너를 사랑한단다』
에이미 헤스트 글, 아니타 제람 그림, 베틀북

엄마곰과 아기곰은 그림책을 읽고 잠잘 준비를 합니다. 포근한 이불을 둥글게 말아 덮고 인형을 옆에 누이고 우유를 마시고. 그런데 아기곰은 자꾸만 잠잘 준비가 안 되었대요. 중요한 딱 한 가지가 빠졌다네요. 뭘까요?

『모두가 잠든 밤에』
브리타 테큰트럽 저, 미디어창비

모두가 잠든 밤에 아이는 커다란 사자와 함께 꿈속 여행을 떠나요. 바다를 건너고 호수를 건너고 폭풍우가 몰아쳐도 든든한 친구가 지켜줘요. 파도타기도 하고 고래와 춤을 추기도 해요. 사자 등에 올라 숲 속에 들어가면 동물 친구들이 기다리고 있어요. 아이는 이곳이 너무 마음에 들어 오래 머물고 싶어 합니다. 행복한 여행을 하는 사이 황금빛 아침 햇살이 천천히 내려오고 있네요.
시적인 문장도 좋지만 마음을 고요하게 하는 특별한 색채에 흠뻑 빠지고 말았어요. 우아한 그림책이라는 표현이 딱 어울릴 것 같아요. 브리타 테큰트럽! 이 책으로 인해 이름을 꼭 기억하고픈 작가가 되었습니다.

『이제 우리가 꿈꿀 시간』
헬린 옥슨버리 그림, 티머시 냅맨 글, 시공주니어

앨리스와 잭은 숲에서 들려오는 낯선 소리에 귀를 기울입니다.

잭은 못된 늑대가 나타날까 봐 걱정되지만 앨리스는 호기심에 잭의 손을 이끌고 숲으로 발걸음을 옮겨요. 숲에서 들려오는 소리는 자장가 소리였어요. 숲 속에서 누가 자장가를 부르는 것일까요? 아이들은 엄마의 자장가를 들으며 꿈나라로 미끄러지듯 노랫소리를 따라 점점 깊은 숲 속으로 들어가요. 여전히 두렵기는 하지만 호기심에 멈출 수가 없어요. 순간 바로 아이들 앞에서 나는 자장가 소리에 도망치려 했지만 잭이 앨리스보다 먼저 어떤 장면을 목격하는데…. 넋을 잃고 바라보던 잭과 앨리스는 집으로 돌아와 포근한 잠옷으로 갈아입고 따뜻한 이불 속으로 쏙 들어갔어요. 이제는 잭과 앨리스가 꿈 꿀 시간이에요.

잠에 대한 막연한 두려움이 있는 아이들에게 마음의 안정을 가져오는 따뜻한 그림책. 읽을수록 편안해지는 마법 같은 이야기이기도 해요.

『낮에도, 밤에도 안녕』
마거릿 와이즈 브라운 글, 로렌 롱 그림, 주니어RHK

토끼는 아침 일찍 하루를 시작하며 이렇게 말합니다. "반가워요, 이 세상!", "잘 가요, 밤" 그리고 눈앞에 펼쳐지는 세상의 모든 것들, 나무와 햇빛과 새들, 붕붕대는 벌과 야옹이, 심지어 책 밖에 있는 우리들에게까지 인사를 건네요. 이른 아침부터 시작된 토끼의 인사는 잠자리에 드는 저녁까지 이어집니다. 야옹이에게도, 곰돌이에게도, 장난감들에게도. 즐겁고 신나는 하루를 보낸 토끼는 하루를 돌아보며 곰돌이 인형과 야옹이와 함께 포근한 침대에서 잠이 들어요. 잘 자라는 인사를 건네는 모습이나 토끼의 방 안 분위기가 어떤 그림책 한 권을 떠올리게 합니다.

바로 잠자리 그림책의 고전이라 할 수 있는 『잘 자요, 달님』입니다. 역시나 자료를 찾아보니 그림 작가 로렌 롱이 『잘 자요, 달님』의 그림 작가 클레먼트 허드에게 존경을 표하기 위해 마련한 오마주였다고 하네요. 이 책의 헌사에서도 살짝 언급이 되어 있어요. 그렇다면 『잘 자요, 달님』도 함께 읽으면 좋겠지요. 토끼가 우리에게 전하는 이 말을 기억하면서요.

"여러분, 눈을 활짝 떠요. 하루하루가 새롭고 놀라운 선물이니까요."

『밤의 항해』
서민정 글·그림, 시공주니어

엄마 아빠가 잘 자라는 인사를 하고 불을 끄고 나가면 아이는 홀로 잠잘 준비를 해요. 침대에 누워 두 눈을 감으니 파도 소리가 들려요. 그러면 아이는 선장이 되어 바다로 밤의 항해를 시작하는데, 일곱 명의 선장 친구들을 만나 보물을 찾아 떠나기도 해요. 혼자 자는 밤이 두려운 아이들을 응원하는 그림책.

『집으로 가는 길』
미야코시 아키코 글·그림, 비룡소

고단한 하루였든, 즐거운 하루였든, 하루의 끝에 다 다랐습니다.
아이는 엄마의 품에 안겨 집으로 돌아가고 있어요. 거리가 한적한 걸 보니 조금 늦은 시간입니다. 엄마의 일이 늦게 끝났나 봐요.
집으로 가는 길에 올려다본 창문 안의 사람들은 하루를 정리하고 있어요. 아이는 집으로 돌아와 침대에 누워 길에서 봤던 사람들의 밤을 상상합니다. 그러고는 편안하게 잠에 빠져들지요.
특별할 것 없는 사람들의 밤 일상을 보여주는데 묘한 울림과 함께 따스함이 전해집니다. 흑백의 목탄이 빚어낸 그림 덕분일까요? 창문에서 새어 나오는 노란 불빛과 고요한 밤 풍경 덕분일까요? 모두의 하루를 따스하게 감싸줄 그림책입니다.

『고마워요 잘 자요』
패트릭 맥도넬 글·그림, 다산기획

귀엽고 익살스러운 캐릭터와 부드럽고 따뜻한 그림이 너무도 사랑스러운 책이에요. 계속 놀고 싶은 마음과 반대로 잠도 자야 할 것 같은 아이들의 복잡 미묘한 심리가 잘 표현되어 있습니다. 가장 좋았던 부분은 오늘 하루 행복하고 감사한 일을 떠올리며 얘기해 보는 장면이었답니다.

 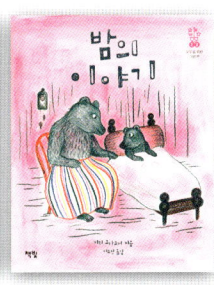

『따듯한 내 친구 이불이』
콘도우 아키 글·그림, 길벗스쿨

귀엽고 사랑스러운 이불 캐릭터라니, 아이들 눈높이에 딱 맞는 책이에요. 잠자기 싫어하는 아이들에게는 푹신한 이불 속으로 이끄는 데 효과만점이죠. 시작부터 따뜻해요.
언덕 꼭대기에는 안 쓰는 물건을 갖고 싶은 물건과 바꿀 수 있는 커다란 나무가 있대요. 아기 다람쥐는 작아진 신발을 가지고 갔다가 자신을 따라오는 이불이를 데리고 와요. 깨끗하게 빨아 햇빛에 뽀송뽀송하게 말린 이불이에서 해님 냄새가 나요. 아기 다람쥐는 그런 이불이와 항상 함께하지요. 그런데 어느 날 아침, 자고 일어났더니 이불이가 온데간데 없이 사라졌는데….

『밤의 이야기』
키티 크라우더 글·그림, 책빛

숲에 분홍빛 노을이 물들 무렵, 엄마곰과 아기곰이 집으로 돌아갑니다. 잠자리에서 아기곰은 엄마곰에게 이야기 세 개를 들려달라고 조르지요. 엄마곰은 부드러운 목소리로 밤 할머니 이야기, 숲에서 길을 잃은 아이 이야기, 잠을 잃어버린 아저씨 이야기를 차례로 들려줍니다.
이미 훌쩍 자라버린 내 아이. 잠자리에서 읽어줄 아이가 있다면 얼마나 좋을까 간절해지는 그림책. 아이가 있는 집에 선물해야겠어요.

030 이빨 빠진 날

헌 이 줄게
튼튼한
새 이 다오

젖니는 생후 6개월부터 나기 시작해 만 3세가 되면 스무 개가 납니다. 예닐곱 살 때부터 하나둘 빠지기 시작하는데요. 이갈이는 아이들의 발달 과정에서 중요한 통과의례입니다. 눈에 띄게 나타나는 변화이기에 신기해하기도 하지만, 이와 관련해서는 대부분 두려움이 앞섭니다.

불편하게 입을 벌려야 하고 이상한 기구들이 입속으로 들어가는 두려움을 겪어야 하는 치과에 가야 하니까요. 이런 이유로 이가 흔들리면 우선 두려움이 앞서기 일쑤입니다. 젖니가 하나둘 흔들리기 시작하면 치과에 갈 일도 많아질 텐데요. 이 시기를 두려움이 아니라 설렘이 가득한 즐거운 추억으로 만들어 주는 건 어떨까요?

이가 흔들리고 빠지는 일은 잘 자라고 있다는 성장의 증거입니다. 옛날 우리 어른들은 이빨이 빠지면 마당에 나가 지붕에 던지며 까치에게 말했다지요. 헌 이 가져가고 새 이 달라고요. 서양의 풍습으로는 이빨 요정 이야기가 있고, 나라마다 제각각 고유한 풍습이 있습니다. 나라마다 방식은 다르겠지만 부모의 마음은 한 가지임을 느낄 수 있습니다. 사랑하는 아이의 몸의 일부분인 이를 함부로 하지 않는다는 거죠. 평생 사용해야 할 새로운 이가 튼튼하고 예쁘게 나기를 바라는, 부모 된 이의 간절한 소망이 담겨 있는 것입니다.

　이빨에 관해서 아이에게 어떤 추억을 만들어주고 싶나요? 엄마 아빠의 어렸을 적 경험을 들려주고 그림책으로 다양한 이야기를 만나면서 아이가 스스로 선택하도록 하는 것이 좋습니다. 지붕 위에 던지든, 이빨 요정을 기다리든, 자신만의 보물 상자에 소중하게 보관하든. 부모님은 그저 넘치는 사랑과 관심으로 이야기 들려주고 격려하며 지켜봐 주면 될 일이죠.

『앞니가 빠졌어!』
안토니오 오르투뇨 글, 플라비아 소리야 그림, 지양어린이

나탈리는 자전거를 타다가 넘어져서 앞니가 빠졌어요. 의사선생님은 곧 새 이가 날 거라며 괜찮다고 했지만, 같은 반 친구가 '앞니 빠진 덜렁이'라며 놀려댔어요. 화가 난 나탈리는 그 친구에게 복수하겠다고 결심하는데….

이빨 요정들의 그림책

『어느 날 아침』
로버트 맥클로스키 글·그림, 논장

중요한 통과의례를 막 시작한 아이의 두근거리는 어느 날 아침 이야기예요.
어느 날 아침, 샐이 이를 닦는데 아무런 예고도 없이 이가 흔들렸어요. 어머나! 이제 샐은 아프니까 아침도 못 먹고 누워 있어야 하나요? 엄마가 그랬어요. 이가 빠지면 더 이상 아이가 아니라 다 컸다는 뜻이래요. 이가 빠지고 나면 더 크고 튼튼한 이가 날 거라는 얘기도 했어요. 아 참, 빠진 이를 베개 밑에 넣고 비밀 소원을 빌 수도 있대요.
갑자기 언니가 된 듯 의젓해진 샐은 흔들리는 이를 자랑하느라 여념이 없어요. 되강오리에게도, 갈매기에게도, 표범에게도 자랑했어요. 물론 항구에서 만난 아저씨들에게도 자랑했지요. 비밀로 한 소원은 생각만 해도 가슴이 부풀어 올라요. 그런데 말이에요. 바닷가 갯벌에서 조개를 잡다가 진흙 속에 이가 묻히고 말아요.
로버트 맥클로스키의 칼데콧 아너상 수상작. 흑백의 단색이지만 섬세한 그림으로 샐의 풍부한 표정과 감정이 생생하게 살아 있어요.

『마녀 위니와 이빨 요정』

로라 오웬 글, 코키 폴 그림, 비룡소

실타래처럼 엉킨 듯 부스스한 머리와 매부리코 등 장난기 가득하고 익살스러운 마녀 위니가 이빨이 빠졌대요. 큰일이에요.

마녀 위니는 어른이니까 젖니도 아닐 테고, 젖니가 아니라면 한 번 빠진 이는 다시는 안 날 테니까요. 이가 빠지니 발음도 이상하게 나오고 주스 마시기도 힘든 위니, 어떡해야 할까요? 눈물까지 글썽이는 위니에게 까만 고양이 윌버가 이빨 요정 이야기를 들려줍니다. 글을 모르는 위니는 당장 윌버를 시켜 이빨 요정에게 쓴 편지와 이빨을 베개 밑에 넣고 꿀잠을 잡니다.

이빨요정이 위니의 소원도 들어줄까요?

『이빨 요정 치요』

천미진 글, 미루 그림, 키즈엠

이빨 요정 치요가 주인공인 이야기예요. 달빛이 고요히 빛나는 밤, 치요는 두현이네 집으로 갔어요. 두현이가 베개 밑에 넣어 둔 이를 몰래 빼내서 이빨 요정 마을로 가져와야 하거든요.

이빨 요정 학교에서 많은 것을 배운 치요는 풍선을 타고 지붕까지 내려간 다음 굴뚝에 밧줄을 단단히 걸고 두현이 방으로 갔어요. 학교에서 배운 대로 침착하게 두현이 이를 몰래 빼내어 지붕으로 와 보니 풍선이 펑 터져 있지 뭐예요?

치요는 요정 마을로 어떻게 돌아가야 할까요?

『이가 빠지면 지붕위로 던져요』

셀비 빌러 글, G. 브라이언 카라스 그림, 북뱅크

젖니가 빠지면 다른 나라 사람들은 어떻게 할까? 이런 궁금증에서 시작된 이 책은 나라마다 다른 재미있는 풍습을 64개나 담고 있어요.

마침 이가 흔들리는 아이들에게 자신의 몸에 대한 관심뿐만 아니라, 세계지도에서 다른 나라를 찾아보며 그 나라의 독특한 풍습을 보는 재미와 호기심도 키울 수 있는 좋은 계기가 되어줍니다. 흥미로운 풍습 하나 볼까요?

아이가 자라 대학교를 마치기를 바라면 이를 대학교 정원에 묻고, 의사가 되기를 바라면 병원 정원에 묻고, 축구 선수가 되는 게 소원이라면 축구장에 묻는대요. 엄마가 빠진 이로 금을 씌워서 귀고리를 만들어주면 아이가 귀고리를 하고 다니는 나라도 있습니다.

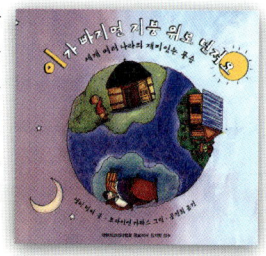

『작은 이빨 요정』

프리데리케 빌헬미 글, 레기네 알테고에르 그림, 큰나

흔들흔들 들썩들썩, 오래전부터 흔들리던 라우라의 이가 드디어 빠졌어요.

아빠는 라우라에게 이빨을 베개 밑에 넣어두면 이빨 요정이 와서 가져갈 거라고 했어요. 하지만 아무리 좋은 선물을 준다고 해도 라우라는 자신의 소중한 젖니를 이빨 요정에게 주고 싶지 않았어요. 라우라는 젖니를 주머니 깊숙이 꼭꼭 숨기고 이빨 요정이 오지 못하도록 장난감으로 침대를 빙 둘러 요새를 만들었어요.
이런 사실도 모르고 찾아온 이빨 요정은 라우라의 젖니를 가져갈 수 있을까요?

『이 고쳐 선생과 이빨투성이 괴물』 동화

롭 루이스 글·그림, 시공주니어

치과의사로 명성이 자자한 '이 고쳐' 선생은 동물원 사육사로부터 치통을 앓는 동물을 치료해달라는 부탁을 받고, 덜컥 그러겠다고 약속했습니다. 거절을 절대 못 하는 분이거든요.
그런데 뒤늦게 알고 보니 이빨이 만개나 된다나요? 이 고쳐 선생은 마음을 단단히 먹고 이빨이 만 개인 괴물을 맞을 준비를 합니다. 치료할 때 입을 갑옷을 사고, 자동차 문짝으로 진료실을 무장하고, 마취에서 깨어나자마자 먹이로 줄 암소까지 냉장고에 넣어두지요.
과연 이빨이 만 개인 동물은 누구일까요?

『치과 의사 드소토 선생님』

윌리엄 스타이그 글·그림, 비룡소

치과의사 드소토 선생님은 조그만 생쥐입니다.
하루는 드소토 선생님보다 몸집이 몇 배나 큰 여우가 찾아와서는 아픈 이를 고쳐달라고 울며불며 통사정을 해요. 두려움에 잠깐 망설이던 드소토 선생님은 이를 고쳐주기로 합니다.
하지만 여우는 은혜를 잊어버리고 치과의사를 잡아먹을 궁리만 합니다. 다행히도 여우의 속마음을 눈치챈 드소토 선생님, 위기를 어떻게 잘 극복해 낼 수 있을까요?

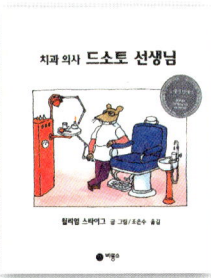

031 외로움이 깊어진다면

심심한 게 아니라 외로운 걸까?

    혼자라도 잘 노는 아이도 있지만, 아이들 대부분은 또래 친구들과 어울려 노는 것을 좋아합니다. 그래서 엄마 아빠가 아무리 잘 놀아줘도 외동인 아이는 외로움을 느끼며 자라게 되지요.

    아이들에게 외로움의 감정은 무엇일까요? 심심한 걸까요? 외로운 걸까요?

    외로움의 사전적 의미는 '홀로 있어 쓸쓸한 마음이나 느낌'이라고 나와 있습니다. 아이들은 혼자 있게 되면 심심해하는 게 보통이지요? 하지만 이런 날이 오래 반복되면 아이들 스스로는 알아차리기 힘든 외로움의 감정이 찾아오게 됩니다. 어쩌면 가장 가까운 엄마 아빠도 알아차리지 못하는 사이에 외로움의 정서가 깊어지는 경우도 있지요.

    혼자서 잘 노는 아이라도 관심의 끈을 놓지 말아야 합니다.

    우리 아이가 오늘 하루 심심했는지, 아니면 살짝 외로움의 감정에 다가갔는지, 그림책으로 마음을 여는 이야기를 시작해 보세요.

『혼자가 아닌 날』

구오징 그림, 미디어창비

작가가 한없이 외로웠던 어린 시절 경험을 바탕으로 한, 글 없는 그림책.
집에 혼자 남겨진 아이는 여러 놀이를 해 보지만 여전히 심심합니다. 우연히 가족 앨범을 들여다보다가 생각 하나를 떠올렸어요. 할머니 집에 가 보기로요. 예닐곱으로 보이는 아이는 야무지게 준비를 하고 집을 나서고 버스까지 탔지만, 길을 잃어버리고 말아요.
아이든 어른이든 자신의 외로운 마음과 만날 수 있어요.

외로움과 심심함의 그림책

『너도 외롭니?』

윤지연 글, 최정인 그림, 시공주니어

아이들 아홉 명이 등장하여 릴레이 형식으로 자신의 외로운 마음을 고백합니다.
형제가 없어서 외로운 아이, 동생이 태어나 부모님의 사랑을 빼앗겨 외로운 아이, 엄마가 전화 통화만 하고 놀아주지 않아 외로운 아이, 아빠를 자주 볼 수 없어서 외로운 아이, 잠을 혼자 자야 해서 외로운 아이, 혼자 밥 먹을 때가 많아 외로운 아이, 친구를 사귀지 못해 외로운 아이, 이성 친구의 마음을 얻지 못해 외로운 아이, 친한 친구가 이사 가서 외로운 아이.
이렇게나 외로운 아이들, 모두 모여 고민합니다. 어떻게 하면 외롭지 않을까, 하고요. 아이들이 서로 머리를 맞대니 해결책도 단번에 나옵니다.
외로운 아이들의 고백을 듣고 보니 어른들 만큼이나 아이들도 외로울 때가 많겠다 싶습니다. 더 많은 아이들에게 물어보면 더 많은 외로움이 쏟아져 나올 것 같아요.

『심심해 심심해』

요시타케 신스케 글·그림, 주니어김영사

표지그림만 봐도 딱 알겠어요. 아이가 얼마나 심심한지.
장난감도 재미없고 오늘따라 텔레비전도 재미없는 날, 아이는 심심해서 어찌할 줄 모릅니다. 엄마도 바쁘다며 혼자 놀라고 하고요.
다시 혼자가 되어 뒹굴뒹굴하던 아이, 갑자기 생각놀이에 빠져들었어요. '심심한 게 누구 때문이지? 왜 심심한 걸까? 심심하다는 건 뭐지?' 하고요. '심심함'에 대한 아이의 생각놀이가 끝도 없이 펼쳐집니다. 세계적인 천재 그림책 작가 요시타케 신스케의 캐릭터가 펼치는 이야기니까요!

『하나도 안 심심해』
마갈리 보니올 글·그림, 바람의아이들

곰인형을 배에 올려두고 하늘 보고 누운 아이, 좀 심심해 보여요. 그런데 하나도 안 심심하대요. 정말일까요? 혹시 아이들이 가끔 쓰는 반어법의 표현일까요?
어느 심심한 날, 곰인형을 앞에 두고 장난치며 노는 아이의 모습이 사랑스럽게 담겨 있습니다.

『우정 책』
박은정 글, 남주현 그림, 웅진주니어

표지에 '혼자라서 외로울 때 보는'이라고 나와 있어요. 이걸 보고 덥석 집어 드는 친구들이 많을까요? 이사 와서 친구가 없는 아이가 나와요. 이 아이가 오직 바라는 건 서로 눈을 마주치면 미소 짓고 비 오는 날이면 하나의 우산을 같이 쓰며 어깨를 부딪치는 친구가 생기는 거예요. 그런 친구가 없다면 아이는 이런 마음일 거래요.

'너무 외로워. 내가 모자란 사람 같아 속상해. 자기들끼리 신나게 노는 애들이 미워져. 부끄럽고 화가 나.' 이런 친구들을 위해 우정 책이 잘 이끌어줍니다.
우정은 영원할 수 있을까, 친구와 내가 우정을 느끼는 깊이와 정도는 같을까, 우정을 유지해가는 비법 등 우정에 대한 지혜로운 생각들도 담겨 있어요. 초등학생 아이들에게 권합니다.

『심심한 날』
마르쿠스 피스터 글·그림, 푸른숲주니어

오늘따라 몹시 외롭고 심심한 아기까마귀를 만나봅니다.
같이 놀 친구가 한 명도 없는 아기까마귀는 울적해져서 숲 속을 어슬렁어슬렁 걷고 있었지요. 그러다 그만 나무에 머리를 쿵! 부딪히고 말았어요. 별로 아프지는 않았지만 화가 난 아기까마귀는 코에 붕대를 칭칭 감았습니다.
그런데 웬일일까요? 친구들이 다가와 걱정스러운 표정으로 말을 건네는 거예요. 그때 아기까마귀에게 갑자기 좋은 생각이 떠올라요.
잠시 후에 온 몸에 붕대를 칭칭 감고 나타난 아기까마귀. 무슨 생각에서일까요?
사소한 일로 하루에도 수십 번씩 기분이 맑았다 흐렸다 하는 아이들의 감정선을 따라 이모티콘으로 표현한 점이 아이들의 흥미를 자극합니다.

『어떤 날』
성영란 글·그림, 반달

노란 햇살이 쏟아지는 마루에서 영희가 낮잠을 자고 일어났더니 아무도 없습니다. 집 안에도, 마을에도. 조용하기만 합니다. 세상에 오직 혼자 남겨진 것 같은 영희, 그때서야 비로소 평소에는 보지 못했던 것들이 보이기 시작합니다.

심심하고 또 심심할 때만 보이는 것들이 있어요. 영희가 본 것은 무엇일까요?

다. 무슨 일이 있었던 걸까요? 기분이 썩 좋아 보이지 않습니다. 누구라도 말을 건네 보고 싶지만 아무도 아이에게 관심이 없는 듯합니다.

길에서 만난 강아지를 쫓아 계단을 오르다 올려다본 파란 하늘, 아이는 한참을 올려다봅니다. 다시 집으로 가는 길, 웬일인지 아이의 발걸음이 가벼워 보입니다. 혼자 힘으로 기운을 차린 걸까요?

글 없이 그림만으로 아이의 마음이 섬세하게 그려집니다.

『내 마음』

천유주 글·그림, 창비

아무도 자기를 알아주지 않고 세상에 혼자인 것 같은 기분이 드는 한 아이를 따라가 봅니다.

학교에서 혼자 터벅터벅 걸어오는 아이가 있습니

『아드리안, 네 차례야』 그래픽노블

헬레나 외베리 글, 크리스틴 리드스트럼 그림, 산하

아드리안은 친구들에게 놀림 받는 외톨이 소년입니다. 그뿐만 아니라 대답을 해야 하거나 책 읽을 차례가 되면 가슴이 쿵쾅거리고 눈앞이 캄캄해지고 숨이 막힐 것만 같습니다.

어느 날, 길거리에서 만난 헤이디라는 개와 친구가 되면서 아드리안에게 커다란 변화가 일어납니다. 헤이디와 함께 걸으니 기분이 좋다는 아드리안. 쓸쓸하고 외롭고 어두컴컴한 마음에 따뜻한 빛 한줄기 비추기 시작한 걸까요?

그런데 겨우 마음을 내준 헤이디가 주인을 만나 떠나고 마는데….

 당당한 부끄러움

부끄러움은 창피한 게 아니야

　부끄러움에 관해서라면 지금도 가슴이 콩닥거리고 마음이 저릿해 옵니다. 어렸을 때 제가 무척이나 부끄러움이 많았거든요. 너무 부끄러워 동네에서 만나는 어른들이나 친척 어른들께 인사도 제대로 못 했답니다. 몸이 저절로 움츠러들고 마음은 두근두근 조마조마한데 어른들은 그런 속마음도 몰라주고 인사성이 없다고 혼내기 일쑤였어요. 그러면 더 마음이 쪼그라들고 쥐구멍이라도 있으면 숨고만 싶어지는데 말이에요. 물론 자신감 같은 건 민들레 홀씨처럼 날아가 버렸지요. 어느 누구도 속상한 저의 마음을 알아주고 토닥여주는 말 한마디 해주지 않았습니다.
　부끄러움이 극복해야 되는 나쁜 것이 아니라는 걸 어른이 된 후에야 알게 되었습니다. 활달하고 적극적인 성격과 마찬가지로 부끄러움이 많은 성격 또한 사람의 다양한 성격 중의 하나일 뿐입니다. 능력이 없다거나 어딘가 부족하다거나 약하다는 것을 의미하는 것은 더더욱 아닙니다. 성격마다 장단점이 있을 뿐이지요. 부모가 먼저 부끄러움은 정상적인 감정이라는 것을 정확하게 인지하고 아이에게 장점을 얘기해주는 것이 필요합니다. 말이나 행동이 앞선 것보다 생각을 깊이 하기 때문에 실수가 적고 모든 일에 신중하다는 것을요.

수줍어하는 아이에게 빨리 말하라고 다그치거나 사람들의 시선이 집중되면 더 뒤로 숨는 경향이 있기 때문에 충분히 자신의 생각을 정리할 시간을 주고 느긋하게 기다려주는 것 또한 중요합니다. 아이의 마음이 편안해졌다 싶을 때 아이가 잘하거나 좋아하는 것 하나쯤 만들어주는 것이 좋습니다.

부끄러움이 많은 아이는 자신감이 떨어지는 경우가 많으므로 작은 성취에도 많은 격려가 필요해요. 무엇보다도 부모가 아이의 타고난 기질을 인정하고 긍정적으로 바라보고 천천히 변화해나갈 수 있도록 기다려주기만 한다면 마음의 상처 없이 건강한 마음으로 자랄 수 있을 거예요.

더불어 수줍음 많은 아이의 마음을 잘 알아주는 그림책 속 친구들을 만나면 얼마간 위로가 되고 용기가 날지도 몰라요.

부끄러움이 많은 아이의 부모님 주의사항

- 아이가 편안하게 느끼는 집에서 맞장구치며 대화를 많이 하도록 합니다.
- "아기 같은 행동 좀 그만해." "널 보면 동생들이 놀리겠다." 같이 아이가 수치스럽게 느낄 수 있는 말은 하지 않습니다.
- "우리 아이는 내성적이에요." "우리 아이는 친구들과 잘 어울리지 못해요." "너는 남자애가 왜 그 모양이니?" 같은 아이를 규정짓는 말을 삼갑니다.
- 성격을 고치겠다고 아이를 태권도 학원이나 웅변 학원, 단체 활동에 강제로 보내는 것은 좋지 않습니다.
- 부모가 수줍음이 많았다면 부모의 경험담을 들려주는 것도 아이에게 많은 위로와 격려가 됩니다.

『너무 부끄러워!』
크리스틴 나우만 빌맹 글, 마리안느 바르실롱 그림, 비룡소

여기 너무 부끄러워서 두 팔을 축 늘어뜨리고 발을 살포시 포갠 레아가 있어요.

레아는 하고 싶은 것은 많지만, 너무 부끄러워서 마음과는 달리 할 수 없는 일이 많아요. 수업 시간에 화장실에 가고 싶어도 말 한 마디 못하고, 쉬는 시간에 친구들한테 나비춤을 가르쳐 주고 싶지만 역시 생각뿐이고, 친구에게 새치기를 당해도 적극적으로 자기주장을 하지 못하고, 늘 마음으로 망설이기만 합니다.

그러다 한번은 용기를 내어 친구들 앞에서 그림자 토끼 만드는 법을 보여 주기로 마음먹지만, 활발하고 적극적인 비올레트에게 기회를 빼앗기고 맙니다. 레아는 정말 멋지고 용기 있고 대단한 비올레트가 부럽기만 해요.

그런데 그런 비올레트가 레아에게 진짜 대단하다며 고맙다고 말해요. 무슨 일이 있었던 걸까요?

부끄러움이 많은 아이들을 따뜻하게 보듬어주는 그림책입니다.

부끄럼쟁이들을 위한 그림책

『내 마음이 말할 때』
마크 패롯 글, 에바 알머슨 그림, 웅진주니어

많은 분들이 좋아하는 에바 알머슨의 감정 이야기입니다. 부끄러움, 사랑, 화, 공포, 그리움 등 다양한 감정을 다양한 색과 신체적 증상으로 나타낸 점이 흥미로워요. 그런데 이런 감정을 솔직하게 표현해도 될까요? 얼른 책을 펼쳐봐야겠어요.

어떻게 부끄러움을 떨쳐버릴 수 있을까요? 부끄럼쟁이 친구들을 위한 재미있는 활동이 뒤에 나와 있어요.

『레오틴의 긴 머리』
레미 쿠르종 글·그림, 씨드북

수줍음이 많은 레오틴은 너무 부끄러워서 긴 머리카락으로 얼굴을 꽁꽁 숨기고 다녀요. 아이들은 이런 레오틴을 괴롭히고 놀려대지요. 사실 레오틴의 마음 속에는 어릴 때 돌아가신 아빠 때문에 슬픔이 가득해요. 그러니까 레오틴이 긴 머리카락 속에 자신을 감추는 건 마음의 상처 때문일 거예요. 그러던 어느 날, 레오틴은 울라프라는 남자아이에게 끌리게 되고, 우연히 레오틴과 눈이 마주친 울라프 또한 흠뻑 반하게 되죠. 마음의 상처로 스스로 벽을 만든 레오틴, 긴 머리카락 밖으로 얼굴을 환하게 내밀게 될까요?

『부끄럼쟁이 공룡 부키』
브라이언 모스 글, 마이크 고든 그림, 봄볕

공룡 부키는 손님이 오면 숨어버릴 정도로 부끄러움을 많이 타요. 어른을 만나면 얼굴이 화끈거리고 입이 딱 얼어붙어버리고, 친구들 파티에서는 엄마에게 가지 말라고 매달리고요. 학교에서 발표할 때는 입이 바짝 마르고 눈물이 날 때도 있어요.
아빠는 부키에게 아빠도 부끄러움을 탈 때가 있다며 걱정하지 말래요. 그리고 부끄러움을 탈 때는 어떻게 해야 하는지 부키와 함께 알아보기로 했어요. 마지막 장을 보니 부키가 밝게 웃고 있어요. 부키는

『우물쭈물해도 괜찮아!』
오노데라 에츠코 글, 키쿠치 치키 그림, 주니어김영사

부끄럼쟁이 통통이가 아이스크림을 사러 갔어요. 그런데 가게 앞에서 너무 부끄러워 우물쭈물, 가게 누나가 물어봐도 고개를 숙이고 우물쭈물, 주문을 못해요. 그러는 사이 통통이보다 뒤에 온 코뿔소 씨가 먼저 아이스크림을 사 갔어요. 자꾸만 시간이 흘러 통통이가 좋아하는 아이스크림이 떨어질지도 몰라요. 그때 아주 작은 개미가 목이 터져라 '아이스크림 주세요'를 외치고 있었어요. 아무도 개미의 주문 소리를 듣지 못해요. 순간 통통이는 그런 개미를 위해 용기를 내어 큰소리로 주문을 해요. 아이스크림이 남아 있었을까요? 개미를 위해 스스로 용기를 낸 통통이도, 아주 작아 아무리 외쳐도 다른 사람들한테 목

소리가 전달되지 않아도 최선을 다하는 개미도 부끄러움이 많은 아이들에게 크나큰 힘이 될 거예요.

『내 마음』
리비 월든 글, 리처드 존스 그림, 트리앤북

부끄러움, 용기, 슬픔, 분노, 질투, 외로움, 고요함 등 다양한 감정을 시적인 글과 서정적인 그림으로 표현한 감정 그림책이에요. 책을 읽는 순간 지금 당장 내 마음부터 살펴보고 싶어집니다. 특히, 책 가운데에 뻥 뚫린 구멍 안에 서 있는 아이를 따라가다 보면 저절로 빠져들게 돼요.

『나는 소심해요』
엘로디 페로탱 글·그림, 이마주

다른 사람의 시선이 두려운 소심한 소녀의 이야기입니다. 소녀는 우습게 보일까 봐, 남들과 달라서 따돌림받을까 봐 걱정이에요. 큰소리로 똑똑하게 말하는 것도 어렵고, 사람들 눈에 뜨일까 봐 항상 몸을 구부리고 움츠려서 작게 만들어요. 그런 소심함을 떨쳐보려고 소녀는 노래도 불러보고 다른 사람과 대화하려고 시도해보기도 합니다.
소녀는 소심함을 극복할 수 있을까요? 작가의 어릴 적 이야기라니 더 솔깃합니다.

『빨간 풍선』
황수민 글·그림, 상그라픽아트

부끄러움을 아주 많이 타는 아이가 있어요. 그래서 빨간 풍선으로 항상 얼굴을 가리고 다녀요. 어느 날 서커스를 보러 갔다가 자신처럼 부끄러움을 많이 타는 코끼리를 만나게 되는데…. 세상의 모든 부끄럼쟁이들에게 용기를 주는 책.

『오늘은 내가 스타!』
패트리샤 폴라코 글·그림, 나는별

세계적인 그림책 작가 패트리샤 폴라코가 수줍음 많은 아이들에게 용기를 주기 위해 이번에도 자신의 어린 시절 이야기를 들려줍니다.
어린 패트리샤는 사람들 앞에서 말하거나 교실 앞에 나가 발표하는 것을 무척이나 두려워했대요.
어느 날, 패트리샤는 국어 선생님의 추천으로 연극반에 들어가게 되고, 어쩔 수 없는 상황 때문에 주인공을 맡게 되지요. 하지만 패트리샤는 두려움 때문에 대사를 한 마디도 못해요. 선생님은 패트리샤가 포기하지 않고 연기에 온몸을 맡기고 몰입하도록 지도합니다. 마침내 공연 날, 패트리샤는 두려움을 이기고 무대에 올라 많은 관객 앞에서 큰 소리로 말할 수 있게 된답니다. 패트리샤의 풍부한 표정만으로도 진한 감동이 전해집니다. 수줍음 많은 아이 패트리샤가 된 듯 가슴이 콩닥거리고, 얼굴이 빨개질지도 몰라요. 선생님이 앞에 나와 글을 발표해 보라고 시켰을 때 겁을 먹고 당황해서 어찌할 바 모르는 표정, 당장이라도 울 것 같은 얼굴에 걱정이 가득한 표정, 연극반 선생님의 손을 살포시 잡았을 때의 부끄러운 표정, 아이들에게 대사를 알려 주면서 한층 밝아진 표정, 주인공을 맡아야 했을 때의 난감한 표정, 무대에 오르기 직전의 공포에 사로잡힌 표정, 연기에 푹 빠져 불타올랐을 때의 열정적인 표정…. 마침내 연극이 끝난 뒤 밝게 웃는 패트리샤 표정을 보게 되면 어느새 우리 마음에도 자신감이 차오르게 될 거예요.
작가 패트리샤 폴라코의 말을 들어볼까요?
"이 책은 다른 사람 앞에서 말하거나 발표하는 것이 너무 부끄럽고, 무서워하는 어린이 친구들을 위해서 만들었어요. 이 책을 읽으면 더 이상 겁낼 필요가 없다는 걸 알게 될 거예요."

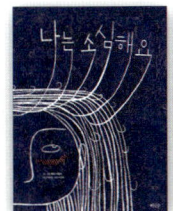  

『얼굴이 빨개져도 괜찮아!』
로르 몽루부 글·그림, 살림어린이

부끄러움을 아주 많이 타는 미리암은 이름만 불러도 얼굴이 토마토처럼 빨개져요.
빵집에서도 한마디도 못하고 친구가 놀러 와도 구석에 가만히 있어요. 친구들은 그런 미리암을 못난이 토마토라고 부르며 놀려요. 그런데 미리암에게 더 큰일이 생겼어요. 내일은 칠판 앞에 나가 시를 외워야 한대요. 생각만 해도 가슴이 콩닥콩닥 뛰고 다리가 후들후들 떨리고 그냥 사라지고만 싶은데, 어쩌죠?

『마음 조심』
윤지 글·그림, 웅진주니어

다른 사람에게 피해 주기 싫어서 먼저 조심하고, 큰 소리에 잘못이라도 한양 스스로 위축되고, 자신의 기회를 가로챈 사람도 이해하려고 애쓰는 소라게. 그러니 하루가 살얼음을 걷는 듯 조마조마합니다. 소라게는 늘 소심하고 내성적이었던 작가 자신이기도 하대요. 오늘 하루도 수고했다고 세상의 모든 소라게들을 토닥이는 그림책.

『딸꾹』
정미진 글, 엘 그림, 엣눈북스

사람들을 만나면 자꾸만 자꾸만 딸꾹질이 나오는, 수줍음 많은 한나의 이야기예요. 그래서 거의 집안에서만 지내게 되지요. 집 밖 세상을 기웃거리며 자신만의 세계에서 고요히 살아가던 어느 날, 한나에게 뜻밖의 손님이 찾아오는데…

『내가 주인공이야』 동화
로이스 로리 글, 미디 토마스 그림, 보물창고

주인공 구니 버드가 들려주는 이야기를 듣고 나면 누구라도 자신만의 이야기를 함으로써 주인공이 될 수 있다는 사실을 알게 돼요. 내가 내 삶의 주인공이라면 부끄러움이란 감정은 들어올 틈이 없대요.

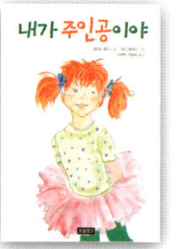

엄마를 위한 책

『내성적 아이의 힘』
이정화 저, 21세기북스

아이가 소심하고 겁 많고 느려서, 또는 내성적인 성격이라서 걱정하는 부모님을 위한 책. 조용한 아이의 마음을 들여다보는 '내향성 사용설명서'라고 하네요. 답답하고 이해할 수 없는 아이의 행동을 이해하도록 이끌어줍니다. 예민한 성격이 갖는 강점이 있듯 내성적인 아이의 장점과 가능성이 있을 텐데요. 그 가능성이 부모의 태도에 달려있다니, 꼭 읽어보고 싶지 않으세요?
어떤 가능성 때문뿐만이 아니라, 아이를 이해하고 아이와의 관계를 부드럽게 하는 데에도 많은 도움이 됩니다.

033 분리불안

보이지 않더라도 항상 네 옆에 있을게

　아이가 어릴 때는 화장실에도 편하게 못 갑니다. 쓰레기 분리수거가 있는 날이면 아이는 울고불고 난리가 나고요. 외출하는 엄마 바짓가랑이 붙잡고 울고, 좀 더 자라서는 어린이집에, 유치원에 안 가겠다고 떼를 쓰지요. 아이들의 성장 발달 과정 중에 자연스레 나타나는 분리불안의 풍경들입니다.

　정도의 차이는 있겠지만 아이를 키우는 엄마라면 한 번 쯤은 경험하셨을 테지요? 분리불안은 부모와 강한 애착이 형성되는 생후 6개월 무렵부터 시작되어 14개월 내지는 15개월에 가장 강해지고 3세까지 지속되기도 합니다. 심한 경우는 유치원, 초등학교 때까지 이어지기도 하고요.

　자연스럽고 일반적인 현상이긴 하나 아이와 좀 더 편안한 관계를 위해 분리불안을 완화시킬 필요는 있습니다. 분리불안은 주로 대상영속성 개념이 형성되지 않았거나 애착형성이 제대로 이루어지지 않았을 때 나타납니다. 대상영속성 개념은 존재하는 물체가 어떤 것에 가려 보이지 않더라도 그것이 사라지지 않고 지속적으로 존재하고 있다는 사실을 아는 능력인데요. 아이가 대상영속성을 인지하게 된다면 분리불안 해소에 많은 도움이 됩니다. 대상영속성은 아이들 누구나 좋아하는 까꿍 놀이를 통해 개발할 수 있어요.

애착형성에 문제가 있는 경우라면 안정적인 애착형성을 위해 많은 노력을 기울여야 합니다. 애착은 아이의 정서 발달에 있어서 가장 기초적인 뿌리 역할을 하는 만큼 아이의 삶 평생에 걸쳐 영향을 미치니까요. 아이는 늘 궁금하고 확인하고 싶어 합니다. 자신이 가장 신뢰하고 좋아하는 사람인 엄마가 자신을 사랑하는지, 자신이 투정부릴 때도 사랑하는지, 특히 언제 사랑하는지를요. 워킹맘이라 아이와 함께 하는 시간이 절대적으로 부족한 경우, 아이는 엄마가 회사에서도 내 생각을 하는지 궁금하기만 합니다. 이런 경우에도 애착을 강화하는 애착 그림책이 얼마간은 도움이 되리라 생각합니다.

분리불안을 완화시키는 가장 기본적인 자세

- 아이의 독립심을 키우기보다는 최대한 아이의 입장에서 마음을 편하게 해주는 것이 중요합니다.
- 아이와 헤어질 때는 매번 같은 형태로 아이와 엄마만의 독특한 작별 인사를 해 보세요.
- 상황을 살피며 종종 분리되는 연습을 합니다. 특히 아이가 낮잠을 푹 자고 일어나 기분이 좋거나 배불리 먹고 나서 편안할 때가 좋습니다.
- 아이에게 언제 어디로 외출한다는 것을 미리 알려줘서 아이가 마음의 준비를 하게 합니다.
- 아이와 헤어질 때 엄마가 나가는 것을 아이가 꼭 알 수 있게 해 주세요. 헤어질 때 아이가 울거나 떼쓰는 상황을 모면하려고 몰래 빠져나가는 행동은 바람직하지 않습니다.
- 아이와의 약속 시간을 정하고, 이를 정확하게 지켜야 합니다.
- 떨어져 있다가 다시 만나면 함께 즐거운 시간을 보낼 수 있을 것이라는 기대를 갖게 해 주세요.
- 엄마와 떨어져서 잘 견뎌낸 시간을 칭찬해 줍니다.

『우리는 언제나 다시 만나』
윤여림 글, 안녕달 그림, 스콜라

아이는 어릴 때 엄마와 떨어지는 게 두려워 분리불안을 느낍니다. 반면에 엄마는 아이가 성장한 후 아이의 빈방에서 허전함을 느낍니다. 엄마가 겪는 분리불안입니다.
그래도 아이와 엄마는 괜찮습니다. 언제나 다시 만날 것을 알기 때문이죠. 성장을 위해 잠깐 떠나 있는 아이를 위해 엄마는 세상에서 가장 따뜻한 사랑과 응원의 메시지를 전합니다.
"사랑하는 나의 아이야. 세상을 누비며 훨훨 날아다니렴. 그러다 힘들면 언제든 엄마에게 찾아오렴. 다시 날아오를 힘이 생길 때까지 꼭 안아줄게."
아이 곁에 엄마처럼 든든하게 항상 곁을 지켜주는, 수호신 같은 그림책입니다.

까꿍놀이, 숨바꼭질 그림책

『누구게?』, 『또 누구게?』
최정선 글, 이혜리 그림, 보림

아이들이라면 누구나 좋아하는 까꿍놀이 그림책. 까꿍놀이는 가장 손쉬운 방법으로 아이와 까르르 웃으며 놀 수 있는 최고의 놀이입니다. 집에서는 수건이나 이불을 이용하면 되지만, 이 책에서는 특별히 커다란 나뭇잎을 이용하고 있어 생태 감수성을 기르기에도 좋아요.
『누구게?』는 초록 나뭇잎을 이용했지만, 『또 누구게?』는 알록달록 물든 나뭇잎으로 가을을 흠뻑 느낄 수 있어요.

『엄마 여우와 아기 여우의 숨바꼭질』
아망디 모망소 글·그림, 사파리

까꿍놀이가 아기들을 위한 놀이라면 숨바꼭질은 까꿍놀이와 원리는 같지만 좀 더 큰 아이들에게 어울리지요.
하얀 눈이 소복이 내린 겨울 숲, 눈 깜짝할 사이에 엄마 여우 시야에서 아기 여우들이 사라졌어요. 엄마 여우는 아기 여우들을 찾아 숲 속을 이리저리 돌아다닙니다. 엄마 여우는 얼마나 애가 탈까요? 다행히 엄마 여우는 겨울 숲에서 숨바꼭질하고 있는 아기 여우들을 한 마리, 한 마리씩 모두 찾아냅니다. 역시 엄마는 찾아내고야 말아요. 책을 보는 우리도 안심하게 됩니다. 엄마 여우는 아기 여우들에게 말해요.
"얘들아, 엄마는 여기에 있단다. 엄마는 언제나 너희 곁에 있어."
우리 아이들에게 들려주고 싶은 말이기도 하지요. 숲에 어둠이 내리자 엄마 여우는 아기 여우들과 함께 잠자리에 들어요.

애착과 분리불안 그림책

『엄마는 언제 날 사랑해?』
아스트리드 데보르드 글, 폴린 마르탱 그림, 토토북

엄마가 언제 자신을 가장 사랑하는지 늘 궁금한 아이를 만나봅니다.
엄마는 언제 자신을 사랑하냐는 아이의 물음에 조곤조곤 이야기를 들려줍니다. 조금 특별한 방식으로, 감동적으로요. 대비되는 상황을 통해 엄마의 사랑을 전해줍니다. 이를테면 왼쪽 면에는 잘생기고 차분한 모습을, 또 다른 면에는 못나 보이고 말썽피우는 모습을 보여주면서 예쁘고 예의바르고 착할 때뿐만 아니라, 장난치고 투정부릴 때도 변함없이 사랑하고 있다고 말해주지요. 자신이 언제나 사랑받고 있다는 믿음은 아이에게 든든한 버팀목이 됩니다.

『너는 기적이야』
최숙희 글·그림, 책읽는곰

아이에 관해 '처음'을 떠올리는 일은 가슴이 벅차오르며 울컥해지기도 합니다. 아이의 처음은 세

상의 모든 것이 아이 중심으로 흘러갑니다. 아이가 처음 세상에 온 날, 아이가 처음 웃던 날, 첫 이가 돋던 날, 처음 엄마라고 부르던 날, 처음 걷던 날을 떠올려볼까요? 아이가 살며시 눈뜨며 웃을 때는 새들도 나무도 온 세상도 비로소 깨어 아침을 맞이하고, 아이와 함께 맞는 아침은 세상에서 가장 귀한 선물이래요. 아이가 몹시 아프던 날도 빼놓을 수 없지요? 아이를 안고 빌고 또 빌며 밤을 지새우던 그 밤을요. 그렇게도 소중한 존재임을 아이에게 들려주고 또 들려주세요.

『엄마, 언제부터 날 사랑했어?』

안니 아고피앙 글, 클레르 프라네크 그림, 문학동네어린이

언제부터 자신을 사랑했는지, 얼마나 사랑하는지, 지금도 사랑하는지 궁금해하는 아이들을 위한 책이에요. 또한 몸과 마음이 힘들고 지친 엄마들을 위한 책이기도 해요. 아기가 태어나기까지 40주, 280일, 6,720시간, 403,200분, 설렘과 감동의 순간순간들이 담겨 있거든요. 얼마나 오랜 기다림과 설렘, 사랑 속에서 태어난 아이인지를 엄마도 아이도 절절하게 느낄 수 있어요. 그래서 엄마에게 얼마나 소중한 아이인지도요.

『그래도 엄마는 너를 사랑한단다』

이언 포크너 글·그림, 베틀북

세상에서 가장 에너지 넘치는 아이, 올리비아를 만나볼까요? 할 줄 아는 게 무지무지 많은 아이, 특히나 사람들을 지쳐 떨어지게 하는 데 신공을 펼치는 아이, 저 혼자 지쳐 떨어지기도 하는 아이예요.
올리비아가 다채로운 하루를 드디어 마감하고 잠잘 시간이 되면 꼭 하는 일이 있어요. 바로 그림책 읽기예요. 엄마는 책을 다 읽어주고 나서 올리비아에게 뽀뽀를 해주며 말해요.
"넌 정말 엄마를 무척 지치게 하는구나. 그래도 엄마는 너를 사랑한단다."
아무리 말썽을 부려도 변함없이 사랑한다는 말, 바로 아이가 듣고 싶었던 말이기에 아이는 엄마의 따뜻한 사랑을 느끼며 행복해합니다.

『엄마 껌딱지』

카롤 피브 글, 도로테 드 몽프레 그림, 한솔수북

엄마와 떨어지기 싫어하는 아이의 기발한 상상이 빚어낸 이야기예요.
엄마 껌딱지인 한 아이가 엄마를 너무나 좋아해 이런 상상을 합니다. 엄마 치마에서 살면 어떨까? 하고요. 아기 때처럼 엄마랑 항상 함께 있을 수 있으니까요. 그날부터 아이는 엄마 치마에서 살아요. 엄마가 회사에 갈 때도, 심지어 엄마랑 아빠랑 뽀뽀할 때도 함께 하지요. 그러던 어느 날, 아이는 문득 어떤 사실 하나를 깨닫게 되는데….
엄마 치마에서 사는 아이의 행복한 모습을 플랩으로 표현해 치마 플랩을 넘겨보는 재미가 있어요.

『수영 팬티』

샤를로트 문드리크 글, 올리비에 탈레크 그림, 한울림어린이

처음으로 엄마와 떨어져 여름방학을 시골에서 보내야 하는 아홉 살 미셸의 이야기. 최악의 여름방학이 될 거라 툴툴대지만, 점점 성장해가는 미셸을 만날 수 있어요. 『무릎딱지』의 글 작가와 그림 작가가 또 다시 울림 있는 작품을 만들었네요.

『시작하는 너에게』

마에다 마유미 글·그림, 웅진주니어

어느 날, 아기곰 폴로는 까마귀에게서 깜짝 놀랄 말을 듣게 돼요. 아기곰이 홀로서기 할 때가 오면 엄마곰이 딸기나무 숲으로 데려갈 거라고. 그러고는 아기곰이 딸기를 먹는 사이에 조용히 사라질 거라고. 며칠 뒤, 엄마곰이 폴로에게 나무딸기를 먹으러 가자고 하는데…….

『유치원에 처음 가는 날』

코린 드레퓌스 글, 나탈리 슈 그림, 키다리

아이와 엄마는 유치원에 갈 준비를 완벽하게 끝내고 열 밤이나 전부터 기다렸는데, 유치원에 가는 날 아침이 되니 기분이 이상해요. 아이는 엄마 손을 더 꼭 잡고, 어쩐지 엄마 마음도 좀 이상해요. 어린이집이나 유치원에 가기 위해 엄마와 처음 떨어져야 하는 아이의 마음을 섬세하게 담고 있어요.

워킹맘을 위한 그림책

『엄마 가슴 속엔 언제나 네가 있단다』

몰리 뱅 글·그림, 열린어린이

아이가 유치원에 가 있을 때 엄마가 자신을 생각하는지, 또는 엄마가 회사에 있을 때에도 자신을 생각하는지 아이는 궁금합니다. 그러니까 항상 엄마의 사랑을 확인하고 싶은 거지요. 여기에 딱 맞춤한 그림책이에요.

일터로 가야 하는 엄마는 가족 중에 제일 먼저 집을 나섭니다. 현관문을 나서자마자 엄마는 외투 속을 들여다봐요. 왜냐하면 그곳에 아이가 있기 때문이죠. 버스를 기다릴 때도, 버스 안에서도, 회사에 도착해 하루의 일을 시작할 때도 엄마 가슴 속에는 아이가 있어요. 엄마는 일하는 사이사이 가슴 속을 들여다보며 행복해합니다. 신기하게도 엄마의 가슴 속에는 유치원에 간 아이가 간식을 먹고, 장난을 치고, 심지어 똥을 누는 모습까지도 아이의 모습이 빼곡히 담겨 있거든요. 그렇게 회사에서 하루를 보낸 엄마는 퇴근해서 활짝 웃으며 아이를 꼭 끌어안아 줍니다.

『엄마는 회사에서 내 생각 해?』

김영진 글·그림, 길벗어린이

월요일 아침, 엄마는 무지 바빠요. 은비를 유치원에 데려다주고 엄마는 빨리 회사에 가야 하거든요. 은비는 오늘 유치원에 가기 싫어 떼를 쓰다가 엄마에게 혼이 났어요. 엄마는 급히 서둘러 늑장부리는 은비를 유치원에 데려다주고 겨우 회사에 갔어요.

이제부터 왼쪽 면에는 회사에 간 엄마의 일과가, 오른쪽 면에는 유치원에 간 은비의 모습이 대조적으로 그려져요. 억지로 은비를 유치원에 보낸 엄마는 하루 종일 은비 생각뿐이에요. 바쁘게 일할 때도, 점심을 먹을 때도. 그런데 엄마의 걱정과 달리 은비는 즐겁게 지내고 있어요. 생각보다 조금 늦은 시간, 엄마는 회사에서 날다시피 달려와 은비를 와락 껴안았어요. 몇십 년 만에 만난 것처럼요. 은비는 엄마에게 유치원에서 있었던 일을 조잘조잘 들려주며 엄마는 회사에서 뭐 했냐고 묻지요. 엄마는 은비가 가장 듣고 싶었던 말을 해요. 우리 은비 생각했지! 라고요.

회사에 나가는 엄마를 둔 아이들에게 엄마가 함께하지는 못해도 엄마가 늘 생각하고 사랑한다는 사실을 깨달으며 마음 깊이 안도할 수 있는 그림책입니다.

034 질투가 스멀스멀

샘내는 마음
뽀송뽀송
말려요

살면서 거짓말 한 번도 해 본 일이 없다는 사람을 만나 본 적 있나요? 질투 한 번 해 본 적 없다는 사람은요? 두 가지 경우 다 흔치 않은 경우일 거예요. 정도의 차이는 있겠지만 누구나 한 번쯤은 질투를 느껴 봤을 테니까요.

맛있는 음식을 보면 반사적으로 침이 꼴깍 넘어가고 먹고 싶은 생각이 드는 것처럼 다른 사람이 멋진 일을 해내면 부러운 마음이 드는 게 자연스러운 감정입니다. 그런데 부러움을 넘어 주는 것 없이 그 사람이 미워지고 그 사람에 대해 깎아내리는 말을 하고 있다면 질투가 싹트고 있는 거지요. 사람은 물질에 대한 소유욕보다는 관계에 대한 소유욕이 훨씬 크다고 합니다. 그래서 아이들은 엄마가 나보다 동생을 더 예뻐하거나 친구가 나보다 다른 아이를 더 좋아할 때, 선생님이 나보다 친구를 더 예뻐할 때 질투가 납니다. 사랑이나 관심이 나에게로만 향했으면 좋겠는데, 그 사랑이나 관심을 빼앗길까 봐 두려운 마음이 질투를 불타오르게 하는 거지요.

질투가 드러나는 방식 또한 다양합니다. 화를 내기도 하고 삐지기도 하고 엉뚱한 사람한테 괜히 심술을 부리곤 하지요. 질투라는 감정을 속이고 있으니 주변 사람들은 그 상황을 잘 모르는 경우가 많습니다. 질투하는 사람의 마음만 답답하고 괴로울 뿐입니다. 질투가 불타오르면 여기서 그치지 않고 헛된 소문을 퍼뜨리거나 마음속으로 지목한 상대를 곤경에 빠뜨리는 일까지 서슴지 않고 하게 되지요. 그럴수록 기분은 통쾌해지는 게 아니라 지옥의 나락으로 떨어지는 것 같아요. 질투가 계속 불타오르면 불길이 잡히지 않는 화재 현장처럼 한 사람의 마음을 시커멓게 태워버릴 수도 있습니다.

어떻게 하면 질투를 멈추게 할 수 있을까요? 우선은 이이가 질투리는 감정을 알아차리고 그 감정이 부끄럽거나 숨겨야 하는 나쁜 감정이 아니라는 걸 말해주세요. 물론 숨기면 숨길수록 흉측한 괴물이 된다는 것도요. 그리고 무엇보다 중요한 것은 아이가 존재 자체로 얼마나 소중한 사람이고 사랑받고 있는지를 넘치도록 느끼게 해주세요. 그리고 축축한 빨래를 햇볕에 펼쳐 말리듯 그림책이나 동화책을 읽으며 질투라는 감정에 대해 스스럼없이 얘기하세요. 질투로 질척질척한 마음이 뽀송뽀송하게 잘 마를 수 있도록.

『질투가 나는 걸 어떡해!』
코넬리아 스펠만 글, 캐시 파킨슨 그림, 보물창고

질투가 나는 다양한 상황을 들려주고 해결 방안을 알려 줍니다.

엄마가 나보다 동생을 더 좋아할 때, 친구가 나 말고 다른 친구랑 더 재미나게 노는 것처럼 보일 때, 내가 원하는 걸 다른 사람이 가지고 있을 때, 내가 정말 잘 하고 싶은 일을 다른 친구가 먼저 멋지게 해낼 때, 모두들 다른 친구에게만 집중하고 주목할 때 질투가 난대요. 그런데 나만 질투가 나는 게 아니라 다른 친구들도, 어른도, 심지어 반려동물들도 질투를 한대요.

질투가 나면 마음이 뾰족뾰족하고 뜨겁고 지독하다는데, 질투가 나는 걸 어떡하죠? 다른 사람에게 질투가 나는 마음을 솔직하게 털어놓으면 된대요. 질투를 하는 아이에게는 얼마나 소중한 존재인지, 얼마나 사랑하고 있는지를 얘기해주고요. 질투하는 마음은 주로 자신이 아무런 가치가 없다고 생각하거나 사랑받고 있지 못하다고 느낄 때 나타나니까요.

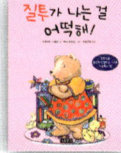

샘내는 마음 뽀송뽀송하게 하는 그림책

『열까지 세면 엄마가 올까?』
마루야마 아야코 글·그림, 나는별

동생을 돌보느라 그림책도 안 읽어주고 동생이 별이의 색종이 하트를 망가뜨렸는데도 엄마는 별이만 혼냈어요. 그런 엄마가 미워서 별이는 집을 나가기로 했어요. 큼직한 종이에 편지를 써서 거실 창문에 붙여놓고 가방을 챙겨서 현관문을 나섰어요. 펑펑 쏟아지는 눈을 맞으며 마당을 왔다 갔다 하는데….

별이가 열까지 세는 동안 엄마가 별이를 찾으러 올까요?

『개와 바이올린』

데이비드 리치필드 글·그림, 재능교육

바이올린 연주자 헥터와 그의 연주를 누구보다도 좋아하는 휴고는 둘도 없는 친구예요. 좋을 때나 안 좋을 때나, 힘들 때도 늘 함께했지요.

어느 날부턴가 헥터는 연주하기에는 너무 나이가 들었다며 바이올린 연주를 그만두고 대부분 잠으로 시간을 보냈어요. 그 사이 휴고가 자신의 바이올린으로 연습하는 것도 모르고요. 어느 날 밤 옥상에서 휴고가 바이올린 연주를 멋지게 하는 것을 보고 헥터는 배가 조금 아팠어요. 또한 휴고가 유명한 피아니스트 곰과 함께 연주 여행을 떠난다고 했을 때는 배가 더 아팠고요. 휴고에게 상처가 되는 말까지 해가며 휴고를 말렸지만 휴고는 다시없는 기회라며 떠나고 말아요.

둘도 없는 친구였던 관계가 질투하는 마음으로 영영 갈라지고 마는 걸까요?

『샘쟁이 공룡 새미』

브라이언 모스 글, 마이크 고든 그림, 봄볕

공룡 새미는 샘이 많은 샘쟁이래요. 동생이 자기보다 게임을 잘해도 샘을 내고 친구들이 멋진 공룡 자전거를 타는 걸 봐도 샘이 나요. 사촌들이 즐겁게 놀러 가는 것만 봐도 샘이 나고요. 샘을 낼 때면 새미는 진한 초록색 눈이 되고 벌레가 배 속에서 우글거리는 것 같아 기분이 좋지 않아요. 엄마에게 말했더니 샘을 내는 건 자연스러운 일이래요. 아빠는 자신도 샘을 낼 때가 있다며 샘이 날 때 마음을 다스리는 좋은 방법을 알려주었어요. 아빠의 말대로 노력하는 새미는 이제 초록색 눈이 되지 않아요.

샘이 많은 친구들을 위해 마음을 들여다볼 수 있는 재미있는 활동도 나와 있어요.

『자꾸만 샘이 나요』

파키타 글, 마리그리부이유 그림, 풀빛

엠마는 레아와 둘도 없는 친구 사이예요. 그런데 선생님이 레아를 칭찬했다는 이유로 레아에게 샘을 내고 엎드려 울기까지 해요. 결국 선생님은 아이들 모두에게 감정 수업을 시작합니다.

『질투는 나의 힘』

허은실 글, 김고은 그림, 아이세움

질투와 시기로 똘똘 뭉친 짱아는 엄마가 동생만 예뻐하는 것 같아 심통이 나고, 친구 초롱이가 친구들에게 인기가 많은 것도 샘이 나요. 이런 짱아가 속마음을 백설공주를 시기한 왕비에게 펼쳐 보이며 질투에 대해 입체적으로 들여다봐요.

질투란 무엇이며 질투가 날 때 하게 되는 행동들에는 무엇이 있는지, 질투를 하게 되면 주변 사람들이 짱아를 어떻게 대하는지, 질투를 하게 되면 뭐가 나쁜 건지 등등. 그런데 가벼운 질투는 어떤 일을 잘 해내는 데 힘이 되기도 한대요. 바로 평생을 친구이자 경쟁자로 여긴 마티스와 피카소처럼 말이죠.

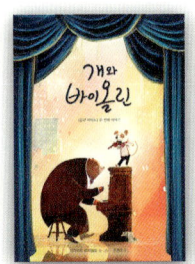

『자꾸 샘이 나요』

김성은 글, 서영경 그림, 시공주니어

언제 질투가 나는지, 질투가 나면 어떤 행동을 하는지, 그때는 어떻게 하면 질투 나는 마음이 풀리는지, 질투에 대한 다양한 측면을 간결하고 쉽게 담았어요.

동이는 엄마 아빠의 사랑을 동생한테 빼앗긴 것 같아 화가 나고, 형은 하고 싶은 대로 다 하는 것 같아 부러워요. 유치원에서는 나만 잘하는 게 하나도 없는 것 같아 속상하고요.

너무도 아이다운 감정이지요. 아이가 이런 속마음을 밖으로 표현하고 어른들은 그 마음을 잘 받아주면 되겠지요?

재미난 건 동이만 샘내는 마음이 있는 게 아니래요. 아빠도, 형도 샘이 난대요. 아, 참 동이는 어떻게 속상하고 화난 마음을 풀었을까요?

『난 왜 자꾸 질투가 날까?』 동화

강민경 글, 안경희 그림, 팜파스

질투의 여왕이었다가 어떤 깨달음으로 사랑의 여왕으로 거듭난 강민경 작가의 어린 시절 경험을 토대로 한 이야기래요.

설희는 자기보다 더 예쁨 받거나 칭찬받는 사람은 모두 질투해요. 동생이 자기보다 더 사랑받는 것 같아 미워하고, 좋아하는 준선이가 연수와 더 친하게 지내는 것 같아 연수를 질투하고요.

그러니까 설희는 자신이 받을 사랑을 빼앗긴 피해자라고 생각해요. 그래서 입양한 동생은 보육원으로 다시 돌려보내고 싶고, 연수를 골탕 먹이기 위해 온갖 일을 꾸며내지요.

꾸며낸 일이 실패로 돌아가자 설희는 또 모든 일을 다른 사람 탓으로 돌리고 그럴수록 설희의 마음은 점점 슬퍼지기만 합니다.

설희의 질투의 불꽃은 계속 불타오르게 될까요? 아니면, 강민경 작가처럼 사랑의 여왕으로 거듭나게 될까요?

『질투의 왕』 동화

다니엘 시마르 글, 개암나무

줄리앙의 반에 전학생 에두아르가 오면서 줄리앙은 자신의 인생이 엉망진창이 됐다고 생각해요.

늘 일등만 하던 자리도 빼앗기고 '월요일의 챔피언' 별도 에두아르가 탔거든요. 무엇보다 가장 화가 나는 건 줄리앙의 단짝 친구 미카엘을 에두아르에게 빼앗겼다는 거예요.

줄리앙이 환상의 짝꿍이라 생각하는 미카엘은 이제 에두아르와 등하교를 함께 하고, 둘은 집에서도 함께 놀아요. 물론 줄리앙이 예전에 미카엘과 단둘이 하던 것들이죠. 이제 미카엘은 줄리앙은 신경도 쓰지 않는 것 같아요.

에두아르에게 모든 걸 빼앗겼다 생각하는 줄리앙은 에두아르의 큰 비밀을 알게 되고, 복수하는 마음으로 아이들에게 그 비밀을 터뜨리는데….

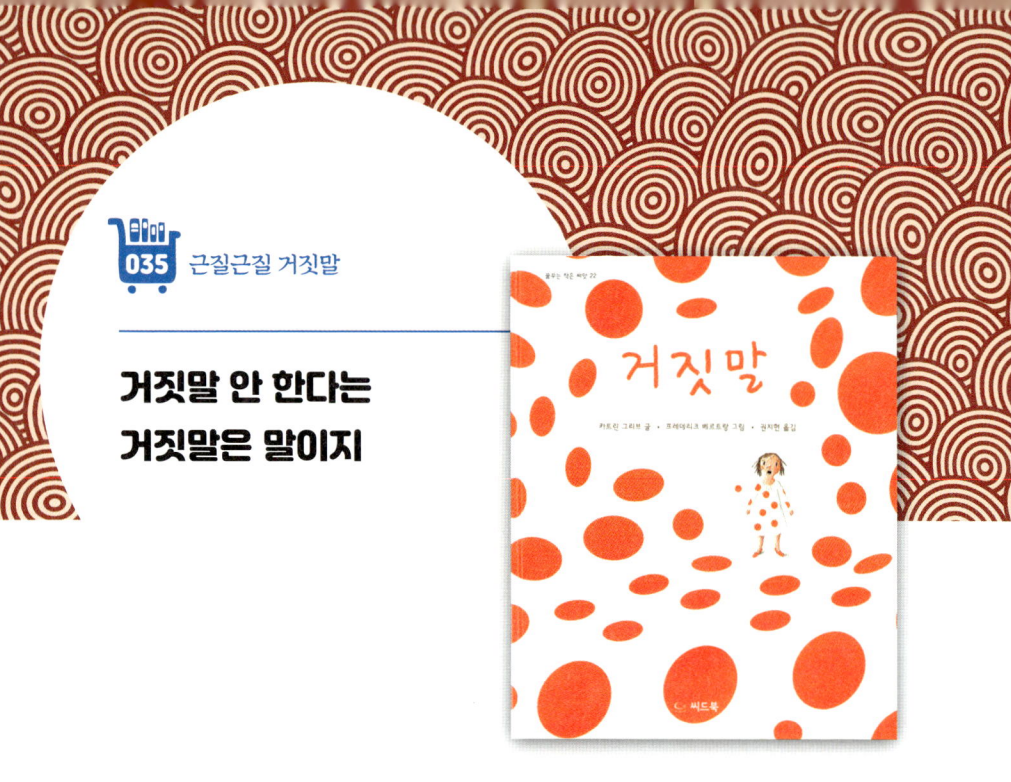

035 근질근질 거짓말

거짓말 안 한다는
거짓말은 말이지

아이가 거짓말을 하면 부모는 순간적으로 당황합니다. 부모로서 아이를 잘못 키웠다는 자책감이 들고, 아이의 도덕성 발달이 크게 잘못된 건 아닌가 하는 걱정이 앞서기도 합니다. 그래서인지 부모의 반응은 대부분 화를 내거나 크게 야단을 치지요. 그런데 다 아시겠지만 아무리 혼을 내도 아이가 다시 거짓말을 한다는 것입니다. 이는 혼을 내서 해결될 일이 아니라는 것이지요.

아이들의 거짓말은 연령에 따라 양상이나 수준이 천차만별이지만, 대부분의 경우는 이렇습니다. 혼날까 봐 무섭고 불안할 때, 멋있어 보이고 싶을 때, 생각이 잘 안 날 때, 뭔가를 지키고 싶을 때, 사고 싶거나 하고 싶은 일을 허락받지 못할 것 같을 때, 심지어는 양치기 소년처럼 재미로 하다가 습관이 되는 경우도 있습니다. 재미로 하는 거짓말을 제외하고는 아이들도 거짓말이 나쁘다는 걸 알기 때문에 거짓말을 해놓고 몹시 불안해합니다. 거짓말 때문에 혼날까 봐 거짓말을 숨기기 위해 또 다른 거짓말을 하는 악순환이 계속되기도 합니다.

그렇다면 아이가 거짓말을 했을 때 어떻게 하면 화내지 않고 효과적으로 대처할 수 있을까요? 우선 아이가 거짓말을 하게 되는 여러 가지 상황과 이유를 알아야 합니다.

거짓말 자체보다는 근본적인 동기나 원인을 찾아 해결하는 것이 중요합니다. 이미 불안해하는 아이에게 잘못을 지적하여 더 큰 불안감을 만들기보다는 아이를 편안하게 대해야 해요. 거짓말을 하게 된 아이의 첫 마음을 헤아려주고 받아주고, 그리하여 아이가 스스로 상황을 말할 수 있도록 말이에요. 그래서 문제가 있다면 함께 머리를 맞대고 풀어보는 겁니다.

어쩌면 부모의 일관성 없는 교육방식이나 가치관 때문에 아이가 거짓말을 할 수도 있습니다. 부모에게 거절당한 경험이 많거나 아이가 납득되지 않은 상태에서 어떤 일을 부모가 일방적으로 결정하는 경우가 그렇지요. 부모와 아이가 거짓말을 하지 않을 상황을 함께 만들어가야 합니다. 이를테면 거짓말을 하지 않아도 아이가 원하는 바를 이룰 수 있는 방법 같은 것을 함께 생각해보는 거지요.

참, 아이가 거짓말한 상황을 스스로 말한 후에는 "사실대로 말해줘서 고마워"라든가 "엄마 아빠는 정직하게 말해준 네가 자랑스러워"라는 칭찬의 말을 하는 것도 잊지 마세요.

평소에 거짓말에 관한 그림책을 보면서 아이와 많은 대화를 나누다 보면 부모도 아이도 좀 더 지혜롭게 그 상황을 헤쳐가리라 생각합니다.

아이가 거짓말했을 때 부모님 주의 사항

- "너는 거짓말쟁이야", "거짓말은 절대 용서 못 해", "거짓말하면 혼날 줄 알아", "뉘우칠 때까지 네 방에서 나오지 마", "이제 너를 못 믿겠어" 등 아이를 상심하게 하는 이런 말은 하지 않습니다.
- 부모가 지나치게 흥분하거나 화를 내면서 아이를 꾸짖지 말아야 합니다.
- "거짓말 안 하고 사실대로 말하면 아빠에게 말 안 할게"라는 말은 바람직하지 않습니다. 이는 곧 아빠를 속이는 것이나 다름없는 것이니까요.

『거짓말』

카트린 그리브 글, 프레데리크 베르트랑 그림, 씨드북

순간적으로 툭 튀어나온 거짓말 때문에 생긴 한 아이의 죄책감과 불안이 섬세하게 표현되어 있어요. 빨간 점으로 표현된 거짓말은 점점 커지고 그 수도 점점 많아지면서 아이의 일상을 지배하게 됩니다. 아무리 잊으려 해도, 숨기려 해도 거짓말은 아이에게 찰싹 달라붙어 더 힘들게 할 뿐입니다. 이럴 땐 어떻게 해야 할까요? 아주 손쉬운 해결책이 책 속에 있어요. 단, 아이에게 용기가 필요합니다.

거짓말에 대한 그림책

『거짓말 손수건, 포포피포』
디디에 레비 글, 장 바티스트 부르주아 그림, 이마주

실수든 고의든 혼날까 봐 자신의 잘못을 감추기 위해 하게 되는 거짓말이에요.
엄마가 아끼는 도자기 인형을 깨뜨린 클로비는 두려운 나머지 손수건에 깨진 조각들을 싸서 주머니 속에 감춰 둡니다. 그런데 신기하게도 깨진 조각들은 사라지고 손수건에는 도자기의 무늬만 남아 있었어요. 그 후 클로비는 숨기고 싶은 것은 모두 손수건에 담아버립니다. 그럴 때마다 거짓말 손수건은 점점 커지고 커지는데….

『거짓말』
나카가와 히로타카 글, 미로코 마치코 그림, 길벗어린이

사람들은 거짓말을 왜 할까? 누군가를 지켜주고 싶어서 하는 거짓말도 하면 안 되는 걸까? 누군가를 기분 좋게 하기 위해서 하는 거짓말도 나쁜 걸까? 거짓말이란 뭘까? 거짓말은 무조건 나쁜 거라고 말하지 않습니다. 거짓말에 대해서 이러쿵저러쿵 이야기 나누기에 참 좋아요.

『거짓말 괴물』
레베카 애쉬다운 글·그림, 키즈엠

할머니를 속상하게 하지 않으려고 불쑥 내뱉은 거짓말. 그런데 한 번의 거짓말은 또 다른 거짓말을 낳아 결국에는 거대한 거짓말 괴물이 되고 맙니다. 거짓말 괴물에게 잡아먹히지 않으려면 어떻게 해야 할까요? 책 속에 아주 간단한 해결책이 있습니다.

『입에 딱 달라붙은 거짓말』
엘리센다 로카 글, 크리스티나 로산토스 그림, 노란상상

장난으로 거짓말을 시작한 아니타, 어른들도 장난이라고 생각하며 웃으며 지나가자 아니타는 거짓말을 툭툭 내뱉는 습관이 생겼어요. 거짓말을 재미난 장난으로 착각하여 입만 열면 거짓말을 하며 즐거워했지요. 바로 양치기 소년처럼요.
그러던 어느 날, 아니타의 강아지가 사라졌는데 아무도 아니타의 말을 귀담아듣지 않아요. 엉엉 울면서 혼자 강아지를 찾아다니는 아니타, 강아지를 찾을 수 있을까요?

『포포의 거짓말』
민정영 글·그림, 길벗어린이

포포의 마을에 메이가 이사왔어요. 포포와 친구들은 메이를 좋아했고 잘 대해 주었지요. 특히 포포는 메이와 제일 친한 단짝 친구가 되고 싶었어요.
친구들을 모두 초대한 메이의 생일날, 포포는 메이를 독차지하고 싶은 마음에 친구들에게 거짓말을 하고 말았어요. 친구들에게는 메이가 독감에 걸려서 생일파티가 취소됐다고 하고, 메이에게는 친구들이 아파서 못 온다고 했지요. 그런데 포포와 단둘이서 생일 파티를 하던 메이, 친구들이 자신을 안 좋아하는 것 같다며 갑자기 엉엉 울음을 터뜨리는데….

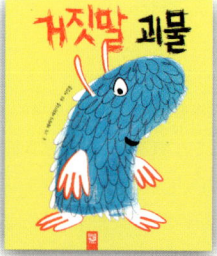

『친구를 만나러 가는 길』

한기현 글·그림, 글로연

친구들과 신나게 노는 것도 좋지만 친구들 속에서 주목받고 싶은 아이의 심리를 섬세하게 담고 있어요. 아이가 친구를 만나러 가는 길에 이파리 요정이 말해요. 잘난 체하는 거짓말을 할 때마다 빨간 꽃이 피어나는 요술 드레스와 칭찬의 거짓말을 할 때마다 하얀 꽃이 피어나는 요술 드레스를 주겠다고요. 아이는 친구들에게 자랑하고 싶어서 흔쾌히 요술 드레스를 입고 가는데….

『왜 거짓말을 할까?』

안체 담 글·그림, 스콜라

토론을 위한 철학그림책이라니, 이 책은 초등학교 이상의 아이들과 함께 보면 좋을 것 같아요.
진실과 거짓말에 대해 생각해 보는 흥미로운 질문 48개가 들어 있어요. 거짓말은 누구나 다 하는 걸까요? 선의의 거짓말은 해도 될까요? 꾸며 낸 이야기가 더 재미있지 않나요? 동물들도 거짓말을 할 수 있을까요? 등등.

『거짓말쟁이 왕바름』 동화

박영옥 글, 유수정 그림, 고래가숨쉬는도서관

왕바름은 바르고 정직하게 살라고 아빠가 지어준 이름대로 어른들 말씀 잘 듣고 거짓말을 절대 하지 않아요. 반장이 된 뒤로는 선생님께 모든 걸 사실대로 말합니다. 친구들은 이런 왕바름을 좋아하지 않지요. 고민에 싸인 왕바름에게 거짓말 요정이 나타나요. 요정의 도움으로 왕바름이 거짓말을 하게 되는데…. 거짓말은 항상 나쁜 걸까? 하고 생각해보게 합니다.

『엄마는 거짓말쟁이』 동화

김리리 글, 한지예 그림, 다림

거짓말하지 말라고 해놓고 엄마는 어린 슬비 앞에서 스스럼없이 시시때때로 거짓말을 합니다. 슬비는 그런 엄마를 보고 자연스레 거짓말의 유용성을 배우게 되지요. 그러던 어느 날, 슬비는 학교에 지각을 하고 한복을 안 가져온 이유가 엄마가 많이 아프기 때문이라고 하는데, 그때 마침 엄마가 학교에 한복을 들고 오셨어요. 선생님과 아이들이 지켜보는 가운데 엄마는 슬비가 간밤에 많이 아팠기 때문이라고 말하죠. 슬비와 엄마는 어떻게 곤란한 상황을 모면할까요?

『거짓말 아닌 거짓말』 동화

조지 섀넌 글, 존 오브라이언 그림, 베틀북

거짓말이라는 건지 거짓말이 아니라는 건지, 제목이 알쏭달쏭하지요? 진실과 거짓에 얽힌 수수께끼 같은 이야기, 세계 여러 나라의 민담 18편이 담겨 있습니다. 수수께끼를 풀 듯 주인공들이 숨기고 있는 진실과 거짓 찾기 놀이를 즐겨보세요. 생각이 깊어지는 철학 동화입니다.

『거짓말을 먹는 나무』 청소년

프랜시스 하딩 저, 알에이치코리아(RHK)

'거짓말 나무'라는 매혹적인 소재로 한 미스터리 추리소설입니다.
아버지의 죽음에 대한 진실을 밝히기 위해 주인공 소녀는 거짓말 나무에게 진실을 얻는 대가로 거짓말을 속삭이게 됩니다. 하지만 거짓말은 걷잡을 수 없이 불어나고 소녀는 점점 어둠의 유혹에 빠지게 됩니다.

036 깜찍 짜릿한 복수열전

깜찍한 복수는 어떤 맛일까?

살다 보면 아이든 어른이든 속상하고 화나고 짜증나는 일이 많지요. 그럴 때마다 참고 또 참고 마음에 차곡차곡 쌓아두면 분노의 괴물이 됩니다. 어느 순간 화산처럼 폭발하고 말 테니까요. 모두에게 엄청난 상처가 되는 화산 폭발을 막기 위해서는 슬기롭게 대처해야 해요. 여러 방법이 있겠지만 깜찍하고 유쾌한 복수가 도움이 될 거예요. 결코 끔찍하거나 무시무시한 복수가 아니에요. 내 마음도 시원해지면서 어떤 상처도 없이 모두가 함께 웃을 수 있는 통쾌하면서도 달콤한 복수요.

두더지, 암탉, 토끼, 마틸다, 고양이 마빈, 똥개, 딱새, 애벌레, 두꺼비…. 누구의 복수가 가장 깜찍할까요?

『두고 보라지!』
클레르 클레망 글, 오렐리 귀으리 그림, 고래이야기

엄마, 아빠, 동생, 친구 등 아무도 자기를 좋아하지 않는다고 생각한 소년은 죽은 척하기로 결심합니다. 그리하면 자신이 죽은 줄 알고 더 잘해주지 못한 것을 후회할 거라고 생각한 거죠. 소년은 어떻게 죽은 척했을까요? 소년의 깜찍한 복수 작전은 성공했을까요?

깜찍한 복수를 위한 그림책

『세모』
존 클라센 그림, 맥 바넷 글, 시공주니어

주인공 세모는 뱀을 무서워하는 친구 네모에게 뱀 소리를 내며 놀라게 하는 장난을 쳐요. 감쪽같이 속은 네모는 우다다다 세모를 쫓아가서 깜찍한 복수를 하지요. 네모가 세모에게 한 장난은 무엇일까요?

『판다의 딱풀』
보니비 글·그림, 북극곰

엄마에게 매일 잔소리를 듣던 판다는 엄마에게 딱풀을 립스틱이라며 건네줍니다. 그것도 모르고 딱풀 립스틱을 바른 엄마는 몸이 풍선처럼 부풀어 올라 둥실둥실 공중으로 떠올라요. 엄마는 어떻게 되는 걸까요? 아이 얼굴에 걱정이 한가득입니다.

『내 키가 더 커!』
경혜원 글·그림, 비룡소

다람쥐, 토끼, 돼지, 호랑이, 악어, 곰 등 여러 동물들이 나무에 기대어 키재기를 하며 아옹다옹 다투어요. 곰이 마지막 승자가 되는가 싶어 의기양양해 있는데 기다란 뱀이 나무 꼭대기에서 쭉 내려오는 바람에 곰이 지고 말았어요. 화가 난 곰은 화풀이로 커다란 나무를 쓰러뜨리는데…. 기막힌 반전과 통쾌한 복수, 유머가 버무려져 재미가 철철 넘쳐요.

『빨간 암탉』
폴 갈돈 글·그림, 시공주니어

하루 종일 낮잠만 자는 고양이, 개, 생쥐와 함께 사는 암탉은 항상 혼자 집안일을 합니다. 도움을 청해도 세 동물은 손 하나 까딱하지 않아요. 암탉이 밀알을 심고, 다 자란 밀을 베고, 밀을 빻아 케이크를 만들 때도 그랬지요. 맛있는 케이크 냄새가 진동하자 얄밉게도 그때서야 세 동물은 부엌으로 모여들어요.

『못 말리는 카멜레온』
윤미경 글·그림, 국민서관

잔소리 폭탄에 툭하면 소리 지르고 화내지만 전화 받을 때만큼은 부드러운 목소리를 내는 엄마를 아이는 카멜레온이라 생각합니다. 그런 변덕쟁이 엄마를 골려주기 위해 아이는 멋진 생각을 해내요. 못 말리는 카멜레온을 아이가 당해낼 수 있을까요?

『토끼들의 밤』
이수지 글·그림, 책읽는곰

아이스크림 트럭이 지나간 자리에 토끼 한 마리가 누워 있습니다. 로드킬 당한 걸까요? 밤이 되자 토끼 무리가 그 트럭을 덮쳐 트럭 아저씨를 기절시킵니다. 다음 날 아침에 눈을 뜬 트럭 아저씨 눈에 보이는 것은 '토끼 조심'을 알리는 표지판이었어요. 토끼들의 복수였을까요? 더운 여름날 아이스크림이 먹고 싶었던 토끼들의 작전이었을까요?

『돼지가 주렁주렁』
아놀드 로벨 글, 애니타 로벨 그림, 시공주니어

돼지를 함께 기르자던 남편은 엉뚱한 조건을 내걸며 아내에게 모든 일을 맡겨요. 남편이 매번 약속을 어기자 아내는 재치 있는 조건을 내걸어 남편을 침대에서 일어나게 하지요. 남편은 절대 게으름 피우지 않겠다는 약속까지 하며 무릎 꿇고 빌어요. 무슨 일이 있었던 걸까요?

『빙글빙글 즐거운 조지와 마사』
제임스 마셜 글·그림, 논장

세상에서 가장 친하지만 심한 장난으로 싸우기도 하는 두 친구 마사와 조지의 이야기.
어느 늦여름, 조지가 비 온다, 소리치며 해먹에 누워있는 마사에게 호스로 물을 뿌려요. 마사는 절교를 선언했지만, 곧 화해를 하고 함께 즐거운 가을을 보내지요. 다음 해 여름, 마사가 물 호스를 들고 조지가 나타나기를 기다리고 있네요.

『책 읽는 두꺼비』
클로드 부종 글·그림, 비룡소

두꺼비와 함께 사는 마녀는 두꺼비가 책 읽는 걸 방해하고 두꺼비가 싫어하는 일만 시킨답니다. 두꺼비는 그런 마녀에게서 도망쳤다가 곧 붙잡히고 말아요.
가장 좋아하는 일, 책을 읽을 수 없는 두꺼비는 어떻게 해야 할까요? 마지막 장을 보면 두꺼비가 안경을 끼고 행복하게 책을 읽고 있네요.

『누가 내 머리에 똥쌌어?』
베르너 홀츠바르트 글, 볼프 예를브루흐 그림, 사계절

기발한 이야기로 전 세계 어린이들의 사랑을 듬뿍 받은 그림책. 굴속에 있던 두더지가 해가 떴는지 확인하기 위해 땅 위로 고개를 쑥 내민 순간, 누군가 두더지 머리 위에 똥을 쌌어요. 화가 난 두더지는 누구의 똥인지 밝혀내기 위해 집요하게 동물들을 추적해나갑니다. 드디어 범인을 찾아내고 기분 좋게 웃으며 땅속으로 사라지는 두더지, 그냥 찾아내기만 했을까요?

『머빈의 달콤 쌉쌀한 복수』 동화
레온 페게로 저, 미래엔아이세움

고양이 머빈만을 남겨두고 가족들이 여름휴가를 떠났어요. 자존심 강한 고양이 머빈은 분에 못 이겨 가족들에게 달콤 쌉쌀한 복수를 하기로 마음먹지요. 종이 가방 유령 작전, 새 사냥 작전, 진흙 그림 그리기 작전, 아무것도 못 먹는 척 연기하기. 모두 실패로 돌아가자 가출을 감행해요.
머빈의 복수, 성공할 수 있을까요?

『똥개의 복수』 동화

이상권 글, 김유대 그림, 시공주니어

시우는 누런 똥개 길똥이를 족보도 없고 못생겼다고 무시하고 못살게 굽니다. 시베리안 허스키를 키우는 선구까지 합세해서 매일 길똥이 골려줄 궁리만 하죠. 어느 날, 길똥이는 시우와 선구의 괴롭힘에 더는 참지 못하고 복수를 하기로 마음먹어요.
길똥이의 통쾌한 복수를 기대하세요.

『앵그리 병두의 기똥찬 크리스마스』 동화

성완 글, 김효은 그림, 사계절

반지하방에 사는 병두에게 한 번도 찾아오지 않은 산타 할아버지는 이번에도 선물을 주지 않아 병두는 화가 나 있어요. 옥탑방 꽃할매는 분통을 터뜨리는 병두의 말에 귀 기울이며 맞장구를 쳐 주고 공평하지 않은 산타 할아버지에게 복수를 하기로 하는데….
통쾌한 복수와 꽃할매의 기똥찬 크리스마스 선물을 기대하세요.

『마틸다』 동화

로알드 달 저, 퀜틴 블레이크 그림, 시공주니어

다섯 살 마틸다는 어른들도 읽기 힘들어하는 책도 단숨에 읽고, 어려운 암산도 척척 해내는 천재 소녀입니다. 하지만 부모님은 이런 마틸다에게 관심도 없고 오히려 못마땅하게 여겨요. 마틸다의 마음을 알아주는 건 하니 선생님뿐입니다.
그러던 어느 날, 마틸다에게 초능력이 생겨요. 마틸다는 자신을 구박하는 아빠와 친구들, 그리고 하니 선생님을 괴롭히는 무시무시한 트런치불 교장 선생님에게 통쾌한 복수를 하기로 합니다.
무책임한 어른들에게 날리는 마틸다의 통쾌하고 짜릿한 복수를 함께 느껴볼까요?

『바꿔!』 동화

박상기 글, 오영은 그림, 비룡소

마리는 상대방과 몸이 바뀌는 '바꿔!앱'으로 자신을 따돌리는 친구 화영이에게 복수하기로 합니다. 실험 삼아 엄마와 먼저 몸 바꾸기를 합니다. 마리 마음을 몰라주는 엄마에게도 복수할 겸 해서요. 마리는 '바꿔!앱'으로 친구와 엄마에게 통쾌한 복수를 잘 해낼 수 있을까요?

『복수의 여신』 동화

송미경 동화집, 장정인 그림, 창비

우리 반 여자애들을 대표해서 남자애들을 혼내주는 나는 복수의 여신.
한번은 내 친구 세령이를 놀린 윤혁이와는 백년 원수가 되었습니다. 평생 동안 볼 때마다 복수하기로 한 거죠.
그런데 언제부턴가 윤혁이를 볼 때마다 가슴이 쿵쿵거리는데….

   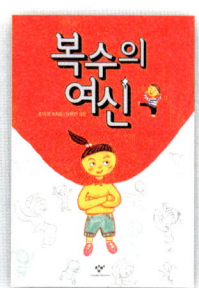

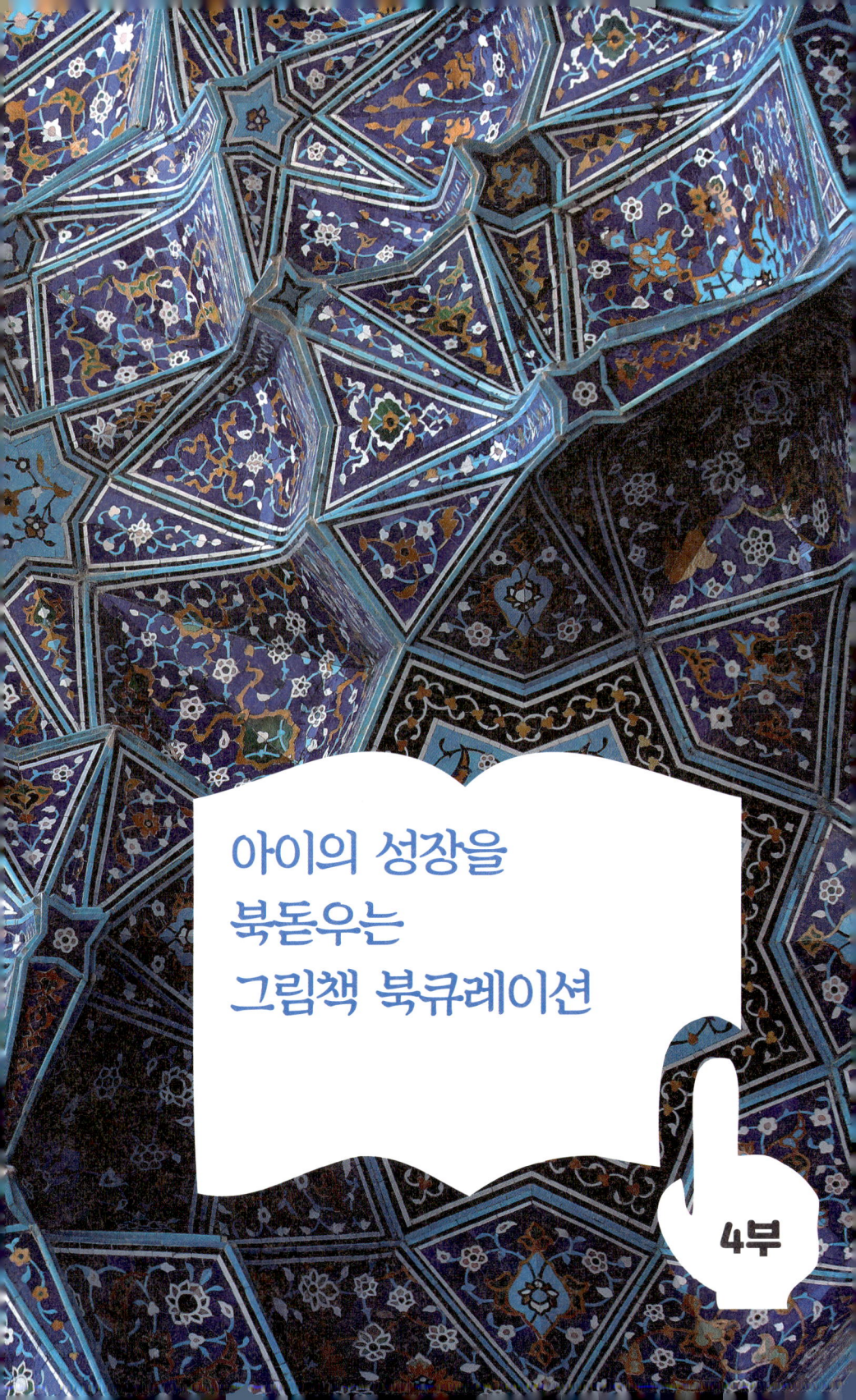

아이의 성장을
북돋우는
그림책 북큐레이션

4부

037 혼자라도 괜찮아!

내 안에 있는 친절한 또 하나의 나에게

　혼자 노는 아이를 보면 괜스레 마음이 짠해집니다. 마음이 덜컥 내려앉기도 하고요. 하지만 찬찬히 생각해 보면 아이든 어른이든 혼자 있는 시간이 그리 나쁜 것만은 아닙니다. 아니 오히려 필요한 시간이기도 합니다. 그냥 흘려보내거나 견디는 게 아니라 요렇게 저렇게 잘 보내기만 한다면 내면의 성장에 더없이 좋은 시간이지요. 드문 경우지만 혼자 있는 시간을 스스로 즐기는 아이도 있습니다.
　그러나 외부적인 이유로 오랜 기간 혼자 놓이게 될 때, 아이는 마음에 깊은 상처를 입고 하루하루 외롭고 고통스러운 시간을 보내게 됩니다. 원하지 않았지만 이 시간조차도 나만의 창조적인 시간으로 바꾸어 낼 수 있다면 소중한 시간으로 기억되겠지만 쉬운 일은 아닙니다. 아직 마음이 덜 자란 아이들에게 그럴 만한 내면의 힘을 기대하는 건 무리입니다. 그림책 속의 혼자인 친구들을 다양하게 만나보면 좀 도움이 될까요?
　내 마음을 알아주는 나만의 책 한 권을 가슴에 품기도 하고, 매일매일 찾아가면 변함없이 품어주는 나만의 나무를 만들기도 하고, 가만히 누워서 상상이 흘러가며 만들어내는 무늬를 감상하기도 합니다. 상자 속에 갇힌 것만 같은 외로움을 느낄 땐, 세상에 나에게만 이런 일이 일어난 게 아니란 것을 알려주기도 합니다. 그림책 속의 아이처럼 상상의 힘으로 다시 일어설 힘이 날지도 모르고요. 반대로 지금까지는 전혀 보이지 않던, 혼자 다니는 친구가 눈에 들어올 수도 있습니다. 나의 작은 손이라도 큰 힘이 되는 혼자인 친구 말입니다.

더 나아가 '혼자 있음'을 두려워하지 않는 아이들, '혼자 있음'을 즐길 줄 아는 아이들, 내면의 힘이 강한 아이들로 자랐으면 하는 바람입니다. 그래서 투명인간처럼 아무도 보지 못하는 '혼자 있는 아이'를 내가 가장 먼저 알아보고 살짝 손 내밀 수 있으면 좋겠습니다.

『안녕, 나의 장갑나무』
자끄 골드스타인 글·그림, 주니어김영사

사람들은 외톨이라 부르지만 혼자 있는 시간을 아주 좋아하는 소년이 있습니다. 혼자 낚시를 하고, 혼자 요리를 하고, 혼자 체스를 하고, 혼자 스케이트보드를 타죠. 소년이 혼자 하는 것 중에 가장 좋아하는 일은 자신만의 나무에 오르는 일입니다.

그런데 어느 해 봄, 아무리 기다려도 그 나무에 새로운 잎이 나오지 않아요. 나무에게 무슨 일이 생긴 걸까요? 나무는 소년에게 가장 소중한 친구인데 말이에요.

혼자 있는 마음에 대한 그림책

『나, 여기 있어』
피터 레이놀즈 글·그림, 문학동네어린이

친구들은 저기 있는데 이곳 구석에 혼자 있는 아이가 있습니다. 친구들에게 다가가기 두려워 땅에 떨어진 나뭇잎과 이야기하고 살랑살랑 부는 바람과 함께 놀아요. 시선은 저기 친구들에게 향한 채로. 누구라도 여기 있는 나에게 다가와주면 좋을 텐데…….

『알사탕』
백희나 글·그림, 책읽는곰

친구들이 끼워주지 않아 혼자 구슬치기하며 노는 동동이. 혼자 노는 것도 지쳐갈 즈음 우연히 산 알사탕이 마법의 사탕이랍니다. 다른 사람의 마음의 소리가 들리는 마법이래요. 동동이가 마법의 알사탕으로 용기를 낼 수 있을까요? 친구들에게 먼저 '나랑 같이 놀래?' 하고 손을 내밀까요?

『브라운 아저씨의 신기한 모자』
아야노 이마이 글·그림, 느림보

곰 아저씨 브라운은 혼자 살아요. 혼자라도 상관없고 혼자라서 좋다고 말하지만 정말 그럴까요? 어느 날, 딱따구리 한 마리가 날아와 아저씨 모자에

둥지를 틀었어요. 딱따구리는 다른 새들까지 초대합니다. 새들이 자꾸 날아오자 신기하게도 아저씨의 모자가 쑥쑥 자라는 거예요! 아저씨에게도 친구가 생긴 거예요.
쌀쌀한 가을날, 갑자기 새들이 한 마리도 보이지 않자 아저씨는 매일같이 새들의 밥을 준비해 놓고 창밖을 내다봐요. 혼자여도 좋았지만, 이제는 함께 어울리는 즐거움이 더 좋아진 걸까요?

『내 마음이 들리나요』
조아라 글·그림, 한솔수북

무리지어 학교로 향하는 아이들 사이로 혼자서 아래를 보고 걸어가는 아이가 있어요. 이 아이의 마음을 어루만지는 것은 피아노 선율이래요.
미끄럼틀과 집으로 가는 육교 계단은 피아노 건반이 되고, 전봇대 전선은 오선지가 되고, 새들은 음표가 됩니다. 아이의 피아노 연주, 함께 들어볼까요?

『웨슬리나라』
폴 플레이쉬만 글, 케빈 호크스 그림, 비룡소

웨슬리는 대놓고 왕따입니다. 엄마, 아빠도 이해할 수 없을 정도로 엉뚱하기 때문이라나요? 하지만 움츠러들지 않아요. 엉뚱한 상상력으로 자신만의 재미난 세상을 만들어갑니다. 웨슬리가 만들어낸 웨슬리 나라에 놀러오겠다는 친구들이 길게 줄을 섰네요. 그 줄에 우리도 살짝 끼어볼까요?

『제인 에어와 여우, 그리고 나』
패니 브리트 글, 이자벨 아르스노 그림, 책과콩나무

친구들과 즐겁게 지내던 헬레네는 갑자기 따돌림을 당합니다. 혼자가 된 헬레네는 괴롭고 우울할 때마다 유일한 친구『제인 에어』를 읽어요. 책으로 힘든 시간을 이겨내는 헬레네를 만나볼까요?

『슬픔을 치료해 주는 비밀 책』
카린 케이츠 글, 웬디 앤더슨 홀퍼린 그림, 봄봄

엄마 아빠를 떠나 이모 집에서 머물게 된 롤리는 왠지 조금 슬퍼집니다. 주저앉아 훌쩍훌쩍 우는 롤리를 위해 이모는 책 속의 작은 책『슬픔을 치료해 주는 비밀 책』을 읽어줍니다.
무척 낡은 표지에 안의 종이는 노랗게 바랬고 너덜너덜한 책장 사이로 마른 꽃들이 눌러 있는 그 책에는 슬픔을 극복하는 7가지 처방이 담겨 있어요.
궁금한 친구들은 롤리와 함께 읽어볼까요? 7가지 처방 중에는 제가 자주 이용하는 처방도 서너 가지 있어서 무척이나 반가웠지요.

『까마귀 소년』
야시마 타로 글·그림, 비룡소

따돌림을 받는 외톨이 소년, 땅꼬마 이야기입니다. 땅꼬마는 친구들의 놀림에도 불구하고 여섯 해 동안 빠짐없이 학교에 나옵니다. 그 많은 시간을 홀로 무얼 하며 보냈을까요?
졸업식 학예회에서 땅꼬마가 들려주는 이야기에 친구들은 눈물을 쏟고 땅꼬마는 놀림 받던 외톨이에서 까마귀 소년으로 불리게 됩니다. 왜 까마귀 소년일까요?

『내 친구 루이』

에즈라 잭 키츠 글·그림, 비룡소

주머니에 손을 푹 찔러 넣고, 잔뜩 움츠린 채 혼자 걸어가는 아이. 그 아이가 바로 다른 사람과 잘 어울리지 못하는 루이입니다. 그런 루이를 위해 친구들은 좋은 생각을 해냅니다. 루이가 혼자만의 세상을 박차고 나올 수 있도록 이끌어주는 거지요.
친구들의 좋은 생각이란 어떤 걸까요?

『혼자 되었을 때 보이는 것』 동화

남찬숙 글, 정지혜 그림, 미세기

눈병으로 학교를 여러 날 쉬게 된 시원이는 단짝친구와 멀어지게 되면서 외톨이가 됩니다. 어떻게든 다른 여자애들 그룹에 끼려고 노력하지만, 그것 또한 여의치 않아 완전히 혼자가 돼요. 바로 그때 시원이 눈에 들어오는 친구가 있는데….

혼자가 되었을 때만 보이는 것의 소중함을 안다면 분명 아이는 성큼 성장한 것입니다.

엄마를 위한 책

『일인분 인문학』

박홍순 저, 웨일북

어른들에게는 반드시 혼자 있는 시간이 필요합니다. 혼자만의 시간은 거미줄처럼 촘촘한 타인의 생각이나 시선에 휘둘리지 않는 '나'로 살아가기 위해 내면의 힘을 차곡차곡 쌓는 시간입니다. 그래야 무리 속에서 집단으로 분해되지 않고 '나'로 살아갈 수 있습니다. 혼자 있기를 두려워한다면 관계 속에서도 건강하지 못합니다. 혼자 있는 시간을 갈망하지만 조금은 두려운 분들에게 필요한 책이에요.
스스로의 삶에 집중하고 자유롭게 사유하는 '혼자'야말로 가장 괜찮은 삶의 단위라고 말하는 저자가 스스로를 돌볼 시간을 갖지 않았던 분에게, 단단한 혼자가 되고 싶은 분에게 딱 일인분의 인문학을 권합니다.
고독과 자아성찰을 담아낸 작가들의 작품을 통해 진짜 혼자됨의 즐거움을 전하는 저자의 해석이 흥미로워요.

『혼자를 기르는 법』

김정연 글·그림, 창비

상경하여 8평 남짓한 방에서 생활하는 20대 사회 초년생 '이시다'의 일상을 그린 웹툰입니다.
내 몸 하나 챙기기 어려운 시대, 집에 돌아와 스스로를 돌보며 자신을 길러내고 있는 혼자들에게 따뜻한 위로와 공감되는 이야기가 많아요.

『혼자가 혼자에게』

이병률 저, 달

책상 앞에 앉아 혼자 책을 쓰고, 혼자 여행을 떠나고, 그렇게 오랫동안 혼자의 삶에 주파수를 맞추어 온 시인이 '혼자'에 대한 단상을 담은 에세이. '나만 할 수 있는 일, 나만 가질 수 있는 것들은 오직 혼자여야 가능하다.'

038 달라서 아름다운 우리

다르다는 게
오히려
다행이야

　'인권'이란 단어가 언제부턴가 일상어가 되었습니다. 그와 더불어 '다름의 가치'에 대해서도 이야기하는 일이 흔해졌습니다. 그렇다고 그 가치가 완전히 실현되었다는 의미는 아닙니다. 여전히 현재 진행형이고 더 많은 사람들이, 더 많이 애쓰고 소중하게 생각해야 할 가치입니다.

　다름의 가치를 말하고 있는 그림책을 모아보니 꽤 많습니다. 다름, 차이, 취향, 개성, 자유로움, 다양성, 배려 등을 키워드로 참으로 다양한 상황에서 흥미로운 이야기가 전개되고 있습니다.

　짝짝이 양말을 신는 샘, 알몸으로 학교에 가게 된 피에르, 꽃을 좋아하는 황소, 주위 시선 때문에 좋아하는 것을 못 먹어 줄무늬병을 앓는 카밀라, 혼자만 다른 생김새 때문에 걱정인 강아지 가스통, 물을 싫어하는 꼬마 악어, 불을 내뿜기보다는 웃는 걸 잘하는 용, 개미를 밟을까 봐 이상하게 걷는 사람, 체면과 품위를 벗어던지고 숲으로 간 호랑이 등.

　다양한 이야기를 즐기면서 자신의 개성과 취향은 존중하고 다름은 틀린 게 아니라 차이로 인정하고 배려하는, 그래서 우리 모두가 달라서 더 아름다운 삶을 살아가기를 기대해 봅니다.

『꽃을 좋아하는 소 페르디난드』
먼로 리프 글, 로버트 로슨 그림, 비룡소

꽃을 좋아하는 소 페르디난드 이야기 좀 들어보세요. 박치기 하고 싸우는 것을 좋아하는 다른 소들과 달리 페르디난드는 혼자 꽃향기를 맡으며 즐기는 황소랍니다.
그런데 페르디난드가 투우 경기장에 싸움소로 끌려가게 되었지 뭐예요? 사람들이 구름처럼 모여든 경기장에 선 페르디난드, 어떻게 될까요?

다름에 대한 그림책

『그래서 모든 게 달라졌어요!』
올리버 제퍼스 글·그림, 주니어김영사

생김새도, 생각하는 것도, 하는 행동까지도 똑같은 콩콩이들 속에서 콩돌이가 주황색 스웨터를 입고 나타났습니다.
똑같은 것에 익숙한 콩콩이들은 너무 눈에 띄는 스웨터가 끔찍하다고 생각했지요. 그런데 콩이가 스웨터를 입기 시작하면서 다른 콩콩이들도 하나둘 따라 입기 시작했어요. 그럼 또 똑같은 콩콩이들이 되는 걸까요?

『짝짝이 양말』
욥 판 헥 글, 마리예 톨만 그림, 담푸스

사람들은 왜 꼭 짝을 맞춰 양말을 신을까 이런 생각을 해 본 적 있나요? 어느 날 샘은 일부러 짝짝이 양말을 신기로 합니다. 어, 사람들도 샘을 따라 짝짝이 양말을 신네요. 남들과 똑같은 건 지루하고 재미없다는 샘, 이제 어떻게 할까요?

『왜 나만 달라?』
롭 비덜프 글·그림, 한림출판사

같은 무리 속에서 혼자만 달라 고민하던 강아지가 자신과 비슷한 무리를 찾아 여행을 떠납니다. 드디어 자신과 똑같은 모습의 친구들을 만나게 되는데요. 그곳에서 강아지는 행복할까요? 강아지는 무리 속에서 다른 모습의 외톨이 강아지를 발견합니다. 하지만 외톨이 강아지는 전혀 외롭지 않다고 해요. 혼자만 다른 이 강아지는 왜 외롭지 않은 걸까요?

『줄무늬가 생겼어요』
데이빗 글·그림, 비룡소

카밀라는 친구들에게 놀림 받을까 봐 좋아하는 아욱콩도 먹지 않고 새 학기에 어떤 예쁜 옷을 입을까 고민하기 바쁩니다. 어느 날 카밀라에게 온 몸에 줄무늬가 생기는 줄무늬병이 생겼어요. 온갖 치료를 다 해 봐도 아무런 소용이 없답니다. 왜 이런 병이 생겼을까요? 카밀라는 나을 수 있을까요?

『나는 좀 다른 유령』

히도 반 헤네흐텐 글·그림, 풀과바람

유령이라면 무서운 소리를 내서 사람들을 놀래줘야 한대요. 그런데 스파르타쿠스는 아무리 노력해도 오호호호 하는 귀엽고 우스운 소리밖에 나지 않아요. 그래도 스파르타쿠스는 움츠러들지 않아요. 오히려 더욱 빛나게 살아간답니다. 그 비결이 뭘까요?

『달라도 친구』

허은미 글, 정현지 그림, 웅진주니어

온종일 종알대는 나, 말이 없지만 그림으로 마음을 표현하는 은하, 키가 작은 준이, 남들이 징그러워하는 거미를 좋아하는 슬기, 다리가 불편하지만 수영을 잘하는 찬이, 할머니하고만 사는 지우, 갈색 피부를 가진 미누, 일본에서 태어났지만 조선 사람인 리향이.

모두 다르지만 달라서 더 아름다운 우리는 친구예요.

『세상에서 가장 잘 웃는 용』

라흐메트 길리조프 글, 이은지 그림, 비룡소

세상에 불을 내뿜지 못하는 용이 진짜로 있다고요? 네, 대신에 세상에서 가장 잘 웃는 용이래요.
다른 용들과 다른 능력을 가진 용은 스스로를 어떻게 생각할까요? 잘 웃는 용을 본 친구들은 또 어떻게 생각할까요?

『알몸으로 학교 간 날』

타이-마르크 르탕 글, 벵자맹 쇼 그림, 아름다운사람들

피에르 이야기 좀 들어보세요. 글쎄, 피에르가 알몸으로 학교에 갔대요. 늦잠을 자는 바람에 노란 장화만 신고 깜빡하고 알몸으로 간 거래요. 학교가 시끌벅적 했겠다고요? 별일 없이 조용했답니다. 왜 그랬을까요?
친구들과 이야기 나눠 볼까요? 피에르가 우리 학교에 온다면 어떨까? 하고요.

『물을 싫어하는 아주 별난 꼬마 악어』

제마 메리노 글·그림, 사파리

아주 별난 꼬마 악어 이야기 좀 들어보세요. 다른 악어들과 달리 물을 아주 싫어하고 대신 나무 타기를 좋아한대요. 그래도 형제들과 어울리기 위해 조금씩 모은 용돈으로 산 튜브를 끼고 물에 뛰어드는 연습을 한답니다. 꼬마 악어가 물속에서 형제들과 잘 놀 수 있을까요?

『꽁지머리 소동』

로버트 먼치 저, 마이클 마르첸코 그림, 풀빛

스테파니는 아무도 하지 않는 꽁지머리를 하고 학교에 갑니다. 반 친구들이 기다렸다는 듯이 놀려댑니다. 하지만 씩씩한 스테파니는 신경 쓰지 않습니다. 오히려 다음날은 다른 부분에 꽁지머리를 하고 가지요. 그런데 이상하게도 반 친구들이 스테파니의 꽁지머리를 따라 하기 시작해요. 결국 스테파니가 재미난 생각을 해냅니다. 반전을 기대해 보세요.

엄마를 위한 책

『쫌 이상한 사람들』 그림책
미겔 탕코 지음, 문학동네어린이

개미를 밟을까 봐 조심하느라 괴상하게 걷는 사람, 어울려 노는 개들 중에서 혼자인 개를 한눈에 알아보는 사람, 텅 빈 객석을 두고 황홀경에 빠져 연주하는 악단, 아무도 없는 해변에서 남의 발자국 위를 골라 밟으며 걷는 사람, 괜히 나무를 꼭 안아 주는 사람 등등.

조금 이상한 사람들인가요? 이 사람들의 공통점은 사랑을 넘치게 표현하고 작고 약한 존재를 한눈에 알아보는 어린 감수성을 가졌다는 것입니다.

『호랑이 씨 숲으로 가다』 그림책
피터 브라운 글·그림, 사계절

정장을 갖춰 입고 두 발로 꼿꼿이 걸어가는 호랑이들. 어쩐지 이 사회에서는 예의와 체면, 품위를 지키는 것이 아주 중요해 보입니다.

그들 사이로 불만이 가득해 보이는 호랑이 씨가 보입니다. 갑갑한 정장 벗어던지고 네 발로 쿵쿵쿵 뛰어다니고 '어흥' 소리도 질러보고 싶은 호랑이 씨랍니다. 혼자서만 그렇게 할 수 있을까요?

『다르면 다를수록』 에세이
최재천 저, arte(아르테)

최재천 교수의 생태 에세이입니다. 자연은 달라서 아름답고 다르니까 특별하고 다르므로 재미있다, 고 합니다. 자연이 그러하듯 우리 사람도 각자 다르기 때문에 세상이 더 아름답다고 거침없이 말할 수 있으면 좋겠습니다.

나다움에 대한 그림책

따뜻한 봄이면 온 세상이 꽃대궐이 됩니다. 경쟁하듯 수많은 꽃들이 피어나지만 눈치 보지 않고 피어납니다. 민들레는 민들레로, 제비꽃은 제비꽃으로, 꽃다지는 꽃다지로, 봄까치꽃은 봄까치꽃으로. 저마다 제 색깔과 향기로 야무지게 피어납니다.

쑥쑥 자라나는 아이들이 그랬으면 좋겠습니다. 아이들 각자가 어떤 모습이든, 어디에 있든 '나다움'을 잃지 않았으면 좋겠습니다. 존재 그 자체로 하나하나의 소중한 생명들이니까요.

남과 달라도 괜찮고, 다른 사람의 시선을 의식하지 않고, 내가 '나'인 것이 부끄럽지 않고, 진짜 나답게 나의 삶을 존중하면서 살아가는 어른으로 성장했으면 하는 바람입니다. 그래야 마음까지 어른인 진짜 어른이 되는 것이니까요.

『민들레는 민들레』

김장성 글, 오현경 그림, 이야기꽃

싹이 터도 잎이 나도 꽃이 피어도 민들레는 민들레랍니다. 어디서나 흔히 만날 수 있는 친숙한 민들레 이야기에 중요한 메시지가 담겨 있습니다. 민들레처럼 나 또한 다른 누구도 아닌 '나'라고요. 그러니 나답게 사는 것이 가장 자연스럽고 가장 멋진 '나'가 되는 거라고요.

『나보다 멋진 새 있어?』

매리언 튜카스 글·그림, 국민서관

늘씬한 다리를 가졌다고 생각하는 빌리에게 고양이와 부엉이, 다른 새들까지도 히죽히죽 놀려댔어요. 깡마른 다리가 비리비리해 보이고 나뭇가지가 걷는 것 같다면서요. 너무 너무 속상하고 풀이 죽은 빌리는 다리를 굵게 만들려고 온갖 노력을 해 보았지만 소용이 없었지요. 그러던 어느 날, 빌리는 미술관에 갔다가 좋은 생각이 떠올랐어요.
마지막 장을 보니 빌리가 늘씬한 다리로 자랑스럽게 걸어가는 모습이네요. 무슨 일이 있었을까요?

『넌 (안) 작아』

강소연 글, 크리스토퍼 와이엔트 그림, 풀빛

좀 작아 뵈는 아이가 꽃 한 송이를 들고 룰루랄라 걸어가고 있습니다. 그런데 좀 많이 커 뵈는 아이가 맞은편에서 걸어오더니 대뜸 한 마디 합니다. "너, 진짜 작다."
좀 작아 뵈는 아이, 전혀 움츠려들지 않고 당당하게 맞섭니다. 뭐라고 했을까요?

엄마를 위한 책

『나는 나로 살기로 했다』

김수현 저, 마음의숲

어릴 때는 친구들 무리에서 떨어져 혼자가 되는 게 싫어 친구들과 똑같아지려고 노력합니다. 그런데 어른이 되었다고 해서 달라지지 않습니다. 오히려 어른인 엄마는 당당한 '나'로 서지 못하고 우왕좌왕 이리 흔들 저리 흔들, 주변의 상황에 너무도 많이 흔들리고 또한 상처도 많이 받습니다.
제목을 보니 이런 분들에게 딱 필요한 책인 듯싶습니다. 모두 6장으로 구성되어 있는 목차를 살짝 엿보니 가슴이 두근거립니다.
내 삶을 존중하며 살아가기 위해 필요한 목록들, 나답게 살기 위해 해야 할 목록들, 불안에 붙잡히지 않기 위해 해야 할 목록들, 함께 살아가기 위해 해야 할 목록들, 더 나은 세상을 위해 해야 할 목록들, 의미 있는 삶을 위해 해야 할 목록들. 그날그날 마음 내키는 대로 골라 읽기에 좋아요.

039 친구가 필요한 시간

날마다 신나는 이유
내 친구
너 때문이야

아이들은 십 대로 접어들면서 본격적으로 친구의 세계로 들어갑니다. 십 대 아이들에게 친구는 세상의 전부라 할 만큼 중요하지요. 이 시기에 친구 없이 혼자 지낸다는 건 깜깜한 어둠과도 같습니다. 그래서 새 학기가 되면 친구를 사귀지 못할까 봐 긴장하는 아이들이 많다고 합니다.

하지만 친구 사귀기가 쉽지만은 않습니다. 더군다나 진짜 친구를 사귀고, 영원한 우정을 키워가는 일은 그리 단순하지 않습니다. 감수성 풍부하고 한창 예민한 아이들에게 친구 관계는 어른들이 생각지도 못할 만큼 복잡한 욕망들이 담겨 있으니까요.

친구 관계가 아무리 어렵다 하더라도 절망할 필요는 없습니다. 우리는 누구나 친구 때문에 상처받고 아파하고 갈등한 경험이 있습니다. 그러면서 한층 더 성장하고, 성장하는 만큼 관계의 폭은 넓고 깊어지니까요. 중요한 건 싸우고 갈등하고 상처받는 과정을 어떻게 지혜롭게 잘 극복하느냐입니다.

친구에 대한 이야기를 담은 그림책이 있습니다. 책을 통해 다양한 친구 관계를 만나면서 자신의 친구 관계를 객관적으로 돌아보고 지금 자신의 상황에 딱 맞는 책을 골라보세요.

『친구란 뭘까?』

조은수 글, 채상우 그림, 한울림어린이

달달한 코코아를 마시는 것처럼 달콤하고 딱히 말로 안 해도 가려운 데를 긁어 주고 하루 온종일 걸려 한 발짝 나아가도 느긋하게 기다려주고 도무지 이룰 수 없을 것 같은 꿈을 이루게 도와주는 사람이 친구래요.
조은수 작가님의 생각이에요. 여러분은 어떻게 생각하세요?

진실한 친구를 만나는 그림책

『두근두근 1학년 새 친구 사귀기』

송언 글, 서현 그림, 사계절

1학년 도훈이는 같은 반 윤하를 좋아해요. 호랑이 선생님을 졸라 윤하와 짝꿍이 된 도훈이는 기분이 좋아 하루 종일 웃음이 나왔어요.
그런데 친구 우찬이가 그러는데, 여자 친구가 좋다고 남자가 웃으면 밤에 귀신이 나타난대요. 귀신이 무서운 도훈이는 그때부터 윤하의 행동을 선생님에게 일러바치기 시작하는데….

『새 친구 사귀는 법』

다카이 요시카즈 글·그림, 북뱅크

새로운 친구 사귀는 법이 친절하게 나와 있어요. 친구를 사귀려면 우선 나를 잘 알아야 한대요. 좋아하는 색, 좋아하는 음식, 장래 희망, 좋아하는 동물, 싫어하는 것, 잘하는 것, 좋아하는 이야기, 좋아하는 운동 등.

이런 걸 친구와 함께 이야기 나누다보면 자연스레 친구가 될 것 같기도 해요.

『친구를 모두 잃어버리는 방법』

낸시 칼슨 글·그림, 보물창고

절대로 웃지 않기, 모두 독차지하기, 심술꾸러기 되기, 반칙하기, 고자질하기, 앙앙 울기!
이걸 그대로 따라 하면 친구를 모두 잃어버릴 수 있대요. 할지 말지 선택은 여러분에게 있어요.

『친구가 생긴 날』

나카가와 히로타카 글, 히로카와 사에코 그림, 한울림어린이

친구 같은 거 필요 없다고 생각하는 악어 카이에게 토끼 미미가 말을 걸어옵니다. 친구가 되자고요. 마지못해 미미가 이끄는 대로 시간을 보내고 집으로 돌아가며 카이는 생각합니다. 친구도 그렇게 나쁜 건 아니라고요. 미미와 어떤 일이 있었을까요?

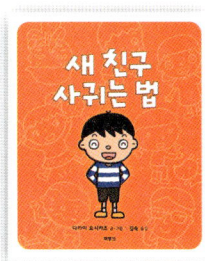 

『친구야, 미안해』

와타나베 아야 글·그림, 비룡소

가지와 완두콩, 연근 등 채소 친구들의 놀이를 통해 친구들에게 사과하는 태도를 배울 수 있어요. '미안해'와 '괜찮아'가 반복되는 아기 그림책이에요.

『온 세상에 친구가 가득』

신자와 도시히코 글, 오시마 다에코 그림, 책읽는곰

유치원에 다니는 미래는 하마 붕붕이라는 그림책을 가장 좋아합니다. 산이가 보여 달라고 졸라도 붕붕이 그램책은 자기 친구라며 보여줄 수 없다고 합니다. 이에 화가 난 산이는 교실 책꽂이에 있는 모든 그림책이 자기 친구니까 보지 말라며 맞서지요. 미래 또한 물러서지 않고 교실에 있는 모든 것이 자기 친구라며, 산이와 미래가 팽팽하게 맞섭니다.

바로 그때 똑똑새 도희가 나타나 한 마디 툭 던지자 마법 같은 멋진 일이 일어나요. 도희의 한 마디가 몹시도 궁금해집니다.

『친구와 헤어져도』

안드레아 마투라나 글, 프란시스코 하비에르 올레아 그림, 책속물고기

늘 함께했던 친구 산티가 이사 가자 마이아는 무얼 해도 시시했어요. 마음은 캄캄한 밤처럼 느껴졌고요. 그렇게 마이아에게 폭풍우처럼 아픈 경험이 지나가고 새로운 친구를 사귀게 되는데….

『친구가 되고 싶다면』

신경아 글, 김민준 그림, 키즈엠

좋은 친구가 되는 법을 이야기해 줍니다. 아이가 개미와 나비, 개구리, 강아지 등 곤충이나 동물과 친구가 되는 과정을 통해 배려와 친구를 소중히 하는 태도를 자연스럽게 배울 수 있어요.

『진짜 친구』

구스노키 시게노리 저, 후쿠다 이와오 그림, 베틀북

아이들이 상수리나무에 올라가 장수풍뎅이를 잡고 있는데, 동네에서 아주 무서운 할아버지가 나타나 불호령을 내렸어요. 아이들은 부리나케 도망을 쳤지요. 그런데 빈터까지 도망쳐서 보니 히데토시가 보이지 않아요. 아이들은 혼자 붙잡혀서 혼나고 있을 히데토시를 생각하며 안절부절 어쩔 줄 몰라합니다. 온통 걱정에 휩싸인 아이들은 히데토시에게 돌아갈까요? 아니면 할아버지가 무서워 그냥 돌아갈까요? 진짜 친구라면 어떻게 해야 할까요? 친구가 어려울 때 모른 척하지 않는 친구가 진짜 친구라는 속담에 딱 맞는 책이에요.

『단짝 친구가 이사 가는 날』 동화

버나드 와버 글·그림, 보림

단짝 친구 아이라와 레지의 사랑스러운 우정 이야기예요.
레지가 이사 간다는 말에 아이라는 슬프기만 한데 레지는 이사 가서 즐거울 일만 자꾸 늘어놓아요. 아이라는 그런 레지에게 실망하죠. 어떤 반전이 기다리고 있을까요?

『친구야, 네가 필요해!』

후쿠자와 유미코 글·그림, 한림출판사

겨울잠에서 깨어난 겨울잠쥐는 벼랑 아래로 떨어질 것 같은 위급한 꿀벌 집을 발견했어요. 겨울잠쥐의 작은 몸집으로는 어찌할 도리가 없어 숲 속에서 제일 힘이 센 곰을 깨웠지요. 하지만 곰은 아직 겨울이라며 일어날 생각을 안 해요. 하는 수 없이 겨울잠쥐는 곰에게 봄이 왔다는 증거를 모으기 위해 바쁘게 돌아다닙니다. 그런 겨울잠쥐를 본 동물친구들이 모여들고, 다 함께 꿀벌 집이 있는 나무를 당겨보지만 여전히 꼼짝도 안 해요.
정말 친구가 필요한 시간입니다. 곰이 겨울잠을 떨치고 일어날 수 있을까요?

『개가 말하는 친구 사용법』 동화

기타야마 요코 글·그림, 스콜라

친구를 어떻게 사귀고, 어떻게 하면 친구를 깊이 이해하고, 친구 사이에 생긴 갈등을 지혜롭게 풀어 오랫동안 사이좋게 지낼 수 있을까? 이 물음에 귀여운 강아지가 무릎을 탁! 치게 만드는 재치 있는 답변을 들려줘요. 진짜예요.

『친구가 안 되는 99가지 방법』 동화

김유 글, 안경미 그림, 푸른숲주니어

마당의 빈 개집으로 이사를 온 생쥐, 주인집 고양이에게 친구가 되자고 합니다.
쥐는 먹잇감일 뿐이라며 고양이는 까칠하게 굴지요. 그럼에도 생쥐는 매일 찾아가서 온갖 방법을 다 동원해 친구가 되고자 노력합니다.

『진짜 친구』 그래픽노블

샤넌 헤일 글, 원 팸 그림, 다산기획

3학년이 된 샤넌은 젠이 여왕으로 군림하는 그룹에 들어갑니다. 그룹의 일원이지만 모욕당하고 외톨이로 남겨지기 일쑤입니다. 그룹을 나오고 싶지만 혼자인 건 또 죽음과도 같아 참고 또 참지요.
우연한 기회에 샤넌은 6학년 언니들과 스스럼없이 어울리며 평등하고 서로 존중하는 새로운 친구 관계를 경험하게 됩니다. 샤넌도 진짜 친구를 만날 수 있을까요?
작가의 자전적 이야기로 엮은 그래픽노블입니다.

   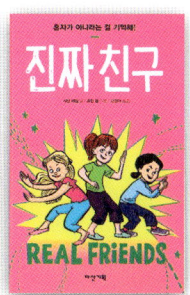

 내 마음 누가 알까요?

마음의 집에
작은 등불 하나
켜질 때

마음은 빈 집 같아서 어떤 때는 독사가 살고 어떤 때는 청보리밭 너른 들이 살았다
볕이 보고 싶은 날에는 개심사 청심당 볕 내리는 고운 마루가 들어와 살기도 하였다
어느 날에는 늦눈보라가 몰아쳐 마음이 서럽기도 하였다
겨울 방이 방 한 켠에 묵은 메주를 매달아 두듯 마음에 봄가을 없이 풍경이 들어와 살았다

문태준 시인의 〈빈집의 약속〉이라는 시의 일부분입니다. 마음을 빈집에 비유하여 너무도 잘 그려냈지요?

만질 수도 없고 눈에 보이지도 않는 마음. 하지만 마음이 하는 일은 어마어마합니다. 마음자리에 수많은 감정들이 파도처럼 밀려왔다 밀려가기를 반복하며 일어나는 일입니다. 걱정과 고민거리가 꿰차고 앉아 마음을 무겁게 짓누르는가 하면, 어느 날은 불안이 몰려와 마음을 잔뜩 쪼그라들게 합니다. 어느 날은 누군가의 말이 뾰족한 가시가 되어 콕콕 찌르는 바람에 마음이 화끈거리고, 속상한 내 마음 알아주는 사람 하나 없다는 생각에 서러움이 넘실넘실 차오르는 날도 있습니다. 마음에 화가 불끈 솟아오르기도 하고,

난데없이 외로워지기도 합니다. 알 수 없는 이유로 두근거리기도 하고요.

참으로 까탈스러운 마음이라고요? 하지만 관심을 갖고 잘 보살피면 작은 마음 하나로 세상을 얻은 것만큼 큰 힘을 발휘할 수도 있습니다. 그건 알겠는데 마음을 어떻게 잘 보살필 수 있느냐고요? 마음 속 깊이 마음 여행을 떠나 보는 겁니다. 마음이 하는 일에 작고 사소하고 보잘것없어 보이는 것일수록 더 예민하게 관심을 기울여야 해요.

참, 내가 내 마음을 알고 누군가 내 마음을 알아주기를 바란다면, 누군가의 마음을 알아주는 것도 너무 중요하다는 사실을 잊지 마세요. 내 마음만큼 누군가의 마음도 더할 나위 없이 소중하니까요.

『흥칫뽕』
수아현 글·그림, 현암주니어

오늘 좀 화났다는 아이 얘기 좀 들어볼래요? 입꼬리가 내려가고 볼이 부풀어 오른 걸 보니 화가 많이 난 것 같아요. 엄마는 달콤한 케이크 사 준다고 약속해 놓고 또 늦는대요. 아빠는 자전거 타는 거 가르쳐 준다고 했으면서 매일매일 미루기만 하고요. 산타 할아버지도 마음에 안 들어요. 공주님 인형 갖고 싶다고 했는데 엉뚱한 선물 주면서 부모님 말씀 잘 들으라고요. 이 세상엔 아이 말을 들어주는 사람이 아무도 없는 것 같대요. 그래서 진짜로 아무하고도 말 안할 거래요. 정말 그럴까요? 마지막 장을 보니 아이가 활짝 웃으며 엄마 아빠에게 엄청난 수다를 시작하고 있어요. 어찌 된 일일까요?

나도 모르는 마음에 대한 그림책

『오늘은 칭찬 받고 싶은 날!』
제니퍼 K. 만 글·그림, 라임

선생님의 칭찬이 받고 싶어 하루 종일 애쓰는 로즈를 만나 봐요.
로즈는 1교시부터 4교시까지 숨 가쁘게 뛰어다니지만, 매번 실수투성이에요. 칭찬 받는 일을 포기할 즈음 선생님이 로즈의 이름을 불렀어요. 선생님은 로즈에게 직접 칠판에 이름을 쓰고 옆에 별(칭찬스티커)을 그리라고 하셨지요. 무슨 일이 있었던 걸까요? 아무래도 선생님은 하루 온종일 애쓴 로즈의 마음을 헤아릴 줄 아는 멋진 분 같아요.

『안녕, 외톨이』
신민재 글·그림, 책읽는곰

친구들에게 따돌림 당하는 외로운 아이 이야기예요. 아이는 자신을 따돌리는 친구들로부터 이상한 제안을 받아요. 비 오는 날 귀신이 산다는 버드나무에 다녀오면 축구팀에 끼워주겠다고요. 그런 친구들이라도 함께 어울리고 싶기에, 따돌림이 귀신보다 무섭기에 아이는 한발 한발 버드나무 밑으로 다가갑니다.

『줄어드는 아이 트리혼』

플로렌스 패리 하이드 글, 에드워드 고리 그림, 논장

트리혼은 어느 날 갑자기 아무 이유도 없이 몸이 줄어들기 시작해요. 부모께 하소연해 보지만 엄마 아빠는 귀담아듣지 않아요. 담임선생님도 교장 선생님도 신경 쓰지 않아요. 결국 누구에게도 이해받지 못한 트리혼은 혼자서 문제를 해결해보기로 합니다.

『코리가 누구더라?』

린다 애쉬먼 글, 사라 산체스 그림, 국민서관

바쁘다는 이유로 아이의 말을 귓등으로 넘기는 엄마, 아빠, 할머니의 이야기입니다. 다행히도 아이는 처음 사귄 친구와 즐거운 시간을 보내게 됩니다. 그런데 코리는 누구일까요?

『마음아 안녕』

최숙희 글·그림, 책읽는곰

주위에 온통 괴물들 때문에 아이는 힘듭니다. 아이를 다치치는 빨리빨리 괴물, 잘 듣지도 않고 고개만 끄덕이는 끄덕끄덕 괴물, 뭐든지 다 자기 거라는 내꺼내꺼 괴물. 아이가 마음을 잘 표현 안 하니 괴물들이 더 극성입니다.
더는 못 참겠다며 두 주먹을 불끈 쥔 아이, 뭐든지 꼭꼭 숨겨 두기만 하는 닫힌 마음과 헤어지고, 싫은 건 싫다고 좋은 건 좋다고 솔직하게 말하려고 해요. 잘 해낼 수 있을까요?

『내 마음을 보여 줄까?』

윤진현 글·그림, 웅진주니어

변덕쟁이 날씨처럼 하루에도 수십 번씩 오락가락하는 것이 마음입니다. 그런 마음을 표현하는 데 서툰 아이들이 자신의 마음을 들여다보고 잘 표현할 수 있도록 도와줍니다. 내 마음이 풍선처럼 두둥실, 모래성처럼 와르르, 난로처럼 후끈후끈, 선인장처럼 뾰족뾰족, 얼음처럼 꽁꽁, 보석처럼 반짝반짝, 화산처럼 쿠루루 쾅쾅, 물결처럼 찰랑찰랑….
의성어와 의태어를 곁들인 생동감 있는 표현이 풍성해요

『내 마음을 누가 알까요?』

줄리 클라우스 글·그림, 노란상상

걱정덩어리가 마음을 무겁게 짓누르는 아이 이야기예요.
걱정덩어리를 바닥깔개에 숨기기도 하고 모른 척하기도 하지만, 마음은 더 힘들기만 합니다. 눈물이 그렁그렁한 아이에게 좋은 생각이 떠올랐어요. 너무나 커져버린 걱정덩어리를 잘게 부수기로 했어요. 걱정을 잘 이겨낼 수 있을까요?

『마음이 아플까 봐』

올리버 제퍼스 글·그림, 아름다운사람들

발견하는 재미에 빠져 일상이 늘 흥미로운 소녀가 있습니다.
소녀는 어느 날 아픈 마음을 마주하고 싶지 않아 마음을 병 속에 가둬버립니다. 마음이 없는 거나 다름없으니 이제 어떤 것도 느낄 수 없습니다. 삶에 관심도 흥미도 사라져버렸습니다.
소녀는 병 속의 마음을 다시 꺼낼 수 있을까요?

  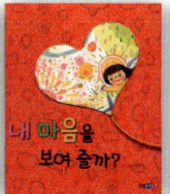  

『여기 아래, 내 마음속으로』

발레리 세라드 글, 이자벨 말랑팡 그림, 찰리북

무한한 상상력으로 무엇이든 만들기를 잘하는 에이미. 우주선도 만들고 롤러코스터도 만들고 성도 만들어요. 엄마는 늘 돼지우리가 따로 없다고 해요. 엄마는 에이미를 언제쯤 인정해 줄까요?

『엄마는 내 마음도 몰라 솔이는 엄마 마음도 몰라』

이상희 글, 혜경 그림, 상상스쿨

엄마는 솔이가 엄마 마음을 몰라준다고 하고 솔이는 솔이 대로 엄마가 자기 마음을 몰라준다고 합니다. 엄마와 솔이의 시선을 앞 뒤 이야기로 따로 담아 서로의 입장을 이해하는 데 도움이 되도록 했어요.

『내 동생 버지니아 울프』

쿄 멕클레어 글, 이자벨 아르스노 그림, 산하

영국 작가 버지니아 울프의 어린 시절 이야기예요. 마음이 아픈 버지니아가 늑대처럼 울부짖을 때마다 언니 바네사는 사랑으로 돌봐줍니다. 맛있는 음식을 만들어주고 함께 하늘을 바라보고 바이올린을 연주하고 그림을 그려주고.
그저 곁에서 머무르고 귀 기울여 들어주는 언니 바네사의 모습이 아픈 마음에 다가가는 또 하나의 좋은 방법인 것 같아요.

『백만 년 동안 절대 말 안 해』

허은미 글, 김진화 그림, 웅진주니어

백만 년 동안 말 안하고 싶을 정도로 가족에게 화가 난 아이는 자신만의 땅굴을 파고 들어갑니다. 그런데 막상 혼자가 되고 보니 가족들이 걱정되고 궁금해서 몸이 근질근질해요. 아이는 못이기는 척 땅굴에서 나오고 싶어 해요.
실을 자기 몸과 문고리에 연결해 놓고 땅굴에 들어간 아이 모습이 무척이나 귀엽습니다.

『하늘을 나는 사자』

사노 요코 글·그림, 천개의바람

우렁찬 목소리의 멋진 사자는 사냥도, 요리도 잘합니다. 사자에게 날마다 대접받는 고양이들은 이를 당연하게 여기며 '또, 또'를 외칩니다. 결국 지쳐 쓰러진 사자는 황금빛 돌이 되고 말지요.
잠든 사자를 깨어나게 한 말은 무엇이었을까요?

『아빠는 내 마음 알까?』

양혜원 글·그림, 스콜라

아빠에게 안기고 싶고 칭찬받고 싶은 아이의 서운한 마음과 아빠에게 하고 싶은 이야기가 듬뿍 담겨있어요. 아빠에게 내 마음을 잘 전할 수 있는 꿀팁도요.

『부루퉁한 스핑키』

윌리엄 스타이그 글·그림, 비룡소

가족 모두에게 단단히 화가 난 스핑키. 그런 스핑키를 위로하기 위해 가족 모두가 노력합니다. 스핑키도 서서히 마음이 풀리긴 했지만 바로 화를 풀기가 어색하기만 합니다.

『용 같은 건 없어』

잭 켄트 글·그림, 교학사

빌리는 방에서 작은 용을 발견하고는 엄마에게 말합니다. 그러나 엄마는 세상에 용 같은 건 없다고 딱 잘라 말했지요. 무시당한 용은 존재감을 드러내기 위해 점점 커지기 시작합니다. 집 안을 가득 채울 만큼 커진 용을 보고도 엄마는 아이의 말을 귀담아듣지 않을까요?

『마음의 집』

김희경 글, 이보나 흐미엘레프스카 그림, 창비

마음을 집이라는 친숙한 공간에 비유해 마음을 찬찬히 돌아보게 합니다.
마음은 어디에 있을까?, 마음은 어떤 것일까?, 마음의 주인은 누구일까? 라는 세 가지 질문으로 이끌어가는 시적인 글이 마음에 쏙쏙 들어와요.

『미움』

조원희 글·그림, 만만한책방

어느 날, '너 같은 거 꼴도 보기 싫어.'라는 말을 듣고 나도 그 아이를 미워하기로 했어요. 밥을 먹으면서도, 목욕을 할 때도, 잠을 자면서도, 신나게 놀면서도 미워했어요. 그런데 미움으로 가득 찬 내 마음, 이 이상한 기분은 뭐죠? 어떤 감정을 품은 마음을 들여다보는 계기가 되어줍니다.

『몰라요, 그냥』 동화

박상기 글, 김진희 그림, 창비

성재는 학교에서든 집에서든 혼나기만 합니다. 왜 어른들은 잘 알지도 못하면서 혼내기만 할까요? 성재는 억울하지만 화내는 어른들이 무서워 대화를 포기하고 '몰라요'라든가 '그냥'이라고 말해요.
억울하고 속상한 아이들의 속마음이 담겨 있어요.

『모리의 거짓말』 동화

김성은 글, 최신영 그림, 책고래

상상 속에서 뛰어노는 모리의 이야기예요.
마술 모자를 손에 넣고 한껏 부푼 마음으로 집에 간 모리, 하지만 엄마는 마술 모자를 보고도 모리의 거짓말이 심해졌다며 야단을 쳤어요. 실망한 모리가 마술 모자를 향해 외칩니다.
"내 말을 믿어 주는 엄마! 호이, 호이!"라고요.
그러자 마술 모자에서 엄마와 똑같이 생긴 여자가 나타났어요. 모리가 하는 말이라면 어떤 말이든 귀 기울여 듣고 믿어 주는 엄마였지요. 둘이 된 엄마! 모리에게 과연 어떤 일이 벌어질까요?

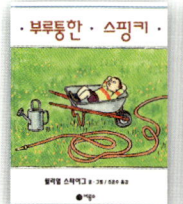    

041 싸우면서 크는 형제 자매

형님 먼저라고! 아우님 먼저라던데?

자매든 형제든 남매든, 애들끼리 자꾸 싸워서 힘들다는 하소연을 많이 듣습니다. 중간에서 중재하느라 진땀이 나도록 애를 쓰지요. 엄마는 나름대로 공평하게 하느라 최선을 다한다지만, 아이들은 전혀 그렇게 생각하지 않는다는 게 문제지요.

엄마는 오빠 편만 들어? 엄마는 언니만 좋아해? 엄마는 나만 미워해?

아이들은 아이들대로 불만을 쏟아냅니다. 어쩌면 얄미운 언니 오빠보다, 외계인 같은 동생보다 중간에서 말리는 엄마 때문에 더 화나고 상처받는 경우가 많을 거예요.

상담 전문가들은 얘기합니다. 즉각적인 중재에 나서서 싸움의 원인 제공자를 찾거나 누가 더 잘못했는지 잘잘못을 확실하게 따지는 것은 바람직하지 않다고요. 대신에 심한 욕이나 치고받고 싸우는 몸싸움은 말리면서 행동보다는 자신의 감정을 언어로 표현할 수 있게 도와주는 것이 가장 중요하다고요.

평소에 아이들 불만에 귀를 기울이거나 아이가 부모의 사랑을 갈구하는 경우라면 각각의 아이들하고만 특별한 시간을 보내는 것도 많은 도움이 됩니다.

한 울타리 안에서 엄마, 아빠의 사랑을 먹으며 자라는 아이들, 티격태격 싸우는 건 너무도 자연스러운 현상입니다. 평생 다시 보지 않을 것처럼 죽기 살기로 싸우다가도 말도 안 되게 금방 화해하는 아이들이잖아요. 불리한 순간에는 형제끼리, 남매끼리, 자매끼리 똘똘 뭉쳐 상대를 물리치기도 하고요. 결정적으로 중요한 순간에는 아주 진한 형제애를 보여주기도 합니다. 마음 깊은 곳에 그런 사랑이 있다는 게 중요합니다.

이런 다툼이나 갈등은 우리 집만의 일이 아니라는 걸 그림책이 말해줍니다. 아이들과 함께 읽으며 서로에게 서운했던 점을 왕창 얘기해볼까요? 엄마에게, 오빠에게, 언니에게, 동생에게, 누나에게.

『흔한 자매』

요안나 에스트렐라 저, 그림책공작소

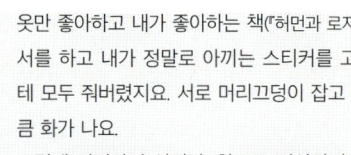

아주 행복한 엄마 아빠와 나 사이에 동생이 태어났어요.
사람이 아니라 분명히 외계인일지도 모르는. 그러니까 작아서 못 입는 예쁜 옷들을 줘도 동생은 아빠 옷만 좋아하고 내가 좋아하는 책(『허먼과 로지』)에 낙서를 하고 내가 정말로 아끼는 스티커를 고양이한테 모두 줘버렸지요. 서로 머리끄덩이 잡고 싸울 만큼 화가 나요.
그런데 인정하기 싫지만, 참으로 이상하지만, 우리는 사랑스러운 자매랍니다. 맞아요. 자매란 그런 관계랍니다.

싸우면서 크는 형제 자매 남매 그림책

『동생은 내 부하야』

박나래 글·그림, 씨드북

유치원에 다니는 서우에게는 골칫덩이 동생이 있습니다. 형이 먹는 것은 모조리 자기가 먹겠다, 장난감도 모두 자기가 갖겠다고 우기니까요.
어느 날 서우에게 그런 동생을 역이용하는 천재적인 아이디어가 떠오르는데…
서우는 동생을 부하로 만드는 데 성공했을까요?

『언니는 돼지야』

신민재 글·그림, 책읽는곰

어른들이 야무진 언니를 보고 배우라고 할 때마다, 친구들이 예쁜 언니가 있어서 부럽다고 할 때마다, 아이는 속이 뒤틀리고 답답합니다. 그 야무지고 예쁜 언니가 사실은 얼마나 더럽고 치사한지 몰라서 하는 소리거든요.
어느 날 아이는 먹으면 본모습이 드러난다는 젤리를 사다가 언니 책상에 두었는데, 운 좋게도 언니가 먹었지 뭐예요? 돼지가 되어 시끄럽게 울어대는 언니를 방에서 몰아내고, 아이는 언니 옷을 입고 언니 머리띠를 하고 신나고 놀았어요. 그런데 돼지 언니가 집 밖으로 나간 사실을 안 순간….

『우리는 쌍둥이 언니』

염혜원 글·그림, 비룡소

쌍둥이 자매는 뭐든지 두 개입니다. 그러나 엄마는 한 명뿐이라 엄마를 두고 매일매일 다툽니다. 같이 잘 땐 엄마가 내 쪽을 보고 잤으면 좋겠고, 그네 탈 땐 엄마가 나를 먼저 밀어 줬으면 했고요. 그러던 어느 날, 쌍둥이에게 동생이 태어났는데 동생이 하나래요. 엄마에게 동생을 한 명 더 부탁해야 할까요?

『오빠와 나는 영원한 맞수』

패트리샤 폴라코 글·그림, 시공주니어

작가의 어린 시절 오빠와의 추억 이야기예요.
오빠를 '내 주스 컵 안에 들어앉은 개구리' 쯤으로 여기는 트리샤는 오빠와 항상 티격태격 아웅다웅 다투어요. 그러던 어느 날 트리샤와 오빠의 자존심 대결이 일어나요. 트리샤는 오빠의 아이스하키 대회에 출전하고, 오빠는 트리샤의 발레 발표회에 참가하기로 하는데….

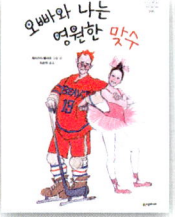

『장난감 형』

윌리엄 스타이그 글·그림, 비룡소

나와 절대 놀아주지 않는 못된 형이 어느 날 갑자기 레고처럼 작아져버렸어요.
동생은 작아진 형을 위해 딱 맞는 집을 만들고, 먹을거리를 챙겨 주는 것이 즐겁기만 합니다. 반면 형은 대포알이나 다름없는 우박을 맞는 위험에 처하게 되고, 그때서야 형의 위험을 깨달은 동생은 형의 치료약을 만드는 데 몰두하지요.
형은 원래대로 돌아올 수 있을까요? 형과 동생의 뒤바뀐 역할 속에 진한 형제애가 엿보입니다.

『언니와 동생』

샬롯 졸로토 글, 사카이 고마코 그림, 북뱅크

자매 사이에는 둘만의 독특한 정서가 흐릅니다. 어린 시절을 잘 보내면 세상에서 가장 든든한 친구 관계로 나아가지요. 그런 의미에서 두 딸이 있다면 꼭 읽어주고 싶은 책이에요.
사카이 고마코의 매력적인 그림은 성장의 시간을 함께 보낸 자매가 추억하기에도 좋아요.

『원숭이 오누이』

채인선 글, 배현주 그림, 한림출판사

오빠를 너무 좋아하는 온이는 오빠가 하는 것은 무엇이든 따라 해요. 항상 오빠를 따라다니는 온이를 보고 오빠 친구들은 원숭이 동생이라고 놀리고, 오빠는 그런 온이가 점점 귀찮아졌어요. 다른 친구들처럼 신나게 놀고 싶었거든요.
어느 날 오빠를 따라 바다에 놀러간 온이가 감쪽같이 사라져요.

『형보다 커지고 싶어』

스티븐 켈로그 글·그림, 비룡소

형은 놀이할 때 나에게 바보 같은 역할만 시키고 케이크도 가장 큰 사람이 큰 조각을 먹는 거라고 말합니다. 억울하고 속상하고 화가 난 나는 형보다 커지려고 노력합니다. 거인처럼 커져서 형을 골탕 먹이는 즐거운 상상이 유쾌하게 펼쳐집니다.

『무서운 도깨비 찾아가요』

임정자 글, 이수진 그림, 우리교육

하루가 멀다 하고 투덕거리는 방수와 방울이 남매. 오늘도 오빠와 크게 싸우고 분에 못 이긴 방울이는 오빠를 혼내 줄 도깨비를 찾아 나섭니다.
어느 날 놀이터에서 모래도깨비와 신나게 놀고 집으로 돌아가는 길, 온통 '방수 바보'로 가득한 길바닥을 보고 방울이는 울음을 터뜨립니다. 동생 울음소리에 달려 나온 오빠는 동생을 울린 애를 가만두지 않을 거라고 말합니다. 이렇게 남매는 오늘은 싸우고 내일은 서로 아껴주며 커 가요.

『병아리 싸움』

도종환 시, 홍순미 그림, 바우솔

귀엽고 사랑스러운 시 그림책입니다. 발을 밟았다고 몸을 밀쳐내기도 하고 먼저 먹겠다고 다투기도 하지만, 밤이 되면 서로 몸을 맞대고 부대끼며 잠이 드는 병아리들, 바로 우리 아이들 모습 그대로네요.

『마법의 빨간 부적』 동화

김리리 글, 이주희 그림, 창비

엎치락뒤치락 싸우다 집에서 쫓겨난 형 초록이와 동생 연두. 그때 마침 신비한 힘이 있다고 믿는 빨간 부적이 나타나요. 형과 동생은 다투듯 소원을 빌지요. 서로를 사라지게 해달라고요. 빨간 부적이 마법의 힘을 발휘했어요. 두 사람의 영혼이 뒤바뀌는 마법으로요.
성격부터 취향까지 달라도 너무 다른 형제가 바뀐 몸으로 어떻게 살아가는지 볼까요?

『내가 형이랑 닮았다고?』

정진이 글, 소윤경 그림, 사계절

축구를 못한다고 축구 시합에도 데려가지 않고 자전거도 빨리 못 달린다고 하고 울보라고 놀리고 닭튀김도 두 개만 주고 다 가져가 버리는 형이 밉기만 합니다. 뭐든지 자기 마음대로 하는 형에게 화가 납니다. 그래서 동물 친구들과 함께 형을 혼내 줄 상상을 합니다.

『사랑해 언니 사랑해 동생』 동화

김수영 글, 김이조 그림, 시공주니어

아름이와 다운이 자매는 틈만 나면 엄마 아빠의 눈을 피해 다투고 으르렁거려요. 그러다가도 언제 그랬냐는 듯 헤헤거리며 서로 부둥켜안아요.
작가의 실제 경험담이 녹아 있어 더 생생해요.

 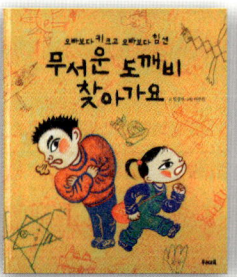 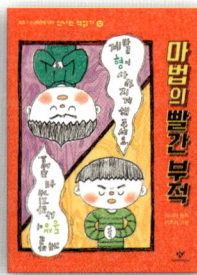 

우리도 사랑을 해요

**얼굴 빨개지고
마음 간질간질한데
너무 좋은 기분**

　세상에 생명이 있는 존재들은 모두 사랑을 해요. 강아지도 토끼도. 물론 우리 사람도요. 우리는 매일 사랑한다고 말하기도 하고 듣기도 하지요. 어쩌면 너무도 쉽게 하게 되는 말, 사랑이란 뭘까요? 사전에서 뜻을 찾아보면 어떤 사람이나 존재를 몹시 아끼고 귀중히 여기는 마음이라고 나와 있어요. 간단하고 쉬워 보이지만 실제로는 그렇지가 않지요.
　사랑이라 써 놓고 찬찬히 생각해 보면 참 많은 것을 품고 있어요.
　행복, 설렘, 기쁨, 헌신, 배려, 기다림, 이별, 그리움, 그리고 아픔과 슬픔까지도. 그래도 누군가를 사랑하는 마음은 예쁘고 소중해요. 더군다나 처음 하는 사랑은 두근두근 설레는 기쁨이 훨씬 크고요. 이런 사랑 안에 왜 아픔과 슬픔이 있는 걸까요? 사랑은 서로를 꼭 안아주기만 할 것 같은데, 왜 놓아 주어야 할 때도 있는 걸까요?
　여섯 살 아이에게 사랑이 시작된 순간, 언젠가는 아픔과 슬픔을 겪어야 할지도 모른다는 걸 여섯 살 아이가 알까요? 어린 시절 풋풋한 사랑으로 인한 아픔과 슬픔은 보석처럼 반짝이는 추억이 된다는 것도 알까요?
　밥 먹고 잠자고 신나게 놀고 학교에 다니는 것만큼 아이들에게도 중요한 사랑의 감정, 여러 가지 모습의 사랑을 그림책으로, 동화로 만나볼까요?

『나랑 결혼할래?』

조현진 글·그림, 현암주니어

유치원에 다니는 아랑이는 친구 빈이랑 결혼하기로 결심했어요. 고백도 아니고 바로 결혼이라니? 그런데 아랑이의 깜찍한 계획은 번번이 실패하고 말아요. 글쎄 빈이를 좋아하는 친구가 여럿이래요. 고민에 빠진 아랑이, 어떡해야 할까요?

우리들의 사랑에 대한 그림책

『콩닥콩닥 콩닥병』

서민정 글·그림, 사계절

일곱 살 민정이의 풋풋한 사랑 이야기예요. 언제부턴가 민정이는 친구 하늘이만 보면 심장이 콩닥콩닥 뛰어요. 민정이는 이런 느낌을 스스로 콩닥병이라 생각하지요. 그런데 하늘이 옆에는 한없이 예뻐 보이는 수아가 항상 함께 있어 다가가기가 쉽지 않아요. 민정이의 고민이 깊어만 갑니다.

『새가 되고 싶은 날』

인그리드 샤베르 글, 라울 니에토 구리디 그림, 비룡소

새가 되고 싶은 날의 마음을 상상해 봤어요. 어떤 날 새가 되고 싶은 마음일까요?
여기 새를 정말 사랑해서 새만 바라보는 소녀, 칸델라가 있어요. 또한 그런 칸델라를 너무 사랑하는 소년이 있습니다. 소년은 칸델라의 마음을 얻기 위해 새가 되기로 마음먹고 깃털 옷을 입고 학교에 갑니다.

『고백할 거야!』

모토시타 이즈미 글, 노부미 그림, 책읽는곰

두근두근 콩닥콩닥, 여섯 살 봄이의 첫사랑 이야기예요.
결이에게 고백하기로 한 전날 밤, 봄이는 여러 생각이 떠올라요. 고백하면 결이가 뭐라고 할까? 봄이에게 결혼하자고 할까, 아니면 깜짝 놀라 울어버릴까? 내일은 무슨 옷을 입고 가지? 등등.
고백하기로 한 오늘은 날씨도 좋네요. 예쁜 옷을 입고 가는 봄이, 결이에게 고백을 잘 할 수 있을까요?

『아홉 살 첫사랑』 동화

히코 다나카 글, 요시타케 신스케 그림, 스콜라

아홉 살 하루와 카나의 귀여운 사랑 이야기가 섬세하게 담겨 있습니다.
"나는 카나의 어디를 좋아하게 되었을까? 목소리? 그렇게 생각하니 얼굴이 조금 뜨거워졌다. 눈? 역시 얼굴이 뜨겁다. 옷은 얼굴? 좀 더 뜨거워졌다."

『사랑이 훅!』 동화

진형민 글, 최민호 그림, 창비

초등학교 고학년 아이들의 본격적인 사랑 이야기라고 해야 할까요?

단짝 친구 박담, 신지은, 엄선정, 세 아이는 5학년이 되고부터 조금씩 연애 감정을 알아갑니다. 좋아하는 사람 때문에 화가 나고 답답해하고 머릿속이 한없이 복잡해집니다. 상대에 대한 자신의 마음이 우정인지 사랑인지 알쏭달쏭하기도 하고, 괜히 마음을 고백해서 사이가 어색해질까 걱정되기도 합니다. 단짝 친구와 얽힌 삼각관계 때문에 마음을 표현할 기회를 찾지 못해 답답해하기도 하고요. 서로 좋아하기는 하지만 서로 바라는 점이 달라서 자꾸 부딪히는 일이 생기기도 하고요. 도대체 사랑은 어떻게 하는 걸까요?

이렇게 아이들은 사랑은 짜릿하고 달콤하지만 때로는 좋아하는 사람 때문에 가슴 아파서 눈물을 흘리기도 한다는 걸 알게 됩니다. 다른 사람의 마음을 궁금해 하고 자신의 마음을 들여다보면서 사랑이 무엇인지도 배워가고요.

『내 마음이 조각조각』 동화

샤를로트 문드리크 글, 올리비에 탈레크 그림, 시공주니어

아홉 살 수줍은 남자아이에게 찾아온 첫사랑 이야기예요.

"빨간 원피스를 입은 카르멘이 문을 열었어요. 내가 쭈뼛거리자 카르멘이 내 손을 덥석 잡아끌었어요. 찌릿, 전기가 팔을 타고 목까지 올라갔다가 곧장 내려가 심장이 터질 것 같아요. 내가 병에 걸렸나 봐요."

『풋사랑』 동화

곽미영 글, 조경규 그림, 천개의바람

엄마랑 비밀이라곤 없던 은교에게 좋아하는 남자 친구가 생겼대요. 엄마는 무지 궁금한데 은교가 비밀이래요. 더욱이 궁금한 엄마는 비밀을 알아내기 위해 탐정놀이를 제안해요. 은교는 들킬까 봐 조마조마하면서도 탐정놀이의 재미에 빠져들게 되는데….

『여자 친구 사귀고 싶어요』 동화

하신하 글, 김민준 그림, 시공주니어

정우는 반에서 가장 예쁜 핑크공주랑 사귀고 싶어해요. 어느 날 아빠의 말에 용기를 내서 고백을 하지요. 슬기가 너무도 쉽게 흔쾌히 받아들여 드디어 정우에게도 여자친구가 생겼어요. 그런데 슬기는 정우에게 가방을 대신 들게 하고 목마르다고 물을 떠다 달라 하고 화장실에 가면 화장실 앞에서 기다리게 하고…. 정우는 여자 친구가 생기고 나니 힘들기만 합니다.

『첫사랑 진행 중』 동화

베치 바이어스 글, 박진아 그림, 보림

초등 4학년 남자아이 사이먼과 토니, 여자아이 시빌, 세 아이가 엮어 가는 사랑과 우정 이야기.

사이먼과 토니는 아빠가 없다는 공통점 때문에 단짝이 되고 사이먼은 시빌과 사랑에 빠지게 돼요. 그런데 취미는 잘난 척, 특기는 거짓말인 토니도 시빌을 좋아한대요. 사이먼의 사랑은 어떻게 되는 걸까요?

『동그라미 바이러스』 동화
한유진 글, 최신영 그림, 책고래출판사

두근두근, 콩닥콩닥. 첫사랑으로 잠 못 이루는 5학년 친구들 이야기예요.

유치원 때부터 친구인 도은이와 관우, 도은이는 점점 관우에게 좋아하는 감정이 싹트기 시작했어요. 그런데 도은이의 단짝인 규리도 관우를 좋아한대요.

『꽃으로 만든 소시지』 동화
오드랑 글, 스테파니 블레이크 그림, 책속물고기

리종과 서로 좋아하는 폴은 꿈에 부풀어 있어요. 소시지 가게를 하는 엄마 아빠처럼 나중에 리종이랑 결혼해서 소시게 가게를 열 거래요.

그런데 어느 날 리종이 소시지를 좋아하지 않는다는 걸 알게 됐어요. 소시지 때문에 꿈이 산산조각난 폴은 슬픔에 빠져 일부러 리종을 피하게 돼요. 리종과 폴, 이런 이유 때문에 헤어지게 될까요?

『남준혁 멀리하기 규칙』 동화
정진 글, 일루몽 그림, 책고래출판사

서연이, 소라, 유진이는 같은 반 친구로 늘 붙어다니는 삼총사예요. 그런데 셋이 동시에 준혁이를 좋아하게 되었어요. 우정과 사랑의 기로에 선 세 친구는 우정을 지키기 위해 규칙을 만들었지요. 바로 '남준혁 멀리하기 규칙'.

세 친구는 우정을 잘 지켜낼 수 있을까요?

『열세 살의 여름』 그래픽노블
이윤희 글·그림, 창비

여름방학을 맞아 가족과 떨어져 지내는 아빠를 만나러 간 해원, 바닷가를 산책하다 우연히 같은 반 산호를 만나게 됩니다. 어느 순간 산호가 해원의 마음속으로 쑥 들어오는데….

풋풋하고 먹먹했던 열세 살의 사랑을 그리고 있어요.

엄마를 위한 그림책

『사랑한다는 걸 어떻게 알까요?』
린 판덴베르흐 글, 카티예 페르메이레 그림, 고래이야기

코끼리가 품고 있는 어려운 문제를 풀기 위해 세상 모든 만물이 언덕 위에 모였어요. 코끼리는 사랑한다는 걸 어떻게 아는 건지 몹시도 궁금했답니다.

코끼리의 물음에 돌멩이, 나무, 바다, 북극곰, 할머니, 여자아이 등 이 세상 모두가 일상에서 느끼고 경험한 사랑의 다채로운 면들을 들려줍니다. 아름답고 애틋하게, 때로는 우스꽝스럽게. 토닥토닥 해주는 것, 자신보다 더 행복하기를 바라는 것, 곁에 없는 누군가를 그리워하는 것, 한없는 용기를 갖게 해주는 것 등 저마다 다른 사랑의 모습과 감정에 대해 이야기합니다.

우리 아이에게 내가 들려주는 사랑의 모습은 어떠할까요? 이제 막 사랑이 싹트고 그래서 사랑이 무엇이지 궁금해 하는 아이들과 사랑이라는 감정이 어떤 것인지, 사랑을 어떻게 표현할 수 있을지 이야기 나누기에 좋아요.

043 모험과 용기

손에 쥔 땀,
꼴깍 넘어가는 침,
홀딱 반한 모험담

　용감한 주인공의 모험담은 아이들의 호기심과 흥미를 자극하기에 충분합니다. 모험에는 많은 위험이 뒤따르지만 그만큼 짜릿할뿐더러 성공했을 때는 성취감 또한 크니까요. 무서워하면서도 놀이공원 롤러코스터를 즐겨 타는 것과 같은 이유죠. 아이들이 즐겨 보는 그림책이나 동화에 모험은 빠질 수 없는 주제입니다. 용기가 있든 없든, 모든 아이들이 위험요소 없이 안전하게 모험을 즐길 수 있다는 것이 큰 장점이죠.
　옛날이야기에는 홀로 집 떠나는 아이가 많이 나옵니다. 집을 나서는 순간 모험이 시작되지요. 그런데 이 아이들은 똑똑하고 용감한 게 아니라, 게으르고 철없고 어수룩하고 약하고 어딘지 부족한 게 많습니다. 그럼에도 온갖 고난과 역경을 무릅쓰고 한층 성장해서 의젓하게 돌아옵니다. 대표적으로 〈꽁지 닷 발 주둥이 닷 발〉〈조막이〉〈반쪽이〉〈바리공주〉〈감은장아기〉 등이 있어요.
　모험은 단순히 신나는 놀이가 아니라 아이들을 한 뼘 성장하게 하는 통과의례와도 같습니다. 아이들은 늘 모험을 꿈꾸고 좋아합니다. 아마도 아이들 내면에는 성장하려는 욕구가 기본적으로 꿈틀대고 있나 봅니다. 용감한 아이든, 마음이 약한 아이든, 다양한 모험 이야기를 통해 자신감을 얻어 성장을 위한 모험에 힘차게 나아가기를 바랍니다.

『막스와 마르셀』
알리스 메테니에 글·그림, 책빛

막스와 말 마르셀은 친구처럼 서로 의지하며 초록빛 농장에서 평화롭게 살아갑니다. 그러던 어느 날, 가 보지 못한 세상을 그리워하던 막스는 마르셀의 생일날 여행을 떠나요. 함께 자전거를 타고 산에 오르기도 하고 바위에 낀 열기구를 구해 주고 또 한 명의 친구를 사귀기도 하지요.
사람과 동물의 아름답고도 모범적인 관계를 보여주는 막스와 마르셀의 여행을 함께 즐겨볼까요? 각 장마다 등장하는 생쥐를 찾아보는 재미가 있어요.

모험에 대한 그림책

『토토와 오토바이』
케이트 호플러 글, 사라 저코비 그림, 북극곰

조용한 밀밭에서 살고 있는 토토는 한 번도 길을 떠난 적이 없어요. 하지만 평생 오토바이를 타고 온 세상을 돌아다닌 슈슈 할아버지가 토토에게 항상 멋진 이야기를 들려주었지요. 그러던 어느 날, 할아버지는 토토에게 오토바이를 남겨주고 세상을 떠나는데….
읽는 내내 그림이 참 좋다는 말이 시냇물처럼 졸졸 졸 흘렀어요.

『모래 언덕에서의 특별한 모험』
막스 뒤코스 글·그림, 국민서관

첫 장을 펼치면 아이는 글을 쓰고 있습니다. 다시는 겪을 수 없을 만큼 멋진 이야기를 잊어버리지 않기 위해 난생 처음으로 글을 쓰고 있대요.
폭풍을 피해 낯선 숲에서 하룻밤 머물게 된 아이는 개 짖는 소리에 잠에서 깨어납니다. 개는 뭔가 하고 싶은 말이 있는 것처럼 계속해서 짖어대고 아이는 호기심에 개를 뒤쫓아 갑니다. 아이는 개를 뒤따라 가면서 말이 통하지 않는 독일 아이들, 젊은 부부, 쓰레기로 가득한 바닷가, 낚시꾼 할아버지를 만나게 되는데….
개는 도대체 무엇을 보여주고 싶었을까요?

『힐다, 트롤과 마주치다』
루크 피어슨 글·그림, 찰리북

한눈에 봐도 당차 보이는 소녀, 파란 머리에 빨간 신발을 신은 힐다는 탐험을 즐기고 낯선 것에 호기심이 많은 소녀예요. 매일 같이 산으로 들로 강으로 쏘다니고 세찬 비바람에도 캠핑하는 것을 좋아한답니다. 어느 날, 사막여우 트위그와 모험을 떠났다가 트롤과 마주치게 됩니다.

『태양신 라의 눈을 빼앗아라』
조 토드 글·그림, 청어람아이

마시의 아빠가 지식의 신 토트의 책을 구하러 이집트에 갔다가 사라졌어요. 아빠를 구하려면 태양신 라의 눈을 가져와야 한대요.
마시의 이집트 신화 모험을 만나보세요.

『케찰코아틀』
타이-마르크 르 탕 글, 에릭 퓌바레 그림, 씨드북

보물 사냥꾼 세 자매는 케찰코아틀의 보물을 찾아 떠나요. 8미터나 되는 몸이 깃털로 덮여 있는 케찰코아틀은 머리가 용의 모습으로 무시무시한 전설의 동물이랍니다. 험난한 여정 끝에 케찰코아틀을 포획한 세 자매는 어떤 일인지 케찰코아틀과 함께 살게 되는데요. 정말이냐고요? 궁금하다면 모험을 떠나보세요.

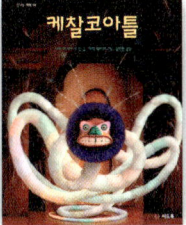

『토르의 황금 밧줄을 찾아서』
존 토드 스탠튼 글·그림, 청어람아이

북유럽 신화를 배경으로 한 꼬마 영웅 아서의 모험 이야기.
아서가 사는 마을에 괴물 늑대가 나타나 마을의 모든 불씨를 다 꺼버렸어요. 누군가가 토르 신을 도와 괴물을 무찔러야 마을에 불씨가 다시 돌아올 수 있대요. 괴물 때문에 모두들 다쳐 작고 어린 아서가 토르 신을 찾아가는데….

『비밀의 문』
에런 베커 글·그림, 웅진주니어

소년과 소녀가 다리 밑에서 비를 피하고 있는데 비밀의 문이 열리고 왕이 나타납니다. 왕은 곧 지도 한 장과 마법의 펜을 남기고 군인들에게 잡혀가지요. 두 친구는 펜으로 열쇠를 그려 비밀의 문을 열고 왕을 구하기 위해 모험을 떠납니다. 글 없는 그림책이지만 풍성한 이야기가 담겨 있어요.

『누나는 어디에』
스벤 누르드크비스트 글·그림, 풀빛

〈핀두스 시리즈〉 이후 오랜만에 만나는 스벤 누르드크비스트의 그림책.
동생이 할아버지와 함께 열기구를 타고 사라진 누나를 찾아가는 이야기입니다. 매 페이지마다 풍성한 그림 속에서 누나를 찾아보는 재미가 쏠쏠합니다.

『어느 작은 물방울 이야기』
베아트리체 알레마냐 글·그림, 책빛

구슬처럼 작고 투명한 물방울이 주인공이에요. 세상을 처음 만나는 작은 물방울의 놀라운 모험이 사랑스럽게 펼쳐집니다. 알록달록 아름다운 색감에 눈을 뗄 수가 없어요.

『부엉이와 보름달』
제인 욜런 글, 존 쇤헤르 그림, 시공주니어

보름달이 뜬 깊은 겨울밤, 아빠와 아이는 부엉이를 보러 숲속으로 갑니다. 추위도, 컴컴한 숲속의 두려움도, 침묵도 아이는 혼자 참아내야 합니다. 아빠는 곁에서 지켜만 볼 뿐. 결국 모든 걸 이겨내고 아이와 눈을 마주한 부엉이는 무엇을 의미하는 걸까요?

『길가메시의 마지막 모험』
루드밀라 제만 글·그림, 비룡소

신화 속 인물이자 역사적 인물인 길가메시가 주인공. 불멸의 생명을 찾아 모험을 떠나 온갖 시련을 겪지

만 결국 실패로 끝납니다. 하지만 그가 보여준 정의를 위한 용기와 따뜻한 인간미는 진정한 영생에 대해 깊이 생각하게 합니다.

『쿵푸 아니고 똥푸』 동화

차영아 글, 한지선 그림, 문학동네

똥싸개라 놀림 받는 탄이에게 어려운 일이 생기면 언제든 찾아온다는 똥푸맨, 자신의 이름으로 온 택배 상자에서 나온 운동화를 신고 하늘나라에 가서 가장 보고 싶었던 누군가를 만나는 미지, 진정한 용기를 보여준 겁쟁이 시궁쥐 '라면 한 줄', 이야기 세 편이 담겨 있어요. 아이들의 마음을 따뜻하게 어루만져 줍니다.

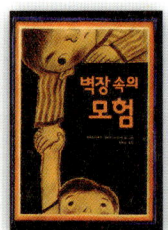

『벽장 속의 모험』 동화

후루따 타루히 글, 타바따 세이이찌 그림, 창비

유치원에 다니는 아끼라와 사또시는 떠들었다는 이유로 벽장 속에 갇히게 됩니다. 벽장 속에서 신나는 모험을 하면서도 무서운 쥐 할멈과 쫓고 쫓기는 추격전을 벌여요. 책을 읽고 난 아이들은 얼이 빠진 듯 말합니다. "꼭 내가 모험을 한 것 같아."

『신호등 특공대』 동화

김태호 글, 윤태규 그림, 문학과지성사

신호등의 사람 모양들이 벌이는 짜릿하고도 따뜻한 모험 이야기. 빨간불인 꼼짝마와 초록불인 고고는 잠깐이라도 앉아서 쉴 수 있는 의자를 찾아 신호등 밖으로 나왔다가 위험에 처한 아기고양이를 만나게 되는데….

『보물섬의 비밀』 동화

유우석 글, 주성희 그림, 창비

보물이 숨겨져 있다는 꽃섬에서 두 소년이 보물을 찾기 위해 벌이는 모험 이야기.
고무보트를 타고 무인도로 떠났다가 위험에 처하기도 하고, 보물 상자를 두고 보물 사냥꾼 일당과 한판 대결을 벌입니다.
거듭되는 긴장감과 반전이 흥미진진하게 합니다.

『도둑왕 아모세』 동화

유현산 글, 조승연 그림, 창비

고대 이집트를 배경으로 펼쳐지는 신비로운 모험담. 이집트 최고의 도둑 아모세는 누명을 벗기 위해, 그리고 부모님의 죽음에 숨겨진 진실을 밝히기 위해 음모를 꾸민 자들과 맞서기로 합니다. 죽음을 무릅쓰고 진실에 다가가는 아모세, 거대한 음모를 밝혀낼 수 있을까요?
이집트의 신비로운 문명에 흠뻑 빠져들게 합니다.

『인간만 골라골라 풀』 동화

최영희 글, 조경규 그림, 주니어김영사

황당하지만 SF 만화영화 같은 이야기에 쏙 빠져들게 됩니다.
외계인 아그리꼴라는 환경오염의 주범인 인간을 잡아먹는 검은 풀이 지구를 덮치게 합니다. 이를 눈치챈 수상한 문방구 할머니는 포켓몬 카드를 좋아하는 풍이에게 지구를 구할 임무를 맡겨요.
어린 풍이가 임무를 잘 수행해낼까요?

『호로로 히야, 그리는 대로』 동화

차나무 글, 노준구 그림, 창비

모험을 통해 상처를 치유하고 훌쩍 성장하는 모험 이야기.

그리는 대로 이루어지는 신기한 크레파스를 산 바우는 장난삼아 망태 할아버지가 선생님을 잡아가는 그림을 그려요. 그런데 다음날 선생님이 사라지는 일이 정말로 일어나요. 죄책감이 든 바우는 자신에게 크레파스를 판 꼬마 망태와 선생님 아들 준서와 함께 망태들이 사는 땅속 마을로 모험을 떠납니다. 망태들 중에서도 가장 무서운 검두루 망태와 선생님 구하기 작전이 흥미진진하게 펼쳐져요.

『탐정 칸의 대단한 모험』 만화

하민석 글·그림, 창비

어린이 탐정 칸과 조수인 고양이 니발리우스는 어른들이 풀지 못하는 사건들을 척척 해결해내요. 엉뚱한 사건도 흥미롭지만 기발하게 해결해내는 재치 또한 흥미진진해요. 저녁 먹기 전까지 돌아와야 하는 칸의 모험에 책장이 휘리릭 숨 가쁘게 넘어가요.

모험을 담은 옛이야기 그림책

『꽁지 닷 발 주둥이 닷 발』

김기정 글, 남주현 그림, 비룡소

어리고 철없는 아들이 괴물 새에게 잡혀간 엄마를 구하기 위해 떠나는 모험담. 무시무시한 괴물 새와 대결하는 장면이 흥미진진하면서도 긴장감 있게 펼쳐집니다. 특히 김기정 작가 특유의 유머러스하고 구수한 입말이 읽는 재미를 더해요.

『반쪽이』

이현주 글, 송희진 그림, 비룡소

반쪽이는 눈도 하나, 콧구멍도 하나, 귀도 하나, 팔도 하나, 다리도 하나밖에 없는 반쪽 아이입니다. 반쪽이의 두 형은 반쪽이를 창피해했지요.
어느 날, 두 형은 서울 구경을 따라나선 반쪽이를 떼어 놓으려고 반쪽이를 바위와 나무에 꽁꽁 묶어 호랑이굴에 던져버렸습니다.
여러모로 많이 부족한 반쪽이는 고난과 역경을 어떻게 이겨낼까요?

『조막이』

홍영우 글·그림, 보리

조막이는 태어날 때부터 조막만 한 몸이 시간이 지나도 자라지 않아 조막이로 불립니다. 하루는 아빠를 따라 낚시하러 갔다가 길을 잃고 황소에게 먹히고 맙니다. 황소 뱃속에서 겨우 살아나오니 독수리가 채가고 이번에는 잉어가 노리고 있습니다. 몸이 작아 매 순간이 위험천만한 조막이, 아빠에게 무사히 돌아갈 수 있을까요?

044 금 간 우정

네 마음속에서 다시 뛰어놀고 싶어

아이들에게 '친구'라는 열쇳말은 성장 과정의 모든 것이라 할 만큼 중요한 단어입니다. 아이들 마음속엔 친구라는 존재로 가득 차 있습니다. 눈을 뜨자마자 모든 것을 친구와 함께 하려 하죠. 그래서인지 친구 사귀기의 중요성이라든가 처음으로 친구 사귀는 데 어려움을 겪는 아이들을 위한 그림책이 많이 나와 있지요.

저의 어린 시절을 떠올려 보면 친구 사귀기의 어려움보다는 단짝 친구와의 갈등 때문에 힘든 경우가 훨씬 많았던 것 같아요. 아침에 눈을 뜨면서부터 저녁에 잠들 때까지 같이 놀고, 때론 부모님의 동의를 얻어 같이 자는 경우도 많았습니다. 목숨도 내어 줄 만큼 좋아하는 사이였다가도 하루아침에 토라져서 찬바람 쌩쌩 부는 관계가 되기도 하지요. 단짝 친구와 싸우고 말도 안하고 지내는 동안에는 어린 나이라도 세상이 무너지는 듯 마음이 깜깜한 어둠으로 가득했습니다. 세상에 이렇게 고통스러운 일이 또 있을까 싶을 만큼 마음이 찌르도록 아팠습니다. 그러다 또 어느 순간에 언제 싸웠냐는 듯 꼭 붙어다녔지요. 다시 온 세상을 얻은 것 같은 마음이었습니다. 금방이라도 하늘을 나는 듯 가뿐한 기분이 찾아왔습니다.

단짝 친구일수록 많이 싸우고 토라지고 삐지고 서운해 하는 일도 많습니다. 어른의 시선으로 사람 사이의 관계의 본질을 들여다보면 이런 갈등과 변화는 너무도 자연스러운 과정이지요.

단짝 친구와의 갈등으로 힘들어하는 아이들에게 그림책 속의 이야기가 많은 위로가 될 거예요. 엄마 아빠의 어린 시절 경험도 좋고요. 성장 과정 중의 자연스러운 통과의례이지만 그 힘든 시기를 지혜롭게 헤쳐나갈 어떤 실마리를 그림책에서 찾길 바라는 마음입니다.

『친구가 미운 날』
가사이 마리 글, 기타무라 유카 그림, 책읽는곰

아무리 친한 친구라도 친구가 미운 날이 있지요? 차마 겉으로 표현하지 못하는 서운함, 미움, 질투, 그로 인한 죄책감 같은 복잡하고도 미묘한 마음이 섬세하게 담겨 있어요.

하나와 유우가 하나 집에서 그림 숙제를 함께 하는데 하나는 한 번도 안 쓴 새 크레용을 꺼냈어요. 쓰기가 아까워 크레용을 가만히 보고만 있는데 유우가 흰색 크레용을 빌려 달라고 했어요. 아깝지만 조금만 쓰라며 빌려줬는데, 유우는 꾹꾹 눌러 쓰다가 뚝 부러뜨리고 말았어요. 하나는 크레용이 신경 쓰여 그림을 그릴 수가 없었어요.

그날 밤 하나는 마음이 갈팡질팡 이상했어요. 유우에 대한 미움이 쌓이기도 하고 크레용을 돌려달라고 말하지 못한 자신이 밉기도 하고, 크레용에 신경 쓰느라 그림을 못 그린 자신이 또 미워졌어요. 이런 생각을 하는 자신이 또 또 미웠고요. 다음 날 학교에서 유우가 그린 그림이 미술대회 대표 작품으로 뽑히자 하나는 또 자신이 미워지는데…

친구와 싸운 후 읽는 그림책

『우리는 단짝 친구』
스티븐 켈로그 글·그림, 비룡소

세상에 둘도 없는 단짝 친구 캐시와 루이즈를 통해 여자아이들의 우정과 갈등, 그 변화를 섬세하게 담아냈어요.

캐시와 루이즈는 책상 딱 붙여놓고 재잘거리고 초콜릿 우유 하나를 같이 쪽쪽 빨아먹고 무리 지어 놀 때는 같은 팀이 되는 등 일상을 늘 함께합니다. 무엇보다 신나는 일은 황금 바람이라는 상상 속의 말을 함께 기르는 일이지요.

그러던 어느 날 루이즈가 친척들과 함께 여름 캠핑을 떠나자 캐시는 세상이 텅 빈 듯 사막에 혼자 남겨진 것처럼 외로웠어요. 황금바람을 타고 가서 루이즈를 구해오고 싶을 만큼 루이즈가 너무너무 그리웠어요. 그런데 루이즈가 보내온 엽서에 너무 재미있게 잘 보내고 있다는 거예요. 이런 불공평한 일이 어디 있을까요? 루이즈는 캐시처럼 외로워하지 않고 캐시를 보고 싶어 하지도 않으니 말이에요.

『친구랑 싸웠어!』

시바타 아이코 글, 이토 히데오 그림, 시공주니어

다이는 가장 친한 친구 고타와 싸웠어요. 고타를 이길 수 없다는 생각에 화가 난 다이는 눈물이 나고 고타의 사과도 받아들이지 않아요.
갈등이 생겼을 때 어떻게 해결해야 하는지 생각하는 계기가 됩니다.

『싸워도 우리는 친구!』

이자벨 카리에 글·그림, 다림

피트와 패트는 만나는 순간 마음이 잘 통해서 떨어질 수 없을 만큼 친한 단짝 친구가 되었어요. 바로 첫눈에 반한 연인처럼요. 각자의 배에 타고 있던 두 아이는 하나의 배에 옮겨 타고 하루하루 즐겁고 행복한 날을 보냈지요. 그 무엇도 둘을 갈라놓을 수 없을 것 같았어요.
그런데 기쁨이 있으면 갈등도 있는 법! 조금씩 지루해지더니 의견 차이로 기분이 조금 나빠지고, 불편한 감정은 점점 커지더니 엉키고 엉켜 커다란 산이 되고 말았어요. 그제야 피트와 패트는 산처럼 크게 엉켜버린 감정의 실타래를 풀려고 애쓰기 시작합니다.
소중한 관계는 꽃밭처럼 정성껏 가꿔 나가야 해요. 오래된 관계일수록 다른 의견은 존중하고 배려하면서 서로 노력해가야 한답니다.

『마음이 그랬어』

박진아 글·그림, 노란돼지

자신의 마음을 들여다보고 생각한다는 건 굉장히 중요한 일이지만, 어른에게도 쉬운 일은 아니지요. 여덟 살 송이가 마음에 집중하는 이야기입니다.
송이는 가장 친한 친구 준이와 싸우고 너무 화가 나서 다시는 놀지 않겠다고 말해버렸습니다. 그러고 나니 마음이 점점 이상해지는 것 같았어요. 뾰족뾰족 가시가 돋고 시커먼 동굴이 생긴 것처럼 마음이 불편하고, 마음이 마치 텅 빈 상자처럼 허전하기도 합니다. 송이는 날씨처럼 시시때때로 변하는 마음을 들여다보고 있어요. 지금 내 마음은 어떤 모양일까? 어떤 색깔일까? 하고요.
송이는 준이와 화해할 수 있을까요?

『헉, 나만 다른 반이라고?』 동화

나탈리 다르장 글, 야니크 토메 그림, 라임

단짝 친구와 다른 반이 되어 속상한 친구들을 위한 책. 2학년이 되는 새학기 첫날, 쥘리에트는 하늘이 무너지는 것만 같았어요. 단짝 친구들은 모두 한 반이 되었는데 쥘리에트 혼자만 다른 반이 되었어요. 더군다나 심술 자매 삼총사와 같은 반이라니? 게다가 여자애라면 질색하는 닐스가 짝꿍이에요. 정말 최악의 끔찍한 상황이 되고 말았어요. 쥘리에트는 어떻게 학교 생활을 해 나갈까요?

『최악이야!』 동화

하나다 하토코 글, 후지와라 히로코 그림, 책빛

새 학년을 앞두고는 설렘과 두려움이 함께 해요. 어떤 친구와 같은 반이 되는지가 최대 관심사죠. 나쓰미는 단짝이던 친구와 다른 반이 되었어요. 최악이지만 그래도 학교 끝나자마자 미키네 집에 가서 팔찌를 함께 만들기로 했으니 괜찮아요. 교실을 나서는데 스즈라는 친구가 함께 가자고 하는데 약속이 있다며 거절했어요. 그리고 미키네 교실 앞에서 미키를 기다리는데 미키가 유키라는 친구랑 손을 잡고 웃으며 나오는 거예요. 나쓰미를 보자 오늘은 유키네 집에서 함께 피아노를 치기로 했다며 싱글벙글이에요. 그날 이후로 미키는 유키와 모든 걸 함께 했어요. 등교는 물론 도서실에 갈 때도, 음악실에 갈 때도, 화장실에 갈 때도 찰싹 붙어 다녔죠. 물론 나쓰미와 단짝이었을 때 나쓰미와 함께 했던 것들이에요.

가슴 한쪽이 콕 찔린 것처럼 아픈 나쓰미에게 새학기 첫날 말을 걸었던 스즈가 다가와요.

나쓰미에게도 봄햇살같은 따뜻한 시간이 기다리고 있어요. 한 뼘 성장한 나쓰미의 모습도요.

엄마를 위한 그림책

『똑, 딱』

에스텔 비용 스파뇰 글·그림, 여유당

똑이와 딱이는 세상에 둘도 없는 친구였어요. 딱이 옆에 똑이가 없는 걸 생각할 수 없고, 똑이 옆에 딱이가 없는 걸 상상조차 할 수 없답니다.

그런데 어느 날 딱이가 보이지 않았어요. 딱이가 없으니 똑이는 마음이 훌쩍훌쩍하고 시간이 너무 천천히 가는 것 같았지요. 미친 듯이 딱이를 찾아 헤매던 똑이는 다른 새들과 장난치며 재미있게 놀고 있는 딱이를 발견해요. 상처받은 똑이는 한동안 깊은 슬픔에 빠져 지내지요. 그렇게 똑이는 힘든 시간을 통과해요.

결국 둘은 각자 자신만의 세계를 발견해내고 서로 힘이 되는 관계로 나아가게 됩니다.

가장 이상적인 관계에 도달하게 된 거죠. 적당한 거리두기가 안 되는 어른들에게 더 절실하게 필요할 듯합니다.

045 기다림 총총

매미만큼 기다릴 수 있어

　기다림은 설렘과 총총거리는 마음을 품고 있습니다. 기다리던 그것이 왔을 때를 생각하면 심장이 간질거릴 만큼 기쁘잖아요. 마음은 창밖을 들락날락 더더욱 바쁘고요. 그것이 빨리, 더 빨리 왔으면 하고요. 특히, 생일을 기다릴 때 그래요. 크리스마스나 소풍은 어떻고요? 첫눈도 빼놓을 수 없지요.

　기다리는 건 가끔씩 지루한 일이기도 해요. 특히, 아이들에게 그러하지요. 그런데요, 오래 기다릴수록, 간절한 마음으로 기다릴수록 기쁨이 더 커진다는 걸 아세요?

　아무리 지루하다 해도 매미만큼 오래 기다려 본 적 있나요? 매미는 어두컴컴한 땅 속에서 7년을 기다리잖아요. 여름 한 철 그 짧은 시간을 노래하기 위해서. 무슨 일이든 다 때가 있대요. 수박이 먹고 싶어도 기다려야 하고 고래가 보고 싶어도 기다려야 하고요.

　지금 이 순간, 나에게 간절한 마음으로 기다려야 할 그 무언가가 있나요? 나에게 간절한 기다림은 무엇일까요?

『7년 동안의 잠』

박완서 글, 김세현 그림, 어린이작가정신

요즘 개미마을엔 흉년이 들어 광이란 광은 텅 비어 있습니다. 부지런한 일개미들은 멀고 험한 곳까지 헤매고 다니지만 저녁이 되면 지칠 대로 지쳐 빈손으로 돌아오기 일쑤였지요. 이런 힘든 시기에 어린 일개미가 기쁜 소식을 전해왔어요. 그 무엇과 비할 데 없이 엄청 크고 싱싱한 먹이를 발견했대요. 늙은 개미와 다른 일개미들이 어린 일개미를 따라 먹이가 있는 곳으로 갔어요.

그런데 마을에서 존경받는 늙은 개미가 먹이를 찬찬히 살피더니 매미의 애벌레라고 합니다. 순간 웅성웅성 소란스러워졌지요. 일개미들은 자신들이 땀 흘려 일할 때 시원한 나무 그늘에서 온종일 노래나 부르는 이 팔자 좋은 놈을 얼른 가져가서 먹자고 하는데….

어딘지 연륜이 있어 보이는 늙은 개미의 생각은 다르지 않을까요? 한철 노래부르기 위해 어두컴컴한 땅 속에서 7년을 기다려온 매미라는 사실을 알고 있으니까요.

여러분 생각은 어떤가요?

박완서 선생님의 글이 한국적 미를 담뿍 담은 김세현 화가의 그림으로 또 한 권의 멋진 그림책으로 탄생했습니다. 그림책을 즐기는 독자로서 그 기쁨의 크기란 가늠할 수가 없네요. 항상 정성에 정성을 더하는 김세현 화가는 이번에도 자연을 그대로 담고자 애쓰셨다는데요. 땅은 안동 찰흙으로, 매미는 천연 광물성 안료로 채색하셨다니, 깊은 색감과 개미 한 마리 한 마리에 생동감이 가득한 그림을 기대하세요.

기다림에 대한 그림책

『고래가 보고 싶거든』

줄리 폴리아노 글, 에린 E. 스테드 그림, 문학동네

창문 너머 푸른 바다를 바라보며 고래를 기다리는 아이가 있습니다. 리듬감 있는 문장으로 고래를 보려면 어떻게 해야 하는지 아이에게 조곤조곤 들려줍니다.

고래는 아이가 마음으로 간절히 바라는 어떤 것이나 어떤 일을 은유합니다. 그런 고래를 보려면 바다에서 눈을 떼지 말고 기다리고 또 기다려야 한다고 말합니다.

다소 지루하거나 어려울 수 있는 주제에 아이들이 좋아하는 고래를 등장시켜 아이들의 호기심을 자극하며 이야기를 이끌어가는 재주가 탁월합니다. 아이의 긴 긴 기다림 끝에 과연 고래가 나타나 줄까요?

『조금만 기다려 봐』

케빈 헹크스 글·그림, 비룡소

창가에 장난감 친구 다섯이 줄줄이 서 있어요. 뭔가를 기다리고 있는 모습이에요.

점박이 올빼미는 달님을, 우산 쓴 꼬마 돼지는 비를, 연을 든 아기 곰은 살랑살랑 부는 바람을, 썰매 탄 강아지는 함박눈을 기다리고 있대요.

그런데 별 토끼는 그저 창밖을 바라보며 기다리는 것을 좋아한대요. 기다림 자체를 좋아하는 별 토끼인가 봐요. 장난감 인형들은 왜 달과 비와 바람과 눈을 기다리는 걸까요? 장난감 인형들이 제각각 들려주는 그 이유가 참 귀엽고 사랑스러워요.

눈을 기다리던 강아지는 함박눈이 내릴 때 너무도 행복해하는데요. 그 모습을 통해 오랜 기다림 끝에 바라던 일이 이루어지는 순간 큰 행복을 느끼게 된다는 '기다림'의 의미를 따듯하고도 쉽게 전해줍니다. 케빈 헹크스의 세 번째 칼데콧 수상작입니다.

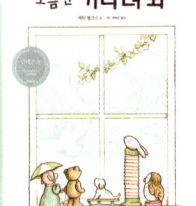

『안녕, 펭귄?』

폴리 던바 글·그림, 비룡소

친구를 사귐에 있어 기다림의 소중함을 유쾌하게 풀어냅니다.

어느 날, 펭귄을 선물로 받은 벤은 너무 기뻤어요. 펭귄과 빨리 친구가 되고 싶어 벤은 안달이 났지요. 자신이 할 수 있는 온갖 방법을 동원하여 펭귄의 관심을 끌어보려고 애썼어요. 그런데 펭귄은 여전히 가만히 있기만 해요. 답답하고 서운하고 어쩔 줄 몰라 하던 벤은 급기야 화가 폭발해 펭귄에게 소리를 질렀지요.

그런데 마침 지나가던 사자가 시끄럽다며 벤을 꿀꺽 삼켜버렸어요.

『수박이 먹고 싶으면』

김장성 글, 유리 그림, 이야기꽃

푹푹 찌는 더운 여름에는 시원한 수박만 한 과일이 없지 싶습니다. 크기도 큼직해서 여럿이 나눠 먹기에도 풍족하고요.

그렇게 더운 여름날, 수박이 먹고 싶으면 어떻게 해야 할까요? 무슨 바보 같은 질문이냐고요? 맞아요. 집에서 가까운 가게에 가서 사오면 되는걸요. 요즘엔 바로 시원한 수박을 먹을 수 있도록 냉장 보관한 수박도 있으니까요.

그런데 가게의 수박은 어디서 오는 걸까요? 수박 한 조각이라도 먹기 위해서는 수많은 땀과 시간과 날씨가 필요하답니다. 봄에 심은 작은 씨앗이 싹을 틔우고 온 땅을 덮을 기세로 쭉쭉 넝쿨이 뻗어 나가고, 바로 그 즈음 초록색 이파리 사이에서 보일 듯 말 듯 노란 꽃을 피웁니다. 그러고는 시든 노란 꽃자리에 쥐눈이콩만 한 수박이 열리더니 귤 크기만 하게 자라고, 사과 크기만 해지고 어느새 멜론 크기만큼 쑥쑥 자라더니 진짜 수박이 됩니다.

우리 입속으로 들어가는 모든 곡식과 과일은 날씨의 도움을 받으면서 오랜 시간 기다림과 누군가의 수고로운 땀방울과 정성이 이루어낸 또 하나의 생명들입니다.

당당하게 돈을 낸 대가로 가져온 수박이지만 수박이 되기까지의 과정을 생각한다면 감사하는 마음이 저절로 가슴 가득 차오르게 됩니다.

『봄이다!』
줄리 폴리아노 글, 에린 E. 스테드 그림, 별천지

시적인 글과 섬세하고 따뜻한 그림, 거기에 봄을 기다리는 마음까지, 탄성을 지르고 싶을 만큼 너무 예쁜 그림책이에요.
춥고 긴 겨울 끝자락에 다다르면 슬슬 마음이 간지러워요. 그건 곧 봄이 그립다는 뜻이에요. 아직은 추운 겨울, 아이가 털모자를 쓰고 목도리를 두르고 장갑까지 끼고서 들판으로 나가요. 봄을 기다리기 위해서입니다. 그냥 기다리면 심심하니 씨앗을 심기로 해요. 어딜 봐도 온통 갈색인 세상, 그래도 설레고 기대되는 갈색이래요.
봄을 데려오는 색이라서 그럴까요? 이렇게 사랑스러운 기다림은 처음이에요.

 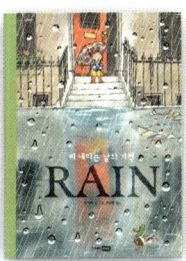

『비 내리는 날의 기적』
샘 어셔 글·그림, 주니어RHK

비 내리는 아침, 아이는 빨리 밖으로 나가고 싶지만 할아버지는 비가 그칠 때까지 기다리라고 합니다. 기다리고 또 기다리며 온갖 상상의 나래를 펼치는 아이, 비오는 날의 기적을 만날 수 있을까요?

『눈 오는 날의 기적』
샘 어셔 글·그림, 주니어RHK

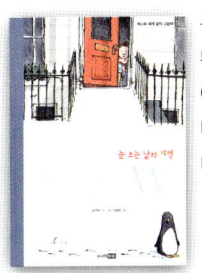

눈 오는 날, 아이는 얼른 뛰어나가 놀고 싶은데 할아버지는 느긋하기만 합니다. 너무 늦게 나갔나 싶은데 그 덕분에 오히려 기적 같은 즐거운 일이 일어납니다. 무슨 일이 일어난 걸까요?

『이제 곧 이제 곧』
오카다 고 글, 오카다 치아키 그림, 천개의바람

두 번 반복해서 말하는 '이제 곧 이제 곧'이라는 말 속에 설렘과 기대, 서두르는 기다림이 있습니다. 무엇을 기다리는 걸까요?
매일 도토리만 먹으며 겨울을 나고 있는 토끼 가족이 봄을 기다리고 있습니다. 엄마는 아직 봄을 모르는 보보에게 말해 주었지요. 이제 곧 봄이 오면 날이 따뜻해지고, 맛있는 걸 많이 먹을 수 있다고요. 봄이 오면 또 보보가 더 높이 뛸 수 있고, 좋아하는 나무에도 올라갈 수 있을 거라고요. 나무에 올라가면 바다도 볼 수 있고요. 봄을 한 번도 본 적이 없는 보보는 궁금하기만 합니다. 봄이 오는 건 어떤 건지, 이제 곧은 언제인지.
어느 날 아침, 밖으로 달려 나갔다가 돌아온 보보는 기쁜 목소리로 외쳤어요.
"엄마, 나 봄을 만났어요!"
벌써 봄이 온 걸까요? 보보가 만난 봄은 어떤 모습일까요? 봄을 모르는 아이에게 봄에 대해 뭐라고 말해줄 수 있을까 생각해 보는 중입니다.

『내일은 꼭 이루어져라』

오노데라 에츠코 글, 구로이 켄 그림, 천개의바람

어느 날, 아기염소는 거미줄에 걸린 신기한 씨를 발견합니다. 어떤 씨일까, 궁금해하며 씨를 심고 얼른 싹이 나기를 기다렸지요.

아기염소의 바람대로 씨는 순식간에 싹을 틔워 나무로 자랐습니다. 하지만 오동통한 나뭇잎은 쓰기만 할 뿐 먹을 수 없었고, 꽃이 피었지만 자그맣고 향기도 없었습니다. 그래도 아기염소는 실망하지 않고 탐스러운 열매를 맺으라고 노래합니다. 열매 또한 아주 자그맣고 맛도 없었지요.

진짜 쓸모없는 나무인가 싶었는데 아기염소는 뿌리에 희망을 걸어봅니다. 그런데 뿌리 역시 가느다랗고 볼품이 없었습니다. 그래도 아기염소는 실망하지 않고 나무를 창문 위에 매달고 잘 마르라고 노래했습니다.

아기염소는 '내 나무에 대한 믿음'을 포기하지 않고 끝까지 기다렸지요. 내일은 꼭 이루어지라는 간절한 기다림의 노래를 부르면서요. 아기염소가 생각하는 내일이 올까요?

『크리스마스까지 아홉 밤』

오로라 라바스티다 글, 마리 홀 에츠 그림, 비룡소

멕시코에서만 볼 수 있는 독특하고 특별한 크리스마스 이야기예요.

멕시코에서는 크리스마스 아홉 밤 전부터 크리스마스 이브까지 매일 밤 축제가 열린답니다. 그 축제를 포사다라고 하는데, 포사다를 여는 집 마당을 돌며 노래를 부른대요.

엄마는 유치원에 다니는 세시를 위해 첫 번째 포사다를 열자고 했어요. 어린 세시가 얼마나 흥분되고 기뻤을까요? 기다리는 마음은 또 얼마나 설렐까요? 세시에게 가슴이 벅찰 만큼 기쁜 일이 또 있어요.

태어나서 처음으로 첫 번째 포사다 때 쓸 피냐타를 사러 북적이는 시장에 간대요. 피냐타가 뭐냐고요? 아이들이 정말 좋아하는 놀이에 꼭 필요한 거래요. 이 모든 이야기를 매혹적인 그림으로 만나면 멕시코에 와 있는 듯 생생하게 느낄 수가 있어요. 그러니까 칼데콧상을 수상했겠죠.

『곰이 하고 싶은 이야기가 있대』

필립 C. 스테드 글, 에린 E. 스테드 그림, 별천지

낙엽이 떨어지기 시작하니 곰은 피곤해지며 슬슬 잠이 오기 시작했어요. 하지만 곰은 잠을 참아야만 해요. 친구들에게 꼭 들려주고 싶은 재미난 이야기가 있거든요. 그런데 친구들은 겨울을 준비하느라 모두들 바쁘대요. 그래도 곰은 서운해하지 않아요. 대신에 친구들 상황을 이해하며 오히려 도와주지요. 겨울이 오기 전에 씨앗을 모으는 쥐를 도와주고, 남쪽 나라로 날아가는 오리를 위해 바람의 방향을 확인해 주고, 겨울잠을 자야 하는 개구리를 위해 따뜻한 잠자리를 마련해 줍니다. 두더지에게는 이야기를 들려줄까 했더니 두더지는 벌써 겨울잠에 들었어요.

어느새 겨울의 첫눈송이가 날리고 곰도 겨울잠에 들었어요. 그리고 몇 달이 흐르고 봄이 돌아왔어요. 또 다시 곰은 겨울잠에서 깨어난 친구들을 살뜰하게 챙겨 주었지요. 쥐, 오리, 개구리, 두더지가 모두 모인 자리에서 드디어 작년에 하고 싶었던 이야기를 들려주려고 하는데 기억이 잘 나지 않아요. 친구들은 이야기가 기억나도록 한 마디씩 거드는데, 곰은 과연 이야기를 들려줄 수 있을까요? 우리도 너무너무 궁금해요. 곰이 들려주고 싶은 이야기는 무엇일까요?

엄마를 위한 책

『나는 기다립니다』 그림책

다비드 칼리 글, 세르주 블로크 그림, 문학동네

사람에 따라 상황에 따라 인생은 다양하게 정의됩니다. 이 책은 우리의 인생이 기다림의 연속이라고 합니다.

맛있는 케이크가 빨리 구워지기를, 크리스마스가 빨리 오기를 기다리던 아이는 어느덧 청년이 되어 사랑이 오기를 기다립니다. 군대에서 전쟁이 끝나기를 기다리고 결혼을 허락하는 그 사람의 대답을 기다립니다.

결혼해서 태어날 아기를 기다리고 그 아이들이 어서 자라주기를 기다립니다. 배우자가 더 이상 아프지 않기를 기다리고 배우자를 먼저 보낸 후엔 다시 봄이 오기를 기다립니다.

삶이란 한 사람의 죽음으로 끝나지 않고 새로운 생명의 탄생으로 또 이어집니다. 계속 이어지는 끈처럼요.

책 속에 등장하는 빨간 끈은 단순하기 그지없지만 그 가느다란 끈 안에 다양한 감정이 실려 있어 마음을 출렁이게 합니다.

나는 지금 인생의 어느 시기에서 무엇을 기다리고 있을까요?

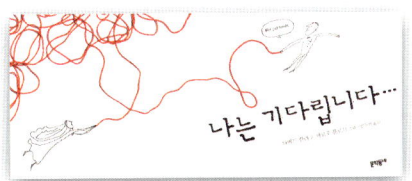

『기다리는 행복』

이해인 저, 샘터

기다림이라는 말이 품고 있는 설렘과 그리움을 담은 이해인 수녀님의 산문집입니다.

제목은 〈기다리는 행복〉이라는 시에서 가져왔는데요. 시의 일부분을 함께 볼까요.

"온 생애를 두고 내가 만나야 할 행복의 모습은 수수한 옷차림의 기다림입니다. 겨울 항아리에 담긴 포도주처럼 나의 언어를 익혀 내 복된 삶의 즙을 짜겠습니다. 밀물이 오면 썰물을, 꽃이 지면 열매를, 어둠이 구워내는 빛을 기다리며 살겠습니다."

046 학교 가기 싫은 날

더 둘러댈 핑계가 없을 때까지 가기 싫은 곳

누구라도 학교 가기 싫은 날이 있는 건 아주 자연스러운 일입니다. 사람이라면 방귀 뀌는 게 너무나 자연스러운 일처럼 말이죠. 엄마 아빠에게 회사 가기 싫은 날이 있는 것처럼요. 엄마도 그랬을 것이고 아빠도 그랬을 것이고, 고모도 삼촌도요. 교장 선생님도 담임선생님도 예외는 아닐 거예요. 아마 모르긴 몰라도 학교에 다녀본 사람이라면 모두 다 그런 경험이 있을 거예요. 아니, 확실히 있었다는 게 맞아요.

학교 가기 싫은 이유 또한 비슷할걸요. 숙제를 안 했다거나 담임선생님이 너무 무서워 보인다거나 짝꿍이 마음에 안 든다거나 친구가 없다거나 체육 시간이 싫다든가 시험공부를 안했다든가 친구랑 싸웠다거나….

학교 가기 싫은 날은 느릿느릿 뭉그적거리다 보면 지각하기 일쑤입니다. 그래서 말인데요. 학교 가기 싫은 날은 재미난 상상을 해보면 어떨까요? 혼자 하기 어렵다면 책 속의 친구들 이야기가 도움이 될 거예요.

『헉! 오늘이 그날이래』
이재경 글·그림, 고래뱃속

헉! 오늘은 개학날. 집집마다 한바탕 소동이 일어납니다.
학교에 가기 싫어 집 안 곳곳에 숨는 아이들, 엄지손가락을 입에 넣고 빠는 아이, 천사옷을 입겠다며 옷장 안에 있는 옷들을 모두 꺼내는 아이, 학교에 인형들을 데려가겠다며 고집을 부리는 아이.
이 난리 소동에도 여전히 이불 속에 있는 사람이 있어요. 누구일까요? 학교 가기 싫은 모두를 위한 그림책.

학교 가기 싫어서 그림책

『당근 유치원』
안녕달 글·그림, 창비

새 유치원에 간 아기토끼는 유치원이 싫어졌어요. 덩치는 산만하고, 목소리는 쩌렁쩌렁하고, 힘이 장사인 곰선생님 때문이래요. 그런데 무슨 일이 있었을까요? 글쎄, 쌤 달려가 곰선생님에게 폭 안기며 예쁜 선생님이랑 결혼하겠대요. 곰선생님과 아기토끼의 귀엽고 사랑스러운 이야기에 당근당근!

『우주로 간 김땅콩』
윤지회 글·그림, 사계절

유치원에 가기 싫은 땅콩이는 유치원에 가기 위해 신발을 신으려다 생각합니다. 엄마 몰래 유치원에 안 가면 어떤 일이 벌어질까, 하고요. 온갖 상상에 빠져있던 땅콩이는 마침내 결심을 해요.

『처음 학교 가는 날』
플뢰르 우리 글·그림, 노란돼지

처음 학교 가는 날에 대한 아이의 두려움을 섬세하고 서정적으로 그려낸 이야기입니다.
입학을 앞두고 꼬마곰은 악몽을 꾸었다며 학교에 가기 싫다고 합니다. 그런 꼬마곰을 천천히 부드럽게 학교로 이끄는 엄마곰의 모습이 인상적입니다. 엄마곰과 꼬마곰의 따뜻한 등굣길을 따라가 볼까요?

『유치원에 가기 싫어!』
하세가와 요시후미 글·그림, 살림어린이

유치원에 가기 싫어 투정부리는 아이들의 심리를 섬세하고 솔직담백하게 풀어냈어요. 유치원이 좋아지는 그림책!이라니 유치원 보내기 전에 아이랑 함께 꼭 읽어봐야겠어요.

『나 대신 학교 가 줄래?』

마리사비나 루소 글·그림, 느림보

방학이 끝나는 마지막 날, 아이는 학교 가기 싫어합니다. 독거미를 키운다는 무서운 담임선생님도 싫고 어려운 질문에 대답을 못 할까 봐 걱정되고 친구들이 자신을 못 알아보는 것도 걱정이에요. 엄마가 달래고 달래 새 학기 첫날을 보내고 온 아이, 활짝 웃고 있어요. 학교에서 무슨 일이 있었을까요?

『오싹오싹 거미 학교』

프란체스카 사이먼 글, 토니 로스 그림, 살림어린이

처음으로 학교에 가는 케이트가 지레 겁을 먹고 상상하는 학교는 오싹오싹 거미학교예요. 하지만 진짜 학교는 그렇지 않대요. 새 학교 입학을 앞둔 아이라면 꼭 읽어야 할 책이에요.

『싫은 날』

성영란 글·그림, 반달

숙제를 안 해서 학교 가기 싫은 아이 이야기예요. 이불을 돌돌 말고 뒹굴다가 겨우 학교에 갔는데, 글쎄 개교기념일이래요. 허탈하지만 그래도 신나게 놀았지요. 그런데 놀다 보니 또 숙제를 안 했는데 밤이 되고 말았어요. 내일 학교는 어떡하지요?

『지각한 이유가 있어요』

토니 로스 글·그림, 스콜라

보통 학교 가기 싫은 날에는 지각하기 일쑤입니다. 학교에 또 지각한 아기 염소, 분명히 숙제를 잘 챙겨서 집에서 늦지 않게 나왔다는데…. 정말 학교 오는 길에 무슨 일이 있었던 걸까요? 학교 가기 싫은 마음 때문이었을까요?

『학교 가기 싫은 날』 동화

김기정 글, 권문희 그림, 현암사

학교 가기 싫은 날이 참 많은 아이, 1학년 노아의 이야기예요.
마침 하얀 눈이 온 세상을 덮어 지붕만 빼꼼 보여요. 오늘은 학교에 안 가도 되겠지요? 그런데 회사에 간 엄마, 아빠와 오빠가 걱정이에요. 그래서 학교 방향으로 눈 굴을 파기 시작합니다.

『내 맘대로 학교』 동화

송언 글, 허구 그림, 한솔수북

일요일 저녁만 되면 학교 갈 생각에 한숨이 나오는 만세. 월요일 아침, 학교 가는 길에 발견한 연못에서 만난 개구리에게 배운 대로 해 봅니다.
교가를 바꿔 부르고, 체육 시간에 재미있는 놀이를 만들어내고, 음악시간에 새로운 반주법을 제안하는 등 학교를 내 맘대로 신나게 바꾸어갑니다.
매일매일 엉뚱하고 신나는 학교에 가 볼까요?

『1학년 3반 김송이입니다!』 동화

정이립 글, 신지영 그림, 바람의아이들

입학식 날 송이는 모든 게 마음이 들지 않아 속상합니다. 한 번은 수업 시간에 화장실에 갔다가 엉뚱한 교실로 들어가게 되는데….

『조커, 학교 가기 싫을 때 쓰는 카드』 동화

수지 모건스턴 저, 문학과지성사

새 학기 첫날, 담임선생님이 아이들에게 카드 한 꾸러미씩 나눠 줍니다. 카드에 있는 글을 읽은 아이들은 눈이 휘둥그레졌지요.
수업을 듣고 싶지 않을 때 쓰는 조커, 학교에 가고 싶지 않을 때 쓰는 조커 등이 있었거든요. 그런데 신기해요. 아이들은 이런 카드가 필요 없대요. 왜냐면 학교에 너무나도 가고 싶으니까요. 무슨 일이 있었을까요?

047 비밀의 맛

소중히
다루지 않으면
쓴맛만 남게 돼

　비밀이란 단어는 참으로 신비해요. 아이스크림만큼이나 맛도 향기도 다채로워요.
"사람이 비밀이 없다는 것은 재산이 없는 것처럼 가난하고 허전한 일이다."
　천재 시인 이상의 단편소설 「실화(失花)」에 나오는 첫문장이에요.
　맞아요. 어떨 땐 마음속에 나만의 비밀 하나 있는 것만으로도 어깨가 으쓱해져요. 어떤 동화에서 보니까 이런 비밀 하나쯤은 있어야 한대요. 비밀이 생기는 건 어른이 된다는 거고, 한 사람을 안전하면서도 완벽하게 다른 사람으로 만들어 준다나요?
　그런데요, 비밀은 항상 꼭꼭 숨겨야 할까요? 친구가 나에게만 털어놓은 비밀은 어떻게 할까요? 이런 비밀은 다른 누구에겐가 꼭 말하고 싶어 입이 간질간질 참기가 힘들거든요. 손톱 밑에 박힌 가시처럼 콕콕 찔러 마음을 아프게 하고, 자꾸만 마음을 무겁게 해서 기분을 우울하게 하는 비밀은요?
　내 마음 속에 들어온 비밀을 조심조심 잘 살펴봐야 해요. 너무나 소중해서 깊숙이 품고 싶은 혼자만의 비밀인지? 친구와 약속한 거라 절대 말하면 안 되는 비밀인지? 누군가의 도움을 받아 해결해야 하는 나쁜 비밀인지? 찬찬히 생각해 봐야 해요. 어렵다고요? 그림책 속의 친구들이 도와줄 거예요.

『비밀』

허은미 글, 박현주 그림, 문학동네어린이

엄마나 선생님, 또는 믿을 만한 누구에겐가 꼭 말해야 하는 나쁜 비밀이 있대요. 나쁜 비밀은 손톱 밑의 가시 같아서 꼭 빼내야 한대요. 그렇지 않으면 곪으니까요. 엄마에게 나쁜 비밀을 털어놓으면 엄마는 이렇게 말하며 꼭 안아줘요.
"엄마에게 얘기해줘서 고마워."
얘기하기가 겁이 날 수도 있지만 꼭 털어놓아야 하는 비밀이니까요.

비밀과 성장에 대한 그림책

『내 비밀은요…』

디디에 레비 글, 아멜리 그로 그림, 키즈엠

나는 나만의 비밀이 아주 많아요. 앙투안을 좋아한다는 것, 내 보물들을 묻어둔 곳, 선생님께 칭찬받는 아이가 되고 싶어 한다는 것….

그런데요, 나는 누군가에게 들은 비밀은 절대 퍼뜨리지 않아요. 여러분의 비밀은 어떤가요?

『노랗고 동그란 비밀』

무리엘 비야누에바 글, 페란 오르타 그림, 씨드북

방학이 되어 캠프를 떠날 시간, 보통은 신이 나 있을 테지만 아이는 걱정이 가득해 보입니다.
캠프에 가기 싫은 걸까요? 큰 가방을 메고 집을 나서는데 어깨가 축 처지고, 버스 안에서도 시무룩하고, 저녁도 먹는 둥 마는 둥 했어요. 아이가 이러는 건 실은 밤마다 찾아오는 노랗고 동그란 비밀 때문이래요.
온통 걱정 속에서 겨우 잠이 들고 아침에 눈을 떠보니 어김없이 비밀이 찾아와 있었어요. 도대체 그 비밀이란 무엇일까요?

『이건 비밀인데…』

강소연 글, 크리스토퍼 와이엔트 그림, 풀빛

개구리 한 마리가 우리들에게 자꾸만 가까이 더 가까이 오라고 합니다. 비밀 얘기를 들려줄 거라면서요. 개구리가 속닥속닥 들려줄 비밀이란 뭘까요?

『쉿! 비밀이야』

통지아 글·그림, 고래뱃속

말과 비밀의 속성에 대해 아주 명쾌하고도 유머러스하게 보여줍니다.
야옹이가 한 친구에게 절대 얘기하면 안 된다면서 비밀을 털어놓아요. 발 없는 말이 천 리를 가는 것처럼 비밀이 움직이고 자라나 친구들에게 전해지고 전해지는데….
야옹이에게 과연 어떤 말이 돌아올까요?

『새 친구에게 비밀이 있대요』

크리스틴 헤머러허츠 글, 안 칸다엘러 그림, 미디어창비

유치원에 새로 온 카멜레온에게 친구들이 기뻐하며 파란색 의자를 권해요. 그런데 카멜레온이 의자에 앉자마자 카멜레온의 몸이 온통 파랗게 변하는 거예요. 이를 본 친구들이 깜짝 놀라자 카멜레온은 자신에게 부끄러운 비밀이 있다며 뚝, 뚝, 눈물을 흘립니다.

『새콤달콤 비밀 약속』 동화

김미애 글, 최향랑 그림, 사계절

친구 아기돼지와 아기 토끼를 초대한 날, 아기여우는 1년 전에 쓴 쪽지를 발견합니다. 내용은 아기토끼와 비밀 약속을 나눈 것으로 꼭 비밀로 하자는 것이었죠. 그런데 아기 여우는 비밀 약속이 도무지 생각나지 않는 거예요. 곧 아기 토끼가 올 시간인데 말이에요.

『엠마의 비밀 일기』

수지 모건스턴 글, 세브린 코르디에 그림, 비룡소

엠마는 비밀일기장에 일기를 써요. 오이 먹는 공주님을 그리고 풍선껌 포장지를 붙이고 돌아가신 할아버지 사진을 붙이고 엄마 향수를 살짝 떨어뜨리기도 해요. 그런데요, 진짜 비밀은 일기장에 쓰지 않는대요. 꼭꼭 숨긴 엠마의 비밀은 무엇일까요?

『비밀 가족』 동화

최은영 글, 이덕화 그림, 개암나무

민후 아빠는 회사를 그만두고 빵집을 준비하고 있습니다. 아빠는 민후에게 갑자기 찾아온 할머니에게 이 일을 비밀로 하라고 합니다. 엄마가 직장에 나가는 것도 비밀이고요. 아빠의 비밀을 지키느라 힘든 민후는 비밀을 터뜨리기 위해 크게 다친 것처럼 일을 꾸미는데….

『진짜진짜 비밀이야』 동화

김리리 글, 한지예 그림, 다림

슬비는 재현이에게 사과의 뜻으로 카드 세트를 선물하기로 합니다. 선물 살 돈을 모으기 위해 아빠 구두를 닦고, 인형을 팔기도 하고, 세 봉지에 천 원 하는 과자를 사다가 한 봉지에 오백 원에 팔기도 합니다. 점점 돈의 함정에 빠져드는 슬비, 재현이에게 마음을 표현할 수 있을까요?

『비밀 귀신』 동화

장수민 글, 조윤주 그림, 파란자전거

예나는 소희에게 같은 반 친구들 험담을 늘어놓으며 절대 비밀이라고 합니다. 소희도 처음에는 철석같이 약속했지만 점점 입이 간질거려 참을 수가 없습니다. 결국 소희는 비밀 이야기를 쪽지에 적어 돼지 저금통에 저금하듯 쏙쏙 집어넣습니다.

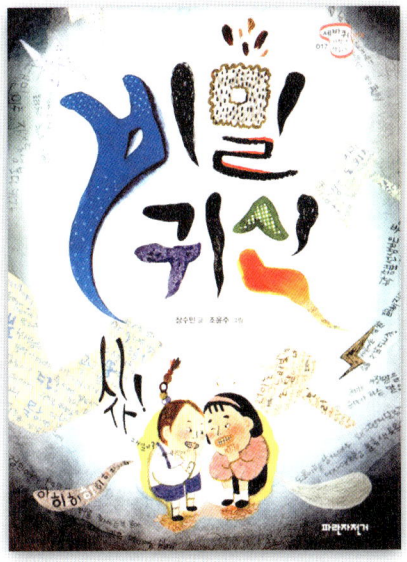

『쉿! 엄마에겐 비밀이야』 동화

은효경 글, 고수 그림, 노란돼지

누나와 나는 엄마 몰래 옥상에 햄스터를 기르고 있었어요. 그런데 어느 날 감쪽같이 햄스터가 사라졌어요. 누가 가져간 걸까요? 엄마는 아니겠죠?

『비밀은 내게 맡겨!』 동화

전은지 글, 김다정 그림, 주니어김영사

담임선생님의 딸 민영이의 비밀을 우연히 알게 된 재훈이는 민영이와 이 일에 대해 말하지 않기로 약속을 합니다. 또한 담임선생님과도 민영이의 비밀을 알게 되면 알려주겠다는 약속을 하지요. 담임선생님과 민영이 두 사람 모두에게 약속을 지키고 싶은 재훈이는 어떻게 해야 할까요? 재훈이의 멋진 묘안을 기대하세요.

『내 짝꿍의 비밀』 동화

김소연 글, 손령숙 그림, 사계절

마음에 두었던 선영이와 짝꿍이 된 6학년 인철이. 그런데 언제부턴가 털털하고 성격 좋던 선영이가 툭 하면 화를 내고 까칠해졌습니다. 참다못한 인철이가 선영이에게 말을 겁니다.
"너 요즘 무슨 일 있어?"
속앓이를 하던 선영이가 비밀을 털어놓는데….

『열두 살에게는 너무 무거운 비밀』 동화

마리안느 머스그로브 저, 책속물고기

부모님이 일찍 돌아가신 켄지는 언니와 할아버지와 함께 삽니다. 그런데 어느 날부턴가 할아버지가 이상해지셨어요. 혹시 치매일까요? 켄지와 언니는 이 사실을 비밀로 합니다. 가족이 뿔뿔이 헤어지게 될까 봐서요. 하지만 담아 두고 있기엔 비밀이 점점 무거워집니다. 켄지와 언니는 지켜낼 수 있을까요?

048 상상이 주는 위로

마음 상할 때 찾는 나만의 비밀 공간

요즘은 불안이 삶의 기본값이라고 할 만큼 모두가 어려운 시절을 보내고 있습니다. 요즘만이 아니라 꽤 오래된 일이지요. 앞으로도 크게 달라질 것 없다는 예감이 마음을 무겁게 합니다. 부모가 불안 속에서 살고 있기에 아이들에게 많은 것을 해주면서도 마음은 함께 하지 못하는 경우가 많지요? 그래서 불안한 아이들도 많고 외로운 아이들도 많습니다. 아이들은 불안과 외로움을 어떻게 견뎌낼까요? 하고 싶은 것은 많지만 정작 마음대로 할 수 있는 것이 별로 없는 아이들, 욕구를 어떻게 표출해야 할까요? 친구나 선생님, 부모님으로 인한 상처와 불만은 어떻게 해소해야 할까요?

다행스럽게도 이런 경우 아이들에게만 주어지는 선물이자 특권이 있습니다. 바로 아이들의 해방구이자 강력한 무기가 되는 상상이죠. 상상은 아무도 모르는 세계지만 상상이 만들어 내는 환상의 존재들은 아이들에게 힘을 줍니다. 현실에 디딘 발이 힘을 잃을 때 찾아와 안부를 묻고 환상의 이야기를 들려주곤 합니다.

사춘기를 심하게 앓느라 대화를 단절하고 방 안에 틀어박힌 한 아이의 엄마가 들려준 이야기입니다. 아이가 걱정되어 항상 조마조마하던 어느 날, 아이 방에서 벽 한쪽에 그려진 아주 작은 그림을 발견했는데요. 문이 하나 그려져 있고 그 문을 통해 다른 세계로

드나드는 그런 내용이었답니다. 아이 엄마는 그 그림을 보는 순간 안도의 한숨을 내쉬었다고 해요. 이 아이가 적어도 현실의 창문으로 뛰어내리지는 않겠구나 하고요.

아이들에게 상상의 세계는 힘든 시간을 견디는 힘이 되어줍니다. 상상의 세계를 통해 현실에서 이루지 못한 욕구를 실현하면서 만족을 느끼기도 하고, 현실의 불만을 상상의 세계에서 조력자의 도움을 받아 해소하기도 합니다. 이뿐만 아니라 내면의 지기와 대화하는 제2의 자아를 만들어내기도 하지요. 제2의 자아는 자아와 분리해서 생각할 수 없을 정도로 자아와 공존하며 진실한 친구로, 때론 조력자로서 역할을 해냅니다.

아끼고 가까이하는 인형이나 비밀친구가 그렇지요. 비밀친구는 신기하게도 아이가 외롭거나 불안할 때, 또는 힘들 때 마법처럼 나타났다가 아이가 심리적으로 안정되고 편안한 친구가 생기면 스르르 사라집니다. 상상의 친구와 어느 순간 자연스레 긍정적 이별을 하게 되는 거죠. 아이에게 이런 상상의 세계가 있다는 건 마음껏 응원해줄 일입니다. 아이에게 정신적으로 문제가 있는 건 더더욱 아니고요. 창조적인 결과물을 창출하는 상상력이 아니라서 쓸모없음이 아니라, 마음을 지키는데 너무도 소중한 상상이니까요.

아이들 마음을 누구보다 잘 헤아린다는 세계적인 그림책 작가 존 버닝햄과 앤서니 브라운의 비밀친구를 주제로 한 그림책을 만나보세요.

『잘 가, 나의 비밀친구』
그웬 스트라우스 글, 앤서니 브라운 그림, 웅진주니어

말하는 걸 그냥 좋아하지 않을 뿐인 에릭의 이야기예요.

에릭은 상상 속에서 만들어낸 자신의 비밀친구하고만 소통을 해요. 왜 완두콩을 먹기 싫은지, 왜 목욕을 할 필요가 없는지 비밀친구가 대신 설명해 줘요. 그뿐만 아니라 자기 전에 읽을 책도 골라주고 꿈에 무서운 도마뱀이 나타나면 쫓아 주기도 하지요. 이렇게 자기만의 세계에 갇혀 있던 에릭은 어느 날 공원에서 혼자 놀고 있는 마샤를 만나게 돼요.

마샤는 에릭이 말이 없어도 상관하지 않고 억지로 말도 시키지 않아요. 물론 벙어리 에릭이라고 놀리지도 않고요. 이런 마샤를 본 에릭은 마음이 편안해졌나 봅니다. 비밀친구가 대신 말해줄 필요성을 전혀 느끼지 못하니까요. 마음의 빗장이 풀린 걸까요? 에릭은 자연스레 마샤와 어울리게 되고 그날 밤은 무서운 꿈도 꾸지 않아요. 비밀친구도 스르르 사라지고요.

위로가 되는 상상 그림책

『알도』
존 버닝햄 글·그림, 시공주니어

한 아이가 독백 형식으로 자신의 이야기를 들려줍니다. '난 혼자 있는 시간이 많아'로 시작되는 말에 가슴이 철렁하네요.

텔레비전도 보고 갖고 놀 것도 많다는 아이는 가끔 엄마랑 놀이터에도 가고 어쩌다가 외식할 때는 신이 난다고 합니다. 그런데 그때에도 외로움이 짙게 밴 아이의 시선은 어울려 노는 아이들이나 화목해 보이는 가족들을 향해 있어요. 그 시선의 이유는 그림을 주의 깊게 보면 알 수 있어요. 글에는 나와 있지 않지만 엄마 아빠가 싸우는 장면이 있거든요.

밖에서는 친구들에게 놀림 받고 집에서도 외로운 아이는 그래도 정말정말 행복하다고 말합니다. 힘든 일이 생기면 언제나 찾아와 주고 근사한 곳으로 데려가 주고 책도 읽어 주는 비밀친구, 알도가 있기 때문이래요. 아이는 생각합니다. 친구들이 생겨 알도를 까맣게 잊고 지내는 날도 있겠지만, 정말 힘든 일이 생기면 언제라도 찾아와 줄 거라고요.

『문어 목욕탕』
최민지 글·그림, 노란상상

동네에 새로운 목욕탕이 생겼어요. 그것도 신기한 문어목욕탕이래요. 친구는 벌써 엄마랑 다녀왔대요. 엄마가 없는 '나'는 한 번도 목욕탕을 가 본 적이 없어요. 아이는 혼자라도 한 번 가보기로 해요. 목욕탕 가방을 들고 쭈뼛쭈뼛, 계산대에서 동전 100원을 내니 문어발이 쓰윽 돈을 쓸어가고 20원을 내줘요. 아 참, 아이는 800원인데 엄마 없이 혼자 온 아이는 80원이래요. 이런 세심한 배려라니, 마음에 쏙 드는 목욕탕이에요.

아이가 옷을 홀라당 벗고 또 쭈뼛쭈뼛, 목욕탕 안으로 들어서니 모두들 즐거워 보여요. 이번에는 용기를 내어 먹물탕으로 풍덩 뛰어들었어요. 목욕을 마치고 나온 아이가 활짝 웃고 있어요.

문어목욕탕의 특별함은 뭘까요? 혼자 와도 괜찮고, 혼자서 목욕할 때 가장 난감한 등도 밀어주고, 무엇보다 허전하고 외로운 마음까지 어루만져주는 따뜻한 목욕탕이라죠. 외로운 어른들은 무슨 목욕탕에 가야 할까요?

『눈구름 사자』
짐 헬모어 글, 리처드 존스 그림, 웅진주니어

카로는 새집으로 이사를 했어요. 이사는 특히 아이들에게 일상을 뒤흔드는 큰 사건과도 같지요.

카로도 온통 흰빛인 새집이 낯설고 무엇보다 놀 친구가 없어 무척 외로웠어요. 그때 카로의 귀에 다정한 목소리가 들려왔어요. 목소리의 주인공은 눈처럼 희고 구름처럼 보드라운 사자였어요. 카로는 흰 벽에 몸을 숨기고 한쪽 눈을 찡긋 한 사자에게 흠뻑 빠져들어 그날부터 둘은 항상 함께였지요.

그러던 어느 날, 사자는 카로에게 놀이터에 나가서 친구들과 놀다 오라고 해요. 자기는 카로가 돌아올 때까지 기다릴 거라면서요. 사자의 말에 살짝 용기를 낸 카로는 놀이터에 나가게 되고 다음에는 친구 집에 가서 여러 친구들과 함께 신나게 놀기도 해요. 그러고 보니 집 구석구석을 살펴봐도 눈구름 사자가 보이질 않아요. 친구들이 생긴 카로에게 눈구름 사자는 이제 필요하지 않은 걸까요?

밤새 눈이 내리고 아침에는 온 세상이 하얗게 변했어요. 카로가 밖을 내다보니 하얀 눈 속에 사자가 앉아 있지 뭐예요? 카로는 너무 기뻐서 달려나가 사자를 꼭 껴안았지요.
"사자들은 밖에서 사는 게 행복해. 그리고 이제 네겐 친구들이 있잖아. 하지만 네가 보고 싶을 거야. 네가 날 떠올리면 언제라도 꼭 나타날게."
떠올리면 힘이 되는 참 따뜻하고 푹신한 상상 그림책이에요. 어른인 제 마음 속에도 눈구름 사자를 담기로 했어요. 마음이 슬픔으로 가득 차 있을 때는 어른에게도 눈구름 사자가 필요하거든요. 마음이 어떤 올가미에 꽉 조여 있을 때라도 눈구름 사자를 만나면 스르르 풀릴 것만 같아요.
그림의 색감 또한 우아하고 그윽해서 어떤 그림 작가일까 하고 프로필을 들여다보기도 했어요.
참, 카로에게 왜 하필 눈구름 사자가 찾아왔을까요? 눈구름 토끼나 눈구름 곰이 아니고. 아마 책 속 어딘가에 비밀이 있을 거예요.

『잠이 오지 않는 밤』
홍그림 글·그림, 창비

재민이는 낮에 웅이와 크게 싸웠어요. 자기는 한 대 밖에 못 때렸는데 다섯 대나 맞고 돌아온 재민이는 너무너무 화가 나서 잠이 오지 않아요. 그때 방문을 열고 괴물들이 들어와요. 커다란 손바닥 괴물, 날쌔고 인정 없는 외눈박이 토끼, 지독한 냄새를 내뿜는 해골 박쥐, 무엇이든 붕대로 꽁꽁 싸매 꼼짝 못 하게 만드는 붕대 유령. 괴물들을 본 재민이는 무서워하기는커녕 재미난 생각을 해요. 바로 괴물들을 데리고 친구를 찾아가 복수하는 것.
웅이네 집 가는 길에 평소 재민이를 괴롭히던 사람들과 마주쳐요. 재민이의 동전을 빼앗아 간 나쁜 형, 재민이만 보면 사납게 짖어대는 옆집 개, 장난감을 살짝 건드리기만 해도 혼내는 문방구 아주머니, 잔소리만 하는 선생님. 괴물들은 재민이의 명령에 따라 잘못했다고 싹싹 빌도록 그 모두를 혼내줘요. 재민이의 마음이 얼마나 후련했을까요?
그리고 마지막 목적지 웅이네 집에 도착하여 괴물들의 총공격으로 웅이에게 통쾌하게 복수를 하지요. 그런데 이상해요. 받은 만큼 되돌려 주었다고 생각해 가벼운 발걸음으로 집에 돌아왔는데 여전히 잠이 오지 않아요. 왜일까요?

『늑대가 나는 날』
미로코 마치코 글·그림, 한림출판사

지극히 평범한 하루가 아이의 놀라운 상상으로 다채롭게 변화된 모습이 인상적이에요. 강렬하고 매혹적인 일러스트 또한 예술적 감흥에 흠뻑 젖어 들게 하고요.
휘잉휘잉 바람이 세차게 부는 건 하늘에서 늑대가 뛰어다니고 있기 때문이래요. 우르릉 쾅쾅 천둥이 치는 건 고릴라가 가슴을 치고 있기 때문이고요. 내가 읽고 싶던 책이 없어졌는데 그 녀석이 가져간 게 틀림없대요. 그 녀석은 누구일까요? 오늘 이상하게 시간이 빨리 지나간 건 다람쥐들이 시곗바늘을 몰래 돌려놓았기 때문이래요. 아이가 잠자려고 누웠을 때는 시간이 천천히 흘러가는 고요한 시간이에요. 이번엔 누가 시곗바늘을 돌려놓았을까요? 이제 비도 그치고 바람도 약해지고 천둥도 멈췄어요.

『비밀의 방』
아스트리드 린드그렌 글·그림, 보물창고

아빠는 엄마를 가장 좋아하고, 엄마는 새로 태어난 남동생을 가장 좋아해서 혼자인 듯 외로운 베라. 다행히도 베라는 상상의 힘으로 '사랑하는 언니'라 불러주는 쌍둥이 동생과 비밀의 방에서 놀아요. 그런데 상상의 세계와 이별해야만 하는 순간이 찾아오는데….

『뉴욕 코끼리』

브누아 브루야르 글, 델핀 자코 그림, 씨드북

현관문을 나선 존은 바로 집 앞에 코끼리가 있는 걸 보고 깜짝 놀랐어요. 동물원도 아니고 서커스장도 아닌, 뉴욕 한복판에 코끼리라니! 존이 곧장 집 안으로 뛰어 들어가 코끼리 얘기를 하자 엄마 아빠는 또 꿈꾼 거냐고 합니다. 그럴 만도 하지요. 존은 종종 창가에 앉아 텅 빈 하늘을 한참 바라보기도 하고, 딴생각에 빠져 이를 닦고 또 닦기도 하니까요. 어딘지 외로워 보이는 존에게 코끼리가 나타난 건 다행스러운 일입니다. 오랜 친구처럼 존에게 다정하게 웃어주는 상상 친구 코끼리와 존이 떠나는 뉴욕 산책을 따라가 볼까요?

『눈썹 올라간 철이』

전미화 글·그림, 느림보

철이에게 무슨 일이 있었기에 눈썹이 올라간 걸까요?
엄마 아빠가 바쁘다며 철이 말에 귀 기울이지 않는대요. 좋아하는 홍이가 쌀쌀맞게 굴기에 머리카락을 잡아 당겼더니 선생님은 무턱대고 화를 내며 부모님을 모시고 오래요. 선생님도 자신을 미워한다고 생각한 철이는 얼굴이 시뻘게지고 볼이 통통 부어오르고 머리에 뿔이 돋았어요. 너무 화가 나고 외롭고 속상한 철이는 곰인형 성배씨에게 오늘 일을 모두 다 말했어요. 성배씨는 철이가 무슨 말을 해도 다 들어주고 무엇보다 철이 마음을 다 알고 있어요. 철이가 카우보이만큼 멋지고, 천하장사만큼 힘이 세다는 것도, 사나운 개를 무서워하지 않을 만큼 용감하다는 것도, 철이가 비의 신이라는 것도요.
현실에서의 불만과 외로움을 상상놀이로 해소해내는 이야기를 유쾌하게 담고 있어요. 철이가 진짜 되고 싶은 건 엄마 아빠처럼 바쁘지 않은 어른, 성배씨처럼 귀 기울여 들어주는 어른이라는 사실이 마음을 짠하게 하지만요.

『내 비밀친구 토미』

코리 브룩 글, 수 드젠나로 그림, 풀빛

막스에게는 친구가 딱 하나 있는데, 바로 비밀친구 토미예요. 그러니까 막스에게는 현실의 친구가 아직 하나도 없는 셈이죠. 토미는 외로움을 달래기 위해 막스가 만들어낸 상상의 친구랍니다.
토미는 창문에 살아요. 창문이 있는 곳이면 어디서든 만날 수 있죠. 토미와 공통점이 많은 막스는 토미가 불안해 보이면 엉덩이춤이나 재미있는 이야기로 토미를 기분 좋게 하려고 애를 써요. 그러다 둘이 킥킥대며 웃기도 하고요. 물론 토미는 막스만이 알아볼 수 있어요.
그러던 어느 날, 막스가 토미에게 재밌는 이야기를 들려주고 있는데 샘이라는 아이가 말을 걸어와요. 막스는 농담과 재밌는 이야기를 좋아한다는 샘과 금세 가까워지게 됩니다. 그렇게 막스가 샘과 즐겁게 어울리다 어느 순간 창문을 들여다보니 토미가 감쪽같이 사라졌어요. 그렇지만 막스는 알고 있어요. 토미는 잘 있고 멀리 가지 않았을 거라는 걸요.

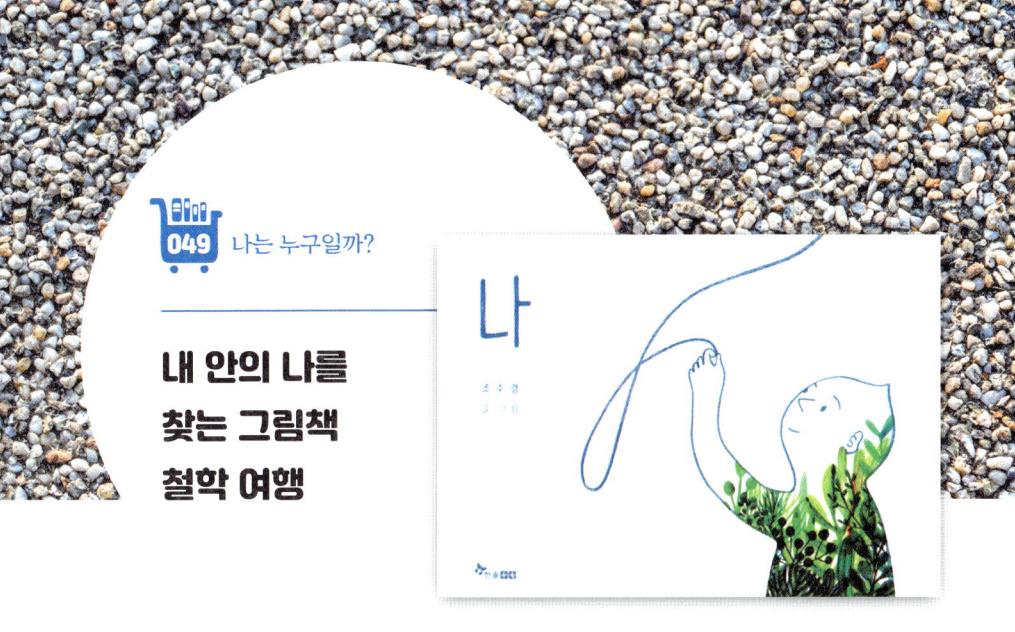

049 나는 누구일까?

내 안의 나를 찾는 그림책 철학 여행

　내가 누구인지 '나'에 대해서 잘 설명할 수 있는 사람이 얼마나 될까요? 자신감 넘치고 호기로운 아이라면 모를까, 번쩍 손드는 아이가 많지 않을 거예요.
　어른들은 더더욱 곤란해하며 난감한 표정을 지을 거고요. 아이들보다 수십 년도 더 자신과 오래 살아온 어른들이 왜 난감해하는 걸까요? 이 물음은 나이에 상관없이 아이에게나 어른에게나 어려운 물음이며 물으면 물을수록 물음이 더 커지며 혼란스럽기 때문입니다. '나'라는 존재가 그리 단순하지 않다는 의미겠지요.
　오랜 세월 주변 환경과 하루하루의 날씨에 따라 제 몸에 나이테를 새기는 나무처럼, 사람은 아기 때부터 주위 환경과 끊임없이 상호작용을 하며 마음과 머리에 온갖 경험이 스며들고 그것들끼리 화학작용을 일으킵니다. 그 결과물들이 축적되어 '나'가 되는 것이지요. 내가 '나'를 온전히 알기 위해서는 입체적으로 '나'를 들여다봐야 합니다.
　그런데 그것이 귀찮기도 하거니와 무엇보다 고통스럽고 불편한 일이기에 모른 척 밀쳐두게 됩니다. 또한 일상에서 나를 들여다보는 일의 중요성을 인식하지 못하기 때문이기도 하고요. 마음이 고통을 호소하는 신호를 보내올 때에야 비로소 힘들게 시작합니다.
　삶을 살아가는 데 있어 내가 '나'를 사랑하는 것이 큰 힘이 된다고 합니다. 스스로를 사랑하려면 가장 우선순위로 해야 할 일이 바로 자신에 대해 잘 아는 일이랍니다. 이는 곧 자존감과도 직결되는 부분입니다.

매일매일 밥을 챙겨 먹으며 몸의 건강을 챙기듯, 시시때때로 나를 들여다보는 일은 내 마음의 건강을 챙기는 일이 되겠지요. 아이들에게도, 어른들에게도. 아이는 아이의 수준에서, 어른은 어른의 수준에서 '나는 누구일까?'라는 물음을 자주 떠올리고 생각해 보는 시간을 갖기를 기대해 봅니다.

'나는 누구일까'라는 주제와 연관된 심리학 관련 책들이 많이 나와 있어요. 물론 그림책으로도 만날 수 있고요. 역시 그림책은 못 하는 게 없어요!

『나』
조수경 글·그림, 한솔수북

'나'를 전면에 내세운 그림책이라니! 특이하게도 두 가지 이야기가 앞뒤로 진행됩니다.
하나는 공부에 지친 아이가 미래의 나를 만나는 이야기이고, 다른 하나는 외출할 때마다 수많은 가면을 쓰고 다녀 집에 돌아오면 어떤 게 자신의 진짜 모습인지 모르는 어른이 어린 시절의 나를 만나는 이야기입니다. 어떤 이유로든 몸과 마음이 힘들고 지쳤을 때 잠시 멈추고 '나'를 돌아보는 일의 절실함을 보여주고 있습니다.
나는 무엇을 향해 뛰어가고 있는지, 지금 어떤 모습으로 살아가고 있는지, 나는 어떤 사람이었는지, 나 스스로에 대해 생각해보는 시간을 찾아줍니다.

나를 찾아가는 그림책

『이게 정말 나일까?』
요시타케 신스케 글·그림, 주니어김영사

간단하게 나를 소개하는 일부터 나를 깊이 들여다보는 일까지 심각하지 않게, 무엇보다 유머러스하고 쉽게 이끌어가고 있어요. 그러니까 나를 들여다보고, 나를 알아가는 작업을 아이는 아이대로, 어른은 어른대로, 또는 아이와 어른이 함께 할 수 있어 좋아요. 특히 자신을 알아가는 과정이 참으 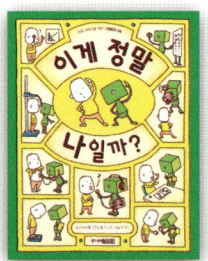 로 입체적이라는 사실이 가슴에 많이 와 닿습니다.
가끔, 아니 자주 그런 생각이 들어요. 하기 싫은 것들, 하지만 해야 하는 것들이기에 나 대신 해줄 누군가가 간절한. 이 책의 지후도 딱 그런 생각으로 '가짜 나'의 역할을 할 도우미 로봇을 한 대 사요.
집으로 가는 길에 지후는 로봇에게 간단한 자기소개를 하지요. 겉모습, 이름, 가족관계, 취미, 좋아하는 것과 싫어하는 것, 잘하는 것과 못하는 것 등. 그런데 로봇은 자꾸만 지후에 대해 더 많은 정보를 요구하고, 지후는 그 요구에 따라 겉모습에서 내면으로 점점 깊이 들어가요. 물론 그 작업이 쉬운 일은 아니기에 지후는 어려움을 느끼면서도 자신에 대해 새롭게 알아갑니다.

시시각각 변하고 아직도 만들어지고 있는 중이라는 사실, 몸은 하나지만 여기저기 역할을 해내야 한다는 어려움도, 자신에 대한 스스로의 모습과 다른 사람들이 지후에 대해 생각하는 모습이 다르다는 사실도. 그리고 얼결에 나를 알기 위해 떠난 여행의 마지막에 이르러 지후가 얻게 되는 소중한 깨달음은 우리 모두에게도 마음의 무늬로 물들여졌으면 좋겠습니다.

"나는 단 한 명밖에 없어. 할머니가 말씀하셨는데, 인간은 한 사람 한 사람 생김새가 다른 '나무' 같은 거래. 자기 나무의 '종류'는 타고나는 거여서 고를 수 없지만 어떻게 키우고 꾸밀지는 스스로 결정할 수 있다. 나무의 모양이나 크기 같은 것은 상관없어. 자기 나무를 마음에 들어 하는지 아닌지가 가장 중요하대."

『나랑 똑같은 아이』

김개미 글, 전금자 그림, 키즈엠

요시타케 신스케의 『이게 정말 나일까?』가 초등학생 정도의 아이들을 위한 책이라면, 이 책은 학교에 들어가기 전, 조금 어린 대여섯 살 아이들에게 좋아요. 해맑게 웃고 있는 아이가 '세상 어딘가에 나랑 똑같은 아이가 있다면…'이라는 재미난 상상을 하며 이야기가 시작돼요.

나랑 똑같은 아이를 찾으려면 우선 자신에 대해 알아야 하겠지요. 잠이 올 때 머리를 마구마구 긁어대는 버릇이 있는지, 괴물이 쫓아오는 꿈을 꾸는지, 그럴 때면 엄마 아빠한테 달려가는지, 벽에 그림을 그리는지, 그린다면 어떤 그림을 그리는지 등등.

아이는 자연스레 자신과 대면하게 됩니다. 그리고 자신과 똑같은 아이를 만나면 손을 잡아 주고 꼭 껴안아 주고 코코아를 타 줄 거래요.

참, 아이는 자신과 똑같은 아이 엄마 아빠한테 귓속말로 속닥속닥 부탁의 말을 할 거래요. 그게 뭘까요?

『마음샘』

조수경 글·그림, 한솔수북

늑대가 물을 마시려다 샘물에 비친 자신의 모습을 보게 됩니다. 겁 많고 어수룩한 토끼의 모습이었지요. 깜짝 놀란 늑대는 자신의 진짜 모습을 다른 동물들이 볼까 두려워 어떻게든 토끼를 없애려고 온갖 노력을 합니다. 그럴수록 토끼는 한 치도 물러서지 않아 늑대는 그만 지치고 말아요. 그러고는 어느 순간 토끼를 가까이에서 찬찬히 바라다보니 꽤 괜찮은 모습이란 생각이 들었습니다. 용감하게만 보이고 싶었던 늑대가 자기 안의 진짜 모습을 받아들이고 사랑하기 시작한 거지요.

우리 모두는 보기와는 다르게 내 안에 인정하고 싶지 않은 진짜 나의 모습이 있습니다. 진짜 나의 모습이 마음에 안 든다고 숨기거나 쫓아버린다고 사라지지 않습니다. 늑대 안의 토끼 모습처럼요. 창피하다고 생각되는 나의 진짜 모습을 내가 사랑할 수 있을 때 진정으로 멋진 나가 완성되는 것이지요. 샘물에 비친 나의 진짜 모습은 어떠할까요?

『천만의 말씀』

스즈키 노리타케 글·그림, 북뱅크

나한테만 있는 훌륭한 점 같은 건 하나 없는, 그저 어디서나 만날 수 있는 보통 아이라며 풀이 죽은 아이는 멋진 가죽이 있는 코뿔소가 부럽다고 합니다. 하지만 코뿔소는 깡충깡충 뛰는 토끼가 부럽다고 하고, 토끼는 바닷속을 헤엄치는 고래가 부럽다고 합니다. 이렇게 꼬리에 꼬리를 물고 이야기는 이어집니다. 자신에게 없는 것을 갖고 있는 다른 이를 부러워하는 거죠. 마지막에 새는 가장 강한 동물인 사자가 부럽다고 합니다. 그렇다면 가장 강한 사자는 누구를 부러워할까요? 바로 좋은 점이라곤 아무것도

없는 인간이 부럽답니다. 아이는 좋은 점이라곤 나도 없는 자신을 부러워한다는 사자의 말에 비로소 자신에게도 좋은 점이 하나쯤은 있다는 걸 알게 되지요. 맞아요. 우리에게는 누구나 좋은 점 하나쯤은 있어요. 그래서 누구나 존재 그 자체로 소중하답니다. 이 사실을 빨리 깨닫는 아이들이 자신을 사랑하는 아이로 자라겠지요. 물론 나와 다른 너는 너라는 존재 그 자체로 소중하다는 것도 인정하면서.

『나는요,』
김희경 글·그림, 여유당

세상에는 수많은 '나'가 있대요. 그래서일까요? '나'가 누군지 궁금한 아이가 있어요.
아이는 여러 동물들을 바라보며 '나'에 대해 생각해 봐요. 작은 일에도 깜짝깜짝 놀라는 사슴 같기도 하고, 자신만의 공간에 있을 때 편안해하는 나무늘보 같기도 하고, 북극곰처럼 가끔 내가 있을 곳이 줄어드는 것 같아 불안하기도 하고…. 수많은 '나' 중에 누가 진짜 '나'일까요?

『그래봤자 개구리』
장현정 글·그림, 모래알

단단해졌다 생각했는데 한없이 작아지는 절망의 순간에 어떻게 힘을 낼 수 있을까요? 자신이 무엇이 될지 모르는 개구리 알이 올챙이 시절을 지나 개구리가 되어 들려주는 이야기에 귀 기울여보세요.

엄마를 위한 그림책

『누가 진짜 나일까?』
다비드 칼리 글, 클라우디아 팔마루치 그림, 책빛

큰 공장에서 일하는 자비에는 주문 물량을 맞추기 위해 주말에도 일합니다. 신성한 노동의 가치는 당연히 알지 못할 뿐만 아니라, 일상의 소소한 기쁨을 누릴 수 있는 자신의 삶 같은 건 전혀 없는 거지요. 사장은 그런 자비에를 위해 복제인간을 만들어줍니다. 사실 자비를 위한 것이 아니라 자비에가 더욱 더 일에만 전념하도록 하기 위해서지요. 복제인간이 물고기에게 밥을 주는 일이라든가, 어머니에게 안부 전화하는 일을 대신해 주니까요. 누가 진짜 자비에일까요? 누가 더 행복할까요?
행복의 요소 가운데 중요한 부분이 바로 '삶의 주도성'이라고 합니다. 내가 내 삶의 주인으로 살아가고 있을 때 행복하다고 느낀다지요? 그래서 내가 원해서 하는 일이라면 힘든 일이라도 기꺼이 기쁜 마음으로 해내는 겁니다.

『파랗고 빨갛고 투명한 나』
황성혜 글·그림, 달그림

우리 모두 태어날 때는 비슷해 보여요. 자라면서 꿈과 열정으로 자기만의 색으로 물들이고, 또한 갈등이나 아픔을 만나면서 자기만의 독특한 무늬를 새기게 되지요. 그래서 파랗고 빨갛고 까맣고 복잡한 '나'가 되는 거래요. 그러니 '나'는 세월의 흔적이네요. '나'는 어떤 색으로 물들여졌고, 어떤 무늬를 가졌을까요?

050 커져라 상상력

이런 생각 어떻게 해냈을까?

    그림책이라는 장르 자체가 상상력을 풍부하게 한다고 합니다. 그렇다면 특별히 더 기발하고 무한으로 상상을 펼치는 상상 그림책들을 만나볼까요?

    모든 사람이 다 똑같이 생각해도 혼자만의 다른 생각을 펼칠 수 있는 어떤 계기가 바로 상상의 씨앗입니다. 그 상상의 씨앗이 영원히 잠들지 않도록 깨우는 자극이 중요하지요.

    상상하는 일에도 습관을 들여야 한답니다. 상상이 일상이 되도록 말이에요. 모양도 똑같고 똑같은 시간에 똑같은 모습을 하는 집들 사이에서 어느 날 갑자기 혼자만 노란 불빛을 켜는 집을 만나고, 친구들과 달리 혼자서 다른 행동을 감행하는 고집불통 4번 양을 만나고, 일상생활에서 웅덩이를 건널 때도 상상해봅니다. 웅덩이를 건너는 가장 멋진 방법에 대해서요.

    상상 그림책이 상상의 씨앗을 싹틔우는 훌륭한 계기가 되어줍니다.

『이파라파냐무냐무』
이지은 글·그림, 사계절

사람들이 보면 기절하겠지, 하고 혼자 키득거리며 폭주하듯 만들었대요. 맞아요. 아이들 반응이 폭발적이에요. 평화로운 마시멜로 마을에 무시무시한 까만 털북숭이가 나타났어요. 이파라파냐무냐무, 라는 이상한 소리를 내면서요. 마시멜로를 냠냠 잡아먹겠다
는 뜻일까요? 읽고나면 아이들이 다함께 이파라파냐무냐무를 신나게 흥얼거리게 돼요.

상상을 싹틔우는 그림책

『나의 자전거』
마스다 미리 글, 히라사와 잇페이 그림, 이봄

일본작가로 한국과 일본에서 많은 사랑을 받고 있는 마스다 미리의 그림책이라 더 기대돼요.
하늘색 자전거 옆에 당당하게 서 있는 아이, 자전거로 모험을 떠날 거래요. 그래서 필요한 것들이 많아요. 우선 푹신푹신한 침대칸을 자전거에 연결하고, 침대칸 위에는 욕조를 만들어요. 목욕하면서 별똥별을 볼 수 있도록 욕실 천장은 유리로 하고요. 숲 속 친구들이 쓰고 싶다면 언제든 빌려줄 화장실도 만들어요.
자꾸만 늘어나는 재미나는 공간에 세상의 모든 사람 친구들과 동물 친구들을 태우고 자전거로 모험을 떠나요. 어떤 공간들이 더 늘어났을까요?

『뽀루뚜아』
이덕화 글·그림, 트리앤북

브라키오사우루스같은 어려운 말을 쓰는 언니가 부러운 다섯 살 다혜가 주인공이에요.
다혜는 언니처럼 근사한 이름을 가진 친구가 있었으면 하는 생각을 하다가 정말 멋진 이름이 떠올랐어요. 바로 뽀루뚜아예요. 그러고는 어딘가에 있을 뽀루뚜아를 찾아 나서는데….
이름만큼이나 멋진 뽀루뚜아를 기대하세요.

『특별한 친구들』
경혜원 글·그림, 시공주니어

공룡을 아주 많이 좋아하는 아이가 있습니다. 아이에게는 이 세상이 모두 공룡의 세계로 보입니다. 인도의 보도블록도, 길가의 가로등도, 횡단보도의 흰 줄무늬도, 모두 아이의 특별한 공룡친구들입니다. 유쾌하고 재기발랄한 상상세계로 떠나볼까요?

『하얀 사람』
김남진 글·그림, 사계절

눈사람을 하얀 사람이라 불러보세요. 어떤 생각이 떠오르나요? 눈사람을 보고 떠올린 이야기예요. 주인공은 눈 오는 날, 문득 하얀 나라에 다녀온 옛 여행을 떠올리며 하얀 나라 이야기를 들려줘요.
일터로 향하던 어느 날, 이상한 문을 열고 들어갔다가 눈이 부시도록 하얀 세상을 만나게 됩니다. 한

번도 본 적이 없는 새로운 풍경, 새로운 사람들. 새로운 사람들은 바로 하얀 사람들입니다. 하얀 사람들은 쭈뼛쭈뼛하다가 주인공과 점점 가까워지고, 주인공은 하얀 사람들에게 속살이 무지갯빛인 나뭇가지를 잘라 알록달록 단추를 선물해요.
주인공이 다녀온 하얀 나라로 떠나볼까요?

『구름산』

이병승 글, 천유주 그림, 책읽는곰

학교에 가던 아이는 늘 보던 산이 오늘따라 낯설기만 합니다. 뭔가 신비로운 일이 일어날 것만 같았어요. 나무들이 겅중겅중 뛰어다니고 바위들이 우릉우릉 말을 하고 하얀 구름이 용으로 변할 것만 같았지요. 학교에 가서도 내내 구름산 생각만 하다가 결국 구름산을 향해 성큼 나아가요. 어떤 일이 기다리고 있을까요?

『낙서가 지우개를 만났을 때』

리오나 글, 마르쿠스 그림, 책빛

화가의 조수로 일하는 낙서가 주인공인 이야기예요. 낙서는 화가가 생각이 떠오르지 않을 때 도움을 주는 일을 좋아한대요. 어느 날 화가가 새로운 일을 찾아 떠나고 낙서 앞에 지우개가 나타났어요. 한 점 얼룩도 용납하지 않는 지우개와 낙서는 어떻게 될까요?

『생각이 커진 집』

리샤르 마르니에 글, 오드 모렐 그림, 책과콩나무

모두 똑같이 생긴 조그만 집들이 가득해요. 세모난 빨간 지붕에 창문이 두 개씩 달려 있고, 대문이 하나씩 있습니다.

밤이 되자, 모두들 덧창을 꼭 닫고 아침이 되면 덧창을 활짝 열어요. 사람들은 똑같은 집에서 똑같은 행동을 하며 동네가 완벽하다고 믿으며 살아갑니다. 이런 완벽한 삶에 작은 균열이 생기기 시작해요. 누군가 다른 생각을 하고 다른 상상을 꽃피우거든요. 처음은 힘들고 더디지만 순식간에 모두들 상상의 꽃을 활짝 피우게 돼요. 사람은 한 명도 나오지 않지만 생각이 커진 다채로운 집들을 보는 재미가 있어요. 나라면 어떤 집에 살고 싶은지 상상해보는 재미도요.

『고집불통 4번 양』

마르가리타 델 마소 글, 구리디 그림, 라임

잠이 안 올 때 흔히들 양 한 마리, 양 두 마리… 양 세기를 합니다. 미구엘에게도 잠이 안 올 때 호출하면 곧장 출동하는 양들이 있어요. 미구엘이 부르면 양들은 기다렸다는 듯이 차례대로 허들을 뛰어넘어요. 양들은 번호 순서대로 앞의 양이 하는 대로 그저 따라 하기만 하면 돼요. 그런데 4번 양이 절대 뛰지 않겠다고 하네요.
주어진 일을 기계처럼 반복하는 양떼들과 지루한 일상에 반기를 든 4번 양을 보면서 아이들은 어떤 생각을 하게 될까요? 그나저나 4번 양은 어떻게 될까요?

『웅덩이를 건너는 가장 멋진 방법』

수산나 이세른 글, 마리아 히론 그림, 트리앤북

자기만의 기발하고 유쾌한 방법으로 웅덩이를 건너는 한 소녀의 이야기예요.
소녀가 동네 한 바퀴를 산책하며 웅덩이를 건너는 아홉 가지 방법이 제시되어 있는데요. 여기서 웅덩이는 아이들이 일상에서 만나게 되는 어려운 문제를 은유하고 있습니다. 아이들은 문제를 어떤 방식으로 해결해나갈까요?
결과보다는 문제를 받아들이는 태도와 해결하는 과정의 중요성을 알게 하는 그림책입니다.

『하늘을 나는 마법 약』

윌리엄 스타이그 글·그림, 비룡소

하늘을 나는 꿈은 누구나 한 번쯤 해 보았을 거예요. 상상만으로도 신나고 멋진 일이죠. 꿈꿔 왔던 상상이 현실이 되는 즐거움을 맛볼 수 있는 이야기예요.
꼬마 개구리 골키는 엄마 아빠가 집을 비운 사이, 엉뚱한 실험을 하다가 놀랍게도 마법 약을 만드는 데 성공해요. 그 마법 약을 쥐고 깜박 잠이 든 사이, 골키의 몸이 붕 떠오르게 되지요. 하늘을 날게 된 골키의 눈앞에 어떤 풍경이 펼쳐질까요? 신나고 즐겁기만 할까요?

『꿈의 자동차』

허아성 글·그림, 책읽는곰

자동차를 좋아하는 아이들은 나름대로 원하는 자동차를 상상해보곤 합니다. 그런 아이들의 마음을 담고 있어요.
해인이의 꿈의 자동차는 하늘로, 바다로, 우주로도 갈 수 있어요. 인공 지능 자동 학습 기능은 물론 환경을 해치지도 않고, 오히려 지구를 더 아름답게 만든대요.
해인이보다 더 특별한 꿈의 자동차를 상상해 볼 수 있는 친구 있을까요?

『내가 쓰고 그린 책』

리니에르스 글·그림, 책속물고기

엔리케타는 선물로 받은 알록달록 색연필을 보자 재미난 이야기가 떠올랐어요. 그래서 망설임 없이 바로 시작했지요. 제목부터 지었어요. '모자 두 개를 쓴 머리 세 개 달린 괴물'이라 쓰고 밑에 작가 엔리케타라고 썼어요.
오, 그럴듯하지 않나요?
엔리케타가 직접 쓰고 그린 이야기를 읽고 나면 누구든 당장 색연필과 종이를 찾을 거예요.

『모르는 마을』

다시마 세이조 글·그림, 우리교육

소풍 가는 날, 버스를 놓치는 바람에 혼자만 다른 버스를 타게 된 소년은 모르는 마을에 도착해요. 그곳은 시냇물에서 바나나가 헤엄치고, 길가에는 새들이 피어 있고, 밭에는 소랑 돼지가 자라고 있어요. 소풍은 못 갔어도 너무 신나지 않았을까요? 한 번도 가 본 적 없지만 어딘가 있을 것만 같은 나만의 모르는 마을을 상상해보는 것도 좋을 것 같아요.

『코뿔소 한 마리 싸게 사세요!』

쉘 실버스타인 저, 시공주니어

『아낌없이 주는 나무』의 작가라니, 기대하셔도 좋습니다. 뛰어난 상상력과 기발한 발상으로 웃음과 감탄을 자아냅니다.

코뿔소 한 마리 싸게 들여 놓으라는 능청스러운 장사꾼의 설득으로 이야기는 시작돼요. 팔랑이는 두 귀에 엉금엉금 걷는 네 발, 반갑다고 살랑대는 꼬리가 그만이래요. 다정하고 통통해서 안아 주기도 좋고, 생쥐처럼 얌전하기도 하고요. 여기까지만 들어도 귀가 솔깃하지 않나요? 코뿔소는 집 안에서 쓸모 있는 곳도 많다네요.

한 번 상상해 보세요. 정말 쓸모 있는 곳이 많을까요?

『비밀이야』

박현주 글·그림, 이야기꽃

누나는 스마트폰 게임에 빠져있고, 동생은 텔레비전을 보고 있어요. 동물의 왕국이라도 보는지, 동생은 무심하게 누나에게 질문을 던져요.

강아지를 키우면 어떨까? 늑대는? 하마는? 기린은? 캥거루는? 공룡은? 스마트폰을 보면서 대답하던 누나는 계속되는 질문에 짜증이 나서 동생을 때리고 동생은 울음을 터트리고 말아요.

미안해진 누나는 동생을 달래느라 조용한 거북이를 키워보자고 해요. 좋은 기회를 포착했다고 생각한 건지 동생은 코끼리도, 치타도 키우자고 해요. 어느새 둘 사이에 즐거운 상상의 세계가 펼쳐집니다.

둘은 함께 거북이들과 모래찜질을 하고, 코끼리와 목욕놀이를 즐기며, 치타를 타고 드넓은 초원을 달립니다.

『엉뚱한 수리점』

차재혁 글, 최은영 그림, 노란상상

엉뚱한 수리점이라니 제목부터 엉뚱한 상상이 피어올라요.

깜깜한 저녁이 되면 노란 불이 켜지고 문을 여는 것부터가 수상해요. 엉뚱한 수리점 앞에 길게 늘어선 사람들. 도대체 무엇을 고치려고 하는 걸까요? 그 사람들 이야기에 귀 기울여 볼까요?

『무시무시한 까무냐스』

마르가리타 델 마소 글, 살로테 파르디 그림, 씨드북

우리나라에 말 안 듣는 아이들을 잡아가는 망태 할아버지가 있다면, 스페인에는 아이들을 데려가 잡아먹는다는 띠오 까무냐스가 있대요.

마법사 까무냐스는 마법재료로 쓸 어린아이를 잡으러 갔다가 방귀를 뀌는 바람에 자고 있던 블랑카를 깨우고 말아요. 블랑카는 겁먹은 기색도 없이 씩 웃으며 좋은 꾀로 까무냐스를 고분고분하게 순한 양처럼 길들여요.

당돌하고 영리한 블랑카의 좋은 꾀란 무엇일까요? 무시무시한 까무냐스의 길고 뾰족한 손톱을 블랑카가 친절하게 잘라주고 있네요.

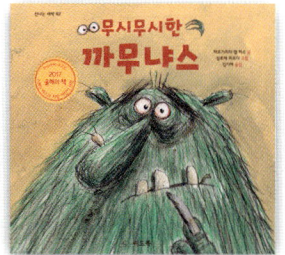

『상상력 천재 기찬이』 동화

김은의 글, 안예리 그림, 푸른책들

엉뚱하지만 천진난만한 상상력으로 일상의 순간순간을 신나게 보내는 기찬이의 유쾌한 이야기예요. 따분한 일상을 놀이로 만들어버리는 기찬이의 상상 놀이를 만나볼까요? 제트기 변신 놀이, 거꾸로 놀이, 마틸다처럼 초능력으로 물건 쓰러뜨리기….

『조지와 제멋대로 그림자』

다비드 칼리 글, 세르주 블로크 그림, 국민서관

여느 아침과 다름없이 조지가 부엌으로 갔는데 까만 형체가 식탁에 앉아 있었어요. 조지가 누구냐고 묻자 조지의 그림자라고 대답합니다. 조지가 일어나기도 전에 배고파서 뭔가를 마시고 있었답니다.

이럴 수가? 정말 아이다운 상상력이지요. 바닥에 있어야 할 그림자가 독자적으로 행동하다니요? 그때부터 그림자는 제멋대로입니다.

슬슬 짜증이 난 조지는 그림자를 가위로 잘라도 보고, 물을 뿌려도 보고, 온갖 방법을 동원해보아도 그림자는 사라지지 않는데….

아이들에게는 그림자 자체로도 신기하지만 그림자가 장난꾸러기처럼 독자적으로 행동하는 건 더욱 흥미로운 일입니다. 어른에게는 다르게 읽힐 수 있습니다. 융 심리학에서 자기 안의 '열등한 인격'을 의미하는 그림자를 떠올릴 수도 있으니까요. 열등하다는 생각에 숨기고 싶어 하는 그림자 콤플렉스를 가지고 있는 사람들이 많다지요?

그림자는 자아의 분신이기에 어떻게 해도 없어지지 않는답니다. 오히려 숨기면 숨길수록 괴물이 되어 스스로를 더 힘들게 하는 원인이 될 뿐입니다. 어떻게 하면 그림자와 잘 지낼 수 있을까요? 조지와 제멋대로인 그림자 이야기를 통해 실마리가 찾아질지도 모르겠습니다.

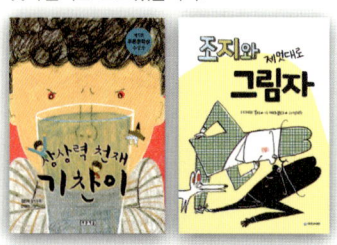

『낙서가 예술이 되는 50가지 상상』

세르주 블로크 글·그림, 문학동네

한국에서 많은 사랑을 받은 『나는 기다립니다』의 세르주 블로크 작품이라 즐거움이 앞서는 책이에요.

창의성이란 그저 무언가를 할 용기라고 말하는 작가는 잘 그리려고 하기보다는 그냥 그려 보자고, 약간의 용기를 내어 자신의 상상을 여러 가지 형태로 다양하게 표현해 보자고 합니다.

그러니 그림 그리는 방법에 대해서는 아무 정보도 실려 있지 않아요. 다만 마음대로 끼적이다 보면 일상이 얼마나 풍성한 예술로 탄생되는지를 보여주지요.

무엇이라도 그려보고 싶은 욕구가 꿈틀대기도 하고요. 이를테면 무언가를 해볼 용기가 생기는 거지요.

더 읽어 보아요

『어느 조용한 일요일』
이선미 글·그림, 글로연

『문』
이지현 글·그림, 이야기꽃

『밍밍의 신기한 붓』
캣 자라 글·그림, 책빛

『바다 마녀 우술라의 고민 상담소』 동화
제성은 글, 허현경 그림, 크레용하우스

051 생각이 자란다

한 권 그림책 속 생각의 넓이 만 평

그림책은 보통 0세부터 100세까지 보는 책이라고 하지만, 특별히 초등학생을 위한 그림책을 모았습니다. 머리와 가슴으로 받아들이고, 다른 책들보다는 조금 더 깊이 생각을 하고, 책을 덮은 후에는 누군가와 이야기를 나누기도 하고, 그러한 과정이 생각의 울타리를 넓히고 열린 생각으로 나아가기를 바라는 마음에서입니다. 그러니까 읽고 나면 생각이 깊어지는 그림책입니다. 옹기종기 모여앉아 함께 읽으면 더 좋겠습니다.

『바람에 날린 작은 신문』
호세 사나브리아 글, 마리아 라우라 디아즈 도밍게스 그림, 아르볼

저에게는 아직도 매일 아침 마음을 두드리는 것이 있습니다. 바로 신문이죠.
요즘 아이들에게는 익숙하지 않은 신문이 화자가 되어 자신의 이야기를 들려줍니다.
이른 아침에 태어나 친구들은 벌써 수많은 사람들 손에 들려지고 마지막까지 남아 있던 작은 신문. 갑자기 바람에 날려 낱장으로 뿔뿔이 흩어졌어요. 힘들게 일하는 아주머니의 얼굴을 밝게 만들어 주기도 하고, 어린아이의 종이배가 되고, 짝사랑하는 사람의 마음을 이어 주고, 노숙자의 추위를 피할 수 있게 도와줘요. 다른 친구들과 달리 다양한 경험을 한 작은 신문은 마침내 자신의 이야기를 읽어 주는 사람도 만나요.

자신이 전한 기사를 읽고 행복해하는 사람을 보며 신문은 자신이 태어난 이유를 깨닫게 되지요.
신문이 사람의 삶을 고스란히 은유하고 있습니다. 드물게 만나는 아르헨티나 그림책인데요. 그림 한 장 한 장이 그대로 오래된 명화를 보는 듯해요.

생각이 깊어지는 그림책

『행운 전달자』
니콜라우스 하이델바흐 글·그림, 풀빛

행운전달자라면 스스로에게도 행운을 가져다주어야 하고, 행운전달자가 살아 있는 존재라는 걸 인간이 알아차리면 안 된답니다. 행운을 전할 때는 우연처럼 보여야 하고, 쉽지 않은 여정을 지나야 한다는 것이 행운전달자의 특명이에요. 물론 행운을 전해주는 굴뚝청소부 인형 쇼른타이너도 이 모든 걸 잘 알고 있지요.
어느 날, 벨기에 북해 해안의 모래사장에 뚝 떨어진 쇼른타이너는 행운을 전달받을 행운의 주인공을 찾아 기나긴 여정을 시작했어요. 그 여정 중에 쇼른타이너가 만난 사람들은 곧 우리들의 모습이 아닐까 생각됩니다. 행운을 앞에 두고 알아보지 못하는 건 아닐까? 내 몫이 아닌 행운을 탐하는 있지는 않은지? 굴뚝청소부 인형이라는 매력적인 캐릭터로 풀어가는 흥미로운 이야기 덕분에 행운에 대해서 여러모로 생각해보게 됩니다. 퀼른 번호판을 단 자동차에서 만난 소녀 프리다는 쇼른타이너를 알아보고 자신에게 꼭 행운을 가져다줘야 한다고 합니다. 쇼른타이너는 속으로 생각하지요. 너한테는 싫어,라고요. 마지막 장을 덮고 쇼른타이너의 생각 속의 말이 가슴 속에 남는 건 왜일까요?

『돼지 이야기』
유리 글·그림, 이야기꽃

돼지가 갇혀 있는 평범한 축사 풍경입니다. 칸칸이 나뉜 분만사에 갓 새끼를 낳은 엄마 돼지가 새끼에게 젖을 물리고 있습니다.
동물이나 사람이나 아름답고 평화로운 모습이지요. 그런데 몸을 옥죄는 분만 틀에 갇힌 엄마돼지는 새끼들을 핥아 줄 수도, 안아 줄 수도 없어요. 그나마 3주 뒤에는 새끼들과 헤어져 더 좁은 사육 틀로 돌아간대요.
갑자기 무슨 일인지 제복을 입은 사람들이 들이닥쳐 몽둥이와 전기막대로 돼지들을 어디론가 몰고 갑니다. 생애 처음이자 마지막 외출이 비극적입니다.
2010년 구제역 사태로 어마어마한 돼지와 소들이 살처분되었던 이야기를 담고 있습니다. 분명 생명은 다 소중하다고 배웠는데 어떻게 이렇게 가슴 아픈 일을 사람이 앞장서서 저지르고 있는 걸까요? 왜 이런 일이 발생하는 걸까요?
아이들에게 보여주기에 어른으로서 참 부끄러워지는 책입니다.

『야쿠바와 사자』
티에리 드되 글·그림, 길벗어린이

아프리카 어느 작은 마을, 전사가 될 소년을 가려내는 축제가 열리는 날입니다. 전사가 되기 위해서는 용감하게 사자와 홀로 맞서는 용기를 보여줘야 해요. 야쿠바는 드디어 사자 한 마리와 마주쳤는데, 사자는 오랜 굶주림으로 인해 쓰러지다시피 앉아 있어요. 한눈에 봐도 야쿠바가 이기는 싸움이란 걸 알 수 있죠. 야쿠바는 일생일대 중요한 선택을 앞에 두고 있습니다. 힘없는 사자에게 창을 꽂아 뛰어난 남자로 인정받는 전사가 될 것인지, 사자의 목숨을 살려 주고 용기 없는 남자가 되어 따돌림을 받을 것인지? 씩씩하고 굳센 기운이라는 뜻의 용기가 이 상황에서도 그대로 적용될 수 있을까요?

진정한 용기에 대해 생각해보게 합니다. 이 책을 읽는 독자들 또한 선택 앞에 놓여 있습니다. 스스로 떳떳함을 지키기 위해 다수의 사람과 다른 길을 택할 수 있나요?

지 더 힘들어 보여. 도대체 왜 사는 거야? 두려움이 삶의 이유야?"

우리 사회의 모습이 적나라하게 펼쳐진 것만 같아요.

늑대 앞에 붙인 어수룩한이라는 형용사는 취소해야 할 것 같아요. 그렇다면 숲속 마을에서 자꾸 실종되는 동물들은 누가 잡아가는 걸까요? 멋진 반전이 기다리고 있습니다.

『길거리 가수 새미』

찰스 키핑 글·그림, 사계절

새미는 지하도에서 혼자 춤추고 노래하며, 그곳을 오가는 사람들한테 동전을 얻어 살아가는 길거리 가수예요.

새미는 한때 돈과 인기를 좇아 이곳을 떠난 적이 있습니다. 한 번은 서커스 단장의 달콤한 말에 속아 서커스단에서 광대처럼 춤추고 노래했습니다. 인기 가수가 되겠다는 꿈과는 멀어지는 삶이었지요. 그 때 마침 대형 기획사 흥행꾼이 새미를 찾아와 꿈의 궁전에서 노래하게 해주겠다고 유혹했어요. 또 따라나섰지요. 이후로 새미는 잘 나가는 가수가 되어 수많은 관객의 박수와 환호를 받았고 큰돈을 벌어 멋진 집에서 살게 되었습니다.

『팬티 입은 늑대』

윌프리드 루파노, 마야나 이토이즈 글, 폴 코에 그림, 키위북스

숲속마을 동물들은 산꼭대기에 무시무시한 늑대가 살고 있다고 믿고 있어요. 굶주린 그 늑대가 마을로 내려오면 끝장이라며 마을에는 온갖 늑대 관련 물품들이 불티나게 팔리고 있어요.

늑대가 동물을 두 마리나 또 잡아갔다는 특종이 실린 신문, 늑대울타리, 늑대범죄소설, 늑대경보기, 늑대올가미…. 늑대 잡는 용감한 군인도 있고 늑대를 연구하는 연구소도 있어요.

그러던 어느 날, 산꼭대기의 그 늑대가 마을에 나타났어요. 실제로 본 늑대 모습은 어수룩하고 우스꽝스러운, 어쩐지 이웃집 아저씨처럼 친근한 느낌마저 들었어요. 늑대에 대한 잘못된 소문이었을까요? 어쨌든 이제 두려움에서 벗어난 숲속 동물들은 좋아할까요?

그런데 무시무시한 늑대가 아니라서 오히려 큰일이 났어요. 숲속 동물들의 믿음대로 이 어수룩한 늑대는 그냥 무시무시한 늑대로 있어야 한다고 주장해요. 정말 이상하지 않나요? 늑대 또한 이해할 수 없다며 숲속 모든 동물들에게 물어요.

"그동안 내가 무서워서 힘들었던 거 아니야? 내가 무섭지 않다는 걸 알았는데도 왠

새미가 바라던 모든 것들이 이루어졌지요. 새미는 행복했을까요?

새미는 모든 것을 잃고 지하도에서 노래하고 춤추는 길거리 가수로 다시 돌아왔습니다. 새미는 이곳이 천국이나 다름없고 그 어느 때보다 행복하다고 합니다. 부와 명성에 상관없이 자신이 좋아하는 노래를 부르고 싶을 때 부르는 그 기쁨을 사무치게 느꼈기 때문이겠죠?

세계적인 그룹 퀸의 프레디 머큐리 또한 한때 가족 같은 밴드 동료들을 등지고 돈을 쫓아 떠났었지요. 결국 눈물을 흘리며 돌아왔지만요.

화려한 불빛을 쫓아 날아드는 불나방의 최후를 떠올리게 합니다. 많은 선택지를 가지고 있는 우리 아이들은 어떻게 받아들일까요?

작가주의 개성이 철철 흘러넘치는 찰스 키핑의 그림이 무척이나 인상적입니다.

『빨간 벽』

브리타 테켄트럽 글·그림, 봄봄

눈 닿는 데까지 빨간 벽이 뻗어 있는 마을이 있었어요. 그 벽이 언제 어떻게 생겨났는지 아무도 몰랐어요. 벽이 그곳에 있는지조차 몰랐지요. 물론 누구도 궁금해하지 않았어요. 단, 호기심 많은 꼬마 생쥐만 빼고요.

생쥐는 궁금한 게 너무 많았어요. 벽 너머에는 뭐가 있는지, 그곳에 왜 벽이 있는지, 왜 벽이 세워진 건지. 생쥐가 물어봐도 시큰둥한 대답들뿐이었죠.

벽 너머 세상은 위험하다든가, 그냥 있는 그대로 받아들이라든가, 아주 오래전부터 있었기 때문에 궁금하지 않다든가, 껌껌하고 으스스할 거라든가 같은.

어느 날 호기심을 참지 못한 생쥐는 벽 너머에서 날아온 파랑새를 타고 벽 너머로 날아갔지요. 그곳에서 생쥐는 상상도 못했던 아름다운 세상을 발견했어요. 어리둥절한 생쥐에게 파랑새는 삶의 진실 한 조각을 들려줍니다.

"네 인생에는 수많은 벽이 있을 거야. 어떤 벽은 다른 이들이 만들어놓지만 대부분은 네 스스로 만들게 돼. 하지만 네가 마음과 생각을 활짝 열어 놓는다면 그 벽들은 하나씩 사라질 거야. 그리고 넌 세상이 얼마나 아름다운지 발견할 수 있을 테고."

혹시 스스로 만든 벽 안에 갇혀 살고 있지는 않은지 천천히 살펴봐야겠습니다.

『어쩌다 여왕님』

다비드 칼리 글, 마르코 소마 그림, 책읽는곰

어느 연못에 개구리들이 살고 있었어요. 개구리들은 딱 개구리들이 할 만한 일을 하며 행복하고 평화로운 나날을 보내고 있었지요. 뜀뛰기를 하고 파리를 잡고 낮잠도 자고 잠자리와 장난도 치면서요.

그러던 어느 날, 연못에 작은 왕관이 떨어지면서 큰 변화가 일어나요. 어쩌다 왕관을 주운 개구리가 개구리 여왕님이 되었고, 그날부터 여왕님은 특별대우를 받게 되었지요. 다른 개구리들과는 얘기도 나누지 않고 힘든 일도 하지 않고 잡아주는 통통한 파리만 드시고 말을 듣지 않는 개구리가 있으면 당장 벌을 내리고.

다른 개구리들은 여왕님과 신하를 위해 끊임없이 파리를 잡아다 바치느라 늘 피곤했고, 예전처럼 즐겁고 평화로운 시간을 보낼 수가 없었습니다. 그런데 개구리 여왕님이 어쩌다 머리에 쓴 왕관을 연못에 빠뜨리고 말아요.

이제 여왕님은 어떻게 되는 걸까요? 또다시 누군가가 왕관을 줍는다면 어떻게 할까요?

『세 가지 질문』

레프 니콜라예비치 톨스토이 글, 존 J. 무스 그림, 달리

톨스토이의 원작 〈세가지 질문〉을 어린이들이 이해하기 쉽게 새롭게 펴낸 그림책.

주인공 니콜라이는 좋은 사람이 되고 싶었고, 그러기 위해서는 세 가지 질문에 대한 답을 알아야 한다고 생각했어요.

가장 중요한 때는 언제일까? 가장 중요한 사람은 누구일까? 가장 중요한 일은 무엇일까?

친구들에게 물어봤지만 친구들의 대답은 니콜라이 마음에 들지 않았어요. 그래서 현명하다는 거북이 레오 할아버지를 찾아갑니다. 하지만 할아버지는 레오의 질문에 그저 빙그레 미소만 지을 뿐 아무런 말도 하지 않았지요.

그때 갑자기 비가 쏟아지고 숲속에서 도와달라는 외침소리를 듣고 니콜라이가 부리나케 달려가는데….

니콜라이는 이 일로 인해 세 가지 질문에 대한 답을 스스로 깨닫게 됩니다. 이것이 레오 할아버지의 전략이었을까요? 숲속에서는 어떤 일이 있었던 걸까요?

『매미』

숀 탠 글·그림, 풀빛

17년 동안 헌신적으로 일했지만 승진도 못하고 인간 동료들에게 짓밟히고 해고당한 매미 이야기입니다. 매미는 누구일까요? 여러분은 혹시 매미를 짓밟은 인간이었던 적이 한 번이라도 있나요?

이민자로 온갖 차별을 받은 작가의 아버지를 모티브로 매미라는 캐릭터가 탄생했다고 하네요.

『토마토 나라에 온 선인장』

김수경 글·그림, 달그림

토마토 나라에 유학 온 선인장 누와는 토마토 토토와 친구가 되었어요. 낯선 곳에서 여러모로 힘들어하는 누와를 위로하기 위해 토토가 누와를 안아주다 그만 가시에 찔려 피가 주르륵.

서로 다른 이들이 어울려 살기 위해서는 무엇이 필요할까요?

『난 곰인 채로 있고 싶은데』

J. 슈타이너 저, J. 뮐러 그림, 비룡소

곰이 겨울잠에서 깨어나 보니 숲이 있었던 곳에 거대한 공장이 들어서 있었어요.

어리둥절해 하는 곰에게 공장 감독이 나타나 무턱대고 게으름뱅이라며 당장 일을 하라고 합니다. 자신은 곰이라고 해도 믿어주지 않았지요. 오히려 곰에게 곰이라는 사실을 증명해 보이라고 하네요. 곰이라면 서커스단의 곰처럼 춤을 출 수 있다든가, 동물원 우리에 갇혀 있어야 한다면서요.

곰이라는 사실을 증명해내지 못한 곰은 사람처럼 작업복으로 갈아입고 공장에서 일을 하게 됩니다. 어느덧 가을이 돌아오자 피곤해지며 졸리기 시작한 곰은 일을 서툴게 한다며 이번에는 내쫓기게 되지요. 하루 종일 걷다가 눈에 띄는 숙소에 들어갔는데 곰에게는 방을 내줄 수 없다는 직원에게 또 내쫓기면서 곰은 한동안 잊었던 사실을 깨닫게 됩니다. 자신이 곰이라는 사실 말이에요. 그러고는 곰의 본성대로 겨울잠을 자러 동굴 속으로 들어갑니다.

한동안『나는 나로 살지 못했다』라는 책이 유행이었습니다. 곰은 곰인 채로 살지 못하고, 사람인 나는 사람으로 살지 못하는 시절일까요?

나는 나로 살고 있나요?

 052 참견쟁이

말문을 열게 하는 쌍방향 커뮤니케이션

그림책을 보기 시작할 즈음부터 지금까지 10여 년 넘게 가슴에 품어 온 문장이 있습니다. '그림책은 어른이 아이에게 읽어주는 책이다.'라는 그림책을 정의하는 한 줄의 문장입니다. 그림책을 보기 전, 아니 그림책의 세계에 들어섰다면 어느 때라도 교과서처럼 보게 되는 『어린이와 그림책』이라는 책에서 그 문장을 만났지요.

신기하게도 그림책은 여럿이 함께 읽을 때 더 재미있을 때가 많습니다. 그래서 아이들에게 그림책을 읽어주는 사람도 신이 나지요. 이때 읽어주는 사람과 듣는 사람이 주거니 받거니 하면 더 흥겨워집니다. 듣는 사람, 즉 아이들은 아무리 재미있는 이야기라도 가만히 앉아서 듣기만 하는 건 지루해합니다. 가만히 있는 건 아이들다운 모습이 아니지요. 한 마디라도 이야기에 끼어들고 싶은 게 아이들의 본성입니다. 끼어들기라고 하지만 이것 또한 엄연한 참여이고, 이는 이야기에 관심과 흥미가 훨씬 높아질 뿐만 아니라 아이들의 자부심과도 연결되어 있습니다.

아이들의 이런 심리를 잘 알고 있는 작가들은 그림책에 아이들이 적극 참여할 수 있는 장치를 만들어놓습니다. 독자에게 스리슬쩍 질문을 던지고, 등장인물은 모르고 독자들만 알도록 하는 디테일에 애가 타서 소리를 지르고, 한편으론 '나는 알고 있다'는 자신감을 북돋아 주지요. 그러니까 아이들이 자발적으로 이야기에 적극 참여해서 말문을 열게 합니다.

이런 그림책을 쌍방향 커뮤니케이션이라고 하는데요. 이런 그림책이라면, 좋은 그림책 자격으로 충분하겠지요? 아이들에게 읽어주기에 좋은 책이라고 할 수 있습니다. 묻지도 않았는데 아이들의 말문이 저절로 열리는지 한 번 확인해볼까요?

『곰돌이 팬티』
투페라 투페라 글·그림, 북극곰

팬티가 없어졌다고 덩치 큰 곰돌이가 울상이에요. 친구 생쥐가 팬티 찾는 걸 도와주겠다는데, 꽃무늬 팬티도, 과자무늬 팬티도 다 아니라고 하네요.
곰돌이의 팬티는 어디에 있는 걸까요? 팬티 모양의 구멍으로 드러난 무늬를 보고 누구 팬티인지 추측해보는 놀이에 아이들이 시끌시끌합니다.

참견하고 싶은 그림책

『샘과 데이브가 땅을 팠어요』
맥 바넷 글, 존 클라센 그림, 시공주니어

샘과 데이브는 어마어마하게 멋진 것을 찾기 위해 땅을 팠어요. 열심히 파는데 어마어마하게 멋진 것을 아슬아슬하게 자꾸만 피해가요. 멋진 것이 샘과 데이브에게는 안 보이고 우리 눈에만 보이기 때문에 알려주고 싶어 입이 근질근질해요. 샘과 데이브는 어마어마하게 멋진 것을 찾았을까요?

『앵무새 열 마리』
퀀틴 블레이크 저, 시공주니어

앵무새 열 마리와 함께 사는 뒤퐁교수는 아침마다 앵무새 친구들에게 인사하는데, 오늘은 한 마리도 보이지 않아요.
똑같은 인사말을 하는 뒤퐁 교수를 놀려주려고 앵무새가 모두 숨어 버렸거든요. 뒤퐁 교수는 이상하다며 온 집안을 찾아다녀요. 그 모습이 우리를 깔깔깔 웃게 합니다. 뒤퐁 교수는 볼 수 없지만 집 안 구석구석에 숨어 있는 앵무새를 우리는 찾을 수 있거든요.

『아기 구름의 숨바꼭질』
국설희 글·그림, 길벗어린이

심심했던 아기 구름이 아이들과 숨바꼭질 놀이를 해요. 폭신폭신 양떼 속에 쏘옥, 알록달록 꽃밭에 살금살금, 꼭꼭 숨은 아기구름을 찾아보세요.

『로지의 산책』
팻 허친스 글·그림, 더큰

한가로운 시골 농장에 사는 암탉 로지가 산책을 나갑니다. 그런데 배고픈 여우가 로지 뒤를 살금살금 바짝 뒤쫓고

있어요. 전혀 눈치채지 못한 로지는 우아하게 산책을 즐기고 있을 뿐이에요.
로지가 위험해요. 우리가 빨리 큰소리로 알려줘야겠어요.

씻지 않으려고 합니다. 정작 물에 들어가면 좋아하면서 말이에요. 우리 아이들을 쏙 빼닮은 비둘기예요. 어찌나 능청스럽게 핑계를 대는지, 사랑스러운 비둘기에게 아이들이 흠뻑 빠지고 말아요.

『아기 곰의 여행』
뱅자맹 쇼 글·그림, 여유당

아빠곰과 아기곰이 펑펑 내리는 함박눈을 피해 백화점 안 인형가게에서 겨울잠을 자려고 해요. 그런데 아기곰이 사라졌어요. 한 아이가 인형인 줄 알고 아기곰을 데려갔대요. 걱정이 된 아빠곰이 수많은 사람들을 비집고 아기곰을 찾고 있어요. 우리도 함께 찾아볼까요?

『누가 웃었니?』
최승호 글, 윤정주 그림, 비룡소

어둠이 내린 조용한 숲에서 킥킥 웃는 소리가 납니다. 밤잠 없는 올빼미가 웃음의 주인을 찾아 나서요. 히히히, 또 웃는 소리가 나고 화장실에서 똥을 누던 늑대도 웃음소리의 주인공을 찾으러 가요.
호호호, 깔깔깔, 자꾸만 웃음소리가 들려오고, 숲 속의 동물들이 모두 일어나 줄지어 갑니다. 누가 웃었을까요?

『누구 자전거일까?』
다카바타케 준 글.그림, 크레용하우스

코끼리가 양동이가 달린 자전거를 타고 코로 물을 뿌리며 달리다가 전구가 달린 자전거를 발견합니다. 누구 자전거일까? 하고 궁금해하는 순간 다음 장에 자전거의 주인이 나타납니다. 이렇게 계속해서 색다른 모양의 자전거를 보여 주고 누구 자전거일까? 라는 질문이 반복됩니다.
상상과 흥미가 꼬리에 꼬리를 물고 이어집니다.

『다음엔 너야』
에른스트 얀들 글, 노르만 융에 그림, 비룡소

순서대로 늘어선 다섯 개의 의자에 펭귄, 오리, 곰, 개구리, 피노키오가 어떤 문 앞에 순서대로 줄줄이 앉아 있습니다. 닫혔던 문이 열리면 누군가 나오고 누군가 들어가요. 여기는 뭐 하는 곳일까요?

『비밀의 집 볼뤼빌리스』
막스 뒤코스 글·그림, 국민서관

아빠는 내가 우리집의 비밀을 찾게 되면 가장 소중한 친구처럼 좋아하게 될 거래요. 비밀이란 뭘까요? 열 개의 실마리로 비밀을 찾아가는 과정이 흥미진진하게 펼쳐집니다. 스무고개 놀이 같아요.

『비둘기는 목욕이 필요해요』
모 윌렘스 글·그림, 살림어린이

씻는 일은 사실 무척이나 귀찮은 일이지요. 어른들이라고 다르지 않아요. 어른이니까 참고 하는 것이죠. 아이들은 아이들이니까, 수만 가지 핑계를 대며

 더불어 살아요

넉넉한 마음은 나눌수록 커져요

    한 아이가 자라려면 온 마을의 도움이 필요하다는 말이 있습니다. 어린 시절 시골마을에서 살았던 경험이 있는 어른이라면 깊이 공감하겠지요. 그러나 한편으론 씁쓸한 마음이 자리합니다. 아이가 자라는데 먹여주고 입혀주고 재워주는 것으로 충분했던, 나머지 역할은 자연이, 또 그 나머지는 마을 어른들이 자신의 아이처럼 예뻐해 주고 챙겨주던 옛날 마을을 우리는 이미 오래전에 잃어버렸으니까요. 이제는 그러한 마을이 존재하지 않으니까요. 다행인 건 최근 들어 이 말이 다시 퍼지면서 마을 공동체의 필요성과 중요성이 조금씩 살아나고 있다는 것입니다. 오랫동안 내팽개쳤던 마을공동체나 '더불어'의 가치를 새롭게 시작하려면 준비가 필요하겠지요? 그런 의미에서 최근에 만난 『아홉 살 함께 사전』이 무척이나 반갑고 의미심장하게 다가옵니다. 어린 시절부터 '더불어 함께' 하는 삶이 몸에 배고 일상에 스미도록 하는 것이 무엇보다 중요하니까요.

    '더불어 살아요'라는 주제에 어울리는 그림책이 다른 주제보다 특별히 더 많습니다. 지금 우리에게 '함께'의 가치가 소중하고 필요하다는 절실한 시대상을 반영하고 있는 게 아닐까 싶습니다. 이것 또한 그림책이 하는 좋은 일이지요.

『코끼리는 절대 안 돼!』

리사 맨체프 글, 유태은 그림, 한림출판사

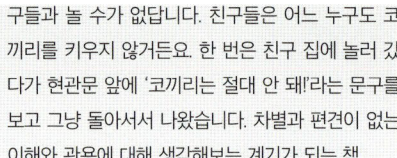

반려동물로 코끼리를 키우는 아이가 있습니다. 그런데 큰 걱정거리가 있어요. 아이는 친구들과 놀 수가 없답니다. 친구들은 어느 누구도 코끼리를 키우지 않거든요. 한 번은 친구 집에 놀러 갔다가 현관문 앞에 '코끼리는 절대 안 돼!'라는 문구를 보고 그냥 돌아서서 나왔습니다. 차별과 편견이 없는 이해와 관용에 대해 생각해보는 계기가 되는 책.

더불어 사는 삶에 대한 그림책

『할머니의 식탁』

오게 모라 글·그림, 위즈덤하우스

오무 할머니가 저녁으로 토마토 스튜를 끓이는데 냄새가 창문을 넘어 거리로 퍼져나갔어요. 맛있는 냄새에 이끌려 모여든 이웃 사람들에게 할머니는 스튜를 조금씩 나누어 주었지요. 어느새 스튜 냄비는 텅 비고 말아요. 나이지리아 문화에 바탕을 둔 나눔과 공동체에 대한 따뜻하고 아름다운 이야기랍니다. 나눔의 가치가 따뜻한 색감의 그림과 참 잘 어우러져요.

『조금 다른 꽃눈이』

윤봉선 글·그림, 책읽는곰

평화롭기만 하던 연못에 갑자기 돌멩이가 날아들어 개구리 꽃눈이가 두 다리와 오른팔, 왼쪽 눈을 잃었습니다. 다행히 수달 의사 선생님과 뻐꾸기의 간호 덕분에 꽃눈이는 새로운 눈과 팔다리를 얻었지요. 그런데 보통의 팔다리가 아니었어요. 고무줄로 된 오른팔은 쭉쭉 늘어나 친구들을 사방으로 날려 보내고, 볼펜 용수철로 만든 두 다리는 하늘 높이 솟구쳐 물속으로 곤두박질치기를 되풀이합니다. 꽃눈이는 슈퍼 개구리가 된 거예요. 친구들은 달라진 꽃눈이를 외면하기 바쁩니다. 그토록 정성스럽게 돌보던 뻐꾸기도 외면합니다.

그러던 어느 날, 폭풍우로 개구리들이 나무에 깔리기 직전, 꽃눈이가 친구들을 구하기 위해 나무에 깔리게 됩니다. 친구들은 자신들과 조금 다른 꽃눈이를 받아들이게 될까요?

『여보세요?』

팽샛별 글·그림, 스콜라

제목으로는 무슨 내용인지 감이 오질 않습니다. 아이가 곧 태어날 동생에게 노란 선으로 이어진 컵 전화기로 동네 사람들 이야기를 들려줍니다. 동네 사람들이 서로서로 연결되어 외로움을 나누고, 건강을 걱정해 주고, 기쁨을 공유하고 있다고요. 이런 따뜻한 동네라면 곧 태어날 아기도 걱정이 없겠지요.

『끼리끼리 코끼리』

허아성 글·그림, 길벗어린이

외모가 다르고 색깔이 다르고 장애가 있어도 함께 신나게 어울려 노는 코끼리들이 있어요. 그곳에 코끼리 분장을 한 아이가 쭈뼛쭈뼛 다가와 물어요. 마음만 코끼리여도 되냐고요? 코끼리들이 뭐라고 했을까요?

번번이 거부당하자 앞일을 걱정하며 앉아있는데, 그 순간 늘보원숭이가 강물에 빠졌어요. 마르쉬네 아이들이 늘보원숭이를 구하려다 함께 물살에 휩쓸리고, 숲속 동물들까지 물에 빠져 꼬리에 꼬리를 물고 폭포 쪽으로 떠내려가요.

『할머니와 하얀 집』

이윤우 글·그림, 비룡소

눈처럼 하얗고 예쁜 집에 눈처럼 하얗고 예쁜 고양이와 단둘이 사는 할머니가 있었어요. 할머니는 하얀 집을 늘 하얗게 만들려고 노력하고 누군가 들어와 더럽힐까 봐 걱정되어 잠도 잘 못 잤어요. 물론 아무도 초대하지 않았지요.
그런데 미지막 책장을 펼치니 헌 관문이 활짝 열려 있고 할머니 집에 동물들이 북적이고 있어요.

『텅 빈 냉장고』

가에탕 도레뮈스 글·그림, 한솔수북

5층 아파트에 살고 있는 사람들의 어느 날 저녁의 일입니다. 바쁜 일과를 마치고 저녁을 준비하려는데 집집마다 재료가 변변치 않습니다. 그래서 각자 남아있는 재료를 모두 모아 꼭대기 층 할머니 집에서 머리를 맞대고 의논하지요? 이들 재료로 무얼 만들어 먹을 수 있을까? 하고요. 기막히게 멋진 요리를 생각해내고 하룻밤 멋진 저녁식사를 이웃 사람들이 함께합니다.
따뜻한 마지막 풍경 끝에 쓸쓸한 반전이 드러납니다.

『마을을 바꾼 장난』

승정연 글·그림, 고래뱃속

이 집 저 집을 드나들며 집안일을 해주는 가사도우미 준은 항상 무표정합니다. 마을 사람들 또한 서로 대화를 나누지 않고 겨울바람처럼 차갑고요. 이를 지켜본 준은 지루한 나머지 작은 장난을 쳐서 마을을 시끌벅적하게 합니다. 마을 사람들은 준을 의심하여 쫓아내고 마음의 문을 더 굳게 닫아버려요.

『어느 날, 고양이가 왔다』

케이티 하네트 글·그림, 트리앤북

어느 거리에 마을 사람들 모두가 제멋대로 이름을 부르며 예뻐하는 고양이 한 마리가 있습니다. 제멋대로 부르니 이름도 아주 다양하지요.
그러던 어느 날 고양

『새로운 보금자리』

벵자맹 쇼 글·그림, 여유당

폭풍우로 집을 잃은 마르쉬 가족이 새 보금자리를 찾는데 아무도 자리를 내주지 않아요.

이가 감쪽같이 사라졌습니다. 걱정이 된 마을 사람들은 고양이를 찾아 나섰지요. 고양이는 어디로 사라진 걸까요? 고양이를 통해 마을 사람들이 마음을 나누는 모습이 따뜻하게 그려집니다.

『너를 만난 날』
리가오펑 글·그림, 미디어창비

가끔 정말 외로울 때가 있다는 아이. 어떻게 하면 외롭지 않을까? 하는 고민 끝에 길을 떠나보기로 해요. 그 과정에서 친구들을 만나고 함께 보내는 사이 더 이상 외롭지 않다는 걸 느끼게 됩니다. 함께 하는 즐거움을 알게 된 걸까요?

『모두를 위한 케이크』
다비드 칼리 글, 마리아 덱 그림, 미디어창비

생쥐가 지빠귀에게 달걀이 있는지를 묻게 되면서 시작된 케이크 만들기.
지빠귀, 겨울잠쥐, 두더지, 고슴도치, 너구리, 도마뱀, 박쥐, 부엉이가 각각 재료를 모아 케이크를 완성합니다. 모두 나눠 먹으려면 케이크를 몇 조각으로 잘라야 할까요? 케이크 재료를 아무것도 내놓지 않은 생쥐는 빼야된다고 하는데….

『눈물이 펑펑!』
안나 아파리시오 카탈라 글·그림, 라임

한 동네에 살면서 이웃에게 무관심하던 동물 친구들이 마을의 홍수 때문에 서로의 마음을 열게 됩니다. 비가 시작된 곳을 찾아 함께 모험을 떠난 동물 친구들, 산봉우리 조그만 집에서 눈물을 펑펑 쏟아내는 꼬마아이를 발견해요. 무슨 사연이 있는 걸까요?

『훌륭한 이웃』
엘렌 라세르 글, 질 보노토 그림, 풀과바람

양들이 사는 고요한 동네에 이웃들이 이사 옵니다. 늑대, 황소, 돼지…. 아이들이 뛰노는 시끌벅적한 동네가 되었어요. 이웃사촌이란 말처럼 모두가 함께하고 소통하는 일상에 모두들 행복해 보입니다.

『행복을 나르는 버스』
맷 데 라 페냐 글, 크리스티안 로빈슨 그림, 비룡소

생김새도, 사는 모습도 다양한 사람들이 버스에 타고 있습니다. 할머니와 아이 눈에 비친 그곳은 따스한 기운이 가득해 보입니다. 이웃 사람들을 돌아보게 하고 읽고 나면 잔잔한 행복이 스며오는 책.

『강 너머 저쪽에는』
마르타 카라스코 그림·글, 시공주니어

강 하나를 사이에 두고 다른 마음으로 살아가는 두 마을 이야기. 어른들은 너무 다른 사람들이니 건너가지도 쳐다보지도 말라고 합니다.
어느 날 한 소녀와 강 건넛마을의 소년이 싹틔운 우정을 계기로 두 마을 사이의 단단한 마음의 벽이 허물어지기 시작합니다.

『도우니까 행복해!』

구스노키 시게노리 글, 후쿠다 이와오 그림, 아이세움

더운 여름날, 마나부는 고장 난 휠체어 때문에 오도 가도 못하는 한 아저씨를 만납니다. 마나부는 그냥 지나칠 수 없어 편의점까지 밀어주기로 하지요. 마음에서 우러나 진심으로 돕는 일의 기쁨이 뭔지 마나부를 통해 알 수 있을 것 같아요.

『푸른 사자 와니니』 동화

이현 글, 오윤화 그림, 창비

'와니니 무리는 그리 용맹하지 않지만, 늘 함께해 왔다. 강해서 함께 하는 게 아니었다. 약하고 부족하니까 서로 도우며 함께 하는 거였다. 그게 친구였다. 힘들고 지칠 때 서로 돌봐 주는 것. 와니니들은 그것이 무리 지어 사는 이유라고 믿고 있었다.'

흥미진진한 서사에 존재하는 모든 것의 소중함과 함께의 가치가 담겨 있습니다.

『우리 빌라에는 이상한 사람들이 산다』 동화

한영미 글, 김완진 그림, 어린이작가정신

혹시 옆집에 누가 사는지 알고 있나요? 행복빌라 3층에 이사 온 유진이는 이곳이 삭막하기 그지없고 정말정말 이상한 이웃들이라고 생각해요.
반지하에는 유치원생 영아가 엄마와 단둘이 살고, 2층에는 여든이 된 할머니가 혼자 삽니다. 4층에는 집 밖을 잘 나오지 않는 아저씨가 혼자 살고요. 그런데 서로를 알고 싶어 하지 않던 행복빌라 사람들이 조금씩 마음의 벽을 허물고 '이웃사촌'이 되어 갔대요. 그동안 무슨 일이 있었던 걸까요?

『해룡이』 동화

권정생 글, 김세현 그림, 창비

해룡이는 일곱 살 때 고아가 되어 머슴살이를 하며 지냅니다. 열심히 성실하게 살아온 덕분에 꿈에 그리던 결혼을 하고 가정도 꾸리게 되지요. 세 아이의 아빠가 되어 가난하지만 더 이상 부러울 게 없을 만큼 행복합니다. 그런데 해룡이에게 사람들이 꺼리는 불치병이 생겨 사랑하는 가족을 남기고 혼자서 마을을 떠나갑니다.
먼 옛날의 일만은 아니지요? 또 다른 해룡이가 우리 주변에는 여전히 있으니까요.

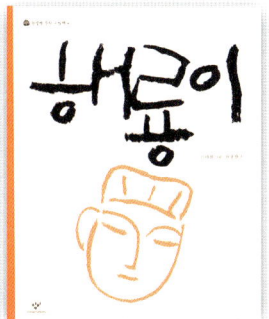

엄마와 아이가 함께 보는 책

『아홉 살 함께 사전』

박성우 글, 김효은 그림, 창비

가까이하다, 감싸다, 달래다, 돌보다, 따라다니다, 거절하다, 겨루다, 비꼬다, 인정하다, 뭉치다와 같이 인간관계 속에서 자주 쓰이는 표현 80개를 담았습니다.
각각의 표현에 딱 맞는 구체적 상황이 김효은 작가의 따뜻한 그림과 함께 제시되어 더 생생하게 전달됩니다. 아 참, 많은 사랑을 받았던 『아홉 살 마음 사전』의 박성우 시인이 글을 썼어요. 이 책을 읽고 난 아이들 마음속에 이런 생각이 자리했으면 하는 바람입니다.
'다른 사람들과 함께하고 싶은 일들이 진짜 많아!'

054 새로운 가족

핏줄이 아니라 사랑줄로 엮인 가족

대가족 시대에서 핵가족 시대로 넘어오면서 우리 머릿속에는 가족에 대한 이미지로 어떤 한 가지 형태가 자리를 잡았습니다. 엄마, 아빠를 중심으로 두세 명의 아이들로 구성된 가족이죠. 우리도 의식하지 못한 채, 마치 이런 가족 형태가 정상 가족이라 생각해 왔습니다. 그 과정에서 각종 차별과 편견을 낳는 부작용이 발생했습니다.

이제는 사회 변화와 함께 개개인의 가치관과 삶의 형태가 다양해지면서 가족의 형태 또한 다양해지고 있습니다. 다문화 가정은 물론이고, 혈육이 아닌 믿음과 사랑으로 맺어진 새로운 가족도 많이 탄생하고 있습니다.

어떤 형태의 가족 구성이든 유연한 마음과 머리로 자연스럽게 받아들여야겠지요. 가족에 대한 낡은 생각의 틀을 무너뜨리고 가족에 대한 새로운 가치관이 낯설지 않도록 그림책이 친절하게 이끌어줄 거예요. 그 변화의 물결을 담아낸 똑똑한 그림책들이 이미 많이 나와 있거든요.

『엄마는 토끼 아빠는 펭귄 나는 토펭이!』

에스텔 비용 스파뇰 글·그림, 키즈엠

토끼와 펭귄이 사랑에 빠져 태어난 토펭이. 토펭이는 남들과 다른 자신이 좋기도 했다가 외계인 같은 자신이 싫기도 했어요. 친구들의 따돌림을 받으며 혼자 놀아야 했거든요. 그러던 어느 날 토펭이 앞에 무서운 늑대가 나타나는데….

새로운 가족에 대한 그림책

『숲 속 사진관』

이시원 글·그림, 고래뱃속

숲 속 사진관에 동물가족이 가족사진을 찍으러 옵니다. 사자가족, 고릴라가족, 뱀가족, 악어가족, 그리고 혼자인 판다까지. 저마다 다른 형태의 가족 모습이지만 가족이라는 울타리의 따뜻함은 한결같아요.

『가스통은 달라요』

켈리 디푸치오 글, 크리스첸 로빈슨 그림, 뜨인돌어린이

푸들 가족 사이에서 혼자만 불도그인 가스통은 우아한 푸들이 되기 위해 열심히 노력합니다. 그러던 어느 날 공원에서 불도그 가족을 만난 가스통, 어떻게 해야 할까요?

『엄마~~~아!』

기무라 유이치 글, 미야니시 다쓰야 그림, 책과콩나무

늑대 구는 자신의 엄마가 족제비라는 사실이 부끄러워 먼 이웃동네로 놀러 다닙니다. 그러다 사나운 늑대들로부터 공격을 당하게 되는데, 구를 항상 지켜보던 엄마가 구해내지요. 피투성이가 된 엄마를 보고 친구들 앞에서 '엄마'라 울부짖는 구. 이제 구는 엄마를 조금도 부끄러워하지 않아요.

『안녕, 존』

정림 글·그림, 책고래

아이의 편지글로 아이의 마음을 담았어요. 곧 가게 될 외할머니 집에 있는 개, 존에게 쓰는 편지에요. 글과 그림을 찬찬히 들여다보면 엄마가 베트남 사람인 다문화 가족임을 알 수 있어요. 이 가족이 한국에서도 행복하기를 바라는 작가의 마음이 느껴져요.

『난 네 엄마가 아니야!』

마리안느 뒤비크 글·그림, 고래뱃속

동물을 통해 새로운 가족의 탄생을 보여줍니다. 다람쥐 오토네 집 앞에 떨어진 알에서 깨어난 털북숭이, 오토를 보고 첫눈에 엄마라고 부릅니다. 오토는 진짜 엄마가 나타나기를 기다리며 하루하루 힘겨운 나날을 보내는데…. 털북숭이는 누구일까요?

『즐거운 우리집』

사라 오리어리 글, 친 렝 그림, 푸른숲주니어

엄마가 둘이거나 아빠가 둘인 집, 이혼으로 엄마 아빠 집에 1주일씩 번갈아 지내는 집, 입양으로 아이가 여럿인 집, 피를 나누지 않았어도 재혼으로 가족이 된 집.
가족의 모습은 달라도 우리 모두 소중하고 즐거울 수 있음을 보여줍니다.

『엄마와 나』

레나타 갈린도 글·그림, 불의여우

고양이 엄마와 살게 된 강아지 아이 이야기.
다름은 부끄러워할 일도, 걱정할 일도 아니래요.
"다르면 좀 어때? 나도, 엄마도, 우리는 정말 정말 사랑하는 가족인걸."
강아지의 말처럼 가족은 사랑의 마음으로 완성되는 것이니까요.

『우리 가족이야』

윤여림 글, 윤지회 그림, 토토북

혈연이 아니라 사랑과 믿음으로 서로를 껴안고 보듬는 여섯 가족의 이야기. 현재 우리 사회의 가족 형태가 모두 담겨있다고 할 수 있어요. 어떤 형태든 모두가 행복한 모습이어서 좋아요.

『그래도 넌 사랑스러운 우리 아기』

가에탕 도레뮈스 글·그림, 책과콩나무

길에서 아기악어를 데려와 사랑으로 보살피는 아빠 악어. 그러나 달라도 너무 다른 아기악어는 사실 남자아이였어요.

다름을 이해하고 사랑으로 보듬어 새로운 가족 관계를 만들어가는 감동이 있습니다.

『나는 두 집에 살아요』

마리안 드 스멧 글, 닝커 탈스마 그림, 두레아이들

부모님의 이혼으로 두 집에 살게 된 니나의 이야기. 엄마, 아빠와 한집에서 살던 옛날이 그립긴 하지만, 니나는 이제 두 집에 사는 것도 좋대요. 아빠와 엄마는 니나를 여전히 많이 사랑하고 있으니까요.

『불편한 이웃』 동화

유승희 글·그림, 책읽는곰

입양, 국제결혼, 왕따 같은 사회 갈등을 동물 우화에 담아냈어요. 편견으로 인해 이웃과의 관계가 불편해지고 어른들의 편협함이 아이들에게도 고스란히 전해진다는 것을 실감할 수 있습니다. 책 속의 슬픈 결말은 곧 우리가 현실에서 지혜롭게 풀어나가야 할 과제임을 의미하는 걸까요?

엄마를 위한 책

『이상한 정상가족』

김희경 저, 동아시아

정상가족과 비정상가족. 둘을 가르는 기준은 무엇일까요? 이제는 사회 변화에 맞게 오랫동안 우리를 지배해온 '정상가족' 이데올로기에서 벗어나야 할 때임을 깨닫습니다.

055 선생님 선생님

내 마음을 알아주는 선생님이 좋아요

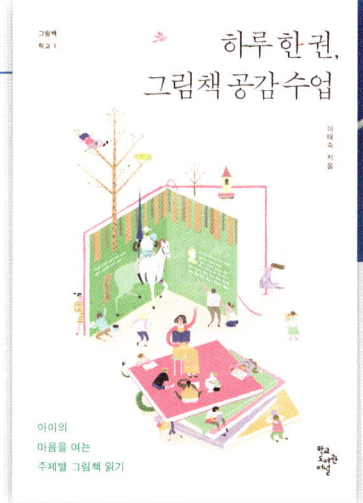

　수많은 그림책을 보다가 자연스레 아이들 마음이 보인 건 큰 수확이자 소중한 깨달음이었습니다. 우리 모두 어린 시절을 지나온 어른들인데 아이들이 아이들 마음이지 별다를 게 있냐고요? 어른이 된다는 건 아이들의 순수한 마음을 잃어버린 것과 같은 의미라고 합니다. 그러니 어린 시절을 고스란히 겪었다 해서 아이들의 마음을 잘 이해하는 건 아니라는 말이죠. 부모님이든 선생님이든 이웃 사람이든, 아이들에게 가장 좋은 어른은 아이들의 말에 귀 기울여 잘 들어주는 사람이라는 것도 그림책을 통해 알게 되었지요.

　내 마음을 알아주는 사람이 한 사람이라도 있다는 사실이 얼마나 큰 위로가 되는지요? 힘든 일로 울고 있을 때 "그래, 얼마나 힘들었니?"라는 말에 어깨가 더 크게 들썩이는 경험 해보셨을 테지요? 긴말 필요 없이 마음을 알아주는 한 마디면 충분합니다.

　부모님만큼이나 아이들과 많은 시간을 보내는 선생님, 그것만으로도 선생님이란 존재는 아이들에게 너무도 중요합니다. 그렇기에 아이들 마음을 잘 헤아리고 아이들 말에 귀 기울이는 선생님이라면 더없이 좋겠지요? 특히 어린 아이일수록 선생님 말 한마디에도 천국과 지옥을 왔다 갔다 하니까요. 선생님의 따뜻한 말 한마디면 닫혔던 아이들의 마음이 열리기도 하니까요. 물론 이런 선생님이 계시지요? 매일 아이들에게 그림책을 읽어주며 아이들과 그림책으로 소통하신다는 초등학교 이태숙 선생님. 그 5년간의 행복한 기록이 한 권의 책으로 나왔습니다. 선생님이 그림책을 읽어주는 장면이 따뜻하게 그려진 표지와 아이의 마음을 여는 주제별 그림책 읽기라는 안내 글이 있는 『하루 한 권, 그림책 공감 수업』이라는 책입니다. 훌륭한 육아서라며 그림책을 열심히 보시는 부모님들처럼 이 책으로 인해 그림책이 선생님들께도 널리 확장되기를 바랍니다.

선생님을 만나는 그림책

『달려!』
다비드 칼리 글, 마우리치오 A.C. 콰렐로 그림, 책빛

레이는 가족도 학교도 선생님도 친구도 싫었습니다. 모든 것에, 모두에게 화가 나 있었던 레이는 친구들과 자주 싸우곤 했지요. 그런 레이에게 새로 오신 교장 선생님은 레이의 삶을 엄청나게 변화시킵니다. 훗날 레이는 멋진 교장 선생님이 되어 있으니까요. 레이와 교장 선생님 사이에 어떤 일이 있었던 걸까요?

『선생님, 기억하세요?』
데보라 홉킨슨 글, 낸시 카펜터 그림, 씨드북

학교에 적응하지 못하던 아이의 말을 잘 들어주고, 온갖 실수에도 토닥이며 용기를 주었던 선생님 덕

분에 잘 자란 아이 이야기입니다. 어른이 되어 그 시절을 회상하며 선생님께 쓴 편지글이에요. 더군다나 선생님이 되어 첫 출근을 앞두고 눈에 보이듯 어린 시절의 학교생활을 생생하게 펼쳐내는 이야기가 따뜻합니다.

『우리 선생님이 최고야!』
케빈 헹크스 글·그림, 비룡소

릴리는 선생님을 너무 좋아해요. 그런데 새로 산 손가방을 자랑삼아 수업시간에 꺼냈다가 선생님에게 압수당하고 말아요. 화가 난 릴리는 선생님을 그린 그림에 도둑선생님이라 써서 선생님 가방에 넣어 놓았지요. 수업이 끝나고 선생님이 돌려준 손가방을 열어본 릴리는 선생님께 미안해서 울음이 터질 것만 같았어요.

『방귀 만세』
후쿠다 이와오 글·그림, 아이세움

요코가 방귀를 뀌었다고 큰 소리로 말해버린 테즈오 때문에 요코는 책상에 엎드려 엉엉 웁니다. 아이

들은 방귀 이야기로 꽃을 피우고 선생님은 방귀는 생리적인 현상이라며 안간힘을 쓰지만, 요코는 여전히 울고 있습니다. 이제 테츠오도 요코에게 슬슬 미안한 생각이 듭니다. 테츠오와 요코 둘 다 마음 상하지 않도록 애쓰는 선생님의 섬세한 마음결이 돋보입니다.

『선생님, 우리 선생님』

패트리샤 폴라코 그림·글, 시공주니어

문제아로 낙인찍힌 유진에게 관심과 사랑을 쏟아 마음의 문을 열게 하고 어둠에서 빛으로 나오도록 이끌어주신 교장선생님과 유진의 이야기.
교장선생님은 어떤 이야기로 유진의 닫힌 마음을 열었을까요?

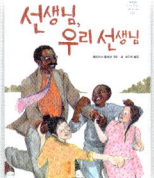

『선생님은 몬스터!』

피터 브라운 글·그림, 사계절

종이비행기를 좋아하는 바비는 담인 선생님을 몬스터라고 부를 만큼 무서워하고 싫어해요.
그러던 어느 날 공원에서 몬스터 선생님과 단둘이 마주치게 되는데…. 벤치에 선생님과 나란히 앉아 온몸이 얼어붙을 것 같은 바비, 어떻게 했을까요?

『요 사고뭉치들 내가 돌아왔다』

해리 알러드 글, 제임스 마셜 그림, 문학동네어린이

2학년 7반 보드레 선생님이 아파서 당분간 학교에 못 나오신대요. 아이들은 마음껏 놀 수 있다는 생각에 들떠 있는데, 따분네 교장선생님이 들어오셨어요. 어찌나 따분한지 아이들은 교장선생님을 돌려보낼 멋진 생각을 계획하고 실천에 옮기는데…. 기막힌 반전이 기다리고 있습니다.

『콩가면 선생님이 웃었다』 동화

윤여림 글, 김유대 그림, 천개의바람

콩처럼 까매서 콩가면이란 별명이 붙은 담임선생님은 한 번도 웃은 적이 없어요. 게다가 친절하지도 다정하지도 않고 무뚝뚝하기까지 해요. 그런데도 아이들은 선생님이 자신들을 무척이나 사랑한다고 생각해요. 그 비결이 뭘까요? 선생님은 왜 웃지 않는 걸까요?
제목처럼 선생님이 한번은 웃으실까요? 따뜻한 이야기와 유머가 버무려진 정말 재미난 책이에요.

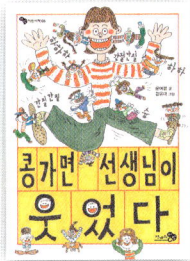

『선생님이 오셨다』 동화

고토 류지 글, 후쿠다 이와오 그림, 크레용하우스

새 학기가 시작되는 첫날부터 지각한 3학년 1반 담임선생님은 어깨에 자전거를 짊어지고 나타났어요. 그러고는 다짜고짜 재미 철철 넘치는 반을 만들어 보자고 하시네요. 선생님이라면 무조건 싫어하는 하야토가 있는데 가능할까요?

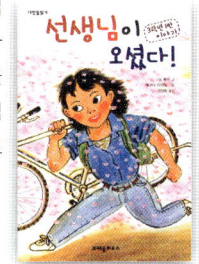

『가정 통신문 소동』 동화

송미경 글, 황K 그림, 스콜라

새 교장 선생님이 오시더니 가정통신문이 완전 달라졌어요. 틈만 나면 동전 줍기와 벌레 잡기를 좋아하시더니 역시 가정통신문도 재밌어요. 도대체 어떤 가정통신문일까요?

『어느 날 목욕탕에서』 동화
박현숙 글, 심윤정 그림, 국민서관

일기를 베껴 썼다가 혼이 난 2학년 도야는 뭔가 억울한 마음에 선생님 구두 한 짝을 신발장 뒤로 넘겨 버려요. 그러고는 고모와 함께 목욕탕에 갔다가 담임선생님을 만나게 되는데….

『축 졸업 송언 초등학교』 동화
송언 글, 유승하 그림, 웅진주니어

작가 송언 선생님과 제자 승민이의 실제 이야기래요.
승민이는 1학년 때 담임인 할아버지 선생님을 6학년이 될 때까지 하루도 빠짐없이 찾아갔다고 해요. 선생님의 어떤 점이 승민이 마음을 사로잡았을까요? 승민이는 선생님께 세상에 하나뿐인 특별한 졸업 선물도 받는답니다.

『조직의 쓴맛』 동화
심진규 글, 배선영 그림, 현북스

1학년 찬이는 담임이 할머니 선생님이라서 학교 가기가 싫어요. 그런데 시간이 갈수록 선생님도 좋아지고 오늘은 또 무슨 일이 있을까? 킥킥대며 학교에 가요. 선생님에게 마법의 힘이라도 있는 걸까요? 아이들이 잘못했을 때 벌로 주는 선생님이 직접 만든 '조직의 쓴맛'이나 '까마귀의 호수' 같은 벌약은 정말 먹어보고 싶어요.

『너는 닥스 선생님이 싫으냐?』 동화
하이타니 겐지로 글, 허구 그림, 비룡소

4학년 1반 아이들은 담임선생님인 닥스 선생님을 싫어해요. 미덥지 않고 겉모습은 후줄근하고 집에 갈 때는 한눈을 팔라는 선생님을 누가 좋아하겠어요?
그런데 웬일인지 지긋지긋하던 학교에 가고 싶고, 자꾸만 선생님의 말씀과 행동이 마음에 여운을 남기고, 무엇보다 1반 아이들이 한마음이 되었대요. 무슨 일이 있었을까요?

『선생님, 우리 집에도 오세요』 동화
송언 글, 김유대 그림, 창비

가정 방문을 하게 된 선생님과 3학년 아이들의 이야기. 각자 나름의 아픈 사연을 품고 있지만 선생님의 깊은 이해만으로도 아이들은 스스로 성장합니다. 유쾌한 이야기에 뭉클한 감동이 있습니다.

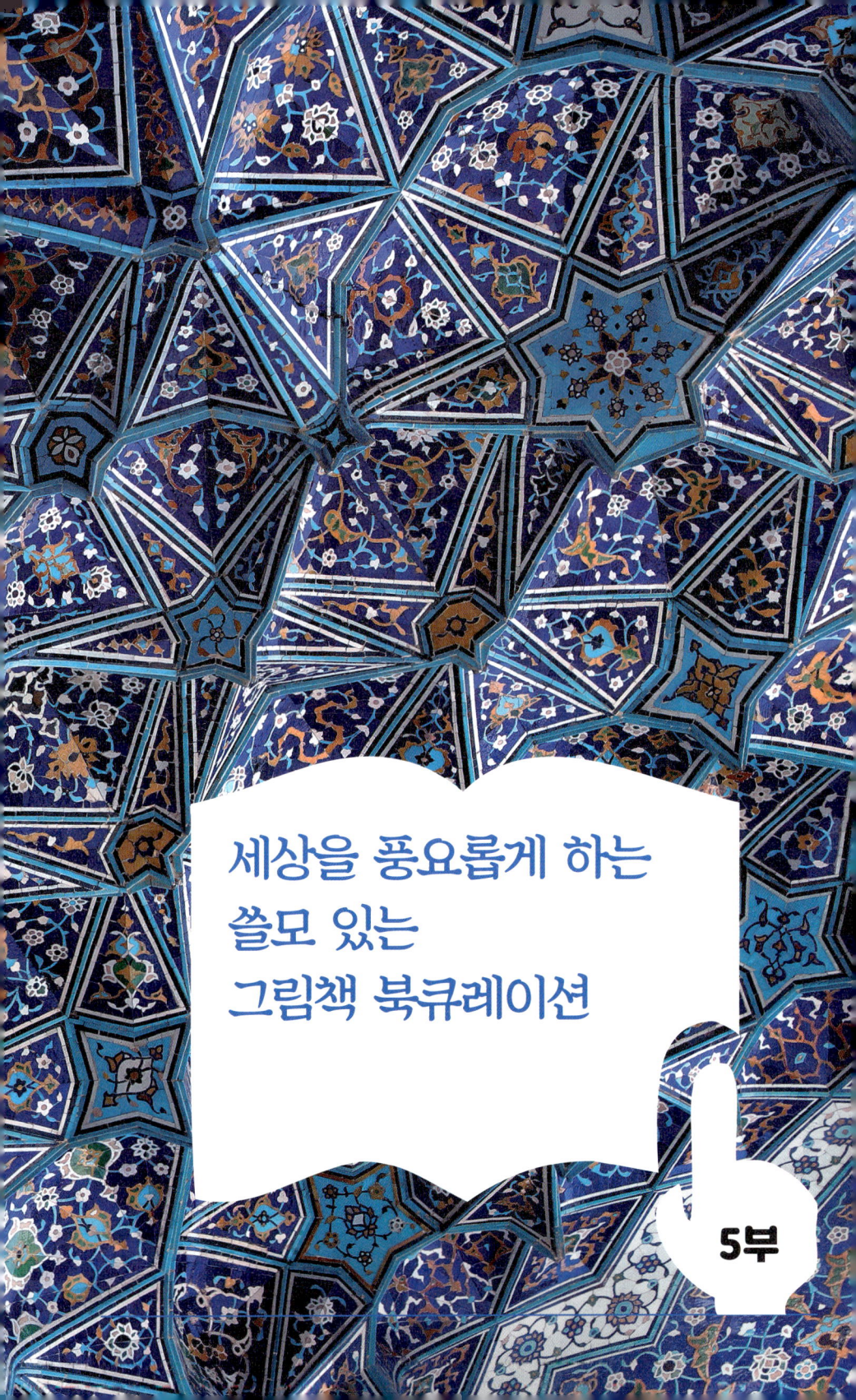

세상을 풍요롭게 하는
쓸모 있는
그림책 북큐레이션

5부

056 연필의 미학

연필을 깎는 고요한 시간

연필을 깎습니다. 매끈하게 미끄러지는 소리가 정갈합니다. 누구나 한번쯤은 연필을 깎았습니다. 아이들은 지금도 글씨를 처음 배울 때는 여전히 연필을 사용합니다. 손바느질이 재봉틀로, 삐삐가 휴대폰으로, 필름 카메라가 디지털카메라로, 백열전구가 LED 전구로 대체되어도 연필은 자기 자리를 지키고 있습니다. 시작은 연필로 해야 하니까요. 연필이 다른 뭔가로 대체되지 않고 보기 드문 물건이 아니어서 정말 다행입니다. 나무로 만들어 손안에 그러쥘 때 촉감이 따뜻한 문구는 그리 많지 않거든요.

커터칼로 연필을 깎아 필통에 키순대로 나란히 늘어놓으면 손으로 싹싹 비벼 빤 빨래가 바람에 말라가듯 기분이 개운해지고 넘치는 사랑을 받은 듯 마음이 든든합니다. 연필을 깎는 몸짓은 단지 연필을 뾰족하게 깎기 위한 것만은 아닙니다. 왼손으로 연필을 받치고 오른손에 적당한 힘을 주어 커터칼을 앞으로 밀어내는 작은 손동작은 꼭 한 땀 한 땀 놀리는 정교한 바느질과도 같습니다. 서두름이 없이 천천히 정성스럽게 벼루에 먹을 가는 일과도 같습니다.

연필 깎는 시간은 고요히 사색하는 때이기도 합니다. 은은한 나무 향에 마음이 살짝 취하기도 하고요. 그뿐인가요? 섬세하게 날 선 연필로 종이 위에 글씨를 써 내려 갈 때

나는 사각사각, 쓰윽 쓱 소리는 얼마나 귀를 즐겁게 하던가요?

　대가들이 사랑한 문구들의 특별한 이야기를 담은 『문구의 모험』이란 책에서 작가들에게 창조적 영감을 선사하는 물건으로 연필이 으뜸이라고 합니다. 존 스타인벡, 로알드 달, 헨리 데이비드 소로…. 『찰리와 초콜릿 공장』의 작가 로알드 달은 매일 아침 그날 사용할 딕슨타이콘데로가(연필 애호가들이 소장하고 싶어 하는 연필 중의 하나) 연필 여섯 자루를 뾰족하게 깎은 다음에야 일을 시작하곤 했답니다.

　정성스레 깎은 연필을 손에 그러쥔 순간 마음이 가만해지고 골똘해지며 생각이란 걸 하게 됩니다. 연필이 마법을 부려 생각을 끝없이 피어 올립니다. 정말이에요. 그림책 『생각연필』이나 권혁웅 시인이 쓴 『생각하는 연필』을 보면 알 수 있어요.

『몽당』
김나윤 글·그림, 계수나무

글을 쓰는 것을 좋아하는 빨강 연필은 생각이 떠오르는 대로 부지런히 적어 나갑니다.

어느 날 보니 자신의 몸이 몽당이가 되어 있는 거예요. 친구들은 글쓰기를 멈추라고 충고합니다. 영영 사라질지도 모른다고요. 빨강 연필은 겁이 나지만 종이만 보면 글이 쓰고 싶어 마음이 꿈틀거려요. 어떡해야 할까요?

생각을 피워내는 연필에 대한 그림책

『생각연필』
이보나 흐미엘레프스카 글·그림, 논장

뾰족한 파란색 연필이 하얀 종이 위에서 기다립니다. 좋은 생각이 떠오를 때까지. 좋은 생각, 번뜩이는 아이디어는 어떻게 오는 걸까요? 생각과 질문에 대한 이야기를 유쾌하게 풀어갑니다.

『연필은 밤에 무슨 꿈을 꿀까요?』
지드로 글, 다비드 메르베이 그림, 주니어RHK

아이들이 무럭무럭 자라는 꿈을 꾸는 동안 연필과 색연필은 야금야금 작아지는 꿈을 꾼대요. 그뿐만 아니라 단어들을 줄줄이 쓰고, 십자말풀이의 빈칸을 꼬박 채우며, 독특한 색깔로 무지개를 그리고, 깊고 너른 바닷속을 그리고, 소곤소곤 비밀쪽지나 달콤한 사랑편지를 쓰고…. 그러는 동안 연필은 점점 작아지지요. '펜슬 아트 쉐이빙' 기법을 이용한 그림이 눈을 즐겁게 합니다.

『연필의 고향』

김규아 글·그림, 샘터

연필의 고향은 교실에 주인 없는 연필들을 보관해 두는 곳이래요. 주인들은 연필을 잃어버린 줄도 모르고, 알아도 찾지 않는다죠? 잃어버려도 그만인 물건 중의 하나인 연필. 이리 뒹굴 저리 뒹굴 굴러다니는 연필의 목소리에 귀를 기울인 작가가 연필과 색연필로 섬세하고 따듯하게 그려냈어요. 그러니까 연필이 들려주는 작지만 여운이 긴 이야기예요.

『몽당연필도 주소가 있다』 동시집

신현득 글, 전미화 그림, 문학동네어린이

가방에 몽당연필이랑 지우개가 들어 있는 헝겊 필통을 항상 넣어 가지고 다닌다는 신형득 시인의 동시집. 버려지는 게 마땅하다고 생각되는 몽당연필에게 당당히 제자리를 찾아주는 시인의 따뜻한 마음에 애틋합니다.

연필로 그린 그림책

『감기 걸린 날』

김동수 글·그림, 보림

엄마가 오리털 파카를 사주신 날, 아이는 깜빡 잠이 들었는데 감기에 걸렸습니다. 엄마는 이불을 차고 자서 감기에 걸렸다고 하지만 아이는 알고 있습니다. 감기에 걸린 건 다른 이유 때문이라는 것을요.

『로켓보이』

조아라 글·그림, 한솔수북

꿈이 보석이 되는 순간은 꿈을 이루었을 때보다 꿈을 가슴에 품은 순간이라고 합니다.
여기 종이비행기를 날리며 로켓을 우주로 쏘아 보내는 꿈을 가진 소년이 있습니다. 전쟁 속에서도 꿈을 잃지 않는 소년의 반짝이는 눈빛을 만나보세요.

『비가 오는 날에』

이혜리 글·그림, 보림

비가 주룩주룩 오는 날에 동물들은 무얼 할까요? 연필선으로 거침없이 그려낸 나비, 티라노사우루스, 용을 보면 금방이라도 연필 들고 따라 해 보고 싶어요.

『셋째 날』

성영란 글·그림, 반달

잠시라도 떨어지면 못 살 것 같은 영희와 할머니, 할머니의 죽음을 맞닥뜨린 영희의 가슴 먹먹한 추억을 담은 이야기. 영희의 빨간 신발을 제외하곤 모두 연필로만 그려낸 그림이 인상적입니다.

『신발 신은 강아지』

고상미 글·그림, 스콜라

우연히 신발 신은 강아지를 만난 미니는 한눈에 반해 집에 데려가자고 조르기 시작합니다. 엄마는 주위를 둘러보아도 주인이 보이지 않자 할 수 없이 허락하지요. 새로운 친구를 만나게 되어 마냥 신이 난 미니는 잃어버린 가족을 그리워하는 강아지의 모습을 애써 모른 체 해요. 하지만 주인을 찾아주기로 하는데….

따뜻한 내용만큼이나 그림이 매력적이에요. 강아지의 노란색 신발과 빨간색 목줄이 흑백 연필 그림에 대비되어 눈길을 오래 붙잡아요.

『나무의 아기들』

이세 히데코 글·그림, 천개의바람

나무의 아기들이란 누구일까요? 바로 나무 아래 떨어진 작은 씨앗들이죠. 그 작은 씨앗들이 싹을 틔우고 아름드리나무로 자라나 숲을 이루는, 자연의 이치를 담아낸 사랑스러운 책이에요. 나무 이야기와 스윽슥 연필 그림이 너무 잘 어울려요.

『연필을 잡으면 그리고 싶어요』

이호철 저, 보리

초등학교 이호철 선생님의 반 아이들이 연필로 그림을 그리고 쓴 글입니다. 따뜻한 글과 그림을 보고 있으면 정말 연필을 쥐고 그림을 그리고 싶어져요

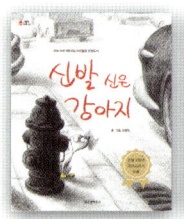 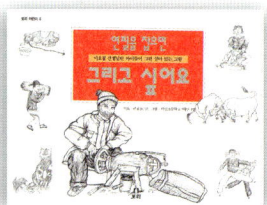

엄마를 위한 책

연필, 그에 대해 그렇게 할 얘기가 많을까? 마루에 굴러다니던 연필 한 자루만으로 책을 한 권 쓸 수 있다니, 놀랍기도 하거니와 그 내용이 몹시도 궁금합니다. 연필에 관한 책들을 읽고 나면 이런 생각이 들어요. '아, 나도 연필 사고 싶다.' 어쩌면 성격 급한 사람은 당장 연필을 사러 발걸음을 재촉할지도 모르겠습니다.

『생각하는 연필』

권혁웅 저, 난다

단추, 시소, 빵, 인형, 무덤, 이불, 꼬리, 숟가락, 지도, 글자 등 하나의 사물이 다른 사물과 사람, 세상과 어떻게 연결되어 있는지 생각이 끝없이 펼쳐집니다. 물 흐르듯 거침없이 흘러가는 생각은 산문시 같기도 하고 에세이 같기도 합니다. 물론 연필도 등장하지요. 연필에서 피어오른 글을 세어보니 18개나 됩니다.

『다시 소중한 것들이 말을 건다』

정희재 저, 예담

'연필 테라피'를 듣는 순간 아! 하는 탄성과 함께 몸과 마음이 편안해짐을 느꼈습니다. 바로 책 제목처럼 연필이 사각거리는 순간 다시 소중한 것들이 말을 걸어오니까요. 연필은 고향 같은 어떤 한 부분을 차지하고 있기도 합니다. 까무룩 잊고 있었던 연필, 이제 연필 테라피를 만나는 시간입니다. 오래도록 연필을 사랑해왔다는 작가가 잘 이끌어 줄 거예요.

『연필 깎기의 정석』

데이비드 리스 저, 프로파간다

연필 깎기에도 정석이 있다고요? 별스러운 책이 다 있구나 싶을 거예요? '장인의 혼이 담긴 연필 깎기의 이론과 실제'라는 카피에 푸웁! 그런데 연필에 조금이라도 애정이 있는 분이라면 읽고 나서 고개를 끄덕끄덕 하실 겁니다. 일단 재미있고 쉽게 읽힙니다.

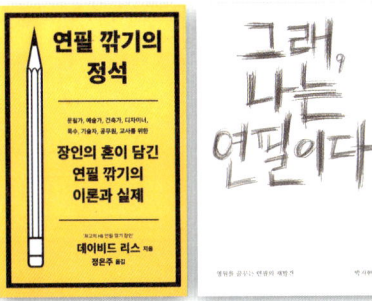

『그래, 나는 연필이다』

박지현 저, CABOOKS

다큐멘터리 박지현 감독은 연필에 관한 모든 것을 담고 있는 책 『연필』(헨리 페트로스키 저)을 읽고 연필에 관한 다큐멘터리를 만들기로 결심했답니다. 이렇게 필연 같은 우연으로 연필을 만나고 가슴에 품은 지 14년 만에 연필 다큐멘터리가 완성되어 SBS 스페셜 〈연필, 세상을 다시 쓰다〉로 방영되었어요. '영원을 꿈꾸는 연필의 재발견'이라는 부제가 붙어 있는 이 책은 다큐멘터리가 만들어지기까지의 사연과 과정은 물론 연필에 관련된 흥미로운 이야기도 담고 있어요.

『연필』의 작가 헨리 페트로스키 교수와의 인터뷰 내용, 연필심 조각가, 연필 껍질을 예술적으로 재탄생시키는 일러스트레이터, 연필의 고향 영국의 보로데일 광산 이야기, 한때 연필공장을 운영했다는 헨리 데이비드 소로우….

사소한 듯 보이는 연필과 사랑에 빠지면 결코 사소하지 않은 많은 것들을 얻을 수 있어요.

『잊기 좋은 이름』

김애란 저, 열림원

김애란의 산문집. 〈점, 선, 면, 겹〉이란 꼭지에서 연필에 대한 이야기를 아주 흥미진진하게 읽었습니다.
"늘 그러는 건 아니나 가끔 책 성격에 맞춰 연필을 고르기도 한다. 세르반테스를 읽을 때는 스페인산 HB연필을, 제발트를 펼칠 땐 독일산 스테들러 연필을 괜히 한 번 꺼내보는 식이다."

『펜슬 퍼펙트』

캐롤라인 위버 저, A9PRESS

연필에 관한 책답게 연필 삽화로만 이루어진 점이 인상적이에요. 작가의 프로필 또한 흥미롭네요. 연필 마니아로 세계를 돌아다니며 수집한 연필로 뉴욕에서 연필가게를 운영하고 있다고 합니다. 연필을 사랑하는 사람들에게는 소장하고 싶은 책.

『아무튼, 문구』

김규림 저, 위고

소문난 문구 '덕후' 작가의 책상 위에 놓인 이상하게 좋은 것들의 이야기. 목차 중에서 〈내가 나의 이야기를 듣는 일〉이 가장 먼저 읽고 싶어요.
'문구와 함께 보내는 시간은 내가 나를 돌보는 시간이다. 책상 위에서 무언가를 쓰거나 만드는 건 내가 나의 이야기를 듣는 일이다.'

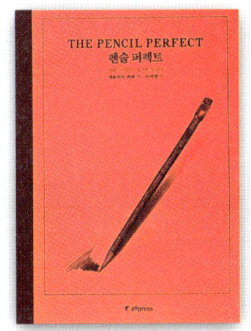

057 편지가 놓인 오후

마음 어딘가를 툭, 건드리는 편지

편지가 없었다고 가정하면 마음이 서늘해집니다. 편지 덕분에 연결된 소중한 사람들을 생각할 수 없으니까요. 내성적인 성격이라 사회성이 부족한 편인 저에게는 사람을 사귐에 있어 편지가 강력한 무기가 되어 주었습니다.

새 학기가 되어 친해지고 싶은 친구가 있어도 수줍음 때문에 먼저 말 붙이지 못할 때 편지를 쓰면 됐으니까요. 학교에서 매일 만나는 친구에게도 자주 편지를 쓰곤 했습니다. 학교에서 미처 다하지 못한 말이나 많은 아이들이 모여 있는 곳에서 할 수 없는 이야기들을 편지에 담았지요. 일상에서 주고받는 말은 편지 속으로 들어간 순간 마법처럼 내밀한 이야기가 되곤 합니다. 둘만의 그 은밀함이 친구 관계를 더 깊어지게 했습니다.

학교를 졸업하고 사회에 나와 어른이 되어서도 가까이하고 싶은 사람에게는 편지가 다정한 징검다리 역할을 해주었습니다.

한 번은 정기구독 하던 잡지에서 어떤 가족에 대한 기사를 읽고는 꼭 만나보고 싶었습니다. 여러 날을 고민했습니다. 만나 볼 수 있는 무슨 방도가 없을까 하고요. 쉽고도 간단한 방법이 있었지요. 곧장 길고도 긴 편지를 보냈습니다. 어떻게 됐을까요? 한 번도 만나 본 적 없는 분이 다정다감한 답장을 보내왔습니다. 전라도 시골 마을에 살고 계셨는데 한 번 놀러 오라는 내용과 함께 오는 방법 두 가지가 자세히 적혀 있었지요. 벌써 20여 년 전의 일입니다. 지금까지도 소중한 관계를 맺어오고 있습니다.

정성과 마음이 담긴 편지는 받는 사람의 마음 어딘가를 툭, 건드리는 데 아주 탁월한 효과가 있습니다. 편지는 그 자체로 한 편의 시(詩)이고 따뜻한 난로입니다.

얼마 전만 해도 일상이었던 편지를 그리워하며 편지와 관련된 책들을 읽어 봅니다. 그러다 편지가 쓰고 싶어집니다. 문방구에 가서 예쁜 편지지를 고르고, 받는 사람을 떠올리며 한 줄 한 줄 정성 들여 글을 쓰고, 우표를 붙이고 빨간 우체통을 찾아 편지를 툭 떨어뜨리는 일까지. 그 과정 자체가 스스로에게 어떤 위로가 되는 시간이기도 합니다. 편지 쓰는 일이 처음이라면, 너무 오랜만이라 시작이 어렵다면 이렇게 해보세요.

"먼저 연필을 깎고, 편지지를 보면서 마음을 편히 가라앉히렴. 심호흡도 크게 세 번 하고. 그럼 마음속에서 바람이 한 점 일어 하고 싶은 말들을 살랑살랑 흔들 거야. 그 말들이 낙엽처럼 종이 위로 하나둘 떨어질 테고. 그걸 편지지에 넓게 펼쳐 쓰면 돼."

동화책 『착한 편지 고마워』를 읽다가 알게 된 사실이에요.

『세상 끝에 있는 너에게』

마리 꼬드리, 고티에 다비드 글·그림, 모래알

서로 사랑하는 곰과 새는 겨울이면 떨어져 지내야 합니다. 날씨가 추워지면 새는 따뜻한 남쪽으로 돌아가야 하니까요.
곰은 조금 일찍 떠난 새에게 그리움을 담아 편지를 써 보지만 보고 싶은 마음은 더 커지기만 합니다. 결국 곰은 세상 끝에 있는 새를 만나기 위해 힘들고 낯선 여행을 시작합니다. 그리고 도착한 그곳에 새는 없었습니다. 새도 곰이 보고 싶어 북쪽으로 떠났다는데….
곰과 새는 만날 수 있을까요? 곰이 새에게 보내는 편지글로만 이루어져 있습니다.

편지에 대한 그림책

『우체부 코스타스 아저씨의 이상한 편지』

안토니스 파파테오도울로우 글, 이리스 사마르치 그림, 길벗어린이

섬마을 우체부로 50년 동안 일해온 토스타스 아저씨 이야기예요. 우체부로 일하는 마지막 날, 왠일인지 마을 사람들은 하나도 보이지 않고 아저씨는 아쉬운 마음에 가방 안을 보다가 편지 한통을 발견해요. 보낸 사람, 받는 사람 이름도 없이 주소만 있는 이상한 편지, 누가 보낸 걸까요?

『편지 할머니』
이상배 글, 김도아 그림, 키다리

어렸을 때 편지를 많이 쓰는 소녀였던 이동순 할머니 이야기예요. 지금도 여전히 편지 쓰기를 좋아해 편지할머니로 불린대요. 어린 동순이의 편지 쓰는 일상을 정겨운 그림과 함께 만나 봐요.

『탁탁 톡톡 음매~ 젖소가 편지를 쓴대요』
도린 크로닌 글, 베시 르윈 그림, 주니어RHK

젖소가 편지를 쓴다니? 제목부터 호기심을 자극하네요.
헛간에서 찾아낸 타자기로 젖소들이 농장 주인에게 편지를 쓴대요. 헛간이 너무 추우니 전기장판을 깔아달라는 내용입니다. 주인아저씨가 요구를 들어주지 않자, 젖소들은 우유를 줄 수 없다고 하고 닭들도 달걀을 내주지 않겠다고 나섭니다. 농장에서 탁탁 톡톡, 타자기 소리가 멈추질 않습니다. 승자의 편지는 누구의 것일까요?

『행복을 전하는 편지』
안소니 프랑크 글, 티파니 비키 그림, 시공주니어

명랑한 아침햇살이 창문을 기웃거렸지만 들쥐는 기분이 울적했어요. 세수도 하지 않고 수염도 빗지 않고 잠옷 차림으로 온종일 뭉개고 있답니다. 요즘엔 친구들도 통 찾아오지 않는다고 투덜거리면서요. 그때 마침 들쥐에게 편지 한 통이 왔어요.
'이 편지는 너를 무척 좋아하고 소중하게 여기는 친구가 보내는 거야. 바로 나 말이야. 넌 정말 특별한 친구야. 너같이 멋진 친구를 둔 나는 얼마나 행복한지 몰라. 사랑해!'
누가 보냈을까요? 갑자기 날아갈 듯한 기분이 된 들쥐는 부랴부랴 외출준비를 합니다.
이런 편지를 써보고 싶지 않나요? 길지 않은 짤막한 내용만으로도 누군가에게 힘을 주는 편지 말이에요.

『잠자리 편지』
한기현 글·그림, 글로연

아빠가 돌아가신 뒤 시골 할머니 댁에 맡겨진 아이는 엄마를 기다리고 또 기다립니다. 그러던 어느 날 하늘을 빼곡히 나는 고추잠자리를 만나고 편지를 써야겠다고 생각합니다. 그러고는 사랑과 그리움이 가득 담긴 손톱만 한 편지를 열 손가락 가득 잡은 고추잠자리에 매달아 날려 보내는데….

『우산을 쓰지 않는 시란 씨』
다니카와 슌타로·국제앰네스티 글, 이세 히데코 그림, 천개의바람

우산을 쓰지 않는다는 이유로 시란 씨는 억울한 감옥살이를 하게 됩니다. 잘못한 일도 없이 감옥에 갇힌 시란 씨를 위해 먼 나라에서 한 아주머니가 편지를 보내옵니다. 물론 한 번도 만난

적이 없는 분이지요.
편지가 할 수 있는 일은 참으로 다양하고 편지 한 통이 갖는 힘이 굉장하다는 걸 느끼게 됩니다.

『가을에게, 봄에게』
사이토 린·우키마루 글, 요시다 히사노리 그림, 미디어창비

봄은 한 번도 만난 적 없는 가을에게 편지를 쓰기로 해요. 어쩜 이런 생각을 했을까요? 봄의 상냥한 마음결 덕분에 서정적인 그림을 배경으로 봄과 가을의 다정한 우정이 펼쳐집니다. 언택트 시대에 우리도 다정한 편지 한 통 띄워볼까요?

『딩동딩동 편지 왔어요』
정소영 글·그림, 사계절

우체국에서 일하는 집배원 효순 씨의 하루를 따라가 보면 편지 한 통이 어떤 과정을 통해서 전해지는지 자연스럽게 알 수 있어요. 일반 사람들은 들어갈 수 없는 집배실의 모습도 보이네요.
어휴, 우편물을 주소대로 정리하는 방이 엄청 복잡해 보여요.

『이상한 편지』 동화
구쓰키 쇼 글, 사사메야 유키 그림, 키다리

하늘초등학교 1학년 교실에 낯선 편지 한 통이 왔어요. 하루라는 단어 하나만 달랑 써 있어요. 사연을 알고 보니 이제 막 글자를 배우기 시작한 스물네 살 청년이 아이들과 편지 교환을 하고 싶어 한대요. 그래서 아이들과 청년의 따뜻한 편지 교환이 시작됩니다.

『착한 편지 고마워』 동화 절판
고데마리 루이 글, 다카스 가즈미 그림, 개암나무

간절한 바람을 담은 편지글이 작은 기적을 이루어 낸 따뜻한 이야기입니다.
든든한 친구였던 떡갈나무가 베어질 위기에 처했다는 소식에 떡갈나무 친구들은 편지를 씁니다. 한 글자 한 글자 마음을 담아 꾹꾹 눌러 편지를 씁니다. 9통의 편지를 읽노라면 떡갈나무가 결코 베어지지 않을 거란 확신이 들어요.

『우체통과 이주홍 동화나라』 동화
이주홍 글, 김동성 그림, 웅진주니어

숙희는 개떡을 먹다가 아빠도 좋아하실 거라는 생각에 멀리 떨어져 있는 아빠에게 보내기로 합니다. 글씨를 쓸 줄 모르는 숙희는 아빠에게서 왔던 편지 봉투를 개떡 포장지에 붙여서 우체통에 쏙 넣었습니다. 개떡을 맛있게 잘 먹었다는 아빠의 답장을 기다리던 숙희.
그런데 숙희가 보낸 개떡이 되돌아왔어요. 어찌 된 일일까요?

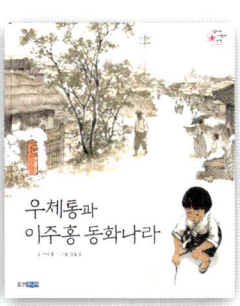

『노란 우체통』 동화

봉현주 글, 국설희 그림, 처음주니어

아빠가 병으로 돌아가시고 난 지 3일 만에 솜이에게 아빠에게서 편지가 왔어요.
아빠의 편지는 1년이 넘도록 이어집니다. 어떻게 된 일일까요? 하늘나라에서 아빠가 아직도 편지를 쓰고 계신 걸까요?

『키다리 아저씨』 동화

진 웹스터 저, 비룡소

고아 소녀 주디와 후견인 키다리 아저씨가 주고받은 편지글로만 이루어진 동화입니다. 글도 잘 쓰고 유머러스하고 야무진 주디에게 흠뻑 빠져들게 됩니다. 어려운 환경에서도 항상 밝고 꿋꿋한 주디를 만나고 나면 기분이 맑아져요.

『헨쇼 선생님께』 동화

비벌리 클리어리 저, 보림

한 소년이 자신이 좋아하는 동화 작가에게 편지를 쓰면서 마음이 성큼 자라는 성장 동화입니다.
초등학교 6학년인 리 보츠의 편지와 일기, 그리고 작가의 답장으로 이루어진 이 책은 무엇보다 심리 묘사가 뛰어납니다. 편지글 몇 편씩 밤마다 읽어주기에 좋아요.

엄마를 위한 책

『엄마의 글쓰기』

김정은 저, 휴머니스트

사춘기가 시작된 큰딸과 학교 가기 싫다고 아침마다 우는 작은 딸을 위해 엄마가 건넨 손편지를 모은 글입니다.
도시락 가방에, 실내화 가방에, 잠든 아이 머리맡에 놓여 있던 손편지들, 엄마와 아이의 관계를 단단하게 하는 힘을 가슴 뭉클하게 느낄 수 있습니다.

❖ 사랑스러운 편지 관련 그림책이 세 권이나 절판으로 나옵니다. 절판 도서는 헌책방에서 구입하거나 도서관에서 빌려보실 수 있어요.

『편지를 주세요』

야마시타 하루오 글, 무라카미 츠토무 그림, 푸른길

『답장해 줘』

야마와키 교 글, 오다기리 아키라 그림, 가문비

『빨간 우체통과 의사 선생님』

군 구미코 글, 구로이 켄 그림, 웅진주니어

058 시인들의 시인 백석

어린이를 사랑한 시인 백석의 그림책

　어른들도 좋아하고 아이들도 좋아하는 『개구리네 한솥밥』은 두 번째 국민 그림책이라 해도 손색없습니다(첫 번째 자리는 『강아지똥』이 차지하고 있어요). 달개비, 질경이, 메꽃, 냉이, 미나리아재비, 물봉선, 벼이삭 등 소박한 꽃과 풀은 정겨운 풍경을 자아내고, 개성적인 캐릭터 개구리, 방아깨비, 소시랑게, 개똥벌레, 쇠똥구리 등은 이야기를 더욱 친숙하고 구수하게 합니다. 디퍽디퍽, 딥적딥적, 찌꿍쩌꿍 등 맛깔스러운 흉내말은 읽는 재미, 읽어주는 재미를 더하고요. 특히 개구리 우는 소리가 '개굴개굴'이 아니라 '뿌구국' 소리로 표현한 것이 정말 신선하게 다가옵니다.

　그런데 이렇게 재미난 책이 백석 시인이 쓴 동화 시라는 것을 알고 계셨나요? 시인들이 가장 좋아하는 시인이 바로 백석 시인이라는 것도요? 백석 시인의 동화 시는 그림책으로 많이 나와 있습니다. 동화시가 뭐냐고요? 동화시는 운율이 있는 시의 형식에 이야기를 담아낸 시입니다. 서사를 품은 시라 해야 할까요? 백석 시인은 어린이를 무척 사랑했나 봅니다. 아이들이 즐겁게, 재미나게 읽을 수 있는 동화시도 많이 쓰셨으니까요.

　아이들과 백석의 동화시 그림책을 함께 보는 어른이라면 백석 시집과 백석 평전을 함께 읽어보세요. 늘 읽던 동화시 그림책이 좀 다르게 다가올 거에요.

『개구리네 한솥밥』
백석 글, 유애로 그림, 보림

가난하지만 마음씨 착한 개구리 한 마리가 형한테 쌀 한 말 얻으러 갑니다.
옛이야기 〈흥부와 놀부〉의 흥부와 닮았지요. 흥부와 달리 개구리는 형한테 쌀을 얻어왔을까요?
강우근 작가와 오치근 작가의 그림으로 길벗어린이와 소년한길에서도 나와 있어요. 그림을 비교해보는 재미를 즐겨보세요.

백석을 만나는 그림책

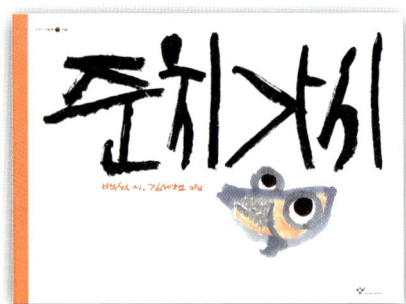

『준치 가시』
백석 글, 김세현 그림, 창비

백석의 동화시가 김세현 화가의 그림 옷을 입고 한 편의 예술작품이 되었습니다. 글도 좋고! 그림도 좋고! 표지도 멋지고!
옛날엔 준치도 가시 없던 물고기였다는데, 갑자기 가시가 많아졌다고 합니다. 준치에게 무슨 일이 있었던 걸까요?

『마을은 맨천 구신이 돼서』
백석 저, 서선미 그림, 고인돌

마을공동체가 사라지기 전, 옛날 마을에는 마을을 지켜주는 수호신이 있었습니다. 또한 집안 곳곳에는 집과 그 집에 깃든 사람들을 지켜주는 수호신들이 있었지요. 그 수호신들을 백석 시인이 한 편의 시에 고스란히 담아냈습니다. 지금은 사라졌지만 한때 우리 조상들의 든든한 버팀목이었던 수호신들을 기억하고자 하는 시인의 사려 깊은 마음일까요? 토박이말과 사투리가 많아서 다소 생소하지만 재미난 그림을 길잡이 삼아 만나보세요.

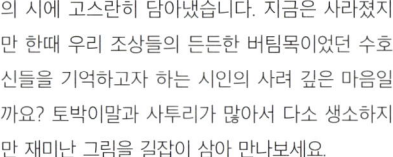

『오징어와 검복』
백석 글, 오치근 그림, 소년한길

오징어에게는 뼈가 왜 딱 한 개만 있을까요? 오징어는 왜 까만 먹물을 물고 다닐까요? 오징어와 검복 이야기에 그 비밀이 담겨 있습니다.

『집게네 네 형제』
백석 글, 오치근 그림, 소년한길

집게네 네 형제 중 맏형과 둘째 형, 셋째 형은 집게로 태어난 걸 부끄러워합니다. 막내 집게만 자신의 모습 그대로를 사랑했지요. 그래서 세 형들은 남들처럼 굳은 껍질, 고운 껍질을 뒤집어쓰고 살아갑니다. 남들 흉내나 내면서 아무 탈 없이 잘 살아갈 수 있을까요?

『산골총각』

백석 글, 오치근 그림, 산하

깊은 산골에 한 총각이 늙은 어머니와 둘이 살고 있었습니다. 그런데 어느 날 백 년 묵은 오소리가 어머니를 쓰러뜨리고 애써 지은 곡식을 빼앗아갔습니다. 분한 마음에 오소리네 집으로 한달음에 달려간 총각, 백 년 묵어 힘이 장사인 오소리를 당해낼 수 있을까요?

『내 이름은 백석』 동화

유은실 외 4명, 창비

시인 백석과 그의 시 〈나와 나타샤와 흰 당나귀〉를 모티브로 한 동화입니다.
시장에서 닭집을 하는 아버지와 아들 백석의 에피소드 속에 유머와 슬픔이 절묘하게 어우러져 있습니다. 웃으면서도 마음이 촉촉하게 젖어오네요.

『여우난골족』

백석 글, 홍성찬 그림, 창비

밥 짓는 김이 모락모락 피어오르는 고향에서 온 가족이 북적북적 한데 모여 안부를 묻고, 장난을 치고, 도란도란 모여 음식을 나눠 먹고, 밤이 새도록 키득거리던 일들… 바로 그 옛날 우리 명절날의 풍경이 사실적인 묘사로 생생하게 담겨 있습니다.

『박각시와 주락시』 동화

김기정 글, 사계절

『바나나가 뭐예유?』의 김기정 작가가 오랫동안 마음에 품어온 백석의 시 〈박각시 오는 저녁〉을 모티브로 한 편의 아름다운 동화를 빚어냈습니다.
돌아가신 시골 할머니 집에 찾아간 주인공 고마가 풀벌레를 만나면서 벌어지는 따뜻하고도 환상적인 이야기입니다.

『귀머거리 너구리와 백석 동화나라』 동화집

백석 저, 이수지 그림, 웅진주니어

시와 동화를 조화롭게 버무려 동화시라는 독특한 장르를 개척한 백석의 동화시집. 이수지 작가의 일러스트로 〈귀머거리 너구리〉〈개구리네 한솥밥〉〈집게네 네 형제〉〈오징어와 검복〉을 만나보세요.

엄마를 위한 책

『나와 나타샤와 흰 당나귀』
백석 저, 다산책방

백석의 시집. 『박각시와 주락시』의 모티브가 된 〈박각시 오는 저녁〉과 『내 이름은 백석』의 모티브가 된 〈나와 나타샤와 흰 당나귀〉가 들어 있습니다. 동화도 읽고 시도 읽고.

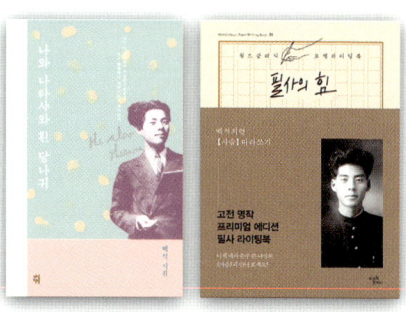

『필사의 힘 : 백석처럼 사슴 따라쓰기』
백석 원저, 미르북컴퍼니

필사는 책 읽기의 또 다른 하나의 방식입니다. 필사라면 백석 시인을 빼놓을 수 없지요. 어떤 책방지기가 그랬어요. 백석의 시 필사는 '겨울'에 제맛이라고요.

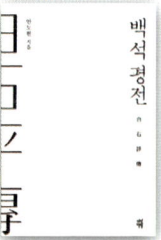

『백석 평전』
안도현 저, 다산책방

스무 살 무렵부터 백석 시인을 짝사랑하고, 어떻게든 백석을 베끼고 싶었다고 고백하는 안도현 시인이 썼습니다.

그만큼 애정이 있어서인지 평전의 딱딱함이랄지, 무거움이랄지 전혀 느끼지 못할 거예요. 백석의 삶과 문학에 따뜻하게 성큼 다가갈 수 있고, 어쩌면 백석 시인을 사랑하게 될지도 몰라요.

『정본 백석 시집』
백석 저, 문학동네

백석 시집으로 책모임에서 함께 읽고 북토크를 했습니다. 북토크 내내 촉촉했던 눈망울들이 떠오릅니다. 거기 모인 사람들 한목소리로 말했지요. 행복한 시간이었다고요. 우리 집 현관문 드나드는 서가에 표지가 보이도록 단정하게 세워 두고 있습니다. 좋아하는 페이지에 포스트잇이 덕지덕지 붙어있어요. 딸과 함께 즐겨 읽는 시는 〈수라〉이고, 제가 많이 좋아하는 시는 〈흰 바람벽이 있어〉라는 시입니다. 여러분은 어떤 시에 마음이 가 닿을까요?

『일곱 해의 마지막』 소설
김연수 저, 문학동네

한국전쟁 후 북한에서 원하는 대로 시를 쓸 수 없었던 암흑의 시절을 보낸 백석 시인을 모델로 한 이야기. 시인의 반짝이는 시어가 촘촘히 박힌 김연수의 문장을 읽는 재미가 쏠쏠하지만, 어둠의 터널을 더듬더듬 나아가는 시인의 삶에 가슴이 먹먹해집니다.

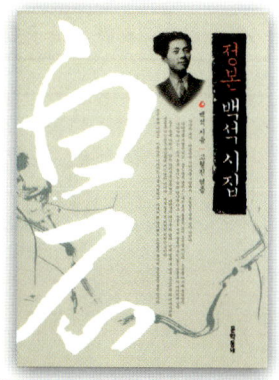

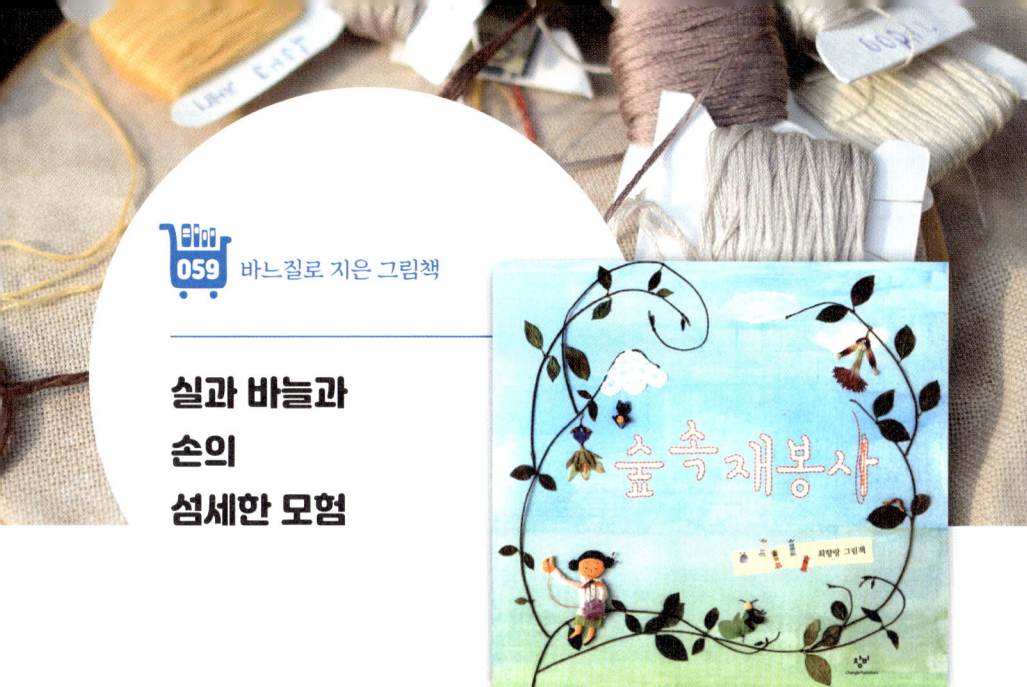

059 바느질로 지은 그림책

실과 바늘과 손의 섬세한 모험

'짓다'라는 단어를 국어사전에서 찾아보면 '재료를 들어 밥, 옷, 집 따위를 만들다'라는 뜻으로 나옵니다. 사람이 살아가는 데 꼭 필요한, 먹고 입고 자는 중요한 일에는 정성이 깃들어 있는 '짓다'라는 단어를 쓰고 있습니다.

밥을 짓다, 옷을 짓다, 집을 짓다. 사람의 생명을 다루는 약도 '약을 짓다'라고 하지요. 그렇다면 사람의 생각과 관련된, 삶을 풍요롭게 하는 책은 어떨까요? 가끔 정성이 흠뻑 들어간 책을 만나면 이렇게 얘기합니다. '정성으로 지은 책'이라고요. 밥이든 약이든 옷이든 책이든 모두 열 손가락 손을 꼼지락꼼지락 움직여 손이 해낸 일들입니다.

열 손가락 손이 모험을 떠나야 가능한 일들이지요. 바늘에 실을 꿰어 한 땀 한 땀 손바느질로 이야기를 지은 따뜻한 책들을 만나봅니다.

『숲속 재봉사』
최향랑 저, 창비

숲속에 옷 만들기를 아주 좋아하는 재봉사가 살고 있어요. 레이스 뜨는 거미와 옷의 크기를 재는 자벌레, 그리고 가위질하는 거위벌레가 함께 숲속 친구들에게 옷을 만들어 준답니다! 동물 친구들은 마음에 쏙 드는 멋진 옷을 입고 한바탕 잔치를 벌여요. 나뭇잎과 꽃잎, 열매, 씨앗, 깃털, 조개껍데기, 돌멩이 등 자연 재료를 사용한 콜라주가 정겹고 따뜻합니다. 『숲속 재봉사의 꽃잎 드레스』도 있어요.

바느질로 지은 그림책

『그 나무가 웃는다』
손연자 글, 윤미숙 그림, 시공주니어

꼭 사람처럼 시름시름 앓으며 죽어가는 나무가 있습니다.
외딴집에 이사 온 아이는 병든 나무를 보고 병으로 돌아가신 엄마를 떠올립니다. 그래서인지 아빠와 함께 나무 의사가 되어 병든 나무를 정성껏 돌보기 시작합니다.
한 땀 한 땀 손바느질 스티치가 마음을 어루만지는 듯합니다.

『스미레 할머니의 비밀』
우에가키 아유코 저, 어린이작가정신

바느질로 뭐든 뚝딱 만들어 내는 스미레 할머니, 요즘은 눈이 어두워져 집 앞을 지나는 사람들에게 실을 꿰어 달라고 합니다.
어느 비 오는 날, 집 앞을 지나는 사람이 없어 바느질을 시작도 못하고 있다가 창밖을 지나가던 개구리에게 부탁을 하는데….

『내가 태어난 숲』
이정덕, 우지현 공저, 청어람주니어

딸이 그림을 그리고 일흔 살 엄마가 한 땀 한 땀 수를 놓은, 엄마와 딸이 함께 작업한, 그래서 더 뜻깊고 소중한 책. 숲과 숲에서 태어나는 생명들의 이야기입니다.
데구루루 톡! 작은 열매도 태어나고 지즐지즐 지지배배 분홍 새도 태어나고 후드득 비가 오는 날엔 퐁퐁퐁 비밀의 옹달샘도 태어납니다. 숲에서 또, 또 누가 태어날까요?

『들꽃이 핍니다』
김근희 저, 한솔수북

제비꽃, 꽃마리, 뱀딸기, 까마중, 나팔꽃, 자운영 등 씨앗의 모양새부터, 그 씨앗들이 싹을 틔우고 꽃을 피우고 열매를 맺는 과정까지 섬세하게 한 땀 한 땀 수로 담아냈습니다. 오돌토돌 만져질 듯 질감이 느껴져 자꾸만 손으로 매만져보게 됩니다. 어렸을 때 먹어봤던 까마중의 까만 열매는 입 안에 침이 고일만큼 탐스럽게 잘 익었네요.

『웃음은 힘이 세다』

허은미 글, 윤미숙 그림, 한울림

빨간 머리 소녀는 시종일관 부루퉁해요. 동물들이 웃어도, 친구들이 웃어도, 사진을 찍는 순간에도 웃지 않아요. 무슨 일이 있는 걸까요?
왠지 모르게 기분이 안 좋고, 괜히 심술이 나고, 자꾸 짜증이 나서 웃고 싶지 않대요. 그래도 작가는 한 번만 웃어보라고 해요. 웃음은 힘이 세니까요. 바늘과 실, 천을 이용하여 손맛이 고스란히 느껴지는 그림책.

『너는 무슨 풀이니?』

나가오 레이코 저, 키다리

무더운 여름날, 할아버지 댁에 놀러 간 타로는 마당에서 여름 풀꽃들을 만납니다. 그냥 잡초라 부르지만 저마다 이름을 가지고 다른 생김새로 예쁜 꽃을 피워내는 식물들이에요. 개망초, 괭이밥, 질경이, 바랭이….
한 땀 한 땀 섬세하게 자수로 피워낸 여름 식물들을 만나 보세요.

『네 심장이 콩콩콩』

김근희 글·그림, 한솔수북

고운 천 위에 알록달록 예쁜 색실로 수를 놓아 아기가 엄마 뱃속에서부터 세상에 나오기까지 이야기를 담고 있습니다.
"엄마! 엄마는 언제부터 날 사랑했어요?"
"네가 엄마 배 속에 생겼다는 걸 알았을 때부터."
"어떻게 내가 생겼다는 걸 알았는데요?"
엄마의 대답이 궁금해집니다.

『상추씨』

조혜란 글·그림, 사계절

쌈 채소로 가장 흔하게 먹는 상추의 한살이를 정감 있고 유머러스하게 담았습니다. 한 땀 한 땀 손바느질로 지은 상추 이야기가 싱싱한 상추 향만큼이나 선선하게 느껴지기도 합니다. 상추씨가 어떻게 생겼는지 아세요? 아 참, 작가님이 바느질에 푹 빠졌나 봐요. 두 번째 바느질 그림책『노랑이들』, 『빨강이들』도 나왔어요.

『쪽매』

이가을 글, 신세정 그림, 한림출판사

누덕누덕 기운 옷을 입고 다녀 쪽매라 부르는 아이가 바느질 솜씨로 소문난 바늘부인의 일을 돕게 됩니다. 어깨너머로 배운 바느질로 쪽매는 자신보다 더 가난한 사람들에게 자투리 천을 조각조각 이어 붙여 옷을 만들어줍니다.
쪽매의 따뜻한 이야기가 고운 바느질과 아주 잘 어울립니다.

『한조각 두조각 세조각』

김혜환 글·그림, 초방책방

천연 염색한 고운 빛깔 천을 조각조각 잘라 한 땀 한 땀 바느질 선으로 마무리한 아름다운 숫자 그림책입니다.

『바느질 소녀』 동화

송미경 글, 김세진 그림, 사계절

공원에 사는 거지 소녀에게는 신통한 재주가 하나 있습니다. 동물이든 사람이든 상처가 있는 생명체에게 거지 소녀가 실로 꿰매주면 감쪽같이 상처가 낫게 된답니다.
이야기로 사람들을 치유해주는 모모가 떠오르기도 하는데요. 바느질 소녀를 만나고 나면 왠지 마음의 상처도 나을 것 같아요.

『바느질하는 아이』 동화

김경옥 글, 유명희 그림, 파랑새

섬세하고 꼼꼼한 성격을 개성으로 살려 디자이너가 되고 싶은 남자아이 이야기예요.
그런데 아빠를 비롯하여 주위 사람들은 얘기합니다. 남자는 남자다운 일을 해야 한다고. 상훈이는 현실의 난관을 무릅쓰고 섬세함이 요구되는 꿈을 이룰 수 있을까요?

『마녀의 옷 수선집』 동화

안비루 야스코 저, 예림당

옷 수선집의 주인이자 바느질 마녀로 유명한 실크와 집사인 실크를 살뜰하게 챙기는 고양이 코튼, 그리고 인간 세계에 살고 있는 소녀 나나가 엮어가는 이야기입니다.
아기자기한 그림이 우선 눈길을 끌고, 실크의 스케치북에 그려진 예쁜 옷 디자인과 독특한 수선 아이디어가 담긴 일러스트가 창의력을 자극하기에 충분합니다.

엄마를 위한 책

『직녀와 목화의 바느질 공방』

장순일 글·그림, 고인돌

목화네 집 1층에 정년퇴임한 하늘나라 직녀님이 바느질 공방을 차렸다니 너무 멋지지 않나요?
낡은 옷이나 천으로 달마다 쓸 만한 물건을 만들어 내는 바느질 이야기와 사계절 열두 달을 오롯이 느낄 수 있는 그림과 이야기가 꼼꼼하게 담겨 있어요. 일상에서 필요한 간단한 물건은 만들어 쓰고 텃밭에서 채소 정도는 직접 길러 먹는 작가의 실제 삶이 녹아 있어 더 사랑스럽습니다.

060 다정한 달님

어떤 달이 좋아요?

"와, 예쁘다. 오늘 달 좀 봐."

공기처럼 바람처럼 오랫동안 함께 해온 달인데도 문득 바라본 달은 여전히 감탄을 자아냅니다. 어떤 모습으로 변해도, 달이 변하는 원리를 알게 됐는데도, 무엇보다 어른이 되었음에도 달은 여전히 신비롭고 아름답습니다. 달과 눈 맞춤한 그 순간만큼은 어떤 마음도 무장 해제됩니다. 낮달은 창백해서, 으스름달은 어쩐지 좀 쓸쓸해서 마음이 가고, 눈썹달은 그림처럼 아름다워서, 조각달은 장난스러워서, 반달은 왠지 다정스러워서, 보름달은 풍성해서 좋습니다. 하늘을 캔버스 삼아 구름과 다양한 연출을 해내는 달은 어떤 모습으로든 그 자체로 다감한 존재입니다.

어느 날인가는 지친 어깨를 축 늘어뜨리고 무심코 올려다본 하늘에서 눈에 들어온 달은 은은함으로 고요함으로 마음을 부드럽게 어루만져줍니다.

함민복 시인은 〈달〉이라는 시에서 달을 '마음의 숫돌'이라고 했습니다. 달이 모난 맘을 환하고 서럽게 다스려준다고요. 보름달 보면 맘이 금세 둥그러지고, 그믐달에 상담하면 근심 가득한 마음도 움푹 비워진대요.

자, 이제 그림책 속으로 들어간 달님들을 만나볼까요? 어떤 이야기를 품고 있을까요?

아이는 그림책 『달 조각』을, 엄마는 어른을 위한 책 『달의 조각』을 읽어요. 함께 읽다가 나란히 앉아서 각자의 책을 보는 거예요.

『달님은 밤에 무얼 할까요?』
안 에르보 글·그림, 베틀북

우리가 잠을 자는 동안 달님은 무얼 할까요? 맨 먼저 은하수 가득 띄울 만큼 많은 별을 그리고, 숲으로 가서 자욱이 깔린 안개를 걷어 내고, 마을의 시끄러운 소리를 몰아내고, 좋은 꿈을 씨 뿌리고, 나쁜 꿈은 창고 속에 가두고, 신비로운 새를 풀어 놓고, 해님이 좋아하는 아침 이슬을 뿌리고. 그리고 우리가 일어날 즈음 잠을 자러 간대요.
달님이 하는 일이 참 신비롭고 아름답지 않나요? 잠자기 전에 읽으면 달님 덕분에 안심하고 포근하게 잠들 수 있을 것 같아요.

달님을 만나는 그림책

『오! 나의 달님』
김지영 글·그림, 북극곰

달님과 아기별과 어린왕자가 나오는 이야기라니 끌리지 않나요?
모두가 잠든 고요한 밤, 어린 왕자가 달님에게로 아기별들을 데려왔어요. 달님은 기뻐하며 아기별들에게 젖을 먹였지요. 아, 엄마 달님이었군요. 꼴딱! 꼴딱! 아기별들이 엄마젖 먹는 소리예요.
엄마 젖을 먹고 쑥쑥 자란 아기별들은 어린왕자와 함께 놀이터로 놀러 갔어요.
그런데 돌아보니 엄마 달님이 보이지 않아요. 울음을 터뜨리는 아기별들, 엄마 달님에게 무슨 일이 일어난 걸까요?

『달 케이크』
그레이스 린 글·그림, 보물창고

별이는 엄마와 함께 만든 달케이크를 정말 좋아해요. 오늘도 엄마는 갓 구운 달케이크를 식히려고 하늘에 두둥실 띄워 놓았어요. 벌써 입에 침이 고이는데, 엄마가 다 됐다고 할 때까지 기다려야 한대요. 그런데 별이는 밤마다 몰래 달케이크를 조금씩 조금씩 살짝 떼어먹는데….

『나만의 달』
제니퍼 러스트기 글, 애슐리 화이트 그림, 한솔수북

모험을 무척이나 좋아하는 소녀가 달님과 함께 신비로운 세계 여행을 떠난대요.
프랑스의 에펠탑, 러시아의 시베리아 횡단철도, 아프리카의 세렝게티 국립공원, 중국의 만리장성, 인도의 타지마할,

원숭이들이 풀쩍풀쩍 휘젓고 다니는 아마존 밀림, 환상적인 북극의 오로라와 펭귄이 있는 남극까지. 여행하는 동안 보름달이었던 달님은 반달로, 초승달로, 조각달로, 다시 보름달로, 시간의 흐름에 따라 바뀌는 달의 모양을 자연스레 관찰할 수 있어요.

『나는 달님』
아오야마 나나에 글, 토네 사토에 그림, 웅진주니어

달님도 가끔은 외로움을 느낀대요. 넓디넓은 우주에 홀로 떠 있으니 외롭기도 하겠지요.
그럴 때마다 달님은 처음으로 자신을 찾아왔던 우주비행사를 떠올린대요.

우주비행사와 함께 지구를 바라보며 지구가 참 예쁘다고 생각했던 그때를. 문득 달님은 우주비행사를 만나러 지구로 여행을 떠나보기로 합니다.

『달 조각』
박종진 글, 전지은 그림, 키즈엠

윤동주의 동시 〈반딧불〉을 모티브로 삼았어요.
어린 동주가 책을 보고 있는데 아빠가 그믐달을 가리키며 야단스레 말합니다. 달이 깨졌으니 달 조각을 주우러 가자고요. 컴컴한 숲속으로 달 조각을 주우러 조심조심 걸어가는 동주와 아빠. 우리도 살금살금 뒤따라가 볼까요?

『어떡해, 달을 놓쳤어!』
나탈리 민 글·그림, 한울림어린이

달의 처음 시작에 대한 상상 이야기예요.
밤하늘에 달이 없던 때, 숲속은 캄캄하고 무서웠대요. 어느 날 밤, 숲속 요정들은 길을 잃지 않으려고 서둘러 집으로 돌아가던 길에 커다란 가방을 발견했는데요. 가방을 열자 밝고 은은한 빛이 흘러나왔대요. 요정들은 이 아름다운 빛을 내는 물건에 '달'이라는 이름을 붙이고 끈을 매달아 신나게 집으로 데려가는데….

『달님의 모자』
다카기 상고 글, 구로이 켄 그림, 천개의바람

둥그렇던 보름달이 어느 날은 반듯하게 잘린 반달이 되고, 또 어느 날은 예쁘게 그린 엄마 눈썹달이 되는 게 정말로 신기하죠? 이 책을 읽는 친구들에게만 그 비밀을 알려줄게요.

『달과 아이』
장윤경 글·그림, 길벗어린이

숲속 작은 연못에 달이 살고 있었어요. 어느 날 한 아이가 찾아와 함께 헤엄치며 솔솔 부는 바람을 맞았습니다. 달과 아이는 그렇게 서로를 알아가며 우정을 쌓아갑니다. 마음 속에 이런 이야기 하나 품고 싶어요.

『아빠, 달님을 따 주세요』

에릭 칼 글·그림, 더큰

딸을 위해서라면 밤하늘의 달도 따다 주고 싶은 아빠의 사랑을 담뿍 느낄 수 있어요.
달과 놀고 싶어 하는 모니카를 위해 아빠는 사다리를 준비해 달에 오르기 시작해요. 사과나무의 빨간 사과처럼 저 높은 하늘에 걸려 있는 달님을 딸 수 있을까요?
아빠가 달에 가기 위해 준비한 기다란 사다리가 호기심을 자극합니다.

『한밤중 달빛 식당』 동화

이분희 저, 윤태규 그림, 비룡소

보글보글 찌개 끓는 소리와 달콤하고 고소한 냄새에 이끌려 달빛 식당에 들어간 연우, 돈이 없어 쭈뼛거리자 주인은 돈 대신 나쁜 기억을 내면 음식을 먹을 수 있다고 합니다. 이렇게 신기한 식당이라니! 연우는 나쁜 기억을 팔고 음식을 먹기로 하지요. 나쁜 기억이 모두 사라지면 행복할까요? 기억과 선택에 대한 아름답고 따뜻한 판타지입니다.
"지우고 싶은 나쁜 기억이 있다면, 한밤중 달빛 식당으로 오세요!"

『달빛 마신 소녀』 동화

켈리 반힐 저, 양철북

마음이 따뜻하면서도 유머를 잃지 않는 한 동화 작가가 저에게 들려준 이야기예요. 이 책을 읽는 내내 '우아하다'라는 말이 머리에서 떠나질 않았다고요. 그 우아함이 궁금해 저도 읽어보기로 했어요. 언젠가는 읽게 되리라 믿어요.

지친 엄마에게 권하는 두 권의 달님 에세이

은은한 달빛처럼 고요하고 부드럽게 마음을 토닥이는 글들이 가득합니다. 책 읽을 시간은 엄두도 못 낼 만큼 바쁘다고요? 마침 담백하고 짧은 글이라 찌개가 끓는 동안 부엌에서, 다리미가 달궈지는 동안, 그 짧은 순간에 읽기에 안성맞춤입니다.

『달의 조각』

하현 저, 빌리버튼

"가끔 우리도 겨울잠을 잤으면 좋겠다는 생각이 든다. 지나간 계절들을 살아오며 지쳤던 마음이 아무 생각도 하지 않고 가만히 누워 긴 잠을 잘 수 있었으면. 우리에게는 마음을 재우는 시간이 필요하다."

『달의 위로』

안상현 저, 지식인하우스

짧은 글 속에 삶의 모든 감정이 담겨 있어요. 외톨이가 된 날, 사랑에 아파 눈물짓는 날, 사무치는 그리움에 잠들지 못하는 날의 마음도. 사랑의 설렘과 그리움이, 이별의 잔인함과 차가움이, 일상과 미래에 대한 걱정과 고민이. 찌개가 보글보글 끓는 동안, 잠깐 읽기에 좋아요.

무지개 책장

빨주노초
파남보

    파란 바다를 유영하듯 파란색으로 신비롭게 물든 서가를 꾸미고 보니, 문득 일곱 빛깔 무지개로 구성해 보면 어떨까 싶었습니다. 표지 색깔로 무지개 책장을 꾸미면 아이들의 호기심을 단번에 끌어당길 수 있겠지요?

    커피를 홀짝이며 혼자 이런 생각을 하고 있던 참에 흥미로운 신문기사를 읽었습니다. 16년째 이메일로 아침편지를 띄우고 있는 〈아침문화재단〉의 고도원 이사장은 자신의 도서관에 있는 수천 권의 책 분류를 무지개 색깔별로 했답니다. 책장의 이름도 무지개 책장으로 짓고요. 무지개 책장에서 그날그날 기분에 따라 끌리는 색깔의 책을 읽는다고 합니다.

    빨주노초파남보 일곱 가지 색깔을 앞에 두고 고민하는 시간, 어떤 기분일까 생각해 봅니다. "오늘은 주황색 기분이야", "오늘은 보라색 기분이야" 하고 색깔로 오늘의 기분을 말해보는 것도 재미있지 않을까요?

    자, 오늘은 어떤 색깔의 책을 만나볼까요? 여러분은 어떤 색깔에 끌리나요?

『쪽빛을 찾아서』 남색

유애로 글·그림, 보림

사라져 가는 쪽빛 염료를 찾는 과정과 식물 염료를 이용해 옷감에 물들이는 과정을 담았습니다. 우리의 아름다운 전통 빛깔의 멋을 느껴보세요.

무지개 빛깔의 아름다운 그림책

『화난 책』 빨강

세드릭 라마디에 글, 뱅상 부르고 그림, 길벗어린이

화가 잔뜩 나서 얼굴이 빨갛게 달아오른 책의 화를 풀어 주고 싶어요. 아이가 주인공이 되어 화난 책을 달래 주고, 책의 이야기를 들어 주고, 책과 소통하는 책놀이 그림책입니다.

『빨강이 최고야』 빨강

캐시 스틴슨 글, 로빈 베어드 루이스 그림, 미디어창비

한 가지 색깔에만 푹 빠진 아이들, 엄마의 시선으로는 이해할 수 없지만 아이들에겐 아이들만의 합당한 이유가 백 가지도 넘는답니다. 빨강이 최고라며 빨강만 고집하는 아이의 마음은 어떤 이유일까요?

『네가 크면 말이야』 주황

이주미 글·그림, 현북스

아이가 자라면 무엇이 되고 싶은가, 하는 물음보다는 '어떤' 무엇이 되고 싶은지 생각하게 합니다. 선생님이라면 어떤 선생님이 되고 싶은지 사람마다 다르고, '어떤' 선생님이 되느냐가 중요하니까요.

『오싹오싹 당근』 주황

애런 레이놀즈 글, 피터 브라운 그림, 주니어RHK

당근을 너무 좋아하는 토끼 재스퍼는 당근을 쏙쏙 뽑아먹으며 행복한 하루하루를 보내요. 그런데 어느 날부턴가 당근들이 귀신처럼 재스퍼 방에 불쑥 나타나 재스퍼를 오싹하게 만들어요. 참다못한 재스퍼는 오싹오싹 당근들을 처치할 좋은 생각을 해내는데…

『춤을 출 거예요』 노랑

강경수 글·그림, 그림책공작소

무턱대고 춤을 출 거라는 아이, 춤을 추기 시작합니다. 얼마나 춤이 추고 싶은지, 얼마나 춤을 좋아하는지, 장소나 상황도 상관없이 끊임없이 춥니다. '춤을 출 거예요'라는 말을 12번이나 반복하며 어떤 어려움에도 아랑곳하지 않고 춤을 춥니다. 시공간을 넘어 아이가 춤추는 엄청난 무대가 펼쳐집니다.

아이들에게 "꿈이 뭐니?"라고 물을 때 그 '꿈'은 무엇일까요? 좋아하는 일을 쫓아 노력해가는 소녀를 통해 '꿈'을 생각해 봅니다.

『노란 장화』 노랑

허정윤 글, 정진호 그림, 반달

노란 장화 신을 날만 손꼽아 기다리는 아이, 드디어 또독또독 비가 내리고 아이는 신나서 장화를 찾는데 어쩌지요? 노랗고 말랑말랑한 장화가 감쪽같이 사라졌지 뭐예요? 씩씩하게 장화를 찾아 나서는 아이의 애타는 마음과 그림 속에 숨겨 둔 작가의 유머가 조화롭게 어우러져 있습니다.

『나는 초록』 초록

류주영 글·그림, 사계절

아이가 좋아하는 초록색으로 엄마가 스웨터를 뜨는 사이, 아이는 초록이 될 거라며 상상 속으로 들어갑니다. 아기 선인장이 되어볼까? 사과 속에 사는 애벌레가 되어볼까? 귀엽고 사랑스러운 초록 상상 그림책이에요.

『내 친구 보푸리』 초록

다카하시 노조미 글·그림, 북극곰

아이는 노란 스웨터가 어떤 새 옷보다도 좋아요. 양의 모양을 한 상상 친구 보푸리가 있기 때문이죠. 보푸리와 항상 함께하는 아이는 『나의 라임 오렌지 나무』의 제제와 밍기뉴를 떠올리게 합니다. 나의 상상 친구는 누군인가요?

『파도가 온다』 파랑

안효림 글·그림, 반달

뻔히 알면서 파도가 오는 길에 모래성을 쌓고 또 쌓으며 파도와 노는 아이들. 변화무쌍한 파도에 따라 아이들이 노는 방식도 다양합니다. 파도를 기다리고 도망치고. 아이들이 떠난 자리에 누군가 찾아와 파도와 맞서고 파도에 올라타고….

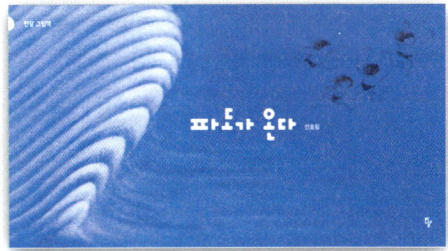

『파란 도시』 파랑

마르코 비알레 글·그림, 스콜라

모든 것이 파란색으로 이루어진 도시에 사는 파란 늑대들의 이야기입니다. 파란색 찻잔에 차를 마시고 파란색 펜을 사용하고 매일 똑같이 살아가는 파란 도시에 새빨간 자전거를 탄 빨간 늑대가 휘파람을 불며 나타납니다.
혼자만 다른 빨간 늑대는 어떻게 될까요? 파란 도시에 어떤 변화가 일어날까요?

『마음은 어디에』 남색

토네 사토에 글·그림, 봄봄

까만 고양이 쿠로는 하얀 고양이 시로에게 반짝반짝 빛나는 호수의 빛을 선물하고 싶었어요. 그래서 호수의 빛을 잡으려 하지만 자꾸 엉뚱한 것만 손에 잡힙니다. 슬퍼하는 쿠로를 지켜본 시로는 어떤 마음일까요? 누군가를 좋아하는 마음이 아름다운 그림 속에 담뿍 담겨 있습니다.

『엄마의 의자』 남색

베라 B. 윌리엄스 글·그림, 시공주니어

작은 소망이란 바로 식당에서 밤늦게까지 힘들게 일하는 엄마를 위해 편안한 의자를 마련하는 것. 이를 위해 한 푼 두 푼 유리병에 동전을 모으는 모습에서 요즘에 보기 드문 가족 사랑을 느낄 수 있습니다.

『북쪽 나라 여우 이야기』 남색

데지마 게이자부로 글·그림, 보림

달빛마저 차갑게 얼어붙은 겨울 밤, 여우 한 마리가 먹이를 찾아 흰 눈이 수북이 쌓인 숲속을 헤매고 있습니다. 부모의 품속에서 아무 걱정 없이 지내던 어린 시절이 사무치게 그리운 여우, 홀로서기의 시련을 잘 견뎌낼 수 있을까요?

『나도 아프고 싶어!』 보라

알리키 브란덴베르크, 프란츠 브란덴베르크 공저, 시공주니어

오빠처럼 아파도 좋으니 가족의 관심을 독차지하고 싶은 동생 고양이가 우리 아이를 똑 닮았습니다. 진짜로 덜컥 아프고 마는 동생 고양이. 여전히 아프고 싶다고 생각할까요?

『거울책』 보라

조수진 글·그림, 반달

지금 내 감정이 어떠한지 마음을 읽어주는 신기한 감정 그림책이에요. 책을 펴고 거울 앞에 서서 글을 읽고 구멍으로 난 거울을 들여다보면 그림과 함께 감정이 무엇인지 뚜렷하게 보여준대요. 16가지 감정이 표현되어 있다는데 얼른 해봐야겠어요.

『설빔 여자아이 고운 옷』 무지개

배현주 글·그림, 사계절

오늘은 설날, 야무진 아이가 고운 설빔을 하나하나 천천히 챙겨 입는 모습이 너무나 깜찍합니다. 고운 설빔만큼이나 그림은 또 어찌나 고운지요?

『빨주노초파남보똥』 무지개

김기정, 박효미, 김남중 저 외 5명, 사계절

제목부터 호기심을 자극합니다. 여덟 명의 작가가 그려낸 여덟 색깔 무지갯빛 동화집이에요. 구성도 특이하답니다. 여덟 가지 색 가운데 자신과 어울리는, 자신이 좋아하는 색을 골라 이야기를 붙였대요.

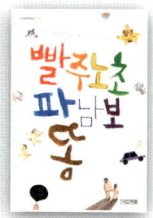

엄마를 위한 책

『지독한 하루』 보라

남궁인 저, 문학동네

삶과 죽음이 손바닥 뒤집듯 손쉽게 교차하는 응급실. 그곳에서 사람의 목숨을 붙들고 지독한 하루를 보내는 의사의 목소리로 들려줍니다. 의사의 시선을 따라가다 보면 지리멸렬한 일상과 죽음에 대해서 돌아보게 됩니다. 한 번 손에 잡으면 끝까지 단숨에 읽어버리게 된다죠?

062 가장 맛있는 책

오래 기억될 엄마의 밥상

맛있는 음식을 먹을 땐 언제나 즐겁고 행복합니다. 더군다나 좋아하는 사람들과 정성으로 준비한 음식을 함께 먹는다면 더 행복하겠지요. 맛있는 음식을 먹으며 그림책을 함께 나눈다면 즐거움은 더욱 커질 겁니다. 단순히 뭔가를 먹는 차원을 넘어 삶에서 중요한 의미와 가치들을 생각할 수 있는 책이라면 어떨까요? 수박, 딸기, 호박, 생선, 고구마, 떡, 비빔밥, 라면, 무화과, 자장면 등 다양한 먹거리를 풍성하게 차렸습니다. 냠냠, 맛있게 만들어 먹으며 음식에 대한 따뜻한 추억 한 자락을 만들어보세요. 어쩌면 그 추억 한 자락이 어른이 되었을 때 힘든 시간을 견뎌내는 힘이 되어 주기도 하니까요.

문득 영화 한 편이 떠오릅니다. 도시에 사는 주인공 혜원이 지친 몸과 마음으로 삶의 에너지가 바닥이 되었을 때, 다시 시골집을 찾는 〈리틀 포레스트〉라는 영화입니다. 주인공 혜원은 1년 동안 시골집에 머물며 어린 시절 엄마가 해주셨던 음식을 하나하나 만들어 먹으며 몸과 마음을 회복해 갑니다.

음식은 생존이나 몸의 건강뿐 아니라 마음의 회복과 치유의 기능도 있습니다. 그래서 아이와 함께 음식을 만들어 먹는다는 건 그림책을 함께 읽는 것만큼이나 소중합니다. 책을 냠냠, 맛있게 읽으며 음식도 만들어 먹어요. 그리고 가장 맛있는 책을 찾아보세요.

『가래떡』
사이다 글·그림, 반달

어떻게 가래떡이 그림책 주인공이 되었을까요? 아무런 옷도 입지 않은 벌거숭이 가래떡으로 기상천외한 상상이 펼쳐집니다. 누군가 잘라주지 않으면 끝없이 이어지는 가래떡으로 할 수 있는 놀이가 무궁무진하대요. 가래떡은 함께 놀면서 먹으면 더 맛있다는 사실 아세요?

다양한 음식에 대한 그림책

『돌돌 말아 김밥』
최지미 글·그림, 책읽는곰

노란 민들레 피고 보라색 제비꽃 피어 있는 봄날 아침, 김밥 속 재료 친구들이 소풍을 간대요. 먹보 밥보, 단무지 씨, 멋쟁이 시금치 양, 즐거운 햄맨, 꼬마 당근들, 잠꾸러기 달걀 지단까지. 귀엽고 개성 넘치는 김밥 재료 친구들을 만나 보세요!

『팥빙수의 전설』
이지은 글·그림, 웅진주니어

아이도 어른도 누구나 좋아하는 팥빙수는 누가 만들었을까요? 함께 먹어야 더 맛있는 팥빙수를 먹으며 팥빙수의 전설을 들려봐요. 팥빙수만큼이나 상쾌한 그림과 유쾌한 이야기를 기대하세요.

『식혜』
천미진 글, 민승지 그림, 발견

시원하고 달콤한 식혜가 들려줄 이야기라니 귀가 솔깃해집니다. 귀여운 밥알들이 동동 떠다니며 잔잔한 파도를 평화롭게 즐기고 있는데, 갑자기 번쩍이는 무언가가 날아드는데….

『고구마구마』
사이다 글·그림, 반달

생긴 건 촌스럽게 생겼어도 맛 하나는 기차게 맛있는 고구마. 그 고구마가 기차게 재미난 이야기까지 품고 있을 줄은 미처 몰랐어요. 세상에서 가장 웃긴 고구마 잔치로 온 세상이 들썩들썩! 하대요. 한 번 읽어 봐야 쓰 곳구마!

『야, 생선이다!』
나가노 히데코 글·그림, 책읽는곰

생선 한 마리로 함께 요리하고, 먹고, 가시로 노래 만들어 부르며 춤추고, 어떤 생선인지 도감에서 찾아보고, 그림 그리고, 쿨쿨 자는 12명의 아이들 이야기입니다.

『한입에 덥석』

키소 히데오 글·그림, 시공주니어

동물들이 사이좋게 산책을 가다가 데굴데굴 굴러오는 수박 하나를 만났어요. 침을 꼴깍 삼키며 어떡할까, 고민하는 사이 악어가 뾰족뾰족 꼬리로 열 조각으로 잘랐어요. 도란도란 수박 먹는 동물들, 수박 먹는 모습 좀 보세요. 꼬물꼬물, 오물오물, 사각사각…. 의성어 의태어가 풍부하게 담겨 있어 소리 내어 읽기에 좋아요.

『대단한 밥』

박광명 글·그림, 고래뱃속

때가 되면 누구나 매일 먹는 밥, 그래서 시시해 보이는 밥이 얼마나 대단한지 좀 보세요.
한 끼의 밥상이 차려지기까지 얼마나 많은 수고로운 손길이 필요한지 흥미롭게 보여줍니다. 산 넘고 바다 건너온 특별한 밥상에는 우주가 담겨 있다고 하네요. 정말 그럴까요?

『여우비빔밥』

김주현 글, 이갑규 그림, 마루벌

우리나라 대표 음식 비빔밥은 참으로 신기해요. 모양도 맛도 제각각인 재료를 한데 넣고 쓱쓱 비비면 더 맛있어지니까요. 더 신기한 건 여럿이 모여 함께 먹으면 더 꿀맛이라는 거예요. 싸웠던 친구도, 평소에 친하지 않았던 친구도 비빔밥을 함께 먹고 나면 친해진대요.
그런데 왜 여우비빔밥일까요?

『에헤야데야 떡 타령』

이미애 글, 이영경 그림, 보림

떡 좋아하는 떡순이 떡돌이들 모두 모이세요! 에헤야데야 떡 잔치가 열렸대요. 명절에 먹는 떡, 일 년 열두 달 달마다 먹는 떡, 좋아하는 떡은 어떤 떡인가요?

『바람의 맛』

김유경 글·그림, 이야기꽃

바람을 먹어본 적이 없다고요? 분명히 있을 거예요. 우리는 바람이 햇살과 함께 오랜 시간 들며 나며 만들어낸 음식을 지금껏 먹어 왔으니까요. 간장, 된장, 곶감, 도토리묵, 장아찌, 김장김치….
바로 바람이 만들어낸 음식들이랍니다.

『호박이 넝쿨째』

최경숙 글, 이지현 그림, 비룡소

아무도 별 관심을 주지 않는 호박이 주인공인 그림책 좀 보세요. 호박의 한살이가 생생하게 펼쳐져요. 호박은 호박잎, 호박죽, 호박떡, 호박엿, 호박씨까지 버릴 것이 하나도 없대요. 봄에 반들반들 호박씨 심어서 노란 호박으로 키워 보세요. 직접 키운 호박으로 만든 호박죽은 특별히 더 달콤하니까요.

『산딸기 크림봉봉』
에밀리 젠킨스 글, 소피 블래콜 그림, 씨드북

서양의 전통 디저트인 산딸기 크림봉봉을 통해 4세기에 걸친 생활 변천사와 남녀 불평등, 인종 차별에 대한 사회 변화가 자연스럽게 녹아 있습니다.
살살 녹는 크림봉봉을 직접 만들어 먹으며 중요한 가치들에 대해 생각을 나눠보세요. 산딸기 크림봉봉 레시피가 들어 있어요.

『된장찌개』
천미진 글, 강은옥 그림, 키즈엠

된장찌개에 들어가는 음식 재료를 의인화하여 된장찌개를 끓이는 과정을 유머러스하게 담아냈어요.
찬 바람이 불어 몹시 춥던 날, 김이 모락모락 나는 온천에서 멸치와 감자 등이 따뜻하게 몸을 녹이는 과정이 바로 구수한 된장찌개가 되는 거래요. 오늘은 아이와 함께 보글보글 된장찌개를 끓여 봐요.

『냠냠』 동시집
안도현 저, 설은영 그림, 비룡소

이렇게 맛있는 동시는 처음이에요. 침이 꼴깍 넘어가는 음식이 담긴 동시들이니까요.
목차에서 〈국수가 라면에게〉라는 동시 제목을 보고 상상해봤어요. 국수가 라면에게 무슨 말을 했을까요?

『열두 달 토끼 밥상』
김정현 글, 구지현 그림, 보리

토끼를 위한 밥상이냐고요? 아이들이 쉽게 따라 해 볼 수 있는 어린이용 요리책이랍니다. 이 책에는 특별한 점이 많아요. 요리에 얽힌 이야기가 만화라는 점, 지은이가 십 대라는 점, 지은이가 3년 동안 제철음식으로 매달 직접 해본 요리 레시피라는 점, 지은이의 필명이 맹물이라는 점.
어때요? 군침이 돌지 않나요? 레시피대로 직접 해본 사과 떡볶이가 간단하면서도 정말 맛있어요.

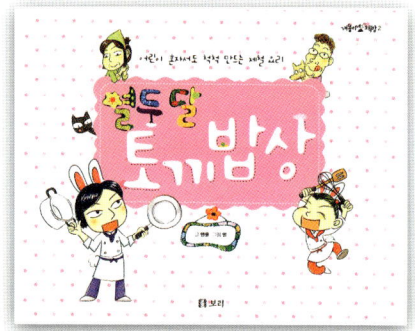

『마들렌과 마법의 과자』 동화
오가와 이토 저, 살림어린이

부모님과 떨어져 당분간 당찌 할머니와 살게 된 마들렌이 할머니와 과자를 만들어 먹으며 마음이 치유되고 회복되는 과정이 섬세하게 담겨 있습니다. 푸딩과 과자를 만드는 마들렌의 모습이 무척이나 사랑스러워요. 맛깔스럽게 묘사된 과자 만들기 방법은 당장이라도 과자를 만들어 먹고 싶을 만큼 생생하고요.

엄마를 위한 책

『달팽이 식당』 소설
오가와 이토 저, 북폴리오

달팽이처럼 천천히 자연의 흐름에 따라 손님에게 행복한 시간을 제공하는 특별한 식당입니다. 정해진 메뉴도 없고, 예약 손님만 하루에 단 한 팀. 손님의 취향과 인품에 대해 철저히 사전 조사를 한 후, 상황에 딱 맞는 요리를 내놓는답니다. 따뜻하고 맛있는 이야기가 가득한 달팽이 식당으로 초대합니다.

『따뜻함을 드세요』 소설
오가와 이토 저, 북폴리오

음식으로 서로에게 위로가 되는 평범한 사람들의 이야기 일곱 그릇이 차려져 있습니다. 도시에 살다가 고향 집에 내려갔을 때 엄마가 끓여주신 따끈한 뭇국 한 그릇 먹은 듯 몸과 마음이 포근해지는 책. 이야기 한 그릇 한 그릇 아껴가며 읽고 싶어요.

『오늘은 뭘 만들까 과자점』 소설
사이죠 나카 저, 북스피어

골목길 조그만 과자점 앞에는 늘 긴 줄이 늘어서 있습니다. 날마다 색다른 과자를 싼값에 내놓기 때문이죠. 주인은 60대 노인으로 손님을 따뜻하게 맞이하는 딸과 밝고 명랑한 손녀와 함께 운영하고 있습니다. 늘 소박하고 행복한 웃음이 떠나지 않는 이 과자점은 하루하루 힘들게 살아가는 사람들에게 달콤한 과자로 소중한 위로가 되어 줍니다. 매일 내놓는 색다른 과자처럼 이 책의 목차도 과자 이름으로 구성되어 있어요. 과자 사러 얼른 가고 싶어요.

『외로운 사람끼리 배추적을 먹었다』 에세이
김서령 저, 푸른역사

안동 김씨 종갓집에서 자란 김서령 작가가 어릴 적부터 봐온 '조선 엄마의 레시피'이자 음식 에세이입니다. 밍밍하고 싱겁지만 깊은 맛을 가진 배추적, 순하되 슬쩍 서러운 갱미죽, 개결한 맛 명태 보푸름, 백석이 그리도 좋아하던 가자미, 들큰알싸 먹을수록 당기는 집장…. 귀하디귀한 보물함을 열어젖힌 듯 종갓집 부엌의 사계절 음식이 좌르르 불려 나옵니다. 등장하는 음식만큼이나 맛깔스럽고 감미로운 '김서령체' 문장은 또 어떻고요? 아쉽게도 작가의 투병 생활 막바지에 서둘러 준비했지만 유고작이 되었답니다. 혼자만 보고 싶었던 책.

『그 밥은 어디서 왔을까』 에세이
공선옥 저, 위시라이프

지금도 시골에서 지극히 '자연스럽게' 살아가고 있는 공선옥 작가의 음식 에세이입니다. 아니 아니, 음식을 재료 삼은 달콤쌉싸래한 인생이야기라고 해야 할까요? "인생사 버거울 때 우리는 그래서 목구멍을 치받고 올라오는 체기 같은 울음도 '얼릉얼릉' 꿀꺽꿀꺽 삼켜버릴 줄 알게 되었다. 된장에 무친 머구 삼키듯이 할 줄 알게 되었다. 그렇지 않으면 쓴내보다 더 비릿한 인생의 풋내 때문에 몸을 떨어야 할 일이 오게 되고야 말 것을 알기 때문에." 어린 시절부터 먹고 자란 스물여덟 가지 음식 에피소드를 읽고 있노라면 어느새 산골 마을 밭에서, 논두렁에서 쑥을 캐는 어린 나를 만나게 됩니다. 가난했지만 씩씩하고 명랑했던 시절의 이야기가 묘하게 허기를 달래주듯 위로가 됩니다.

063 행운의 날

행운도 좋지만
행복이 더 좋아

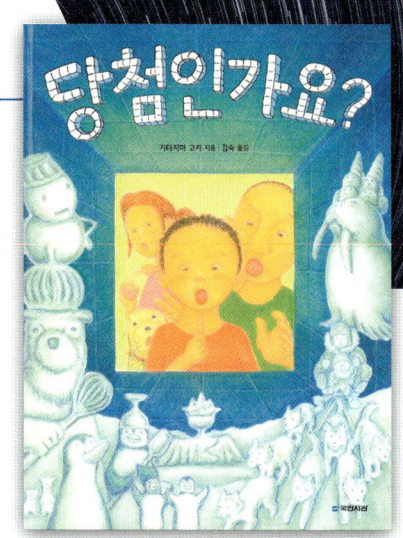

　어린이든 어른이든 우리는 크고 작은 일을 앞두고 행운이 찾아오기를 바랍니다. 인생이란 앞을 내다볼 수 없는 불투명한 일의 연속이기에 슬쩍 행운에 기대어 보는 겁니다.
　믿든 안 믿든 행운을 기대하는 삶은 일상 속에서 흔히 찾아볼 수 있지요. 행운이 찾아온다는 네 잎 클로버를 찾아본 경험이 한 번쯤은 있으시겠지요? 행운의 숫자로 알려진 7에 은근히 기대도 해보고요. 생일날 케이크 촛불을 끌 때나 보름달이 환하게 뜬 날, 순식간에 떨어지는 별똥별을 보며 마음속으로 자기만의 소원을 빌어도 보고요.
　이렇게 간절하게 빌어보지만 행운과 불행이 번갈아 넘나드는 게 인생인가 봅니다. 누군가는 행운만 찾아오면 재미없는 인생이라고도 하고요.
　그런데 행운이란 게 과연 있을까요? 만약 행운이란 게 있다면 어떤 모습일까요? 행운이 찾아왔는데도 못 알아보면 어떡하지요?
　왕재수 없는 날인 줄 알았는데, 오히려 가장 큰 행운의 날이 될 수도 있잖아요. 그러니 재수 없는 날에도 그렇게 어깨를 축 늘어뜨릴 일은 아니랍니다.
　그러나저러나 우리 아이들은 행운의 날에 어떤 소원을 빌까요?

『당첨인가요?』

기타지마 고키 글·그림, 국민서관

주인공 타쿠는 하드를 먹다가 막대에 쓰인 '당첨'이라는 글자를 봅니다. 그런데 다 먹고 나니 뒤에 '오리'라는 글자가 더 있네요. 당첨 오리? 당첨일까요? 꽝일까요? 당첨 오리는 뭘까요?

행운과 불행에 대한 그림책

『보노보노, 좋은 일이 생길 거야』

이가라시 미키오 글·그림, 스콜라

보노보노가 사는 숲에서는 크리스마스가 되면 각자의 방식으로 내년에 올 자신의 운을 시험해요. 너부리는 막대기를 던져서 땅에 꽂히는지를, 포로리는 호두를 많이 따는지를, 야옹이는 오늘 눈이 내리는지를 지켜보고요. 우리의 사랑스러운 보노보노는 바다 너머에서 누가 오나 안 오나를 가지고 시험해보기로 했어요.

각자 시험 운을 마치고 나면 누군가는 실망하고 누군가는 좋아할 텐데, 보노보노의 올해 운은 어떻게 될까요?

『구두장이 꼬마요정』

그림 형제 원작, 카트린 브란트 그림, 보림

가난한 구두장이 부부를 위해 밤마다 꼬마요정들이 나타나 구두를 만들어 놓아요. 꼬마요정들 덕분에 구두장이 부부는 부자가 되고 구두장이 부부는 꼬마 요정들을 위해 예쁜 옷을 지어주지요.
구두장이 부부에게 왜 이런 행운이 찾아온 걸까요?

『행운을 찾아서』

세르히오 라이클라 글, 아나 G.라르티테기 그림, 살림어린이

행운씨와 불행씨, 두 사람이 동시에 같은 여행지를 향해 여행을 떠납니다. 똑같이 당황스러운 상황 앞에서 문제를 대하는 자세가 전혀 다른 두 사람의 여행 이야기가 책 앞뒤로 흥미롭게 진행됩니다.
운은 마음가짐에 따라 행운이 될 수도, 불행이 될 수도 있음을 보여주는 걸까요?

『마젤과 슈리마젤』

아이작 바셰비스 싱어 글, 마고 제마크 그림, 비룡소

나그네의 외투를 두고 벌이는 구름과 해님의 결투처럼 행운의 요정 마젤과 불행의 요정 슈리마젤이 가난한 탬을 두고 내기를 합니다.
차라리 죽는 게 낫다고 생각하는 탬에게 행운이 찾아올까요? 불행이 찾아올까요?

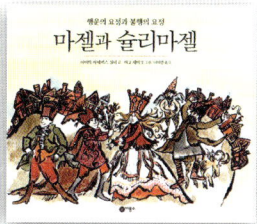

『나에게 찾아온 행운』
엘리자베스 허니 글·그림, 제삼기획

수지네 가족이 바다로 캠핑을 갑니다. 매번 물고기 한 마리 낚지 못하지만, 수지는 하루도 빠짐없이 아빠를 따라 낚시하러 가요.
여행 마지막 날, 빈손으로 힘없이 돌아서는 수지 앞에 엄청난 광경이 펼쳐집니다. 활짝 웃는 수지, 수지의 오랜 기다림이 행운을 불러온 걸까요?

『행운에 빠진 고동구』 동화
신채연 글, 이윤희 그림, 샘터

9월이 생일인 친구에게 행운의 색은 핑크색, 피해야 할 색은 초록색이래요.
동구도 9월이 생일입니다. 그런데 머리끝에서 발끝까지 초록색인데 어쩌지요? 더군다나 중요한 축구 시합을 앞두고 있는데요. 동구는 엄마의 분홍색 매니큐어라도 몰래 챙겨보지만 길에 떨어뜨리고 맙니다. 결국 자신의 발을 믿고 축구시합에 나가는데….

『도깨비감투』
정해왕 글, 이승현 그림, 시공주니어

우연히 도깨비감투를 얻게 된 주인공은 도깨비감투를 쓰고 투명인간이 되어 도둑질로 부자가 됩니다.

도깨비감투를 얻은 건 분명 행운이지요? 그런데 욕심의 끝이 없어 계속 도둑질을 하다가는 어떻게 될까요? 걱정이 앞섭니다.

『네 잎 클로버』 동화
송재찬 글, 원정민 그림, 현북스

어느 날 한주는 J라는 사람에게서 한 통의 편지와 수 놓인 네 잎 클로버를 받아요. 그 이후로 한주에게는 원하는 일이 척척 이루어진답니다. 행운을 상징하는 네 잎 클로버 덕분일까요?
참, J라는 사람은 누구일까요?

『왕재수 없는 날』 동화
패트리샤 레일리 기프 글, 수잔나 나티 그림, 보물창고

실수를 연발하는 로널드는 재수가 없다며 우울해합니다. 그런데 막 교실을 나오는데 선생님이 쪽지를 건네요. 집으로 걸어가며 쪽지를 읽던 로널드, 갑자기 활짝 웃으며 날아갈 듯 뛰어갑니다. 쪽지는 무슨 내용일까요?

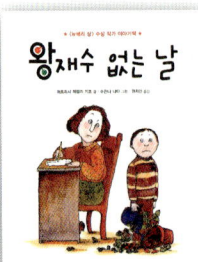 

『오늘은 기쁜 날』 동화
공지희 글, 윤정주 그림, 낮은산

술주정뱅이 아빠와 사는 준서는 매일 매일이 기쁘다고 합니다. 기댈 곳이라고는 없는 준서, 슬픔이 힘이 된다는 걸 일찌감치 터득한 걸까요? 아주 슬프지만 기쁘다고 말하는 준서 이야기 좀 들어볼래요?

 집이 주인공

벽마다 방마다
집이 품은 이야기

집은 우리에게 어떤 의미가 있을까요? 아이들은 집이라는 공간을 어떻게 생각하고 있을까? 궁금합니다.

어른들에게는 집이 부의 가치를 판단하는 기준이 된 지 오래입니다. 돈을 벌기 위해 집을 사고 집의 평수를 늘리고. 더욱이 아파트라는 건축물이 들어서면서 집이 경제적 이윤을 남기기 위한 물건으로 전락했습니다. 한평생을 집을 사기 위해 사는 것 같아 씁쓸하기도 합니다. 그래도 집은 여전히 사람이 가장 오래 머물며 휴식을 취하는 가장 안전하고 안락한 공간입니다.

추운 겨울날 찬바람을 맞으며 종종걸음으로 걷다가 문득 올려다본 창문, 그곳에서 새어 나오는 노오란 불빛을 보면 안도의 숨을 내쉬게 됩니다. 어떠한 집이든 매서운 추위를 피해 몸을 따뜻하게 누일 수 있는 공간이 있다는 것만으로도 행복해집니다. 저녁 어스름에 길을 걷다가 창문을 넘어 들려오는 달그락달그락 소리. 누군가 부엌에서 저녁밥을 준비하는 소리일 수도 있고, 저녁밥을 먹느라 그릇이 부딪치는 소리일 수도 있습니다. 어떤 소리든 해거름의 창문 너머 달그락 소리에는 정겨움과 아늑함이 담겨 있습니다.

사람을 품고 있는 집은 무생물이라도 집마다 다양한 표정이 있지요? 대문과 울타리,

창문의 모양, 창가에 어른거리는 커튼, 대문 앞에 놓인 화분, 열린 대문 사이로 살짝 엿보이는 마당의 풍경…. 집의 표정과 분위기를 만들어내는 요소들이지요. 집의 표정을 보면 그 집의 주인이 어렴풋이 그려지기도 합니다.

집의 다양한 표정만큼이나 집을 주인공으로 하는 다양한 그림책이 있다는 게 흥미롭습니다.

작은 집, 이상한 집, 생각이 커진 집, 빈집, 오래된 집, 규칙이 있는 집, 비밀의 집, 나의 작은 집, 우리들만의 작은집, 단풍나무 집, 나무 위의 집…. 어떤 집에 관심이 가나요? 집이 들려주는 이야기가 얼마나 다채로운지 귀 기울여 들어볼까요?

『안녕, 우리들의 집』
김한울 글·그림, 보림

비탈길을 따라 크고 작은 집들이 올망졸망 늘어선 동네 풍경입니다. 옥상에는 빨래가 펄럭이고, 담장 너머로 꽃나무들이 삐죽 고개를 내밀고, 동네 어귀에는 자그마한 슈퍼가 있고, 슈퍼 앞에는 오가는 이들이 다리쉼하며 이야기꽃을 피울 의자와 평상이 있습니다. 금방이라도 아이들 재잘대는 소리가 들리고, 구수한 된장찌개 냄새가 피어오를 듯합니다.

이렇게 정겨운 동네가 재건축사업으로 모두 떠나고 텅 빈 동네가 되었습니다. 사람들이 모두 떠나고 나면 텅 빈 동네에는 어떤 일들이 일어날까요? 아무도 눈길 주지 않는 이곳, 작가의 따뜻한 시선으로 새로운 풍경이 펼쳐집니다. 그 풍경을 통해 우리는 무슨 생각을 하게 될까요?

집에 대한 그림책

『할아버지의 바닷속 집』
가토 구니오 그림, 히라타 겐야 글, 바다어린이

바닷물이 점점 차오르는 집에 살고 있는 할아버지가 있습니다. 그게 어떻게 가능하냐고요? 살던 집에 물이 차오르면 그 위에 새집을 짓고 또 물이 차오르면 그 위에 새 집을 짓는 거예요.

외로운 할아버지는 자식이 보낸 편지를 읽으며 하루를 보내거나 파도 소리를 들으며 잠들곤 합니다. 어느 날, 물속에 빠트린 연장을 찾기 위해 아래로 아래로 내려가며 소중한 추억들과 마주하게 됩니다. 할머니가 숨을 거두던 어느 봄날의 집, 맏딸을 결혼시킨 집, 기르던 고양이를 잃어버려 아이들이 슬피 울며 찾아다니던 때의 집, 할머니와 신혼살림을 차렸던 집….

할머니와 자식들과 한때 행복하게 살았던 소중한 추억을 지키려 애쓰는 할아버지 모습에 눈시울이 뜨거워집니다.

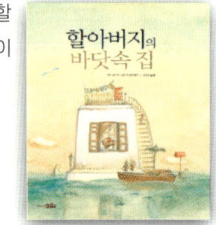

『여름 가을 겨울 봄 그리고… 다시 여름』

아르기로 피피니 글, 이리스 사마르치 그림, 옐로스톤

집은 참 신기해요. 사람이 살지 않는 집은 곧 쓰러지고 사람의 온기와 이야기를 품게 되면 물 먹은 식물처럼 싱싱하게 살아나니까요.

어느 버려진 집이 새로운 가족을 맞아 계절의 순환을 보여주면서 희망의 메시지를 전합니다. 우리 삶의 두 번째 기회를 은유하듯이. 보기 드문 그리스 아테네에서 날아온 아름다운 그림책이에요.

『깊은 숲 속에 집이 있어요』

줄리 폴리아노 글, 레인 스미스 그림, 웅진주니어

깊은 숲속에서 우연히 빈집을 만난다면 어떨까요? 책 속의 두 아이는 집 안 구석구석을 살피며 상상 놀이를 즐깁니다.

사진 액자 속의 옛날 집만큼 아름답지는 않지만, 빈집은 지금 모습 그대로 자연과 조화로운 아름다움을 품고 있습니다. 그래서 빈집은 특히, 시인의 마음을 흔들리게 하나 봅니다. 시적인 문장과 질감이 풍부한 그림이 빈집에 푹 빠져들게 해요.

『아주 아주 특별한 집』

루스 크라우스 글, 모리스 샌닥 그림, 시공주니어

아이가 경쾌하게 춤을 추며 노래 부르듯이 이야기를 들려줘요. 어디에서도 볼 수 없는 아주 특별한 집 이야기인데요. 아이 자신만을 위한 집이래요. 이 집에 있는 침대, 선반, 의자, 문, 벽, 테이블 등 모든 것이 특별하답니다. 아이는 이 집에서 거북, 토끼, 거인, 원숭이, 스컹크, 늙은 사자와 함께 비밀 이야기를 하고, 이리저리 뛰어다니며 노래도 부르고, 신이 나서 소리를 지릅니다.

어떤 집인지 상상이 가나요? 이런 집에 사는 아이는 얼마나 신날까요? 도대체 어디에 있는 집일까요? 1954년 칼데콧 아너상 수상작.

『그 집 이야기』

존 패트릭 루이스 글, 로베르토 인노첸티 그림, 사계절

이탈리아 시골 마을, 한때는 폐가였다가 새 가족을 맞아들인 집이 주인공이 되어 백 년 동안 겪은 이야기를 들려줍니다.

이사, 결혼, 탄생, 죽음, 전쟁, 이별…. 시적인 글과 섬세한 그림 덕분에 이야기가 더 큰 감동으로 다가옵니다.

『나의 작은 집』

김선진 글·그림, 상수리

동네 한 모퉁이에 있는 작은 집, 그곳에 살았던 사람들의 삶과 소중한 꿈 이야기입니다.

누군가가 떠난 자리에 누군가는 또 새롭게 시작하는 공간, 그곳에 깃들었던 사람들의 삶과 꿈들, 모두 소중하고 따뜻한 추억으로 살아납니다.

『이상한 집』

이지현 글·그림, 이야기꽃

제목처럼 정말로 이상한 집들만 모여 있는 재미난 마을 이야기예요.

길쭉한 집, 납작한 집, 뜨거운 집, 차가운 집, 높다란 집, 위태로운 집, 거꾸로 선 집…. 왜 이렇게 생겼을까요? 그 집에 누가 살고 있을까요?

이상한 집들은 제각각 다르게 살아가는 사람들 모습과도 많이 닮아 보입니다.

『삐딱이를 찾아라』

김태호 글, 정현진 그림, 비룡소

집이 집을 나갔다는 말 들어봤나요?

글쎄, 언덕 위에 살던 작은 집 '삐딱이'가 가족들을 버리고 살림살이를 탈탈 털어내고 집을 나갔대요. 집이 좁다고 투덜대는 아이들이 마음에 안 들어 떠난 거랍니다. 투덜이는 마음에 쏙 드는 다른 가족을 만났을까요?

『나무 위의 집 사용 설명서』

카터 히긴스 글, 에밀리 휴즈 그림, 달리

나무 위의 집, 상상만으로도 즐거워집니다. 특히나 아이들이라면 한 번쯤 꿈꿔 봤을 테지요. 참으로 다양한 나무 위의 집들이 나옵니다. 여러분이 생각하는 나무 위의 집은 어떤 모습일까요?

『빈집』

이상교 글, 한병호 그림, 시공주니어

모두가 이사 가고 혼자 남게 된 빈집, 그 서운함에 툇마루, 문지방, 댓돌들이 울어요.

그러던 어느 날 빈집이 활짝 웃을 일이 생겨요. 무슨 일일까요?

『규칙이 있는 집』

맥 바넷 글, 매트 마이어스 그림, 주니어RHK

규칙은 꼭 지켜야 한다는 이안과 규칙을 헌신짝처럼 내팽개치는 제니가 통나무집으로 여행을 갑니다. 이들 앞에 주어진 통나무집에는 규칙이 있어요. 규칙을 둘러싸고 남매에게 어떤 일이 벌어지는데….

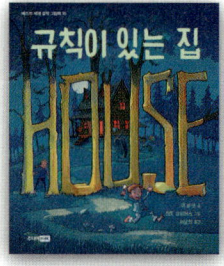

『행복을 찾은 건물』
아오야마 쿠니히코 글·그림, 길벗어린이

멋진 건물이 되고 싶은 꿈이 있는 버려진 건물이 있습니다.
어느 날 건축가가 찾아오고, 건물의 사정을 들은 그는 '스스로 건물을 짓는 사람은 이 건물에 살 수 있습니다'라는 안내문을 붙이는데….
건물을 통해 개성과 다양성을 존중하며 함께 살아가는 삶을 담고 있습니다.

『모두를 위한 단풍나무집』
임정은 글, 문종훈 그림, 창비

옆방의 방귀 소리까지 들리는 고시원에 사는 융융, 보일러를 아무리 돌려도 추워서 고생하는 판다, 독립하고 싶지만 돈이 없어서 부모님 집에 얹혀사는 먹물.
이렇듯 집 문제로 고민하는 사람들을 위한 '모두의 집'을 만들면 어떨까요?
가족이 아니라 친구끼리, 마음 맞는 사람끼리 동일하게 비용을 지불하고, 공평하게 삶을 살아가는 모두의 집, '공유 주택' 이야기입니다. 공유 주택의 개념과 '집'의 존재에 대해 다시 생각해 보게 합니다.

엄마를 위한 책

『내가 좋아하는 장소에게』 어린이교양
이민아 글, 오정택 그림, 샘터사

건축가 김수근의 철학과 집에 대한 이야기.
먼저 땅의 마음을 헤아리고 주위 환경과 조화로운지, 어떤 식물을 심어야 할지 고민하고, 무엇보다도 사람을 가장 중요하게 생각한다고 합니다. 그래서인지 김수근 건축가가 설계한 집에 들어서면 엄마 품에 안긴 듯 편안함이 느껴집니다.
직접 들어가 보고 싶은 〈공간 사옥〉〈샘터 사옥〉〈아르코 미술관〉〈경동교회〉를 책으로 먼저 만나 봐요.

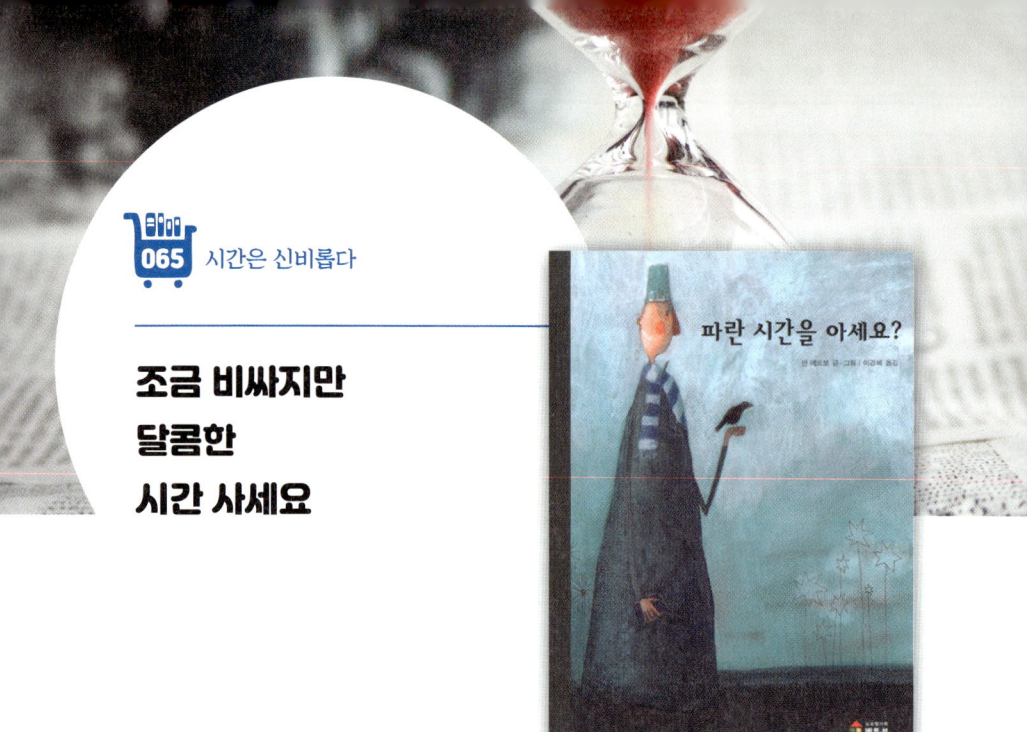

065 시간은 신비롭다

조금 비싸지만 달콤한 시간 사세요

　시간이 강물처럼 흐른다고 합니다. 시간은 어떻게 흐르는 것일까요? 시간은 어떤 모습일까요? 시간은 어디에서 와서 어디로 가는 걸까요? 손으로 만져볼 수도 없는데 시간이 흐른다는 걸 알 수 있을까요?
　그럼요. 그럼요. 시간은 사람과 세상을 통과해가면서 꼭 흔적을 남겨놓거든요. 기어 다니던 아이는 아장아장 걷고 연필은 짧아지고 감자는 싹이 나고 엄마의 손등은 쭈글쭈글 거칠어지고. 그뿐인가요? 어쩐지 촌스럽던 것이 멋있어 보이기도 하고 근사하던 것이 우스꽝스러워지기도 하고 어려웠던 일이 어느 순간 쉬워지기도 합니다. 나무를 보세요. 시간이 흐른다는 걸 금방 알 수 있어요.
　세상의 모든 것이 시간이 흐르면서 조금씩 변해가고 어떤 것은 알아볼 수 없을 정도로 아주 많이 변하기도 해요. 어떤 것은 영영 사라져버려 안타깝고 애틋한 마음이 들기도 하고요. 그런데 딱 한 가지 변하지 않는 것이 있대요. 뭘까요?
　아 참, 저는 파란 시간을 가장 좋아해요. 파란 시간이 뭐냐고요? 물론 책이 알려줄 거예요. 노란 막대 사탕 하나 먹을 시간에 할 수 있는 아주 달콤한 일이 무엇인지도요. 글쎄, 너무 바빠 시간이 없는 사람들을 위해 시간을 파는 가게도 있대요. 정말이에요.

『파란 시간을 아세요?』

안 에르보 글·그림, 베틀북

시간 앞에 색깔을 붙이니 뭔가 신비롭고 시적이에요. 한밤에서 아침으로 넘어오는 새벽녘, 그리고 오후에서 저녁으로 넘어가는 해 질 녘의 시간을 작가는 파란 시간이라고 해요.
파란 시간을 사람으로 표현한다면 어떤 모습일까요? 파란 시간에는 주로 무슨 일을 해야 할까요? 파란 시간에는 어떤 기분일까요? 아무도 신경 쓰지 않았던 파란 시간을 만나볼까요?

시간을 다룬 그림책

『시간은 어디에 있는 걸까』

사라 저코비 글·그림, 미디어창비

"잡을 수 없어. 과자랑 바꿀 수도 없어. 그저 얻은 만큼 가질 뿐이야. 어쩌면 유령인지도 몰라. 왔다가 갔지만 왔는지 갔는지 알지 못해. 드럼이 둥둥 울리든, 수염을 씰룩이든, 잃었든 찾았든 난 너와 함께한 시간을 사랑해."
미술관에 와 있는 듯한 매혹적인 그림을 배경으로 시적인 글이 우아하게 흘러가요.

『지금은 몇 시?』

최정선 글, 강영지 그림, 보림

잠자기 1시간 전의 시간을 따뜻하고 재미나게 담았습니다. 몇 시? 라는 물음에 이렇게 답해요.
꾸벅꾸벅 졸다가 하품할 시간, 더 놀겠다고 떼쓰다가 야단맞기 딱 좋은 시간, 내일은 무얼 하고 놀까 신나는 계획을 세울 시간, 이불 속에 포옥 파묻혀 그림책을 읽을 시간… 아 참, 째깍 째깍 흐르는 시계는 그림마다 어딘가에 숨어 있어요.

『시간이 보이니?』

페르닐라 스탈펠트 글·그림, 시금치

시간에 대한 모든 것이 담겨 있는 재미난 백과사전 같아요. 시간의 정의, 특징, 원리를 수의 개념과 심리, 삶과의 연관성을 통해 스토리텔링으로 풀어내고 있어요. 오밀조밀 아기자기한 그림과 함께.

『오늘은 쉬는 날』

제인 고드윈 글, 안나 워커 그림, 파랑새

온종일 파자마 차림으로 배가 터지도록 팬케이크를 먹는 날, 사과 씨앗을 심어도 좋을 날, 구름과 하늘을 올려다보는 날, 아무런 할 일도 없는 날, 바쁜 날들이 지나고 오랜만에 온 일요일이에요. 우리 식구들만을 위한 시간이죠. 함께 편안하게 즐기실래요?

『사탕』

차재혁 글, 최은영 그림, 노란상상

달콤한 사탕 하나를 모두 녹여 먹을 때까지 무얼 하면 좋을까요? 그 시간 동안 무엇을 할 수 있을까요? 사탕처럼 가장 달콤한 일을 상상해 보세요.

『한밤의 선물』

홍순미 글·그림, 봄봄

빛과 어둠이 엄마 아빠가 되어 다섯 아이들을 낳았어요. 아이들의 이름은 새벽, 아침, 한낮, 저녁, 한밤이래요.

어느 날 시간은 아이들을 위해 아름다운 선물을 준비해요. 새벽에게는 푸른 고요함을, 아침에게는 상쾌한 바람을, 한낮에게는 눈부신 해를, 저녁에게는 노을처럼 곱게 물든 꿈을. 어찌된 일인지 한밤만은 빼놓고요. 속상해서 눈물을 뚝뚝 흘리는 한밤에게 네 아이들이 자신들의 선물을 조금씩 나누어줘요.

자연과 시간에 대한 아름다운 이야기입니다. 오방색을 기본으로 한지를 오리고 찢어 붙인 그림이 마음을 편안하게 해요.

『딸꾹질 한 번에 1초』

헤이즐 허친스 글, 케이디 맥도널드 덴톤 그림, 북뱅크

1초, 1분, 1시간, 하루, 한 달, 1년 등 시간을 구체적으로 이미지로 만들어 알기 쉽게 알려줍니다. 시간 개념이 아직 잡히지 않은 아이들에게 좋아요. 무엇보다 시간을 느낌과 추억으로 풀어내서 마음으로 느낄 수 있어요.

『1분이면…』

안소민 글·그림, 비룡소

아주 짧은 시간 1분에 참 다양하고 재미난 이야기를 담아냈어요. 1분이면 할 수 있는 일, 우리의 감정에 따라 다르게 느껴지는 시간의 길이, 우리가 꼭 지켜야 할 시간과 마음껏 누려도 되는 시간, 살아가면서 한 번은 겪게 되는 뜻밖의 일들. 지금 이 순간이 얼마나 소중하고 행복한 것인지도 느끼게 된답니다.

『시간이 흐르면』

이자벨 미뇨스 마르틴스 글, 마달레나 마토소 그림, 그림책공작소

시간의 모습은 볼 수 없지만 시간의 흐름은 볼 수 있대요. 시간의 흐름에 따라 변화하는 세상의 모든 것들을 나열해보면 정말 그런 것 같아요. 각자 시간의 흐름을 보여주는 것들을 말해 보면 재밌을 것 같아요. 시선이 다를 테니까요. 참, 매번 등장하는 달팽이를 지켜봐 주세요.

『난 시간 많은 어른이 될 거야!』 동화

마이케 하버슈톡 저, 찰리북

마음 한구석이 콕콕 찔리는 제목이지요? 왜 어른들은 시간이 없는지, 왜 항상 종종걸음을 치며 시계를 보는지, 궁금증을 갖게 된 여덟 살 안톤이 들려주는 이야기예요. 어른과 아이가 꼭 함께 읽고 이야기 나눠야 할 것 같아요.

『시간 가게』 동화

이나영 저, 문학동네어린이

바쁜 아이들에게 하루 10분을 내어주는 시간 가게가 있대요. 돈 대신 행복한 기억을 내주고 10분을 버는 거래요.
어린이 여러분, 어때요? 귀가 솔깃한가요?

『시간을 파는 상점』 청소년 소설

김선영 저, 자음과모음

주인공 온조는 인터넷 카페에 '크로노스'라는 이름으로 시간을 파는 상점을 오픈합니다. 손님들이 의뢰한 일을 해결해주는 곳이지요. 온조는 참으로 다양한 일들을 의뢰받게 되는데…. 추리소설 같은 흥미진진한 사연과 시간은 어떤 관련이 있는 걸까요?

엄마를 위한 그림책

『눈 깜짝할 사이』

호무라 히로시 글, 사카이 고마코 그림, 길벗스쿨

누구나 어느 순간 깨닫게 됩니다. 눈 깜짝할 사이에 세월이 이렇게 흘러버렸구나, 하고요. 지루한 일상을 사는 사람도, 바쁜 일상을 사는 사람도 이런 순간은 찾아옵니다. 일단 멈추어 서서 그림책 한 권으로 숨 고르기 해보세요.

066 시 그림책을 만나다

사부작 다가온 시를 품은 그림책

　방금 그런 생각이 들었어요. 시가 그림책과 많이 닮았다고요. 아주 짧은 시간에 마음을 다양한 스펙트럼으로 물들인다는 점에서.

　어떨 땐 스며든 시어 하나가 온종일 마음을 울컥하게 하고, 또 어느 날엔 한차례 쓰윽 지나가는 산들바람처럼 가슴을 시원하게 합니다. 가끔은 울고 싶을 때 시를 핑계 삼아 펑펑 우는 날도 있습니다. 추운 겨울날 목울대를 타고 넘어가는 따뜻한 차 한 모금처럼 온 몸 구석구석 세포가 따뜻해지는 시를 만나기도 하고요. 그림책이 꼭 그래요. 어떤 장면 하나가, 등장인물의 눈빛이, 창문으로 내다보이는 어떤 풍경이, 그림 옆에 쓰인 어떤 문장 하나가 마음을 고요하게도 하고 출렁이게도 하고, 가슴이 시리게도 하니까요.

　보통은 시가 어렵다고들 해요. 그래서 시보다는 소설을, 에세이를 즐겨 읽게 되지요. 특별한 경우가 아니라면 시집에는 선뜻 손이 가지 않아요. 사실 시가 어렵다기보다는 친숙하지 않다는 말이 더 정확할 거예요.

　어른들이 시를 즐기지 않으면 아이들은 더더욱 시를 멀리하게 됩니다. 아이들과 함께 재미있게 즐길 수 있는 시 그림책을 만나보면 어떨까요?

　홀로 있는 시보다는 그림과 함께 하는 시 그림책이니 좀 더 친근하지 않을까요? 시 그림책은 아이들이 시에 친숙하게 다가갈 수 있도록 이미 발표된 시에 그림 옷을 입혀 새롭게 탄생한 그림책입니다. 처음이라 할 수 있는 시 그림책으로 2003년 창비에서 나온 『시리동동 거미동동』이나 『넉 점 반』이 있습니다. 그 당시 처음 만난 시 그림책은 굉장히 신선했고, 실제로 아이들에게 많은 사랑을 받았지요. 요즘에는 시 그림책 출판이 하나의 트렌드가 될 정도로 많이 출간되고 있습니다.

시(詩)라는 말조차 생소하게 여기는 아이들을 친절하게 이끌어주는 그림책 『다니엘이 시를 만난 날』이 있습니다. 제목부터가 어찌나 마음에 쏙 들던지요? 시를 조금이라도 좋아하는 분이라면 저와 같은 마음일 거에요.

『다니엘이 시를 만난 날』의 주인공 다니엘은 시라는 말을 처음 듣고 동물 친구들에게 시에 대해서 물어봅니다. 우리 아이들도 처음에는 다니엘처럼 그렇게 접근하는 것도 좋을 것 같아요. 동물과 곤충, 생명이 없는 사물과도 스스럼없이 대화하는 아이들은 타고난 시인이니까요.

가장 마음에 드는 시 하나를 외우고 나서 가족들과 함께 낭송의 시간을 갖는 것도 시와 가까워지는 하나의 방법이고요. 오늘은 온 가족이 둘러앉아 시(詩)를 만나는 날입니다.

『다니엘이 시를 만난 날』
미카 아처 글·그림, 비룡소

호기심 많은 소년 다니엘은 공원 입구에서 '공원에서 시를 만나요. 일요일 6시'라는 작은 안내문을 발견하고 곰곰이 생각해요. 시가 대체 뭘까? 하고요. 그때부터 다니엘의 일주일간의 시 여행이 시작돼요. 월요일에는 거미에게, 화요일에는 참나무에 앉아 있던 청설모에게, 수요일에는 돌담에 있는 굴속의 다람쥐에게, 목요일에는 연못의 개구리에게, 금요일에는 부들을 헤치고 거북이에게, 토요일에는 미끄럼틀 아래 귀뚜라미에게, 그리고 달빛 가득한 토요일 밤에는 부엉이에게 물어요. 너희들은 시가 뭔지 아느냐고요?

드디어 시를 만나는 일요일이 왔을 때 동물들에게서 들은 시 한 구절 한 구절을 모아 멋진 시 한 편을 완성했어요. 이제 공원으로 가서 친구들과 함께 시를 나눌 생각을 하니 다니엘은 마음이 한껏 들떠 있어요. 우리도 다니엘의 시를 만나러 가 볼까요? 에즈라 잭 키츠 상을 받은 작품이라니 에즈라 잭 키츠의 다정함이 더 따뜻하게 느껴지는 것 같아요. 해님이 다니엘을 깨운 일요일 아침, 다니엘이 침대에 앉아 있는 모습은 에즈라 잭 키츠의 『눈 오는 날』의 한 장면을 떠오르게 하고요.

시로 가는 길목에 있는 그림책

『나는 애벌레랑 잤습니다』
김용택 저, 김슬기 그림, 풀과바람

바람, 풀, 떡갈나무, 애벌레, 꾀꼬리와 같은 자연을 오감으로 즐기는 아이의 행복한 상상을 담았어요. 섬진강 시인 김용택의 시가 수채화와 짝을 이뤄 싱그러운 초록빛과 초록향이 가득합니다.

『나의 삼촌 에밀리』
제인 욜런 글, 낸시 카펜터 그림, 열린어린이

은둔 시인 에밀리 디킨슨과 그녀가 애지중지하던 조카 길버트가 실제로 나눈 교감과 시에 관한 이야기예요.
길버트에게는 남들과는 많이 다른 삼촌이 한 분 있대요! 바로 유명한 시인 에밀리 디킨슨이랍니다. 고모를 삼촌이라 부르니 고개가 갸웃해진다고요? 고모를 삼촌이라고 부르는 건 그들 가족들끼리의 농담이래요.
길버트는 삼촌을 얼마나 사랑하는지 몰라요! 길버트는 삼촌이 세상 모든 것에 대해서, 심지어 죽은 벌에 대해서까지 시를 쓴다는 걸 알고 있어요. 어느 날 일곱 살 길버트는 에밀리 삼촌에게서 선생님께 갖다 드리라며 죽은 벌 한 마리와 시 한 편을 받아요. 선생님이 교실에서 길버트가 건네

준 시를 낭송하자 아무도 이해하지 못했고, 길버트는 삼촌에 대해서 못된 말을 한 친구와 한판 붙게 되지요. 그 일로 다리를 절게 된 길버트, 이를 이상하게 여긴 삼촌은 길버트가 진실을 말할 수 있도록 이끌어줍니다. 오래된 편지봉투에 시 한 편을 적어서 길버트에게 내밀지요.
"말하라, 모든 진실을. 하지만 말하라, 비스듬하게."
일곱 살 길버트가 삼촌의 시를 이해했을까요?
이렇듯 일상에서 시로 교감하는 에밀리 삼촌과 어린 길버트를 만나면 덩달아 우리도 시로 살포시 물들어가는 것 같아요.
많은 감동을 안겨준 『부엉이와 보름달』의 작가 제인 욜런의 글이라니 문장 하나하나가 더 다정하게 느껴져요.

『비밀의 강』
마저리 키넌 롤링스 글, 레오 딜런, 다이앤 딜런 그림, 사계절

새들과 스스럼없이 얘기하고 입에서 시가 저절로 흘러나오는 칼포니아를 만나볼까요?
가난하지만 행복하게 살아가는 칼포니아 아빠의 생선가게뿐만 아니라, 마을 전체에 어렵고 힘든 시기가 찾아왔어요. 칼포니아는 아빠를 돕고 싶은 마음에 물고기가 가득하다는 비밀의 강을 찾아 가기로 합니다. 우스꽝스럽게도 코끝을 따라가면 도달할 수 있다는 그곳, 칼포니아는 비밀의 강에 도달할 수 있을까요?
칼포니아가 지닌 순수함 덕분인지 비밀의 강은 모습을 드러내고, 칼포니아는 고기를 마음껏 잡을 수 있게 돼요. 물론 칼포니아 덕분에 아빠의 생선가게

도, 마을 사람들도 상황이 점점 나아지게 되고요. 비밀의 강은 실제로 있는 걸까요?

시시때때로 흘러나오는 칼포니아의 시를 만나는 재미도 쏠쏠하지만 『모기는 왜 귓가에서 앵앵거릴까?』, 『북쪽 나라 자장가』의 작가 딜런 부부의 신비로운 그림 또한 참으로 매력적입니다.

엄마를 위한 시 그림책

『흔들린다』
함민복 글, 한성옥그림, 작가정신

삶이 곧 시가 되는, 그래서 좋아하는 함민복 시인의 시와 한성옥 작가와의 콜라보로 이루어낸 멋진 시 그림책. 매 순간 흔들림의 연속인 삶이기에 누구나 공감하는 흔들림, 함민복 시인은 어떤 울림을 줄까요?

『비에도 지지 않고』
미야자와 겐지 글, 야마무라 코지 그림, 그림책공작소

일본의 국민작가로 추앙받는 미야자와 겐지의 시를 만나봅니다. 우리에게는 〈은하철도 999〉로 친숙하지요. 이 시로 20년 동안 위로와 용기를 얻었다는 출판사 대표는 지쳤거나 지칠지 모를 모든 분들에게도 위로가 되었으면 하는 바람으로 이 책을 출간했다고 합니다.

세계적인 염색공예가의 밝고 명랑한 그림으로 여유당 출판사(『비에도 지지 않고』 미야자와 겐지 글, 유노키 사미로 그림)에서도 나왔어요. 비교해서 읽는 재미가 있어요.

찾아서 읽어볼 만한 시 그림책

『달팽이 학교』
이정록 글, 주리 그림, 바우솔

『아기 다람쥐의 모험』
신경림 시, 김슬기 그림, 바우솔

『강아지와 염소새끼』
권정생 저, 김병하 그림, 창비

『석수장이 아들』
권문희 글·그림, 창비

『병아리 싸움』
도종환 글, 홍순미 그림, 바우솔

『담장을 허물다』
공광규 글, 김슬기 그림, 바우솔

『쨍아』
천정철 글, 이광익 그림, 창비

『선생님 과자』
장명용 글, 김유대 그림, 창비

『내 동생』
주동민 글, 조은수 그림, 창비

『흰 눈』
공광규 글, 주리 그림, 바우솔

『오소리와 벼룩』
안도현 저, 김세현 그림, 미세기

067 동시를 만나다

내 마음을 알아주는 동시의 숲에서

꽤 오랫동안 할머니 쌈짓돈 모으듯 시를 꼬깃꼬깃 모아 왔습니다. 동시든 어른을 위한 시든, 한 권의 시집을 읽고 나면 마음에 가장 끌리는, 또 읽고 싶은, 오랫동안 기억하고 싶은 한 편의 시를 '물방울'이라는 서랍에 차곡차곡 담습니다.

어렴풋이 기억이 날락말락 할 때 물방울 서랍을 열면 말갛고 뽀얀 시들이 반짝이고 있어요. 어떤 시는 따끈한 수제비 한 그릇이 되어 따뜻한 위로가 되고, 어떤 시는 목울대가 뜨거워지며 울컥하게 만들고, 어떤 시는 한여름의 눈꽃빙수마냥 가슴과 머리를 멍징하게 합니다. 또 어떤 시는 피식 웃게 만들고 어떤 시는 깔깔깔 소리 내어 웃게도 합니다. 시 한 편이 참으로 다양한 감흥을 불러옵니다. 한 편의 시 앞에서 마음을 어찌하지 못해 한참을 서성일 때가 한두 번이 아닙니다.

세계적인 사상가 이반 일리치는 인류를 구원할 세 가지가 도서관, 시, 자전거라고 했다지요. 걸어서 10분, 자전거로 5분 되는 거리에 있는 도서관이나 동네책방에 가서 5분여 만에 시 한편 읽고 가슴에 담아 곱씹으며 집으로 돌아오는 풍경이 그려집니다. 인류의 구원까지는 몰라도 그런 삶이 가능하다면 행복한 사람이 많아질 거라는 생각은 확실해 보입니다.

도서관에서 어린 아이들을 둔 엄마들을 위한 그림책 강연을 준비하면서 강연을 시작하기 전에 읽어줄 시 한편을 떠올렸습니다. 아이의 마음이 오롯이 담긴, 반면에 엄마를 뜨끔하게 하는 박혜선 시인의 〈반전〉이란 동시입니다. 이상교 시인의 〈내 인생〉은 어떨까? 도종환 시인의 〈이름〉은 어떻고? 아, 권오삼 시인의 〈똥 찾아가세요〉도 재밌을 텐데….

파란 가을 하늘 아래 고구마 캐듯 시가 줄줄이 딸려 나왔습니다. 한 권 한 권 보석 같은 시들을 불러놓고 보니 시의 숲이 만들어졌습니다. 준비하던 강연도 제쳐두고 시의 숲을 사부작사부작 걸어 들어갔습니다. 그러고는 어둑어둑해지도록 시의 숲에서 길을 잃어버렸습니다. 길을 찾지 못해 잃어버린 게 아니라, 시하고 노느라 시간 가는 줄 몰랐던 겁니다. 정성 들여 가꾼 시의 숲으로 초대합니다.

시를 즐기는 방법
- 목차를 보고 마음이 끌리는 제목부터 읽습니다.
- 가족이 함께 모여 돌아가며 소리 내어 읽어도 좋습니다.
- 혼자라도 감정을 잡아 소리 내어 읽어 봐요.
- 나만의 시 공책에 천천히 옮겨 적습니다.
- 시 한편 정도는 암송하도록 노력해 보세요.
- 가장 좋아하는 시를 골라 봐요.

『꽃마중』
김미혜 글, 이해경 그림, 미세기

화사한 듯 수수한 듯, 앞마당에서, 놀이터 옆 풀밭에서, 골목길 담장 밑에서, 들판에서 쉽게 만날 수 있는 꽃들에 대한 동시입니다.

재미난 동시로 소담스러운 꽃그림과 함께 꽃마중을 나가 볼까요? 배꽃, 동백꽃, 아까시꽃, 달맞이꽃, 달개비, 채송화, 애기똥풀, 은방울꽃, 개망초, 초롱꽃, 제비꽃, 금낭화, 코스모스, 옥잠화…

알콩달콩 엄마랑 주거니받거니 함께 읽는 동시

『동시 삼베 치마』
권정생 저, 문학동네어린이

권정생 선생님이 열다섯 살 무렵에 쓴 동시집입니다. 선생님이 돌아가신 후 빨강, 파랑 색연필로 그림을 그려 꾸미고, 풀을 붙여 손수 제본까지 한 책이 발견되었다지요. 그림만 보고 있어도 가슴 한구석이 아릿해집니다.

『엄마의 런닝구』
한국글쓰기연구회, 보리

농부 시인 서정홍 선생님이 '남들에게 빌려주지 않고, 꼭 간직해서 아들딸, 손자 손녀에게 물려주고 싶다'고 했던 아이들이 쓴 동시집입니다.
아이들의 삶과 마음과 생각이 오롯이 담긴, 그래서 때로는 유쾌하고 때로는 가슴이 찡하고 목울대가 뜨거워집니다.

할아버지, 할머니, 온 가족이 함께 읽어요.

『시가 뭐고?』
칠곡 할매들 저, 삶창

경상북도 칠곡마을 할매들이 쓴 시 모음집입니다. 한글을 겨우 깨치고 생애 처음으로 쓴 시라는데 읽다 보면 웃음이 나면서도 가슴은 촉촉하게 젖어듭니다. 나이 드신 부모님에게, 더 나이 지긋한 할아버지, 할머니에게 읽어드리고 싶은 시가 수북해요.

갈팡질팡 우왕좌왕 고민이 많은 청소년에게

『난 빨강』
박성우 저, 창비

어쩌다 한 편을 다 읽고 나서도 결코 멈출 수 없거나, 이렇게 재미있는 시집은 처음이라고 하거나, 누가 볼세라 입을 틀어막고 큭큭거리거나, 혹은 속마음을 들킨 듯 얼굴이 벌개지거나, 틀림없이 그 중에 하나일 십대를 위한 최초의 청소년 시집입니다. 시집이 어떻게 그럴 수가 있냐고요? 아직은 풋풋하고 설익은 연두. 그러나 어디로든 튀어나갈 열정이 가득한 빨강! 바로 그런 청소년들의 머릿속 생각과 가슴 속 마음과 행동거지가 에누리 없이 과감하게 생생하게 담겨 있기 때문이죠.

『시의 숲에서 길을 찾다』

서정홍 편저, 단비

'자연 속에서 자연을 따라 자연의 한 부분으로 자연스럽게 살아가는 것이 가장 좋은 삶'이란 걸 깨닫고 경상도 작은 산골 마을로 들어가 지금껏 농사짓고, 시 쓰며 살아가는 농부 시인 서정홍 선생님과 그곳에서 만난 아이들 11명이 주인공입니다.

봄날 샘으로 불리는 서정홍 시인의 시들 중 아이들 스스로 마음에 와 닿은 시 67편을 골라 읽고 짧은 글을 담았습니다.

생명, 식구, 농사, 자연, 더불어 사는 삶에 대한 농부 시인의 맑간 시와 아이들의 솔직담백한 감상 글은 한 몸처럼 완벽한 조화를 이룹니다.

시가 나를 살렸다고 거침없이 말하는 고등학교 2학년생의 마음이 가슴을 두드립니다.

『청소년, 시와 대화하다』

김규중 저, 사계절

한 편 한 편 가슴에 품고 싶은 시들이 빼곡하게 담겨 있어 좋은 시를 만나는 데 제격입니다.

더불어 문학을 좋아하는 여학생과 과학을 좋아하는 남학생이 각각의 시를 두고 즐겁게 대화하는 내용이 나오는데요. 대화 내용은 말하자면 좀 특별하고도 재미난 해설서인 셈입니다.

아득한 세상을 건너고 있는 어른에게

『내 마음이 지옥일 때』

이명수 저, 해냄

누군가에게 뒤통수를 맞았을 때, 나만 따돌림 받았다고 느낄 때, 누군가 죽이고 싶도록 미워질 때, 오장육부라도 꺼내 보이고 싶을 만큼 억울할 때. 이렇듯 크고 작은 지옥을 가슴에 품고 하루하루 꾸역꾸역 살아내고 있는 사람들에게 심리기획자 이명수가 그 자체로 부작용 없는 치유제로 '시'를 권합니다.

즐겨 읽는 수천 편의 시중 82편을 골랐다고 하니 시가 뿜어내는 치유의 향기에 마음껏 취해보세요.

에 감상 글을 덧붙여 엮었습니다. 조용한 시인이 조근조근 다정하게 안내하는 시 산책이 참 좋아요.

『우리가 인생이라 부르는 것들』

정재찬 저, 인플루엔셜

『시를 잊은 그대에게』로 많은 사랑을 받았던 정재찬 교수의 시로 펼치는 두 번째 인생수업. '인생의 무게 앞에 내 삶이 초라해질 때, 그때야말로 시가 필요한 순간이다.'라는 문장에 공감한다면 이 책을 펼치겠지요.

『시를 어루만지다』

김사인 엮은이, 김정욱 사진, 도서출판b

시인 김사인이 공경하는 마음으로 새겨 읽은 56명의 시인들의 각 한 편씩의 시

  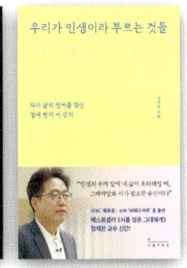

시를 품은 영화

일 포스티노 (The Postman, 1994)
마이클 래드포드 감독

누군가 시에 관한 영화를 물어온다면 주저없이 으뜸으로 떠오르는 영화입니다. 『네루다의 우편배달부』(안토니오 스카르메타 저, 민음사)가 원작인데요. 이탈리아의 아름다운 섬을 배경으로 칠레 시인 네루다와 우편배달부 마리오의 우정과 마리오의 사랑, 그리고 두 사람의 시(詩) 이야기가 한 편의 시(詩)처럼 흘러갑니다. 시에 관한 두 번째 영화를 또 물어온다면 주저없이 말할 수 있는 영화 〈패터슨〉(Paterson, 2016, 짐 자무쉬 감독)이 있어서 행복합니다.

찾아서 읽어볼 만한 동시집

『오리 돌멩이 오리』
이안 글, 정진호 그림, 문학동네

금 간 마음에 단추를 달아주는 듯한 동시집. 외우고 싶은 말, 주머니 속에 넣고 만지작거리고 싶은 말, 기르고 싶은 말들이 가득해요. 저는 〈조금〉이라는 시를 가슴에 담았어요.

『글자 동물원』
이안 글, 최미란 그림, 문학동네

『할아버지 요강』
임길택 저, 보리

『똥 찾아가세요』
권오삼 글, 오정택 그림, 문학동네어린이

『먼지야, 자니?』
이상교 글·그림, 산하

『백수 삼촌을 부탁해요』
박혜선 글, 이고은 그림, 문학동네

『누가 더 놀랐을까』
도종환 저, 이은희 그림, 실천문학사

068 추억에 잠길 때

삶을 빛나게 하는 추억 한 자락

 지나간 시절을 이야기하는 사람의 표정에는 발그레한 미소가 번집니다. 바로 추억이 불러오는 행복입니다. 그래서 떠올릴 추억이 많은 사람은 행복하다고 하나 봅니다.
 가슴을 후비는 상처가 아니라면 지나간 일은 대체로 아름다운 추억이 됩니다. 징글징글했던 가난도 고생스러웠던 일도 슬펐던 일도 시간을 오래 머금으면 숙성되어 그리움으로 남게 되니까요. 옛일을 추억하는 동안에는 평소에 잠자고 있던 수많은 감정과 감각들이 되살아납니다. 그립다거나 애틋하다거나 따뜻함이랄지 정겨움이랄지 아련함이라든가 애잔함이라든가 쓸쓸함과 슬픔까지도. 신자유주의 시대에 쓸모없어 보이지만, 우리 일상에 분명 소중한 정서입니다. 메마른 땅에 가끔씩 내리는 단비처럼, 바쁘고 지친 일상에 마음을 촉촉하게 하니까요.
 아이들과 함께 공유할 수 있는 추억 중에 가장 행복한 추억은 무엇일까요?
 아이를 처음 만나서 알콩달콩 키웠던 순간이 엄마 아빠에게 가장 감격스럽고 설레는 추억인 것처럼 아이도 자신이 아주 어릴 때의 모습에 흥미로워합니다. 옛날 사진을 보면서 이야기를 나누면 더욱 좋겠죠? 아이들은 엄마 아빠 어렸을 때 이야기나 엄마 아빠 결혼 이야기를 옛날이야기만큼 좋아한대요.

『우리 동네 만화방』

송언 글, 강화경 그림, 키다리

항상 재미난 이야기로 웃음을 선사하는 송언 작가의 어린 시절 이야기예요. 동네에 돈 주고 만화책을 빌려보는 만화방이 생겼어요. 돈이 없는 아이는 밖에서 군침만 흘리지요. 어느 날은 머리 깎을 돈 30원을 받아 만화방으로 냅다 달려갔어요. 정신없이 만화를 보다가 이발소에 갔는데 큰일이에요. 상고머리는 30원, 빡빡머리는 10원. 아이 손에 남아 있는 돈은 10원뿐인데….

옛 추억이 깃든 그림책

『엄마 고향은 어디야?』

노정임 글, 이진경 그림, 웃는돌고래

유치원에서 '고향'이란 말을 배운 하루는 엄마의 고향이 궁금합니다. 엄마는 하루만 했을 때 어떻게 보냈을까요? 엄마의 이야기를 다 듣고 난 하루가 말합니다.
"엄마는 고향에서 놀기만 했네."

『어릴 적 산골에서』

신시아 라일런트 글, 다이앤 구드 그림, 열린어린이

산골 마을에서 어린 시절을 보낸 작가의 실제 이야기입니다.
한밤중에 화장실에 갔던 일, 숲속 호수에서 물놀이 했던 일, 물을 길어다 집안에서 목욕했던 일, 잡은 뱀을 목에 걸고 기념사진을 찍은 일, 저녁이면 베란다에서 다정하게 보냈던 시간들을 추억합니다.
우리 엄마, 아빠의 어린 시절 이야기도 궁금해요.

『책보』

이춘희 글, 김동성 그림, 사파리

책가방이 귀하던 시절, 책과 도시락을 보자기에 돌돌 말아서 다니던 책보 이야기예요.
다희의 새로 산 책가방을 보니 옥이는 자신의 책보가 몹시도 초라해 보입니다. 다희의 가방을 보지 않으려고 뛰어가다 책보가 풀어지는 바람에 김칫국물이 새고 책과 도시락이 와르르 쏟아지고 말아요. 어떻게 해야 할까요?

『아버지의 마을 오라니』

클레어 A. 니볼라 글·그림, 이마주

도시 아이가 아버지의 고향에 다녀온 이야기입니다. 살아있는 골목길의 풍경과 마을 사람들이 하나의 공동체로 연결되어 살아가는 모습을 통해 아이는 고향의 정서를 느끼게 되지요. 우리 아빠의 고향은 어땠을까요?

『누구라도 문구점』

이해인 글, 강화경 그림, 현북스

아이들에게 문구점은 백화점이 아닐까 싶어요. 어른이 되어 바라보는 문구점은 추억의 보물창고 같고요. 그래서일까요? 이해인 수녀님은 문구점에 가는 걸 좋아한대요. 그러곤 가끔 '누구라도 문구점'의 주인이 된 모습을 상상한대요.
항상 잔잔한 음악이 흐르고 한쪽 벽에는 아름다운 시가 걸려 있고 향기로운 들꽃 화병이 놓여있는 작은 책상과 걸상도 마련되어 있는 곳. 그 책상은 손님들이 편지를 쓸 수 있도록 마련된 공간이래요. 이런 문구점을 만난다면 누구라도 들어가 보고 싶겠죠?

『사진관집 상구』

유애로 글·그림, 보림

요즘은 보기 힘든 사진관 이야기입니다. 사진관집 막내아들 상구를 통해 1960년대 풍경을 만날 수 있어요.
아코디언처럼 주름상자로 된 카메라와 까만 천 안에 들어가 찰칵 사진 찍는 모습, 장날 풍경과 하얀 연기 속에 눈꽃처럼 쏟아지던 튀밥, 뒷마당을 돌아다니는 암탉과 병아리들, 겨울밤 골목길의 찹쌀떡 장수….
사진관을 운영했던 작가의 아버지 이야기이니, 작가의 어릴 적 추억이 고스란히 담겨 있기도 합니다.

『연탄집』

임정진 글, 지경애 그림, 키다리

연탄집을 하는 영순이네 이야기예요. 구멍이 숭숭 뚫린 까만 연탄은 많은 이야기를 품고 있어요.
한 장이라도 아끼기 위해서는 연탄구멍 조절을 섬세하게 해야 하고, 새로 연탄을 갈 때는 연탄불이 꺼지지 않도록 신경을 많이 써야 되지요. 이런 번거로운 일 다음에는 연탄불 위에서 조리되는 맛있는 음식들이 있어요. 노릇노릇 가래떡을 굽고, 생선을 바삭바삭 굽고, 보글보글 찌개를 끓이고….

『우리 눈사람』

M. B. 고프스타인 글·그림, 미디어창비

곱은 손을 호호 불며 눈사람을 만들던 어린시절로 훌쩍 데려가는 이야기. 우리나라에 처음 소개되는 고프스타인의 담백한 파스텔 그림이 마음을 고요하게 해요.

『나의 초록 스웨터』

엄혜숙 글, 권문희 그림, 키다리

엄마의 어린 시절 추억을 불러오는 엄마를 위한 그림책. 손으로 짠 털스웨터 하나쯤은 있었을 1970년대 이야기예요.
손뜨개에 얽힌 이야기와 국민학교 입학을 준비하는 과정이 정감있게 그려집니다. 그때는 국민학교 입학을 위해 어떤 준비를 했을까요? 아이와 함께 읽으며 이야기 나누기에 좋아요.

『눈 오는 날, 토끼를 만났어요』

윤순정 글·그림, 이야기꽃

눈 오는 날의 따뜻한 그리움을 불러오는 이야기입니다.
눈 오는 날, 아이는 누나와 함께 산책을 나갔습니다. 항상 함께 하던, 엄마 냄새가 배어있는 토끼 인형은 집에 두고요. 엄마처럼 포근한 누나가 함께 가니까요. 아이는 누나와 함께 아무도 걷지 않은 눈밭에서 눈사람을 만들었어요. 그런데 눈사람 코를 구하러 숲 속에 들어간 누나가 토끼가 되어 나타났어요. 아이에게 토끼는 누구일까요?

골목길 풍경이 있는 그림책

『골목에서 소리가 난다』
김장성 글, 정지혜 그림, 사계절

골목길에는 골목길 특유의 냄새와 소리, 풍경이 있습니다. 골목길의 정겨운 소리만으로 그리운 추억을 불러오는 감성 그림책. 골목에 소리가 사라지면 골목을 이루는 집들도, 아이들도 사라지겠지요.

『어깨동무 내동무』
남성훈 글·그림, 문학동네어린이

밥 먹을 때 빼고는 골목에서 살았던 옛날 아이들, 그 아이들은 골목에서 해가 저물도록 무얼 하고 놀았을까요? 동네가 떠나갈 듯 놀았던 골목길의 옛날 놀이를 만나보세요. 구슬치기, 사방치기, 딱지치기, 두꺼비 집 짓기, 말뚝박기, 숨바꼭질, 땅따먹기 등.

『골목을 걷다』
남성훈 글·그림, 계수나무

미로처럼 구불구불 연결된 골목길 풍경이 어릴 적 뛰어놀던 바로 그 골목 같아요. '어 우리 동네잖아.' 할 정도로 골목길 풍경은 비슷하지요.
골목 어딘가에는 연탄집과 작은 슈퍼가 있고, 초록색 식물이 자라는 화분이 담벼락 밑에 줄줄이 놓여 있고, 볕 좋은 가을날이면 채반마다 고추와 나물이 널려있고. 어느 집 대문 앞에는 할머니가 앉아 계시고요. 애틋함과 그리움이 가득한 풍경들입니다.

『담』
지경애 글·그림, 반달

골목길에는 언제나 담벼락이 있습니다. 그 담벼락에 낙서하고 그림을 그리고 기대어 서 있었지요. 친구 같은 담벼락의 추억을 고요하게 그리고 있어요.

『나의 동네』
이미나 글·그림, 보림

"누구나 살아가다 보면 어느 순간 하던 일을 멈추고 잠시 과거로 돌아가 추억에 잠길 때가 있다."
그 과거의 추억 중에 빼놓을 수 없는 '나의 동네'가 있지요. 작가가 자신의 어린 시절에 보내는 그림책 편지입니다.

『골목이 데려다줄 거예요』 절판
길상효 글, 안병현 그림, 씨드북

아이들의 놀이터이자 신나는 숨바꼭질 놀이로 하루가 저물던 곳, 여기저기서 왁자한 수다와 웃음소리가 넘실대던 곳, 그곳 골목의 풍경이 빼곡하게 담겨 있습니다. 정겨운 골목 이야기를 만나보세요.

 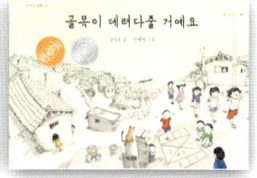

결혼과 탄생, 성장의 그림책

『엄마 아빠 결혼 이야기』

윤지회 글·그림, 사계절

아이들에게 결혼식장의 결혼식 장면은 언제나 신기합니다. 물론 엄마 아빠의 예쁘고 멋진 결혼사진은 더 흥미롭지요. 혹시나 좋아하는 여자 친구나 남자 친구가 있는 아이라면 더 호기심이 생깁니다. 엄마 아빠 결혼 앨범을 들추며 가족 간에 따뜻한 이야기꽃을 피울 수 있는 계기가 되어줍니다.

『엄마가 엄마가 된 날』

나가노 히데코 글·그림, 책읽는곰

엄마가 엄마가 된 날 엄마만의 감동과 설렘이 있겠지요. 사랑하는 아이에게 그 순간의 감동을 전해보세요. 『아빠가 아빠가 된 날』도 함께 읽어요.

『발걸음』

전선영 글·그림, 고래뱃속

통통한 다리로 엉금엉금 기다가 아장아장 걸음마를 떼던 감격의 순간이 담겨 있습니다. 우리 아이에게도 아장아장 발걸음을 얘기해주세요.

『무엇이 보이니?』

이주희 글·그림, 한림출판사

아기가 태어나면서부터 걸음마를 뗄 때까지 부모와 함께 하는 가슴 벅찬 감동이 담겨 있습니다. 다시 한 번 아기의 시선으로, 그때의 감동과 설렘에 젖어 보는 시간입니다.

『나는 뭐 잡았어?』

안순혜 글, 홍윤희 그림, 학고재

세상에 태어나 처음으로 맞이하는 동생 현이의 돌잔치 날이에요.

잔칫상 위에 쌀, 국수, 실, 떡, 돈 등을 올려놓는데, 아기가 손을 뻗어 처음 잡은 물건으로 아기의 미래를 축복했다지요. 이걸 '돌잡이'라고 하는데, 쌀을 잡으면 부자가 되고, 떡을 잡으면 먹을 복이 많고, 실이나 국수를 잡으면 명이 길고, 붓이나 책을 잡으면 학자가 된대요. 나는 무엇을 잡았을까요? 엄마에게 물어봐야겠어요.

『학교 가는 날』

송언 글, 김동수 그림, 보림

1960년대 아이 구동준과 2000년대 요즘 아이 김지윤의 초등학교 생활을 비교하여 담았어요. 아이가 그린 듯 투박한 그림 일기 형식이 더 정감 있게 다가옵니다. 엄마 아빠의 초등학교 이야기도 궁금해요.

엄마를 위한 책

『고향에서 놀던 때가 그립습니다』

이재연 글·그림, 소동

칠십이 다 되어 그림을 처음 배운 이재연 할머니의 어린 시절 이야기입니다.
가난한 농촌마을에서 자란 할머니는 1960년대 농촌의 사계절과 풍속을 60여 점의 그림으로 생생하게 담아냈어요. 가난했지만 즐거웠던 그때 그 시절로 돌아간 것 같은 따듯한 추억여행이 되어줍니다.

『동전 하나로도 행복했던 구멍가게의 날들』

이미경 저, 남해의봄날

시골 마을에는 점방이라 불리는 구멍가게가 있었습니다. 어릴 땐 그곳이 보물창고 같았지요. 돈만 있으면 무엇이든 살 수 있었으니까요.
군침이 도는 군것질거리도, 수업시간에 필요한 문구류도, 배꼽잡고 웃게 하는 만화책도, 집에서 필요한 생활용품도 있었지요. 돈이 넉넉해서 언제든 무엇이든 살 수 있었던 것도 아닌데, 그 구멍가게를 떠올리면 그냥 마음이 따스해집니다. 저만 그런 게 아니라 구멍가게의 추억이 있는 분이라면 같은 마음이라는 것이 마법과도 같아요. 사라져가는 것의 소중함 때문일까요?
여기 20년 동안 봄 여름 가을 겨울, 전국 구석구석 작고 낡은 구멍가게를 글과 그림으로 되살려낸 구멍가게의 추억을 만나보세요. 사라져가는 소중한 것들에 대한 애정과 안타까움, 따뜻한 행복이 담뿍 담겨 있어요. (첫 책에서 만난 구멍가게 주인들의 이야기를 담은 『오늘도 구멍가게 문 열었습니다』도 나왔어요.)

『어릴 적 그 책』

곽아람 저, 앨리스

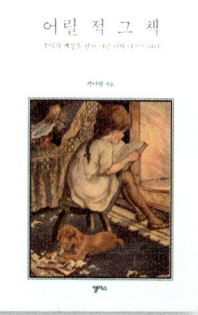

어린 시절, 나는 어떤 책들을 읽었을까? 바로 기억나지 않더라도, 줄줄이 기억이 나더라도 이 책을 펼쳐보세요. 책장을 펼치는 순간 아, 이 책! 하며 탄성을 지르게 됩니다.
계몽사에서 나온 〈어린이 세계의 명작〉과 〈소년소녀세계문학전집〉, 〈비밀의 화원〉, 〈초원의 집〉, 〈사자왕 형제의 모험〉….
그 시절의 옛날 판본을 볼 수 있는 책도 있어요.

069 유머의 매력

하하하히
히히히호
호호호하

아무리 먹음직스러운 음식도 간이 맞지 않으면 맛이 없거나 뭔가 허전합니다. 음식에 소금이 꼭 필요하다는 의미입니다. 웬 소금 이야기냐고요? 음식에 소금이 들어가야 제대로 맛있는 음식이 되듯 우리 삶에도 유머가 필요합니다. 유머가 없는 삶은 곧 기름칠 덜한 기계가 뻑뻑하게 돌아가다 어느 순간 고장이 나는 것과 같지요.

친구 사이, 가족 관계, 공적인 관계 등 모든 관계에서 유머 한 마디가 그 사이를 훨씬 부드럽게 합니다. 어느 공간이라도 유머가 흐르면 그 공간은 따뜻하고 풍요로워집니다. 아주 귀한 손님을 만나는 중요한 자리에서도 유머는 빛을 발하지요.

얼마 전 평화의 집에서 있었던 남북정상회담이 바로 적절한 예가 되겠네요. 세계의 눈들이 지켜보는 가운데 북한의 김정은 위원장이 던진 유머 한 마디로 세계가 한꺼번에 웃을 수 있는 엄청난 힘을 보여 주었습니다. 유머는 엉킨 실타래도 풀게 하는 부드러우면서도 강력한 힘을 가졌습니다.

이 세상에 놀기 위해 왔다는 아이들, 그 아이들이 즐겨 보는 그림책에 유머가 없다면 어떨까요? 유머는 그림책의 소금입니다.

『첫눈을 기다리는 코딱지 코지』

허정윤 글·그림, 주니어RHK

콧구멍 속에서 지내느라 한번도 눈을 본 적이 없는 코지는 하얀 눈을 꼭 한 번 보고 싶었어요. 하루는 코비랑 콧구멍 밖으로 놀러 나왔다가 온 세상이 하얀 눈을 만났어요. 기쁜 마음에 눈에 파묻혀 온 몸을 비벼대는데….

유머가 매력적인 그림책

『아무것도 아닌 단추』

캐리스 메리클 하퍼 글·그림, 북극곰

노랑이가 빨간 단추를 하나 가져와서는 친구들에게 아무것도 아닌 단추라고 합니다. 친구들은 흥미를 보이며 정말 아무것도 아닌 단추인지 알아보자며 눌러보는데….
아무것도 아닌 단추로 인한 소동에 처음부터 끝까지 자꾸만 웃게 됩니다. 정말 아무것도 아닌 단추일까요?

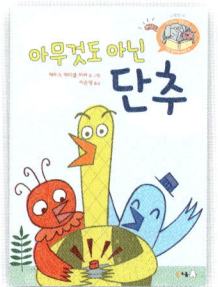

『비둘기야, 핫도그 맛있니?』

모 윌렘스 글·그림, 살림어린이

비둘기가 길에서 주운 핫도그를 맛있게 먹으려는 순간, 오리가 한입 먹고 싶어 말참견을 합니다. 절대로 핫도그를 빼앗길 수 없는 비둘기와 어떻게든 먹고야 말겠다는 각오로 덤비는 오리의 팽팽한 대화에 유머가 자르르 흐릅니다.

『우리 가족 납치 사건』

김고은 글·그림, 책읽는곰

어제도 야근했는지 퀭한 눈으로 출근하는 아빠, 슈퍼우먼으로 살아가는 엄마, 수학문제 푸느라 머리가 터질 것 같은 딸, 모두들 피곤하고 지친 하루를 살아가는 가족의 모습입니다.
그런데 이들 가족이 납치가 되었대요. 무슨 일일까요?

『행복한 가방』

김정민 글·그림, 북극곰

그림을 찬찬히 읽다 보면 웃음이 피식피식 나는 글 없는 그림책.
집에 가는 길, 오늘따라 책가방이 너무너무 무거운 아이는 가방을 재활용 상자에 살짝 얹어 놓아요.

『난 고양이가 싫어요!』
다비드 칼리 글, 안나 피롤리 그림, 책빛

작가의 반려묘 진저와 프레드 이야기예요. 언제나 모든 걸 엉망으로 만들지만, 결코 미워할 수가 없대요. 제목과 달리, 작가는 이들 고양이와 함께 하는 삶이 얼마나 행복하고 즐거운지 고양이에 대한 애정이 흘러넘쳐요.

『팥이 영감과 우르르 산토끼』
박재철 글·그림, 길벗어린이

산토끼들은 날마다 팥이 영감네 팥밭에서 몰래 팥을 따 먹었습니다. 화가 난 팥이 영감은 산토끼들을 잡기 위해 시체처럼 분장을 하고 누워 있었지요. 재미난 옛이야기와 익살스러운 그림이 깔깔깔 웃게 합니다.

『판다 목욕탕』
투페라 투페라 글·그림, 노란우산

동물원에서 지내던 판다 가족이 어느 날, 판다 전용 목욕탕에 갔어요. 판다만을 위한 전용 목욕탕의 풍경은 어떠할까요? 판다만의 특별한 비밀도 알 수 있어요.

『내 모자 어디 갔을까』
존 클라센 글·그림, 시공주니어

모자를 잃어버린 곰이 모자를 찾아 나섭니다. 곰은 숲속 동물들을 차례차례 만나 모자의 행방을 물어보는데….
생각지도 못한 결말에 깜찍한 재미가 있습니다. 은근한 유머라 해야겠네요.

『외뿔고래! 바다의 유니콘』
벤 클랜튼 저, 위즈덤하우스

외뿔고래와 해파리의 해저 모험 이야기. 사랑스러움과 귀여움, 상상과 유머가 가득한 이 책은 한 번 잡으면 멈출 수가 없어요. 두 번째 이야기『슈퍼 외뿔고래와 번개 해파리』도 있어요.

『나야? 고양이야?』

기타무라 사토시 글·그림, 베틀북

마녀의 실수로 니콜라스는 자신이 키우는 고양이 레오나르도와 몸이 바뀌게 됩니다. 니콜라스가 된 고양이가 학교에 가고, 레오나르도가 된 니콜라스는 온종일 고양이로 살아보는 거죠. 고양이의 일상이 촘촘하게 펼쳐집니다. 그날 저녁, 마녀는 주소를 잘못 찾았다며 주문을 외우는데….
다음엔 누구 차례일까요?

『간식을 먹으러 온 호랑이』

주디스 커 글·그림, 보림

아이가 엄마랑 간식을 먹고 있는데 호랑이가 찾아왔어요. 배가 고픈 호랑이는 집 안에 있는 음식이란 음식은 몽땅 다 먹어치웠지요. 수돗물까지 다 마셔 버리는데….
유쾌하면서도 따뜻한 이야기예요.

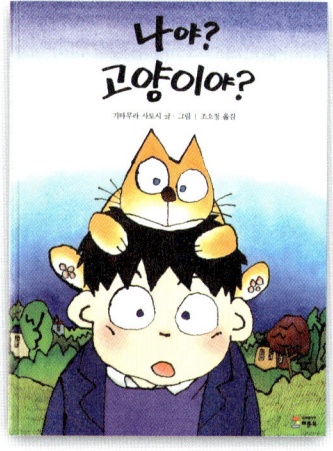 

더 읽어 보아요

『조지와 마사』
제임스 마셜 글·그림, 논장

『다시 돌아온 조지와 마사』
제임스 마셜 글·그림, 논장

『화장실 좀 써도 돼?』
세르지오 루치에르 글·그림, 미디어창비

『곰아 놀자』
조리 존 글·그림, 북극곰

『깜박깜박 도깨비』
권문희 글·그림, 사계절

『꿈틀이랑 사과랑』
마티외 라브와 글·그림, 북극곰

『팔딱팔딱 목욕탕』
전준우 글·그림, 고래뱃속

『동동이와 원더마우스』
조승혜 글·그림, 북극곰

『김수한무 거북이와 두루미 삼천갑자 동방삭』
소중애 글, 이승현 그림, 비룡소

070 인간과 동물의 공존

동물들 마음에
다가가는 그림책

　출간되는 책들을 보면 사회의 중점 이슈를 알 수가 있습니다. 최근 몇 년간 눈에 띄게 늘어나는 주제가 있습니다. 동물 복지나 반려동물, 유기동물에 대한 책들입니다. 2018년 대전동물원에서 탈출 4시간 만에 사살된 퓨마나 조류독감이나 구제역으로 인한 가축들의 살처분 기사를 접하면서 동물들의 복지를 생각하지 않을 수 없습니다.

　반려동물 인구 천만시대를 맞이하면서 가족이나 다름없는 반려동물을 떠나보내고 상심하는 사람도 많아지고 있습니다. 그에 따른 유기동물 문제도 심각하고요. 특히, 길고양이 학대와 캣맘과 지역주민과의 갈등은 단골 뉴스거리이기도 합니다. 사람들의 도움 없이는 살아갈 수 없는 길고양이들, 무한 사랑과 학대라는 양극단의 처지에 놓여 있습니다.

　다행인 건 길고양이 한 마리를 집안에 들이면서 행복한 삶을 꿈꾼다거나 고양이마을 프로젝트로 마을 전체가 따뜻한 공동체를 일궈나간다거나 하는 소식이 간간이 들립니다. 생명이 또 다른 생명을 돌본다는 건 개인적으로나 사회적으로 엄청난 변화를 가져옵니다. 온기 있는 생명을 품는 것만으로도 설명할 수 없는 따뜻한 위로를 경험하지요. 한 번이라도 그 맛을 본다면 사람과 동물의 행복한 공존이 그리 어렵지 않을 것입니다.

『우리 여기 있어요, 동물원』

허정윤 글, 고정순 그림, 킨더랜드

아이와 함께 동물원에 갈 계획이라면, 아니 벌써 다녀왔다면 한 번쯤 봐야 하는 동물원 그림책.

동물원은 동물들의 집일까요? 아니면 동물들을 가둬놓는 곳일까요? 동물들을 보호하는 곳일까요? 많은 질문을 품은 좋은 그림책입니다.

동물과의 공존을 생각하는 그림책

『콰앙!』

조원희 저, 시공주니어

콰앙! 소리에 아이가 쓰러집니다. 곧 사람들이 몰려들고 아이의 엄마가 달려오고 구급차와 경찰차가 출동합니다. 또 콰앙! 소리에 아기고양이가 쓰러집니다. 또 사람들이 몰려들지만 이번에는 아무 일 아니라는 듯 곧 흩어집니다. 똑같은 상황인데 아기고양이는 계속 홀로일까요?

『지혜로운 멧돼지가 되기 위한 지침서』

권징민 글·그림, 보림

어느 날 갑자기 집을 잃은 멧돼지 가족. 그들은 용감하게도 새로운 집을 찾아 도시 한복판으로 들어옵니다. 어쩐지 서글프고 어쩐지 미안하고, 용감무쌍한 그들의 모험이 흥미진진하기도 하고. 여러 감정이 휘몰아칩니다. 멧돼지 가족은 왜 집을 잃었을까요? 새 보금자리를 찾았을까요?

『잘 가, 안녕』

김동수 글·그림, 보림

로드킬 당한 강아지를 리어카에 실어 집에 데리고 가는 할머니. 할머니 집에는 이미 로드킬 당한 동물들이 많습니다. 길에 나뒹구는 주검을 거두어 찢긴 몸을 꿰매고 붕대를 감아 원래대로 돌려놓아요. 그러고는 이른 새벽, 장례를 치르지요. 마음이 숙연해지는 시간입니다.

『가족이 된 고양이 모냐와 멀로』

김규희 글·그림, 살림어린이

길고양이 모냐를 집 안에 들이고, 뒤이어 멀로도 데려와 가족이 되는 이야기.

서로 서먹하던 모냐와 멀로가 천천히 스미듯 가족이 되어가는 모습에 보는 이도 덩달아 마음이 훈훈해집니다.

『안젤로』

데이비드 맥컬레이 저, 북뱅크

성당 외벽을 고치는 일을 하는 안젤로는 병들어 죽어가는 새 한 마리를 발견하고는 집에 데려옵니다. 정성스러운 간호로 다시 건강해진 새는 안젤로와 서로 의지하며 친구로 지내지요.

그런데 점점 쇠약해져 가는 안젤로는 홀로 남겨질 새를 위해 마지막 선물을 준비하는데….

『밴드 브레멘』

유설화 글·그림, 책읽는곰

세계 옛이야기 〈브레멘 음악대〉의 네 동물은 여전히 쓸모없음으로 주인에게 버림을 받습니다. 그들은 외칩니다. 우리도 굶으면 배고프고, 맞으면 아프다고요.

네 동물과 비슷한 처지의 네 사람이 〈밴드 브레멘〉을 결성하여 희망의 노래를 들려줍니다.

『앵커 씨의 행복 이야기』

남궁정희 글·그림, 노란돼지

행복한 늑대 앵커 씨는 공장식 동물농장의 실태를 고발하는 신문기사를 쓰다가 생각에 잠깁니다. 사람과 동물들이 함께 행복하게 살아갈 수는 없을까? 하고요. 그러고는 앵커 씨가 할 수 있는 일을 실천에 옮깁니다.

동물들의 희생으로 풍족하게 살아가는 우리는 무엇을 할 수 있을까요?

『터널』

헤게 시리 글, 마리 칸스타 욘센 그림, 책빛

토끼 두 마리가 땅을 팝니다. 저 푸른 풀밭으로 가기 위해 터널을 만드는 겁니다. 그러면서 생각합니다. 길 위에 쓰러진 고양이와 다람쥐와 여우의 모습을. 인간들 때문에 자꾸만 위험에 처하는 동물들이 늘어갑니다.

『고라니 텃밭』

김병하 글·그림, 사계절

화가 김씨 아저씨는 작업실 옆에 텃밭 농사를 시작했습니다. 감자와 옥수수, 상추를 심고 수확할 날만 손꼽아 기다립니다. 그런데 밤새 고라니가 뜯어먹어 텃밭은 엉망이 되고 말지요. 심으면 뜯어먹고 또 심으면 뜯어먹고. 김씨 아저씨, 마침내 좋은 생각을 해냅니다.

『레츠와 고양이』 동화

히코 다나카 글, 요시타케 신스케 그림, 주니어RHK

일곱 살인 레츠가 다섯 살 때 일을 들려줍니다. 엄마가 오이 같은 초록색 눈을 가진 아기고양이를 데려오면서부터 이야기는 시작돼요. 레츠가 아기 고양이와 둘도 없는 친구가 되어가는 과정이 사랑스럽게 그려집니다.

『안녕, 폴』

센우 글·그림, 비룡소

버려진 알들을 홀로 돌보던 아기 펭귄 폴이 남극 기지 대원들의 도움으로 알을 지켜내는 따뜻한 이야기.
알을 따뜻하게 품던 펭귄들은 왜 알들을 버린 걸까요? 이유를 알고 나면 펭귄들에게도 미안해집니다.

『닭답게 살 권리 소송 사건』 동화

예영 글, 뜨인돌어린이

인간의 풍요로운 삶을 위해 고통스러운 삶을 살고 있는 동물들의 이야기 6편이 담겨 있습니다.
평생 알만 낳다가 죽는 산란닭, 화장품 안정성을 검증하기 위한 실험동물, 유기견, 동물원의 동물들, 사람들의 오락거리인 경주마, 산 채로 털가죽이 벗겨지는 모피 동물 등 인간의 이기심에 희생되는 동물들의 이야기를 들어보세요.

『생태 통로』

김황 글, 안은진 그림, 논장

동물들의 서식지가 도시화가 되면서 새로 생긴 말 '생태통로'는 동물들이 안전하게 이동할 수 있는 길을 말합니다. 생태통로는 땅에도 있고 하늘에도 있고 물속에도 있답니다. 생태통로를 이용하는 동물들을 만나볼까요?

071 즐거운 생일날

해피
그림책 데이
투 유

생일이라면 아이들은 주로 선물이나 케이크, 파티를 떠올립니다. 어떤 선물을 받을까? 어떤 케이크를 먹을까? 누구를 초대하고 어떤 파티를 열까? 하고요. 물론 아이들에게는 이런 것들이 크나큰 즐거움이고 축하를 충분히 누릴 권리가 있지요. 탄생에 대한 축하는 소중한 존재 자체에 대한 인정이니만큼 더할 나위 없이 중요합니다. 하지만 자칫하면 선물이나 화려한 파티에만 초점이 맞춰지는 요란한 빈 수레가 될 수 있어요. 이렇게 기쁘고 즐거운 생일을 계기로 조금만 신경을 쓰면 조금 더 풍성하고 의미 있는 생일을 맞이할 수가 있을 텐데요.

생일이 언제 올까? 손꼽아 기다리며 마음껏 상상하는 상상 놀이도 빼놓을 수 없지만, 내가 태어나던 감격스러운 날을 엄마 아빠와 함께 추억해보는 겁니다. 내가 태어나면서 엄마는 엄마가 되었고 아빠는 아빠가 되었을 테니까요. 또한 풍성한 나의 생일 파티로 인해 혹시 소외되거나 상처 받는 친구가 있지는 않을까 돌아보면 좋겠어요. 실제로 우리 주변에는 자신의 생일인지도 모르는 채 그냥 지나가는 아이들도 있으니까요. 생일날을 기다리는 게 지루하게 느껴진다면 그림책을 펴세요. 어느새 생일이 성큼 다가와 있을 거예요. 생일에 대한 설렘과 기쁨뿐 아니라 마음도 한 뼘 성장할 수 있습니다.

『내 생일은 언제 와요?』

줄리 폴리아노 글, 크리스티안 로빈슨 그림, 미디어창비

생일을 기다리는 아이의 설렘을 경쾌하게 담아냈어요. 보면 볼수록 고요하게 기분이 좋아지는 우아한 그림책이란 생각이 떠나질 않아요. 언어를 매만지는 솜씨가 남다른 글작가 줄리 폴리아노와 감각적이고 세련되면서도 차분한 그림의 크리스티안 로빈슨이 함께 빚어낸 작품이라 그러하겠지요.

생일에 대한 그림책

『너의 날』

노인경 글·그림, 책읽는곰

세상에서 단 하나뿐인 나, 일 년에 딱 한 번뿐인 생일의 설렘을 흠뻑 즐길 수 있는 행복한 책이에요. 어떤 선물을 받게 될까, 기대도 하지만 아무도 내 생일을 기억하지 못할까 봐 걱정이 되기도 해요. 그래도 생일은 아주아주 특별하니까, 빌어 볼 소원도 생각해놔야 해요. 선물하기에 좋은 책.

『나, 꽃으로 태어났어』

엠마 줄리아니 글·그림, 비룡소

한 송이 꽃이 자신의 반짝이는 삶을 시처럼 노래하고 있어요. 기쁨과 감사로 가득한 삶을 향한 꽃의 고백이 우리 마음 또한 아름답게 물들입니다. 소중한 사람에게 생일선물로 좋아요. 책만 전하는 게 아니라 꼭 읽어주어야 해요.

『네가 태어난 날엔 곰도 춤을 추었지』

낸시 틸먼 글·그림, 내인생의책

내가 태어난 날 곰이 춤을 추었다니, 제목만으로도 기분이 날아갈 것 같아요. 덩치 큰 곰이 춤을 추는 걸 상상하면 웃음이 나오기도 하지만요.
시적인 글을 보면 생일선물보다도 케이크보다도 이 책이 더 좋아질지도 몰라요. 내가 태어난 그날 밤, 달은 깜짝 놀라며 웃었고 별들은 살그머니 들여다봤고, 밤바람은 이렇게 속삭였대요.
"이렇게 어여쁜 아기는 처음 봐!"

『세상에서 두 번째로 신기한 일』

이성실 글, 오징림 그림, 밝은미래

엄마가 아이에게 세상에서 두 번째로 신기한 일들을 줄줄이 들려줍니다.
곰, 거미, 늑대, 고슴도치 등 동물들의 신기한 생태에 대해. 그럼 세상에서 첫 번째로 신기한 일은 무엇일까요?

『달에서 생일 파티를 한다면?』
조이스 라핀 글, 시모나 체카렐리 그림, 풀빛

달에서 내 생일파티를 연다면 어떨까요? 상상만으로도 신이 납니다. 그런데 한 가지, 달에 대해 모든 것을 알아야 해요. 그래야 즐거운 계획을 세울 수 있으니까요. 가장 신나는 일은 생일 파티를 길게 한다는 거예요. 달에서의 하루는 709시간이나 되니까요.

『깜짝 선물』
이솔 글·그림, 상상의힘

어느 날 니노는 옷장 안에서 선물 상자를 발견했어요. 니노의 생일 선물이 틀림없어요. 바로 내일이 니노의 생일이거든요. 마침 집에는 아무도 없고 니노는 선물 상자에 뭐가 들었을지 너무 궁금해요. 만약 초콜릿이라면? 고양이라면? 소리를 들어보기도 하고 굴려보기도 하면서 상상의 나래를 펼쳐요.

『가장 완벽한 생일 케이크』
앨리슨 레이놀즈 글, 미키 버털리 그림, 키즈엠

커다란 곰 피클과 브리는 함께 사는 가장 친한 친구예요. 하지만 아무리 친하다 해도 가끔씩 의견이 다를 때도 있어요. 피클이 펭귄 제이슨을 위해서 벌꿀 케이크를 만들고 있는데 브리가 생일에는 초콜릿 케이크가 최고라며 3단 케이크를 만들어요. 피클은 친구 브리의 마음을 상하게 하지 않으려고 자신이 만든 벌꿀 케이크는 구석으로 살며시 밀쳐놓지요. 제이슨은 어떤 케이크를 좋아할까요?

『숲속의 생일 초대』
문정희 글, 한병호 그림, 바우솔

문정희 시인의 시 그림책. 오늘은 숲속에 사는 곰의 생일이에요. 곰은 친구들을 숲으로 초대했습니다. 하늘, 바다, 땅에 사는 친구도, 봄, 여름, 가을, 겨울 나라의 친구도, 낮에 잠자고 밤에 일하는 친구도 초대했어요.
내가 태어난 날이 생일이지만, 동시에 지구상의 모든 생명체와 내가 함께 살아가게 되는 날이기도 하다는 것을요. 그러니 나처럼 다른 생명체도 모두 소중하다는 것을요.

『범블아디의 생일 파티』
모리스 샌닥 글·그림, 시공주니어

범블아디의 아홉 번째 생일이에요. 범블아디는 지금껏 한 번도 생일파티를 해 본 적이 없대요. 가족 중 그 누구도 범블아디의 생일에 관심이 없었고, 설상가상으로 가족을 모두 잃게 되었으니까요. 범블아디를 입양한 고모는 생일을 진심으로 축하해주었고, 그 기쁨에 범블아디는 아주 특별한 생일 파티를 열려고 해요. 세상에 태어나 처음으로 여는 범블아디의 아홉 번째 생일 파티, 우리도 축하해주러 갈까요?

『눈 오는 날의 생일』
이와사키 치히로 글·그림, 프로메테우스

토토는 자신의 다섯 번째 생일 전날, 친구 생일파티에서 자기도 모르게 촛불을 끄고 맙니다. 미안하고 창피한 마음에 생일파티도 선물도 필요 없다며 토

라져 있습니다. 그러나 하얀 눈만은 내리게 해달라는 소원을 빌어요. 토토의 소원이 이루어질까요?

『아빠가 아빠가 된 날』
나가노 히데코 글·그림, 책읽는곰

아이가 태어나던 날의 이야기를 아빠의 마음으로 들려주는 이야기예요. 아이에게는 자신이 얼마나 큰 기대와 사랑 속에서 태어났는지를 일깨워 주고, 아빠에게는 아이를 처음 만난 순간을 떠올리며 아이에 대한 사랑을 되새기게 합니다. 아이가 물었어요.

"아빠는 엄마처럼 직접 아기를 낳은 것도 아닌데, 어떻게 아빠가 된 걸 알았어요?"
아빠는 뭐라고 답했을까요? 『엄마가 엄마가 된 날』도 함께 읽어요.

『에란디의 생일 선물』
안토니오 에르난데스 마드리갈 글, 토미 드 파올라 그림, 문학동네

고기잡이 엄마와 단둘이 살고 있는 에란디는 일곱 번째 생일 선물로 옷과 인형을 받고 싶지만 엄마에게 얘기하지 못합니다. 가난한 엄마에게는 새 그물 살 돈이 더 급할 테니까요. 참으로 속 깊고 따뜻한 아이지요. 그런 에란디의 마음을 아는 엄마는 에란디에게 옷을 사 주고는 그물 살 돈을 마련하기 위해 이발소로 갑니다. 머리카락을 자르면 저주를 받는다는 믿음이 퍼져 있던 시절이지만 가난한 살림 때문에 머리카락을 팔기 위해서지요. 잠시 후 두 사람은 에란디의 인형을 사러 다시 가게로 갑니다. 그물과 인형을 모두 살 수 있을 만큼 많은 돈이 생겼거든요. 그런데 엄마의 머리카락이 그대로예요. 이발소에서 어떤 일이 있었던 걸까요?
가난하다고 해서 결코 행복하지 않은 게 아니라, 오히려 가난해서 더 행복한 엄마와 에란디를 만날 수 있어요.

『내게 아주 특별한 선물』
베라 B. 윌리엄스 글·그림, 느림보

로사네 가족들은 유리병에 동전을 모읍니다. 이번에는 그 돈으로 곧 다가올 로사의 생일 선물을 사기로 했습니다. 로사는 온 가족이 마음으로 모은 귀한 돈으로 무엇을 사야 할까, 망설이고 또 망설입니다. 롤러스케이트? 원피스? 여행 가방? 유리병 속의 돈은 그냥 돈이 아니라, 가족들의 사랑이라 여기고 생일선물 하나에도 신중하게 생각하는 로사가 너무도 사랑스럽습니다. 별한테 소원을 빌면 들어줄 거라는 엄마의 말에 로사는 별에게 소원을 말하는데….
가족의 사랑을 더 진하게 느낄 수 있는 아주 특별한 생일날 이야기입니다.

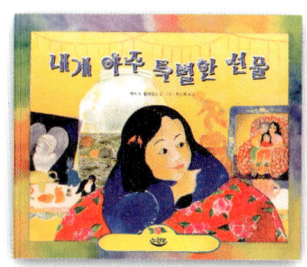

『나중에 엄마』 동화
김다노 글, 오정택 그림, 주니어RHK

개를 키우고 싶다고 조르는 바로에게 엄마는 '나중에, 열 살이 되면'이라고 말했어요. 오늘은 바로가 그토록 기다리던 열 살 생일날이에요.
그런데 엄마는 책 한 권을 생일선물로 내밀고, 개는? 이라고 묻는 바로의 말에 또 '나중에'라고 말합니다. 너무 화가 난 바로는 엄마 밉다며 소리를 지르고, 마침 그때 바람이 휙 불어오더니 엄마가 햄스터로 변해버리는데….
'나중에 어른'들이 봐야 될 책인 것 같아요.

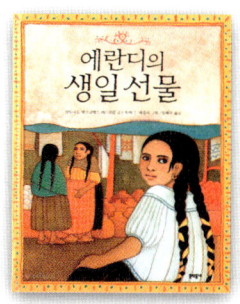

072 일주일의 북큐레이션

월화수목금금
토일일

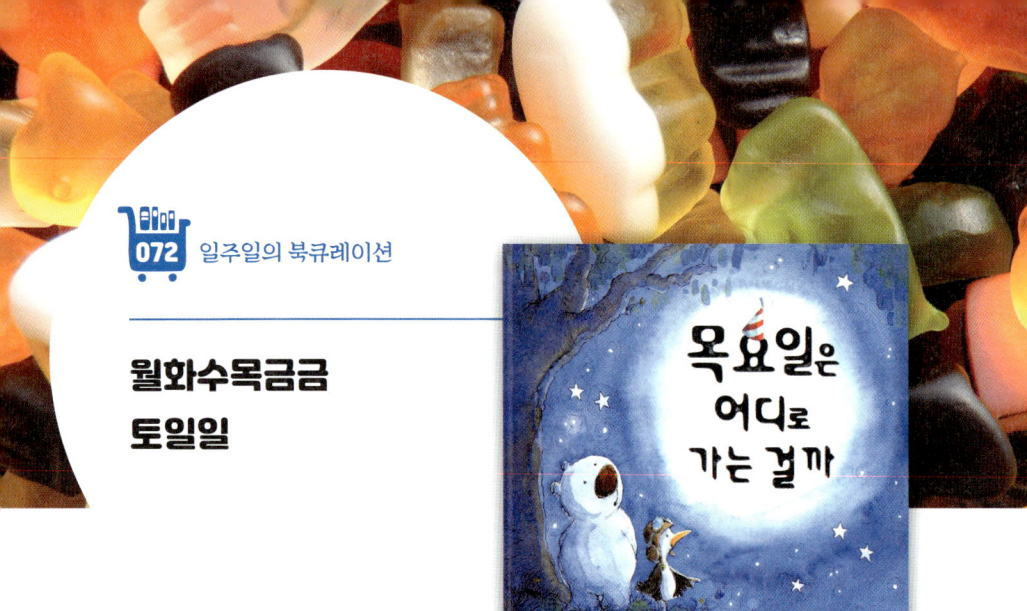

　바람도 좋고 햇살도 적당히 좋은 날, 마루에서 뒹굴뒹굴하다가 어느새 시선은 그림책이 가득한 책장에 닿았습니다. 그날따라 유난히 눈길을 끈 그림책은 『목요일은 어디로 가는 걸까』입니다.
　아이가 월화수목금토일, 일주일의 개념을 막 알아갈 즈음 한참 흥미롭게 읽었던 기억에 혼자서 빙긋이 웃다가 바로 옆에 꽂힌 그림책 제목을 주문을 외듯 읊조렸습니다.
　월, 요, 일, 아, 침, 에.
　순간 가슴 졸이며 읽었던 동화 『화요일의 두꺼비』가 떠올랐고, 그때부터 재미난 상상을 했습니다. 목요일, 월요일, 화요일, 그렇다면 그림책 제목만으로 '화수목금토일'을 엮어서 큐레이션을 해 볼 수 있겠다고요. 요일 이름을 가진 그림책과 동화책, 어른을 위한 에세이를 찾아놓고 보니 수요일과 금요일은 슬픔의 요일로 가슴 속에 남아 있습니다.
　어느 요일을 가장 좋아하세요?
　가능하다면 주말이 시작되는 금요일은 조금 더 길었으면 좋겠고, 일요일은 월요일을 앞두고 있기에 조금 더 길었으면 하는 바람입니다. 그래서 '월화수목금금토일일'이 되었으면 좋겠습니다.

『목요일은 어디로 가는 걸까』

재닌 브라이언 글, 스티븐 마이클 킹 그림, 국민서관

목요일은 스플로지의 생일날, 친구들에게 선물과 뽀뽀도 받고 즐거운 놀이와 맛있는 음식으로 가득한 신나는 하루였습니다. 매일 매일이 목요일이었으면 좋겠는데, 금요일이 오기 전에 목요일은 어디로 가는 걸까요?

월화수목금토일, 요일에 대한 그림책

『월요일 아침에』

유리 슐레비츠 글·그림, 미래아이

비가 세차게 내리는 월요일 아침, 아이는 말합니다. 왕과 왕비가 자신을 만나러 왔는데 못 만났다고요. 월요일부터 요일이 바뀜에 따라 왕실 사람들의 행렬은 한 명씩 더 늘어나고 마침내 모두가 모인 일요일에서야 아이는 손님들을 만나게 됩니다.
어찌 된 일일까요? 현실 속의 아이는 늘 혼자인데 말이지요. 쓸쓸하고 외로운 아이가 펼치는 상상 이야기입니다.

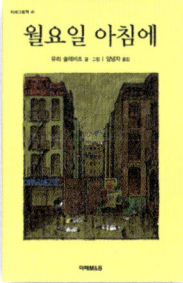

『오늘은 월요일』

에릭 칼 글·그림, 더큰

요일 개념을 재미있게 배울 수 있는 에릭 칼의 그림책입니다. 월요일에는 깍지콩을 먹는 고슴도치, 화요일에는 스파게티를 먹는 뱀, 목요일에는 구운 쇠고기를 먹는 고양이, 토요일에는 닭고기를 먹는 여우 등이 등장하여 동물과 음식을 연결해 요일을 흥미롭게 보여줍니다.

『월요허구』 소설

김종완 저, 헤르츠나인

사랑하는 사람을 눈앞에서 보고 있는데도 그 사람이 더없이 그리워질 때가 있습니다. 가닿을 수 없는 어떤 간격에 대한 이상한 허기. 그것은 월요일의 느낌과 닮아있습니다. 68편의 몽상적인 이야기와 몽환적인 그림이 어우러진 초단편 몽상소설집입니다.

『이상한 화요일』

데이비드 위즈너 글·그림, 비룡소

화요일 8시 즈음, 개구리와 두꺼비가 하늘로 붕 떠오릅니다. 밤새도록 신나는 비행을 하다가 새벽 동이 틀 무렵 마법이 풀린 것처럼 떨어집니다. 참으로 이상한 화요일이죠? 다음 주 화요일 저녁, 이번에는 농장에서 뭔가가 붕 떠오르는데….

『화요일의 두꺼비』 동화

러셀 에릭슨 글, 김종도 그림, 사계절

올빼미가 천적 관계인 두꺼비를 잡아놓고 자신의 생일날인 화요일에 잡아먹겠다며 달력에 표시해두고 하루하루 카운트다운을 해나갑니다. 곧 잡아먹힐 처지임에도 두꺼비는 올빼미를 위해 따뜻한 차를 끓이고 집안을 깨끗이 청소하고 재미난 이야기를 들려줍니다.

『화요앵담』 소설

안영실 저, 헤르츠나인

나른한 화요일을 깨우는 새콤달콤한 앵두 맛 이야기래요. 초단편소설이니 빠알간 앵두 한 알 따먹듯 한 편씩 잠깐잠깐 읽기에 좋아요.

『수요일을 싫어하는 고양이』

박현숙 글, 엄정원 그림, 다림

독일의 유기동물보호소 티어하임을 배경으로 버려진 고양이 미미와 한국에서 온 민호의 우정과 성장을 그리고 있어요. 낯선 나라에서 적응하느라 힘든 민호는 상처 입은 미미에게 그림책을 읽어주면서 서로의 상처를 보듬고 치유해가요. 책 마지막에 독일의 특별한 유기동물 보호소 이야기가 있어요.

『수요일의 눈물』 동화

최은영 글, 허구 그림, 바우솔

위안부 피해 할머니들의 이야기를 담은 역사 동화입니다.
일본군 위안부 할머니들의 공동체인 나눔의 집에서 잠깐 살게 된 어린 봄이를 통해 할머니의 이야기를 들려줘요. 왜 수요일의 눈물인지도 함께요. 위안부 할머니들의 이야기 『나는 수요일의 소녀입니다』(안미란 글, 이경하 그림, 개암나무)도 있어요.

『수요일의 전쟁』 동화

게리 D. 슈미트 글, 주니어RHK

셰익스피어의 작품을 읽으며 성장하는 사춘기 소년의 이야기.
셰익스피어라니, 따분하겠다고요? 주인공 소년이 그랬어요. 마지못해 읽은 〈베니스의 상인〉이 재밌다고요. 다음으로 읽은 〈템페스트〉는 더 재미있대요. 소년의 현실과 맞물리면서 소년은 셰익스피어의 작품에 점점 빠져들게 돼요. 방대한 분량이지만 유쾌한 소동과 유머가 가득해 읽고 나면 뿌듯하면서도 기분 좋아지는 책. 초등 고학년 이상.

『목요일 덕분이야!』

패트리샤 폴라코 글, 그림, 미래아이

무엇이, 어떻게 목요일 덕분이라는 건지 제목이 참 궁금증을 자아냅니다.
목요일은 눈곱이 잔뜩 끼고 비쩍 마른데다 진드기 투성이인 아기고양이 이름이랍니다. 이 못생긴 아기 고양이 목요일이 한 사람의 인생을 바꾸고 주변 사람들에게 전하는 따뜻한 위로와 즐거운 이야기를 기대하세요.

『금요일엔 언제나』
댄 야카리노 글·그림, 북극곰

금요일마다 아침 일찍 아빠랑 집을 나서는 아이가 있어요. 아무리 추워도 비가 내려도 나간대요. 아이는 이런 금요일을 가장 좋아하고요. 아빠와 아들의 사랑스러운 이야기라는데, 도대체 어디를 가서 무엇을 하는 걸까요?

『금요일에 읽는 가족의 시』 시집
김태훈 엮은이, 아르테

주말에 대한 기대로 마음이 넉넉한 금요일, 온 가족이 식탁에 둘러앉아 사랑과 감사와 위로의 마음을 담은 시 한 편 소리 내어 읽는 건 어떨까요? 가슴 뭉클한 감동을 주는 시는 처음이라고 말할지도 몰라요.

『금요일에 만난 개, 프라이데이』 동화
힐러리 매케이 글, 오승민 그림, 시공주니어

바닷가 마을에서 엄마와 단둘이 외롭게 살아가는 로빈. 어느 날 이웃집에 떠들썩한 왈가닥 4남매가 이사 오면서 매일매일 시끌벅적한 소동이 벌어집니다. 거기에 바닷가를 떠도는 개, 프라이데이까지 받아들인 로빈에게 어떤 변화가 일어날까요?

『토요일의 기차』
제르마노 쥘로 글, 알베르틴 그림, 문학동네어린이

신나는 토요일에 기차라니? 누군가 기차여행을 떠나는 걸까요?
엄마와 아이가 손을 잡고 기차역에 가더니 아이 혼자서 기차에 오릅니다. 아이는 시골에 있는 할머니 댁에 가는 거래요. 혼자 기차를 탄 아이는 기차 안에서 많은 생각을 합니다. 기차에서 내릴 때쯤엔 마음이 성큼 자라 있을 만큼 속 깊은 생각들을 펼쳐냅니다. 아이와 함께 기차에 올라볼까요?

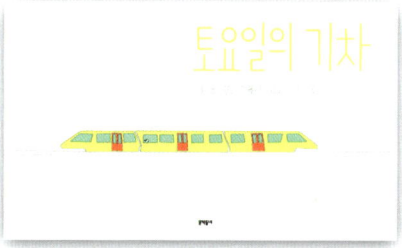

『금요일의 영웅』 동화
다니엘르 시마르 글, 개암나무

다가오는 금요일은 반 친구들 앞에서 자기 자신에 대해 5분 말하기를 해야 합니다. 줄리앙은 한숨을 푹푹 쉬며 고민에 빠졌습니다. 아무리 생각해도 자신이 뭘 잘하는지, 자신의 숨겨진 모습이 어떠한지 알 수가 없거든요. 사실 줄리앙은 책 읽기와 모험을 좋아하고 상상 속에서 자신을 영웅이라 생각하는데, 어쩐지 그런 것은 발표하기가 창피하다고 생각합니다. 그래서 누나가 만든 멋진 작품을 학교에 가져가는데….
자신의 진짜 모습에 대해 진지하게 생각하게 합니다.

『아빠와 토요일』
최혜진 글·그림, 한림출판사

엄마가 없는 토요일, 아빠와 무얼 하고 놀까요?
엄마가 여행을 떠나고 집에는 아빠와 콩이만 있어요. 콩이는 아빠와 즐겁게 놀 생각에 들떠있는데 아빠는 스마트폰만 쳐다봅니다. 한껏 토라진 콩이는 아빠를 이끌고 놀이터로 향하는데….

『토요일의 보물찾기』 동화

베치 바이어스 글, 이정은 그림, 큰북작은북

토요일, 단짝 친구인 잭슨과 고트는 서로가 좋아할 만한 물건을 꼭꼭 숨겨 놓고는 보물지도와 수수께끼를 단서로 숨겨진 보물을 찾으며 하루를 신나게 보냅니다. 하지만 어쩌면 좋아요? 고트에게 꼭 주고 싶은 보물로 잭슨이 숨긴 것을 고트의 누나가 가로채 감춰버렸는데 말이에요.

『일요일이 좋아!』

프란 프레스톤 개논 글·그림, 풀과바람

고양이 포와 페퍼가 가족이 되는 과정을 유쾌하게 보여줍니다. 친숙한 고양이를 통해 동생에게 갖는 질투, 시기 등의 감정을 거울처럼 느끼면서 형제가 있다는 게 얼마나 즐거운 일인지를 자연스럽게 알게 합니다.

『바무와 게로의 일요일』

시마다 유카 글·그림, 중앙출판사

비가 오는 일요일, 바무는 밖에서 뛰어놀 수 없으니 집 안을 청소하고 책을 읽기로 마음먹어요. 그런데 바무가 청소를 끝내자마자 밖에서 진흙투성이로 돌아온 게로가 집 안을 엉망으로 만들어 버려요. 그래도 바무는 화도 내지 않고 게로를 깨끗이 씻어 주고 함께 간식을 만들어요. 그러고는 다락방으로 가서 책 읽기를 시작해요. 바무와 게로는 끝까지 책을 조용히 읽을 수 있을까요? 뭔가 신나는 일이 기대됩니다.

『일요일 아침 일곱 시에』

김순이 글, 심미아 그림, 보림

일요일 아침 일곱 시, 평소보다 조금 일찍 눈이 떠진 아이는 침대에 앉아 창밖을 바라봅니다. 방에는 아직 어둠이 머물러 있고 밖에는 비가 내립니다. 평소와 달리 뭔가 낯설게 느껴진 아이는 문득 궁금해집니다. 이 세상 모든 곳에 비가 내리는 건 아니겠지? 하고요. 그러고는 끝없이 생각의 가지를 뻗어갑니다. 가끔 이런 느낌, 이런 시간이 찾아옵니다. 1년 중 일요일 아침 일곱 시에 비가 내리는 날이 며칠이나 될까요? 맞춤하여 꼭 그런 날 그 시간에 읽어보고 싶은 책입니다.

『인생의 일요일들』 에세이

정혜윤 저, 로고폴리스

"달콤한 것도 같고 잘 마른 빨래에서 나는 냄새 같기도 하고 낯익은 침대에서 나는 냄새 같기도 하고. 이건 뭐지? 아, 이건 일요일의 냄새잖아!"
삶을 잘 겪어내는 법과 다친 마음을 스스로 치유하는 법을 찾는 생각 여행을 담은 정혜윤의 편지글.

『월화수토토토일』 동화

신채연 글, 신민재 그림, 좋은책어린이

병만이는 일요일 밤이 되면 슬슬 배가 아프기 시작하고 금요일이면 조금 덜 아파요. 병만이는 우연히 '월화수토토토일 학교'를 알게 돼요. 공부도 3일, 토요일도 3일, 일요일은 보너스라는 아주 공평하고 환상적인 학교예요. 설렘과 기대로 가득 차서 특별한 학교에 찾아간 병만이, 학교생활은 어떨까요?

073 꼬맹이 그림책

꼬맹이 그림책들, 햇살 나들이

크기가 너무 작은 책들은 큰 책들 사이에 파묻혀 발견하기가 무척이나 어렵습니다. 책 제목을 정확하게 알아도 겨우겨우 찾아내야 해요.

깜깜한 어둠 속에 갇혀 있는 꼬맹이 책들도 밝은 햇살이 그립답니다. 작은 고추가 맵다는 속담도 있듯이 꼬맹이 책들도 몸피는 작아도 책으로서의 역할을 톡톡히 할 만큼 글과 그림 모두 멋지거든요.

상상해보세요. 따듯한 봄날 노란 병아리들 오종종 산책하듯 꼬맹이 책들이 햇살 가득한 창가에 올망졸망 해바라기 하는 모습을요. 아름다운 풍경 하나가 연출되는 순간이지 않을까요? 공공도서관에서 꼬맹이 그림책 전시를 볼 수 있기를 기대합니다.

『사탕』

실비아 반 오먼 글·그림, 월천상회

두 친구 오스카와 요리스가 공원에 놀러 갔습니다. 나무 그늘에 앉아 사탕과 커피를 먹으며 대화를 나누는 모습이 너무나 평화로워 보입니다.

"모두들 죽으면 '하늘나라'로 간다고 하는데, 정말 그런 곳이 있을까?" 죽음과 관계에 대한 이야기를 달콤하게 나누기에 안성맞춤입니다.

꼬맹이 그림책

『너니까 좋은 거야』

기무라 유이치 글, 다카하시 카즈에 그림, 계수나무

좋아하는 이유 백 가지 대신 단 한마디면 충분합니다.
"지금 그대로의 네가 좋아. 그게 너니까."
사랑하는 이에게 건네고 싶은 그림책.

『크림, 너라면 할 수 있어!』

미야니시 타츠야 글·그림, 시공주니어

따끈따끈 광장에 연극배우처럼 다양한 이름을 가진 고양이들이 등장해요. 각각의 주제에 따라 주고받는 대화는 간결하면서도 유머러스하고 삶의 지혜가 담겨 있어요.
엄마와 아이가 배역을 정해서 역할극처럼 함께 읽기에 좋아요.

『꿀!』

아서 가이서트 글·그림, 사계절

꿀꿀이라는 글자만 나오지만, 엄마돼지와 아기돼지의 사랑스러운 이야기가 흥미진진하게 펼쳐집니다. 섬세하고도 우아한 '에칭기법'의 흑백 판화를 즐기는 재미도 있어요.

『우리 이불 어디 갔어』

하수정 글·그림, 웅진주니어

할머니, 아빠, 엄마, 오빠, 막내가 모두 한 이불을 덮고 잠자리에 듭니다. 차례차례 하나뿐인 이불을 걷어차고 또다시 차례차례 이불을 주워오는데….
무려 다섯 식구가 한 이불을 덮고 자는 사연이 궁금해집니다.

『안녕, 내 친구!』

로드 캠벨 저, 보림

주인공인 '나'는 동물원에 편지를 썼어요. 동물친구를 보내 달라고요. 그랬더니 정말 커다란 소포가 도착했어요. 누가 왔을까요?

『여우와 닭』

카트린 파르망티에-블랑카르 글·그림, 내인생의책

친구가 될 수 없는 여우와 닭이 절친한 친구 사이랍니다. 하지만 주변에선 비아냥거려요. 여우가 닭을 잡아먹고 말 거라고요. 이런 말에 아랑곳하지 않는 암탉은 자신의 알을 여우에게 맡기고 미용실에 가는데….

『히글티 피글티 팝!』 동화

모리스 샌닥 글·그림, 시공주니어

필요한 모든 것을 가진 개, 제니는 삶에는 뭔가 또 다른 게 있을 거라며 머나먼 여정을 떠납니다. 그 과정에서 제니는 마주하는 일마다 엉망진창이 되고 말아요.

『4998 친구』

다비드 칼리 글, 고치미 그림, 책빛

친구 앞의 숫자 4998은 무슨 뜻일까요? 설마 친구를 나타내는 숫자인 건 아니겠죠? 다양한 SNS로 인한 초연결 시대에 진정한 친구에 대해 생각하게 합니다.

더 읽어 보아요

『꼬마 곰 코듀로이』
돈 프리먼 글·그림, 비룡소

『책 요정 초초』
박혜상 글·그림, 사계절

『고마워요 잘 자요』
패트릭 맥도넬 글·그림, 다산기획

『이웃사촌』
클로드 부종 글·그림, 주니어파랑새

『별밤곰이 찾아온 날』
사카이 고마코 글·그림, 웅진주니어

『뭐든 될 수 있어』
요시타케 신스케 글·그림, 스콜라

『도서관에서는 모두 쉿!』
돈 프리먼 글·그림, 시공주니어

『닭고기 수프』
모리스 샌닥 글·그림, 시공주니어

『그래, 책이야!』
레인 스미스 저, 문학동네어린이

『호박 달빛』
타샤 튜더 글·그림, 월북

『또 읽어 줘!』
에밀리 그래빗 글·그림, 푸른숲주니어

『네모』
맥 바넷 글, 존 클라센 그림, 시공주니어

074 평화를 품은 책

미움과 분노를 버리고 용서의 눈으로 본다면

전쟁을 직접 겪지 않은 요즘 아이들은 그 참상을 잘 모릅니다. 물론 전쟁을 직접 겪지 않은 어른들도요. 지구촌 어느 곳에서는 지금도 매일 총성이 울리고, 눈망울 초롱초롱한 아이들이 죽어가고, 지옥 같은 전쟁터를 탈출하는 난민들이 줄을 잇습니다. 이런 참혹한 이야기를 신문기사로 접해도 그저 남의 일 같기만 합니다. 세계 유일의 분단국가에 살면서도 실감이 나질 않습니다.

그래서 전쟁의 공포와 평화의 당위성을 담은 책들을 만나봅니다. 전쟁이나 그로 인한 비극과 참상, 인권과 난민 이야기를 담은. 마음이 불편하기에 선뜻 손이 가지 않는 책들입니다.

마음이 불편해도 기억하고 마주하고 알아야 하는 진실들입니다. 그래야 다 함께 살아갈 수 있으니까요. 주제를 '평화를 품은 책'이라 했습니다. 오히려 전쟁을 품은 책이라 해야 맞겠지요. 하지만 평화로운 세상으로 가기 위한 징검다리 역할을 하는 책이니, 평화를 품은 책이라 해야겠습니다.

『용서의 정원』

로런 톰프슨 글, 크리스티 헤일 그림, 시공주니어

개울을 사이에 두고 두 마을이 오랫동안 싸웠습니다. 서로에 대한 분노와 증오를 키우며 살아가고 있었지요. 어느 날, 개울에 비친 자신의 얼굴을 본 소녀는 두 마을 사이에 용서의 정원을 짓기로 하는데….

평화를 품은 그림책

『봄이의 여행』

이억배 글·그림, 이야기꽃

할아버지는 손자 봄이를 데리고 장터 여행을 다닙니다. 오늘은 특별히 DMZ 철문을 지나 금강산 아래 장터로 갑니다. 개마고원 호떡이 눈길을 끄네요. 어느새 청년이 된 봄이는 하얼빈, 블라디보스톡, 베를린 표지판이 있는 두만강 역에 서 있습니다. 바로 우리 모두의 오랜 꿈이지요.

『운동화 비행기』

홍성담 글·그림, 평화를품은책

5월 광주를 온몸으로 겪은 화가 홍성담이 들려주는 광주 5·18 민주화항쟁을 담은 그림책.
1980년 5월, 광주 사람들의 숭고한 이야기를 열다섯 점의 작품으로 만나보세요.

『꿋꿋하게 걸어라, 아레호』

다시마 세이조 글·그림, 보림

어려운 역경에도 항상 꿋꿋한 아레호, 하지만 전쟁으로 도시는 폐허가 되고 엄마와 동생들을 잃고 아빠는 좋은 친구라고 여겼던 친구들에게 밟혀 죽고 혼자 남게 됩니다. 그래도 또다시 꿋꿋하게 걸어갑니다.

『조개맨들』

신혜은 글, 조은영 그림, 시공주니어

아빠와 참외를 심고 아빠와 함께 바다를 바라보며 함께 걷던 영재네 마을이 순식간에 아수라장이 됩니다. 포탄 떨어지는 소리가 들리고 전투기가 날아다니고 사람들이 잡혀갑니다.
전쟁으로 아버지를 잃은 상실을 그리움으로 견뎌 낸 영재의 가슴 시린 성장기.

『숨바꼭질』

김정선 글·그림, 사계절

양조장집 박순득과 자전거포집 이순득은 온종일 함께 하는 친구입니다. 어느 날, 전쟁으로 이순득은 피난을 떠나고 박순득은 술래가 되어 고향에 남아요. 시간이 흘러 이제 이순득이 술래가 되어 고향에 돌아와 박순득을 찾는데….

『갈색아침』
프랑크 파블로프 글, 레오니트 시멜코프 그림, 휴먼어린이

어느 날, 갈색이 아닌 것은 모두 없애라는 법이 생겼어요. 그래서 나와 친구는 갈색이 아닌 고양이와 개를 없앴지요. 마음이 아팠지만 조용히 그 법을 따랐어요. 그런데 이상한 느낌이 들었어요. 해야 할 이야기가, 꼭 해야만 할 이야기가 있는 것 같은데….

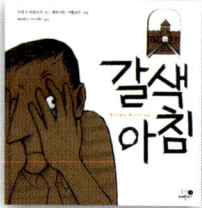

『봉지공주와 봉투왕자』
이영경 글·그림, 사계절

사이좋게 지내던 종이봉투와 비닐봉지는 어느 날부턴가 둘로 나뉘어 싸우게 되었습니다. 서로 사랑하는 사이였던 봉지공주와 봉투왕자는 몰래 만나기로 약속하지만….
일상에서 흔히 볼 수 있는 재료로 흥미로운 세계를 연출했어요.

『그 여름의 덤더디』 동화
이향안 글, 김동성 그림, 시공주니어

1950년 여름 한국전쟁 당시 가족이자 친구였던 소 덤더디와 탁이의 특별한 우정이야기예요.
전쟁이 터지자 탁이네는 피난을 떠나는데, 물론 덤더디도 함께 합니다. 그런데 식량이 부족해지자 가족 같은 덤더디를 잡아먹기로 하는데….

『후리소리』
정정아 글·그림, 평화를품은책

우선 제목이 궁금하지요? '후리소리'는 부산의 무형문화재로 멸치잡이 노래, 노동요랍니다. 노동요를 통해 전통적인 멸치잡이 방식을 보는 건 흥미롭지만, 후리소리 가락에 담긴 섭이 삼촌 서사는 가슴을 아릿하게 합니다.

『오월의 달리기』 동화
김해원 저, 푸른숲주니어

1980년 5월, 광주 합숙소에서 명수와 진규, 성일이와 정태는 저마다의 꿈을 품고 전국소년체전을 준비하고 있었지요. 그때 갑자기 울려 퍼진 총소리와 거리를 활보하는 군인들, 그리고 피 흘리는 시민들. 평범한 아이들의 시선으로 바라본 5월 광주의 모습이 생생하게 펼쳐집니다.

『핵폭발 뒤 최후의 아이들』 동화

구드룬 파우제방 저, 보물창고

핵무기 사용으로 인해 일어날 수 있는 인류의 재앙을 너무도 생생하게 보여줍니다. 매일매일 핵무기 문제에 당면해 있는 한반도에 살고 있는 우리들에게 더 의미심장하게 다가옵니다.

더 읽어 보아요

『오늘은 5월 18일』
서진선 글·그림, 보림

『나무 도장』
권윤덕 글·그림, 평화를품은책

『박꽃이 피었습니다』
문영숙 글, 이영경 그림, 위즈덤하우스

『기차』
천미진 글, 설동주 그림, 발견

『우리 할아버지는 열다섯 살 소년병입니다』
박혜선 글, 장준영 그림, 위즈덤하우스

『내 목소리가 들리나요』
다시마 세이조 글·그림, 사계절

『딜쿠샤의 추억』
김세미·이미진 글, 전현선 그림, 찰리북

『사쿠라』
다바타 세이이치 글·그림, 사계절

『난민이 뭐예요?』
호세 캄파나리 저, 에블린 다비디 그림, 라임

『긴 여행』
프란체스카 산나 글·그림, 풀빛

『안팎정원』
키아라 메잘라마 글, 레지스 르종 그림, 놀궁리

『집을 잃어버린 아이』
안네게르트 푹스후버 저, 푸른숲주니어

『산 아래 작은 마을』
안 에르보 글·그림, 미래아이

『에바』 동화
조안 M. 울프 글, 푸른나무

『평화는 어디에서 오나요』 동화
구드룬 파우제방 저, 웅진주니어

『히틀러의 딸』 동화
재키 프렌치 글, 기타미 요코 그림, 북뱅크

『평화가 평화롭기 위해』 동화
채인선 글, 김은정 그림, 뜨인돌어린이

Theme 074 403

075 소풍가기 좋은 날

소풍날이 따로 있나
즐거우면 소풍이지

   소풍이란 단어는 듣기만 해도 날아갈 듯 기분이 좋아져요. 머리맡에 수학책이 들어 있는 책가방 대신 소풍가방이 있기 때문이죠. 김밥과 맛있는 과자와 평소에는 먹기 어려운 음료수가 들어 있는 가방 말이에요. 그런데 소풍이 무슨 뜻일까요?

   소풍(消風)을 한자어로 살펴보면 바람을 쐬며 천천히 걷는다는 뜻이래요. 한들한들 천천히 걷다 보면 무심코 지나쳤던 소중한 순간들을 만나게 된답니다. 그러니까 소풍은 간단하게 집 근처를 걸어도 소풍인 거죠. 앞으로는 가까운 곳이든, 먼 곳이든, 긴 시간이든, 짧은 시간이든 모든 나들이를 소풍이라 불러보면 어떨까요? 가끔씩은 소풍에 주제를 정하기도 하고요.

   알밤 소풍, 도토리 소풍, 나뭇잎 소풍, 구름 소풍, 나무 소풍, 바람 소풍, 시냇물 소풍… 이렇게요. 가끔은 비 오는 날의 소풍도 좋아요.

   여기에 과자 하나만 챙기면 소풍 완성! 돌돌 만 김밥이면 더 좋고요!

『소풍 가기 좋은 날』

김미현 글·그림, 노란상상

청명한 날씨, 한가한 일요일, 이런 날엔 집에서 뒹굴뒹굴 할까요? 소풍을 갈까요?
아저씨는 한껏 게으름을 피우려다 심심해 보이는 반려견 미오와 소풍을 가기로 하는데….
아저씨는 소풍이라는 게 이렇게 멋진 줄 정말 몰랐대요.

소풍에 대한 그림책

『나오니까 좋다』

김중석 저, 사계절

고릴라와 고슴도치가 캠핑을 떠나요. 그런데 둘은 내내 티격태격 아옹다옹 다투어요. 왜 그럴까요? 그럼에도 어느 순간 이런 생각이 들어요. 나오니까 좋다!

『오늘은 소풍 가는 날』

쓰쓰이 요리코 글, 하야시 아키코 그림, 한림출판사

드디어 소풍 가는 날, 설레고 분주한 아침 풍경을 담았어요. 이슬이가 도시락을 준비하느라 바쁜 엄마를 도와주려다 식탁이 엉망진창이 되고 마는데….

『비오는 날의 소풍』

가브리엘 뱅상 글·그림, 황금여우

에르네스트 곰 아저씨와 함께 사는 꼬마 생쥐 셀레스틴느는 소풍을 가기로 했어요. 그런데 달뜬 마음으로 소풍 준비를 완벽하게 끝냈는데 비가 와요. 잔뜩 토라져 있는 셀레스틴느에게 곰 아저씨는 이렇게 말해요.
"비 안 오는 셈 치고 우리 소풍 갈까?"

『어디로 소풍 갈까?』

사토 와키코 글·그림, 한림출판사

아이들에게 친숙한 호호할머니가 숲속 동물들과 산으로 소풍을 간대요. 그런데 동물들이 소풍에 필요하다며 준비한 물건들이 산더미예요. 재치 있는 호호할머니는 마당에 산을 만들기로 해요.

『책가방의 봄 소풍』 동화

무라카미 시코 글, 하세가와 요시후미 그림, 북뱅크

봄소풍을 가겠다고 책가방이 나서기에 아이는 하는 수 없이 데리고 갑니다. 무사히 소풍을 마치고 돌아온 아이와 책가방은 행복하게 잠이 들어요. 다음날, 원래의 가방으로 돌아간 책가방은 아이에게 편지 한 통을 남겨요.

『야호, 소풍 가자!』 동화

신순재, 김미혜, 이반디 공저, 미디어창비

아이들이 책읽기의 즐거움을 경험할 수 있도록 잡지형식으로 구성한 마중물 같은 책이래요. 만화, 옛이야기, 동화, 동시, 수수께끼, 작가 인터뷰 등 재미난 이야기 종합선물세트예요.

『알밤 소풍』

김지안 글·그림, 재능교육

토실토실 알밤이 익어가는 가을날, 일곱 마리 다람쥐들이 알밤! 알밤! 노래를 부르며 알밤 소풍을 가요. 어마어마하게 큰 알밤을 발견하고서 막 따려고 하는데, 갑자기 우르릉 쾅쾅! 무슨 일일까요?

『소풍 가기 좋은 날』 동화

허은순 저, 노인경 그림, 시공주니어

공원에서 신나게 소풍을 즐기고 온 다음 날, 엄마는 심한 몸살을 앓고 병원에 입원합니다. 퇴원 후에는 또다시 구급차에 실려 가는데….
제목과는 달리 세상에서 가장 슬픈 이야기예요.

더 읽어 보아요

『돌돌 말아 김밥』

최지미 글·그림, 책읽는곰

『소풍』

존 버닝햄 글·그림, 토토북

『팔랑팔랑』

천유주 글·그림, 이야기꽃

『구리와 구라의 소풍』

나카가와 리에코 글, 야마와키 유리코 그림, 한림출판사

076 영화를 품은 책

그림책으로 먼저 보고 영화로 또 만나면

    좋은 책은 영화나 연극, 뮤지컬로 만들어집니다. 감독에 따라 원작을 최대한 그대로 살리기도 하고 감독의 의도대로 재해석하기도 하지만, 어쨌든 두 가지 경우 모두 원작에서 출발합니다.

    영화가 있는 원작은 책을 읽으면서 영화나 연극으로 만들어진다면 이 부분은 어떤 풍경으로 연출이 될까 상상해보는 즐거움이 있습니다. 또한 책도 읽고 영화도 보면서 비교하는 재미가 있지요.

    감독은 어떻게 해석했을까, 어디에 중점을 두었을까 하는 생각도 하게 되고요. 감독의 작품 해석이 내 생각과 같으면 같은 대로, 다르면 다른 대로 흥미로운 경험이죠.

    책을 읽다가 이미지가 풍부한 경우, 특별히 더 영화적 상상력이 발동하게 되는데요. 영화를 품은 책으로 책도 읽고 영화도 보면서 조금 특별한 즐거움을 누려보세요.

영화로 재탄생한 그림책

『고 녀석 맛있겠다』

미야니시 타츠야 글·그림, 달리

〈고 녀석 만나겠다〉
You Are So Yummy, 2010
노나카 카즈미 감독

『달빛 왕자와 가디언즈의 탄생』
『가디언즈와 잠의 요정 샌드맨』
『가디언즈와 달빛 기사 잭 프로스트』

윌리엄 조이스 저, 비룡소

〈더 가디언즈〉
The Guardians, 2017
사리크 안드레아시안 감독

『하늘에서 음식이 내린다면』

쥬디 바레트 글, 론 바레트 그림, 토토북

〈하늘에서 음식이 내린다면〉
Cloudy With A Chance Of Meatballs, 2009
빌 로드·크리스 밀러 감독

『꽃을 좋아하는 소 페르디난드』

먼로 리프 글, 로버트 로손 그림, 비룡소

〈페르디난드〉
Ferdinand, 2017
카를로스 살다나 감독

『비 오는 날의 소풍』

가브리엘 뱅상 글·그림, 황금여우

〈어네스트와 셀레스틴〉
Ernest & Celestine, 2012
뱅상 파타·스테판 오비에·벤자민 레너 감독

단편 애니메이션으로 보는 그림책

『여우모자』

김승연 글·그림, 로그프레스

〈여우모자〉
김영준 감독

『행복한 두더지』

김명석 글·그림, 비룡소

〈행복한 두더지〉
김영준 감독

『모리스 레스모어의 환상적인 날아다니는 책』

윌리엄 조이스 글, 조 블룸 그림, 상상의힘

〈The Fantastic Flying Books of Mr Morris Lessmore〉
윌리엄 조이스 감독
2012년 아카데미상 단편 애니메이션 부문에서 오스카상을 수상한 작품을 그림책으로 출간.

『다시 그곳에』

나탈리아 체르니셰바 저, 재능교육

〈Le retour〉
나탈리아 체르니셰바 감독
2014년 KROK 국제 애니메이션 영화제 수상작을 그림책으로 출간.

영화로 재탄생한 동화

『멋진 여우 씨』

로알드 달 글, 퀜틴 블레이크 그림, 논장

〈판타스틱 Mr. 폭스〉
Fantastic Mr. Fox, 2009
웨스 앤더슨 감독

『내 이름은 패딩턴』

마이클 본드 글, 페기 포트넘 그림, 파랑새어린이

〈패딩턴〉
Paddington, 2014
폴 킹 감독

『아북거, 아북거』

로알드 달 글, 퀜틴 블레이크 그림, 시공주니어

〈에시오 트롯: 거북아 거북아〉
Esio Trot, 2015
디어블라 월스 감독

『비밀의 숲 테라비시아』

캐서린 패터슨 글, 도나 다이아몬드 그림, 사파리

〈비밀의 숲 테라비시아〉
Bridge To Terabithia, 2007
가버 추포 감독

『마루 밑 바로우어즈』

메리 노튼 저, 시공주니어

〈마루 밑 아리에티〉
The Borrowers, 2010
요네바야시 히로마사 감독

『추억의 마니』

조앤 G. 로빈슨 글, 비룡소

〈추억의 마니〉
When Marnie Was There, 2014
요네바야시 히로마사 감독

엄마를 위한 영화와 책

『가무사리 숲의 느긋한 나날』

미우라 시온 저, 알에이치코리아

〈우드잡〉
Wood Job!, 2014
야구치 시노부 감독

『예감은 틀리지 않는다』

줄리언 반스 저, 다산책방

〈예감은 틀리지 않는다〉
The Sense of an Ending, 2017
리테쉬 바트라 감독

『달팽이 식당』

오가와 이토 저, 북폴리오

〈달팽이 식당〉
Rinco's Restaurant, 2010
토미나가 마이 감독

『잘못은 우리 별에 있어』

존 그린 저, 북폴리오

〈안녕, 헤이즐〉
The Fault in Our Stars, 2014
조쉬 분 감독

『그해, 여름 손님』

안드레 애치먼 저, 도서출판 잔

〈콜 미 바이 유어 네임〉
Call Me by Your Name, 2017
루카 구아다니노 감독

『환상의 빛』

미야모토 테루 저, 바다출판사

〈환상의 빛〉
Maborosi, 1995
고레에다 히로카즈 감독

     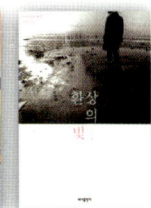

 성평등 그림책

남녀 모두 행복하기 위한 최소한의 기준

    과학기술은 물론, 문화, 사회 제도 등 인류의 삶의 질은 눈부시게 발전하고 있는데 유독 한 영역만 고정관념이나 편견에 여전히 사로잡혀 있습니다. 바로 성역할 인식 또는 성평등 의식입니다. 나아지고 있다고는 하나 크게 변하지 않았습니다. 최근 몇 년 사이에는 남녀 차별을 넘어 혐오로까지 번져 큰 사회 문제가 되고 있습니다.

    성평등 의식은 소외되는 사람 없이 모두가 행복하기 위한 행복권과 인권의 중요한 개념 중 하나입니다. 어릴 때부터 성정체성과 성역할에 대한 정확한 개념을 알게 하는 성평등에 대한 올바른 교육이 필요합니다. 성평등 의식은 개인의 세계관을 품고 있기 때문에 한 번 굳어지면 바꾸기 힘들뿐만 아니라 교정한다 하더라도 시간이 오래 걸립니다. 그래서 어릴 때부터 생각 속에 자연스럽게 제대로 자리 잡을 수 있도록 해야 합니다. 성역할에 대한 고정관념 대신 나다움을 찾을 수 있도록 도와주고, 시선의 다양성을 갖도록 말이죠.

    아이들의 사고 형성에 많은 영향을 미치는 책에는 성평등 의식을 어떻게 담아내고 있을까요? 성평등 의식 없이 오히려 성차별이나 편견을 고착화하는 책들은 없을까요? 성인지 감수성을 높이는 그림책과 동화를 소개합니다. 꼼꼼하게 같이 살펴보도록 해요.

『할머니의 트랙터』

안셀모 로베다 글, 파올로 도메니코니 그림, 한겨레아이들

빨간 트랙터를 모는 할머니는 과수원에서 일해요. 할아버지는 집에서 빨래를 하고 파이를 구우며 할머니가 일터에서 돌아오기를 기다리고요. 즐겁게 일하는 할머니도, 할아버지도 너무나 행복해 보여요. 왜일까요?

성평등 의식을 길러주는 그림책

『우리 아기 좀 보세요』

폴리 카네브스키 글, 유태은 그림, 창비

아기를 안은 아빠가 출근하는 엄마와 학교에 가는 큰아이를 배웅하고, 아기는 아빠와 하루를 보냅니다. 저녁이면 먼저 돌아온 엄마와 큰아이가 아빠와 아기를 반갑게 맞이하네요. 저녁시간을 모두 함께 꾸려가는 모습이 더없이 아늑하고 포근해 보입니다.

『줄리의 그림자』

크리스티앙 브뤼엘 글, 안 보즐렉 그림, 이마주

항상 선머슴, 왈가닥 같다는 소리를 듣는 줄리는 여자아이입니다. 부모님은 '남자아이' 같은 딸, 줄리를 못마땅해하지요. 사람들은 줄리가 줄리답지 않을 때 줄리를 좋아해줍니다. 사랑받고 싶은 줄리는 그들이 원하는 대로 행동하지요. 그러던 어느 날, 줄리의 그림자가 남자아이로 바뀝니다. 무슨 일이 일어난 걸까요?

"나는 한 사람이 여자 같을 수도 있고, 남자 같을 수도 있다고 생각해. 둘 다일 수도 있고. 꼭 한 가지 이름표를 붙여야 하는 건 아니잖아. 우리에게는 우리다울 권리가 있어."

『여자와 남자는 같아요』

플란텔 팀 글, 루시 구티에레스 그림, 풀빛

뻔한 내용처럼 보이는 제목이지만 책장을 넘기는 순간 쑤욱 빠져들게 돼요. 호흡이 짧은 문장과 재미난 그림, 그리고 색다른 색감 때문일까요? 성평등에 대한 재미있는 이야기들이 많이 담겨 있어요.

『여자도 달릴 수 있어!』

아네트 베이 피멘텔 글, 미카 아처 그림, 청어람아이

1966년 보스턴 마라톤에 참여한 최초의 여성 바비 깁의 실제 이야기예요.

바비는 보스턴 마라톤을 위해 2년 동안 열심히 준비했는데 여자라는 이유로 참가신청을 거절당했습니다. 하지만 바비는 남자 옷을 입고 끝까지 뛰어 전체 남성 참가자의 2/3보다도 빠른 기록을 세웠습니다.

'이건 세상에 잘못된 규칙도 있다는 걸 보여줄 기회야!' 바비의 이런 생각처럼, 바비의 용기는 세상을 바꾸는 새로운 목소리가 되었습니다.

『코숭이 무술』

이은지 글·그림, 후즈갓마이테일

처음부터 성평등에 관한 그림책으로 기획된 책이에요. 무술 남매는 코숭이들을 모아 남녀 특징을 이용한 무술을 가르치기로 했어요. 그런데 남자 기술은 여자가 잘하고 여자 기술은 남자가 잘하는 거예요. 결국 남녀 상관없이 각자 잘하는 기술을 익히게 되는데…. 흥미로운 소재인 무술과 유머러스한 그림이 보는 재미를 더해줍니다.

『여자 남자, 할 일이 따로 정해져 있을까요?』

나카야마 치나쓰 글·그림, 고래이야기

'물고기가 들려주는 남녀 성역할에 대한 재미있는 이야기'라는 부제처럼 정말 흥미롭고 멋진 책이에요. 어린 조카는 이모에게 화장도 안 하고 머리도 짧다며 자꾸만 이상하다고 합니다. 그런 조카에게 수중 촬영기사인 이모는 바다생물의 다양한 생태를 통해 성 역할에 대해 우리가 얼마나 고정된 생각을 가졌는지를 느끼게 합니다.

『우리 여자도 할 수 있어요! 우리 남자도 할 수 있어요』

소피 구리옹 글, 이자벨 마로제 그림, 이숲

남자와 여자의 역할을 편견 없이 받아들이도록 이끌어주는 책.

앞쪽에서 읽으면 여자들의 이야기가, 뒤쪽에서 읽으면 남자들의 이야기가, 각각의 시선으로 전개됩니다.

『그레이스는 놀라워』

캐롤라인 빈츠 그림, 메리 호프만 글, 시공주니어

이야기를 좋아하는 그레이스는 이야기를 연극으로 꾸미며 놀아요.

한번은 학교에서 하는 피터팬 연극에 그레이스는 피터팬 역을 하고 싶었지요. 하지만 흑인이어서 안 된다, 여자라서 안 된다는 친구들 말에 크게 상심합니다.

『말라깽이 챔피언』

레미 쿠르종 글·그림, 씨드북

아빠와 힘센 세 오빠들 사이에 끼어 배려받지 못하는 베트리나를 만나 봐요.

우선 순위에서 항상 밀려나는 베트리나는 어느 날 모차르트를 연주하던 건반을 포기하고 권투를 시작합니다.

약한 자와 소수자의 목소리에 귀를 기울이며 그들의 진솔한 이야기를 유쾌하게 들려주는 레미 쿠르종, 꼭 기억하고 싶은 작가입니다.

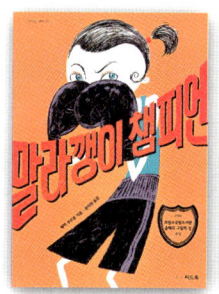

『망나니 공주처럼』 동화

이금이 글, 고정순 그림, 사계절

거추장스러운 드레스를 벗어 던지고 왕자를 구하는 씩씩한 공주, 사냥에는 소질이 없고 바느질, 요리, 정원 가꾸기에 재능이 있다는 걸 발견하게 된 왕자 이야기 어때요?

둘이 결혼하여 공주는 왕이 되고 왕자는 왕의 남편이 된대요.

『눈만 뜨면 눈 걱정』

줄리아 핀리 모스카 글, 대니얼 리얼리 그림, 씨드북

어려서부터 남자아이들과 어울려 놀기를 좋아하고 오빠가 하는 거라면 뭐든 따라 한 패트리샤 배스는 가난한 흑인 가정에서 태어났어요. 그로 인해 인종차별, 성차별, 가난, 편견 등 온갖 어려움에 부딪치게 되는데….

『알록달록 내 손톱이 좋아!』

알리시아 아코스타, 루이스 아마비스카 글, 대교

벤은 알록달록 손톱 칠하기 놀이를 좋아하는 남자아이예요. 엄마와 함께 손톱을 칠하기도 하고, 친구와 손톱 칠하기 놀이를 하기도 해요. 그러던 어느 날, 아이들이 '계집애'라고 놀리기 시작합니다. 벤은 어떻게 할까요?

『우리 학교에 호랑이가 왔다』 동화

김정신 글, 조원희 그림, 웅진주니어

옛이야기 속의 호랑이를 통해 성에 대한 고정관념을 흥미진진하면서도 가슴 뭉클하게 전해줍니다.

백 번째 호랑이 아이를 꿀꺽하기 위해 3학년 1반에 나타난 호랑이, 하루 동안 수업을 함께 듣고 누구를 잡아먹을지 결정한다고 해요.

『올리버 버튼은 계집애래요』 동화

토미 드 파올라 글·그림, 문학과지성사

올리버는 다른 남자아이들과 노는 방식이 조금 달라요. 혼자 책을 보거나 숲길을 산책하거나 그림 그리기를 좋아해요. 친구들은 그런 올리버를 '계집애'라고 놀리죠.

『내 안의 새는 원하는 곳으로 날아간다』 그래픽노블

사라 룬드베리 저, 산하

스웨덴의 화가(1910~1994) 베타 한손의 어린 시절을 그린 그래픽노블.
여성의 몸으로 자신이 원하는 인생을 살기 위해 외롭고 힘든 길을 꿋꿋하게 헤쳐나가는 분투의 삶이 감동적으로 그려집니다.

『보란 듯이 걸었다』 청소년

김애란 저, 창비교육

성차별에 저항하는 십 대 여성 청소년의 당당한 목소리와 학교 밖 청소년의 외롭고 고단한 삶을 담은 시집.

더 읽어 보아요

『나는 여자아이 뭐든지 할 수 있지』
카릴 하트 글, 알리 파이 그림, 미래엔아이세움

『메리는 입고 싶은 옷을 입어요』
키스 네글리 글·그림, 원더박스

『똥자루 굴러간다』
김윤정 글·그림, 국민서관

『아빠! 머리 묶어 주세요』
유진희 글·그림, 한울림어린이

『분홍모자』
앤드루 조이너 글·그림, 이마주

『종이 봉지 공주』
로버트 문치 글, 마이클 마첸코 그림, 비룡소

『뜨개질하는 소년』
크레이그 팜랜즈 글, 마가렛 체임벌린 그림, 책과콩나무

『돼지책』
앤서니 브라운 글·그림, 웅진주니어

『셜리야, 물가에 가지 마!』
존 버닝햄 글·그림, 비룡소

『용감한 아이린』
윌리엄 스타이그 글·그림, 비룡소

『파란막대 파란상자』
이보나 흐미엘레프스카 저, 사계절

『치마를 입어야지, 아멜리아 블루머!』
섀너 코리 글, 체슬리 맥라렌 그림, 미래엔아이세움

『점동아, 어디 가니?』
길상효 글, 이형진 그림, 씨드북

『루비의 소원』
S.Y. 브리지스 글, S. 블랙올 그림, 비룡소

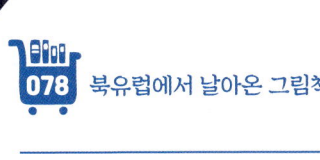 북유럽에서 날아온 그림책

하얀 눈과 오로라, 백야의 그림책

남부지방에서 시작된 장마로 습한 공기가 불쾌지수를 높이는 6월의 어느 일요일 오후. 오른쪽 집게손가락으로 클릭 클릭하다가 그림책 『납작한 토끼』를 낚았습니다.

'세상에서 가장 아름다운 섬, 페로 제도… 북유럽의 작은 나라에서 온 첫 번째 그림책!'이라는 소개 글에 끈적이던 마음이 뽀송뽀송해졌습니다.

곧바로 구글맵에서 페로 제도를 찾아보며 북유럽의 세계로 빠져들었지요.

계절로 표현하면 상큼한 봄맛 같은 북유럽은 그 단어를 떠올리기만 해도 어떤 예술적 감흥에 젖어 들게 됩니다. 디자인적인 요소가 강한 일러스트와 감각적인 색채, 신비로운 느낌이 가슴 가득 차오르며 세포 하나하나가 깨어나 몸과 마음을 반짝이게 합니다.

이러한 북유럽의 이미지와 북유럽의 그림책이 갖는 독특한 분위기는 그들만의 특별한 자연현상 때문일까요? 하늘에서 춤추는 영혼 같다던가, 하늘에 펼쳐진 여신의 드레스 자락 같다는 아름다운 오로라와 하늘 향해 쭉쭉 뻗은 침엽수림, 하얀 눈밭을 뛰노는 순록만으로도 우리에게는 신비롭게 느껴지니까요.

북유럽은 지도상으로 노르딕 국가(스웨덴, 덴마크, 노르웨이, 핀란드, 아이슬란드, 그린란드, 페로제도, 올란드제도)와 발트 3국(라트비아, 리투아니아, 에스토니아)을 이르는데, 경우에 따라서 네덜란드, 독일, 러시아, 폴란드를 북유럽으로 분류하기도 한다지요.

최근 몇 년 사이에 북유럽의 그림책이 부쩍 늘었습니다. 저에게는 가슴 설렐 일이 많아졌다는 의미로 다가옵니다. 북유럽에서 날아온 고마운 그림책들입니다. 북유럽의 문화를 향유하는 시간이기도 합니다.

『납작한 토끼』

비두르 오스카르손 글·그림, 진선아이

대서양 북부에 위치한 페로 제도를 떠올리며 다른 책보다는 조금 더 설레는 마음으로 책장을 넘깁니다. 친구 사이인 개와 쥐는 길에 누워 있는 납작한 토끼를 발견합니다. '납작한 토끼'라는 표현이 여러 생각을 하게 합니다.

한동안 토끼를 불끄러미 바라보던 둘은 안타까운 마음에 토끼를 옮겨주기로 합니다. 그런데 어디로 옮겨야 할지 고민에 빠지는데….

(바두르 오스카르손의 그림책 『어디 있니, 윌버트?』, 『풀밭 뺏기 전쟁』도 나왔어요.)

북유럽 그림책

『안녕』 노르웨이

마리 칸스타 욘센 저, 책빛

표지에 이끌려 집어 든 책. 대담한 드로잉과 감각적이고 아름다운 색감에 홀려 휘리릭 책장을 넘기고 작가의 프로필을 살핍니다. 아, 『터널』의 작가였구나! 건너편 푸른 풀밭에 가기 위해 터널을 파는 두 마리 토끼를 통해 환경 파괴와 로드킬 문제를 다룬 그림책. 앗 『꿈꾸는 포프』도! 반려견과의 이별의 슬픔이 가슴 뭉클했던. 다시 천천히 『안녕』을 읽어요. 글 없는 그림책이니 그림을 꼼꼼하게 읽어요.

전학으로 혼자가 된 외로운 소녀가 환하게 빛나는 토끼 한 마리로 한 뼘 성장하는 이야기랄까요? 오래오래 생각하게 됩니다. 소녀 마음에 들어온 하얗게 빛나는 토끼에 대하여. 그리고 드디어 노르웨이 작가 마리 칸스타 욘센을 기억하게 됐습니다. '책빛'이라는 출판사 이름도요.

『이백하고도 육십구 일』 노르웨이

로알 칼데스타 글, 비에른 루네 리 그림, 책빛

『터널』 노르웨이

헤게 시리 글, 마리 칸스타 욘센 그림, 책빛

『꿈꾸는 포프』 노르웨이

에스펜 데코 글, 마리 칸스타 욘센 그림, 지양어린이

『Hullet(구멍)』 노르웨이

어이빈드 토세테르 저, A9PRESS

『겨울 숲 큰 나무』 노르웨이

토레 렌베르그 글, 어이빈드 토세테르 그림, 봄봄스쿨

『무민의 단짝 친구』 핀란드

토베 얀손 글·그림, 어린이작가정신

핀란드라면 단연코 무민이 떠오릅니다. 하얗고 둥근 몸에 눈만 달랑 두 개 그려진 단순하지만 세계적으로 사랑받는 캐릭터.
무민은 작가 토베 얀손이 20세이던 1934년에 세상에 처음 태어났으니 저보다도 나이가 많네요. 다양한 세대가 그림책으로 동화로 소설로 영화로 다양하게 즐길 수 있어요.

『아주 특별한 생일 케이크』 스웨덴

스벤 누르드크비스트 글·그림, 풀빛

스웨덴의 그림책이라면 가장 먼저 스벤 누르드크비스트 작가가 떠오릅니다. 고양이 핀두스와 함께 사는 페테르손 할아버지의 일상을 담은 〈핀두스 시리즈〉를 보고 단숨에 푹 빠져버렸습니다.
오밀조밀 섬세한 일러스트와 등장인물마다 살아있는 표정과 익살스러운 장면은 꼭 한 편의 애니메이션을 보고 난 느낌이에요. 2005년 즈음 만난 핀두스는 아직도 생생하게 살아있는 캐릭터로 불쑥불쑥 튀어나옵니다.
〈핀두스 시리즈〉는 9권까지 나와 있어요.

『가장 멋진 크리스마스』 스웨덴

스벤 누르드크비스트 글·그림, 풀빛

『누가 토플을 달래 줄까?』 핀란드

토베 얀손 글·그림, 어린이작가정신

『스티나의 여름』 스웨덴

레나 안데르손 글·그림, 청어람미디어

두 번째로 떠오르는 스웨덴의 그림책 작가는 레나 안데르손, 부드러운 연필선과 수채화 기법으로 그녀의 사랑스럽고 따스한 화풍이 눈과 마음을 물들입니다.

그녀의 작품은 주로 자연과의 풍부한 교감이 필수적인 요소로 작용하는데요. 저는 스티나 이야기를 가장 좋아합니다.

외딴 섬의 할아버지 오두막집에 놀러온 스티나와 할아버지가 오밀조밀 엮어가는 일상 이야기예요. 자연을 닮은 스티나를 만나면 마냥 행복해져요.

『모네의 정원에서』 스웨덴

크리스티나 비외르크 글, 레나 안데르손 그림, 미래사

『고고와 하얀 아이』 스웨덴

바르브루 린드그렌 글, 안나 회그룬드, 이사도라 회그룬드 그림, 보림

『아빠가 우주를 보여준 날』 스웨덴

울프 스타르크 글, 에바 에릭슨 그림, 크레용하우스

『펠레의 새 옷』 스웨덴

엘사 베스코브 저, 시공주니어

『사랑에 대한 작은 책』 스웨덴, 동화

울프 스타르크 글, 이다 비에슈 그림, 책빛

『곰과 나비』 네덜란드

마거릿 와이즈 브라운 글, 마리예 톨만 그림, 보림

전설적인 동화작가 마거릿 와이즈 브라운의 짧은 시에 마리예 톨만이 그림을 그렸답니다.

마리예 톨만은 아버지 로날드 톨만과 함께 작업한 『나무집』으로 볼로냐 라가치상 픽션부분 최우수상을 받았는데요. 네덜란드를 대표하는 작가이자 세계적인 작가로, 그녀의 그림은 독특한 스타일로 따뜻하면서 화사하고 아름다워요. 마리예 톨만의 그림으로 즐거운 시간을 누려보세요. 아참, 『곰과 나비』는 곰과 나비가 온종일 다투다 곰이 손톱만 한 나비를 어쩌지 못하고 벌러덩 누워버렸다는 귀여운 이야기예요.

『나무집』 네덜란드

마리예 톨만, 로날드 톨만 저, 여유당

『짝짝이 양말』 네덜란드

욥 판 헥 글, 마리예 톨만 그림, 담푸스

『멋진, 기막히게 멋진 여행』 네덜란드

마티아스 더 레이우 저, 그림책공작소

『작고 똑똑한 늑대의 좀 어리석은 여행기』 네덜란드

헤이스 판 데르 하먼 글, 하네커 시멘스마 그림, 바둑이하우스

『악어는 배가 고파요』 덴마크

마츠 레텐 글, 한나 바르톨린 그림, 현북스

악어와 함께 사는 아주머니가 도심 한복판으로 산책을 나갔어요. 아주머니는 사랑하는 악어가 배가 고플까 봐 걱정하고, 악어에게 무슨 일이라도 일어날까 봐 안절부절못합니다. 우리는 악어가 무시무시하게 무섭기만 한데 말이에요.

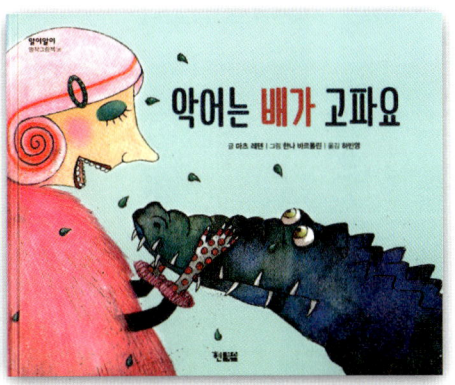

『잃어버린 토끼, 커피, 눈풀꽃』 덴마크
베티나 비르키에르 글, 안나 마르그레테 키에르고르 그림, 재승교육

123가지 꽃이름을 모두 알고 있는 할아버지에게서 어느 날부턴가 낱말들이 떨어지기 시작했어요. 할아버지에게 치매가 시작된 거예요. 손자인 '나'는 할아버지의 낱말들을 상자에 주워담다가 문득 좋은 생각이 떠오릅니다.

『없는 발견』 라트비아
마르틴쉬 주티스 글·그림, 봄볕

동물학자 다윙 씨는 눈 덮인 마당으로 나갔다가 한 줄로 가지런히 난 발자국을 발견했어요. 순간 다윙 씨는 호기심이 솔솔 피어올랐지요. 발자국의 주인이 누구일까? 하고요.
펄쩍 뛰는 뱀일까? 아니면 다리를 다친 사람일까? 혹은 몽유병에 걸린 새일까? 그런데 발자국이 하나가 아니라 하얀 눈 위에 수없이 찍혀 있어요. 다윙 씨는 발자국의 주인을 찾아 상상할 수 있는 모든 존재들을 불러들입니다.
다윙 씨가 이끄는 상상의 세계는 우리의 고정관념을 훨씬 넘어 상상 이상의 재미를 줍니다. 한국에 처음 소개되는 라트비아 그림책.

『갈매기 여왕』 라트비아
루타 브리드 글·그림, 미래아이

청소년을 위한 북유럽 책

『나에 관한 연구』 스웨덴
안나 회글룬드 글·그림, 우리학교

열네 살 소녀 로사가 자신의 몸과 마음을 찬찬히 들여다보며 자신이 누구인지를 알아가는 과정이 흥미롭게 펼쳐집니다.
"이유를 알아야겠어. 그냥 나답게 살고 싶을 뿐인데 왜 이리 많은 걸 생각해야 하지?"
너무나 솔직하고 거침없고 강렬해서 어른들이 보면 좀 당황스러울지도 몰라요.

『오직 토끼하고만 나눈 나의 열네 살 이야기』 스웨덴
안나 회글룬드 글·그림, 우리학교

한국에 소개된 안나 회글룬드의 두 번째 작품.
주인공 토끼가 마음의 충돌과 갈등을 차분히 들여다보며 타인과의 관계, 외적인 나와 내적인 나 사이에 주어진 많은 책임과 자존감 등에 관해 고민하는 이야기예요. 어른들에게도 중요한 고민이지요.

북유럽 느낌이 가득한 한국의 그림책

『여우모자』 한국

김승연 글·그림, 로그프레스

세상과 소통하지 못해 혼자인 것이 편했던 소녀가 있었어요.
어느 날 숲속에서 우연히 만난 엄마여우의 부탁으로 아기여우를 돌보게 되는데….
오랫동안 곁에 가까이 두고 보고 싶은 그림책.
(지극히 주관적인 느낌으로 골랐어요.)

엄마를 위한 책

『북유럽 그림이 건네는 말』

최혜진 저, 은행나무

미술관 여행자 최혜진 작가가 북유럽 도시의 미술관을 누벼 온 3년의 기록이랍니다.
북유럽 화가들의 그림이 전하고자 하는 말은 무엇일까요?
"자기 착취와 정열을 헷갈려 곧잘 스스로를 소진시켰던 시간과 이별하는 이야기이다. 위계가 남긴 자국을 지워가는 이야기, 바깥을 힐끔거리던 시선을 거두는 이야기, 실패에 대한 이야기, 불화하던 것을 향해 화해의 악수를 내미는 이야기이다."
궁극에는 온전히 나답게 삶을 건너가는 법을 터득하게 된답니다.

『유럽의 그림책 작가들에게 묻다』

최혜진 저, 은행나무

에디터 최혜진이 유럽의 그림책 작가 10인을 인터뷰한 이야기. 그들의 놀라운 상상력과 창의력의 진실이 담겨 있어요.
『펭귄 365』의 조엘 졸리베(프랑스), 『메두사 엄마』의 키티 크라우더(벨기에), 『무릎 딱지』의 올리비에 탈레크(프랑스), 『조르주의 마법공원』의 클로드 퐁티(프랑스), 『나는 기다립니다』의 세르주 블로크(프랑스), 『곰의 노래』의 벵자맹 쇼(프랑스), 『내 얘기를 들어주세요』의 안 에르보(벨기에), 『달라 달라』의 이치카와 사토미(일본 태생으로 프랑스에서 활동), 『조금 부족해도 괜찮아』의 베아트리체 알레마냐(이탈리아), 에르베 튈레(영국) 등을 소개하고 있습니다.

079 치매를 긍정하다

치매사회 준비됐나요?

    2014년 그러니까 5년 전쯤 '치매'라는 단어가 들어간 그림책 『천하태평 금금이의 치매 엄마 간병기』를 보고 조금 살짝 놀랐습니다. '그림책 제목에 치매는 좀 그렇지 않나?'라는 생각이었습니다. 그때까지만 해도 치매에 대한 선입견이 있었던 걸까요? 부끄럽게도 제 개인적으로는 치매가 일반적이지 않은, 특별한 누군가에게 찾아오는 것이라 생각했던 것 같습니다. 그러나 불과 몇 년 사이에 치매, 라는 단어는 더 이상 생경하지 않은 일상어가 됐습니다. 조금 과장하면 두 세집 건너 치매 환자가 있을 정도로요.

    정신질환 중의 하나인 치매는 환자 당사자는 물론 가족의 일상을 무너뜨릴 만큼 고통스럽습니다. 또한 이상행동을 보이기 때문에 치매 자체를 창피하게 여기는 경우도 있습니다. 가끔 치매 환자를 미친 사람이라고 놀리는 아이들도 있고요. 치매 예방을 위한 여러 활동이나 프로그램도 중요하지만, 치매에 대한 인식 개선 또한 중요한 시점에 와 있습니다. 그러니까 치매사회에서 이제 치매는 상식입니다!

    우리 할머니 할아버지가, 우리 엄마 아빠가, 혹은 내 아내가, 혹은 내 남편이 치매에 걸릴 수 있습니다. 특별한 누군가가 아니라, 어느 날 갑자기 누구에게나 찾아올 수 있으니, 치매에 대한 정확한 이해가 필요합니다. 막상 나의 일이 되었을 때 받아들이기가 덜 어려울 뿐만 아니라, 치매에 걸린 분들과 어울려 함께 잘 살기 위해서입니다. 특히, 사랑을 듬뿍 받고 자란 아이들에게 할머니나 할아버지의 치매는 더 충격적으로 다가옵니다. 미리미리 치매에 대한 이해로 충격을 완화하는 시간을 가지는 것이 좋습니다.

지역사회 돌봄의 모범도시로 손꼽히는 일본 규슈의 한 소도시는 초등학생과 중학생들에게 치매와 관련된 교육을 한다고 합니다. 치매에 걸린 어르신의 상태를 이해하고 그들을 도울 방법을 어릴 때부터 배워 몸에 익히자는 취지라고 합니다. 제대로 알아야 가족뿐만 아니라 지역사회가 그들을 따뜻하게 보듬을 수 있기 때문이지요.

치매 환자들에게는 어떠한 경우라도 끈을 놓지 않는 가족들의 따뜻한 사랑과 보살핌이 큰 힘이 된다는 걸 책을 통해 다시금 깨닫게 됩니다. 그림책과 동화 속의 아이를 따라가다 보면 자연스레 가 닿게 되는 마음결입니다.

『천하태평 금금이의 치매 엄마 간병기』
김혜원 글, 이영경 그림, 한겨레아이들

못난 늦둥이지만 사랑을 듬뿍 받고 자란 금금이가 치매에 걸려 아기가 되어버린 엄마를 넘치는 사랑으로 보살피는 이야기. 이영경 작가의 서정적이 그림이 이야기를 더 따뜻하게 합니다.

치매를 이해하는 그림책

『우리 할머니가 달라졌어요』
마리아 호세 오로빗 이 델라 글, 까를레스 바예스테로스 그림, 풀빛

할머니와 추억이 많은 손녀가 치매에 걸린 할머니를 정성과 사랑으로 돌보는 이야기.
할머니가 매일 밤 손녀에게 이야기를 들려주었듯, 이제는 손녀가 할머니 곁에서 매일 밤 할머니와의 추억을 들려줍니다.
세련된 색감의 감각적인 그림이 눈을 즐겁게 합니다.

『까치가 물고 간 할머니의 기억』

상드라 푸아로 세리프 글·그림, 한겨레아이들

치매로 점점 기억을 잃어가는 할머니와 할머니를 보살피는 할아버지 이야기가 슬프고도 따뜻하게 그려집니다. 시간이 갈수록 초조해진 할아버지는 할머니를 지키기 위해 흩어져가는 할머니의 기억을 그러모아 드레스를 만들어 선물합니다. 하나하나 열어볼 수 있는 수많은 창문이 달린 드레스예요. 창문을 열 때마다 감탄이 쏟아집니다.
프랑스에서 알츠하이머의 날(9월 21일)을 기념하여 출간된 책.

『새 할머니』

엘리자베스 슈타인켈너 글, 미하엘 로어 그림, 북비

치매에 걸린 할머니 때문에 일상은 엉망이 되고 가족들은 점점 지쳐갑니다. 하지만 조금씩 할머니를 이해하게 되면서 할머니를 동생처럼 친구처럼 대하게 되지요.
온가족이 힘든 현실을 받아들이고 극복하면서 천천히 일상을 되찾아가는 과정이 아이의 시선으로 그려집니다.
세피아 톤의 그림에 마음이 평온해져요.

『파랑 오리』

릴리아 글·그림, 킨더랜드

아기 악어를 엄마처럼 지켜주고 돌봐주던 파랑 오리가 어느 날부턴가 점차 기억을 잃어갑니다. 다 자란 악어를 알아보지도 못하고 점점 아기가 되어 가는데….
사랑으로 맺어진 가족, 악어와 오리 이야기이기에 더욱 따뜻한 가족애가 느껴집니다.

『멋진 화요일』

데이지 므라즈코바 글·그림, 노란상상

월, 화, 수, 목, 금, 토, 일, 일주일의 주인공들이 자신의 날이 되면 세상이 잘 돌아가는지를 살핀다는 독특한 발상의 체코 그림책이에요.
오늘은 멋진 화요일의 날! 기분 좋게 하늘을 날던 화요일은 공원에 슬픈 표정으로 앉아 있는 할머니를 발견하고 다가가 앉았어요. 할머니는 나이가 많아 이제 아무것도 기억하지 못하지만 생생하게 떠오르는 일이 하나 있는데요. 어렸을 때 엄마가 생일선물로 사 준 인형, 사랑이를 잃어버린 기억 때문에 슬픈 거래요. 할머니 이야기에 조용히 귀 기울이던 화요일이 인형에 대한 비밀스러운 이야기를 들려주는데….
저녁 하늘이 될 즈음, 할머니가 말했어요.
"화요일아, 너를 만나서 참 기쁘구나!"
슬픔으로 남아있던 할머니의 기억 한 조각이 기쁨으로 바뀌는 순간입니다. 화요일이 들려준 인형 이야기가 몹시 궁금하네요

『할아버지와 나의 정원』

비르기트 운터홀츠너 글, 레오노라 라이틀 그림, 뜨인돌어린이

치매에 걸린 할아버지와 어린 손주의 유쾌하고 애틋한 이야기. 시적인 글과 감각적인 그림을 통해 사랑하는 사람과 함께 했던 시간들을 돌아보게 합니다.

『우리 할머니가 이상해요』

울프 닐손 글, 에바 에릭손 그림, 시공주니어

여섯 살인 '나'는 할머니가 갑자기 이상해진 것을 알고 조금은 섭섭하지만, 받아들입니다. 그러고는 스스로 할 수 있는 최선의 방법으로 할머니를 지키려고 애씁니다. 잘 해낼 수 있을까요?

『우리 할아버지』

정설희 글·그림, 노란돼지

손녀는 치매로 점점 기억을 잃어가는 할아버지가 싫기도 하고 밉기도 하고 창피하기도 합니다. 이상한 행동을 하는 할아버지가 두렵기도 하고 걱정되기도 하고요. 하지만 서서히 할아버지의 변화를 받아들이게 되는데….
사랑의 마음을 전하는 방식이 너무도 깜찍합니다.

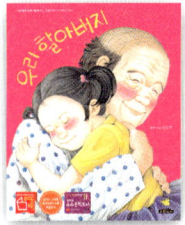

『할머니 머릿속에 가을이 오면』 절판

다그마 H. 뮐러 글, 베레나 발하우스 그림, 주니어 김영사

파올라는 알츠하이머병으로 점점 기억을 잃어가는, 특히 방금 전의 일을 기억하지 못하는 할머니가 안타깝기만 합니다. 엄마는 그런 파올라에게 알츠하이머병을 인생이라는 나무와 기억의 나뭇잎으로 설명해줍니다.
"할머니 머릿속에 가을이 왔다고 상상해보렴. 나무에서 나뭇잎들이 하나둘 떨어지는 거야. … 나뭇잎들은 동시에 떨어지는 것이 아니라, 맨 위에 있는 것부터 떨어진단다."
파올라와 할머니가 세상의 모든 시간을 가진 듯 할머니의 생체시계로 천천히 그림책을 즐기는 마지막 장면은 긴 여운을 드리웁니다.

『내 다래끼』 동화

성주희 글, 김국향 그림, 현북스

할머니 사랑을 듬뿍 받고 자란 미연이는 할머니와의 추억도 많습니다. 그런데 그렇게 다정하고 자상하기만 했던 할머니가 헝클어진 머리에 일그러진 표정으로 욕을 하고 주먹을 휘두르는데….
치매 할머니와 그 가족이 겪는 일상의 어려움을 손녀의 눈으로 담담하게 그리고 있습니다.

『할머니의 꽃무늬 바지』 동화

바버라 슈너부시 글, 캐리 필로 그림, 어린이작가정신

함께 책도 읽고 그림도 그리고, 같이 정원을 가꾸거나 새들에게 모이도 주던 할머니가 이상해졌어요. 엄마는 리비에게 할머니가 알츠하이머라는 병에 걸렸다고 알려줍니다.
알츠하이머라는 병에 대한 이해와 따뜻한 감동을 전해줍니다.

『내가 할아버지를 유괴했어요』 동화

안드레아스 슈타인회펠 글, 넬레 팔탁 그림, 아름다운사람들

아홉 살 막스는 사랑하는 할아버지와 신나게 놀고 싶어요. 하지만 할아버지는 치매에 걸려 요양원에 계셔요. 무슨 좋은 방법이 없을까 고민하던 막스는 몰래 할아버지를 유괴하기로 하는데….
할아버지를 향한 막스의 사랑을 느낄 수 있어요.

엄마를 위한 책

『나는 정신병에 걸린 뇌 과학자입니다』
바버라 립스카, 일레인 맥아들 공저, 심심

30년간 뇌를 연구해온 뇌과학자가 어느 날 갑자기 정신질환을 앓게 된 이야기를 1인칭 시점으로 생생하게 전해줍니다. 이를 통해 오늘날 사회문제가 되고 있는 우울증, 조현병, 치매 등의 정신질환을 객관적으로 이해하게 되는 계기가 됩니다. 도서관에 오신 70세의 한 할머니가 책을 반납하면서 말씀하셨어요.
"너무 재밌게 읽었어요. 이 책은 사야겠어요. 집에 두고 가끔씩 읽어야 하는 책이에요."

『정신은 좀 없습니다만 품위까지 잃은 건 아니랍니다』
가노코 히로후미 저, 푸른숲

새롭고도 특별한 노인요양시설 '요리아이'를 설립한 이야기를 담고 있어요.
내집 같은 분위기의 '요리아이'는 노인을 한 사람으로 존중하고, 시설이나 사회가 아닌 노인의 시간에 맞춘다고 합니다. 치매 노인들의 품위 있고 풍요로운 일상을 만날 수 있어요.

『엄마의 공책』
이성희·유경 공저, 궁리출판

30년 동안 반찬가게를 해온 엄마가 치매에 걸린 이야기를 담은 따뜻한 영화 〈엄마의 공책〉 스토리와 함께 하는 치매 가이드북. 치매환자와 가족을 위한 63가지 기억 레시피가 담겨 있어요.

『주문을 틀리는 요리점』
오구니 시로 저, 웅진지식하우스

도쿄에 좌석 열두 개짜리 작은 레스토랑이 문을 열었어요. 가게 이름이 '주문을 틀리는 요리점'이라니! 가게에서 일하는 분들이 모두 치매를 앓고 있으니 음식이 제대로 나오지 않을 수도 있겠지요? 그래도 화내는 손님이 아무도 없고 즐기는 분위기라는데….

치매를 다룬 영화 한 편

〈스틸 앨리스〉
Still Alice, 2014, 리처드 글랫저·워시 웨스트모어랜드 감독

존경받는 언어학 교수로 행복한 삶을 살던 앨리스는 어느날, 자신이 알츠하이머에 걸렸다는 사실을 알게 됩니다. 이에 심각한 두려움을 느끼지만, 점차 기억을 잃어가는 자신과 당당히 맞서 싸우는 앨리스의 모습에 많은 생각들이 일어납니다.

책에 대한
이야기로 엮은
그림책 북큐레이션

6부

080 은밀하고 위대한 금서

이 책을 왜 못 읽게 했대요?

    치마 길이를 재고, 장발을 단속하고, 통행금지를 했던 시절이 있었습니다. 아이들에게 말하면 어이없는 눈빛으로 어떻게 그럴 수 있느냐며 반문하죠. 한때 금서목록에 올랐던 책들을 소개하면 더한 반응을 보이지 않을까 싶습니다. 금서가 된 이유를 듣는다면 더 황당해할 거고요. 그 시절을 겪은 어른들이라면 등골이 서늘해지겠지요. 단지 금지된 책을 읽었다는 이유로 잡혀가던 서슬 푸른 시대였으니까요.

    '금서'라는 단어의 사전적 의미는 '출판이나 판매 또는 독서를 법적으로 금지한 책'으로 나와 있지만, 금서의 범위는 그보다 넓습니다. 표정훈 출판평론가는 어떤 식으로든 불이익을 받는 책이나 한 사회의 특정 세력이나 이익 집단이 특정 도서를 지목해 그것이 널리 읽히지 못하도록 애쓰는 경우, 문제의 도서도 금서에 해당된다고 합니다.

    옛이야기에서 금기 사항은 꼭 깨지기 마련입니다. 아이러니하게도 깨뜨리기 위해 존재하는 장치 같기도 하고, 또 깨뜨려야 제맛이기도 하고요. 아무래도 금기라는 이유로 사람의 호기심을 더 유발하는 사람의 본성이 작동하기 때문이겠지요. 그래서인지 금서를 읽는다는 건 어쩐지 더 은밀하고 더 짜릿하고 더 흥미로운 행위 같아요.

    2015년 독서문화시민연대에서는 일주일간 '금서 읽기 주간'으로 정해 책 읽기 운동을 했습니다. 금서로 추천된 도서가 46권이나 됩니다. 한때 금서였던 책들의 사연을 알고 나면 읽었던 책들도 다시 읽고 싶어질 거예요. 자, 이제 우리도 은밀한 금서를 공공연하게 읽는 중입니다.

『사랑해 너무나 너무나』

저스틴 리처드슨, 피터 파넬 글, 헨리 콜 그림, 담푸스

미국 뉴욕의 센트럴 파크 동물원에서 실제 있었던 일을 바탕으로 한 이야기.
펭귄 로이와 실로는 둘 다 수컷이지만 서로 너무 사랑해서 한 가정을 꾸렸대요. 다른 펭귄 부부처럼 알이 품고 싶어 돌멩이를 물어와 진짜 알처럼 정성을 다해 품어주었고요. 이를 안타깝게 여긴 그램지 씨가 버려진 알을 둥지에 가져다 놓았대요. 로이와 실로가 번갈아가며 정성껏 품어주자 이번에는 진짜 아기 펭귄이 태어난 거예요. 보통의 엄마 아빠처럼 먹이를 먹이고, 헤엄도 가르치고, 밤에는 꼭 끌어안고 함께 잠을 자는데…
사랑이 무엇인지, 가족이란 무엇인지에 대해 따뜻한 이야기와 그림으로 보여주는 이 책은 동성애를 조장한다는 이유로 금서였답니다.

금서였던 그림책과 동화

『루푸스 색깔을 사랑한 박쥐』

토미 웅거러 글·그림, 현북스

작가의 개인적인 삶을 알고 나면 그 작가의 작품이 더 애착이 가고 내용을 이해하는 데도 도움이 됩니다. 세계적인 그림책 작가 토미 웅거러의 작품은 작가의 개인적 경험을 알지 못하면 이해하기가 어렵습니다. 세 살 때 아버지가 돌아가시고 제2차 세계대전을 겪은 트라우마를 창작으로 고스란히 승화시켰기 때문이죠. 어린이가 주독자인 그림책에 낯선 상황들이 많이 등장하는 이유이기도 합니다. 이를테면 무시시한 강도나 사람을 잡아먹는 거인이 등장하고, 보통 사악하거나 징그럽다고 여기는 뱀이 친근하게 그려지기도 하지요.
『루푸스 색깔을 사랑한 박쥐』에도 총을 쏘는 장면이 나오는데, 이 장면 때문에 싫어하는 분들도 있습니다. 이 책은 왜 금서일까요? 이 책뿐만 아니라 토미 웅거러의 모든 작품이 미국에서 꽤 오랫동안 금서였다고 합니다.
토미 웅거러의 성해방과 관련된 사회 운동과 사회 비판적인 일러스트가 문제가 되었다지요. 편견과 선입견, 차별에 예술로 맞서 싸웠던 작가의 가치관을 읽을 수 있는 대목입니다.
작가에 대해 더 알고 싶다면 다큐멘터리 영화 〈토미 웅거러 스토리 The Tomi Ungerer Story, 2012〉를 보세요.

『깊은 밤 부엌에서』

모리스 샌닥 글·그림, 시공주니어

우리가 빵을 먹을 수 있는 건 미키가 우유를 구해 왔기 때문이라는 환상의 세계를 유쾌하게 펼쳐 보이는 이 책은 1970년 출간되자마자 격렬한 논쟁에 휩싸였답니다.

주인공 남자 아기 미키가 나체로 등장한 것이 문제가 되어 금서로 지정되었다는데요. 도서관 사서들이 아기의 성기 부분을 사인펜으로 기저귀를 그려 덮거나 테이프를 붙이고, 심지어 불태우기도 했답니다.

1971년 칼데콧 아너상 수상작으로 여전히 아이들의 사랑을 많이 받고 있지요.

『괴물들이 사는 나라』

모리스 샌닥 글·그림, 시공주니어

"내가 엄마를 잡아 먹어버릴 거야!"라고 엄마에게 대드는 주인공 맥스의 말에 화들짝 놀라는 분들이 요즘에도 가끔 있습니다. 바로 그런 이유로 미국에서 1963년에 금서가 되었답니다.

어른에게 공격적이고 자신의 분노를 거침없이 표현하는 맥스는 기존의 어린이 책에서 볼 수 없는 모습으로, 착하고 예쁜 어린이의 세계를 왜곡한다는 비판을 받았다지요.

그런데 이 책은 바로 1년 후인 1964년에 칼데콧상을 수상하고, 지금은 현대 그림책의 고전으로 자리매김하고 있습니다. 의미심장하게도 2012년에는 '어린이를 위한 최고의 그림책'으로 선정되기도 했고요.

『갈색 곰아, 갈색 곰아, 무엇을 보고 있니?』

빌 마틴 주니어 글, 에릭 칼 그림, 더큰

적어도 한 권 정도는 에릭 칼의 그림책을 보고 자랐다 싶을 만큼 특히 유아들의 사랑을 많이 받고 있는 에릭 칼이 그림을 그린 작품인데요. 금서 목록에 오른 책들 중에 금서의 이유가 가장 어처구니없을 듯합니다.

작가 빌 마틴 주니어 이름을 동명이인 좌파 철학자 빌 마틴으로 착각하여 일어난 해프닝이라고 합니다.

『당나귀 실베스터와 요술 조약돌』

윌리엄 스타이그 글·그림, 비룡소

어쩌다 바위가 되어버린 실베스터를 찾아 헤매는 엄마, 아빠를 통해 따뜻한 가족 사랑을 그리고 있는데요. 돼지가 경찰로 묘사된 장면이 논란이 되어 1969년 출간 당시 미국 일부 지역에서 금지되었다고 합니다. 1970년 칼데콧 상 수상작.

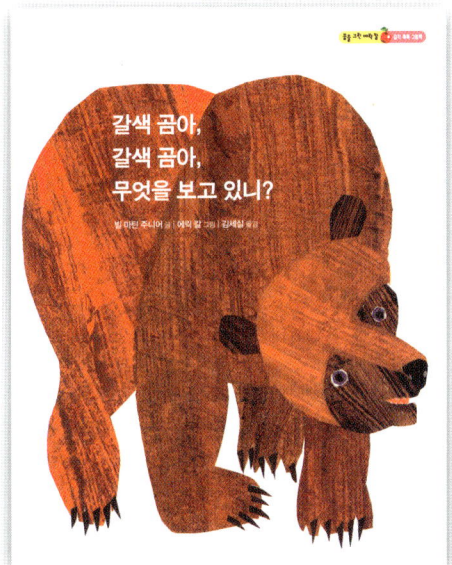

『너하고 안 놀아』 동화집

현덕 글, 송진헌 그림, 창비

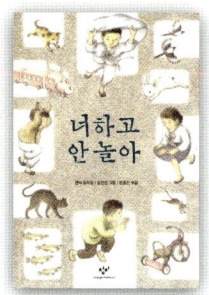

유일한 분단국가인 우리나라는 월북 작가라는 이유로 금서가 된 책들이 많습니다.

작가 현덕은 서울 출생이지만 한국전쟁 중에 월북했다는 이유로 이 책이 금서가 되었습니다.

1988년에서야 정부가 월북 문인에 대한 해금 조치를 한 이후 만나게 되었는데요. 그나마 얼마나 다행인지 모릅니다.

현덕 작품 속에 등장하는 그 천진난만한 아이들, 지금이라도 골목 어디선가 툭 튀어나올 것 같은 노마, 영이, 기동이, 똘똘이를 만날 수 있으니까요.

『몽실 언니』 동화

권정생 글, 이철수 그림, 창비

국민의 독서진흥을 위해 MBC에서 편성한 〈느낌표!〉라는 프로그램에 선정되어 더 많은 사랑을 받았던 몽실 언니가 금서였다고요?

『몽실 언니』는 처음 잡지에 연재할 때부터 블랙리스트에 올랐고, 1986년에는 어용단체가 용공동화의 사례로 몰아 당시 문교부에서는 학교도서관에서 빼라고 지시했답니다.

전쟁과 가난이라는 우리 역사의 아프고 어두운 부분을 직시하고, 그러한 고난 속에서도 꿋꿋하게 살아가는 아름다운 삶을 그리고 있는 보물 같은 책인데 말이에요.

『비밀의 숲 테라비시아』 동화

캐서린 패터슨 저, 사파리

미국 아동문학의 고전으로 대접받을 만큼 뛰어난 작품으로, 두 차례나 영화로 각색되었던 이 책은 왜 금서가 되었을까요? 그 이유가 참 많기도 합니다.

아이들이 어른들에게 무례하게 구는 내용 때문에, 판타지가 환상과 현실을 혼동시킬 수 있다는 염려 때문에, 신성모독의 가치를 담고 있기 때문에, 아이들에게 죽음에 대한 개념을 심어줄 염려가 있기 때문이라는군요.

아무튼 책으로 읽고 영화로도 즐길 수 있어 참 좋아요.

『샬롯의 거미줄』 동화

엘윈 브룩스 화이트 글, 가스 윌리엄즈 그림, 시공주니어

돼지와 거미의 참다운 우정과 생명 사랑을 주제로 한 이 책은 아동문학의 최고상인 뉴베리 아너상 수상작입니다. 그런데 왜 금서 목록에 올랐을까요?

어린이 책에 어울리지 않게 '죽음'을 다루고 있고, 불경스럽게도 동물이 말을 한다는 것을 일부 어른들이 문제 삼아 금서로 지정되었답니다.

『내 이름은 삐삐 롱스타킹』 동화

아스트리드 린드그렌 글, 잉리드 방 니만 그림, 시공주니어

모험을 즐기고 하고픈 일을 이루고야 마는 말괄량이 삐삐가 금서였다고요? 어른들 참 이상하지 않아요? 도대체 이유가 뭔데요? 이런 말썽꾸러기 이야기를 읽고 우리 착한 어린이들이 나쁜 아이가 되면 어떡하느냐는 어른들의 걱정과 염려 때문이래요. 혹시 요즘에도 이런 염려 때문에 책을 집에 몰래 숨겨놓는 부모님은 안 계시겠죠?

『오즈의 마법사』 동화

L. 프랭크 바움 글, 김민지 그림, 인디고

오즈의 마법사는 시리즈물로, 우리가 알고 있는 내용은 첫 번째 시리즈에 해당합니다. 각 시리즈마다 프랭크 바움이 전하고자 하는 메시지가 분명한데, 그 메시지가 곧 금서의 이유가 되었습니다.

첫 번째 시리즈로만 살펴보면 주요 캐릭터들을 모두 여성으로 설정했다는 점입니다. 다시 말하면 용감무쌍한 농장 소녀 도로시, 도로시가 처치하는 두 사악한 마녀, 도로시가 캔자스의 집으로 돌아가는 걸 도와주는 착한 마녀 글린다가 모두 여성인 반면, 남성 캐릭터들은 허수아비, 겁 많은 사자, 심장이 없는 양철 나무꾼 등으로 수동적이지요? 이는 곧 여성을 강력한 지도자 역할로 묘사한 페미니즘 관점을 시사하고 있다고 봤기 때문에 시카고의 전 도서관이 금서로 정했다고 합니다.

『동물 농장』 소설

조지 오웰 저, 푸른숲주니어

TV의 한 프로그램에서 은밀하고 위대한 시대의 금서 1위로 선정될 만큼, 금서로 유명한 목록 중의 하나인데요. 권력과 전체주의를 비판했다는 이유로 여러 나라에서 37년 동안이나 금서였습니다. 1945년에 출간됐지만 권력형 부정부패나 부조리한 체제에 대해 너무도 적확하게 풍자하는 내용으로, 서글프지만 지금 읽어도 무릎을 치게 합니다.

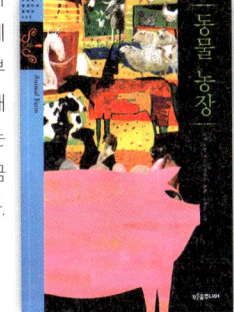

『순이 삼촌』 소설

현기영 저, 창비

제주 4·3 사건을 다룬 작품으로 문학사적으로나 역사적으로 의미가 큰 작품입니다. 이 작품을 계기로 여전히 현재 진행형인 4·3 사건의 연구가 활발하게 진행되었다고 합니다. 반면에 오랫동안 금기시했던 4·3 사건의 발설로 책이 출간되자마자 작가는 고문을 당하고 금서가 되었다지요?

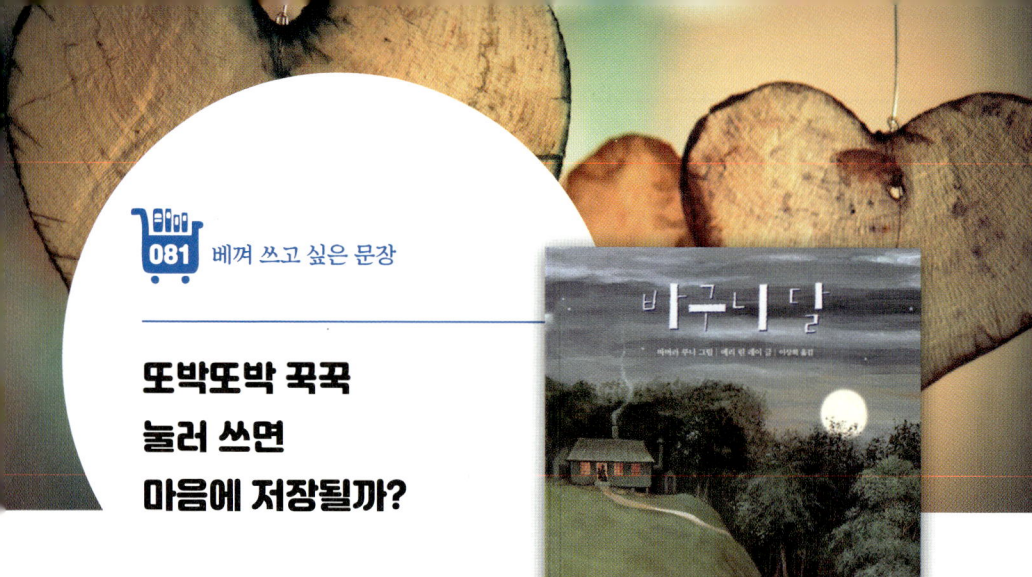

081 베껴 쓰고 싶은 문장

또박또박 꾹꾹
눌러 쓰면
마음에 저장될까?

 벼루에 물을 조금씩 부어가며 천천히 먹을 가는 시간을 좋아합니다. 딱히 붓글씨를 쓸 것도 아니고, 수묵화를 그리고자 하는 것도 아닙니다. 먹물이 튀지 않도록 그저 천천히 먹을 가는 시간을 즐깁니다. 덤으로 따라오는 먹의 향기는 은은하게 퍼지며 다른 시공간에 놓여 있는 기분이 들게 합니다. 특히, 마음이 소란스러울 때 먹을 갈면 마음이 고요해지는 게 참 좋아요.
 가끔, 때로는 자주 핸드드립 커피를 마십니다. 볶은 커피콩을 갈아 여과지에 조심스레 담고 뜨거운 물을 천천히, 더 천천히 붓습니다. 여과지에 물이 직접 닿지 않도록 조심스럽게, 신경을 많이 써서 붓습니다. 작업이 바쁠 때에도 일부러 커피를 내립니다. 밭에서 땀 흘려 일하다 나무 그늘에 앉아 잠깐 산들바람을 맞는 일과 같지요.
 한들한들 산책하는 일도 고요함을 느끼는 시간입니다. 아무리 익숙한 장소라도 매일 새로운 모습을 펼치는 나무와 풀과 하늘을 두리번거리며 마음속 깊이 감탄을 하고, 한없이 해찰을 하며 느리게 느리게 걷습니다.
 벼루에 먹을 가는 일, 여과지에 커피를 내리는 일, 익숙한 삶의 반경을 느리게 산책하는 일, 이 세 가지 일에는 몇 가지 공통점이 있습니다. 아날로그의 가치를 품고 있고, 모두 몸을 써서 해내는 일이고, 무엇보다 결코 서두름이 없어야 한다는 것입니다.

바쁜 일상에 '나'가 매몰되어 있을 때나 삶의 모서리에 마음을 베었을 때에 삶의 감각을 회복해 주는 일들입니다. 여기에 하나 더 보태자면 베껴 쓰기가 있습니다.

베껴 쓰기 또한 앞서 언급한 세 가지 아날로그적인 행위와 같은 맥락에 닿아 있습니다. 몸을 애써 움직여야 하고 결코 서두르는 법이 없어야 하지요. 베껴 쓰기를 하자면 먼저 노트를 마련하고 사각사각 소리가 나도록 연필을 정성 들여 깎아야 합니다. 그리고 골라놓은 문장을 손을 움직여 천천히 써 내려 갑니다.

가슴으로 읽게 되고 세포 하나하나에도 기억되는 것 같은 베껴 쓰기의 황홀한 경험을 얘기하는 작가들이 많이 있습니다. 그중에 백석 시인의 시를 베껴 썼다는 안도현 시인이 떠오릅니다. 시의 앞날이 잘 보이지 않을 때, 어쩌다 눈에 번쩍 띄는 시를 한 편 만났을 때, 짝사랑하고 싶은 시인이 생겼을 때, 베껴 쓰는 일을 주저하지 말라고 안도현 시인은 당부합니다.

베껴 쓰기라면 주로 성경책이나 소설, 산문이나 시에서 이루어지지요. 저는 새롭게 그림책 베껴 쓰기를 시작했습니다. 대체로 그림책은 글이 짧아서 불가능하리라 전혀 시도조차 하지 않았지요. 어리석은 생각이었음을 오랜 시간이 지나서야 깨달았습니다. 사실은 곁에 두고 오래오래 가끔씩 들여다보고 싶은 그림책이야말로 베껴 쓰기에 안성맞춤입니다. 그림책이야말로 한 번 휘리릭 보고 끝나는 것이 아니라, 깊은 생각을 요하는 책이니까요.

재미난 과제가 하나 생겼습니다. 베껴 쓰기 하기에 좋은 그림책을 한 권 한 권 찾아내는 일입니다. 그림책을 좋아하는 분들과 함께라면 더 즐겁겠지요?

『바구니 달』

메리 린 레이 글, 바버리 쿠니 그림, 베틀북

따뜻하고 아름다운 다큐멘터리 영화를 닮은 사실적인 이야기입니다. 깊은 숲속을 배경으로 자연에서 얻은 물푸레 나무로 바구니를 만들어 생계를 꾸려가는 사람들의 삶을 한 소년의 시선으로 바라봅니다.

바구니 달? 제목이 독특하지요? 보름달이 뜨는 날이면 아버지는 그동안 만든 바구니를 먼 거리에 있는 시장에 내다 팔고, 보름달을 가로등 삼아 다시 먼 길을 걸어 집으로 돌아오기 때문에 바구니 달이라 부른답니다.

일상의 리듬이 달이 차고 기우는 주기에 따라 흘러갑니다. 소년은 아홉 살이 되는 날 처음으로 아버지와 함께 큰 도시에 있는 시장에 갔습니다. 그런데 설렘과 기대를 갖고 떠났던 그곳에서 소년은 사람들에게 놀림을 받게 되지요.

사람들은 깍, 깍, 깍, 까마귀처럼 웃어대며 산골짝 촌뜨기라고 소리쳤습니다. 아버지는 이런 놀림이 처음이 아닌 듯 조금도 신경 쓰지 않았지만, 소년은 집으로 오는 내내 마음이 어두웠습니다. 집에 와서는 아무것도 먹고 싶지 않았고, 부지런히 바구니를 만드는 아버지를 지켜보는 것도 즐겁지 않았고, 바구니를 만들 나무를 찾는 일도 하지 않았습니다. 그런 건 산골짝 촌뜨기들이나 하는 일이라 생각했거든요.

하루는 바구니를 쌓아둔 창고에 가서 높이 쌓인 바구니 더미를 걷어차 엉망진창으로 만들었습니다. 그때 조 아저씨가 뒹굴고 있는 바구니들 사이로 들어섰습니다. 한참 동안 말없이 서 있던 조 아저씨는 바구니를 쌓아 올리며 말씀하셨지요. 바구니 짜는 일을 바람의 말로 배우게 되었다고요. 어른들은 바구니를 짜며 나무가 자신에게 들려준 이야기를 하고 또 한다고요.

어떻게 바람의 말을 듣고 나무가 들려주는 이야기를 들을 수 있을까요? 논리적으로 설명하기는 어렵지만 어렴풋이 그러리라 짐작은 갑니다. 자연 속에서 자연의 리듬에 따라 살아가면 감각이 예민하게 자연에게 활짝 열려 있을 테니까요. 바로 조 아저씨의 말처럼, 자연에 예민한 감각을 가진 이들 중에 누군가는 시인이 되고 누군가는 아름다운 가사를 써서 노래를 만들어 부르는 거지요.

바구니 짜는 일이라고 결코 다르지 않습니다. 촌뜨기라는 말에 삶의 방향을 잃고 아버지의 존경스러운 삶에 반항하는 소년에게 조 아저씨가 들려주는 말이 가 닿을 수 있을까요?

"어떤 이들은 바람의 말을 배워서 음악으로 만들어 노래 부르지." 조 아저씨가 계속해서 말했어요. "그리고 또 어떤 이들은 바람의 말을 듣고 시를 쓴단다. 우린 바람의 말로 바구니 짜는 법을 배웠지." 그때 참나무 이파리 하나가 창고 안으로 날아들었어요. "바람이 우릴 지켜보고 있었구나." 하면서 조 아저씨가 덧붙였죠. "바람은 믿을 만한 존재가 누군지 알거든."

베껴 쓰고 싶은 문장을 만난 그림책

『잃어버린 영혼』

올가 토카르축 글, 요안나 콘세이요 그림, 사계절

일을 아주 많이, 빨리 하는 한 남자가 있었습니다. 영혼은 어딘가 멀리 두고 온 지 오래였습니다. 우습게도 그래서 오히려 잘 살 수 있었다고 합니다.

그런데 출장길 호텔방에서 한밤중에 잠이 깬 남자는 숨이 막힐 것만 같은 기분이 들었습니다. 이곳에 무슨 일로, 어떻게 온 건지, 심지어 자기 이름조차도 기억나지 않았습니다. 겁이 덜컥 난 남자는 다음 날 병원을 찾지요.

의사는 영혼을 잃어버린 것일 뿐 어떤 약도 필요하

2018 노벨문학상 수상, 올가 토카르축!
어른을 위한 그림책 『잃어버린 영혼』

경, 아득한 그리움 같은 어떤 것, 섬세한 그림 속에서 들려오는 사각사각 연필 소리….
낡고 오래된 것들로 이루어진 책의 물성은 편안함과 아늑함을 데려와 그것 자체로 얼마간은 위로가 되어 줄 것입니다.

누군가 위에서 우리를 내려다본다면, 세상은 땀 흘리고 지치고 바쁘게 뛰어다니는 사람들로, 그리고 그들을 놓친 영혼들로 가득 차 보일 거예요. 영혼은 주인의 속도를 따라갈 수 없으니까요. 그래서 큰 혼란이 벌어져요. 영혼은 머리를 잃고, 사람은 마음을 가질 수 없는 거죠. 영혼들은 그래도 자기가 주인을 잃었다는 걸 알지만, 사람들은 보통 영혼을 잃어버렸다는 사실조차 모릅니다.

지 않다고 했습니다. 다만, 자기만의 어떤 장소를 찾아 편안히 앉아서 영혼을 기다리라고 합니다. 다행히 그 남자는 의사의 충고를 잘 따릅니다.
도시 변두리에 작은 집을 구해, 매일매일 의자에 앉아 어디쯤에선가 놓쳐버린 영혼을 기다리고 또 기다립니다. 영혼과의 이별 시간이 길면 길수록 영혼이 돌아오는 시간 또한 오래 걸리지요.
내 영혼은 나의 속도를 잘 따라오고 있는 걸까? 혹시 바삐 따라오느라 헉헉대며 몹시 지쳐있는 건 아닐까?
아니, 사람들은 보통 영혼을 잃어버렸다는 사실조차도 모른다 하니, 가만히 앉아 가슴을 더듬으며 영혼과의 대화를 시도해 봐야 할 일입니다.
아니, 나만의 어떤 장소를 먼저 찾아야 할 것 같습니다. 영혼이 특별히 좋아하는 장소가 있을 테니까요.
아니, 어쩌면 이 책을 찬찬히 넘기다 보면 영혼을 찾고자 하는 남자의 간절한 마음에 가닿게 되고 마지막 장을 덮고 가슴에 품으면 영혼이 느껴질 것만 같습니다.
쓸쓸함, 사무치는 외로움, 불안함, 허허로움, 고독의 정서가 가슴을 시리게 하지만 영혼이 좋아하는 것들을 담뿍 품고 있으니까요.
코팅되지 않은 표지의 까슬까슬한 질감과 낡고 빛바랜 종이, 낡은 레스토랑, 스쳐 지나가는 기차 풍

『살아 있는 모든 것은』
브라이언 멜로니 글, 로버트 잉펜 그림, 마루벌

생명이 있는 모든 것은 태어남이 있으면 죽음도 있다는 진리를 조곤조곤 들려줍니다.
죽음에 관해 물어오는 아이들에게 읽어주기에 좋은 그림책이라고 많이들 얘기합니다. 실제로 그렇습니다. 그런데 저는 죽음이란 주제와 상관없이 평소에 마음이 시끄러울 때마다 가끔 들여다보는 책입니다.
누구나 다 알고 있는 진실을 말하고 있지만 첫 단락을 처음 읽었을 때의 그 기분을 잊지 못합니다. 마치 처음 그 사실을 알게 된 것처럼 아! 탄성을 쏟아

내며 저도 모르게 마음이 편안하고 고요해지는 느낌이 찾아왔으니까요.
마음을 차분하게 가다듬고 천천히 베껴 쓰기를 하고, 나지막하게 나를 위해 낭독의 시간을 갖습니다. 살아있는 것들이 얼마나 오래 사는지는 저마다 다르다고요. 그러고는 나무와 토끼와 쥐, 꽃과 채소, 새, 물고기들, 나비의 수명에 대해 구체적으로 들려줍니다.
나비는 스무날 동안만 나비로 산다지요? 팔랑팔랑 날아다니다가 차츰 힘이 없어지고 더 이상 움직이지 못하게 되면 잠시 쉬다가 죽는다고요.
문득 그런 생각이 들었습니다. 나는 어떤 죽음을 맞이할까 하고요. 나비처럼 잠시 쉬다가 가는 죽음이라면 어떨까요? 삶과 죽음, 그 사이에 살고 있는 나는 죽음에 많이, 좀 더 많이 가까워졌을 때 이 그림책을 읽는다면 어떤 느낌이 들까요? 지금처럼 여전히 마음이 편안하고 고요해질까요?

살아있는 모든 것에는 시작이 있고 끝이 있단다. 그 사이에만 사는 거지. 가끔 살아있는 것들은 앓기도 하고 다치기도 하지. 대개는 곧 낫지만 너무 많이 다쳐서, 너무 많이 앓아서 더 이상 못 살고 죽기도 한단다. 어려서도, 늙어서도 그 사이 어느 때라도 끝이 올 수 있단다. 슬프지만 모든 것이 그런 걸. 살아 있는 모든 것이 그런 걸. 풀도, 사람도, 새도, 물고기도, 나무도, 토끼도, 아주 작은 벌레까지도.

『강물이 흘러가도록』

제인 욜런 글, 바버러 쿠니 그림, 시공주니어

아름다운 스위프트 강이 흐르는 골짜기 마을에 살았던 작가의 어린 시절 이야기예요. 삶의 아름다운 한 부분이 바버러 쿠니의 그림으로 더욱 풍성하게 살아납니다.
저 또한 비슷한 어린 시절 추억이 있기에 그림만큼이나 생생하게 떠오릅니다. 구불구불 논두렁길을 지나 마을회관에 도착하면 마을 아이들이 하나 둘 모이기 시작해요. 다 모이면 강물처럼 구불구불 기다랗게 줄을 서 신작로를 따라 학교를 향해 걸어가지요.
가을이라면 우리가 심어 놓은 코스모스가 피어있을 거예요. 우리가 걸어가는 길 왼편으로는 산이 겹겹으로 둘러서 있고, 오른편엔 아담한 저수지가 그림처럼 누워있어요. 함께 모여 가는 이 시간에 늦으면 혼자서 산속 오솔길, 지름길로 헐레벌떡 뛰어가야 해요. 오솔길 중간 즈음에 햇볕이 잘 들고 잔디가 잘 가꿔진 묘지가 있어요. 적당히 높은 곳이라 그림 같은 저수지가 한눈에 내려다보이는 곳이에요.
학교에서 집으로 돌아오는 길에는 이 곳이 우리들에게 최고의 놀이터가 되어줍니다. 바로 그림책 속의 아이들이 소풍 간 공원묘지처럼요. '윌 할아버지 무덤 앞 돌판에다 소풍 도시락을 펼쳤어요.'라는 부분에서 오래오래 머물며 흠뻑 행복해했답니다. 우리는 묘지에서 그림책 속의 아이들보다 더 짓궂게, 더 신나게 놀았거든요.
잔디가 적당히 자라 반들반들한 봉분에 올라가 미끄럼을 타고 숨바꼭질도 하고, 그러다 배고프면 도시락을 펼쳐놓고 남은 반찬을 먹곤 했지요. 묘지에 누워계신 그분들도 심심하지 않아 좋아하지 않았을까요? 아니면, 무례하다 화를 내셨을까요? 다른 분들은 어느 추억에 오래 머무르게 될까 궁금해지네요.

맑은 여름날이면 나랑 조지는 스위프트 강에서 낚시를 하고 놀았어요. 핀으로 만든 낚싯바늘과 실 한 오라기로 갈색 송어를 낚았지요. 우리는 공원묘지에서 접는 칼 던지기 놀이를 하고, 윌 할아버지 무덤 앞 돌판에다 소풍 도시락을 펼쳤어요. 검은 돌판은 뜨거운 여름 햇살을 빨아들여 온종일 따뜻했지요.

『작은 토끼 마시멜로』

클레어 터레이 뉴베리 글·그림, 시공주니어

『작은 토끼 마시멜로』를 읽었을 때 글과 그림이 완벽하게 어우러진 그림책이라는 느낌이었어요. 감각적이고 모던한 카페에서 우아하고 예쁜 잔에 영문 이름의 차를 마시다 한옥에 들어앉아 그윽한 향의 녹차를 마시는 기분이랄까요?
『작은 토끼 마시멜로』는 처음 출간된 지 70년이 지났지만 지금도 여전히 변함없이 우아한 작품입니다. 섬세한 그림과 따뜻한 이야기와 동물의 마음을 꿰뚫어 보는 듯한 글, 거기에 더하여 목탄으로 그려낸 차분한 드로잉 덕분일까요? 고양이 올리버와 아기 토끼 마시멜로의 달콤하고 사랑스러운 이야기에 흠뻑 빠져들기도 하지만, 무엇보다 손에 잡힐 듯 섬세한 묘사가 아주 탁월합니다. 고양이 올리버와 아기 토끼 마시멜로를 유심히 관찰하지 않았다면 불가능한 일이지요. 관심과 사랑이 배제된 관찰이었다면 또한 불가능했을 거고요.
무언가를 깊이 오래 관찰한다는 것, 그것은 세상을 사랑하는 멋진 방법이자 감정의 격랑을 다스리는 훌륭한 치유의 기술이라고 합니다. 그래서인지 따뜻한 관심으로 관찰한 후 이루어진 섬세한 묘사가 오래오래 온기를 지펴줍니다.

고양이 올리버가 덮칠까 어쩔까 머뭇거리는 사이, 갑자기 아기 토끼 마시멜로가 쪼르르 활기차게 다가오더니 올리버의 코에 입을 맞추었습니다. 올리버는 깜짝 놀라 뒤로 움찔 물러났습니다. 그러고 나자 호기심이 두려움을 눌러, 킁킁 토끼 냄새를 맡았습니다. 마시멜로는 눈을 감고 포근하게 몸을 기대왔습니다. 털이 복슬복슬한 동물을 발견한 것이 얼마나 행복하고 기쁘던지요. 이 동물이 엄마가 아니라면 적어도 가까운 친척임에 틀림없을 거예요. 올리버가 입을 벌려 이빨로 덥석 물 때도, 마시멜로는 겁도 내지 않고 가만히 있었습니다. 다음 순간, 올리버는 물었던 것을 놓고 새끼 고양이에게 하듯이 마시멜로의 얼굴을 부드럽게 핥아 주었습니다. 어미 고양이들이 으레 그렇게 하듯 털을 반대 방향으로 핥는 바람에 마시멜로의 털은 죄다 삐죽삐죽 일어서 버렸습니다.

『기적의 시간』

로버트 맥클로스키 글·그림, 문학과지성사

바닷가 마을에서 여름 한 철을 보낸 가족의 이야기입니다. 아니, 아이들이 자연 속에서 온몸으로 느낀 자연의 경이와 아름다움에 대한 이야기입니다. 허투루 낭비되는 단어 하나 없이 감각적이고 시적인 문장으로 가득합니다.
시간이 흐르는 걸 볼 수 있는 그곳에서는, 빗방울 수백만 개가 떨어지는 소리, 고요한 숲에 벌레 한 마리가 통나무에 구멍을 뚫느라 윙윙거리는 소리, 돌돌 말린 고사리가 천천히 늘이는 소리, 바닷가에서 온종일 놀면서 내지르는 아이들의 행복한 소리, 바람이 물을 채찍질해 일으키는 날카로운 파도와 연기 같은 물보라, 그리고 찾아온 허리케인 등 자연의 풍광이 다채롭게 펼쳐집니다.
눈과 귀와 몸으로 느낀 아이들에게는 이 모든 것이 기적의 시간입니다. 오래 기억하고 싶은 아름다운 추억이 됩니다.

저녁이 되어 물이 다시 들어오고 어린 손님들이 모두 물러가면 우리는 배를 띄우고 왠지 외로운 기분으로 노를 젓습니다. …

중략 … 바위 옆으로 가면 물 속으로 전등을 비춥니다. 오후에 놀던 곳에서 게 한 마리가 기어다니네요. 게는 살금살금 옆으로 걸으며 성문을 지나, 물에 잠긴 성채 안으로 사라집니다. 우리는 전등을 딸깍 끄고 부두 쪽으로 노를 저어 갑니다. 하늘에서는 별이 내려다보고, 물에 비친 별빛은 우리를 올려다봅니다. 밤은 고요한데 수백 개의 눈동자가 우리를 쳐다봅니다. 네 개의 눈동자는 사방을 쳐다보고요.

『폭풍우가 몰려와요』

샬롯 졸로토 글, 마거릿 블로이 그레이엄 그림, 다산기획

폭풍우가 막 몰아치기 직전의 풍경을 베껴 썼습니다. 너무도 생생한 표현에 마치 그 현장에 서 있는 것만 같습니다. 뭔가 엄청난 일이 일어나리라는 기대감에 설렘과 긴장감이 교차하며 심장이 쿵쾅거립니다. 폭풍우에 대해 이리도 섬세하고 아름다운 글을 그림책인 듯 동화책인 듯 41쪽 분량의 짧은 책(『폭풍우가 몰려와요』)에서 만났습니다.
폭풍우라면 미리미리 문 닫아걸고 안전하게 있어야 한다는 고정관념이 깨어지는 순간이었지요. 우리나라에 출간된 폭풍우 관련 책들이 폭풍우라면 어떻게 살아남고 어떻게 대처해야 하는지 실용 지식 위주라는 점이 많이 아쉬운데요. 사실 폭풍우가 오는 날, 바깥 세상은 경이로움 그 자체인데 말이에요. 폭풍우가 몰려 올 즈음 하늘은 시시각각 마법을 부리듯 변화무쌍한 모양과 다채로운 색채를 보여줍니다. "OO야, 빨리 와 봐! 하늘 진짜 이뻐!" 하는 순간 하늘은 이미 다음 장면으로 넘어가 있지요.
우르르 쾅, 번쩍, 후두둑 쏴아아. 그녀석 폭풍우란 놈이 밤새 미친 듯이 기세등등하게 날뛰다가 기운이 빠져 뒷걸음치듯 슬글슬금 달아나고 난 후의 하늘, 시치미 뚝 뗀 하늘의 얼굴은 방금 세수하고 나온 아이의 말간 얼굴 같습니다.
그런 하늘을 바라보는 마음은 온몸 구석구석 모세혈관까지 맑아지는 기분이고요. 가을햇살과 바람에 잘 마른 뽀송뽀송한 이불마냥 하늘 이불을 온몸에 휘감고 뒹굴뒹굴 하고 싶어져요.
그뿐인가요? 밤새 무섭게 해서 미안하다고 가끔씩 폭풍우가 선물을 두고 가기도 하지요. 바로 알록달록 무지개요. 간혹 아이들에게는 쓰러진 커다란 통나무가 선물로 주어지기도 하고요.
폭풍우 몰려오는 날 폭풍우가 어떤 녀석인지 찬찬히 지켜보고 만나볼까요? 눈을 감아도 보고 귀 기울여 들어보고 마음으로도 듣고 느껴보는 거예요.

부옇던 하늘이 변하기 시작합니다. 노랗게 타오르던 열기가 잿빛으로 변합니다. 어느 순간부터 세상이 온통 잿빛을 띱니다. 활기를 잃은 거대한 잿빛 세상에는 실바람 한 줄기 일지 않고 새들의 노랫소리도 들리지 않습니다. 나뭇가지 하나 흔들리지 않고 바람 한 점 없습니다. 사방이 어두침침해지면서 무슨 일이 일어날 것만 같습니다. 뭔가 들썩입니다. … 중략 … 시커먼 먹구름이 하나 둘 생겨나면서 바싹 마른 들판 위로 그림자가 드리워집니다. 먹구름이 몰려와 온 하늘을 뒤덮자 세상은 밤처럼 어두컴컴해집니다. 갑자기 서늘한 바람 한 줄기가 나무들 사이로 휙 내달리자 덩굴장미가 흔들리고 데이지와 미나리아재비와 야생당근과 긴 풀들이 허리를 숙입니다. 곧이어 거대한 은빛 한숨 같은 바람 소리가 언덕 아래로 퍼져나갑니다.

082 1940년대 그림책

아빠보다 나이 많은 그림책도 있어

아이들에게 여전히 사랑받는 그림책 중에 1940대 혹은 그 이전의 그림책을 만나봅니다. 어, 이 책이 정말 1940년대 책이라고? 하면서 깜짝 놀랄 그림책도 있을 거예요. 출간된 지 70년도 더 지났지만 요즘 책들과 비교했을 때 전혀 뒤지지 않을 만큼 그림이나 텍스트 면에서 훌륭하니까요. 완다 가그의 『백만 마리 고양이』는 무려 1928년에 출간되었네요. 물론 우리나라 그림책이 아니라 대부분 미국에서 출간된 책들입니다.

문득 우리나라 1940년대를 그려봅니다. 저도 태어나기 전이니까, 역사 수업을 떠올려 봐야겠네요. 우선 세계적으로는 제2차 세계대전이 있었고, 그 시기에 우리나라는 일제 강점기였습니다. 미국이 일본에 원자폭탄을 투하하면서 일본의 무조건 항복으로 1945년 8월 15일, 우리나라가 해방되는 순간도 있습니다. 하지만 그 기쁨도 잠깐, 남과 북의 단독정부 수립으로 둘로 갈라지는 1948년이 있기도 합니다. 참으로 힘들고 슬픈 시기에 미국 아이들은 이런 재미난 그림책을 즐겼다고 생각하니 조금 억울합니다. 그 시절 한국의 아이들에게는 책조차 아주 귀한 보물이었으니까요. 이제는 우리나라 아이들도 그림책 속에 풍덩 빠져 그림책을 즐기기만 하면 됩니다. 자고 일어나면 수많은 그림책이 쏟아져 나오고, 한국의 그림책과 그림책 작가들이 세계무대에서도 인정받고 있으니까요.

『백만 마리 고양이』 원작 1928년

완다 가그 그림·글, 시공주니어

적적해서 고양이 한 마리 길렀으면 좋겠다는 할머니 말에 고양이 백만 마리를 데려온 할아버지. 집이 좁아 딱 한 마리만 골라 기르기로 하고 고양이들에게 말합니다. 가장 예쁜 고양이 한 마리를 뽑으라고요. 백만 마리 고양이들 어떻게 했을까요?

1940년대 이전에 태어난 그림책

『앵거스와 두 마리 오리』 원작 1930년

마저리 플랙 글·그림, 시공주니어

호기심 많은 강아지 앵거스, 산책을 나갔다가 만난 두 오리에게 친구가 되고 싶어 말을 겁니다. 그런데 두 오리가 속닥거리더니 쉭쉭거리며 앵거스를 공격합니다. 깜짝 놀란 앵거스는 황급히 도망쳐 집 안 소파 밑으로 숨었지요. 오리들은 왜 앵거스를 공격했을까요?

『곰 아저씨에게 물어 보렴』 원작 1932년

마조리 플랙 글·그림, 비룡소

오늘은 엄마의 생일, 생일 선물로 뭘 하면 좋을까? 고민하던 대니가 곰 아저씨에게 물어봐요. 곰 아저씨는 대니의 귀에 대고 속닥속닥 말해 주었지요. 그게 좋겠다며 만족스러운 표정으로 신나서 집으로 뛰어가는 대니. 대니가 준비한 엄마의 생일선물은 무엇일까요? 지금도 여전히 사랑스러운 그림책입니다.

『우리는 고양이 가족』 원작 1938년

케슬린 헤일 글·그림, 시공주니어

다정한 아빠 고양이 올란도와 지혜로운 엄마 고양이 그레이스, 그리고 장난꾸러기 아기 고양이 삼 형제 팬지, 블랑쉬, 팅클을 통해 가족 간의 사랑을 섬세하게 담고 있어요. 책이 엄청 커서 그림 보는 눈이 시원해요.

『투명 강아지 아무개의 마법』 원작 1941년

완다 가그 글·그림, 지양어린이

엄마를 잃고 버려진 강아지 삼 형제가 새로운 가정을 찾게 되는 이야기입니다. 세 마리 강아지 중 한 마리는 눈으로 볼 수 없는 강아지라 '아무개'라 불렸지요.

어느 날 동네 아이 둘이 나타나 강아지 두 마리를 데려가고 아무개만 혼자 남았습니다. 보이지 않으니 데려갈 수가 없었던 것이죠. 그때부터 투명 강아지 아무개는 자신도 눈에 보이는 존재가 되고 싶다는 소망을 갖게 됩니다.

자신의 모습을 찾으려 애쓰는 투명 강아지 아무개는 통과의례처럼 성장통을 앓는 우리 아이들 모습과도 참 많이 닮았습니다. 아무개로 상징되는 주목받지 못하는 아이들도 떠오르고요.

『아기 오리들한테 길을 비켜 주세요』 원작 1941년

로버트 맥클로스키 글·그림, 시공주니어

오리 가족이 사람들의 도움으로 위험천만한 도로를 건너 아늑한 보금자리를 찾아가는 이야기.

세계대전의 그림자로 암울하던 시절, 움츠러든 사람들에게 희망과 위로가 되는 따스한 이야기였다고 합니다.

『작은 집 이야기』 원작 1942년

버지니아 리 버튼 글·그림, 시공주니어

시골 마을에 있는 작은집 이야기예요. 작은 집 주위에 도로가 생기고 차들이 시끄럽게 다니고 높은 빌딩들도 자꾸 늘어나 작은 집은 햇빛 보기도 힘들어졌어요. 작은집은 이제 어떻게 되는 걸까요?
작은 집의 작은 이야기가 아름다운 그림과 함께 많은 생각을 하게 합니다.

『케이티와 폭설』 원작 1943년

버지니아 리 버튼 글·그림, 시공주니어

커다랗고 튼튼해서 엄청나게 많은 일을 할 수 있는 빨간 트랙터 케이티가 주인공입니다.
폭설로 꼼짝도 못하는 마을을 돌아다니며 눈을 치우는 케이티. 아무리 튼튼해도 엄청난 눈에 케이티도 점점 지쳐가는데….

『숲 속에서』 원작 1944년

마리 홀 에츠 글·그림, 시공주니어

나팔 부는 아이가 앞장서서 숲속 동물들과 행진을 합니다. 목적지에 도착하여 다함께 맛있는 음식을 먹고 신나는 놀이를 했지요. 숨바꼭질 놀이에서 아이가 술래가 되어 눈을 감았다 떴을 때 아이 앞에 누가 있었을까요?

『잘 자요 달님』 원작 1947년

마거릿 와이즈 브라운 글, 클레먼트 허드 그림, 시공주니어

그림책의 고전 중의 고전이라 할 만큼 여전히 사랑받는 잠자리 그림책이에요. 창문으로 달님이 환히 비치는 초록색 방 안, 작은 토끼가 잠 잘 준비를 하며 방 안에 있는 모든 사물들에게 인사를 합니다. 읽다 보면 스르르 잠이 와요.

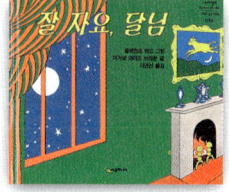

『하얀 눈 환한 눈』 원작 1947년

앨빈 트레셀트 글, 로저 뒤바젱 그림, 비룡소

눈이 올 것 같은 다양한 느낌, 눈을 준비하는 사람들, 내리는 눈을 즐기는 다양한 모습, 하얀 눈으로 덮인 세상의 모습, 눈이 녹고 나면 찾아오는 봄소식….
하얀 눈을 중심으로 겨울 풍경을 서정적으로 담고 있어요.

『모두 행복한 날』 원작 1949년

루스 크라우스 글, 마르크 시몽 그림, 시공주니어

겨울잠에서 깨어난 동물들이 코를 킁킁거리며 같은 곳을 향해 달려갑니다. 들쥐, 곰, 작은 달팽이, 다람쥐, 마르모트…. 그러고는 갑자기 멈추더니 신나게 춤을 추며 "와!" 하고 외칩니다. 동물들이 본 것은 무엇일까요? 1950년 칼데콧 아너 상 수상작.
우리나라에는 『코를 킁킁』(루스 크라우스 글, 마크 사이먼트 그림, 비룡소)으로 처음 소개되어 절판되었다가 원제 『The Happy Day』에 충실한 제목으로 복간되었습니다.

『익살꾸러기 사냥꾼 삼총사』 원작 19세기

에드윈 워 글, 랜돌프 칼데콧 그림, 시공주니어

그림책의 노벨상이라 불리는 칼데콧상을 있게 한 랜돌프 칼데콧의 그림책이라니 더욱 의미가 깊은 책입니다.
우리나라의 전래동화처럼 영국에 전해 오는 구전 동요 모음집인 〈마더구스 이야기〉에 나오는 한 이야기를 재구성한 작품입니다.
사냥꾼 삼총사가 사냥을 나갔다가 허탕을 치고 돌아오는데, 아이들 독자 눈에도 사냥꾼이 이상해 보이나 봐요.
"사냥꾼이 사냥은 안 하고 왜 돌아만 다녀?"라고 물어요. 익살꾸러기 사냥꾼이니까요. 사냥꾼들의 대화를 귀 기울여 들어보면 세상에 대한 따뜻한 시선을 느낄 수 있어요.

『하멜른의 피리 부는 사나이』 원작 19세기

로버트 브라우닝 글, 케이트 그리너웨이 그림, 시공주니어

〈하멜른의 피리 부는 사나이〉는 독일의 신비로운 전설로 다양한 판본의 그림책이 있습니다. 우리는 19세기 그림책의 거장 케이트 그리너웨이의 그림으로 만나봅니다.
지금으로부터 약 700년 전, 독일의 도시 하멜른 시민들은 쥐 때문에 골치를 앓고 있었습니다. 쥐들이 아기를 물어뜯고, 음식을 갉아먹고, 신사들의 모자에 둥지를 틀고, 찍찍 끽끽 소리로 마을 여자들의 수다까지 방해할 정도였대요. 시민들은 시청으로 쫓아가 항의했지만, 시장과 시의원들은 나 몰라라 했고요. 이때 골칫덩이 쥐들을 모두 없애 주겠다는 사람이 나타난 거예요. 독특한 차림에 긴 피리를 든 피리 부는 사나이!
피리 부는 사나이가 피리를 불자 큰 쥐, 작은 쥐, 홀쭉한 쥐, 뚱뚱한 쥐, 가족끼리 열 마리씩, 스무 마리씩, 쥐란 쥐는 모두 피리 부는 사나이를 뒤따르다 깊은 강물에 빠져 버렸대요. 그런데 골칫덩이 쥐들을 없애 주면 큰돈을 준다던 시장이 발뺌을 하는데…. 화가 난 사나이는 어떻게 했을까요?

083 절판된 그림책

헌책방과 도서관에서만 볼 수 있는 그림책

어렸을 적 읽었던 토끼 가족이 나오는 그림책을 찾는다는 〈네이버 지식 iN〉에 올라온 애타는 사연입니다.

"이십 대 중반이 되었지만 아직도 잊지 않고 생각이 나는 그림책이라 꼭 찾고 싶은데 검색해 봐도 안 나와요. 한글로 번역된 외국 그림책이었고 토끼 마을이었어요. 그래서 모든 것이 토끼 모양이고 시리즈로 3권 이상 나왔던 기억이 있습니다. 그 중 기억나는 에피소드는 토끼 형제들이 양배추를 얻으러 떠나는 모험에서 앙고라토끼 마을 굴을 가게 되고 거기서 얻은 양배추 하나를 목도리에 감싸서 마을로 돌아오는 내용이었던 것 같은데… 그림체가 피터래빗 이야기 같기도 한데, 피터래빗 이야기랑 비슷한 그림체의 토끼 이야기 그림책이 있나요?"

이미 절판된 책이라 찾기가 더 힘들었을 겁니다. 사연을 읽으면서 바로 해당하는 그림책이 떠올라 저도 모르게 입꼬리가 슬며시 올라갔습니다. '아 ~ 이런 그림책이 있었지' 하면서 15년 전의 시공간이 소환되었습니다.

모든 것이 토끼 모양인 토끼 마을과 토끼 형제라면 바로 그 그림책밖에 없을 거라 생각했지요. 2001년 출판사 두산동아에서 나온 〈토끼 가족 이야기〉 시리즈.

아름드리나무에 자리 잡은 대저택에서 아빠 토끼와 살림을 돌봐주는 지냐 아주머니, 그리고 산토끼 오 형제가 오순도순 복작복작 살아가는 이야기입니다. 섬세하고 아름다운 그림은 눈길을 사로잡고, 장난기 가득한 산토끼 오 형제의 모험이 흥미진진하게 펼쳐집니다.

아이가 다섯 살 때 읽던 그림책장을 쭉 훑어보니 다행히 시리즈 중 두 권을 찾아내고는 안도감과 함께 뿌듯함이 밀려왔습니다.

이렇게 재미난 그림책이 왜 절판된 걸까요? 책이 절판되는 이유는 출판사에 따라 사연이 다양합니다. 한 가지 확실한 건 좋은 책이 아니기 때문이라는 건 해당되지 않습니다. 대부분은 경제적인 이유가 크다고 볼 수 있겠지요. 강연 때마다 제가 좋아하는 책이라며 한동안 소개했던 『한밤중에』(조나단 빈 저, 고래이야기)라는 책이 절판됐다는 사실을 나중에서야 알고 깜짝 놀랐습니다. 아마도 출판사의 어떤 피치 못할 사정이 있으리라 짐작만 해볼 뿐입니다.

아무튼 〈토끼 가족 이야기〉 시리즈 덕분에 절판된 좋은 그림책들을 모아 봤습니다. 한 권 한 권 아이와 함께 즐겁게 읽었던, 행복한 추억들이 서려 있는 책들이라 애틋한 그리움이 밀려옵니다. 이런 책들을 도서관에서 책 전시로 만난다면 얼마나 설렐까요? 절판되어 헌책방이나 도서관에서만 볼 수 있는 그림책들! 도서관이 있어 참 다행이다 싶은 순간입니다.

절판된 그림책

『한밤중에』
조나단 빈 글·그림, 고래이야기

모두가 잠든 한밤중, 하지만 쉬이 잠들지 못하는 아이는 창문 틈으로 살랑 부는 바람을 따라 옥상으로 갔어요. 엄마 아빠 몰래 살금살금 이불과 베개를 옮겨 옥상에 근사한 잠자리를 마련하고 누워 있는데…

『내 이름은 프레즐』
마가렛 레이 지음, 한스 아우구스토 레이 그림, 비룡소

손바닥만 한 귀, 소시지처럼 긴 허리와 짧은 다리를 가진 닥스훈트 프레즐은 멋진 개 선발대회에서 일등상을 탈 만큼 멋진 개로 자라요. 그런데 정작 프레즐이 좋아하는 그레타는 프레즐에게 별 관심을 보이지 않는데…

『신발 밑의 꼬마 개미』

필립 후스, 한나 후스 공동글, 데비 틸리 그림, 문공사

신발 밑에 보일락 말락 하는 작은 개미와 그 개미를 밟으려는 아이의 대화 글로 이루어져 있어요. 아이는 평소처럼 개미를 밟아 죽일까요? 아니면 기다리고 있는 가족에게 돌아갈 수 있도록 그냥 둘까요? 그림 보는 재미가 쏠쏠합니다.

『호주머니를 갖고 싶어요』

돈 프리먼 글·그림, 비룡소

글도 그림도 귀엽고 따뜻한 그림책. 초록색 멜빵바지를 입은 꼬마곰 코듀로이 이야기예요. 자신도 호주머니가 갖고 싶었던 코듀로이는 어느 날 빨래방에 혼자 남겨지게 되는데….

『나무 사람』

멜라니 켐러 글·그림, 토토북

초현실주의 느낌의 독특한 그림책. 나무 사람과 그를 몰래 지켜보는 사냥꾼, 고양이와 쥐, 강아지 등이 등장하여 꼬리에 꼬리를 무는 이야기가 전개됩니다. 책을 다 읽고 나서 아이와 '말꼬리 따기 놀이' 하기에 좋아요.

『맥도널드 아저씨의 아파트 농장』

쥬디 바레트 저, 론 바레트 그림, 미래아이

10여 년도 전에 읽었지만 떠올리면 가슴이 초록빛으로 물드는 행복한 그림책.

삭막한 아파트와 자연의 상징인 농장과의 생뚱맞은 조합이라니? 아파트 4층 건물이 완두콩, 양배추, 고구마, 당근 등이 자라는 아파트 농장으로 변해가는 기분 좋은 상상이 펼쳐집니다.

〈토끼 가족 이야기 시리즈〉

주느비에브 위리에 글, 로이크 주아니고 그림, 두산동아

자연을 배경으로 아빠 토끼와 지냐 아주머니, 재롱이와 뱅글이, 통통이와 심술이, 막내 아름이가 왁자지껄 북적북적 살아가는 이야기가 생생하게 펼쳐집니다.
풍성한 그림이 이야기를 더 흥미진진하게 합니다. 이렇게 좋은 그림책이니, 언젠가 꼭 다시 태어나리라 기대하고 있습니다.

『통통이의 첫 무대』
『조심조심 꼬마 요리사』
『산토끼 가족의 이사』
『심술이는 용감한 탐험가』
『여우를 만난 뱅글이』

『바다를 담은 그림책』

샬롯 졸로토 저, 보물창고

산골마을 외딴집, 어둠이 내리고 창문에 노란 불빛이 따스하게 번지는 저녁이에요. 바다를 한 번도 본 적이 없는 아이가 물어요. 바다는 어떤 곳이냐고요? 아이의 물음에 엄마는 빙그레 웃으며 바다 이야기를 들려줍니다.
바다가 품은 다채로운 빛깔, 바닷가에서 들려오는 다양한 소리들, 그로 인해 온몸에 전해지는 섬세한 느낌들, 바다가 바로 눈앞에 펼쳐진 듯 생생하게 다가옵니다. 마치 바다에 다녀온 듯 아이는 엄마에게 살며시 기대고는 방긋 웃으며 말

해요. "엄마, 바다가 너무 좋아요. 그리고 난 이제 눈을 감으면 언제든 바닷가에 갈 수 있어요."
작가가 여든을 바라보는 나이에 쓴 글이라니, 어쩌면 엄마를 위한 바다 그림책일지도 모르겠어요. 솟아오르고 무너져 내리는 파도의 노래와 바람 소리 말고는 이 세상에 아무것도 없는 것처럼 보이는 고요한 바다가 그리울 때 펼쳐보세요.

부지런하게 하루를 보내는 이들 덕분에 반가운 편지를 받을 수 있고, 신선한 채소와 맛있는 빵을 먹을 수 있다는 걸 알게 됩니다.

『제빵사 곰』
『정원사 곰』
『우체부 곰』

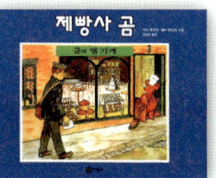

〈가스파르와 리자 이야기 시리즈〉

안느 구트망 글, 할렌슬레벤 그림, 비룡소

엉뚱하고 기발하고 재치 있는 가스파르와 리자는 일상생활에서 쉽게 만날 수 있는 바로 우리 아이들 같아 더없이 사랑스러운 캐릭터입니다. 어린이 그림책에서는 보기 드문 유화 그림을 보는 즐거움도 있고요. 언젠가 SNS에서 초등학교 선생님이 〈가스파르와 리자 이야기 시리즈〉를 모두 소장하고 있다는 글을 읽고 얼마나 기뻤는지 모릅니다. 그만큼 글도 그림도 좋다는 의미겠지요.

『베니스에 간 가스파르』
『리자네 집에서』
『비행기를 탄 리자』
『박물관에 간 가스파르와 리자』
『병원에 입원한 가스파르』
『크리스마스 선물』
『뉴욕에 간 리자』
『심술쟁이 가스파르 』
『리자의 무서운 꿈』
『가스파르와 리자의 여름방학』

〈곰 아저씨의 일상 이야기 시리즈〉

피브 워딩턴, 셀비 워딩턴 공저, 비룡소

곰 아저씨의 잔잔한 일상을 통해 정원사, 우체부, 제빵사라는 직업의 세계를 보여 줍니다. 성실하고

〈그 밖의 절판 그림책〉

『별을 보며』
신자와 도시히코 글, 아베 히로시 그림, 문학동네어린이

『토끼 인형의 눈물』
사키이 코마코 글·그림, 웅진주니어

『꼬마 유령이 아파요』
쟈끄 뒤케누아 글·그림, 사계절

『편지가 왔어요 답장도 썼어요』
모리야마 미야코 저, 현암사

『모세』
캐럴 보스턴 위더포드 글, 카디르 넬슨 그림, 달리

다시 살아난 복간 그림책

절판되었다가 다시 살아난 그림책들을 만나 봐요. 절판되어 아쉬운 마음 어쩌지 못하고 있었는데 어느 날 새롭게 만나게 되는 책들도 있습니다. 그러니까 새로운 출판사를 만나 제목이 바뀌거나 새 옷으로 갈아입거나, 혹은 그대로 다시 태어나게 된 것입니다. 다시 태어나는 게 당연할 만큼 좋은 책들입니다.

『웅고와 분홍돌고래』

김한민 글·그림, 비룡소

웅고와 하마, 악어, 세 친구는 분홍돌고래를 보러 가기로 했어요. 저마다 다른 개성을 가진 세 친구가 엮어가는 이야기는 잔잔한 감동을 불러옵니다. 오일 파스텔의 거칠면서도 따뜻한 질감은 열대우림의 풍경을 풍성하게 담아내어 그림 보는 즐거움에 감탄이 흘러넘쳐요.

구 판본 『웅고와 분홍돌고래』는 〈우리교육〉에서 나왔습니다.

『꼬마 유령들의 저녁식사』

쟈끄 뒤케누아 글·그림, 미디어창비

캄캄한 밤, 깜찍한 꼬마유령들이 저녁식사를 하기 위해 성으로 모여듭니다. 저녁 식탁에 시종일관 신비롭고 흥미진진한 마법이 펼쳐지는데….

구 판본 『꼬마 유령들의 저녁식사』는 〈사계절〉에서 나왔습니다.

『흔들흔들 다리에서』

기무라 유이치 글, 하타 고시로 그림, 천개의 바람

도망치는 토끼와 바로 뒤쫓는 여우가 통나무 다리 위에 마주섰어요. 조금만 움직여도 다리가 기우뚱 기우뚱! 흔들려 서로 조심하지 않으면 여우도 토끼도 강으로 빠질 위태로운 상황입니다. 둘은 이 위기를 어떻게 극복해낼까요?

구 판본의 제목은 『흔들흔들 다리 위에서』로 〈청어람미디어〉에서 나왔습니다.

『우리 집이 가난해졌대요』

바버라 숙 헤이즌 글, 트리나 샤트 하이먼 그림, 정글짐북스

강아지를 너무나 갖고 싶어 하는 아이가 있습니다. 하지만 엄마 아빠는 힘든 때라서 안 된다고 합니다. 양이 많은 값싼 시리얼을 먹고 바닷가 대신 공원에 있는 수영장에 가는 것도 힘든 때이기 때문이라요. 거기에다 아빠가 직장까지 잃게 되는데… 흑백 그림이지만 섬세한 연필 묘사로 보는 재미가 풍성합니다.

구 판본의 제목은 『힘든 때』로 〈미래아이〉에서 나왔습니다.

『일찍 일어난 하루』

라이마 글·그림, 천개의바람

하늘도 컴컴한 이른 아침에 일어난 꼬마 돼지 하루는 할머니를 따라 이곳저곳을 다녔어요. 공원에서 운동을 하는 이웃들, 시장의 북적이는 사람들과 맛있어 보이는 것들….

하루가 오늘 만난 세상은 정말 재미있고 신기한 것들로 가득했지요.

10여 년 전, 아침 일찍 일어난 딸과 함께 재밌게 봤던 책이에요. 따뜻한 이야기와 오밀조밀 촘촘한 그림 보는 재미가 쏠쏠해요.

구 판본의 제목은 『일찍 일어난 아침』으로 〈디자인하우스〉에서 나왔습니다.

084 표지의 매력

표지에 끌려서
손을 뻗었다

　심리학 용어에 초두효과라는 말이 있습니다. 처음 입력된 정보가 나중에 들어오는 정보보다 더 강한 영향력이 있다는 것을 뜻하는데요. 우리가 누군가를 처음 만날 때 첫인상을 중요시하는 이유가 여기에 있습니다.
　수많은 책더미 속에서 독자들의 선택을 기다리는 책도 마찬가지입니다. 책은 표지가 곧 첫인상이니까요. 출판사에서도 표지에 온갖 정성을 기울이지요. 온갖 정성이란 곧 경제적인 것과 밀접하게 관련되어 마음만으로 되지 않는다는 것이 현실이지만요. 하여간 표지에 비용을 들인 만큼 거둔다고 합니다.
　아무리 그러한들 내용이 표지를 따라가지 못한다면 금방 들통나고 독자들에게 차갑게 외면당합니다. 그러니 알찬 내용은 기본 중의 기본이 되어야 하겠지요. 여하튼 표지가 아름다운 책은 바다가 보이는 창문과 같습니다. 보는 순간 와! 하는 탄성이 터지고 가슴이 설레게 하니까요.
　퓰리처상을 수상한 인도계 미국 작가 줌파 라히리는 『책이 입은 옷』(줌파 라히리 저, 마음산책)에서 표지에 대해 독특한 사유를 담아내고 있습니다.
　"내용에 걸맞은 표지는 내 말이 세상을 걸어가는 동안, 독자들과 만나러 가는 동안 내

말을 감싸주는 우아하고 따뜻하며 예쁜 외투 같다. 잘못된 표지는 거추장스럽고 숨 막히는 옷이다. 아니면 너무 작아 몸에 맞지 않는 스웨터다. 아름다운 표지는 기쁨을 준다. 내 말을 귀 기울여 듣고 이해해 주는 느낌이다. 보기 흉한 표지는 날 싫어하는 것 같다. … 중략 … 표지를 입자마자 책은 새로운 개성을 얻는다. 읽혀지기 전에 벌써 뭔가를 표현한다. 마치 옷이 우리가 말하기도 전에 우리의 뭔가를 나타내주듯.”

제10의 예술이라 하는 그림책의 경우는 일반 책과 달리 '그림'이라는 '1박자'가 더 있습니다. 표지, 그림, 글, 이렇게 3박자가 절묘하게 조화를 이룬 한 권의 책이 하나의 예술품으로 손색이 없는 '야, 이 책 예술이다!' 하는 그림책들을 감상해 보세요. 또 하나의 책읽기, '책 전시'를 하게 되면 멋진 전시가 되기도 합니다.

『꽃살문』

김지연 글·그림, 느림보

오래된 사찰에서나 볼 수 있는 꽃살문에서 떠올린 이야기래요. 신화적 공간을 배경으로 아이가 십장생 친구들과 숨바꼭질을 합니다. 찰랑찰랑 물, 푸릇푸릇 소나무, 방글방글 불로초, 울퉁불퉁 바위, 폴짝폴짝 사슴, 긴 부리 학, 몽실몽실 구름, 쑥쑥 대나무, 반짝반짝 해님, 엉금엉금 거북이까지! 아이들이 좋아하는 숨바꼭질 놀이를 통해 꽃살문에 스민 우리 전통 문화와 신화를 느낄 수 있어요.

표지가 예쁜 그림책

『안녕 나의 등대』

소피 블랙올 글·그림, 비룡소

오래전에 등대지기만 거주하는 등대섬에 간 적이 있습니다. 바다를 바라보며 오랜 시간 홀로인 삶을 보내는 등대지기의 일상이 무척이나 궁금했는데, 드디어 저를 위한 그림책이 나왔네요.
바다의 사계절과 아름다운 등대의 풍경과 등대지기의 삶이 담겨있어요. 그 등대섬에 다시 가게 된다면 이 그림책을 들고 가고 싶어요.

『어느 바닷가의 하루』

김수연 글·그림, 보림

시선을 사로잡는 기품 있는 표지에 얼른 클릭!했습니다. 새로운 책이 나왔나 싶었지요. 2007년에 출간된 『어느 바닷가에 눈먼 어부와 강아지가 살았습니다』의 개정판이었습니다.

제목을 바꾸고 본문 그림을 조금 바꾸었을 뿐인데 전혀 다른 느낌의 책이 되었습니다. 표지가 얼마나 중요한지를 보여주는 책이라 할 수 있겠네요. 좋은 책이 묻히는 듯 싶어 안타까운 마음이었는데 무척 다행이다 싶습니다.

『파란 집에 여름이 왔어요』

케이트 뱅크스 글, 게오르크 할렌슬레벤 그림, 보림

파란 하늘을 배경으로 초록 숲속에 들어앉은 파란 집, 여름이 찾아왔다니 그곳으로 당장 여름휴가라도 떠나고 싶네요. 외관이 온통 파란색인 파란 집의 풍성하고도 공감각적인 사계절을 만나봅니다.

저녁 빛 속에 반짝이는 집 안 구석의 거미줄, 유리창에 그려진 성에의 무늬, 토독토독 빗소리, 어느 날 돋아나는 새싹, 아이들 웃음소리, 그리고 새로 태어난 생명들!

보기 드문 유화 그림이 너무 아름답다 했더니, 그림을 그린 게오르크 할렌슬레벤은 그림책계의 반 고흐, 마티스로 알려져 있어요. 더 깜짝 놀랄 일은 〈가스파르와 리자 시리즈〉 그림 작가라는 사실이에요.

『커다란 구름이』

이해진 글·그림, 반달

옆으로 길쭉한 게 만듦새부터 예사롭지 않은 그림책입니다. 시시각각 빛깔을 달리하는 하늘을 무대 삼아 커다란 구름이와 바람이 장난스럽게 엮어가는 한 편의 연극 같습니다. 이불은 덩달아 신나서 펄럭이고, 비는 심심할까 봐 톡톡톡 효과음을 만들어주고요. 무심한 듯 보이는 하늘, 바람, 구름에는 찬찬히, 오래 들여다보면 볼수록 우리 마음을 풍요롭게 하는 마법 같은 구석이 있습니다.

『백조 왕자』
한스 크리스티안 안데르센 글, 요안나 콘세이요 그림, 논장

여러 번 읽은, 다 아는 백조 왕자 이야기지만 아름다운 표지 때문에 다시금 손이 갑니다. 안데르센의 고전 〈백조 왕자〉를 현대적 느낌의 독특한 화풍으로 다시 만나 봅니다.
세계적으로 주목받고 있는 폴란드 출신의 요안나 콘세이요 작가를 기억하고 다른 작품도 읽어보고 싶어져요.

『물의 여행』
송혜승 글·그림, 논장

또르르…. 물 한 방울 어디로 갈까요? 물에 관한 시적인 텍스트와 시각적으로 아름다운 그림이 어우러진 예술 그림책.

『큰고니의 하늘』
테지마 케이자부로 글·그림, 창비

홋카이도의 호수에서 겨울을 나고 봄이 되어 북쪽 나라로 떠나야 하는 고니 가족의 이야기인데요. 한 아이가 병이 나서 함께 떠날 수가 없답니다. 우리 가족이 이런 상황이라면 어떻게 해야 할까요?
일본 홋카이도의 푸른 호수와 하얀 눈으로 덮인 산, 눈이 시리도록 파란 하늘, 해질녘의 붉게 타오르는 호수, 호수에 떠 있는 달그림자, 흰색의 고니들, 이 모든 풍경을 아름다운 목판화로 만날 수 있습니다.

『밖에 나가 놀자!』
로랑 모로 글·그림, 미디어창비

신기하고 다양한 세계의 동물들이 커다란 그림책에 가득해요. 독특한 색감과 개성 있는 화풍으로 자연의 총천연색 아름다움이 눈을 즐겁게 합니다.

『너는 누굴까』
안효림 글·그림, 반달

세로로 길쭉한 책의 만듦새도 제목도 그림도 한눈에 시선을 사로잡는 표지.
하늘에서 가느다란 줄을 타고 내려오는 이 아이들은 도대체 누구일까요? 호기심이 잔뜩 부풉니다. 얼른 책장을 넘겨보고 싶어져요.

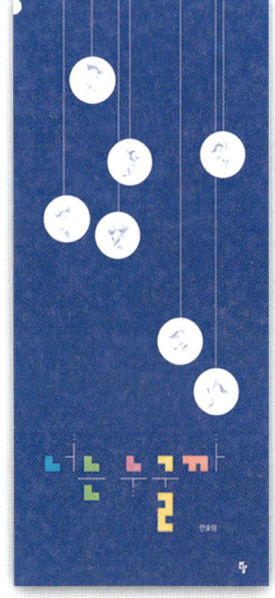

『섬수리부엉이의 호수』

테지마 케이자부로오 글·그림, 창비

홋카이도 북쪽 끝, 깊고 깊은 산속 호수에 사는, 세계에서 가장 큰 부엉이인 섬수리부엉이의 하룻밤을 통해 대자연의 신비와 생명의 경이로움을 느낄 수 있어요. 작가 테지마 케이자부로오의 웅장하면서도 섬세한 목판화로, 황금빛 저녁 노을, 검은 밤, 푸른 새벽빛의 장면이 특히 매혹적입니다.

『달구지를 끌고』

도널드 홀 저, 바버라 쿠니 그림, 비룡소

150여 년 전, 미국의 외딴 농가에 사는 가족들의 삶이 파노라마처럼 생생하게 펼쳐집니다.
10월이 되면 농부는 일 년 동안 가족들이 기르고 만든 것들을 달구지에 싣고 시장에 갑니다. 농부가 깎아 두었던 양털 한 자루, 아내가 베틀로 짠 숄, 딸이 뜬 벙어리장갑, 아들이 만든 빗자루, 가족 모두 함께 만든 양초와 단풍나무 설탕과 밭에서 캐고 가꾼 것들을 챙겨 열흘 동안 걸어서 시장에 도착합니다. 한 해 동안 거둔 수확물을 판 돈으로 가족들이 쓸 물건을 사서 다시 집으로 돌아오지요.
자연의 흐름에 따라 삶을 가꾸는 이야기와 우아한 화풍의 정겹고 아름다운 농촌의 가을 풍경에 푹 젖게 됩니다.

『여우의 정원』

카미유 가로쉬 그림, 담푸스

온통 눈으로 덮인 새하얀 세상 속 주홍빛 여우 한 마리와 노란 불빛이 새어 나오는 따스한 창문, 하늘에는 눈썹달이 걸려 있는 표지 그림입니다.
콜라주 기법의 돋보이는 입체감과 따스한 색감으로 아름다운 애니메이션을 보는 것 같아요.. 글 없는 그림책이니, 그림 속에 따뜻한 이야기를 품고 있어요.

『염소 시즈카』

다시마 세이조 글·그림, 보림

언젠가 도서관에서 바삐 나오다 새책 코너에서 직감적으로 뽑아 든 책. 그 두께감에 깜짝 놀랐고 엄청난 그림에 또 한 번 놀랐습니다. 독특하게도 208쪽에 달하는 장편 그림책이라 해야 할까요?
아기 염소 시즈카는 실제로 작가의 집에서 기른 아기 염소가 엄마 염소가 되기까지의 그림일기라고 할 수 있는데요. 장편이라고는 하지만, 글은 짧고 자연이 팔딱팔딱 살아 숨 쉬는 듯한 생명력 있는 그림이 홀딱 빠져들게 합니다.
지금도 도시 변두리에서 밭을 일구고, 염소와 닭을 기르며 살아가는 다시마 세이조 작가의 생태 감수성이 소박하지만 생동감 있게, 때로 능청스럽게 담겨 있습니다.
그림책을 다 보고 나면 눈과 마음이 초록빛으로 물들어 싱그러움이 가득해요.

『커럼포의 왕 로보』

윌리엄 그릴 글·그림, 찰리북

100년이 지난 지금까지 최고의 동물이야기로 꾸준히 사랑받고 있는 『시턴 동물기』를 읽어 보셨지요? 저는 늑대왕 로보가 가장 기억에 남습니다. 사랑하는 짝 '블랑카'를 잃어버리자 물과 먹이를 일체 거부하고 그저 자신이 주름잡던 드넓은 평야를 바라보며 당당하게 죽어간 로보. 늑대 사냥꾼이던 어니스트 시턴의 삶을 바꾸고 세상을 바꾼 늑대왕 로보 이야기가 매력적인 색연필 그림으로 새롭게 태어나 또 한 번 가슴을 두드립니다.

헛간에는 블랑카의 사체가 있었다. 두 늑대를 나란히 눕혀 놓고, 카우보이가 안타까운 듯 중얼거렸다. "자, 네 짝한테 왔다. 이제 다시 같이 있을 수 있어."

『책』

마리예 톨만, 로날트 톨만 공저, 여유당

어디선가 수많은 책들이 밀려오고 그 속에서 책 한 권을 집어 든 코끼리는 책 속에 흠뻑 빠져듭니다. 걸어가면서도 보고 앉아서도 보고, 친구들이 놀고 있어도, 모두 사라져도, 심지어는 검은 표범이 뒤를 따라와도 아랑곳하지 않고 책만 봅니다. 여전히 책에서 눈을 떼지 못하는 코끼리는 햇빛 찬란한 도시에서부터 푸른 들판과 위험한 벌판을 지나고, 드넓은 바다를 거쳐 남극의 빙하까지 여행을 하고 돌아오지요. 그제야 책을 다 읽었는지 코끼리는 책을 책꽂이에 꽂습니다.

그러는 동안 코끼리를 지켜본 동물 친구들에게는 어떤 변화가 있었을까요? 그토록 코끼리를 사로잡았던 책은 어떤 내용을 담고 있을까요? 아빠 로날트 톨만이 에칭으로 배경을 만들고, 딸 마리예 톨만이 다양한 동물들을 그린 환상적인 이미지가 다채롭게 펼쳐집니다.

『빼떼기』

권정생 글, 김환영 그림, 창비

묻혀 있던 동화가 알맞춤한 그림 옷을 입고 새롭게 태어났습니다. 빼떼기는 솜털이 보송보송할 때 불에 데여 부리가 뭉그러지고 발가락이 떨어져 나가고 종아리가 오그라들어 삐딱삐딱 걷는 병아리입니다. 혼자서는 밥도 잘 못 먹고 병아리들 무리에 끼지도 못하고 어미 닭에게도 내쳐진 빼떼기를 순심이네 가족은 정성으로 보살피지요. 순심이네 엄마가 손바느질로 만든 하얀 무명옷을 입은 빼떼기의 모습에 가슴 한편이 따뜻하게 아릿해 옵니다. 그런데 엄청난 장애를 딛고 힘겹게, 힘겹게 어미닭으로 성장한 빼떼기 앞에 더 슬픈 일이 기다리고 있습니다. 삶이란 어찌 이리도 짓궂은 걸까요?

슬프면서도 아름답고 따뜻하면서도 안타까운 빼떼기 이야기를 만나보세요. 빼떼기 이야기를 몸으로 느끼기 위해 직접 닭을 기르고 12년 만에 세상에 내놓은 김환영 작가의 작품이기에 더욱이 가슴이 먹먹해지는 감동이 있습니다. 이런 걸 문학그림책이라고 한다네요.

『안녕, 사과나무 언덕의 친구들』
필립 C. 스테드 글·그림, 웅진주니어

어느 가을날, 지역의 한 문화축제에 갔다가 시끌벅적한 그곳에서 한눈에 저를 사로잡은 책이에요. 표지 그림과 제목만으로. 시간이 멈춘 듯한 시골의 자연 속에서 만난 삶의 풍경들이 고스란히 담겨 있어요. 아침이면 찾아와 시끄럽게 우는 두루미들, 볕 좋은 날 앞마당 모이통에 앉아 사과나무 들판을 바라보는 개, 집을 나와 흙길을 따라 걷다 보면 나무 울타리에 옹기종기 앉아 있는 야생 칠면조, 밤이면 고요한 침묵 속에 울려 퍼지는 기분 좋은 풀벌레 소리들….
우리 집에서 내 시선이 가장 많이 닿는 곳에 책 표지가 잘 보이도록 세워놓으니 사과나무 언덕에 앉아 있는 것 같아요.

『마티스의 정원』
사만사 프리드만 글, 크리스티나 아모데어 그림, 주니어RHK

앙리 마티스의 컷아웃 작품이 탄생하기까지의 과정이 담겨 있습니다. 본문 그림 자체가 마티스의 작품을 그대로 재현하여 미술관에 와 있는 느낌이에요. 화려한 듯하지만 차분하고 부드러운 색감이 마음을 온화하게 합니다.

엄마를 위한 책

『속 깊은 이성친구』 에세이
장 자끄 상뻬 글·그림, 열린책들

저 멀리서도 시선을 사로잡는 표지 그림에 이끌려 다가서니 그제야 『속 깊은 이성 친구』라는 제목이 들어옵니다. 살포시 안을 들여다보니 장 자크 상뻬의 말간 수채화 데생과 아주 짧은 이야기 38편이 담겨 있습니다.
이야기는 단편 소설 같기도 하고, 단편영화 같기도 하고, 때론 한 편의 시처럼 담백하고 깊은 울림을 줍니다. 상뻬식의 위트와 유머는 이야기를 차르르 윤기 돌게 하고요. 이야기와 짝을 이루는 그림은 이야기의 결정적 순간을 절묘하게 담아내고 있습니다. 책 자체가 꼭 '속 깊은 이성친구' 같습니다. 여운이 오래 남는 책 속의 한 줄 문장입니다.
"대화의 분위기는, 오래전부터, 아주 아주 오래전부터, 어쩌면 너무 오래전부터 약한 불 위에 올려놓은 어떤 음식이 설핏한 저녁 햇살 속에서 천천히 익어가고 있는 시골 부엌의 분위기만큼이나 아늑했다."

『꽃이 핀다』 그림책
백지혜 글·그림, 보림

자연에서 찾은 13가지 색깔을 전통 채색 기법으로 그린 꽃 그림책. 우리 조상들이 쓰던 전통적인 천연 물감만으로 비단에 그린 꽃과 열매라니, 얼마나 고울까요?

『그레구아르와 책방 할아버지』 소설
마르크 로제 저, 문학동네

'책방'이라는 단어와 우아한 표지에 이끌려 당장 책방으로 달려가고 싶었던 책. 실제로 하루 만에 읽어버렸습니다.
책과는 담을 쌓고 살아온 열여덟 살 그레구아르는 수레국화 요양원에서 자신의 인생을 송두리째 뒤바꿀 책방 할아버지 피키에씨를 만나게 되지요.
평생 책을 읽고 남들에게 책을 권하면서 살아온 피키에씨는 파킨슨병으로 요양원에 들어오게 되었는데, 그 레구아르를 점점 책의 세계로 빠져들게 합니다. 무엇보다 재미난 건 노인과 청년의 공모로 침울하게 가라앉은 요양원을 책 낭독으로 깨어나게 하는데….
요양원에서 발견한 낭독의 가치를 가슴에 품어봅니다.

『창에는 황야의 이리가 산다』 인문학
민병일 저, 문학판

'창과 미술이 있는 인문학 산책'이란 부제에 마음이 확 끌렸습니다. 지금까지 오가는 발걸음을 잠깐이라도 주춤하게 했던 수많은 창들이 밤하늘의 별처럼 가슴 속에 떠올랐습니다.
잘 익은 홍시의 주홍색 불빛을 머금은 아늑한 창, 남도의 바다를 품은 듯 파란색 창틀이 매혹적인 창, 자잘한 보라색 꽃이 피어있는 라벤더 화분이 놓여있는 창, 보일 듯 말 듯 하얀색 레이스 커튼이 드리워진 창…. 그렇지요? 창들은 저마다 얼마나 많은 이야기들을 품고 있을까요?
시인이자 사진가이면서 독일에서 예술학을 공부한 작가가 길 위에서 만난 창과 문을 예술적으로 사유한 산문집입니다.
바이칼 호숫가 리스트반카 마을에서 만난 샤갈의 그림보다 더 동화적인 창들, 프로방스풍의 하늘색 페인트가 칠해진 강화도의 윤씨 할머니 집의 대문과 창, 그리움이 물들면 찾아가는 서울 성북동 최순우 옛집의 단아한 창, 홋카이도 산골 외딴집의 창, 모차르트 생가가 있는 오스트리아 잘츠부르크에서 만난 창, 지리산 자락 녹슨 함석 문에 달린 뒷간 창, 전북 부안 곰소마을 이발소의 파란 창, 어머니가 쓰던 부엌을 고스란히 간직한 어느 남정네의 창까지 사람이 사는 곳이면 어디든 자신의 이야기를 품은 창들이 있었습니다.
황야의 이리가 산다는 조그마한 창으로 여행을 떠나보세요.

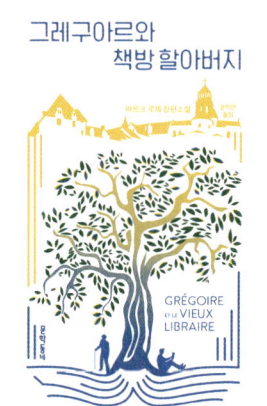

085 타이포그래피

글자를 그림처럼
그림도 글자처럼
읽어요

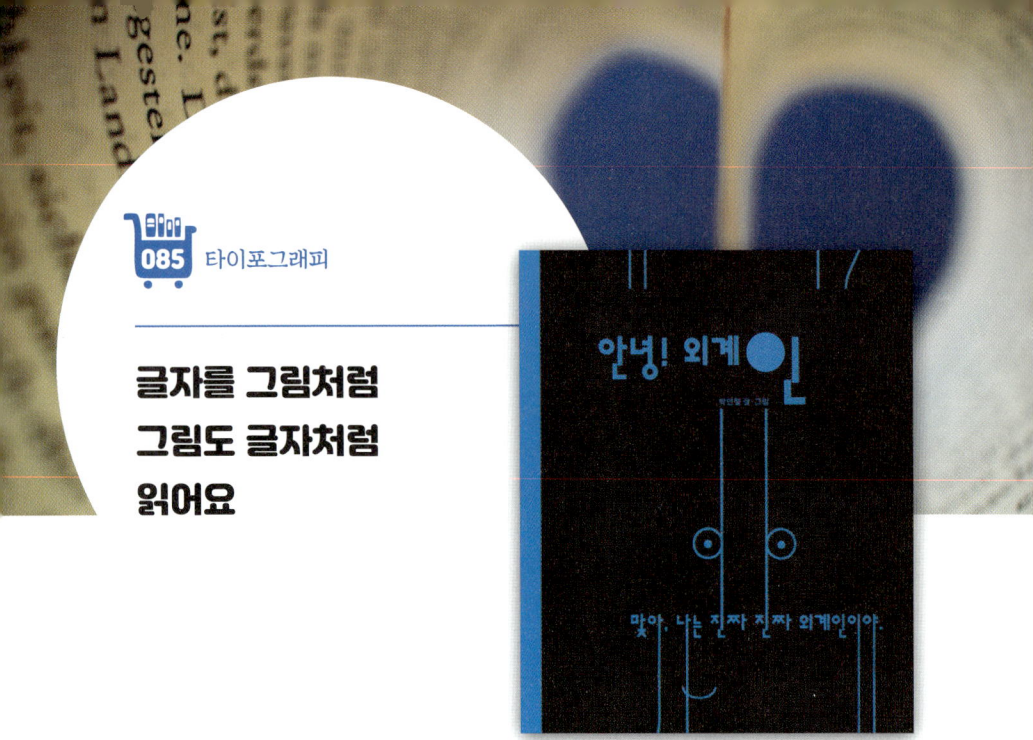

 그림책을 보다가 책이 파본인 거 아닌가 싶게 이상한 글자들을 만나는 경우가 있습니다. 글자의 배열이 가지런하지 않다거나 글자가 춤을 추듯 구불구불하다거나 크기가 일정하지 않다거나. 심지어 특정 단어의 의미를 강조하기 위해 거꾸로 뒤집혀 있는 글자들도 있지요. 글자들이 모여서 어떤 모양을 이루기도 하고 화자의 목소리마다 다른 색을 쓰기도 하고요. 또한 이야기 속의 이야기, 즉 서사 기법의 하나인 액자 형식을 다른 색을 써서 시각적으로 구분해서 보여주기도 합니다. 이렇게 글자에 표정을 입혀 사용하는 방식을 타이포그래피(Typography)라고 합니다.
 정보 전달이 기본 임무인 글자에 디자인 요소를 더하여 글 텍스트를 시각적인 표현 요소로 활용한 것입니다. 이렇게 되면 글의 서술성과 조형성이 풍성해집니다. 미학적인 효과뿐만 아니라 다양한 의미 효과나 유머 효과까지도 표현해낼 수 있지요.
 그림책은 서로 다른 영역인 글과 그림이 긴밀한 협력 관계를 유지하면서 화학 작용을 일으켜 새로운 의미를 만들어내는 하나의 독립된 장르입니다. 글과 그림이 불가분의 관계에 있는 그림책은 넓은 의미에서 모두 아이코노텍스트(Iconotext)입니다. 아이코노텍스트는 글만도 아니고 그림만도 아닌 글과 그림이 어우러져 새로운 의미를 담아내는 제

3의 텍스트를 가리키는 용어입니다. 특히, 글 텍스트가 글 공간에만 얌전히 머무르지 않고 그림 공간으로 살짝 넘어와 글과 그림이 어우러져 하나의 이미지를 만드는 경우도 있습니다. 그야말로 글과 그림이 합체하여 새로운 의미를 전하기 때문에 그 둘은 결코 분리할 수가 없는 거죠.

타이포그래피나 아이코노텍스트는 한 그림책 안에 섞여 쓰이는 경우가 많은데요. 이런 경우 그림책은 시각적으로 굉장히 흥미로울 뿐 아니라 공감각적으로 읽히게 됩니다. 글 텍스트를 읽는데 몸이 근질거리고 소리가 들리는 것 같고 엉덩이가 들썩이는 것 같은 경험이 있지요? 타이포그래피나 아이코노텍스트가 하나의 독립된 예술 장르인 그림책의 예술성을 한 차원 끌어올리는 효과를 톡톡히 하고 있는 셈입니다.

자 그럼 온몸으로 그림책을 느껴볼까요?

『안녕! 외계인』

박연철 글·그림, 시공주니어

타이포그래피를 십분 활용한 본격적인 타이포그래피 그림책. 그림과 사진, 문자를 모두 이미지로 이해하여 문자와 사진도 그림이 되는데요. 특히, 각각의 문자는 이야기의 텍스트가 되기도 하고, 외계인의 이미지가 되기도 합니다. 지구별로 놀러온 외계인이 주인공이에요. 늘 바쁜 엄마 아빠 때문에 함께 놀 친구를 찾아 지구별로 왔다는데….
참, 작가의 프로필을 꼭 읽어보세요. 프로필을 재미나게 쓰는 작가로 유명하니까요.

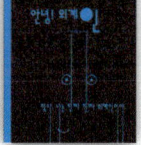

타이포그래피로 표현한 그림책

『비』

로버트 칼란 글, 도널드 크루즈 그림, 시공주니어

빗방울이 모여 빗줄기가 되듯 '비'를 뜻하는 영문자 Rain을 이미지화하여 비 오는 풍경을 감각적으로 아름답게 그려냈어요.

『간질간질』

서현 글·그림, 사계절

글자에 감정의 변화가 고스란히 담겨 있어요. 글자가 커졌다 작아졌다 구불구불 위로 아래로, 자유롭게 움직여요. 머리를 긁는 장면에서는 '벅벅벅'이 끝없이 이어지고 캐릭터와 함께 춤을 추는가 하면, 글자에서 소리가 나는 것 같기도 해요.

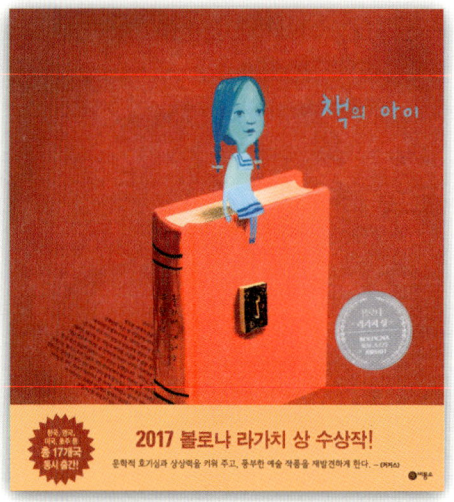

『망태 할아버지가 온다』
박연철 글·그림, 시공주니어

엄마에게 자주 혼나는 아이가 있어요. 엄마는 혼낼 때마다 망태 할아버지한테 잡아가라고 이를 거래요. 망태 할아버지는 나쁜 아이를 데려다 착하게 만드는 아주 무서운 분이래요.

어느 날 이상한 소리에 아이는 망태 할아버지가 자신을 잡으러 왔나 싶어 공포에 떱니다.

『책의 아이』
올리버 제퍼스, 샘 윈스턴 공저, 비룡소

고전으로 사랑받는 40여 권의 문학작품으로 만든 환상적인 타이포그래피 그림책. 이야기 세상에서 왔다는 아이가 함께 여행을 떠나자고 손을 내밀어요. 40여 권의 고전 속에서 나온 낱말로 이루어진 아름다운 책 여행을! 40여 권의 고전 중에 내가 읽은 책은 몇 권이나 될까? 헤아려보게 됩니다.

『용이 불을 안 뿜어요, 어떡하죠?』
디디에 레비 글, 프레드 베나글리아 그림, 국민서관

어릴 적부터 용과 함께 놀며 자라 온 한 아이가 있습니다. 아이에겐 용이 가장 친한 친구입니다.

그런데 어느 날부턴가 용이 불을 뿜지 않는 거예요. 멋진 불을 내뿜으며 함께 도둑들을 내쫓곤 했는데요. 아이가 여러분에게 도움을 요청했어요. 어떻게 해야 할까요?

『글자 셰이크』
홍하나 글·그림, 바람의아이들

엉뚱하고 재미난 상상으로 가득한 책이에요. 따분할 것 같은 글자들을 마음 내키는 대로 조합해서 수백 가지 글자 셰이크가 만들어진대요. 오늘은 공짜래요. 어떤 셰이크를 고를 건가요?

다양한 방식과 크기, 다양한 색깔로 표현된 글자들을 보는 재미가 쏠쏠해요.

『책 청소부 소소』

노인경 글·그림, 문학동네어린이

도서관 책장 꼭대기에 사는 책 청소부 소소는 책에 쌓인 먼지가 아니라 책 속의 글자를 지워주는 특별한 청소부예요.
책에서 마음에 들지 않는 내용을 지워달라고 부탁하면 깨끗하게 지워주는 일이예요. 그런데 갑자기 지워지기를 거부하는 글자들이 생겨나기 시작하는데….

더 읽어 보아요

『아기돼지 세마리』
데이비드 위즈너 글·그림, 마루벌

『커다란 방귀』
강경수 글·그림, 시공주니어

『맴』
장현정 지음, 반달

『싫은 날』
성영란 글·그림, 반달

『감기 걸린 물고기』
박정섭 글·그림, 사계절

『거울속으로』
이수지 저, 비룡소

『까불지 마!』
강무홍 글, 조원희 그림, 논장

『어처구니 이야기』
박연철 저, 비룡소

『누나가 좋다』
고대영 글, 한상언 그림, 길벗어린이

『깊은 밤 부엌에서』
모리스 샌닥 글·그림, 시공주니어

『케이티와 폭설』
버지니아 리 버튼 저, 시공주니어

『보름달 음악대』
엔스 라스무스 글·그림, 비룡소

『소피가 화나면, 정말 정말 화나면』
몰리 뱅 글·그림, 책읽는곰

『트럭』
도널드 크루즈 글·그림, 시공주니어

『느낌표!』
에이미 크루즈 로젠달 글, 탐 리히텐헬드 그림, 웅진주니어

『만희네 글자벌레』
권윤덕 글·그림, 길벗어린이

『지하철은 달려온다』
신동준 저, 초방책방

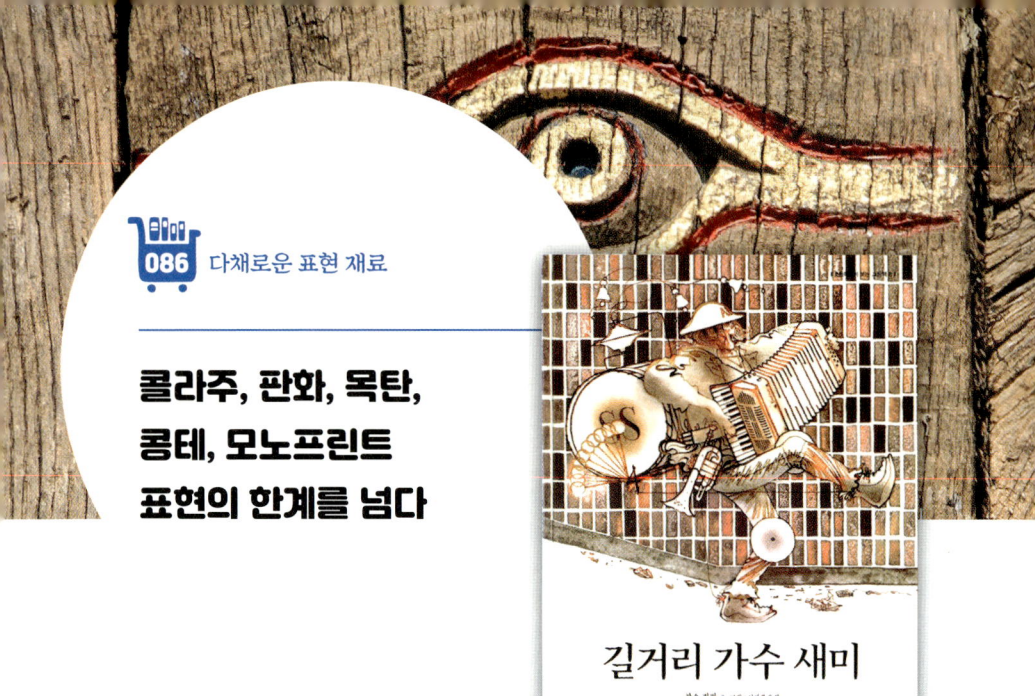

086 다채로운 표현 재료

콜라주, 판화, 목탄, 콩테, 모노프린트 표현의 한계를 넘다

『길거리 가수 새미』 석판화   찰스 키핑 저, 사계절

그림책에서 그림이 주는 즐거움은 매우 큽니다. 그림에 이끌려 책을 집어 들기도 하고 그림 먼저 휘리릭 살피고 천천히 읽은 다음 또다시 그림만 살펴보기도 합니다. 그림책 속의 어떤 그림은 책장을 덮은 후에도 오래도록 마음에 여운을 드리우지요.

그림 작가는 다양한 그림 재료와 기법을 이용하여 자신만의 고유한 이미지를 만들어 냅니다. 물론 텍스트에 가장 적절한 재료와 기법을 찾기 위해 엄청난 고민과 노력이 따르겠지요. 그림이 이야기의 분위기를 바꿀 만큼 많은 영향을 미치니까요. 다양한 이야기만큼이나 그림이 풍성하고 다채로울 수 있는 이유입니다.

그림 작가들은 어떤 재료를 많이 쓸까요? 어떤 그림 재료가 있는지 한 번 볼까요? 가장 먼저 연필이 있습니다. 연필만으로도 완성도 높은 작품을 만들어낼 수 있습니다. 아이들이 처음으로 그림을 그릴 때 주로 사용하는 크레용이나 크레파스를 사용한 작품도 있고요. 따뜻하고 부드러운 느낌의 색연필, 물을 섞어 다양한 연출이 가능한 수채화 물감, 불투명 수채라 불리는 구아슈, 오려 붙이기로 입체감이 돋보이는 콜라주, 거친 질감과 나무의 질감을 표현하기에 좋은 목판화, 목탄, 콩테, 먹, 펜, 아크릴 등이 있어요. 한 가지 재료만 사용되기도 하고 여러 재료가 혼용되어 사용되는 경우도 많습니다.

글 작가와 그림 작가의 프로필 소개처럼 그림에 대한 설명도 짤막하게나마 나와 있으면 하는 바람이 있습니다. 독자들의 이해를 돕는 차원이기도 하지만, 그림 재료와 기법에 관심을 갖고 들여다보는 것도 그림책을 풍성하게 즐길 수 있는 하나의 방법이니까요.

콜라주 그림책

'풀로 붙이는 것'이라는 뜻으로 신문이나 잡지, 벽지, 악보 등의 인쇄물을 찢거나 가위로 오려 붙여서 구성하는 회화 기법입니다. 인쇄물뿐만 아니라 헝겊, 쇠붙이, 나뭇잎, 단추, 모래, 나무 조각, 털실 등의 재료를 붙이기도 합니다. 찢거나 오려 붙일 종이를 직접 만드는 작가도 있습니다. 콜라주를 잘 활용하는 작가로는 레오 리오니, 에즈라 잭 키츠, 에릭 칼이 우선 떠오르네요.

『프레드릭』
레오 리오니 저, 시공주니어

『눈 오는 날』
에즈라 잭 키츠 글·그림, 비룡소

『아빠, 달님을 따 주세요』
에릭 칼 글·그림, 더큰theknn

『한밤의 선물』
홍순미 글·그림, 봄봄출판사

『다니엘이 시를 만난 날』
미카 아처 글·그림, 비룡소

『분홍줄』
백희나 글·그림, 시공주니어

『숲 속 재봉사와 털뭉치 괴물』
최향랑 저, 창비

『종이학』
몰리 뱅 글·그림, 미래아이

『삐뚤삐뚤 틀려도 좋아!』
엘리노아르 켈러, 나아마 펠레그 쎄갈 글, 아야 고든 노이 그림, 북스토리아이

『깜장 콩벌레』
김미혜 글, 박해남 그림, 비룡소

『여우의 정원』
카미유 가로쉬 저, 담푸스

판화

판화라면 주로 목판화를 떠올렸는데 판화 그림책이 다양하다는 사실에 깜짝 놀랐습니다. 그림이 조금 독특하

다 싶고 어떤 재료를 사용했을까, 하는 궁금증이 생겼던 그림책이 대부분 판화 기법 중의 하나였다는 사실도 놀랍습니다. 목판화, 석판화, 동판화, 리놀륨 판화, 모노프린트 등 아름다운 판화 그림책의 세계로 초대합니다.

목판화 그림책

나무를 판재로 하는 대표적인 볼록 판화입니다. 판에 그림을 그린 다음 조각칼과 끌로 깎아내어 먹이나 잉크를 바른 다음 종이나 헝겊에 찍어내는 방식입니다.

『아기곰의 가을 나들이』
데지마 게이자부로 저, 보림

『이야기 이야기』
게일 헤일리 글·그림, 보림

『책나무』
김성희 그림, 느림보

『여우누이』
김성민 글·그림, 사계절

『땍때굴』
김이구 글, 김성희 그림, 창비

『눈물이 난다』
정하섭 글, 원혜영 그림, 우주나무

『어느 바닷가의 하루』
김수연 글·그림, 보림

『신기한 목탁 소리』
한승원 글, 김성희 그림, 보림

『모치모치 나무』
사이토 류스케 글, 다키다이라 지로 그림, 랜덤하우스코리아

『북쪽 나라 여우 이야기』
데지마 게이자부로 저, 보림

석판화 그림책

석판인쇄는 현대의 상업적 인쇄법의 선조라고 합니다. 물과 기름이 반발하는 성질을 이용한 기법으로 종이 위에 그림을 그리는 것과 똑같은 방식으로 판면에 그리고 판에 찍는 방식인데요. 석판 위에 유성 크레용으로 그림을 그린 후 전체적으로 물을 칠하면 물이 그림 이외의 부분에만 스며들게 됩니다. 그 후에 유성 잉크를 바른 롤러로 석판을 밀어주면 물이 묻은 판에는 잉크가 묻지 않고 크레용으로 그린 부분에만 잉크가 묻게 되지요. 그때 종이를 얹고 찍어내면 됩니다. 판을 겹쳐 찍으면 다색을 얻을 수 있어요. 회화적 터치가 그대로 전달되어 생생하고 자연스러운 느낌을 줍니다(『그림책의 모든 것』 마틴 솔즈베리, 모랙 스타일스 공저, 시공아트 참조).

『사과나무밭 달님』
권정생 글, 윤미숙 그림, 창비

『검은 새』
이수지 글·그림, 길벗어린이

『태어난 아이』
사노 요코 글·그림, 거북이북스

『빨간 줄무늬 바지』
채인선 글, 이진아 그림, 보림

『아랫집 윗집 사이에』
최명숙 글·그림, 고래뱃속

『길거리 가수 새미』
찰스 키핑 저, 사계절

『흰 쥐 이야기』
장철문 글, 윤미숙 그림, 비룡소

『어느 늙은 산양 이야기』
고정순 글·그림, 만만한책방

『볶자 볶자 콩 볶자』
소중애 글, 차정인 그림, 비룡소

동판화(에칭) 그림책

목판화가 대표적인 볼록 판화라면 동판화는 판재를 동판(구리나 아연)으로 하는 오목판화입니다. 동판에 직접 오목한 부분을 조각하거나 부식액에 의한 부식법이 있는데요. 판면에 전용 잉크를 전부 칠한 후 평평한 부분은 닦아 내고 오목한 부분의 잉크는 그대로 두어 축축하게 적신 인쇄용지를 그 위에 덮고 프레스를 통해 인쇄합니다. 아름다운 에칭 그림책으로는 아서 가이저트의 『꿀!』과 우리나라 유태은 작가의 『작고 빨간 물고기』가 으뜸입니다.

『꿀!』
아서 가이저트 저, 사계절

『노아의 방주』
아서 가이저트 저, 비룡소

『작고 빨간 물고기』
유태은 저, 베틀북

리놀륨 판화 그림책

우리가 흔히 알고 있는 고무판화입니다. 목판화와 제작 방식이 같은 볼록판 인쇄로 리놀륨이라는 소재가 부드러워 목판보다는 조각하기 쉽다는 장점이 있습니다. 예리하고 섬세한 표현에 있어서 목판보다는 못하지만, 소재의 부드러운 속성 때문에 다색 인쇄가 가능하다고 합니다.

『고래가 보고 싶거든』
줄리 폴리아노 글, 에린 E. 스테드 그림, 문학동네

『꽃살문』
김지연 글·그림, 느림보

『담장을 허물다』
공광규 글, 김슬기 그림, 바우솔

『코끼리는 절대 안 돼!』
리사 맨체프 글, 유태은 그림, 한림출판사

모노프린트 판화 그림책

유리, 금속, 돌 등의 판에 유화 물감이나 잉크로 그림을 그린 다음 종이를 덮어 찍어내는 방식으로 한 장밖에 찍을 수 없습니다. 모노프린트는 평판화로 판에 요철을 만들지 않고 직접 그림을 그리기 때문에 판화 중 가장 회화적인 표현을 할 수 있어요.

『내 마음은』
코리나 루켄 글·그림, 나는별

『곰과 나비』
마거릿 와이즈 브라운 글, 마리예 톨만 그림, 보림

『나무, 춤춘다』
배유정 글·그림, 반달

목탄과 콩테

목탄은 버드나무, 회양목, 너도밤나무 등을 구워서 만든 가늘고 부드러운 소묘 재료입니다.
콩테는 프랑스의 화학자이자 화가인 니콜라 자크 콩테가 창안한 소묘 재료로 콩테의 이름을 땄습니다. 흑연, 목탄, 활석 등의 원료 광물을 곱게 갈아 만든 안료분과 점토를 섞어 구운 것으로 흑색, 백색, 회색, 적갈색 4가지가 있어요. 목탄은 흑색 한 가지로 가루가 날려 내구성이 떨어지지만, 콩테는 고착성이 좋습니다. 목탄과 콩테를 함께 사용한 책 『오늘아, 안녕』 『밤 기차를 타고』 『이불을 덮기 전에』(김유진 글, 서현 그림, 창비)를 읽으며 목탄과 콩테의 느낌을 비교해보세요.

목탄 그림책

『사랑하는 아가야』
존 위버 글·그림, 재능교육

『높이 뛰어라 생쥐』
존 스텝토 글·그림, 다산기획

『심부름 가는 길에』
미야코시 아키코 글·그림, 북뱅크

『개구쟁이 해리 목욕은 싫어요』
G.자이언 글, M.그래엄 그림, 사파리

『숲 속에서』
마리 홀 에츠 글·그림, 시공주니어

『어부와 어부 새』
스테판 세네가 글·그림, 개암나무

콩테 그림책

『아기 오리들한테 길을 비켜 주세요』
로버트 맥클로스키 저, 시공주니어

『모두 행복한 날』
루스 크라우스 글, 마크 사이먼트 그림, 시공주니어

『강아지와 염소새끼』
권정생 글, 김병하 그림, 창비

연필 그림책

『아기 너구리네 봄맞이』
권정생 글, 송진헌 그림, 길벗어린이

『혼자 집 보는 날』
모리 요코 저, 북스토리아이

『압둘 가사지의 정원』
크리스 반 알스버그 저, 베틀북

크레용 그림책

『노랑』
소중애 글·그림, 봄봄출판사

『나의 크레용』
초 신타 글·그림, 보림

『크레용이 화났어!』
드루 데이월트 글, 올리버 제퍼스 그림, 주니어김영사

수묵화(먹) 그림책

『토선생 거선생』
박정섭 글, 이육남 그림, 사계절

『즐거운 비』
서세옥 그림, 김향수 글, 한솔수북

『눈 미끄럼 타는 할아버지』
이상권 글, 심은숙 그림, 시공주니어

『준치가시』
백석 글, 김세현 그림, 창비

『새가 되고 싶어』
한병호 글·그림, 시공주니어

『오징어와 검복』
백석 글, 오치근 그림, 소년한길

색연필 그림책

『어느 날』
이적 글, 김승연 그림, 웅진주니어

『그거 참, 신기한 일도 다 있네』
이시이 히로시 글·그림, 터치아트

『할머니의 여름휴가』
안녕달 글·그림, 창비

『당신과 함께』
잔디어 글·그림, 다림

그밖의 그림 재료 그림책

『우리 마을이 좋아』 펜화
김병하 글·그림, 한울림어린이

『여름휴가』 펜화
장영복 글, 이혜리 그림, 국민서관

『이름을 알고 싶어』 파스텔
M. B. 고프스타인 글·그림, 미디어창비

『어제저녁』 촬영
백희나 글·그림, 책읽는곰

『웅고와 분홍돌고래』 오일 파스텔(크레파스)
김한민 글·그림, 비룡소

『꿈에서 맛본 똥파리』 촬영
백희나 글·그림, 책읽는곰
트레이싱페이퍼에 색연필로 얇게 색을 입혀 등장인물은 등장인물대로 배경은 배경대로 오려낸 뒤, 라이트박스 위에 차곡차곡 쌓아 올려 촬영하는 기법

『강이』 오일 파스텔(크레파스)
이수지 글·그림, 비룡소

『루이의 우주선 상상 1호』 마블링 물감
에즈라 잭 키츠 글·그림, 웅진주니어

『마티스의 정원』 컷아웃(Cut-Out) 기법
사만사 프리드만 글, 크리스티나 아모데어 그림, 주니어RHK

『아프리카 초콜릿』 전통 유화
장선환 저, 창비

『세상의 많고 많은 초록들』 다이 컷(Die-cut) 기법
로라 바카로 시거 저, 다산기획

087 말랑말랑한 과학 그림책

생명과 인간애를 존중하는 따뜻한 과학을 위해

    과학책은 어쩐지 좀 어렵고 딱딱하다는 선입견을 갖게 됩니다. 그런데 우리가 살고 있는 주위를 둘러보면 일상생활 곳곳에 과학이 숨어 있습니다. 밥을 먹고 숨 쉬는 일에도 과학이 있습니다. 우리가 일상에서 가장 많이 사용하는 스마트폰은 최고의 과학기술로 구현된 물건이죠. 과연 우리가 과학을 떠나 살 수 있을까 하는 질문이 더 이상 필요하지 않을 겁니다.

    과학이란 게 그저 혼자 뚝 떨어져 있는 학문으로만 존재하는 게 아니라 철학과 인문학과도 닿아 있음을 아는 순간, 책과 그림책을 좋아하는 우리는 과학에 대한 관심을 더 기울여야 할 이유를 깨닫게 됩니다. 특히 원자력 발전 관련 사고나 인공지능과 유전자 과학 등 바이오산업의 가파른 상승세를 보다 보면 인문 정신이나 철학이 결여된 과학의 위험성에 대해 절감하게 됩니다. 위험한 과학은 인류의 생존에 큰 위협이 되기 때문입니다.

    과학에는 생명에 대한 존중과 인간적인 온기가 반드시 뒤따라야 합니다. 인류의 미래를 책임질 과학에 대해 어린 시절부터 올바른 철학을 가져야 하고요. 따라서 세상과 생명을 따뜻한 시선으로 바라보게 하는 과학 그림책의 역할이 더욱 중요합니다.

과학의 시작은 호기심입니다. 그런 의미에서 호기심 가득한 아이들은 과학을 재미있게 즐길 준비가 되어 있는 거죠. 따뜻하고 말랑말랑한 과학 그림책으로 과학 감수성을 쑥쑥 키우고, 생태 감수성과 공감력, 관찰력도 함께 키울 수 있습니다.

『모른다는 건 멋진 거야』
아나카 해리스 글, 존 로 그림, 아름다운사람들

이런 멋진 제목이라니! 여름밤 함께 길을 걷던 엄마가 에바에게 해준 말이에요. 모른다는 건 멋진 거라고요. 뭔가를 잘 모르면 바로 그때가 궁금해 할 기회이고 바로 그 지점에서 과학이 시작되니까요.

엄마의 말에 용기를 얻은 에바는 계속해서 궁금한 것들에 대해 질문을 이어가요. 엄마도 잘 몰라서 대답해주지 못하지만, 그래도 에바의 질문은 계속돼요. 질문이 많다는 건 궁리할 것이 많다는 걸 의미하지요. 아이들의 호기심을 깨우고 탐구정신을 북돋아주는 멋진 그림책입니다.

따뜻하고 말랑한 과학 그림책

『비커 군과 방과 후 과학실』
우에타니 부부 글·그림, 한겨레아이들

과학실에서 선생님이 종이에 뭔가를 쓰시더니 마무리를 하고 나가셨어요.
아무도 없는 도서관에 책들이 살아나듯 조용한 과학실에 실험기구들이 움직이더니 선생님이 놓아둔 종이가 근처로 몰려들었어요. 그 종이는 내일 있을 실험계획서였지요. 호기심이 발동한 실험 기구들은 미리 실험 연습을 하기로 합니다.

『눈빛 여우와 모랫빛 여우』
유다정 글, 박지영 그림, 씨드북

100만 년 전에 한반도를 떠난 여우 가족 이야기입니다.
찬바람 쌩쌩 부는 북극으로 간 여우는 그곳의 환경에 적응하기 쉽게 눈빛을 닮은 북극 여우가 되었고, 이글이글 타오르는 사막으로 간 여우는 그곳의 환경에 적응하도록 모랫빛 사막여우가 되었다는데요. 그러니까 북극여우와 사막여우는 원래는 빛나는 붉은 털을 가진 한 가족이었던 거래요.
여우가족의 따뜻한 이야기를 통해 '진화'의 의미를 쉽고 재미있게 들려줍니다.

『난 신기하고 이상한 것이 참 좋아!』

나카가와 히로타카 글, 야마무라 코지 그림, 길벗어린이

조금만 관심을 기울이면 일상에서도 신기한 것들을 많이 만날 수 있습니다. 일상 속에 숨겨진 과학을 놀이처럼 즐길 수 있어요.
숟가락 앞뒤로 얼굴을 비춰보면 어떻게 보일까요? 거울과 거울을 맞대면 어떤 일이 일어날까요? 따라 해 보고 싶은 신기한 일들이 가득해요.

『씨앗은 어디로 갔을까?』

루스 브라운 저, 주니어RHK

열 개의 씨앗이 싹을 틔우고 자라서 꽃을 피우고 열매를 맺어 다시 씨앗이 되기까지의 과정을 따뜻하게 담고 있습니다.
우리의 삶이 그러하듯 하나의 생명이 꽃을 피우고 열매를 맺기까지 수많은 시련을 겪는 모습이 깊은 울림을 줍니다.
씨앗 열 개를 심으면 열 개 모두 잘 자랄 수 있을까요?

『꿀벌의 노래』

커스틴 홀 글, 이자벨 아르스노 그림, 북극곰

생태계에서 꿀벌은 없어서는 안 될 소중한 생명체라고 합니다. 그런데 꿀벌이 멸종위기에 처해 있다고 해요. 그래서 우리가 꿀벌을 아끼고 사랑하는 마음을 갖도록 하기 위해 이 책을 썼다고 하는데요.
꿀벌에 대한 경쾌한 글과 아름다운 그림이 한 편의 뮤지컬을 보는 듯해요.

『내가 만난 나뭇잎 하나』

윤여림 글, 정유정 그림, 웅진주니어

나뭇잎이 곱게 물든 가을날, 장난꾸러기 같은 명랑한 나뭇잎 하나가 아이에게 날아옵니다.
그 나뭇잎의 나무를 찾아 여행을 떠난 아이는 한 나무에 세 가지 모양의 잎사귀가 달린 담쟁이덩굴도 보고, 빗방울이 은방울처럼 동글동글 매달린 나뭇잎도 톡 건드려보고, 나무마다 매달린 나뭇잎의 모양이 다르다는 것도 알게 돼요.
참, 아이에게 날아온 명랑한 나뭇잎은 어떤 나무에서 왔을까요?

『물이 돌고 돌아』

미란다 폴 글, 제이슨 친 그림, 봄의정원

지구 환경과 생명을 유지하는 데 꼭 필요한 물의 순환. 어려운 과학 현상으로 생각될 수 있지만, 아이의 평범한 하루 속에서 자연스레 물의 순환을 깨닫게 돼요.

『달님, 거기 있나요?』
오치 노리코 글, 메구 호소키 그림, 스콜라

하늘에 떠 있는 달님이 내 방에 놀러 온다면 어떨까요?
달님이 늘 자신을 따라다닌다고 생각했던 달이에게 어느 날 진짜로 달님이 찾아와요. 달이는 그동안 궁금했던 질문들을 쏟아내고 달님은 놀이처럼 아주 친절하게 달이의 궁금증을 풀어줘요.
달님이 하늘을 비울 수 있는 날이 딱 하루 있다는 걸 아는 친구 있어요?

『누구 발자국일까』
맬리센트 E. 셀샘 글, 마를레너 힐 던리 그림, 비룡소

탐정놀이 하듯 이야기를 풀어가는 방식이 아이들의 호기심을 자극합니다.
숲속 하얀 눈 위에 찍힌 흔적을 보고, 누구 발자국일까? 누가 여기서 무얼 먹었을까? 함께 생각해보며 찾아갑니다.

『쏘옥 뿌직』
김규정 글·그림, 바람의아이들

도토리의 여행기예요. 나무에서 쏘옥 얼굴을 내민 도토리 한 알이 동물들 입으로 쏘옥! 다시 똥으로 뿌직! 나온 열매에서 싹이 나고 나무로 자랍니다. 이런 과정이 반복되면 숲이 된다는 생태계의 과정을 쏘옥~ 뿌직! 이라는 의성어를 사용하여 아주 쉽고 재미있게 보여줘요.

『달에서 봤어!』
김성화·권수진 글, 이광익 그림, 토토북

빗자루로 달을 청소해주고 싶은 아이가 자전거를 타고 달에 가요. 아이는 자전거를 타고 달 위를 돌고 돌며 달에 관한 모든 것을 재미나게 들려줍니다. 달에서 바라본 지구의 모습까지도요.
이 책을 읽고 나면 하늘에 떠 있는 달이 친근하게 다가올 거예요.

『나무 하나에』
김장성 글, 김선남 그림, 사계절

다람쥐, 오목눈이, 쌍살벌, 매미, 풍뎅이, 개미, 노린재, 무당벌레….
나무 하나에 이렇게 셀 수 없이 많은 생명들이 살고 있어요. 정말이냐고요? 오늘은 밖에 나가 나무를 찬찬히 살펴보세요.

『왜 방귀가 나올까?』

초 신타 저, 한림출판사

'방귀'라는 단어는 듣기만 해도 아이들을 웃게 합니다. 생리 작용인 방귀 이야기를 과학용어를 사용하여 쉽고도 재미있게 들려줍니다. 생활 속의 재미난 과학 이야기랄까요?

『내가 엄마라고?』

김성화, 권수진 글, 오승민 그림, 스콜라

새끼 기러기는 알에서 깨자마자 맨 처음 보이는 것을 자신의 엄마라고 생각한대요. 그러한 사실을 처음 발견하고 끈기 있게 관찰하여 노벨 생리의학상을 받은 동물행동학자 콘라트 로렌츠의 실제 이야기예요.

로렌츠를 엄마로 알고 쫓아다니는 새끼 기러기 핍에 대한 지극한 사랑이 감동적이면서도 유머러스하게 펼쳐집니다. 아이들이 동물에 대해 애정과 호기심을 갖도록 북돋아 줍니다.

『내 발밑에서』

에마뉘엘 우세 글·그림, 베틀북

모든 생명의 보금자리, 땅에서 살아가는 46종의 동물들이 사계절에 맞춰 성장하고 번식하는 모습이 아름답게 그려져 있습니다. 화려하면서도 간결한 그림을 보고 나면 생태계가 건강하게 순환하면서 새로운 생명이 이어진다는 것을 느낄 수 있어요.

『많아요』

니콜라 데이비스 글, 에밀리 서튼 그림, 달리

함께 살아가는 지구의 생물 이야기예요. 많고도 많은 생물들이 서로 연결되어 살아가는 신비로운 자연이 아름다운 그림 속에 담겨 있습니다.

생물의 다양성, 자연의 경이로움과 환경보호의 중요성을 자연스레 깨닫게 돼요.

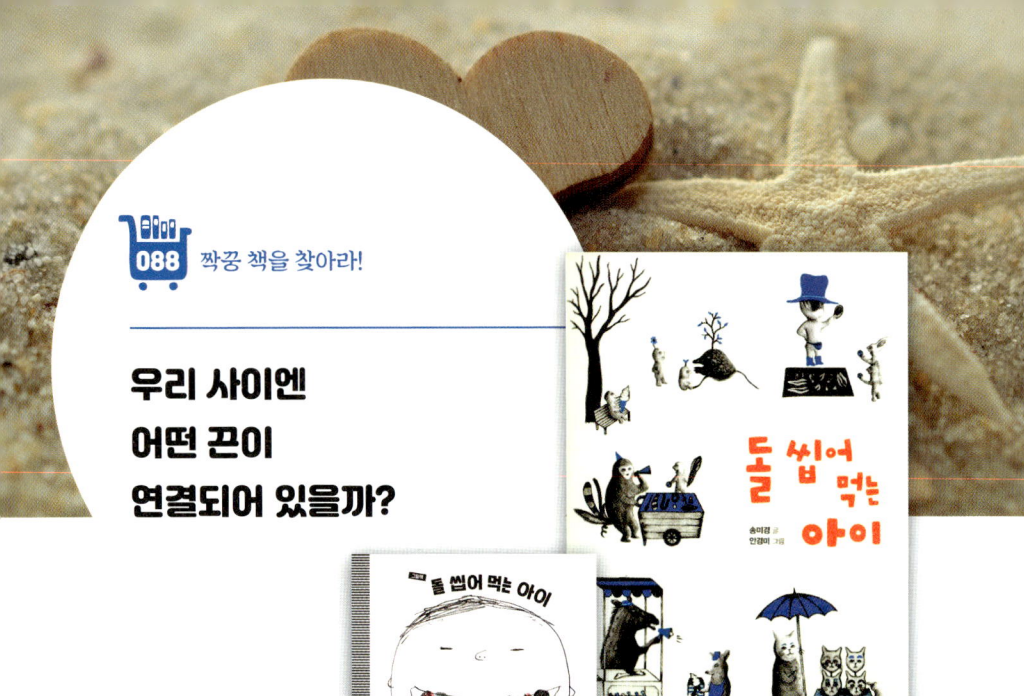

088 짝꿍 책을 찾아라!

우리 사이엔
어떤 끈이
연결되어 있을까?

　우연인지 필연인지 전혀 상관없는 둘 사이에 기발한 공통점을 발견하게 되면 묘한 기쁨을 느낍니다. 사람 사이에도 그렇고 그림책 사이에도 그렇습니다. 한 권의 그림책이 다른 그림책에 연결되는 순간을 만나보면 어떨까요?

　아주 살짝궁 연결되어 한두 번 읽어서는 눈에 잘 띄지 않습니다. 각각의 그림책이 독립적인 서사라 연결 고리를 모른다 해도 내용 이해에 문제가 되지는 않습니다. 하지만 가느다란 연결의 끈을 발견하는 기쁨은 갑작스레 만난 무지개만큼이나 짜릿합니다. 연결 고리는 인물일 수도 있고 단순한 소품일 수도 있습니다. 그 단순함이 주는 즐거움은 그림책을 읽는 데 또 하나의 재미를 불러옵니다. 따로따로 읽었다가 어느 날은 함께 읽으면서 발견하는 순간의 짜릿함을 느껴보세요.

　어떤 식으로든 연결된 두 권의 책을 '짝꿍 책'이라 이름 지어 봅니다.

　제가 짝지어 놓은 짝꿍 책에 고개를 갸우뚱하실 수도 있습니다. 이들이 왜 짝꿍이 되었을까 하고요. 궁금증이 일어난다면 그 또한 재미가 아닐까 싶어요. 지극히 주관적인 '내 맘대로 짝꿍 책'들을 만나보세요.

『돌 씹어 먹는 아이』 동화집

송미경 글, 안경미 그림, 문학동네어린이

『돌 씹어 먹는 아이』 그림책

송미경 글, 세르주 블로크 그림, 문학동네

2014년에 출간된 단편동화집 『돌 씹어 먹는 아이』는 기묘한 이야기로 어른 독자들까지 사로잡았습니다. 그 중 표제작 『돌 씹어 먹는 아이』가 그림책으로 나왔어요. 『나는 기다립니다』의 프랑스 작가 세르주 블로크가 그림을 그렸다니 더욱 기대가 돼요. 좋은 동화를 그림책으로 많은 사람들과 함께 읽을 수 있게 되어 더없이 기쁩니다. 동화도 읽고! 그림책도 보고! 『돌 씹어 먹는 아이』는 어린이를 위한 희곡집으로도 나와 있어요.

내맘대로 짝꿍 그림책

『선인장 호텔』

B.기버슨 글, M.로이드 그림, 마루벌

『일 년에 하루, 밤에 피는 꽃』

라라 호손 글·그림, 웅진주니어

『빨강 책』

바바라 리만 글·그림, 북극곰

『다시 빨강 책』

바바라 리만 글·그림, 북극곰

『일 년에 하루, 밤에 피는 꽃』이라는 제목에 이끌려 책장을 넘겨봤어요. 일 년에 하루, 밤에만 꽃을 피우는 사와로 선인장이 주인공이에요.
벨벳처럼 보드라운 꽃잎을 동그랗게 펼치는 날, 달콤한 향으로 동물들을 불러보아 신나는 꽃축제를 벌인다는 대목에서 그림책 『선인장 호텔』이 반짝 떠올랐어요. 수많은 생명들에게 자신의 품을 내어주고 뜨겁고, 춥고, 비오고, 메마른 날들을 다 견뎌 내고 함께 자라면서 종국에는 흙으로 돌아가는 선인장 이야기예요.
같은 주인공(사와로 선인장)으로 한 권은 영국 작가가, 다른 한 권은 미국 작가가 그렸어요. 비교해 보는 재미를 느껴보세요.

도서관에 잠깐 들렀다가 신간 코너에서 잘 익은 찰토마토 같은 그림책 두 권에 자석처럼 이끌렸습니다. 강렬한 빨강 때문이라기보다는 직감적으로 그림책 한 권이 떠올랐기 때문입니다.
10여 년 전에 흥미롭게 읽었던 『나의 빨강 책』이 출판사를 바꿔 새롭게 태어난 거예요. 더군다나 단짝 같은 친구와 함께요. 둘 다 글 없는 그림책으로, 흥미로운 상상의 세계가 펼쳐지면서 빨강 책을 매개로 새로운 친구와 마법처럼 연결되는 이야기입니다. 먼저 태어난 『빨강 책』을 살짝 들여다볼까요? 빌딩 숲 사이로 눈이 내리는 어느 날, 학교에 가던 한 소녀가 눈더미 속에서 빨강 책을 발견합니다. 수업 중에도 내내 빨강 책에 꽂혀 있던 소녀는 책을 펼칩니다. 신기하게도 책 속에는 바닷가 해변을 걷던 한

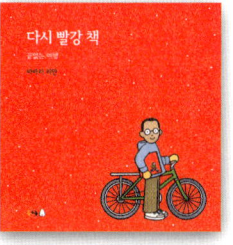

소년도 모래 속에 파묻힌 빨강 책을 발견하고 펼쳐 봅니다. 소년이 보는 빨강 책 속에는 빌딩숲에 눈이 내리고 교실에서는 한 소녀가 똑같은 빨강 책을 읽고 있네요. 마침 그때 소녀는 창밖을 내다보고, 소녀가 보고 있는 책에서는 소년이 책 밖으로 시선을 돌리는데….

끝없는 여행, 이라는 부제로 나온 두 번째 책 『다시 빨강 책』까지 꼭 함께 읽어야 합니다. 아주 재미난 이유가 있으니까요.

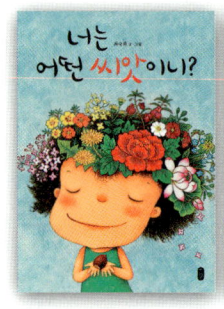

『너는 어떤 씨앗이니?』
최숙희 글·그림, 책읽는곰

『열두 달 나무 아이』
최숙희 글·그림, 책읽는곰

아이들에게 격려가 되고 희망을 품게 하는 책입니다.
우리 모두가 저마다 다른 색깔 다른 모양의 꽃을 피울 소중한 씨앗이라니! 우리 각자 세상의 숲이 될 아름다운 나무 한 그루라니! 우리는 각자 꽃을 피울 소중한 씨앗이고 아름다운 숲의 나무 한 그루입니다.

『버스』
남윤잎 글·그림, 시공주니어

『버스 안』
남윤잎 글·그림, 시공주니어

『버스』라는 제목의 그림책을 접하고 무작정 빨리 읽어보고 싶은 생각이 들었습니다. 버스는 그런 존재인가 봅니다. 우리 일상에 깊숙이 들어와 있는 버스에 대한 추억이 누구나 하나 정도는 있을 테니까요.

이래저래 행동으로 옮기지 못하는 사이, 두 달 만에 두 번째 책이 나왔고 쌍둥이 같은 두 권의 책을 나란히 놓고 보는 기쁨을 맛보게 되었습니다.

첫 번째 책 『버스』가 버스를 중심으로 버스정류장에서부터 버스에 올라 창밖으로 내다보이는 풍경을 담고 있다면, 두 번째 책은 버스가 품고 있는 사람들의 다양한 이야기를 담고 있습니다.

『버스』는 버스 모양으로 독특하게 만들어져 실제로 버스를 타고 가는 느낌이에요. 두 번째 책은 표지는 버스 정면을 담고 있는데 책을 펼치면 버스 안의 사람들이 실루엣 모양대로 커팅되어 입체적으로 보입니다.

그림책의 물성을 고스란히 느낄 수 있는 버스 감성 그림책입니다.

『점』
피터 H. 레이놀즈 글·그림, 문학동네어린이

『느끼는 대로』
피터 H. 레이놀즈 글·그림, 문학동네어린이

도화지를 앞에 두면 머릿속이 하얘지거나 그림 그리는 것이 어렵기만 한 아이들에게 그림 그리기가 신나는 모험임을 알려주는 최고의 그림책.

그림을 잘 못 그리는 베티를 통해 연필을 힘껏 내리꽂아 찍은 점이라도 자신의 감정을 표현한 것이라면 좋은 그림이라는 생각을 심어주고, 사물을 똑같이 그리려고 애쓰는 레이먼을 통해 그림이 느끼는 대로 마음껏 표현하는 즐거운 일임을 일깨워줍니다.

『내 토끼 어딨어?』

모 윌렘스 글·그림, 살림어린이

『비둘기를 늦게 재우지 마세요!』

모 윌렘스 글·그림, 살림어린이

『내 토끼 어딨어?』의 트릭시는 토끼인형을 친구들에게 자랑할 생각에 마음이 잔뜩 부풀어있습니다. 그런데 유치원에 가보니 소냐도 트릭시와 똑같은 인형을 가지고 있는 게 아니겠어요? 토끼인형 때문에 투닥투닥 다투는 트릭시와 소냐. 토끼인형으로 인한 해프닝이 유머러스하게 펼쳐지고 유치원에 다니는 아이들의 마음을 섬세하게 잘 담아내고 있습니다.

깜찍한 토끼인형이라는 소품이 연결 고리가 되어줍니다. 좀 더 유심히 들여다보면 트릭시의 방 벽에는 트릭시가 그린 듯한 비둘기 그림이 붙어 있고, 마루 어딘가에는 『비둘기를 늦게 재우지 마세요!』라는 책이 놓여 있습니다. 트릭시가 가끔 읽는 좋아하는 그림책일까요?

『우리 가족입니다』

이혜란 글·그림, 보림

『뒷집 준범이』

이혜란 글·그림, 보림

『우리 가족입니다』는 신흥반점이라는 중국음식점을 하는 우리 가족이야기입니다. 어린 시절 아빠를 버렸던 할머니가 늘그막에 치매에 걸려 찾아오면서 이야기는 시작되지요.

버림받아 엄마의 정도 모르고 자란 아빠는 그런 할머니를 아무런 불평없이, 원망 없이 묵묵히 받아들입니다. 그저 한 마디 "부모데 우쨜끼고." 하면서요.

『뒷집 준범이』는 제목처럼 서사 장소가 그대로 이어지는 경우입니다. 신흥반점 뒷집에 이사 온 준범이 이야기인데요. 신흥반점 왼쪽 옆집은 미용실, 오른쪽 옆집은 슈퍼마켓. 모두 살림집이 딸려 있어 세 집의 아이들은 부엌으로 난 뒷

마당 평상에 모여 우당탕탕 신나게 놀지요. 반면 뒷집 준범이는 단둘이 사는 할머니가 일 나가시면 온종일 혼자 방에서 지냅니다. 물론 밥도 혼자 먹고요. 가끔씩 조그마한 창문으로 신나게 노는 앞집 아이들을 물끄러미 바라볼 뿐입니다. 아 참, 신흥반점의 뒷마당은 곧 준범이네 앞마당이랍니다.

그러던 어느 날 앞마당 평상에서 놀던 아이들이 우당탕탕 준범이네 방으로 쳐들어옵니다. 항상 혼자 있는 준범이랑 놀려고요.

두 권의 그림책이 다른 이야기를 품고 있지만 읽고 나면 가슴이 뜨거워지는 느낌은 비슷한 것 같습니다.

『로지의 산책』

팻 허친스 글·그림, 더큰 theknn

『로지의 병아리』

팻 허친스 글·그림, 봄볕

한가로운 시골 농장, 암탉 로지는 산책을 나섭니다. 그 뒤를 여우가 호시탐탐 노리며 뒤따르지만 약삭빠른 여우는 골탕만 먹고, 여전히 아무것도 모르는 채 여유만만하게 산책을 잘 마친 로지. 그 로지가 엄마가 되었대요. 로지의 병아리는 우리에게 어떤 웃음을 줄까요?

『세상에서 가장 맛있는 무화과』

크리스 반 알스버그 글·그림, 미래아이

『압둘 가사지의 정원』

크리스 반 알스버그 글·그림, 베틀북

『세상에서 가장 맛있는 무화과』의 치과 의사 비보 씨는 성격이 몹시 까다로운 사람이었습니다. 자신이 기르는 개 마르셀의 털이 깨끗한 가구나 자신의 멋진 옷에 묻는 것을 허락하지 않았으니까요. 또한 산책을 나가도 다리 짧은 마르셀의 사정 따위는 신경도 쓰지 않고 질질 끌고 다녔답니다.

그러던 어느 날 비보 씨가 먹어야 할 마법의 무화과를 마르셀이 먹는 바람에 마르셀과 비보 씨는 서로 바뀌게 되지요. 그러니까 비보 씨는 개 마르셀이 되고, 마르셀은 치과의사 비보 씨가 된 거예요. 영영 뒤바뀐 채로 살아가야 하는 걸까요?

『압둘 가사지의 정원』에서는 볼테리어 종 마르셀이 '프리츠'라는 이름으로 등장합니다. 마르셀과 프리츠가 동일한 개인 셈입니다.

주인공 앨런은 해스터 아줌마의 개 프리츠와 함께 산책을 나갔는데 제멋대로인 개 때문에 정신이 없습니다. 얼마쯤 걸어가던 앨런은 은퇴한 마법사 압둘 가사지의 저택 앞에서 이상한 경고판을 발견합니다.

'절대로, 무슨 일이 있어도, 이 정원에 개를 데리고 들어오지 마시오.'

하지만 아차, 하는 순간에 제멋대로인 프리츠는 정원에 침입하게 됩니다. 특히나 개를 싫어하는 마법사 압둘은 프리츠를 오리로 만들어버리는데….

두 권의 그림책 모두 마르셀이나 프리츠가 주인공 이상의 중요한 역할을 하고 있습니다. 전혀 다른 서사가 전개되고 있지만 등장하고 있는 개로 연결되어 있는 셈이지요.

『엄마가 왜 좋아?』

최혜진 글·그림, 한림출판사

『태어난 아이』

사노 요코 글·그림, 거북이북스

벌써 깜깜해진 늦은 시간, 엄마와 아이가 나란히 엎드려 그림책을 보고 있어요. 마지막 책이었나 봐요. 이제 자려고 누웠는데 아이가 잠이 안 오는지 말을 걸어옵니다.

낮에 유치원에서 엄마를 잠깐 봤는데 눈물이 날 뻔했다고. 엄마가 너무너무 보고 싶어서. 엄마가 너무너무 좋다는 아이는 엄마가 좋은 이유를 끝도 없이 조잘댑니다. 엄마 아빠의 세상에 자신을 불러줘서, 맛있는 것을 많이 주고 엄마와 함께 있으면 신나는 일이 많아서, 엄마가 착하고 예뻐서…. 세상에 태어난 게 참으로 행복한 아이 같아 보입니다.

공교롭게도 아이가 엄마와 함께 읽던 책은 세계적인 그림책 작가 사노 요코의 그림책 『태어난 아이』입니다.

태어나고 싶지 않아서 태어나지 않았던 아이가 마침내 '태어난' 이야기예요. '태어나는 건 피곤한 일'이라 생각했던 아이가 왜 태어나기로 마음먹었을까요? 태어난다는 건 어떤 의미일까요?

'태어난다는 것'에 대해서 새로운 방식으로 생각하게 하는 최초이자 유일한 책이 아닐까 싶어요.

『소피가 화나면, 정말 정말 화나면』

몰리 뱅 글·그림, 책읽는곰

『소피가 속상하면, 너무너무 속상하면』

몰리 뱅 글·그림, 책읽는곰

언니와 엄마 때문에 화가 폭발할 것 같은 소피가 발을 동동 구르며 소리를 지르다 집 밖으로 뛰쳐나가 다다른 곳은 바다가 바라보이는 아름드리 너도밤나무.

너도밤나무 위에 앉아 머릿결을 어루만지는 산들바람을 느끼고 일렁이는 바다 물결을 바라보는 사이, 어느새 소피는 화가 씻은 듯 사라지고 기분이 좋아집니다. 그래서 소피는 너도밤나무를 가장 좋아하게 되지요. 화가 나거나 슬플 때 이 나무에 오르면 엉켰던 마음이 마법처럼 스르르 풀리니까요.

그런데 가장 좋아하는 아름드리 너도밤나무 때문에 속상한 일이 생겼습니다. 무슨 일이 있었던 걸까요? 너도밤나무 때문에 속상한 일이 생겼다면 이제 어디 가서 속상한 마음을 풀어야 할까요?

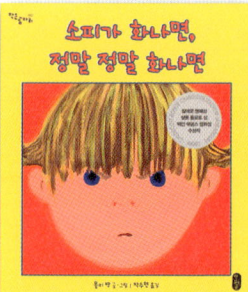 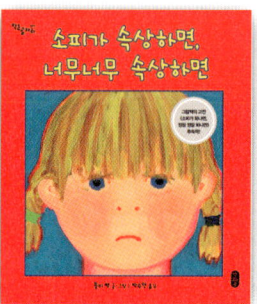

『꿀!』

아서 가이세트 글·그림, 사계절

『꼬마 돼지의 불 끄기 대작전』

아서 가이세트 글·그림, 보림

아기 돼지들의 모험을 그린 『꿀!』은 아이를 키우는 엄마가 그러하듯 엄마 돼지가 잠깐 달콤한 낮잠에 빠진 사이에 일어난 에피소드입니다.

엄마 몰래 아기 돼지 여덟 마리가 한 줄로

맞추어 어딘가로 가고 있습니다. 어떤 모험이 기다리고 있을까요? 에칭기법의 흑백판화로 작업한 그림이 미술관의 작품 같습니다.

『꼬마 돼지의 불 끄기 대작전』은 제목 그대로 꼬마 돼지의 불 끄기 대작전입니다.

여덟 시면 무조건 불을 끄라는 부모님과 불을 끄면 무서워서 잠이 안 온다는 꼬마 돼지. 무슨 좋은 수가 없을까요? 아주 좋은 방법을 생각해 낸 덕분에 꼬마 돼지는 편안하게 즐기면서 잠자리에 들 수 있답니다. 좋은 방법이란 뭘까요?

잠깐, 아기돼지 여덟 마리의 모험을 그린 작품 같은 판화 그림이 꼬마돼지네 집 어딘가에 있습니다. 작가가 감쪽같이 숨겨놓았네요. 찾아보는 재미를 즐겨보세요.

『바다소』 동화집
차오원쉬엔 저, 다림

『빨간 호리병박』 그림책
차오원쉬엔 글, 김세현 그림, 사계절

중국 작가의 단편집 『바다소』는 물빛 가득한 공간을 배경으로 성장해가는 아이들의 모습을 담고 있는데요. 차오원쉬엔은 글로 그림을 그리는 작가라는 수식어가 붙을 정도로 글이 아름다운 이미지로 가득하다고 합니다.

그래서일까요? 그 중에 〈빨간 호리병박〉이 김세현 작가의 먹그림 옷을 입고 우리나라 그림책으로 나왔어요. 먼저 단편집을 읽고 애니메이션을 보듯 그림책을 봤어요. 수묵이 풀어내는 아름다운 공간에 완과 뉴뉴의 사랑과 우정 어디쯤의 이야기에 가슴이 먹먹해집니다.

『지각대장 존』
존 버닝햄 저, 비룡소

『지각 대장 샘』
이루리 글, 주앙 바즈 드 카르발류 그림, 북극곰

『지각대장 존』은 학교 가는 길에 예상치 못한 일이 생겨 날마다 지각하는 존 이야기입니다.

선생님은 존의 말을 한 번도 믿어주지 않고 오히려 심한 벌을 주지요. 그러다 위기에 처한 선생님이 존에게 도움을 청하자 존은 통쾌한 반전을 이끌어냅니다.

『지각 대장 샘』은 『지각대장 존』을 바탕으로 재창작한 이야기입니다.

이번에는 예상치 못한 일로 날마다 지각하는 선생님 샘이 나와요. 아이들 역시 선생님의 지각 이유를 믿어주지 않지요. 그러다 위기에 처한 아이들이 선생님께 도움을 청하게 됩니다. 통쾌하면서도 따뜻한 반전이 기다리고 있어요.

『아홉 살 마음 사전』 어린이교양

박성우글, 김효은 그림, 창비

『마음사전』 에세이

김소연 저, 마음산책

'천길 물속은 알아도 한 길 사람 속은 모른다'는 속담이 있지요? 어린이는 아직 어리니까 자신의 마음을 잘 모를 테지만, 어른이라고 해서 잘 아는 것도 아니랍니다. 헤아릴 수 없이 수만 가지의 다른 빛깔을 띠는 게 마음입니다. 그러니까 어린이는 『아홉 살 마음 사전』을, 엄마는 『마음사전』을 읽고 함께 얘기 나누면 마음이 잘 통할지도 몰라요.
식탁 한편에 나란히 꽂아두고 가끔씩 나란히 앉아 읽는 거예요.

 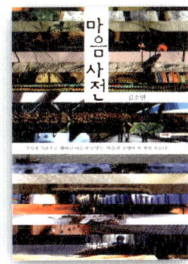

『늑대가 나타났다』

마티외 라브와 글·그림, 북극곰

늑대가 사냥감을 찾아 책 속으로 들어가고, 책 속의 주인공들은 늑대를 피해 책 밖으로 도망 나오는 이야기입니다.
늑대가 첫 번째로 『빨간 모자』 속으로 들어가자 빨간 모자 소녀는 도망 나와 계속해서 책 속으로 도망칩니다. 『아기 돼지 삼형제』 속으로, 『스갱 아저씨의 염소』 속으로, 그리고 『피터와 늑대』 속으로. 늑대를 피해 도망치는 책 속의 등장인물들이 점점 많아져 우르르 몰려다니는 모습이 흥미로워요. 늑대와 옛이야기 속 등장인물들의 긴장감 넘치는 추격전이 펼쳐지는데요. 등장하는 책 모두 명작이라 다 알고 있는 내용이지만, 다시 한 번 미리 읽으면 『늑대가 나타났다』를 훨씬 더 재미나게 즐길 수 있어요.

『빨간 모자』
김미혜 글, 요안나 콘세이요 그림, 비룡소

『아기 돼지 삼형제』
폴 갈돈 글·그림, 시공주니어

『스갱 아저씨의 염소』
알퐁스 도데 글, 에릭 바튀 그림, 파랑새

『피터와 늑대』
요르크 뮐러 그림, 로리오트 글, 비룡소

『엄지 동자의 모험』
그림 형제 글, 펠릭스 호프만 그림, 비룡소

 메타북

그림책과 책에 대한 책

간혹 시(詩)에 대해 이야기하는 시를 읽거나 소설에 대한 소설을 만나기도 합니다. 영화에 대한 영화를 보기도 하고요.

이렇듯 한 단계 위에서 특정한 영역 전체를 아우르며 객관적이며 관조적으로 꿰뚫어 내는 방식을 '메타(Meta, 초월하는)'라고 합니다. 데이터를 구조화한 데이터라는 의미의 메타데이터(Meta data), 언어를 연구하는 데 쓰이는 언어인 메타언어(Metalanguage) 등처럼 쓰이곤 합니다. 책에서는 '메타북(Meta book)'이라는 표현이 가능한데, 말하자면 '책에 대해 이야기 하는 책'이라는 뜻입니다. 책에 대해 말하는 책들은 꽤 많습니다.

책이란 무엇인가? 책을 읽는다는 행위는 무엇인가? 책은 왜 읽는가? 책의 가치란 무엇인가? 어떤 책이 의미 있는 책인가? 책을 읽는다는 것은 여전히 가치 있는 일인가? 책이 세상을 바꿀 수 있는가? 등등의 질문을 품고 있습니다. 메타북은 책을 많이 좋아해서 책이 세상에 존재하지 않는다면 난감해할 사람들에게 질문을 던지는 책입니다.

전자기기가 날로 늘어나는 이 시대에 손으로 책을 쓰다듬으며 표지를 찬찬히 들여다보고 책장을 팔랑팔랑 넘기며 책의 물성이 주는 소박한 즐거움을 느껴보는 시간이기도 합니다. 책에 대한 책을 통해서. 책이 주인공인 책으로. 책이 들려주는 책 이야기에 귀를 기울이면서. 그러다 보면 SNS가 없는 세상을 상상할 수 없는 요즘 아이들에게도 종이책에 담긴 재미를 발견하는 계기가 될 수 있지 않을까 하는 희망을 가져봅니다.

『있으려나 서점』
요시타케 신스케 저, 온다

'그림책 작가'라는 말 앞에 '천재'를 넣어도 전혀 과장되지 않는 요시타케 신스케의 작품입니다. 서점과 책에 대해 꿈꿔볼 수 있는, 모든 상상을 담고 있어요. 목차 중에서 먼저 골라 읽고 싶은 제목이에요. 달빛 아래에서만 읽는 책, 둘이서 읽는 책, 책 이별 플래너, 책이 네모난 이유, 무덤 속 책장 등. 마음 끌리는 대로 아무데나 읽기에 좋아요.

메타북

『그래, 책이야!』
레인 스미스 글·그림, 문학동네어린이

조용히 책을 읽고 있는 몽키에게 노트북에 흠뻑 빠져 있던 동키가 신기한 듯 물어요. 그걸로 게임할 수 있어? 메일 보낼 수 있어? 트위터는? 와이파이는? 별명이 있어야 해?
결국 책을 집어든 동키, 어떤 반응일까요?

『숲에서 만난 이야기』
채인선 글, 배현주 그림, 책읽는곰

예나가 새 그림책을 들고 숲으로 갔어요. 동물들이 나오니 숲속 동물들에게 읽어주려고요. 예나보다 훨씬 큰 그루터기에 앉아 그림책을 읽으니 동물들이 모여들었어요. 동물들은 책 속에 나오는 동물들을 그대로 흉내 내며 재미있게 들었지요. 그런데 커다란 곰이 생쥐 목덜미를 덥석 잡는 장면이 나오는데…. 예나는 그림책을 계속 읽었을까요?

『아름다운 책』
클로드 부종 글·그림, 비룡소

토끼 형제가 눈을 동그랗게 뜨고 책 읽기에 푹 빠져 있습니다. 그 맛있는 당근도 밀쳐두고요. 토끼 형제는 책 속 등장인물에게 자연스레 말도 건넵니다. 그 사이 현실에서는 여우가 호시탐탐 토끼 형제를 노리고 있는데….

『브루노를 위한 책』
니콜라우스 하이델바흐 글·그림, 풀빛

책을 너무 좋아하는 울라네 집에 책을 싫어하는 친구 브루노가 놀러왔어요. 그런데 울라 목에 반창고가 붙어 있는 걸 보고 이유를 물었지요. 울라가 책에서 나온 공룡에게 상처를 입었다고 하자 브루노는 순간 눈이 휘둥그레지며 책에 관심을 보입니다.

『행복한 책』

케이트 베른하이머 글, 크리스 쉬밴 그림, 국민서관

도서관에 새로 들어와 아이들의 많은 사랑을 받던 초록색 책. 시간이 흘러 낡아진 책은 아이들의 관심 밖으로 밀려났습니다. 초록색 책은 점점 외로워졌지요. 그러던 어느 날 한 소녀와 운명 같은 만남을 하게 됩니다.
너무 좋아 꿈에서도 만나려고 베개 밑에 넣어 두고 잠들었던 책 한 권, 여러분에게도 있나요?

『멋진 책이 될래요』

스기야마 가나요 글·그림, 문시영 그림, 국민서관

책나라에 사는 꼬마 책은 어떤 책이 될지 고민이에요. 어떤 책이 되어야 사람들에게 계속 사랑받을 수 있을지도 곰곰이 생각했지요. 멋진 책이란 어떤 책일까요?

『내가 책이라면』

쥬제 죠르즈 레트리아 글, 안드리 레트리아 그림, 국민서관

'내가 책이라면'으로 시작되는 28개의 문장 속에 책의 추억과 현재와 소망이 담겨 있어요. 여러분이 책이라면 어떤 추억과 소망을 얘기할까요? 책이 전하는 28가지 이야기 중 가장 가슴에 남는 것은 무엇일까요? 아버지 죠르즈가 글을 쓰고 아들 안드리가 그림을 그렸습니다.

『책 요정 초초』

박혜상 저, 사계절

요정 이야기는 많지만 책 만드는 요정 이야기는 처음이에요.
책 요정 초초는 책을 어떻게 만들까요? 모두가 잠든 깊은 숲 속에 등불 하나 켜 있는 요정의 책 공방으로 떠나볼까요?

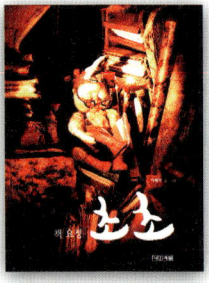

『책나무』

김성희 그림, 느림보

책 읽기의 즐거움을 소박한 목판화로 따뜻하게 이끄는 글 없는 그림책. 아이가 한 권의 책을 펼치면 연둣빛 새싹이 쏘옥 고개를 내밀고 아이는 그 새싹을 마당에 심어요. 작은 새싹은 무럭무럭 자라 팔랑팔랑 책 이파리가 손짓하는 책나무가 되는데…

『마지막 책을 가진 아이』 동화

하은경 글, 윤지회 그림, 아이세움

책과 종이가 금지되고 대신 재미있게 이야기를 들려주는 로봇이 등장하는 미래가 배경입니다.
주인공 시오 손에 우연히 들어오게 된, 세상에 남은 마지막 책 한 권. 읽지도 말고 바로 책킬러에게 신고해야 하는데 시오는 제목에 이끌려 읽게 되고, 점점 더 책 속으로 빠져들게 됩니다. 책을 읽다가 들키면 노란 집에 감금되는 데 말이에요.
시오는 책을 지켜낼 수 있을까요? 정말 이야기 로봇이 책을 대신할 수 있을까요?

어른을 위한 메타북

『심야 이동도서관』 그래픽노블
오드리 니페네거 글·그림, 이숲

내가 지금까지 읽은 책들만을 가지런히 모아 놓은 심야 이동도서관이 있다면? 그걸 바라보는 마음은 어떤 느낌일까? 그 사실을 미리 안다면 어떤 책들을 읽어 나갈까? 책읽기가 예전과 달라질까? 자꾸만 스스로에게 질문을 던지게 됩니다. 책 읽기에 대해서. 인생에 대하여.

『책을 지키려는 고양이』 소설
나쓰카와 소스케 저, arte(아르테)

"어쩌면 책은 '사람을 생각하는 마음'을 가르쳐주는 게 아닐까요? 책에는 많은 사람들의 생각이 그려져 있어요. 괴로워하는 사람, 슬퍼하는 사람, 웃음을 터뜨리는 사람… 그런 사람들의 말과 이야기를 만나고 그들과 하나가 됨으로써 우리는 다른 사람의 마음을 알 수 있어요. 가까운 사람만이 아니라 완전히 다른 세계에 사는 사람의 마음까지도요."

희귀본이 가득한 고서점을 배경으로 책을 지키려는 고양이와 외톨이 소년의 기이한 모험 이야기입니다.

『책 따위 안 읽어도 좋지만』 에세이
하바 요시타카 저, 더난출판사

아이러니하게도 제목에 반해 당장이라도 책이 읽고 싶어집니다. 책과 사람을 연결하는 일을 하는 일본의 북 디렉터, 하바의 책과 인생 이야기에 자연스레 책으로 마음이 향하게 되네요.

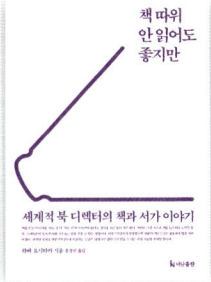

『혼자 책 읽는 시간』 에세이
니나 상코비치 저, 웅진지식하우스

사랑하는 사람을 잃고 슬픔에 빠져 있을 때 책으로 비틀거리는 삶을 일으켜 세운 위로와 치유의 독서기. 상실의 슬픔이 아니더라도 자존감이 바닥일 때 다시 무언가를 시작해 볼 작은 용기가 되어줍니다. 작가가 보랏빛 독서 의자에 앉아 1년 동안 읽었던 365권의 책들 중, 가장 먼저 어떤 책을 펼치게 될까요?

『책 좀 빌려줄래?』 에세이
그랜트 스나이더 저, 윌북

책덕후는 물론 조금이라도 책을 좋아하거나 책과 관련된 사람이라면 미칠 정도로 재미나게 읽을 책. 일러스트레이터인 작가의 책에 대한 애정이 14개 주제, 85개 에피소드로 담겼어요. 읽는 내내 생각했어요. '책에 대한 이야기가 이렇게 재밌을 줄이야?'

090 동화 작가 현덕

현덕 아저씨, 동화 한 편만 더 써주시면 안 돼요?

'아동 문학가 현덕' 하면 어떤 작품이 떠오르나요? 저는 『나비를 잡는 아버지』가 가장 먼저 떠오릅니다. 처음 만났을 때도, 지금도 가슴이 뜨거워지는 이야기입니다.

언덕 너머 메밀밭 두덩에서 엎드렸다 일어섰다 반복하며 나비를 쫓던 아버지가 눈앞에 그려지고, 그런 아버지를 보며 터져 나오는 울음을 참으며 바우가 소리쳐 부르던 "아버지~" 소리가 들리는 듯합니다.

그리고 현덕 선생님 작품 속의 아이들, 노마와 기동이도 빼놓을 수 없지요? 가난하지만 꿋꿋하고 씩씩한 노마와 가난한 노마를 골려대는 욕심꾸러기 부잣집 아이 기동이.

현덕 선생님 작품 속 아이들은 생생하게 살아 있습니다. 고양이 놀이를 하면서 엄마가 반찬으로 준비한 북어를 뜯어먹기도 하고, 장 보러 나간 엄마를 기다리거나, 옹기종기 앉아 솜사탕 아저씨를 기다리기도 하고, 오순도순 소꿉장난을 하거나, 골목에서 온몸으로 부대끼며 놀다가 갑자기 싸우고 토라지는 아이들. 작품을 읽다 보면 아이들의 작은 움직임뿐만 아니라 섬세한 마음까지도 고스란히 전해집니다.

대부분 아동 문학가로 알려진 현덕 선생님은 청소년 소설의 개척자입니다. 『나비를 잡는 아버지』도 정확히는 소년소설에 속한다고 할 수 있습니다. 출판사 창비에서는 현덕 선생님 탄생 100주년을 기념하여 청소년을 위한 〈현덕소설집〉을 따로 출간하기도 했습니다. 동화부터 소년소설까지 현덕 선생님 작품을 한자리에 모으고 그 깊이와 재미에 푹 빠져보는 시간이 되었으면 합니다. 특히 도서관에서 〈아동 문학가 현덕 작품〉에 대한 입체적인 전시를 보고 싶습니다.

『나비를 잡는 아버지』

현덕 글, 김환영 그림, 길벗어린이

다른 중학교에 가게 된 바우와 경환이의 갈등과 바우의 아버지에 대한 사랑을 섬세하게 그리고 있어요.
김환영 작가의 흑백 톤의 그림은 더 진한 감동을 불러옵니다. 〈문학 그림책〉이라 불리는 데 손색이 없는 아름다운 작품이에요.

동화 작가 현덕의 작품

『조그만 발명가』

현덕 저, 조미애 그림, 사계절

밖에서 친구들과 뛰어놀기만 하던 노마가 오늘은 차분히 앉아 만들기 놀이에 빠져 있어요. 모르는 것은 물어보고 찾아가며 설계도를 그리고 가위로 오려내고….
노마가 골똘하게 궁리하며 만들어낸 것은 무엇일까요?

『과자』

현덕 글, 이형진 그림, 한길사

부잣집 아이 기동이의 과자가 먹고 싶은 아이들은 평생 기동이하고만 놀겠다며 줄을 섭니다. 인기를 한 몸에 받은 기동이는 어깨가 으쓱해져요. 기동이의 과자가 다 떨어지고 난 뒤에도 아이들은 기동이하고만 놀겠다는 약속을 지킬까요?

『고양이』

현덕 글, 이형진 그림, 길벗어린이

유연한 몸으로 어떤 자세도 해낼 수 있는 고양이. 아이들은 그런 고양이 자세를 흉내 내며 놉니다. 그러다가 정말 고양이가 돼 버려요.

『강아지』

현덕 글, 전미화 그림, 개암나무

손도 못 대게 하는 기동이의 강아지가 부러운 노마는 종이로 강아지를 만들어 놉니다. 이를 본 엄마가 헝겊으로 강아지를 만들어주는데….
길벗어린이 출판사에서 나온 『강아지』(현덕 글, 장호 그림)와 비교하면서 보셔도 좋습니다.

『개구쟁이 노마와 현덕 동화나라』 동화집

현덕 글, 신가영 그림, 웅진주니어

아이들의 심리를 섬세하게 포착하는 데 탁월한 현덕의 기량이 돋보이는 단편 동화 네 편이 담겨 있어요. 실패에 실을 감느라 밖에서 친구들이 놀자고 부르는데도 못 나가 애가 타는 노마, 자신도 어리면서 어린 동생을 업고 엄마를 기다리는 영이, 친구들 앞에서 으스대다가 난처해진 똘똘이 등 웃음을 주면서도 애잔하게 하는 아이들입니다.

『너하고 안 놀아』 동화집

현덕 저, 창비

동화 37편이 담겨 있으니 현덕 동화를 대부분 읽게 되는 셈입니다.

장난감이 없어도 들과 산에서 뛰어놀며 자연과 하나 되는 아이들 모습이 생생하게 살아 있어요. 아이들에 대한 세밀한 관찰과 정확한 묘사로 아이들 모두가 각자 개성 있는 주인공인 점이 무엇보다 소중하게 다가옵니다.

더 읽어 보아요

『잃어버린 구슬』 그림책
현덕 글, 이태수 그림, 아이세움

『삼형제 토끼』 그림책
현덕 글, 홍영우 그림, 처음주니어

『맨발 벗고 갑니다』 그림책
현덕 글, 최지은 그림, 키즈엠

『귀뚜라미』 그림책
현덕 글, 김은경 그림, 키즈엠

『내가 제일이다』 동화집
현덕 저, 한병호 그림, 창비

『광명을 찾아서』 청소년장편소설
현덕 저, 김정은 그림, 창비

『하늘은 맑건만』 청소년소설
현덕 글, 이지연 그림, 창비

『나비를 잡는 아버지』 청소년소설집
현덕 저, 창비

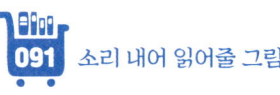

091 소리 내어 읽어줄 그림책

이야기 속에 이야기가 들어간 이야기들 모여라~

　독일의 대문호 괴테를 이야기할 때 흔히들 말합니다. 마르지 않는 샘물처럼 솟아나는 괴테의 창작의 원천은 무엇일까? 하고요.
　괴테는 80년 넘는 생애 동안 시와 소설, 희곡과 산문, 그리고 방대한 양의 서한을 남겼습니다. 대작 〈파우스트〉는 세상을 떠나기 바로 1년 전에 완성했다지요. 어릴 때부터 엄청난 책벌레이지 않았을까 하고 짐작할 텐데요. 괴테는 밤마다 이야기를 들려주는 어머니가 계셨다고 회상합니다. 귀로 듣는 힘의 중요성을 잘 보여주는 예라 할 수 있는데요. 이야기를 들려주는 사람과 듣는 사람이 서로 소통하고 귀로 들으면서 상상하고 때로 이야기를 다시 써보는, 이런 일련의 활동이 가능한 게 바로 들려주기입니다.
　이야기를 들려주거나 책을 읽어주는 행위, 혼자여도 할 수 있습니다. 혼자 있을 때 소리 내어 읽으면 내가 나에게 읽어주는 게 되는 거죠. 어떤 책을 묵독으로 읽을 때는 감정의 소요가 전혀 없었는데 소리 내어 읽다가 마음이 울컥해지는 경우가 있습니다. 그만큼 소리 내어 읽고 귀로 듣는 행위는 전혀 다른 감정을 불러올 수 있습니다.
　책 속에서 이야기를 들려주고, 책을 읽어주는 이야기가 담긴 책들, 또는 읽어주기에 알맞춤한 책들을 만나볼까요? 이런 책들이야말로 소리 내어 읽어줘야겠죠.

『책 읽어 주는 고릴라』

김주현 글·그림, 보림

초코 바닐라 아이스크림보다 변신 합체 로봇보다 책 읽기를 더 좋아하는 고릴라는 이렇게나 재미난 책을 혼자 읽기 아까워 책을 읽지 못하는 사람들에게 책을 읽어주기로 결심해요. 코끼리 할아버지에겐 〈깊은 바다 인어 아가씨〉를, 여우 할머니에겐 〈잠자는 나루터의 공주〉를, 하마 아저씨에겐 〈고약한 왕비를 물리친 일곱 난쟁이〉를. 그러다 고릴라 자신도 모르게 이야기에 푹 빠져 소동을 일으킵니다.

이야기 속의 이야기 그림책

『비가 내릴 때』

피에르 그로츠 글, 레미 사이아르 그림, 한솔수북

톡 톡 톡 비가 내리는 밤, 엄마가 아이에게 빗소리 리듬에 맞춰 낯선 나라 이야기를 들려줘요.
비를 애타게 기다리며 하늘을 올려다보는 사람들, 커다란 나무 아래서 비를 피하는 초원의 물소 떼, 비가 내리자 호리병을 들고 나와 빗물을 받는 사람들, 나뭇잎에 떨어지는 빗소리를 들으며 잠든 숲속의 판다….
엄마가 들려주는 이야기가 끝나자 뽀뽀비가 내려요. 여러분은 뽀뽀비를 맞아봤나요?

『이야기가 나오는 모자』

캐리 페이건 글, 듀산 페트릭 그림, 책과콩나무

외로운 레오는 혼자서 공놀이를 하다 이야기꾼 할아버지를 만납니다.
할아버지는 쓰고 있던 모자에서 이야기를 꺼내 들려주는데, 사실은 레오 스스로 이야기를 만들어가도록 할아버지는 이끌어주기만 해요. 이야기 만드는 재미에 흠뻑 빠진 레오는 어느 날, 공놀이를 하다 만난 여자아이에게 자신의 모자에서 꺼낸 이야기를 들려줍니다. 물론 여자아이 스스로 이야기를 만들도록 레오는 살짝 도와주기만 하지요.
이제 레오는 외롭지 않을 것 같아요. 말을 걸기 어려웠던 친구들과 이야기로 풀어갈 수 있으니까요. 스스로 이야기를 만들어가는 재미를 느낄 수 있는 책.

『이야기보따리를 훔친 호랑이』

김하루 글, 김옥재 그림, 북뱅크

먹어도 먹어도 배가 고파 닥치는 대로 잡아먹던 무서운 호랑이가 훌륭한 이야기꾼이 되었답니다. 호랑이가 어떻게 재미난 이야기를 들려주는 행복한 이야기꾼이 되었을까요? 할머니가 들려준 〈두꺼비 등에 팥고물 뿌린 호랑이〉 이야기 덕분이래요. 오누이를 잡아먹으려다 수수밭에 떨어져 죽은 호랑이가 아니라 이야기꾼 호랑이를 만나는 재미가 있어요.

『그래서 어떻게 됐는데?』

제니퍼 달랭플 저, 바람의아이들

양치기 소년 드루에게서 책 읽는 법을 배운 염소 그로는 이야기의 매력을 알게 되고 친구들과도 재미난 이야기를 나누고 싶어 해요. 하지만 친구들은 지루하다며 화를 내고 그로를 따돌리기까지 합니다. 속상해하는 그로를 보고 드루는 좋은 생각을 해내

『난 무서운 늑대라구!』

베키 블룸 저, 고슴도치

천하의 늑대를 두려워하지도 않고 책을 보는 동물들. 게다가 늑대를 무식하다며 무시하고, 책 읽는 데 방해가 된다고 하니! 자존심 상한 늑대가 공부를 시작합니다. 그 덕분에 훌륭한 이야기꾼이 되어 늑대가 이야기를 들려준대요. 늑대가 들려주는 이야기, 들어볼래요?

지요. 친구들이 그로에게 이야기를 들려달라고 자꾸만 조르는 걸 보니 효과가 있었나 봐요. 드루의 좋은 생각이란 무엇이었을까요? 아, 참 그로가 들고 다니는 사전 209쪽에는 하늘에 대한 이야기가 나오는데요. 하늘의 사전적인 뜻은 무엇일까요?

『고래들의 노래』

다이안 셸든 글, 개리 블라이드 그림, 비룡소

할머니가 손녀 릴리에게 고래에 얽힌 옛이야기를 들려줍니다.

이야기를 들려주는 할머니와 고래 이야기에 쏙 빠져든 손녀의 생생한 표정이 보는 이들 또한 푹 빠져들게 해요.

현실과 상상을 넘나드는 고풍스러운 유화도 시선을 사로잡아요.

『여왕 기젤라』

니콜라우스 하이델바흐 글·그림, 풀빛

아빠와 단둘이 떠난 여행지에서 아빠는 딸에게 밤마다 이야기를 들려줍니다. 이야기의 제목은 〈여왕 기젤라〉. 한창 재미있게 듣고 있는데 결정적인 순간에 이야기를 멈추는 아빠. 아이는 아쉽지만 또 내일 밤을 기대하며 잠자리에 들어요. 이야기 들려주기의 비법을 잘 알고 있는 아빠 같아요.

『매듭을 묶으며』

빌 마틴 주니어, 존 아캠볼트 공저, 테드 랜드 그림, 사계절

깊은 밤, 모닥불 옆에서 앞을 못 보는 인디언 아이와 할아버지가 두런두런 이야기를 나눕니다.
이미 수십 번도 더 들은 이야기지만 아이는 또 들려달라고 졸라요. 자신이 어떤 아이인지에 대해서. 할아버지와 손자의 가슴 뭉클한 이야기가 밤이 깊도록 이어집니다. 여러분은 자신이 어떤 아이인지 알고 있나요?

『또 읽어 줘!』

에밀리 그래빗 글·그림, 푸른숲주니어

엄마 용은 매일 밤 아기 용에게 책을 읽어줘요. 벌써 여러 번 읽었는데도 아기 용은 자꾸만 또 또 읽어달라고 졸라요. 아기 용은 엄마가 읽어주는 장난꾸러기 용, 세드릭에게 흠뻑 빠졌거든요. 글쎄, 세드릭은 한밤중에 쿵쾅거리며 돌아다니고 이제껏 한 번도 잠을 잔 적이 없대요. 그런데 책을 읽어주던 엄마가 스르륵 잠들어버리자 책이 너무 읽고 싶어 화가 난 아기용이 새빨간 불을 내뿜는데….

『안도현 선생님과 함께 큰 소리로 읽어요』

안도현 글, 한상언 그림, 토토북

안도현 시인과 함께 소리 내어 읽기 좋은 글과 이야기를 만나 봅니다. 온 몸의 감각이 깨어나 도록 읽는 방법과 조금 더 흥미롭게 읽을 수 있는 방법도 담겨 있어요.

『엄마가 너에 대해 책을 쓴다면』

스테파니 올렌백 글, 데니스 홈즈 그림, 청어람미디어

엄마가 아이에 대해 책을 쓴다는 가정으로 아이를 향한 사랑의 마음을 표현해요. 사랑을 담은 시적인 문장들이 가슴을 촉촉하게 합니다. 그러니 소리 내어 읽어주기에 그만이지요.

 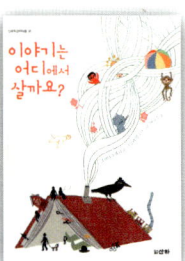

『이야기는 어디에서 살까요?』

죠반나 조볼리 글, 카밀라 잉그만 그림, 산하

엄마가 아이를 무릎에 앉히고 책을 읽어주었어요. 아이는 아직 글을 읽지는 못하지만 그림을 보며 더 많은 이야기를 상상하곤 했지요. 그러고는 곰 인형 곰곰이에게 책을 읽어주고 스르륵 잠이 들었어요. 이제 곰곰이가 장난감 기차에게 책 속의 이야기를 들려줍니다. 아이가 잠든 사이, 책 속의 이야기는 또 다른 누군가에게 계속 전해집니다. 더 풍성한 이야기로 살아나 여행을 다니는 거지요. 아이가 아침에 눈을 떴을 때 책 속의 이야기는 여행에서 돌아와 있을까요?

『이야기 기다리던 이야기』

마리안나 코포 글·그림, 딸기책방

연극무대처럼 새하얀 종이 위에 등장인물들이 나타나요. 그런데 이상하게도 아무도 이들이 여기에 어떻게 왔는지, 언제 왔는지 알지 못해요. 물론 왜 왔는지, 이곳이 어디인지도 알지 못해요. 혼란스러운 시간도 잠시, 이들은 곧 이곳이 책 속이라는 것을 깨닫게 돼요. 그렇다면 이제 이야기만 오면 그만이겠죠? 그래서 등장인물들은 이야기를 기다리기로 해요. 그런데 기다리는 이야기는 오지 않고 지루한 기다림만 계속되는데….

『할아버지와 빨간 모자』

세브린 비달 글, 바루 그림, 지양어린이

할아버지는 빨간 모자를 쓰고 손자에게 엉뚱하고 기발한 이야기를 들려줍니다.

빨간 모자가 마법을 부리는 걸까요? 이야기가 끝도 없이 이어집니다. 달을 따거나 네모였던 달걀을 둥글게 만들고 흑등고래와 물소, 그리고 곰을 길들이기도 하고. 더 신기한 것은 인어 아가씨가 그물에 걸리기도 했대요.
이제는 할아버지의 빨간 모자를 물려받은 손자가 이야기꾼이 되었답니다.

『뻥이오, 뻥』 동화

김리리 글, 오정택 그림, 문학동네어린이

말귀를 못 알아듣고 놀림만 받던 순덕이. 이를 가엾게 여긴 삼신할미가 순덕이의 막힌 귀를 뻥, 뚫어줘요. 그런데 이상해요. 순덕이 귀에 동물들 말소리까지 들리게 되는데….

『이야기꾼 생쥐와 이야기 좋아하는 고양이』 동화

우르젤 쉐플러 글, 볼프 몬트 그림, 국민서관

어휴 무서워! 생쥐와 고양이가 한 집에 산다고요? 어떻게요? 생쥐가 재치 있는 이야기로 위기를 모면한대요. 생쥐가 들려주는 이야기가 12편이나 들어 있어요.

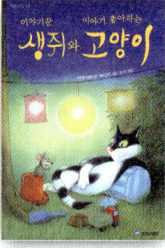

『소원이 이루어지는 길모퉁이』 동화

오카다 준 글, 다나카 로쿠다이 그림, 시공주니어

할아버지가 초등학교 3학년 손자에게 들려주는 일곱 가지 비밀스러운 이야기예요. 터무니없는 이야기에 손자는 반은 믿고 반은 의심하면서도 자기도 모르게 쏙 빠져들게 됩니다. 할아버지 이야기는 달콤한 곶감 마냥 멈출 수가 없어요. 자꾸 귀가 쫑긋, 솔깃해져요.

『하룻밤』 동화

이금이 글, 사계절

엄마가 없는 밤, 아빠는 거실에 텐트를 치고 어린 시절의 특별한 하룻밤 이야기를 남매에게 들려줍니다. 밤낚시에서 아빠의 할아버지가 어렵게 잡은 잉어를 풀어주고 용궁에 다녀온 아빠의 모험이 흥미진진하게 펼쳐져요.

『주머니쥐 할아버지가 들려주는 지혜로운 고양이 이야기』 동화

T. S. 엘리엇 글, 악셀 셰플러 그림, 시공주니어

1981년 처음 무대에 올려진 후 지금까지 가장 많이, 오랫동안 공연된 뮤지컬 〈캣츠〉의 원작이랍니다. 주머니쥐 할아버지가 별명인 T. S. 엘리엇의 동시집으로 리듬감이 있어 읽어주기에도 좋아요. 늙다리 껌딱지 고양이, 럼 텀 터거, 젤리클 고양이, 문고 제리, 룸펠티저, 신명기 영감님 등 신비하고 매력적인 고양이 이야기를 책으로 만나보세요.

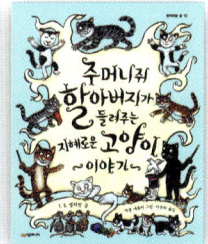

엄마를 위한 책

『소리내어 읽는 즐거움』

정여울 저, 홍익출판사

소리내어 읽기에 좋은 수많은 문학 작품을 만나는 호사를 누릴 수 있습니다. 더불어 묵독과 소리 내어 읽을 때의 차이를 분명하게 느낄 수 있는 기회이기도 합니다.

『내 영혼이 따뜻했던 날들』

포리스트 카터 저, 아름드리미디어

작가의 자전적인 이야기로, 세대를 이어 전해 내려오는 인디언들의 지혜로운 삶이 그대로 녹아 있습니다. 아이에게 읽어주면서 서로의 가슴이 따뜻해짐을 느낄 수 있어요.

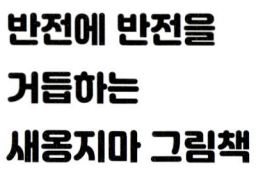

092 반전이 기가 막혀!

반전에 반전을 거듭하는 새옹지마 그림책

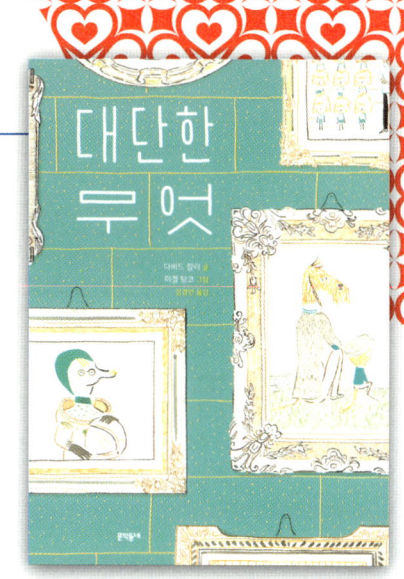

    문학 작품에서 반전은 사건을 예상 밖의 방향으로 급하게 변화시킴으로써 독자에게 강한 충격과 함께 주제를 효과적으로 전달하는 구성 방식입니다. 우리가 잘 알고 있는 현진건의 「운수 좋은 날」이나 오 헨리의 「크리스마스 선물」을 떠올리면 쉽게 이해가 됩니다. 미국의 위대한 단편 소설가로 유명한 오 헨리는 반전이 그의 '등록 상표'라 할 만큼 이 방식을 즐겨 쓰고 있지요.

    꼭 문학 작품뿐만 아니라 영화나 만화 등 서사가 있는 장르면 어디든 반전의 구성 방식이 있습니다. 모두가 즐겨보는 TV 드라마에도 반전의 방식은 빠지지 않습니다. 이렇듯 모든 장르에서 즐겨 쓰는 '반전'이란 방식은 언제부터 쓰였을까요? 놀랍게도 아주 오랜 옛날로 거슬러 올라갑니다.

    고대 그리스의 철학자 아리스토텔레스는 〈시학〉에서 유명한 비극 작품들을 분석하면서 반전을 플롯의 중요 요소라고 했는데요. 고대 그리스의 3대 비극 작가로 꼽히는 소포클레스의 『오이디푸스 왕』이 적절한 예가 될 수 있습니다. 사자(使者)는 오이디푸스에게 반가운 소식을 전하고 그를 모친에 대한 두려움에서 벗어나게 해주려고 오지만, 오히려 오이디푸스의 신분을 밝힘으로써 정반대의 결과를 낳게 되지요.

반전의 매력은 서사의 최종 단계에서 관객이나 독자가 전혀 예측하지 못하는 극적인 결말을 이끌어 내는 데 있습니다. 그림책에도 자주 등장하는 중요한 방식이지요.

반전 그림책은 마음에 강하게 남을 뿐 아니라, 재미있는 그림책으로 기억되어 또 읽고 싶은 마음이 들게 합니다. 반전이 기가 막히게 재미난 그림책을 만나보면 진짜 그래요.

『대단한 무엇』

다비드 칼리 글, 미겔 탕코 그림, 문학동네

아이는 아빠와 가족사진을 보는 시간을 좋아합니다. 아빠가 들려주는 가족이야기가 재밌기 때문이죠. 물론 그들의 대단한 삶을 상상해 보는 것도 즐겁고요. 그러면서 아이는 궁금해집니다. 자신은 나중에 뭐가 될까? 하고요. 아빠는 당연히 '대단하게' 될 거라고 확신합니다. '대단한 무엇'이란 뭘까요?

멋스러운 그림과 슬쩍 끼어든 유머, 그리고 편견을 깨는 반전이 이 책을 대단하게 합니다.

반전의 매력을 뿜어내는 그림책

『으르렁 이발소』

염혜원 글·그림, 창비

아기 사자의 덥수룩한 갈기를 두고 아빠사자와 아기사자가 아옹다옹 다퉈요. 아이는 자르기 싫다며 버티다가 결국 으르렁대며 싸우게 되는데…. 어쩐지 낯설지 않은 으르렁 대화법이 유쾌발랄하게 펼쳐집니다. 따뜻하고 재치있는 반전도 기대하세요.

『우리는 친구』

앤서니 브라운 글,그림, 웅진주니어

손짓말로 친구가 필요하다고 말하는 동물원의 고릴라에게 '예쁜이'라는 작은 고양이를 데려다줍니다. 고릴라는 예쁜이에게 우유도 주고, 꿀도 주며 행복한 시간을 보내지요. 그러던 어느 날 고릴라가 홧김에 텔레비전을 부수는 사건이 일어나자 위험하다며 예쁜이를 다시 데려가려고 합니다. 결정적인 순간에 예쁜이가 손짓말로 말해요. 뭐라고 했을까요?

『로쿠베, 조금만 기다려』

하이타니 겐지로 글, 초 신타 그림, 양철북

구덩이에 빠진 개 로쿠베를 구하기 위해 아이들이 머리를 짜내고 있어요. 노래를 불러주고 로쿠베가 좋아하는 비눗방울을 불어주고. 그러다 로쿠베의 여자 친구 쿠키를 바구니에 태워 내려 보내는 멋진 생각을 해냈어요. 로쿠베가 그 바구니에 올라타면 들어 올릴 생각이었죠.

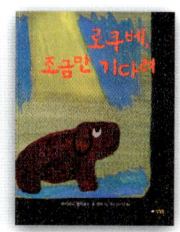

『너희 집은 어디니?』

김성은 글·그림, 북극곰

배고픈 악어 머리에 쿵! 하고 노란색 작은 새 한 마리가 떨어집니다. 악어는 새의 집을 찾아주려고 애쓰는데, 어쩐지 작은 새는 악어에게 생명의 위협을 느끼는 것 같아요. 악어가 막 만든 따끈한 당근 케이크를 함께 먹으려고 가져와 보니 작은 새가 보이지 않아요. 작은 새는 집을 찾아간 걸까요?

『어디 갔어』

주하 글·그림, 현북스

물건을 잘 잃어버리는 아이가 줄줄이 엮인 소시지를 보고 기발한 생각을 해냅니다. 자신의 물건을 끈으로 줄줄이 묶는 거예요. 그런데 내일 가져갈 크레파스가 보이지 않아 걱정입니다. 결국 내일이 오지 못하도록 달님도 끈으로 묶어버려요. 엄마는 그런 아이가 걱정되어 아이를 자신과 끈으로 연결해 놓아요. 앗, 엄마의 앞치마를 잘 살펴보세요.

『늑대와 오리와 생쥐』

존 클라센 그림, 맥 바넷 글, 시공주니어

생쥐 한 마리가 늑대에게 한입에 꿀꺽 먹힙니다. 죽은 줄 알았던 생쥐는 늑대 뱃속에서 아예 살림을 차리고 살고 있는 오리를 만나 함께 살게 되지요. 그런데 늑대가 사냥꾼에게 잡힐 위험에 처하자 둘은 배 밖으로 돌진하여 늑대를 구해주고, 늑대는 고마운 마음에 그들의 소원을 들어줍니다. 생쥐와 오리의 소원은 무엇이었을까요?

『안 돼!』

마르타 알테스 글·그림, 북극곰

자신을 사랑하는 가족들을 위해 여러 가지 집안일을 돕는 강아지 이야기예요. 강아지가 집안일을 도울 때마다 가족들은 항상 '안 돼!'라고 외치는데 강아지는 그 소리가 기쁘기만 합니다. 자신을 사랑해서 이름을 자꾸 불러준다고 생각하니까요. 강아지가 돕는 집안일이란 뭘까요? 강아지의 진짜 이름은요?

『구덩이에서 어떻게 나가지?』

기무라 유이치 글, 다카바타케 준 그림, 북뱅크

배고픈 고양이가 두 마리에게 쫓기던 쥐 세 마리, 고양이들도 쥐들도 죽을 힘을 다해 달리다 함께 구덩이에 빠져버립니다. 갑자기 적에서 동지가 된 고양이와 쥐들은 구덩이에서 빠져나갈 길을 함께 궁리하지만 난감하기만 합니다. 고양이가 먼저 나가면 쥐들이 위험하고 쥐들이 먼저 나가면 그냥 도망가 버릴 테니까요. 계속 아옹다옹하는 사이에 비까지 내려 구덩이에는 점점 물이 차오릅니다.

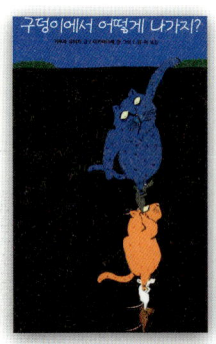

『꼬마 임금님의 전쟁 놀이』

미헬 스트라이히 글·그림, 풀빛

욕심쟁이 꼬마 임금님은 이웃나라 키다리 임금님 나라와 전쟁을 시작합니다. 얼떨결에 전쟁터에 내몰린 두 나라의 군사들은 전쟁을 명령한 자신의 나라 임금님이 보이지 않자 각자 자신의 나라로 돌아가요. 그러고는 전쟁을 원하는 임금님이 직접 싸움에 나서라고 요구하는데….

『파리의 휴가』

구스티 글·그림, 바람의아이들

휴가를 맞은 파리는 선크림까지 챙겨 수영을 하러 갑니다. 첨벙첨벙 물놀이에 신이 난 파리는 매우 행복했지요. 그런데 갑자기 하늘이 어두워지고, 날개가 흔들릴 정도의 천둥소리와 함께 하늘에서 엄청나게 커다란 것이 첨벙! 떨어졌어요. 파리는 무시무시한 파도 속에서 겨우 빠져나오는데…. 파리의 휴가지는 어디일까요?

『캘빈의 마술쇼』 절판

크리스 반 알스버그 글·그림, 사계절

마술쇼에 다녀온 캘빈은 마술사가 사용했던 최면 기계를 직접 만들어 동생 트루디를 강아지로 만들어버립니다. 그런데 큰일이에요. 최면을 거는 방법만 기억할 뿐, 최면을 풀 때 쓰는 마법 주문을 잊어버린 거예요. 시장에 간 엄마가 곧 돌아올 시간인데, 트루디는 강아지처럼 네 발로 기어다니며 멍멍 짖어요. 기막힌 반전을 기대하세요.

『도대체 누구야!』

버나 알디마 글, 다이앤 딜론, 레오 딜론 그림, 보림

토끼네 집을 차지한 길쭉이가 코끼리도 밟아 뭉갤 수 있으니 썩 꺼지라고 소리치며 긴장감을 자아냅니다. 집에도 못 들어가는 토끼를 돕기 위해 동물들이 줄줄이 나서지만 소용이 없어요. 코뿔소와 표범에게조차 큰소리치는 길쭉이의 정체는 무엇일까요?

『꾀주머니 토끼 조모』

제럴드 맥더멋 저, 열린어린이

작고 힘도 약한 토끼 조모가 으뜸신에게 지혜를 달라고 하자, 으뜸신은 불가능한 일 세 가지를 수행하면 지혜를 주겠다고 해요. 불가능한 일 세 가지는 무엇일까요? 조모는 세 가지 일을 모두 성공적으로 마치고 지혜를 얻을 수 있을까요?
조모에게 정말 필요한 지혜에 대해 충고하는 으뜸신의 반전을 기대하세요.

『칠면조를 부탁해!』

나탈리 다르정 글, 마갈리 르 위슈 그림, 맹앤앵

늑대와 여우, 족제비는 크리스마스 파티에 쓸 칠면조 요리를 위해 예쁜 칠면조를 훔쳐 옵니다. 그런데 이게 웬일이에요! 오히려 칠면조가 집이 더럽다며

큰소리를 치는 거예요. 단호하고 명쾌한 칠면조 말에 꼼짝을 못하던 세 친구는 칠면조에게 점점 정이 들어갑니다.

『도서관의 비밀』

통지아 글·그림, 그린북

도서관에 도둑이 있나 봐요. 며칠 전부터 도서관이 엉망이에요. 이상한 발소리가 들리는가 하면, 책이 흩어져 있고, 몇 권은 사라지기도 했어요. 아무리 쫓아도 번번이 놓치고 마는 수상한 그림자. 빨간 원피스를 입은 사람과 초록빛 생명체의 쫓고 쫓기는 이야기, 범인은 누구일까요?

『크리스마스 선물』

오 헨리 글, 소냐 다노프스키 그림, 어린이작가정신

가난한 델라는 찰랑찰랑 멋진 머리칼을 잘라 남편 짐의 크리스마스 선물을 삽니다. 짐이 아버지에게 물려받은 금시계에 잘 어울리는 멋진 시곗줄이에요. 한편 남편은 애지중지 아끼는 금시계를 팔아 사랑하는 아내에게 줄 선물을 사는데…

『늑대를 잡으러 간 빨간 모자』

미니 그레이 글·그림, 모래알

어느 날, 빨간 모자가 사냥 모자를 쓰고 장화를 신고 장난감 총을 메고 늑대를 잡으러 갔어요. 용감하게 숲속 깊숙이 들어간 빨간 모자는 나무동굴에 살고 있는 마지막 늑대를 만났지요. 마지막 스라소니와 마지막 곰과 함께 살고 있는 마지막 늑대는 빨간 모자에게 차를 대접했어요. 좋았던 옛 시절 이야기를 들려주면

서요. 빨간 모자는 가져간 도시락 가방을 꺼내 간식거리를 나눠 먹었는데, 집에 돌아와 도시락 가방을 열어보니 선물이 들어 있었어요.
왜 마지막 늑대일까요? 빨간 모자가 들은 옛 시절 이야기란 무슨 내용일까요? 도시락 가방에 담긴 선물은 또 무엇이고요?

『방학 때 뭘 했냐면요』 절판

다비드 칼리 글, 벵자맹 쇼 그림, 토토북

해변에 혼자 있던 아이가 병 속에 든 보물 지도를 발견했는데, 말썽꾸러기 까치 한 마리가 낚아채 가는 바람에 엄청난 모험이 시작돼요.
해적선, 잠수함, 사막, 우주 등 세계를 돌아다니게 되지요. 믿기 어렵겠지만 이 모든 일은 아이가 방학 때 겪은 모험담이래요. 아이의 말을 끝까지 귀 기울여 들어주는 멋진 선생님이 등장해요. 아이는 멋진 보물을 찾아낼 수 있을까요? 보물보다도 기막힌 반전을 기대해보세요.
다비드 칼리와 벵자맹 쇼의 다른 작품 『왜 숙제를 못 했냐면요』에도 기대해도 좋은 반전이 기다리고 있어요.

『리버벤드 마을의 이상한 하루』 절판

크리스 반 알스버그 저, 문학동네어린이

조용한 리버벤드 마을에 어느 날 끔찍한 재앙이 일어납니다. 이상한 빛이 마을을 환하게 비추더니 끈적거리는 줄이 말과 사람, 건물까지도 꼼짝달싹 못하게 칭칭 감아버려요. 보안관도 손을 쓰지 못하는 수수께끼 같은 끔찍한 일들이 자꾸만 벌어지는데…
이 모든 일이 단번에 이해되는 깜짝 반전이 기다리고 있어요.

093 패러디 그림책

흑설공주가
아기 돼지 세 자매와
빨간 모자를 쓴다면

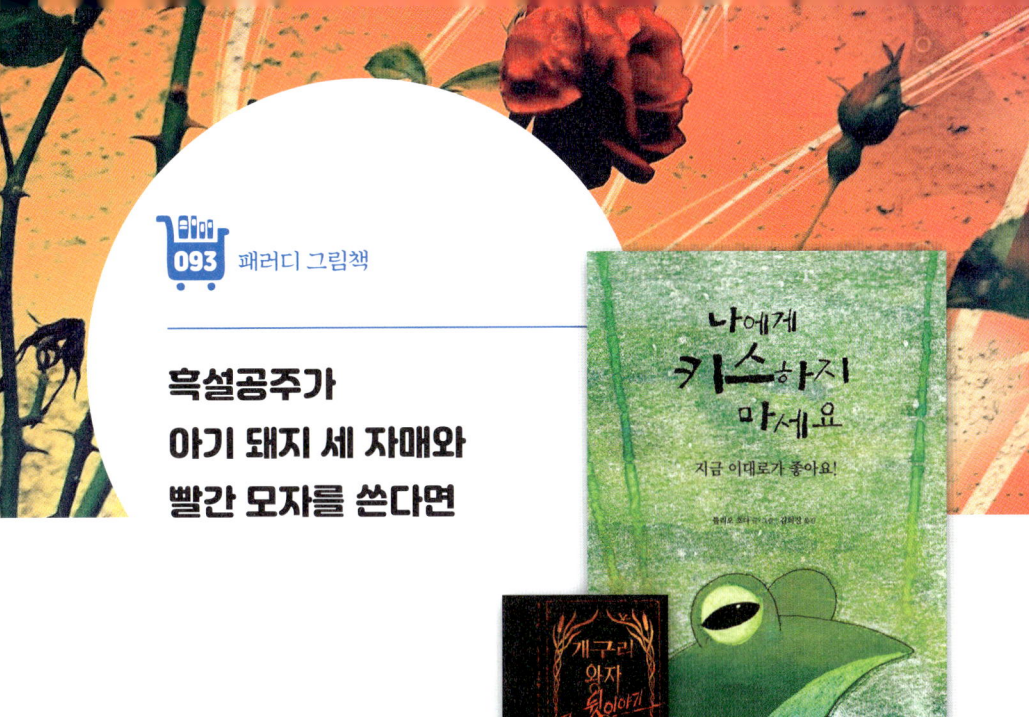

　문학용어 사전에서 '패러디(Parody)'는 '특정 작가의 작품이나 특정 유파의 창작 방법을 흉내 내어 새로운 작품을 창작하는 방법, 혹을 그러한 방법으로 창작된 작품'이라고 나와 있습니다(『100년의 문학용어 사전』 참조). 덧붙이자면 잘 알려진 원작을 비틀어 풍자적으로 새로운 메시지를 만들어 내는 문학의 한 표현 형식입니다.

　그림책에서는 주로 친숙한 옛이야기를 패러디하는데요. 아이들이 좋아하는 〈아기돼지 삼형제〉와 〈빨간 모자〉는 너무도 유명한 만큼 패러디 작품 또한 많이 나와 있습니다.

　패러디는 지금껏 익숙한 이야기를 새로운 시각에서 바라보게 하거나 작가의 넘치는 재치로 고정관념을 뒤집어 생각해보는 계기를 마련해줍니다.

　패러디뿐만 아니라 〈개구리 왕자〉처럼 원작의 뒷이야기를 상상해 본다거나 〈신데렐라〉처럼 원작을 모티브로 해서 작가가 새롭게 이야기를 재구성한 책들도 함께 모았습니다.

　원작과 함께 비교하며 패러디 작품을 읽어보세요. 얼마든지 패러디 작품을 직접 만들어볼 수도 있어요.

『개구리 왕자 그 뒷이야기』
존 셰스카 글, 스티브 존슨 그림, 보림

마법에서 풀려나 왕자로 변한 개구리가 공주와 결혼하는 것으로 끝나는 〈개구리 왕자〉의 뒷이야기가 계속됩니다. 개구리 왕자와 공주는 영원히 행복했을까요?
『개구리 왕자』(그림 형제 글, 비네테 슈뢰더 그림, 시공주니어)와 비교하면서 읽어보세요.

『나에게 키스하지 마세요』
툴리오 호다 글·그림, 글로연

백년 만에 열리는 축제에 개구리들은 예쁘게 치장하느라 정신이 없어요. 이웃나라 왕자들이 찾아와 키스를 받은 개구리는 공주님으로 변신을 하거든요. 그런데 딱 한 마리, 엘레나는 성에서 살고 싶지 않아 조용히 있어요. 엘레나는 자신이 좋아하는 곳에서 맑은 공기를 마시며 달빛 아래서 노래하고 벌레를 잡아먹으며 살고 싶거든요.
공주로 변한 개구리들이 자기만의 왕자와 함께 모두 떠나고 엘레나 혼자 연못에 남았습니다. 벌레를 찾다가 아직 혼자인 왕자를 만난 엘레나는 물었지요. 성으로 데려갈 공주를 찾지 못했냐고요. 왕자는 뭐라고 답했을까요?

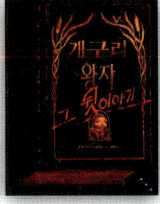 

〈곰 세 마리〉 패러디

『곰 세 마리』
폴 갤돈 글·그림, 보림

유쾌한 이야기와 생동감 넘치는 그림으로 정체성의 탐색이나 형제간의 갈등 같은 아이의 성장을 잘 담아냈어요.

『아빠 곰 엄마 곰 아기 곰』
제르다 뮐러 글·그림, 파랑새어린이

금발머리와 아기곰의 따뜻한 우정을 느낄 수 있고, 그림 보는 눈맛이 시원해요.

『금발머리 소녀와 곰 세 마리』
스티븐 가르나시아 글·그림, 베틀북

유행의 첨단을 걷는 듯한 곰 가족의 감각적인 의상과 세계 유명 디자이너의 작품으로 장식한 집안의 가구와 소품들 보는 재미가 있어요.

『금발머리와 곰 세마리』
바바라 매클린톡 그림, 짐 아일스워스 글, 베틀북

리듬감 있는 대화체 문장이 읽어주기에 참 좋아요. 아기자기하고 섬세한 그림은 자세히 들여다볼수록 재미가 있고요.

『곰 세 마리가 한집에 있어』 절판

잰 브렛 글·그림, 문학동네

〈곰 세 마리〉 이야기의 북극 버전이에요. 이글루에 살고 있는 북극곰 가족과 까만 머리의 에스키모 소녀를 만날 수 있어요.

〈아기 돼지 삼 형제〉 패러디

『나의 다정한 돼지엄마』

크리스틴 나우만 빌맹 글, 마리안 바르실롱 그림, 그레이트북스

아기 돼지들을 괴롭히던 늑대가 엄마 돼지의 따뜻함에 점점 달라지는데…. 엄마 돼지의 초대를 받은 늑대, 아기 돼지들을 어떻게 할까요?

『아기 돼지 삼형제』

폴 갈돈 글·그림, 시공주니어

우리가 알고 있는 이야기와는 달리, 첫째 형과 둘째 형은 늑대에게 잡아먹히고 맙니다. 늑대는 의기양양하게 막내 돼지에게로 가는데….

『늑대가 들려주는 아기돼지 삼형제 이야기』

존 세스카 글, 레인 스미스 그림, 보림

억울한 늑대가 자신의 입장에서 들려주는 〈아기돼지 삼형제〉 이야기.

『아기 돼지 세 자매』

프레데릭 스테르 저, 파랑새어린이

엄마 돼지가 돼지 세 자매에게 훌륭한 신랑감을 찾아 결혼하라고 금화를 주며 떠나보내는 이야기.

『아기 늑대 세 마리와 못된 돼지』

유진 트리비자스 글, 헬린 옥슨버리 그림, 시공주니어

크고 못된 돼지와 귀여운 아기 늑대 세 마리 이야기. 못된 늑대가 아니라 못된 돼지를 만나 봐요.

『아기돼지 세마리』

데이비드 위즈너 글·그림, 마루벌

이야기 속에서 고약한 늑대를 피해 그림 밖으로 탈출해 신나게 모험하는 아기돼지 세 마리 이야기.

〈빨간 모자〉 패러디

『빨간 모자』
지빌레 센커 저, 보림

옛날 책 제본 방식의 표지와 페이퍼 컷팅 작품으로 원작을 재해석.

『안 자라는 늑대와 안 보이는 빨간 모자』
베로니크 코시 글, 레베카 갈레라 그림, 천개의바람

머리가 안 자라는 늑대와 앞을 볼 수 없는 빨간 모자가 엮어가는 조금 색다른 〈빨간 모자〉 이야기.

『빨간 모자』
그림 형제 원저, 김미혜 글, 요안나 콘세이요 그림, 비룡소

동시인 김미혜 작가가 리듬감 있는 글맛으로 원작을 재해석. 요안나 콘세이요의 섬세하고 세련된 그림을 보는 재미가 있어요.

『빨간 모자라니까요!』
잔니 로다리 글, 알레산드로 산나 그림, 문학과지성사

〈빨간 모자〉 이야기를 자꾸만 이상하게 들려주는 할아버지와 눈을 반짝이며 듣는 손녀가 엮어가는 이야기.

『절대로 잡아먹히지 않는 빨간 모자 이야기』 절판
마이크 아르텔 글, 짐 해리스 그림, 문학동네

빨간 모자를 쓴 지혜로운 오리와 오리를 노리는 악어 이야기.

〈해와 달이 된 오누이〉

『해와 달이 된 오누이』
김미혜 글, 최정인 그림, 비룡소

최정인 작가의 서정적인 그림과 동시인 김미혜의 리듬감 있는 언어가 조화롭게 흘러가요.

『저승사자에게 잡혀간 호랑이』
김미혜 글, 최미란 그림, 사계절

〈해와 달이 된 오누이〉에서 오누이를 잡아먹으려다 수수밭에 떨어져 죽은 호랑이를 기억하세요? 그 호랑이가 저승사자에게 잡혀가 벌 받는 이야기예요.

『늑대 할머니』
에드 영 글·그림, 길벗어린이

중국의 '해와 달이 된 오누이' 이야기. 우리나라 이야기와는 어떻게 다를까요?

〈토끼와 거북이〉 패러디

『토끼와 거북이』
제리 핑크니 글·그림, 열린책들

제리 핑크니의 독창적인 그림과 따뜻한 시선으로 토끼와 거북이 이야기가 새롭게 읽혀요. 경주를 구경하는 동물들의 모습이나 경주에서 이긴 토끼의 모습을 눈여겨보세요.

『슈퍼 거북』
유설화 글·그림, 책읽는곰

경주에서 이긴 거북이를 주인공으로 한 〈토끼와 거북이〉 뒷이야기. 『슈퍼 토끼』도 함께 읽어요.

『토끼 씨와 거북이 양』
베키 블룸 글, 파베우 파블락 그림, 시공주니어

경쟁을 넘어서 화합의 주인공으로 다시 태어난 토끼와 거북이.

『토선생 거선생』
박정섭 글, 이육남 그림, 사계절

〈토끼와 거북이〉의 뒷이야기. 경주에서 진 토선생은 자존심을 회복하기 위해 거선생에게 다시 달리기 경주를 제안하는데….

〈공주 이야기〉 패러디

『흑설공주』
이경혜 글, 주리 그림, 뜨인돌어린이

『신데룰라』
엘렌 잭슨 글, 케빈 오말리 그림, 보물창고

『종이 봉지 공주』
로버트 문치 글, 마이클 마첸코 그림, 비룡소

『어린이를 위한 흑설공주 이야기』 동화집
양연주, 노경실 등저, 뜨인돌 어린이

『바보처럼 잠만 자는 공주라니!』 동화집
이경혜 저, 바람의아이들

『상어를 사랑한 인어 공주』 동화집
임정진 글, 유기훈 그림, 푸른책들

그 밖의 패러디

『일곱 마리 아기 염소, 요 녀석들!』
제바스티안 메셴모저 글·그림, 나는별

어리숙한 늑대와 못 말리는 아기 염소들이 벌이는 배꼽 잡는 패러디 그림책이에요.
『늑대와 일곱 마리 아기염소』(그림 형제 글, 펠릭스 호프만 그림, 비룡소)와 비교하면서 읽어보세요.

『잭과 못된 나무』
브라이언 와일드 스미스, 리베커 와일드 스미스 공저, 시공주니어

〈잭과 콩나무〉를 패러디한 그림책이에요.
『잭과 콩나무』(브라이언 와일드스미스, 리베커 와일드스미스 공저, 시공주니어)와 비교하면서 읽어보세요.

『장화 쓴 공주님』
심미아 글·그림, 느림보

벌거벗은 임금님에게 손녀가 있었다는 걸 아세요? 공주는 특히 머리 장식을 굉장히 좋아했대요. 우산 머리를 한다거나, 사과 머리를 한다거나. 공주의 기발한 상상을 만나보세요.

『냄새 고약한 치즈맨과 멍청한 이야기들』
존 셰스카 글, 레인 스미스 그림, 담푸스

여러 옛이야기들을 독특하게 패러디한 그림 동화집. 10편의 이야기로 되어 있는데, 독특한 구성과 재미있는 그림이 홀딱 빠져들게 합니다.

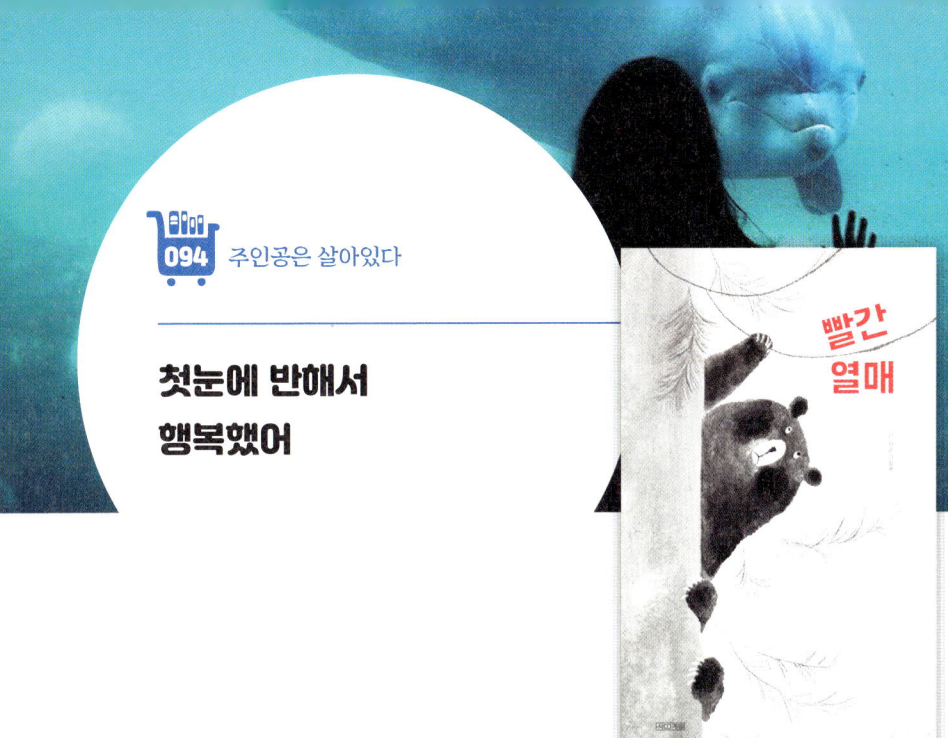

094 주인공은 살아있다

첫눈에 반해서
행복했어

    오래도록 가슴 속에 팔딱팔딱 살아 움직이는 그림책 속 주인공이나 등장인물이 있습니다. 줄거리는 어슴푸레하거나 잘 기억나지 않아도 등장인물의 말과 행동은 선명하게 남아 있지요. 진정한 예술가 생쥐 프레드릭, 도깨비도 빨아버린 씩씩한 엄마, 아무리 잘난 척해도 미워할 수 없는 암탉 피튜니아, 어떤 말썽을 피우는 아이라도 따뜻하게 품어주는 검피 아저씨, 넘치는 열정으로 엄마를 지쳐 떨어지게 하는데도 한없이 사랑스러운 올리비아, 집에서 애타게 기다릴 네 아이를 위해 온갖 위험을 무릅쓰고 100개의 물방울을 가지고 무사히 귀환한 아빠 코끼리 ….

    매력적인 그림책의 첫 번째 특징이 마음을 끄는 등장인물이랍니다(『좋은 그림책의 기본』 권승희 저, 미진사 참조). 매력적인 등장인물이 매력적인 그림책의 성패를 좌우할 만큼 중요하다는 의미겠지요. 매력적인 등장인물이 나오는 그림책을 모아놓고 보니, 모두 흥미롭고 아이들이 좋아하는 책들입니다. 그렇다면 좋은 그림책을 알아보는 확실한 방법 한 가지가 생겼네요. 내 마음을 움직이고 두드리고, 책장을 덮고 난 후에도 가슴 속에 오래 살아 있는 등장인물이 있다면 좋은 그림책임에 틀림없다고요.

    각자 내 가슴 속에 어떤 등장인물이 살아 있는지 찾아볼까요?

『빨간 열매』

이지은 글·그림, 사계절

빨간 열매 맛에 빠진 아기 곰은 빨간 열매를 찾아 나무에 오르고 또 올라요. 실패를 거듭해도 실망하지 않고 포기하지 않아요. 오히려 실패의 순간조차도 즐기는 것 같은 아기 곰.
긍정과 열정의 에너지가 유쾌하게 합니다.

주인공이 매력적인 그림책

『넉 점 반』

윤석중 저, 이영경 그림, 창비

시계가 귀했던 시절, 지금 몇 시인지 알아보고 오라는 엄마의 심부름을 간 아이는 놀이에 정신이 팔려 해가 꼴딱 져서야 돌아옵니다. 그러고도 의기양양하게 말합니다.
"시방 넉 점 반이래."하고요.
이영경 작가의 손끝에서 태어난, 살짝 삐친 단발머리에 다홍치마와 연두색 끝동을 단 미색 저고리를 입은 아이는 그림책을 좋아하는 이라면 모두가 사랑하는 캐릭터입니다.

『비둘기에게 버스 운전을 맡기지 마세요!』

모 윌렘스 저, 살림어린이

강아지가 갖고 싶다고 애원을 하고(『강아지가 갖고 싶어!』), 맛있는 핫도그를 혼자 먹으려 하고(『비둘기야, 핫도그 맛있니?』), 호기심에 버스 운전을 해보고 싶다고 조르고(『비둘기에게 버스 운전은 맡기지 마세요!』), 어떻게든 밤늦게 자려고 애를 쓰는(『비둘기를 늦게 재우지 마세요!』) 비둘기가 주인공이에요. 이 녀석은 깜찍한 아이들을 쏙 빼닮았어요.
비둘기 시리즈를 읽고 난 후 어느 날 산책길에 만난 비둘기에게 하마터면 말을 걸 뻔 했어요. 책 속에서 튀어나온 바로 그 비둘기처럼 보였거든요.

『핀두스, 너 어디 있니?』

스벤 누르드크비스트 글·그림, 풀빛

할아버지와 고양이 핀두스의 사랑과 우정을 담은 〈핀두스 시리즈〉 여섯 번째 이야기예요. 초록색 줄무늬 멜빵 바지를 입은 핀두스는 할아버지 품에 안겨 할아버지를 조르고 있어요. 자신이 어렸을 때 얘기를 들려 달라고요. 이미 수백 번도 더 들은 얘기라는데….

『곰인형의 행복』

가브리엘 뱅상 글·그림, 보림

버림받은 곰인형을 돌보는 할아버지가 참 인상적이에요.
팔을 다친 곰인형, 한쪽 귀가 없는 곰인형, 목이 비뚤어진 곰인형 등 낡은 곰인형을 데려다가 치료하듯 정성껏 꿰매고 이름도 지어 주는 품이 너른 할아버지. 유기동물을 돌보거나 홀로 된 아이들을 돌보는 분들이 겹쳐 떠오르기도 해요. 가브리엘 뱅상의 드로잉도 정말 근사해요.

『펭귄은 너무해』

조리 존 글, 레인 스미스 그림, 미디어창비

온갖 불평을 쏟아내는 펭귄이 주인공이에요. 날개가 있어도 날지 못하고 뒤뚱뒤뚱 걷는 자신이 바보 같대요. 심지어 다른 펭귄들과 똑같다는 점도 마음에 들지 않고요. 답답한 마음에 소리칩니다. 어떻게 살아야 하냐고? 자기 걱정은 누가 해주냐고? 그야말로 못마땅한 것투성이인 펭귄이지만 사랑스럽기만 합니다. 왜일까요?

『리디아의 정원』

데이비드 스몰, 사라 스튜어트 저, 시공주니어

당차고 야무지면서도 따뜻한 마음을 가진 소녀가 바로 리디아입니다.
리디아는 마음속에 시원하고 맑은 우물 하나를 품고 있는 것 같아요. 마음속 시원한 물방울을 튕겨 주위 사람들을 유쾌하게 하니까요. 떠올리기만 해도 기분 좋아지는 리디아를 만나보세요.

『책 읽기 좋아하는 할머니』

존 윈치 글·그림, 파랑새어린이

책 읽기를 좋아한다지만 책 한권 제대로 읽기 힘들 만큼 항상 바쁜 할머니.
좋아하는 책을 읽기 위해 번잡한 도시에서 시골로 이사하고, 밭일을 하면서도 밭 가장자리에 책을 쌓아두고, 저녁에는 읽을 책을 탑처럼 높이 쌓아두고 꾸벅꾸벅 조는 할머니랍니다. 냉장고 문에도 읽어야 할 책 목록이 적힌 쪽지가 붙어 있습니다.

『미스 럼피우스』

바버러 쿠니 글·그림, 시공주니어

어린 앨리스는 할아버지 무릎에서 할아버지의 이야기를 들으며 어른이 되면 하고 싶은 일과 해야 될 일을 꿈꿉니다. 해야 될 일이란 세상을 좀 더 아름답게 만드는 일이에요. 어른 앨리스가 완수한 일을 항상 기억하며 살아가고 있어요.

『프레드릭』
레오 리오니 저, 시공주니어

1967년에 태어난 프레드릭은 세상에서 가장 유명하고 가장 사랑받는 생쥐입니다. 따뜻한 햇살과 알록달록 색깔과 재미난 이야기를 품은 프레드릭은 떠올리기만 해도 모두를 행복하게 하는 행복 바이러스입니다.
친구들이 시인이라며 프레드릭을 치켜세울 때 프레드릭이 얼굴을 붉히며 한 말은 압권입니다.
"나도 알아."

『피튜니아, 공부를 시작하다』
로저 뒤봐젱 저, 시공주니어

읽고 나면 마냥 행복해지는데, 그건 순전히 암거위 피튜니아 덕분이에요.
하는 짓이 어수룩해서 바보라고 놀림을 받던 피튜니아는 어느 날 책을 한 권 발견해요. 책을 들고 다니기만 해도 똑똑해진다고 믿고 있는 피튜니아, 책을 들고서 점점 더 목을 길게 늘여 빼고 다니는 뚱뚱한 거위의 모습이라니! 그래도 자신을 사랑할 줄 아는 피튜니아, 최고입니다.

『검피 아저씨의 뱃놀이』
존 버닝햄 글·그림, 시공주니어

아이들과 뱃놀이를 떠나는 검피 아저씨는 함께 가고 싶다는 동물들을 모두 태워줍니다. 싸우거나 장난을 치면 안된다는 단서를 달고요. 하지만 곧 뱃놀이는 엉망진창이 되고 말아요. 그래도 검피 아저씨는 기분좋게 돌아와 다함께 둘러앉아 차를 마시고 헤어지며 얘기합니다. "다음에 또 배 타러 오렴."

더 읽어 보아요

『사소한 소원만 들어주는 두꺼비』
전금자 글·그림, 비룡소

『100만 번 산 고양이』
사노 요코 글·그림, 비룡소

『루루 사냥꾼』
허정윤 글, 정진호 그림, 시공주니어

『코끼리 아저씨와 100개의 물방울』
노인경 글·그림, 문학동네어린이

『그래도 엄마는 너를 사랑한단다』
이언 포크너 저, 베틀북

『치과 의사 드소토 선생님』
윌리엄 스타이그 글·그림, 비룡소

『도깨비를 빨아버린 우리 엄마』
사토 와키코 글·그림, 한림출판사

095 부부작가의 그림책

부부작가의 호흡을 느끼다

『어느 날, 우리는』 안승준 글, 홍나리 그림, 사계절 안승준 홍나리 부부

'부부작가'라는 키워드로 큐레이션을 한다는 건 좀 우습지 않느냐고 저 스스로에게 질문을 던져봅니다. 그래도 한 번 꾸려 보는 재미가 있다고 생각했습니다.

15년 전 처음 그림책을 공부(?)하던 시절, 그렇게도 좋아하던 그림책들(『지각대장 존』, 『알도』, 『검피 아저씨의 뱃놀이』, 『곰 사냥을 떠나자』, 『커다란 순무』)의 작가, 존 버닝햄과 헬린 옥슨버리가 부부라는 사실이 꽤 흥미로웠던 기억이 떠올랐으니까요.

존 버닝햄과 헬린 옥슨버리는 세계에서 가장 유명한 그림책 부부작가로 손꼽힐 텐데요. 가장 좋아하는 그림책 목록에 들어가 있는 『리디아의 정원』과 『도서관』의 작가 사라 스튜어트와 데이비드 스몰도 부부작가라는 사실에 기뻐했던 기억도 있습니다.

유명한 그림책 부부작가로는 딜런 부부(리오 딜런, 다이앤 딜런)와 우드 부부(오드리 우드, 돈 우드)도 있지요. 그림책 분야에서 부부작가라는 건 굉장히 큰 장점이라고 할 수 있습니다. 그림책은 특별하게도 글과 그림의 완벽한 조화로 이루어진 작품이므로 글 작가와 그림 작가의 소통이 무엇보다 중요하다는 점에서 그러하리라 짐작해봅니다.

최근 들어 우리나라에도 그림책 부부작가가 눈길을 끄는데요. 2015년 이탈리아 볼로냐 국제아동도서전 화제작이었던 『엄마의 선물』의 김윤정 작가, 2016년 역시 이탈리아

Theme 095 509

볼로냐 국제아동도서전에서 『달은 수다쟁이』라는 작품으로 '올해의 일러스트레이터'로 선정된 최은영 작가가 있습니다.

이러한 작은 정보가 그림책 읽기에 소소한 즐거움이 되기를 바랍니다. 아니면, 이걸 빌미 삼아 부부작가들의 그림책을 다시 한 번 읽어보는 기회로 삼아보는 거지요.

존 버닝햄, 헬린 옥슨버리 부부

『동생이 태어날 거야』
존 버닝햄 글, 헬린 옥슨버리 그림, 웅진주니어

차재혁, 최은영 부부

『달은 수다쟁이』
차재혁 글, 최은영 그림, 후즈갓마이테일

『엉뚱한 수리점』
차재혁 글, 최은영 그림, 노란상상

강소연, 크리스토퍼 와이엔트 부부

『넌 (안) 작아』
강소연 글, 크리스토퍼 와이엔트 그림, 풀빛

『내 거 (아니)야』
강소연 글, 크리스토퍼 와이엔트 그림, 풀빛

사라 스튜어트, 데이비드 스몰 부부

『도서관』
사라 스튜어트 글, 데이비드 스몰 그림, 시공주니어

『리디아의 정원』
사라 스튜어트 글, 데이비드 스몰 그림, 시공주니어

김윤정, 최덕규 부부

『빛을 비추면』
김윤정, 최덕규 저, 윤에디션(독립출판)

필립 C. 스테드, 에린 E. 스테드 부부

『달님을 위하여』
필립 C. 스테드 글, 에린 E. 스테드 그림, 달리

『곰이 하고 싶은 이야기가 있대』
필립 C. 스테드 글, 에린 E. 스테드 그림, 별천지

다이앤 딜런, 레오 딜런 부부

『무슨 일이든 다 때가 있다』
다이앤 딜런, 레오 딜런 공저, 논장

『모기는 왜 귓가에서 앵앵거릴까?』
버나 알디마 글, 다이앤 딜런, 레오 딜런 그림, 보림

루이제 파쇼, 로저 뒤바젱 부부

『행복한 사자』
루이제 파쇼 글, 로저 뒤바젱 그림, 시공주니어

『마리의 인형』
루이제 파쇼 글, 로저 뒤바젱 그림, 봄볕

오드리 우드, 돈 우드 부부

『낮잠 자는 집』
오드리 우드 글, 돈 우드 그림, 보림

『꼬마 돼지』
오드리 우드 글, 돈 우드 그림, 보림

제르마노 쥘로, 제르마노 알베르틴 부부

『나의 작고 작은』
제르마노 쥘로, 제르마노 알베르틴 공저, 문학동네

『작은 새』
제르마노 쥘로 글, 제르마노 알베르틴 그림, 리젬

『토요일의 기차』
제르마노 쥘로, 제르마노 알베르틴 글·그림, 문학동네어린이

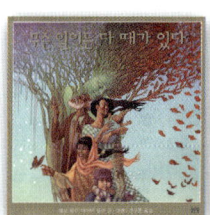 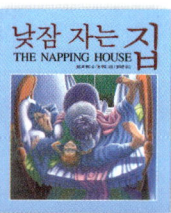 

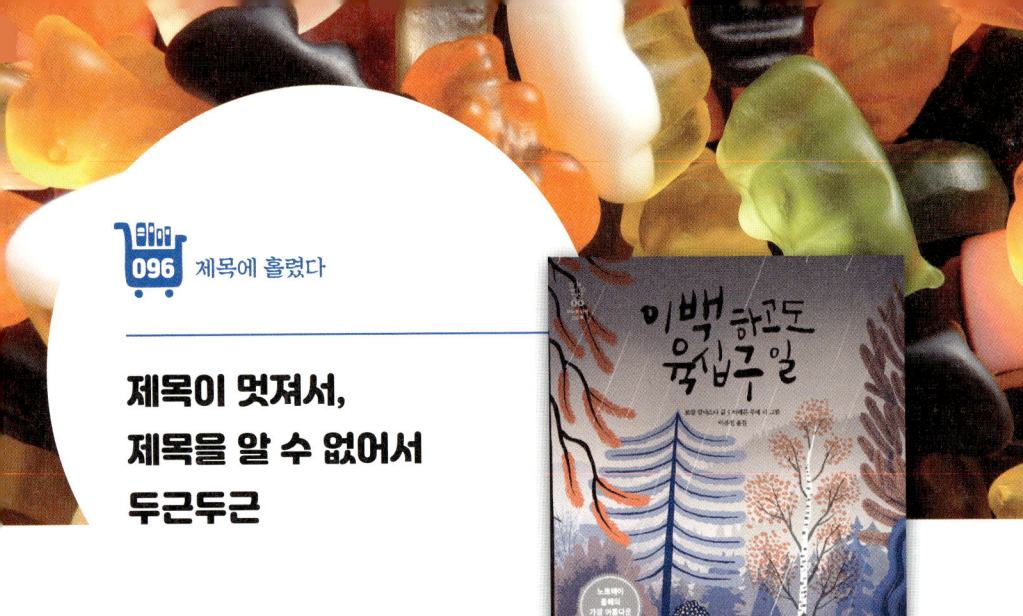

096 제목에 홀렸다

제목이 멋져서, 제목을 알 수 없어서 두근두근

어느 가을날 특별한 목적 없이 그냥 놀러간 동네책방에서 뜻밖의 기쁨이 있었습니다. 목적이 없어야 선물같은 우연이 생기는 걸까요? 책방 구석구석 천천히 서성이다 제목에 이끌려 성큼성큼 걸어가 멈춰선 곳, 책장 위에 다소곳이 놓인 책을 한 권 집어 들었습니다. 바로 『이백 하고도 육십구 일』이라는 그림책이었지요.

'이백육십구 일'이라는 숫자는 도대체 무슨 의미를 품고 있는 걸까? 이백육십구일 동안 무슨 일이 있었던 걸까? 묘하게 낯선 숫자에 막연히 끌리고 말았습니다. 그러고는 일부러 내용을 보지 않은 채로 구입해서 집으로 돌아왔지요. 몹시도 궁금했지만 어떤 설렘과 기대를 담아 꾹 참으면서요.

대전의 한 동네책방에는 '블라인드 데이트'라는 상품이 있습니다. 책방지기가 정성스레 고른 몇 권의 책을 포장한 책꾸러미입니다. 고객은 어떤 책이 들어 있는지 알지 못한 채 구매하는 것이죠. 집에 돌아가서 포장을 풀기까지 어떤 설렘과 기대를 즐기는 재미가 있습니다. 물론 이런 구매가 가능하려면 고객과 책방지기 사이에 신뢰가 있어야 하겠지요. 이와 비슷하게 우리 동네 도서관에는 '럭키백'이라는 책꾸러미가 있습니다. 종이 봉투 안에 사서가 정성껏 고른 몇 권의 책이 들어 있는데요. 도서관 이용자는 봉투 안의 책을 보지 못한 채로 대출합니다. 그날의 행운이 있다면 자신의 취향에 딱 맞는 책들이 들어 있겠지요. 혹여 그게 아니더라도 새로운 분야의 책을 읽게 되는 계기가 될 거고요.

　제목만으로 끌리는 책들 모음 중, 어떤 책이 가장 많이 사람의 마음을 움직이는지 알아보는 이벤트는 어떨까요? 책을 끈으로 묶어 내용을 모르는 채로 대출해가도록 하는 거지요. 물론 제목에 걸었던 기대가 실망스럽지 않도록 내용까지도 믿을 만한 책들을 선정하는 것은 기본입니다.

『이백 하고도 육십구 일』
로알 칼데스타 글, 비에른 루네 리 그림, 책빛

눈부시게 아름다운 시간을 함께한 단짝친구가 이사를 가자 소년의 마음에 이백하고도 육십구일 동안이나 비가 내리는데…. 이별의 통과의례를 겪으며 슬픔을 딛고 성장해가는 이야기. 소년의 심리 변화가 잘 녹아든 독특한 색감의 그림이 특히 눈길을 끄는데요. 북유럽 패턴 열풍의 주역인 '카우니스테' 브랜드의 디자이너 비에른 루네 리가 그림을 그렸어요. 비에른 루네 리의 작품을 더 보고 싶다면 『카우니스테 디자인』과 독립출판사 텍스트컨텍스트의 『슬러쉬마운틴』이 있어요.

제목이 끌리는 그림책

『쓰담쓰담』
전금하 글·그림, 사계절

쓰담쓰담, 가만히 읊조리기만 해도 마음이 편안해지는 말이에요. 책장을 넘기니 한 아이가 어렵게 이야기를 꺼내고 있어요. 뭔가 이상하다고, 가슴이 답답하다고. 무슨 일일까요? 쓰담쓰담 하는 마음으로 귀를 쫑긋하고 들어봐야겠어요.

『어떤 약속』
마리 도를레앙 글·그림, 재능교육

표지 가득 채운 새벽 어스름의 푸른빛이 시선을 끌기도 하지만, 어떤 약속일까, 몹시 궁금해하며 책을 열었어요. 푸른빛에 매료되어 한 발 한 발 나아가는데 약속에 대한 궁금증은 증폭되기만 하네요.

『달토끼 거북이 오징어』

조수진 글·그림, 반달

예쁜 표지 테마에 넣을까? 뭉게뭉게 상상력 테마에 넣을까? 어떤 테마에 넣을지 고민을 많이 했던 책이에요.
토끼와 거북이, 오징어 셋이 만들어가는 이야기가 너무 궁금해서 흥미로운 제목에 넣기로 했어요.
달에 살던 토끼가 미끄러져 옹달샘에 떨어지고 그곳에 있던 거북이는 토끼를 보고 한눈에 반합니다.
어찌 된 일인지 오징어도 옹달샘에 있어요. 햇볕 쨍쨍한 날, 거북은 오징어를 어깨에 메고 토끼와 함께 바다로 떠나는데…

『수상해』

숫카이 글·그림, 창비

제목도 표지 그림도 너무 수상해서 집어 든 책.
주인공 수상이가 일상에서 수상하다고 느끼는 순간순간을 아이다운 상상력으로 유머러스하게 담아냈어요.
그런데 정말 수상한 건 수상이 마음이라는데요. 한번 들여다볼까요?

『모두 다 싫어』

나오미 다니스 글, 신타 아리바스 그림, 후즈갓마이테일

잔뜩 심술이 난 얼굴을 클로즈업 한 표지 그림과 '모두 다 싫다'는 제목이 시선을 확 잡아끕니다.
모두 다 싫다고 말하지만, 속마음은 싫기도 하고 좋기도 한, 두 가지 마음이래요. 감정의 소용돌이에 빠진 아이, 어떡해야 할까요?

『구멍을 주웠어』

켈리 캔비 글·그림, 소원나무

어떻게 구멍을 주울 수 있다는 것인지? 호기심을 불러일으킵니다.
구멍 하나를 발견한 찰리는 기뻐하며 바지 주머니에 쏙 넣어요. 그런데 구멍이 바지에 구멍을 내어 가방에 구멍을 넣지요. 그러자 이번에는 구멍이 가방에 구멍을 냅니다. 결국 찰리는 자신에게는 쓸모없는 구멍의 진짜 주인을 찾아 나서기로 합니다.

『궁디 팡팡』

이덕화 글·그림, 길벗어린이

왠지 기분 좋아지는 제목이라 생각했는데, 내용을 알고 나면 마음이 따뜻해져요.
숲속에 '궁디 팡팡'이라는 커다랗고 특별한 손이 있는데요. 그 손이 궁디 팡팡을 해주면 상처 받은 마음이 약을 바른 것처럼 스르르 낫는대요.
자, 궁디 팡팡이 필요한 사람은 어서어서 오세요.

『코끼리 미용실』

최민지 글·그림, 노란상상

머리를 양 갈래로 길게 땋은 나는 정말 해보고 싶은 머리가 있어요. 그런데 엄마, 아빠가 싫어하면 어떡하죠? 나는 엄마, 아빠 말을 잘 듣는 착한 아이거든요. 그래도 오늘은 용기를 내서 코끼리 미용실에 왔어요. 문 앞에서 망설이다 들어갔는데…. 어린 동물과 어린이를 환영한다는 코끼리 미용실은 어떤 곳일까요? 같은 작가의 『문어 목욕탕』도 있어요.

『엄지가 집을 나갔어요』

이와이 도시오 글·그림, 북뱅크

주먹만 한 아이, 엄지가 집을 나갔다니, 궁금하지 않나요? 아이가 왜 집을 나갔을까요? 어디로 갔을까요? 『100층짜리 집』으로 아이들에게 많은 사랑을 받은 이와이 도시오 작가의 작품입니다.

『진짜 코 파는 이야기』

이갑규 글·그림, 책읽는곰

배꼽 빠지게 웃기는 코 파는 이야기예요. 동물이나 사람이나, 아이나 어른이나 코 파는 다양한 모습이 유머러스하게 펼쳐집니다. 코를 파는 이유도 참 다양하네요.

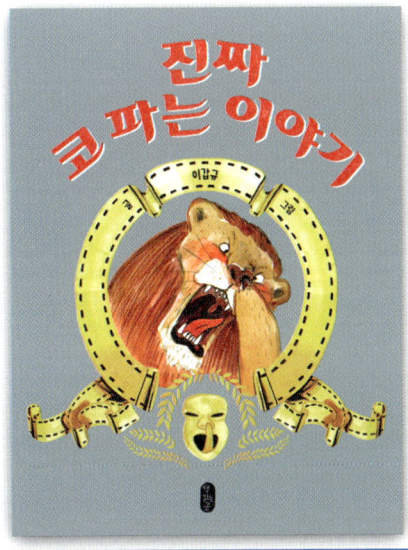

『저승사자와 고 녀석들』

미야니시 다쓰야 글·그림, 북뱅크

저승사자가 들어간 제목과 눈만 뚫린 새까만 얼굴의 표지가 어쩐지 으스스해요. 하지만 읽고 나면 어깨를 흔들흔들, 엉덩이를 들썩들썩, 신나게 춤을 출지도 몰라요.

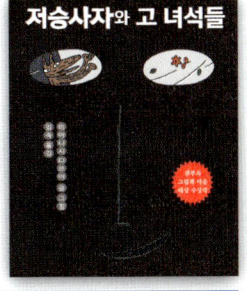

더 읽어 보아요

『똑똑똑』
김희경 글·그림, 현암주니어

『펭귄 호텔』
우시쿠보 료타 글·그림, 주니어RHK

『별별 빵집의 줄무늬 잼』
고마 글·그림, 국민서관

『코딱지가 보낸 편지』
상상인 글·그림, 길벗어린이

『꿀꺽!』
하이디 매키넌 글·그림, 한울림어린이

『못생긴 친구를 소개합니다』
줄리아 도널드슨 글, 악셀 셰플러 그림, 비룡소

『두고 보라지!』
클레르 클레망 글, 오렐리 귀으리 그림, 고래이야기

『주문이 많은 요리점』
미야자와 겐지 글, 시마다 무쓰코 그림, 담푸스

『조용한 밤』
한성민 글·그림, 사계절

『거미에게 잘해 줄 것』
마거릿 블로이 그레이엄 저, 미디어창비

『앗! 줄이다!』
조원희 글·그림, 웅진주니어

『내 멋대로 할 거야!』
조지아나 도이치 글, 예카테리나 트루칸 그림, 다림

『웃음이 퐁퐁퐁』
김성은 글, 조미자 그림, 천개의바람

『닭들이 이상해』 절판
브루스 맥밀란 글, 귀넬라 그림, 바람의아이들

097 다른 생각, 새로운 시선

내 생각은 어디서 왔을까?

늑대를 생각하면 아주 못된 늑대만 떠오릅니다. 왜 그럴까요? 아마도 어렸을 때 들은 옛이야기 〈아기돼지 삼 형제〉 때문일 거예요.

아기돼지가 공들여 지은 집들을 무자비하게 부숴버렸으니까요. 그런데 혹시 늑대가 왜 그랬는지? 아기돼지네 집에는 왜 갔는지? 늑대에게서 늑대의 이야기를 직접 들어본 적이 있나요? 늑대의 말을 들어본 후에 착한 늑대인지 나쁜 늑대인지 판단해도 늦지 않을 텐데요. 그럴 만한 사정이 있지 않았을까 하고 조금이라도 틈을 가져보는 건 어떨까요?

다른 사람의 입장이 되어 생각해 보는 걸 역지사지(易地思之)라고 하죠. 역지사지는 누군가를 이해하기 위한 가장 기본적인 태도입니다. 또한 아전인수(我田引水)식 확증편향의 오류를 바로잡는 데도 도움이 되겠지요.

키가 작아 고민이라고요? 무슨 기준으로 그렇게 말하는 걸까요? 물이 반쯤 담긴 컵이 있습니다. 물이 반이나 있는 걸까요? 물이 반밖에 없는 걸까요? 생각을 뒤집어 보세요. 입장을 한 번 바꿔보세요. 관점을 달리하면 세상이 새롭게 보입니다. 이는 곧 상대방을 섣불리 판단하지 않고 함부로 무시하지 않고 더 잘 이해하는 데 꼭 필요한 마음가짐입니다. 혐오와 차별을 넘어 다양성을 품은 따뜻한 사회로 가는 지름길이기도 하지요.

『범인은 고양이야!』
다비드 칼리 글, 마갈리 클라벨레 그림, 다림

어느 날, 생쥐 조조가 죽은 채로 발견되자 생쥐들은 범인은 '당연히' 고양이이라고 생각합니다. 이런 당연함과 확신은 어디에서 오는 걸까요?
생쥐 탐정 마이크의 질문에 생쥐들은 여러 가지 증거를 대요. 고양이가 원래 생쥐를 잡아먹는다는 이야기부터 벽의 발톱 자국과 고양이 그림자, 그날 밤들은 끔찍한 고양이 울음소리 등. 생쥐들은 범인을 고양이로 정해놓고 모든 상황을 거기에 꿰맞추고 있는 거지요. 진범은 누구일까요?
반전에 반전을 거듭하며 펼쳐지는 흥미진진한 이야기로 사회적 통념과 편견, 확신에 대해 생각해보게 합니다.

다르게 생각해 보게 하는 그림책

『너는 괴물?』
송미경 글, 김남진 그림, 위즈덤하우스

학교에 가던 아이가 꼬리 달린 동물을 보고 징그럽다며 꼬리괴물이라고 합니다. 그 말을 들은 꼬리괴물은 아이에게 긴 머리카락만 봐도 토할 것 같다며 사람괴물이라고 부릅니다. 맞아요. 무슨 근거로 징그럽다 말하고 어떤 기준으로 괴물이 되는 걸까요? 단순한 이야기 속에 다양성, 차별, 혐오, 편견 등 우리 시대 중요한 화두가 몽땅 들어 있어요.

『나쁜 씨앗』
조리 존 글, 피트 오즈월드 그림, 길벗어린이

미운 짓만 골라 하는 말썽꾸러기 나쁜 씨앗이 있어요. 다른 씨앗들도 나쁜 씨앗에게 손가락질을 하며 슬슬 피해 가요. 하지만 나쁜 씨앗이 이렇게 된 데에는 엄청난 사연이 있대요. 사실 나쁜 씨앗도 예전처럼 착하게 지내고 싶은 마음이고요. 우리가 귀 기울여 나쁜 씨앗의 이야기를 들어볼까요?

『야호! 비다』
린다 애쉬먼 글, 크리스티안 로빈슨 그림, 그림책공작소

비가 내리는 창밖을 내다보던 할아버지와 아이는 똑같이 비가 오네! 라고 외칩니다. 하지만 그림을 찬찬히 보면 표정 속에 담긴 감정은 전혀 다른 느낌이에요. 재미난 이야기로 긍정이 갖는 힘을 보여줍니다.

『돼지 안 돼지』

이순옥 글·그림, 반달

첫 장을 펼치면 양탄자 위에 있는 돼지와 양탄자 아래에 있는 돼지가 있습니다. 위를 보니 글자가 뒤집혀 있어 책을 돌려 보니 처음과는 반대로 보입니다. 이렇듯 이 책은 눈에 보이는 것이 언제나 진실인지? 무언가를 결정하는 기준은 무엇인지? 자꾸만 우리의 생각을 뒤흔들어요.

『우리 집은 시끌시끌해』

앤 맥거번 글, 심스 태백 그림, 보물창고

오두막집에 사는 할아버지는 집이 너무 시끄럽다며 현자를 찾아갑니다.
그분의 조언대로 처음에는 집에 소를 들이고, 다음에는 당나귀, 양, 암탉, 개, 고양이를 차례대로 들입니다. 웬일인지 집은 점점 더 시끄러워지고 할아버지가 마지막으로 찾아갔을 때 현자는 뭐라고 했을까요?

『서로를 보다』

윤여림 글, 이유정 그림, 낮은산

동물원 우리를 사이에 두고 동물들과 인간이 대화를 나눕니다. 자연 안에 있는 모습과 우리에 갇힌 동물을 교차로 보여주니 본성대로 살지 못하는 동물들의 불행한 삶을 보여주나 생각하는 찰나, 인식을 전복하는 화살 같은 질문이 날아옵니다.

그 누구보다 자유로운 동물, 인간 너희는 자기다운 삶을 잘 살고 있냐고요?

『반이나 차 있을까 반밖에 없을까?』

이보나 흐미엘레프스카 글·그림, 논장

컵에 물이 반이나 차 있을까요? 반밖에 없을까요? 이러한 여러 가지 예를 들어 상대주의에 대한 개념을 쉽게 풀어줍니다.
상대방을 이해하고 세계를 이해하는 새로운 시선에 대한 이야기이기도 해요.

『자유의 길』

줄리어스 레스터 글, 로드 브라운 그림, 낮은산

미국의 노예제도를 정면으로 바라보는 그림책.
"다른 사람의 상처와 분노를 상상할 수 있을 때, 우리는 마음속으로 그들을 이해하게 돼. 마음속으로 서로를 이해하게 될 때 우리는 외롭지 않아."

더 읽어 보아요

『난 곱슬머리가 싫어!』
로라 엘렌 앤더슨 글·그림, 미세기

『내가 엄마고 엄마가 나라면』
이민경 글, 배현주 그림, 현암주니어

『오른쪽이와 동네 한 바퀴』
백미숙 글, 김유대 그림, 느림보

『개미나라에 간 루카스』
존 니클 저, 비룡소

어른을 위한 그림책

『중요한 문제』
조원희 글·그림, 이야기꽃

머리에 동전만 한 원형탈모가 생겨 고민인 한 남자가 있습니다. 병원에 갔더니 중요한 문제라며 처방을 해주었습니다. 처방전에는 해서는 안 되는 일이 깨알처럼 적혀 있었지요. 모두 남자가 가장 좋아하는 일들이었지만 남자는 처방전대로 열심히 했지요. 그런데 점점 스트레스만 쌓여 갑니다.
정말 중요한 문제는 무엇일까요?

『무엇으로』
정미진 저, 최재훈 그림, 엣눈북스

오랜 가뭄으로 황폐해진 마을에 정체불명의 두 사람이 왔습니다. 한 사람은 깨끗함, 부드러움, 반짝임 등의 이미지입니다. 또 다른 사람은 꺼슬꺼슬함, 더러움, 질척거림의 이미지를 갖고 있습니다.
두 사람이 어떤 문제에 대해 각각 의견을 냈을 때, 우리는 누구의 말을 진실이라 생각할까요? 그 기준은 무엇일까요?

098 짜장면 먹는 날

짜장면이든
자장면이든
참을 수가 없어

꽃잎 흩날리는 어느 봄날, 중국 음식점에서 점심 약속이 있었습니다. 그림책 관련 일을 하는 분이었기에 자연스레 그림책 얘기가 오갔습니다.

"최근에 나온 그림책 중에 『짜장면』이라는 책을 읽다가 혼자서 빵~ 터졌잖아요. 저 어렸을 때 추억이 새록새록 떠오르더라고요."

맞아요. 누구나 고소하고 달짝지근한 짜장면에 에피소드 하나쯤은 간직하고 있을 거예요. 짜장면 에피소드 경연대회를 열어도 될 만큼. 2006년 문화관광부가 발표한 한국 문화를 대표하는 100가지 문화상징으로 짜장면이 뽑히기도 했다는데요. 짜장면은 옛날이나 지금이나 변함없이 많은 사랑을 받고 있습니다. 옛날에는 부잣집이 아니고서야 외식으로는 짜장면이 최고였지요. 제가 아는 어떤 아이는 세상에서 짜장면이 가장 좋다고 합니다. 그 사랑의 강도가 어찌나 깊은지 자신이 좋아하는 물건이나 사람 이름 뒤에 꼭 '짜장'을 붙여 말합니다. 이런 식이죠. 두세 살 많은 은재 누나를 좋아하면 '은재 짜장'이라 부르는 거예요. 짜장면만큼 은재 누나를 좋아한다는 뜻입니다.

짜장면을 좋아하는 아이들을 위해, 짜장면 하나로 재미난 추억을 소환할 어른들을 위해 짜장면 그림책상을 차렸습니다. 생각난 김에 짜장면도 먹고요.

짜장면은 본래 비표준어였으나 2011년 국립국어원에서 자장면과 함께 복수표준어로 인정했답니다. 하지만 표준어의 1번지 방송국에서는 여전히 자장면이라고 합니다. 표준어든 비표준어든 상관없이 저는 짜장면이 좋아요. 자장면으로 쓰면 짜장면의 제맛이 느껴지지 않아서 그냥 짜장면으로 쓸래요.

『짜장 줄넘기』
곽미영 글, 양정아 그림, 천개의바람

왜 짜장 줄넘기일까요? 중국음식점 〈소림짜장〉의 딸 소림이가 아빠에게 줄넘기를 배우는데요. 짜면 면발을 자유자재로 다루는 아빠에게 '짜장 줄넘기'라는 특별한 줄넘기 비법을 전수받는다는데요. 쿵탁! 쿵탁! 폴짝! 폴짝! 줄넘기도 하고 짜장면도 먹고!

짜장면에 대한 그림책

『짜장면』
김세영 글·그림, 고래뱃속

오늘은 기다리고 기다리던 운동회 날, 달리기에서 1등을 하면 짜장면을 먹기로 엄마 아빠와 약속했어요. 아이는 한껏 들떠 있습니다. 드디어 결전의 순간, 총소리와 함께 아이는 쏜살같이 뛰어나갑니다.

『세상에서 가장 맛있는 자장면』
이철환 글, 장호 그림, 주니어랜덤

눈이 내리는 추운 겨울날, 세 아이가 자장면 집으로 들어옵니다. 세 아이는 부모님과 함께 온 옆 테이블의 아이들을 부러운 듯 쳐다보지요. 이를 유심히 지켜본 주인 아주머니가 엄마의 옛친구라며 아이들에게 다가갑니다.

『짜장면 왔습니다!』
진수경 글·그림, 책읽는곰

중국에서 건너온 '짜지앙미엔'은 어떻게 온 국민에게 사랑받는 짜장면이 되었을까요? 짜장면 한 그릇에 백 년도 넘는 긴 역사가 담겨 있어요.

『짜장면 나왔습니다!』
이경미 글·그림, 노란상상

아빠와 놀고 싶은데 아빠는 항상 바빠요. 아빠는 중국음식점 주방장이거든요. 그래서 아이는 주방에 들어가 아빠와 함께 요리를 하면 되겠다 싶었지요. 그런데 어리니까 위험해서 안 된대요. 무슨 방법이 없을까, 아이는 고민하고 또 고민하는데….

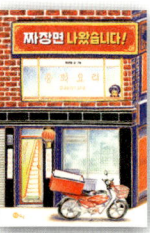

『짜장면 더 주세요!』

이혜란 저, 사계절

아이들이 좋아하는 대표 음식 짜장면과 탕수육을 만드는 요리사는 하루 일과를 어떻게 보낼까요? 짜장면 한 그릇이 만들어지기까지의 과정이 정감있게 그려집니다. 중국음식점 딸로 태어난 작가의 경험이 녹아 있는 이야기래요.

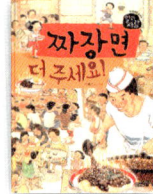

『짜장면이 오면』 동시집

김찬곤 글, 정연주 그림, 상상의힘

자꾸만 손이 가는 어떤 과자처럼 한 번 읽게 되면 계속해서 읽게 되는 동시집. 동시맛이 참으로 다채로워요. 웃음이 삐져나오기도 하고, 마음이 따뜻해지는가 하면, 나를 찬찬히 돌아보게도 해요.

『짜장면 불어요!』 동화집

이현 저, 창비

아픔과 소외, 고민 등 어린이의 현실 문제를 생생하게 다룬 단편동화 다섯 편이 담겨 있어요. 표제작 〈짜장면 불어요!〉는 베테랑 배달원 기삼이와 나이를 속이고 중국집 배달 아르바이트를 하는 용태의 이야기예요.

『짜장면 배달 왔어요!』 동화

박현숙 글, 주미 그림, 좋은책어린이

두건이는 오토바이 타고 짜장면 배달하는 아빠가 가장 멋있다고 생각했어요. 그런데 초등학교 입학식 날, 배달할 때 입는 티셔츠 차림으로 오토바이를 타고 온 아빠는 멋있기는커녕 초라해 보였지요. 근사한 양복을 입은 다른 아빠들이 무척이나 부러웠던 두건이는 아빠에게 짜장면 배달을 그만두라고 하는데….

『짜장면 로켓 발사』 동화집

한윤섭 글, 윤지회 그림, 문학동네

어느날, 성호는 다락방에서 '풍선 로켓 발사대 설계도'를 발견하고는 어른들의 도움을 받아 만들어보기로 합니다. 드디어 완성되어 첫 발사의 날, 로켓을 어디로 쏘아 보낼 거냐는 질문에 성호는 아주 멋진 대답을 하는데요. 짜장면보다도 더 맛있는 이야기를 기대하세요.

더 읽어 보아요

『치타는 짜장면을 배달한다』 동시집
최승호 시, 백로라 말풍선, 윤정주 그림, 문학동네

『짜장면 먹는 날』 동시집
송명원 시, 김도아 그림, 크레용하우스

『짜장 짬뽕 탕수육』 동화
김영주 저, 고경숙 그림, 재미마주

『세상에서 제일 맛있는 짜장면』 동화집
곽재구 글, 최준식 그림, 창비

099 반려동물

반려동물은 가족이에요

    아이들이 좋아하는 집에서 기르는 동물을 애완동물이라 불러야 할까요 아니면 반려동물이라 불러야 할까요?

    애완(愛玩)동물의 사전적 의미는 '좋아하여 가까이 두고 기르는 동물'로, 반려(伴侶)동물은 '사람이 정서적으로 의지하고자 가까이 두고 기르는 동물'로 나와 있습니다. 둘의 사전적 의미는 비슷해 보이나 한 가지 중요한 차이가 있습니다. 애완(愛玩)동물은 한자 완(玩)에서 보여지듯 장난감처럼 가지고 노는 것 같은 다소 부정적인 느낌이 있고, 반려동물은 '짝'과 '벗'을 뜻하는 한자어 반려(伴侶)처럼 평생을 함께하는 동반자의 느낌이 강합니다. 집에 동물을 데려오기 전에 생각해 봐야 할 중요한 문제입니다. 그림책 제목에서도 그 변화가 느껴집니다. 옛날에는 주로 애완동물이라 표현했다면 시대 흐름을 반영하듯 주로 '반려'라는 단어가 많이 쓰이고 있습니다.

    생명이 있는 동물을 집에서 기르겠다는 마음은 신중하고 또 신중해도 전혀 지나치지 않습니다. 동물이 주는 기쁨이나 위로만큼 따뜻한 보살핌과 책임이 뒤따라야 하니까요.

『나의 첫 반려동물 비밀 물고기』

김성은 글, 조윤주 그림, 천개의바람

구피에 사로잡힌 아이가 구피를 기르는 이야기예요. 물고기는 어항에 풀어놓고 밥만 잘 주면 되니까 편할 줄 알았대요. 하지만 구피 기르기가 만만치 않았어요. 아무리 작은 물고기라도 생명을 돌보는 일에는 따뜻한 보살핌과 책임이 필요하다는 걸 느끼게 합니다.

반려동물에 대한 그림책

『내 친구 알피』

티라 헤더 글·그림, 보림

니아는 여섯 살 생일에 거북 알피를 집에 데려와 씰룩씰룩 춤도 가르쳐주고 요것저것 선물도 해 주고 매일매일 재미난 이야기도 들려주었어요.
그런데 니아의 일곱 번째 생일날, 있는 듯 없는 듯 조용하기만 했던 알피가 사라졌지 뭐예요? 니아의 생일 선물을 구하기 위해 탈출한 거래요. 그러고는 기적처럼 니아가 좋아할 만한 선물을 구해서 생일파티를 시작할 때쯤 짠! 하고 나타났어요. 어떤 생일선물을 준비했을까요?

『으리으리한 개집』

유설화 글·그림, 책읽는곰

월월씨는 온 가족이 서로 안아보겠다고 할 정도로 무척 귀여운 강아지였어요. 그런데 월월씨가 점점 자라 덩치가 커지고 사료는 금방금방 바닥나고 털이 수북수북 빠지자 가족들의 태도가 달라졌어요. 결국 비 오는 바닷가에 월월씨 홀로 버려두는데….

『구합니다! 완벽한 애완동물』

피오나 로버튼 글·그림, 책과콩나무

헨리는 그 무엇보다 강아지를 꼭 원해요. 하지만 엄마가 헨리의 말을 들어주지 않자 신문광고를 내지요. 그걸 보고 혼자 외롭게 지내는 오리가 강아지로 변장을 하고 찾아옵니다.

『샬롯의 애완돌』

스티븐 마틴 글, 사만다 코테릴 그림, 상상박스

여섯 번째 생일날, 부모님께 '애완돌'을 선물 받은 샬롯은 달이란 이름을 지어주고 사랑을 듬뿍 주었어요. 그런데 돌이라 사랑을 표현하지 못한다는 생각에 샬롯은 슬퍼졌지요. 그런 샬롯의 마음을 달이가 알아차린 걸까요? 다음 날 아침 마법 같은 일이 일어나는데….

『우리 누나, 우리 구름이』

정호선 글·그림, 창비

강아지 구름이를 키우게 되면서 구름이가 누나가 된 아이는 구름이와 마음을 나누며 단짝처럼 지냅니다. 하지만 구름이와 헤어지는 일이 발생하게 됩니다. 인간과 반려동물과의 소통과 관계를 생각해보게 합니다.

『슬픈 강아지, 새드』

샌디 퍼셀 글, 뚠 수완나낏 그림, 터치아트

단둘이 살고 있던 할아버지와 할머니는 크리스마스 선물로 강아지를 받았어요. 별로 반갑지 않았지만 강아지에게 밥도 주고 목욕도 시켜주었지요. 하지만 이름도 지어주지 않고 강아지가 재롱을 피우면 귀찮은 듯 고함을 질렀어요. 그러던 어느 날 강아지만 남겨두고 이사를 가버리는데….

『내가 기르던 떡붕이』

소윤경 글·그림, 시공주니어

13년 동안 거북을 기른 작가의 경험이 고스란히 담긴 이야기래요. 주인 언니와 평범한 하루하루를 보내던 거북 떡붕이, 바깥 세상이 궁금해 자장면 배달통을 타고 모험을 떠납니다.

『오늘 넌 최고의 고양이』 동화

후지노 메구미 글, 아이노야 유키 그림, 책속물고기

품위 있는 고양이가 피부병에 걸려 볼품이 없어졌다는 이유로 버림을 받아요. 다행히도 고양이를 아껴주는 주인을 만나게 되지요. 그런데 자신의 정체성에 눈뜨게 되면서 주인과 헤어질 것인가 말 것인가 하는 선택의 갈림길에 서게 됩니다.

『책가방 토끼』 동화

박주혜 글, 정문주 그림, 사계절

초등학교 2학년 봄이가 반려동물 토끼 밤이를 학교에 데려와 반 아이들과 한바탕 신나게 노는 이야기예요. 반 아이들이 똘똘 뭉쳐 담임선생님으로부터 토끼를 지키려는 대작전이 펼쳐집니다.

더 읽어 보아요

『내 친구 커트니』
존 버닝햄 글·그림, 비룡소

『널 만나 다행이야』
콜린 톰슨 글·그림, 책읽는곰

『아빠가 용을 사 왔어요』
마거릿 마이 글, 헬렌 옥슨버리 그림, 현북스

『크릭터』
토미 웅게러 글·그림, 시공주니어

『애완공룡을 키우고 싶어』 동화
우테 크라우제 저, 올파소

『컵 고양이 후루룩』 동화
보린 글, 한지선 그림, 낮은산

『아주 작은 개 치키티토』 동화
필리파 피어스 글, 앤터니 메이틀런드 그림, 시공주니어

봄, 봄, 봄이다

여기도 봄,
저기도 봄,
내 마음에 봄이 올 때

"또 봄이야? 아휴 지겨워."

땅에도 나뭇가지에도 보드라운 새순이 돋아나고, 어느 순간 꽃들이 팝콘처럼 여기저기 터지고 바람이라도 살랑 부는 날이면 꽃비가 흩날리고 햇살이 아주 적당하게 내려앉은 봄날, 이런 풍경을 마주하고 봄에 대해 싫증내는 소리를 들어본 적이 있나요?

봄은 천만번을 마주해도 가슴이 설렙니다. 지겨울 틈이 어디 있겠어요?

봄이 데려오는 풍경은 조금도 질리지 않습니다. 눈, 코, 잎, 귀, 손, 오감으로 느끼는 봄맛은 언제나 상큼합니다.

김장김치 맛이 군내가 날 즈음, 여전히 겨울은 물러날 기색이 없는데 사람들은 봄을 기다립니다. 봄이 가장 먼저 찾아오는 따뜻한 곳으로 봄 마중을 가기도 하지요.

눈도 내리지 않고 춥기만 한 3월엔 그림책 속으로 봄 마중을 떠나요.

봄, 봄, 봄맛이 가득한 그림책으로 봄맞이 준비를 하는 거예요. 진짜 봄이 와버린 후에는 봄나들이 다니느라 정신없이 바빠지니까요. 그리고 한 가지 꼭 기억해야 될 일이 있습니다.

봄이 가기 전에 코가 해야 할 일, '수수꽃다리 향기 맡아보기'입니다.

『고향의 봄』

이원수 글, 김동성 그림, 파랑새어린이

어렸을 때 즐겨 불렀던, '나의 살던 고향은~'으로 시작되는 동요 〈고향의 봄〉이 그림책으로 나왔어요. 『엄마 마중』의 김동성 작가의 그림이라니, 기대하셔도 됩니다.

봄에 대한 그림책

『수잔네의 봄』

로트라우트 수잔네 베르너 저, 보림큐비

옆으로 길게 늘이면 4미터가 되는 병풍형 그림책으로 독일의 한 마을 풍경을 오밀조밀 담고 있어요. 글 없는 그림책이니 병풍처럼 세워두고 이야기를 만들어가며 읽어요.

『봄이다!』

줄리 폴리아노 글, 에린 E. 스테드 그림, 별천지

털모자를 쓰고 장갑을 끼고 목도리를 두른 채 밖으로 나가 봄을 기다리는 아이가 있어요. 세상은 아직 온통 갈색뿐이에요. 봄은 아직 멀리 있는 걸까요? 봄을 기다리는 설렘을 시적으로 아름답게 보여 줍니다.

『살랑살랑 봄바람이 인사해요』

김은경 글·그림, 시공주니어

숲에서 만나는 동식물과 숲에서 할 수 있는 자연놀이가 다채롭게 담겨 있어요.
아이들이 봄 숲의 생명력을 만끽하고 숲을 좋아할 수 있도록 잘 이끌어줍니다.

『봄을 기다려요』

이와사키 교코 글, 도이 카야 그림, 키위북스

겨울잠을 자야 하는데 봄이 어떤 건지 궁금한 아기곰은 눈이 말똥말똥해요. 봄에 대한 호기심으로 봄 연상놀이를 즐기느라 아기곰은 도무지 겨울잠 잘 생각을 안 합니다. 어찌해야 할까요?

『오리 할머니와 말하는 알』
이영득 글, 차정인 그림, 보림

산벚나무가 꽃비를 뿌리는 봄날. 산속 작은 가게에서 그림 그리기를 좋아하는 할머니와 검둥 강아지, 아기 여우가 오리알 바구니를 두고 한바탕 소동을 벌여요. 벚나무 꽃그늘에서 즐기는 달콤한 낮잠 같은 이야기예요.

『달래네 꽃놀이』
김세실 글, 윤정주 그림, 책읽는곰

음력 3월 3일, 삼월 삼짓날, 우리 할머니들은 화전놀이를 즐겼대요. 진달래꽃이 한창인 어느 날, 달래네 식구들도 화전놀이 갈 준비에 이른 아침부터 바빠요. 화전놀이가 뭐냐고요? 달래네를 따라가 보면 알아요.

『와, 달콤한 봄 꿀!』
마리 왑스 글·그림, 파랑새

꿀처럼 달콤하고 향기로운 봄날의 풍경 속에 꿀벌들의 생태를 담아낸 맛있는 지식 그림책입니다. 봄은 붕붕거리며 꽃들을 바쁘게 찾아다니는 꿀벌로부터 시작된대요. 꿀벌들은 어떤 꽃을 가장 좋아할까요?

『다람쥐 무이의 봄』
오주영 글, 이광익 그림, 창비

다람쥐 무이는 봄바람에 실려 온 제비꽃 향기에 제비꽃 무침이 먹고 싶어졌어요. 요리책을 봤더니 소금과 꿀을 적당히 넣으라는데, 적당히가 얼마큼인지 모르겠어요. 친구들에게 물어보려고 집을 나서는데… 사랑스러운 봄 풍경과 귀여운 이야기를 만날 수 있어요.

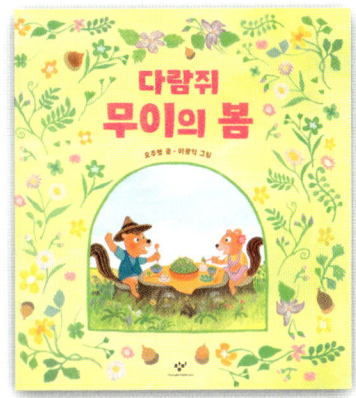

『온 산에 참꽃이다!』 동화

이호철 글, 박소정 그림, 고인돌

이호철 선생님이 들려주는 어린 시절 이야기예요. 봄날, 옛날 농촌에서는 어떻게 놀았을까요? 아 참, 참꽃이 뭘까요?

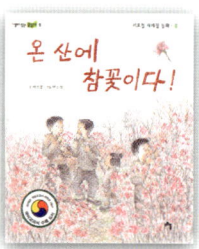

『안녕, 봄』

케나드 박 글·그림, 국민서관

어느 겨울밤, 강아지와 함께 산책을 나간 아이는 마주치는 모든 것들에게 인사를 해요. 그러는 사이 겨울에서 봄으로 넘어가는 섬세한 자연의 변화를 풍성하게 감각할 수 있어요. 『안녕, 가을』과 『안녕, 겨울』도 함께 읽으면 좋아요.

『입춘대길 코춘대길』

서정오 저, 보리

봄에 들려주면 좋을 우리 옛이야기 서른 편이 담겨 있어요. 서정오 선생님의 입말체 글이라 읽어주기도 쉽고, 꼭 엄마가 들려주는 옛이야기 같아요.

더 읽어 보아요

『봄이 오면』
한자영 글·그림, 사계절

『봄 여름 가을 겨울 계절아, 사랑해!』
줄리 폴리아노 글, 줄리 모스태드 그림, 찰리북

『봄을 찾은 할아버지』
한태희 글·그림, 한림출판사

『페르디의 봄동산』
줄리아 롤린슨 글, 티파니 비키 그림, 느림보

『오소리네 집 꽃밭』
권정생 글, 정승각 그림, 길벗어린이

『딸기』
신구 스스무 글·그림, 한솔수북

『할머니, 어디 가요? 쑥 뜯으러 간다!』
조혜란 글·그림, 보리

『봄 숲 봄바람 소리』
우종영 글, 레지나 그림, 파란자전거

『아기 너구리네 봄맞이』
권정생 글, 송진헌 그림, 길벗어린이

『빨강이 나무에서 노래해요』
조이스 시드먼 글, 패밀라 자가렌스키 그림, 살림어린이

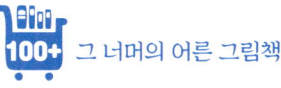 그 너머의 어른 그림책

그림책에 푹 빠진 어른들이 온다

시작은 단순했습니다. 엄마들이 아이들에게 좋은 그림책을 읽어주기 위해 '그림책 읽는 어른 모임'을 가진 것이 발단이었습니다. 그러다 엄마 자신이 그림책의 매력에 빠졌습니다. 아이들은 다 자라서 그림책과 멀어졌는데도 엄마들은 여전히 그림책 모임을 하면서 이제야말로 스스로를 위한 진짜 그림책 읽기를 하고 있다고 합니다. 직장에 다니고 있지만 토요일의 그림책 모임은 불가피한 상황이 아니면 결코 빠지지 않습니다. 한목소리로 얘기합니다. 그림책 모임은 한 주를 살아가기 위한 삶의 에너지를 충전해가는 곳이라고.

최근 몇 년 사이에 그림책은 다방면에서 폭발적으로 성장했습니다. 국제무대에서 우리나라 그림책이 훌륭한 작품으로 인정받는 것은 물론이거니와 다양한 계층과 다양한 연령의 사람들이 그림책을 즐기게 되었습니다.

동네책방이나 북카페, 도서관에 그림책 함께 읽기 모임 하나쯤은 있습니다.

그림책 활동가, 그림책 심리지도사, 그림책 테라피스트, 그림책 가드너 등 그림책에서 파생된 직함도 다양합니다.

출판계가 어렵다고들 하지만 그림책 전문출판사나 그림책 전문책방도 늘어나고 있습니다. 처음부터 어른을 타깃으로 한 어른을 위한 그림책이 기획되기도 하고, 최근에는 그동안 독자층에서 소외됐던 5090을 위한 '시니어 그림책' 전문 출판사도 생겼습니다. 이런 일련의 상황들은 하나의 예술 장르인 그림책의 무한한 가능성을 여실히 보여주고 있는 셈인데요. 가장 반가운 건 이런 변화에 힘입어 '어른을 위한 그림책'이라는 카테고리의 큐레이션이 눈에 띄게 많아졌다는 점입니다. 그렇다면 머지않아 도서관이나 대형 서점에서도 '어른을 위한 그림책 서가'를 만나 볼 수 있지 않을까 하는 희망을 품어봅니다.

그림책의 매력이 봄날의 꽃처럼 활짝 피어나 그 고운 향기가 곳곳에 스미고 있습니다. 바쁜 일상에 단 몇 분으로 작은 쉼표가 되어주기도 하고, 문득 사는 게 막막하거나 자존감이 바닥일 때 따스한 위로와 큰 울림으로 다가오기도 하고요.

어른을 위한 그림책 몇 권을 만나봅니다.

그림책은 함께 읽을 때 그 기쁨과 위로, 치유가 배가된다는 걸 꼭 기억하면서요. 그림책이라는 텍스트에 삶의 이야기가 더해지면 그 그림책은 더 이상 이전의 그림책이 아닙니다. 그림책 너머의 더 생생하고 확장된 것들을 수북이 데려오니까요.

『도토리시간』
이진희 글·그림, 글로연

'아주 힘든 날이면 나는 작아져.'
첫 문장을 만나자마자 생각했지요. 아, 이런 그림책 나올 때가 되었지. 그러면서 동시에 작아지고 작아져 힘들었던 날들이 여름날의 무수한 나뭇잎처럼 떠올랐습니다.

그럴 때면 무작정 산책을 나섰지요. 바람을 맞으며 걷다가 쪼그려 앉아 고양이와 얘기하고, 하염없이 나무를 바라보고, 어느 날엔 나무를 안아보기도 하고, 벤치에 앉아 일광욕을 하고, 한들한들 걷다가 다리가 아파 집으로 돌아오는 길에는 손에 작은 풀꽃다발이 들려 있고 어느덧 마음은 한결 가벼워지고 뽀송뽀송해져 있습니다.

이런 시간들이 바로 도토리시간입니다.
책에서는 마음뿐만 아니라 몸까지 작아진 주인공이 일상의 모든 것들을 떠나 도토리 안에 들어가 뒹굴뒹굴하며 혼자만의 빈 시간을 고요히 누리는 시간입니다.

도토리시간, 얼마나 예쁘고 따뜻한 이름인가요? 작아져서 힘든 날에는 우리 함께 도토리시간으로 떠나요. 저마다의 도토리시간으로.

어른의 그림책장

『불행이 나만 피해갈 리 없지』

정미진 글, 김소라 그림, 엣눈북스

장바구니에 담길 새도 없이 바로 구매를 클릭한 책입니다.

무엇에 그리도 강하게 끌렸을까? 다소 충동적인 스스로의 행위를 돌아봅니다. 내 주위를 항상 맴도는 '불행'이라는 단어가 주범이었고, 직감적으로 바로 내 이야기라는 생각이 들었던 것 같아요.

한때 세상이 행복으로 가득 차 보였던 그는 어느 날, 불행이 생각보다 가까이 있다는 걸 알게 됩니다. 그때부터 불행은 자주, 예상치 못하게, 상상하지 못한 방법으로, 어느 때나 어느 장소에나 찾아왔지요. 너무 심하다 싶게 자주 일어날 때도, 폭탄처럼 한꺼번에 와장창 터질 때도 생각한답니다. 불행이 나만 피해갈 리 없다고.

그럼에도 감당하지 못할 만큼 끊임없이 일어날 때면 어떡해야 할까요? 계속되는 불행에 끝이 있기는 한 걸까요?

세상 모든 불행이 나를 위해 준비된 것처럼 느껴지던 때가 있었다는 작가의 말이 묘하게도 작은 위로가 되어줍니다.

『행복을 파는 상인』

다비데 칼리 글, 마르코 소마 그림, 주니어김영사

어느 마을에 행복을 파는 비둘기가 트럭을 몰고 나타납니다. 행복은 작은 단지, 큰 단지, 가족용 단지 등 각각 다른 규모로 담겨 있답니다. 새들은 용도와 주머니 사정에 맞게 행복을 구매하지요. 종달새 아주머니, 박새 아주머니, 굴뚝새 아주머니, 이미 행복한 참새 아저씨도요. 이들은 어떤 사연으로 행복을 샀을까요? 행복을 구매하지 않은 예술가 찌르레기와 쥐 아저씨의 사정은 무엇일까요?

재미난 이야기로 누구나 꿈꾸는 행복에 대해 생각해보게 합니다. 행복의 진정한 의미란 무엇이며 또한 행복의 기준은 뭘까? 하고요.

행복을 구매하는 새들 저마다의 사연을 들여다보면 자연스레 깨닫게 됩니다.

『잘 자, 코코』

정미진 글, 안녕달 그림, 엣눈북스

주인공이 이사와 새로 산 옷장을 보며 어린 시절을 회상하는 것으로 이야기는 시작됩니다. 잠드는 게 무서워 매일 밤 불면증에 시달리던 아이는 옷장을 '코코'라 이름 짓고 그 속에 들어가 잠을 잤대요.

어느 날은 마법처럼 옷장을 타고 환상의 나라 쿠루에서 신나는 모험을 즐겼다지요. 어느새 어른이 된 아이는 팍팍한 일상을 살아가는데….

어린 시절은 현재의 슬픔을 어떻게 위로할 수 있을까요?

『행복한 질문』

오나리 유코 글·그림, 북극곰

한 부부가 식탁에 마주 앉아 막 식사를 시작하려고 합니다. 이때 아내가 '만약에'라는 단서를 달고 엉뚱한 질문을 이어갑니다.

남편은 맛있게 식사를 하면서 모든 질문에 느긋하게 대답하지요. 아내는 식사하는 것도 잊고 남편의 대답에 뺨이 발그레지고 행복해합니다.

어떤 질문에, 어떤 대답들이 오갔을까요?

오래전에 이 책으로 북토크를 진행한 적이 있는데요. 참가자들에게 책은 비공개로 하면서 책에 나오는 질문들로 남편의 대답을 들어오는 미션을 미리 수행하게 했습니다. 주어진 몇 개의 질문들로 인해 평소와는 다른 특별한 시간을 보냈다거나, 엉뚱한 질문이지만 진지한 이야기를 나누는 계기가 되었다거나, 평소에 표현이 별로 없는 남편의 진실된 속마음도 알게 되었다는 경험들이 쏟아졌습니다.

그렇다면 행복한 질문이 맞는 건가요?

생각난 김에 다시 한 번 북토크를 기획해 봐야겠습니다.

『허먼과 로지』

거스 고든 글·그림, 그림책공작소

전화로 물건을 파는 세일즈맨 허먼은 오보에 연주를 좋아합니다. 재즈를 좋아하는 로지는 레스토랑에서 접시를 닦는 일을 하고요. 허먼과 로지는 복잡한 도시 조그만 아파트에 살고 있습니다. 물론 둘은 모르는 사이지요. 둘은 바쁘고 반복적인 일상이지만 꿈을 품고 있기에 가끔 외로워하면서도 그럭저럭 살아갑니다. 견딜 만하다며 희미하게 짓는 생기 없는 웃음은 우리네 고단한 삶의 한 조각 같아요.

허먼은 지나는 길에 로즈의 노래를 듣고 감동받아 그 곡을 오보에로 연주하고, 로지는 그 오보에 연주를 듣지만 안타깝게도 서로를 알아보지는 못합니다. 그러던 어느 날, 둘 다 일자리를 잃고 실의에 빠진 두 사람은 우연히 만나게 되는데….

좋아하는 무언가가 있고 서로를 알아보는 허먼과 로지 같은 친구가 있다면, 그리고 이런 그림책을 함께 읽을 누군가가 있다면 그래도 행복하다 말할 수 있을 것 같아요. 이 책을 읽고 선물할 누군가가 금세 떠올랐다면 더욱 그러하겠지요.

『아니의 호수』
키티 크라우더 글·그림, 논장

아니는 호숫가 언덕 꼭대기에 있는 외딴집에 혼자 살아요. 발목까지 내려오는 검정 원피스에 검정 구두를 신은 아니는 무표정한 얼굴로 모든 것이 지겹기만 합니다.

삶을 전혀 사랑하지 않았거든요. 돌아가신 엄마가 가끔 그립기는 했지만 여전히 마음속에 어둠의 그림자가 가득했고 항상 궁금했어요. 호수 저편에 자기와 비슷한 누군가가 있지는 않을까 하고요.

폭풍우 치는 어느 밤, 절망이 바닥으로 곤두박질쳤을 때 아니는 주저 없이 호수로 뛰어드는데….

키티 크라우더의 아름다운 그림과 신비로운 이야기가 자꾸만 마음속을 맴돕니다.

우울한 날에 신화 같은 신비로운 이야기 하나쯤 품고 있으면 좋을 것 같아요. 어떨 땐 이야기의 힘이 마법을 부리기도 하니까요.

『첫 번째 질문』
오사다 히로시 글, 이세 히데코 그림, 천개의바람

제목이 묵직하게 다가옵니다. '첫 번째'라는 말과 '질문'이라는 단어가 주는 느낌이 그리 가볍지만은 않기 때문일 거예요. 처음부터 끝까지 질문으로만 가득합니다. '허걱'이라고요? 하지만 읽고 나면 입에서는 마시멜로가 살살 녹고 손에는 핫팩이 들려 있고 맛있는 음식을 먹고 난 듯 위가 즐거워지는 그런 기분이 들어요. 오랜만에 다시 읽으며 생각했어요. '아, 역시 좋아! 가까이에 두고 자주 봐야겠다.' 왜냐고요? 보잘것없지만 소중한 무언가를 놓치지 않고 삶을 섬세하게 돌아보게 하니까요. 하루하루를 풍성하게 만들어줄 질문이거든요. 아름다운 기억을 데려오는 질문이기도 하고요.

이를테면 오늘 하늘을 보았나요? 구름은 어떤 모양이던가요? 오늘 "고마워!"라고 말한 적이 있나요? 등등.

그러니까 마음을 두드리는 따뜻하고 소중한 질문들입니다. 또한 이세 히데코의 맑은 수채화가 스미듯 잔잔한 울림으로 다가옵니다.

나가며

『까치밥나무 열매가 익을 때』
요안나 콘세이요 글·그림, 목요일

원서로 먼저 만나고 긴긴 기다림 끝에 품에 안은 그림책, 『까치밥나무 열매가 익을 때』입니다. 요안나 콘세이요 작가 자신의 아버지의 죽음이 모티브가 되었다고 하는데요. 나이 지긋한 앙리의 마지막 하루를 섬세하게 더듬어가는 내용입니다.

슬프도록 아름답고 고요하게.

그 사이사이 깊은 외로움과 어떤 그리움이 얼비치게 감지되면 목울대에 뜨거운 뭔가가 걸려있는 것 같기도 합니다. 한 사람을 애도하고 추억하는 하나의 방식이라면 이토록 따뜻하고 아름다울 수 있을까요?

요안나 콘세이요의 담백하고 시적인 글과 독특하게 아름다운 드로잉은 기본이고, 개인적으로 좋아하는 이미지가 수북하여 사랑하지 않을 수 없는 책입니다. 짙푸른 안개, 붉은 까치밥나무 열매, 추수가 끝난 밀밭, 고요한 호수, 늙은 떡갈나무 오솔길, 찬장을 장식하는 작은 꽃다발, 비의 향기를 싣고 오는 바람, 나무 우듬지의 새 한 마리, 동네 우체통, 아주 작은 식물들, 수레 국화, 작은 안개 방울들, 벤치에서 잠을 자는 고양이, 몽당연필, 빈 들판의 두루미들.

앙리가 여느 때처럼 마지막 하루도 산책을 하며 손으로 감각하고 눈과 가슴에 담았던 것들입니다.

인생의 마지막 순간, 나의 시선과 손길은 어디에 가 닿을까?

앙리는 오랫동안 기다리던 진짜 편지를 끝내 받지 못하는데, 나의 아버지가 오랫동안 기다렸던 편지는 무엇이었을까? 아까시 꽃향기가 홍건하던 5월에 떠나신 나의 아버지의 마지막 하루는? 몸이 허락한다면 나는 나의 마지막 하루를 어떤 빛깔로 물들일 것인가?

책장을 덮고 나면 여러 생각들이 일어납니다. 산책이 필요한 시간입니다.

찾아보기

그림책

『100만 번 산 고양이』 Theme 094
『1분이면...』 Theme 065
『3일 더 사는 선물』 Theme 008
『3초 다이빙』 Theme 026
『42가지 마음의 색깔』 Theme 027
『4998 친구』 Theme 073
『7년 동안의 잠』 Theme 045
『Hullet(구멍)』 Theme 078

ㄱ

『가끔은 싸우기도 하는 거야』 Theme 020
『가래떡』 Theme 062
『가만히 들어주었어』 Theme 011
『가무사리 숲의 느긋한 나날』 Theme 076
『가스통은 달라요』 Theme 054
『가스파르와 리자 이야기 시리즈』 Theme 083
『가을에게, 봄에게』 Theme 057
『가장 멋진 크리스마스』 Theme 078
『가장 사랑 받는 곰 인형』 Theme 025
『가장 완벽한 생일 케이크』 Theme 071
『가족이 된 고양이 모냐와 멀로』 Theme 070
『간식을 먹으러 온 호랑이』 Theme 069
『간질간질』 최재숙 글, 한병호 그림 Theme 015

『간질간질』 서현 글·그림 Theme 085
『갈매기 여왕』 Theme 078
『갈색 곰아, 갈색 곰아, 무엇을 보고 있니?』 Theme 080
『갈색아침』 Theme 074
『감귤 기차』 Theme 009
『감기 걸린 날』 Theme 056
『감기 걸린 물고기』 Theme 002, Theme 085
『강 너머 저쪽에는』 Theme 053
『강물이 흘러가도록』 Theme 081
『강아지』 Theme 090
『강아지와 염소새끼』 Theme 066, Theme 086
『강이』 Theme 086
『강철 이빨』 Theme 016
『개구리 왕자 그 뒷이야기』 Theme 093
『개구리네 한솥밥』 Theme 058
『개구쟁이 해리 목욕은 싫어요』 Theme 086
『개미나라에 간 루카스』 Theme 097
『개미요정의 선물』 Theme 001
『개와 바이올린』 Theme 034
『거미에게 잘해 줄 것』 Theme 096
『거울속으로』 Theme 085
『거울책』 Theme 061
『거짓말』 Theme 035

537

『거짓말 괴물』　Theme 035
『거짓말 손수건, 포포피포』　Theme 035
『걱정 많아 걱정인 걱정 대장 호리』　Theme 024
『걱정 상자』　Theme 024
『걱정은 걱정 말아요』　Theme 024
『걱정이 따라다녀요』　Theme 024
『걱정쟁이 공룡 조마』　Theme 024
『걷는 게 좋아』　Theme 004
『걸었어』　Theme 004
『검은 새』　Theme 020, Theme 086
『검피 아저씨의 뱃놀이』　Theme 094
『겁쟁이 공룡 무무』　Theme 024
『게으름 때 보이는 세상』　Column 3
『게으름에 대한 찬양』　Column 3
『겨울 숲 큰 나무』　Theme 078
『고 녀석 맛있겠다』　Theme 076
『고고와 하얀 아이』　Theme 078
『고구마구마』　Theme 062
『고라니 텃밭』　Theme 070
『고래가 보고 싶거든』　Theme 086, Theme 045
『고래들의 노래』　Theme 091
『고마워요 잘 자요』　Theme 029, Theme 073
『고백할 거야』　Theme 042
『고양이』　Theme 090
『고양이 손을 빌려드립니다』　Theme 001
『고집불통 4번 양』　Theme 050
『고함쟁이 엄마』　Theme 001, Theme 020
『고향의 봄』　Theme 100
『골목에서 소리가 난다』　Theme 068
『골목을 걷다』　Theme 068
『골목이 데려다줄 거예요』　Theme 068
『곰 때문이야!』　Theme 027
『곰 세 마리』　Theme 093
『곰 세 마리가 한집에 있어』　Theme 093
『곰 아저씨에게 물어 보렴』　Theme 082
『곰과 나비』　Theme 078, Theme 086
『곰돌이 팬티』　Theme 052
『곰아 놀자』　Theme 069
『곰아, 자니?』　Theme 010
『곰이 하고 싶은 이야기가 있대』　Theme 045, Theme 095

『곰인형의 행복』　Theme 094
『공놀이 하자!』　Theme 009
『과자』　Theme 090
『과자가게의 왕자님』　Theme 017
『괜찮아 아저씨』　Theme 019
『괜찮아, 우리 모두 처음이야』　Theme 022
『괴물들이 사는 나라』　Theme 080
『괴물이 운다 아아 우우우!』　Theme 024
『구덩이에서 어떻게 나가지?』　Theme 092
『구두장이 꼬마요정』　Theme 063
『구름산』　Theme 050
『구리와 구라의 소풍』　Theme 075
『구멍을 주웠어』　Theme 096
『구합니다! 완벽한 애완동물』　Theme 099
『궁디 팡팡』　Theme 096
『귀뚜라미』　Theme 090
『규칙이 있는 집』　Theme 064
『그 나무가 웃는다』　Theme 059
『그 소문 들었어?』　Theme 002
『그 집 이야기』　Theme 064
『그것 참, 신기한 일도 다 있네』　Theme 086
『그날, 어둠이 찾아왔어』　Theme 024
『그래, 책이야!』　Theme 073, Theme 089
『그래도 넌 사랑스런 우리 아기』　Theme 054
『그래도 엄마는 너를 사랑한단다』
　　　Theme 033, Theme 094
『그래봤자 개구리』　Theme 049
『그래서 모든 게 달라졌어요!』　Theme 038
『그래서 어떻게 됐는데?』　Theme 091
『그러던 어느날』　Theme 021
『그레이스는 놀라워』　Theme 077
『그해 가을』　Theme 013
『글자 동물원』　Theme 067
『글자 셰이크』　Theme 085
『금발머리 소녀와 곰 세 마리』　Theme 093
『금발머리와 곰 세마리』　Theme 093
『금붕어 2마리와 아빠를 바꾼 날』　Theme 015
『금요일엔 언제나』　Theme 072
『기적의 시간』　Theme 081
『기차』　Theme 074

『긴 여행』 Theme 074
『길가메시의 마지막 모험』 Theme 043
『길거리 가수 새미』 Theme 051, Theme 086
『김수한무 거북이와 두루미 삼천갑자 동방삭』 Theme 069
『깊은 밤 부엌에서』 Theme 080, Theme 085
『깊은 숲 속에 집이 있어요』 Theme 064
『까마귀 소년』 Theme 037
『까마귀의 소원』 Theme 023
『까불지 마』 Theme 085
『까치가 물고 간 할머니의 기억』 Theme 079
『깜깜한 어둠, 빛나는 꿈』 Theme 024
『깜박깜박 도깨비』 Theme 069
『깜장 콩벌레』 Theme 086
『깜짝 선물』 Theme 071
『꼬마 곰 코듀로이』 Theme 073
『꼬마 돼지의 불 끄기 대작전』 Theme 088
『꼬마 유령들의 저녁식사』 Theme 083
『꼬마 유령이 아파요』 Theme 083
『꼬마 임금님의 전쟁 놀이』 Theme 092
『꼬마돼지』 Theme 095
『꽁지 닷 발 주둥이 닷 발』 Theme 043
『꽁지머리 소동』 Theme 038
『꽃마중』 Theme 067
『꽃살문』 Theme 084, Theme 086
『꽃을 좋아하는 소 페르디난드』 Theme 038, Theme 076
『꽃이 핀다』 Theme 084
『꾀주머니 토끼 조모』 Theme 092
『꿀!』 Theme 073, Theme 086, Theme 088
『꿀꺽!』 Theme 096
『꿀벌의 노래』 Theme 087
『꿀오소리 이야기』 Theme 027
『꿈꾸는 포프』 Theme 007, Theme 078
『꿈에서 맛본 똥파리』 Theme 086
『꿈의 자동차』 Theme 050
『꿈틀이랑 사과랑』 Theme 069
『꿋꿋하게 걸어라, 아레호』 Theme 074
『끼리끼리 코끼리』 Theme 053

ㄴ

『나』 Theme 049
『나 대신 학교 가 줄래?』 Theme 046
『나 때문에』 Theme 020
『나 홀로 버스』 Theme 022
『나, 꽃으로 태어났어』 Theme 071
『나, 여기 있어』 Theme 037
『나는 기다립니다…』 Theme 045
『나는 달님』 Theme 060
『나는 두 집에 살아요』 Theme 054
『나는 뭐 잡았어?』 Theme 068
『나는 소심해요』 Theme 032
『나는 애벌레랑 잤습니다』 Theme 066
『나는 여자아이 뭐든지 할 수 있지』 Theme 077
『나는 좀 다른 유령』 Theme 038
『나는 죽음이에요』 Theme 008
『나는 초록』 Theme 061
『나는 흰곰을 키워요』 Theme 018
『나는요,』 Theme 049
『나도 아프고 싶어!』 Theme 061
『나랑 결혼할래?』 Theme 042
『나랑 똑같은 아이』 Theme 049
『나만의 달』 Theme 060
『나무 고아원』 Theme 021
『나무 도장』 Theme 074
『나무 사람』 Theme 083
『나무 위의 집 사용 설명서』 Theme 064
『나무 하나에』 Theme 087
『나무, 춤춘다』 Theme 086
『나무는 변신쟁이』 Theme 021
『나무는 아무 말도 하지 않는단다』 Theme 018
『나무의 아기들』 Theme 021, Theme 056
『나무집』 Theme 078
『나뭇잎 손님과 애벌레 미용사』 Theme 021
『나보다 멋진 새 있어?』 Theme 038
『나비를 잡는 아버지』 Theme 090
『나쁜 말이 불쑥』 Theme 002
『나쁜 씨앗』 Theme 097
『나야? 고양이야?』 Theme 069
『나에게 찾아온 행운』 Theme 063

539

『나에게 키스하지 마세요』 Theme 093
『나오니까 좋다』 Theme 075
『나의 다정한 돼지엄마』 Theme 093
『나의 도시』 Theme 017
『나의 독산동』 Theme 018
『나의 동네』 Theme 068
『나의 를리외르 아저씨』 Theme 003
『나의 삼촌 에밀리』 Theme 066
『나의 아버지』 Theme 015
『나의 자전거』 Theme 050
『나의 작고 작은』 Theme 095
『나의 작고 커다란 아빠』 Theme 015
『나의 작은 집』 Theme 064
『나의 첫 반려동물 비밀 물고기』 Theme 099
『나의 초록 스웨터』 Theme 068
『나의 크레용』 Theme 086
『낙서가 예술이 되는 50가지 상상』 Theme 050
『낙서가 지우개를 만났을 때』 Theme 050
『난 (안) 무서워』 Theme 024
『난 고양이가 싫어요!』 Theme 069
『난 곰인 채로 있고 싶은데』 Theme 051
『난 곱슬머리가 싫어!』 Theme 097
『난 네 엄마가 아니야!』 Theme 054
『난 무서운 늑대라구!』 Theme 091
『난 신기하고 이상한 것이 참 좋아!』 Theme 087
『난 커서 바다표범이 될 거야』 Theme 012
『난민이 뭐예요?』 Theme 074
『날 좀 그냥 내버려 둬!』 Theme 001
『날마다 멋진 하루』 Theme 017
『날아라 태권 소녀』 Theme 026
『납작한 토끼』 Theme 078
『낮에도, 밤에도 안녕』 Theme 029
『낮잠 자는 집』 Theme 095
『내 거 (아니)야』 Theme 028, Theme 095
『내 거야!』 Theme 028
『내 동생 버지니아 울프』 Theme 040
『내 마음』 Theme 031
『내 마음은 』 Theme 086
『내 마음을 누가 알까요?』 Theme 040
『내 마음을 보여 줄까?』 Theme 040

『내 마음이 들리나요』 Theme 037
『내 마음이 말할 때』 Theme 032
『내 멋대로 할 거야!』 Theme 096
『내 모자 어디 갔을까』 Theme 069
『내 목소리가 들리나요』 Theme 074
『내 발밑에서』 Theme 087
『내 방에 괴물이 있어요!』 Theme 024
『내 방에서 잘 거야!』 Theme 022
『내 비밀 친구 토미』 Theme 048
『내 비밀은요…』 Theme 047
『내 생일은 언제 와요?』 Theme 071
『내 얘기를 들어주세요』 Theme 011
『내 옆의 아빠』 Theme 015
『내 이름은 백석』 Theme 058
『내 이름은 프레즐』 Theme 083
『내 친구 루이』 Theme 037
『내 친구 보푸리』 Theme 061
『내 친구 알피』 Theme 099
『내 친구 커트니』 Theme 099
『내 키가 더 커!』 Theme 036
『내 토끼 어딨어?』 Theme 025, Theme 088
『내가 기르던 떡붕이』 Theme 099
『내가 다 먹을 거야』 Theme 028
『내가 라면을 먹을 때』 Theme 006
『내가 만난 나뭇잎 하나』 Theme 087
『내가 쓰고 그린 책』 Theme 050
『내가 엄마고 엄마가 나라면』 Theme 097
『내가 엄마라고?』 Theme 087
『내가 왜 파란색으로 그리냐고?』 Theme 010
『내가 좋아하는 겨울 열매』 Curation 2
『내가 책이라면』 Theme 089
『내가 코끼리처럼 커진다면』 Theme 026
『내가 태어난 숲』 Theme 059
『내가 형이랑 닮았다고?』 Theme 041
『내게 아주 특별한 선물』 Theme 071
『내일은 꼭 이루어져라』 Theme 045
『냄새 고약한 치즈맨과 멍청한 이야기들』 Theme 093
『너 왜 울어?』 Theme 002
『너는 괴물?』 Theme 097
『너는 기적이야』 Theme 033

『너는 누굴까』 Theme 084
『너는 무슨 풀이니?』 Theme 059
『너는 어떤 씨앗이니?』 Theme 088
『너니까 좋은 거야』 Theme 073
『너도 외롭니?』 Theme 031
『너를 만난 날』 Theme 053
『너를 보면』 Theme 011
『너무 부끄러워!』 Theme 032
『너무 울지 말아라』 Theme 008
『너무 캄캄해』 Theme 024
『너무너무 공주』 Theme 018
『너에게만 알려 줄게』 Theme 026
『너의 날』 Theme 071
『너처럼 나도』 Theme 011
『너희 집은 어디니?』 Theme 092
『넉 점 반』 Theme 094
『넌 (안) 작아』 Theme 038, Theme 095
『널 만나 다행이야』 Theme 099
『넘어져도 괜찮아』 Theme 019
『네 심장이 콩콩콩』 Theme 059
『네가 아니었다면』 Theme 001
『네가 크면 말이야』 Theme 061
『네가 태어난 날엔 곰도 춤을 추었지』 Theme 071
『네모』 Theme 073
『노란 달이 뜰 거야』 Theme 013
『노란 장화』 Theme 061
『노랑』 Theme 086
『노랗고 동그란 비밀』 Theme 047
『노아의 방주』 Theme 086
『놀이터는 내 거야』 Theme 028
『높이 뛰어라 생쥐』 Theme 086
『누가 내 머리에 똥 쌌어?』 Theme 036
『누가 더 놀랐을까?』 Theme 067
『누가 상상이나 할까요?』 Theme 016
『누가 웃었니?』 Theme 052
『누가 진짜 나일까?』 Theme 049
『누가 토플을 달래 줄까요?』 Theme 078
『누구 발자국일까』 Theme 087
『누구 자전거일까』 Theme 052
『누구게?』, 『또 누구게?』 Theme 033

『누구라도 문구점』 Theme 068
『누나가 좋다』 Theme 085
『누나는 어디에』 Theme 043
『눈 깜짝할 사이』 Theme 065
『눈 미끄럼 타는 할아버지』 Theme 086
『눈 오는 날』 Theme 086
『눈 오는 날, 토끼를 만났어요』 Theme 068
『눈 오는 날의 기적』 Theme 045
『눈 오는 날의 생일』 Theme 071
『눈구름 사자』 Theme 048
『눈만 뜨면 눈 걱정』 Theme 077
『눈물바다』 Theme 020
『눈물이 난다』 Theme 086
『눈물이 펑펑!』 Theme 053
『눈빛 여우와 모랫빛 여우』 Theme 087
『눈썹 올라간 철이』 Theme 048
『뉴욕 코끼리』 Theme 048
『느끼는 대로』 Theme 088
『느낌표!』 Theme 085
『늑대 할머니』 Theme 093
『늑대가 나는 날』 Theme 048
『늑대가 나타났다』 Theme 088
『늑대가 들려주는 아기돼지 삼형제 이야기』 Theme 093
『늑대가 뭐래?』 Theme 002
『늑대를 잡으러 간 빨간 모자』 Theme 092
『늑대와 오리와 생쥐』 Theme 092
『늦어도 괜찮아 막내 황조롱이야』 Theme 019

ㄷ

『다 내 거야!』 Theme 028
『다니엘이 시를 만난 날』 Theme 066, Theme 086
『다람쥐 무이의 봄』 Theme 100
『다시 그곳에』 Column 4, Theme 076
『다시 돌아온 조지와 마사』 Theme 069
『다시 빨강 책』 Theme 088
『다음엔 너야』 Theme 052
『다정해서 다정한 다정 씨』 Theme 014
『달 조각』 Theme 060
『달 케이크』 Theme 060
『달과 아이』 Theme 060

541

『달구지를 끌고』 Theme 084
『달님, 거기 있나요?』 Theme 087
『달님은 밤에 무얼 할까요?』 Theme 060
『달님을 위하여』 Theme 095
『달님의 모자』 Theme 060
『달님의 산책』 Theme 004
『달라도 친구』 Theme 038
『달래네 꽃놀이』 Theme 100
『달려!』 Theme 055
『달빛 왕자와 가디언즈의 탄생』 Theme 076
『달에서 봤어!』 Theme 087
『달에서 생일 파티를 한다면?』 Theme 071
『달은 수다쟁이』 Theme 095
『달토끼 거북이 오징어』 Theme 096
『달팽이 학교』 Theme 066
『닭고기 수프』 Theme 073
『닭들이 이상해』 Theme 096
『담』 Theme 068
『담장을 허물다』 Theme 066, Theme 086
『답장해 줘』 Theme 057
『당근유치원』 Theme 046
『당나귀 실베스터와 요술 조약돌』
　　　　　Theme 023, Theme 080
『당신과 함께』 Theme 086
『당첨인가요?』 Theme 063
『대단한 무엇』 Theme 092
『대단한 밥』 Theme 062
『도깨비감투』 Theme 063
『도깨비를 빨아버린 우리 엄마』 Theme 094
『도대체 누구야!』 Theme 092
『도서관』 Theme 095
『도서관에서는 모두 쉿!』 Theme 073
『도서관의 비밀』 Theme 092
『도우니까 행복해!』 Theme 053
『도토리 시간』 Theme 100+
『돌 씹어 먹는 아이』 Theme 088
『돌돌 말아 김밥』 Theme 062, Theme 075
『동갑내기 울 엄마』 Theme 001
『동동이와 원더마우스』 Theme 069
『동생은 내 부하야』 Theme 041

『동생이 태어날 거야』 Theme 095
『동시 삼베 치마』 Theme 067
『돼지 안 돼지』 Theme 097
『돼지 이야기』 Theme 051
『돼지가 주렁주렁』 Theme 036
『돼지책』 Theme 077
『된장찌개』 Theme 062
『두고 보라지!』 Theme 036, Theme 096
『두근두근 1학년 새 친구 사귀기』 Theme 039
『두더지의 소원』 Theme 009
『둥글둥글 둥근 달이 좋아요』 Theme 007
『뒷집 준범이』 Theme 088
『들꽃 아이』 Theme 013
『들꽃이 핍니다』 Theme 059
『딜쿠샤의 추억』 Theme 074
『딩동딩동 편지 왔어요』 Theme 057
『따듯한 내 친구 이불이』 Theme 029
『따로 따로 행복하게』 Theme 020
『딸기』 Theme 100
『딸꾹』 김고은 글·그림, 북극곰 Theme 020
『딸꾹』 정미진 글·그림, 엣눈북스 Theme 032
『딸꾹질 한 번에 1초』 Theme 065
『딸은 좋다』 Theme 014
『땍때굴』 Theme 086
『떨어질 수 없어』 Theme 013
『또 읽어줘!』 Theme 091, Theme 073
『똑, 딱』 Theme 044
『똑똑똑』 Theme 096
『똥 찾아가세요』 Theme 067
『똥자루 굴러간다』 Theme 077
『뜨개질하는 소년』 Theme 077

ㄹ

『레오틴의 긴 머리』 Theme 032
『로지의 병아리』 Theme 088
『로지의 산책』 Theme 052, Theme 088
『로켓보이』 Theme 056
『로쿠베, 조금만 기다려』 Theme 092
『루루 사냥꾼』 Theme 015, Theme 094
『루비의 소원』 Theme 023, Theme 077

542

『루이의 우주선 상상 1호』 Theme 086
『루푸스 색깔을 사랑한 박쥐』 Theme 080
『리디아의 정원』 Theme 094, Theme 095
『리버벤드 마을의 이상한 하루』 Theme 092

ㅁ

『마녀 위니와 이빨 요정』 Theme 030
『마리의 인형』 Theme 095
『마을은 맨천 구신이 돼서』 Theme 058
『마을을 바꾼 장난』 Theme 053
『마음 조심』 Theme 032
『마음샘』 Theme 049
『마음아 안녕』 Theme 040
『마음은 어디에』 Theme 061
『마음의 집』 Theme 040
『마음이 그랬어』 Theme 044
『마음이 아플까봐』 Theme 040
『마젤과 슐리마젤』 Theme 063
『마티스의 정원』 Theme 084, Theme 086
『막스와 마르셀』 Theme 043
『만점짜리 도시락』 Theme 001
『만희네 글자벌레』 Theme 085
『많아요』 Theme 087
『말라깽이 챔피언』 Theme 077
『말말말』 Theme 002
『말하는 인형 미라벨』 Theme 025
『말하면 힘이 세지는 말』 Theme 002
『망태 할아버지가 온다』 Theme 085
『매듭을 묶으며』 Theme 091
『매미』 Column 2, Theme 051
『맥도널드 아저씨의 아파트 농장』 Theme 083
『맨발 벗고 갑니다』 Theme 090
『맴』 Theme 085
『먹어도 먹어도 줄지 않는 죽』 Theme 028
『먼지야, 자니?』 Theme 067
『멋진 책이 될래요』 Theme 089
『멋진 화요일』 Theme 079
『멋진, 기막히게 멋진 여행』 Theme 078
『메두사 엄마』 Theme 018
『메리는 입고 싶은 옷을 입어요』 Theme 077

『모기는 왜 귓가에서 앵앵거릴까?』 Theme 095
『모네의 정원에서』 Theme 078
『모두 다 싫어』 Theme 096
『모두 행복한 날』 Theme 082, Theme 086
『모두가 잠든 밤에』 Theme 029
『모두를 위한 단풍나무집』 Theme 064
『모두를 위한 케이크』 Theme 053
『모래 언덕에서의 특별한 모험』 Theme 043
『모르는 마을』 Theme 050
『모르는 척 공주』 Theme 020
『모른다는 건 멋진 거야』 Theme 087
『모리스 레스모어의 환상적인 날아다니는 책』
　　　　　　 Theme 076
『모세』 Theme 083
『모치모치 나무』 Theme 086
『목요일 덕분이야!』 Theme 072
『목요일은 어디로 가는 걸까』 Theme 072
『몬테로소의 분홍 벽』 Column 1
『몰리는 할머니가 좋아요』 Theme 016
『못 말리는 카멜레온』 Theme 036
『못생긴 친구를 소개합니다』 Theme 096
『몽당』 Theme 056
『무민의 단짝 친구』 Theme 078
『무서운 도깨비 찾아가요』 Theme 041
『무섭다고 숨지 마!』 Theme 022
『무슨 꿈이든 괜찮아』 Theme 019
『무슨 일이든 다 때가 있다』 Theme 095
『무시무시한 까마뉴스』 Theme 050
『무엇이 보이니?』 Theme 068
『무엇이든 삼켜버리는 마법상자』 Theme 023
『무지개 물고기』 Theme 028
『문』 Theme 050
『문어 목욕탕』 Theme 048
『문제가 생겼어요!』 Theme 018
『물을 싫어하는 아주 별난 꼬마 악어』 Theme 038
『물의 여행』 Theme 084
『물이 돌고 돌아』 Theme 087
『뭐 어때!』 Theme 019
『뭐든 될 수 있어』 Theme 073
『미스 럼피우스』 Theme 094

543

『미움』 Theme 040
『민들레는 민들레』 Theme 038
『밀짚모자』 Theme 021
『밍밍의 신기한 붓』 Theme 050

ㅂ

『바구니 달』 Theme 081
『바다 100층짜리 집』 Theme 012
『바다 건너 저쪽』 Theme 012
『바다가 그리울 때』 Theme 008
『바다가 보고 싶었던 개구리』 Theme 012
『바다로 간 화가』 Theme 012
『바다를 담은 그림책』 Theme 083
『바다에서 M』 Theme 012
『바다와 하늘이 만나다』 Theme 012
『바닷가에는 돌들이 가득』 Curation 1
『바람에 날린 작은 신문』 Theme 051
『바람의 맛』 Theme 062
『바무와 게로의 일요일』 Theme 072
『바부시카의 인형』 Theme 011
『박각시와 주락시』 Theme 058
『박꽃이 피었습니다』 Theme 074
『밖에 나가 놀자!』 Theme 084
『반이나 차 있을까 반밖에 없을까?』 Theme 097
『반쪽이』 Theme 043
『발걸음』 Theme 068
『밤의 세계』 Theme 024
『밤의 이야기』 Theme 029
『밤의 항해』 Theme 029
『방귀 만세』 Theme 055
『방방이』 Theme 015
『방학 때 뭘 했냐면요……』 Theme 092
『백만 년 동안 절대 말 안 해』 Theme 040
『백만 마리 고양이』 Theme 082
『백수 삼촌을 부탁해요』 Theme 067
『백조 왕자』 Theme 084
『밴드 브레멘』 Theme 070
『버스』 Theme 088
『버스 안』 Theme 088
『범블아디의 생일 파티』 Theme 071

『범인은 고양이야』 Theme 097
『별거 없어!』 Theme 022
『별밤곰이 찾아온 날』 Theme 073
『별별 빵집의 줄무늬 잼』 Theme 096
『별을 보며』 Theme 083
『별을 사랑한 두더지』 Theme 028
『병아리 싸움』 Theme 041, Theme 066
『보노보노, 좋은 일이 생길 거야』 Theme 063
『보들보들』 Theme 025
『보름달 음악대』 Theme 085
『볶자 볶자 콩 볶자』 Theme 086
『봄 숲 봄바람 소리』 Theme 100
『봄 여름 가을 겨울 계절아, 사랑해!』 Theme 100
『봄날의 곰』 Theme 023
『봄을 기다려요』 Theme 100
『봄을 찾은 할아버지』 Theme 100
『봄이 오면』 Theme 100
『봄이다!』 Theme 045, Theme 100
『봄이의 여행』 Theme 074
『봉지공주와 봉투왕자』 Theme 074
『부끄럼쟁이 공룡 부키』 Theme 032
『부루퉁한 스핑키』 Theme 040
『부엉이와 보름달』 Theme 043
『북쪽 나라 여우 이야기』 Theme 061, Theme 086
『분홍줄』 Theme 086
『불 끄지 마』 Theme 024
『불행이 나만 피해갈 리 없지』 Theme 100+
『브라운 아저씨의 신기한 모자』 Theme 037
『브루노를 위한 책』 Theme 089
『블랙 독』 Theme 024
『비』 Theme 085
『비 내리는 날의 기적』 Theme 045
『비 오는 날의 소풍』 Theme 076
『비가 내릴 때』 Theme 091
『비가 오는 날에』 Theme 056
『비가 오면』 Theme 006
『비둘기는 목욕이 필요해요』 Theme 052
『비둘기를 늦게 재우지 마세요!』 Theme 088
『비둘기야, 핫도그 맛있니?』 Theme 069
『비둘기에게 버스 운전을 맡기지 마세요!』 Theme 094

『비밀』 Theme 047

『비밀의 강』 Theme 066

『비밀의 문』 Theme 043

『비밀의 방』 Theme 048

『비밀의 집 볼뤼빌리스』 Theme 052

『비밀이야』 Theme 050

『비오는 날의 소풍』 Theme 075

『비커 군과 방과 후 과학실』 Theme 087

『빈집』 Theme 064

『빙글빙글 즐거운 조지와 마사』 Theme 036

『빛을 비추면』 Curation 6, Theme 095

『빨간 머리 우리 오빠』 Theme 023

『빨간 모자』 김미혜 글, 요안나 콘세이오 그림
Theme 088, Theme 093

『빨간 모자』 지빌레 센커 저 Theme 093

『빨간 모자라니까요!』 Theme 093

『빨간 벽』 Theme 051

『빨간 암탉』 Theme 036

『빨간 열매』 Theme 094

『빨간 우체통과 의사 선생님』 Theme 057

『빨간 줄무늬 바지』 Theme 086

『빨간 풍선』 Theme 032

『빨간 호리병박』 Theme 088

『빨강 책』 Theme 088

『빨강이 나무에서 노래해요』 Theme 100

『빨강이 최고야』 Theme 061

『빨주노초파남보똥』 Theme 061

『빼데기』 Theme 084

『뽀루뚜아』 Theme 050

『삐딱이를 찾아라』 Theme 064

『삐뚤빼뚤 틀려도 좋아!』 Theme 086

ㅅ

『사과나무밭 달님』 Theme 086

『사랑에 대한 작은 책』 Theme 078

『사랑하는 고양이가 죽은 날』 Theme 008

『사랑하는 아가야』 Theme 086

『사랑한다는 걸 어떻게 알까요?』 Theme 042

『사랑해 너무나 너무나』 Theme 080

『사랑해, 아빠』 Theme 015

『사소한 소원만 들어주는 두꺼비』
Theme 023, Theme 094

『사진관집 상구』 Theme 068

『사쿠라』 Theme 074

『사탕』 Theme 065, Theme 073

『산 아래 작은 마을』 Theme 074

『산골총각』 Theme 058

『산딸기 크림봉봉』 Theme 062

『산으로 오르는 길』 Theme 003

『살랑살랑 봄바람이 인사해요』 Theme 100

『살아 있는 모든 것은』 Theme 081

『삼형제 토끼』 Theme 090

『상추씨』 Theme 059

『새 친구 사귀는 법』 Theme 039

『새 친구에게 비밀이 있대요』 Theme 047

『새 할머니』 Theme 079

『새가 되고 싶어』 Theme 086

『새가 되고 싶은 날』 Theme 042

『새로운 보금자리』 Theme 053

『샘과 데이브가 땅을 팠어요』 Theme 052

『샘쟁이 공룡 새미』 Theme 034

『생각연필』 Theme 056

『생각이 켜진 집』 Theme 050

『생태 통로』 Theme 070

『샬롯의 애완돌』 Theme 099

『서로를 보다』 Theme 097

『석수장이 아들』 Theme 066

『선생님 과자』 Theme 066

『선생님, 기억하세요?』 Theme 055

『선생님, 우리 선생님』 Theme 055

『선생님은 몬스터!』 Theme 055

『선인장 호텔』 Theme 088

『설빔 여자아이 고운 옷』 Theme 061

『섬수리부엉이의 호수』 Theme 084

『세 가지 질문』 Theme 051

『세 강도』 Column 3

『세 엄마 이야기』 Theme 014

『세모』 Theme 036

『세상 끝에 있는 너에게』 Theme 057

『세상에서 가장 맛있는 무화과』 Theme 088

『세상에서 가장 맛있는 자장면』 Theme 098
『세상에서 가장 아름다운 소원』 Theme 007
『세상에서 가장 잘 웃는 용』 Theme 038
『세상에서 가장 힘이 센 말』 Theme 002
『세상에서 두 번째로 신기한 일』 Theme 071
『세상의 많고 많은 초록들』 Theme 086
『세상의 많고 많은 파랑』 Theme 010
『셋째 날』 Theme 056
『셜리야, 물가에 가지 마!』 Theme 077
『소년』 Theme 010
『소리 산책』 Theme 004
『소시지 소시지』 Theme 023
『소원 들어주는 호랑이 바위』 Theme 023
『소원 팔찌』 Theme 023
『소원을 들어주는 요정 꼬끼에뜨』 Theme 023
『소원을 들어주는 황금 사자』 Theme 023
『소원을 말해 봐』 Theme 023
『소중한 하루』 Theme 017
『소풍』 Theme 075
『소풍 가기 좋은 날』 김미현 글·그림 Theme 075
『소피가 속상하면, 너무너무 속상하면』
         Theme 011, Theme 088
『소피가 화나면, 정말 정말 화나면』
         Theme 027, Theme 088
『소피는 할 수 있어, 진짜진짜 할 수 있어』 Theme 026
『수박이 먹고 싶으면』 Theme 045
『수상해』 Theme 096
『수영 팬티』 Theme 033
『수영장 가는 날』 Theme 022
『수요일을 싫어하는 고양이』 Theme 072
『숙잔네의 봄』 Theme 100
『숨바꼭질』 Theme 074
『숲 속 사진관』 Theme 054
『숲 속 재봉사』 Theme 059
『숲 속 재봉사와 털뭉치 괴물』 Theme 086
『숲 속에서』 Theme 082, Theme 086
『숲 속의 가게』 Theme 009
『숲 속의 겨울 준비』 Theme 009
『숲속으로』 Theme 020
『숲속의 생일 초대』 Theme 071

『숲에서 만난 이야기』 Theme 089
『쉿! 비밀이야』 Theme 047
『슈퍼 거북』 Theme 093
『스갱 아저씨의 염소』 Theme 088
『스미레 할머니의 비밀』 Theme 059
『스티나의 여름』 Theme 078
『슬픈 강아지, 새드』 Theme 099
『슬픔을 치료해 주는 비밀 책』 Theme 037
『시간은 어디에 있는 걸까』 Theme 065
『시간이 보이니?』 Theme 065
『시간이 흐르면』 Theme 065
『시메옹을 잃어버렸어요』 Theme 025
『시작하는 너에게』 Theme 033
『식혜』 Theme 062
『신기한 목탁 소리』 Theme 086
『신기한 사탕』 Theme 023
『신데룰라』 Theme 093
『신발 밑의 꼬마 개미』 Theme 083
『신발 신은 강아지』 Theme 056
『실수 왕 도시오』 Theme 024
『실수투성이 엄마 아빠지만 너를 사랑해』 Theme 018
『실수해도 괜찮아』 Theme 024
『싫어! 다 내 거야!』 Theme 028
『싫은 날』 Theme 046, Theme 085
『심부름 가는 길에』 Theme 086
『심심한 날』 Theme 031
『심심해 심심해』 Theme 031
『싸우지 말고 사이좋게』 Theme 020
『싸워도 우리는 친구!』 Theme 044
『쏘옥 뿌직』 Theme 087
『쑥갓 꽃을 그렸어』 Theme 016
『쓰담쓰담』 Theme 096
『씨앗은 어디로 갔을까?』 Theme 087
『씩씩해요』 Theme 008

o

『아기 곰의 여행』 Theme 052
『아기 구름의 숨바꼭질』 Theme 052
『아기 너구리네 봄맞이』 Theme 086, Theme 100
『아기 늑대 세 마리와 못된 돼지』 Theme 093

546

『아기 다람쥐의 모험』 Theme 066
『아기 돼지 삼형제』 Theme 088, Theme 093
『아기 돼지 세마리』 Theme 085, Theme 093
『아기 돼지 세 자매』 Theme 093
『아기 오리들한테 길을 비켜 주세요』
　　　　Theme 082, Theme 086
『아기곰의 가을 나들이』 Theme 086
『아기여우 리에의 소원』 Theme 023
『아니의 호수』 Theme 100+
『아랫집 윗집 사이에』 Theme 086
『아름다운 실수』 Theme 024
『아름다운 책』 Theme 089
『아모스 할아버지가 아픈 날』 Column 4, Theme 014
『아무것도 아닌 단추』 Theme 069
『아버지의 마을 오라니』 Theme 068
『아빠 곰 엄마 곰 아기 곰』 Theme 093
『아빠 셋 꽃다발 셋』 Theme 015
『아빠 아빠, 재미있는 이야기 해주세요』 Theme 015
『아빠! 머리 묶어 주세요』 Theme 077
『아빠! 아빠! 이건 뭘까요?』 Theme 015
『아빠, 나한테 물어봐』 Theme 004
『아빠, 달님을 따 주세요』 Theme 060, Theme 086
『아빠, 더 읽어 주세요』 Theme 015
『아빠가 그려준 코끼리』 Theme 015
『아빠가 아빠가 된 날』 Theme 071
『아빠가 용을 사 왔어요』 Theme 099
『아빠가 우주를 보여준 날』 Theme 015, Theme 078
『아빠는 내 마음 알까?』 Theme 040
『아빠는 내가 지켜 줄게』 Theme 015
『아빠는 언제나 널 사랑해!』 Theme 015
『아빠와 나』 Theme 015
『아빠와 아들』 Theme 006
『아빠와 토요일』 Theme 072
『아빠와 함께 산책』 Theme 004
『아주 아주 특별한 집』 Theme 064
『아주 특별한 생일 케이크』 Theme 078
『아프리카 초콜릿』 Theme 086
『악어 엄마』 Theme 018
『악어는 배가 고파요』 Theme 078
『안 돼!』 Theme 092

『안 버려, 못 버려, 모두 소중해!』 Theme 005
『안 자라는 늑대와 안 보이는 빨간 모자』 Theme 093
『안녕』 Theme 078
『안녕 나의 등대』 Theme 084
『안녕! 외계인』 Theme 085
『안녕, 가을』 Theme 004, Theme 021
『안녕, 나의 장갑나무』 Theme 037
『안녕, 내 친구!』 Theme 073
『안녕, 봄』 Theme 100
『안녕, 사과나무 언덕의 친구들』 Theme 084
『안녕, 외톨이』 Theme 040
『안녕, 우리들의 집』 Theme 064
『안녕, 존』 Theme 054
『안녕, 펭귄?』 Theme 045
『안녕, 폴』 Theme 070
『안도현 선생님과 함께 큰 소리로 읽어요』 Theme 091
『안젤로』 Theme 070
『안팎정원』 Theme 074
『알도』 Theme 048
『알록달록 내 손톱이 좋아』 Theme 077
『알몸으로 학교 간 날』 Theme 038
『알밤 소풍』 Theme 075
『알사탕』 Theme 037
『압둘 가사지의 정원』 Theme 086, Theme 088
『앗! 줄이다!』 Theme 096
『앗, 깜깜해』 Theme 024
『앞니가 빠졌어!』 Theme 030
『애니의 노래』 Theme 008
『앵거스와 두 마리 오리』 Theme 082
『앵무새 열 마리』 Theme 052
『앵커씨의 행복 이야기』 Theme 070
『야, 생선이다!』 Theme 062
『야쿠바와 사자』 Column 2, Theme 051
『야호! 바다』 Theme 097
『어깨동무 내동무』 Theme 068
『어느 날』 Theme 086
『어느 날 아침』 Theme 030
『어느 날, 고양이가 왔다』 Theme 053
『어느 날, 우리는』 Theme 008, Theme 095
『어느 늙은 산양 이야기』 Theme 086

『어느 바닷가의 하루』　Theme 084, Theme 086
『어느 작은 물방울 이야기』　Theme 043
『어느 작은 사건』　Theme 013
『어느 조용한 일요일』　Theme 050
『어디 갔어』　Theme 092
『어디로 소풍 갈까?』　Theme 075
『어떡하지?』　Theme 022
『어떡해, 달을 놓쳤어!』　Theme 060
『어떤 날』　Theme 031
『어떤 약속』　Theme 096
『어릴 적 산골에서』　Theme 068
『어부와 어부 새』　Theme 086
『어제저녁』　Theme 086
『어쩌다 여왕님』　Theme 051
『어처구니 이야기』　Theme 085
『언니는 돼지야』　Theme 041
『언니와 동생』　Theme 041
『얼굴이 빨개져도 괜찮아!』　Theme 032
『엄마 가슴 속엔 언제나 네가 있단다』　Theme 033
『엄마 고향은 어디야?』　Theme 068
『엄마 껍딱지』　Theme 033
『엄마 모습』　Theme 001
『엄마 아빠 결혼 이야기』　Theme 068
『엄마 아빠가 싸우면 나는 어떡해요』　Theme 020
『엄마 아빠가 싸울 때』　Theme 020
『엄마 얘기 좀 들어 보렴』　Theme 018
『엄마 여우와 아기 여우의 숨바꼭질』　Theme 033
『엄마, 언제부터 날 사랑했어?』　Theme 033
『엄마, 잠깐만!』　Theme 018
『엄마~~~아!』　Theme 054
『엄마가 너에 대해 책을 쓴다면』　Theme 091
『엄마가 딸에게』　Theme 014
『엄마가 만들었어』　Theme 001
『엄마가 엄마가 된 날』　Theme 068
『엄마가 왜 좋아?』　Theme 088
『엄마가 정말 좋아요』　Theme 001
『엄마는 내 마음도 몰라 솔이는 엄마 마음도 몰라』
　Theme 040
『엄마는 알까?』　Theme 001
『엄마는 언제 날 사랑해?』　Theme 033

『엄마는 언제나 너를 사랑한단다』　Theme 029
『엄마는 왜 화만 낼까?』　Theme 001
『엄마는 좋다』　Theme 013
『엄마는 토끼 아빠는 펭귄 나는 토펭이!』　Theme 054
『엄마는 회사에서 내 생각 해?』　Theme 033
『엄마를 산책 시키는 방법』　Theme 004
『엄마와 나』　Theme 054
『엄마의 런닝구』　Theme 067
『엄마의 의자』　Theme 061
『엄마의 초상화』　Theme 014
『엄지 동자의 모험』　Theme 088
『엄지가 집을 나갔어요』　Theme 096
『없는 발견』　Theme 078
『엉뚱한 수리점』　Theme 050, Theme 095
『에란디의 생일 선물』　Theme 071
『에헤야데야 떡 타령』　Theme 062
『엘리자베스』　Theme 005
『엠마의 비밀 일기』　Theme 047
『여기 아래, 내 마음속으로』　Theme 040
『여기서 기다릴게』　Theme 025
『여름 가을 겨울 봄 그리고… 다시 여름』　Theme 064
『여름 휴가 전날 밤』　Theme 012
『여름밤에』　Theme 004
『여름휴가』　Theme 086
『여보세요?』　Theme 053
『여섯 번째 바이올린』　Theme 026
『여왕 기젤라』　Theme 091
『여우 나무』　Theme 008
『여우가 내 인형을 훔쳤어』　Theme 025
『여우난골족』　Theme 058
『여우누이』　Theme 086
『여우모자』　Theme 076, Theme 078
『여우비빔밥』　Theme 062
『여우와 닭』　Theme 073
『여우의 정원』　Theme 084, Theme 086
『여자 남자, 할 일이 따로 정해져 있을까요?』　Theme 077
『여자도 달릴 수 있어』　Theme 077
『여자와 남자는 같아요』　Theme 077
『여행 가는 날』　Theme 008
『연남천 풀다발』　Curation 4

548

『연탄집』 Theme 068
『연필은 밤에 무슨 꿈을 꿀까요?』 Theme 056
『연필의 고향』 Theme 056
『열까지 세면 엄마가 올까?』 Theme 034
『열두 달 나무 아이』 Theme 088
『염소 시즈카』 Theme 084
『영원한 이별』 Theme 008
『오! 나의 달님』 Theme 060
『오늘』 Theme 017
『오늘 하루도 괜찮아』 Theme 019
『오늘도 재미있게 놀았습니다』 Theme 018
『오늘도 좋은 하루』 Theme 017
『오늘도 화났어』 Theme 027
『오늘아, 안녕』 Theme 011
『오늘은 5월 18일』 Theme 074
『오늘은 내가 스타!』 Theme 032
『오늘은 소풍 가는 날』 Theme 075
『오늘은 쉬는 날』 Theme 065
『오늘은 월요일』 Theme 072
『오늘은 칭찬 받고 싶은 날!』 Theme 040
『오늘은 특별한 날』 Theme 017
『오래 슬퍼하지 마』 Theme 008
『오른발, 왼발』 Theme 016
『오른쪽이와 동네 한 바퀴』 Theme 097
『오리 돌멩이 오리』 Theme 067
『오리 할머니와 말하는 알』 Theme 100
『오빠와 나는 영원한 맞수』 Theme 041
『오소리네 집 꽃밭』 Theme 100
『오소리와 벼룩』 Theme 066
『오소리의 이별 선물』 Theme 008
『오싹오싹 거미 학교』 Theme 046
『오싹오싹 당근』 Theme 061
『오징어와 검복』 Theme 058, Theme 086
『온 세상에 친구가 가득』 Theme 039
『올리비아는 공주가 싫어!』 Theme 007
『올리비아의 잃어버린 인형』 Theme 007
『와, 달콤한 봄 꿀!』 Theme 100
『완두』 Theme 026
『왜 거짓말을 할까?』 Theme 035
『왜 나만 달라?』 Theme 038

『왜 방귀가 나올까?』 Theme 087
『외뿔고래! 바다의 유니콘』 Theme 069
『요 사고뭉치들 내가 돌아왔다』 Theme 055
『용 같은 건 없어』 Theme 040
『용감한 아이린』 Theme 077
『용기가 솟는 말』 Theme 002
『용기가 필요해』 Theme 007
『용서의 정원』 Theme 074
『용이 불을 안 뿜어요, 어떡하죠?』 Theme 085
『우리 가족 납치 사건』 Theme 069
『우리 가족이야』 Theme 054
『우리 가족입니다』 Theme 088
『우리 누나, 우리 구름이』 Theme 099
『우리 눈사람』 Theme 068
『우리 동네 만화방』 Theme 068
『우리 동네 할머니』 Theme 003
『우리 동네에 들꽃이 피었어요』 Theme 021
『우리 마을이 좋아』 Theme 086
『우리 선생님이 최고야!』 Theme 055
『우리 아기 좀 보세요』 Theme 077
『우리 아빠는 외계인』 Theme 015
『우리 여기 있어요, 동물원』 Theme 070
『우리 여자도 할 수 있어요! 우리 남자도 할 수 있어요!』
　　Theme 077
『우리 이불 어디 갔어』 Theme 073
『우리 집은 시끌시끌해』 Theme 097
『우리 집이 가난해졌대요』 Theme 083
『우리 할머니 김복자』 Theme 016
『우리 할머니가 달라졌어요』 Theme 079
『우리 할머니가 이상해요』 Theme 079
『우리 할아버지』 Theme 079
『우리 할아버지는 열다섯 살 소년병입니다』 Theme 074
『우리는 고양이 가족』 Theme 082
『우리는 단짝 친구』 Theme 044
『우리는 당신에 대해 조금 알고 있습니다』 Theme 021
『우리는 쌍둥이 언니』 Theme 041
『우리는 언제나 다시 만나』 Theme 033
『우리는 엄마와 딸』 Theme 014
『우리는 친구』 Theme 092
『우물쭈물해도 괜찮아!』 Theme 032

『우산을 쓰지 않는 시란 씨』 Theme 057
『우정 책』 Theme 031
『우주로 간 김땅콩』 Theme 046
『우체부 코스타스 아저씨의 이상한 편지』 Theme 057
『운동화 비행기』 Theme 074
『울어도 괜찮아』 Theme 019
『웃음은 힘이 세다』 Theme 059
『웃음이 풍풍풍』 Theme 096
『웅고와 분홍돌고래』 Theme 083, Theme 086
『웅덩이를 건너는 가장 멋진 방법』 Theme 050
『원숭이 오누이』 Theme 041
『월요일 아침에』 Theme 072
『웨슬리나라』 Theme 037
『위대한 돌사자, 도서관을 지키다』 Theme 023
『윌리와 구름 한 조각』 Theme 024
『유치원에 가기 싫어!』 Theme 046
『유치원에 처음 가는 날』 Theme 033
『으르렁 이발소』 Theme 092
『으리으리한 개집』 Theme 099
『은지와 푹신이』 Theme 025
『은행나무』 Theme 021
『이가 빠지면 지붕위로 던져요』 Theme 030
『이건 비밀인데...』 Theme 047
『이게 정말 나일까?』 Theme 049
『이름 짓기 좋아하는 할머니』 Theme 016
『이름을 알고 싶어』 Theme 086
『이백 하고도 육십구 일』 Theme 096, Theme 078
『이불을 덮기 전에』 Theme 029
『이빨 요정 치요』 Theme 030
『이상한 기차』 Theme 022
『이상한 집』 Theme 064
『이상한 화요일』 Theme 072
『이슬이의 첫심부름』 Theme 022
『이야기 기다리던 이야기 』 Theme 091
『이야기 이야기』 Theme 086
『이야기가 나오는 모자』 Theme 091
『이야기는 어디에서 살까요?』 Theme 091
『이야기보따리를 훔친 호랑이』 Theme 091
『이웃사촌』 Theme 073
『이유가 있어요』 Theme 010

『이제 곧 이제 곧』 Theme 045
『이제 우리가 꿈꿀 시간』 Theme 029
『이파라파냐무냐무』 Theme 050
『익살꾸러기 사냥꾼 삼총사』 Theme 082
『일 년에 하루, 밤에 피는 꽃』 Theme 088
『일곱 마리 아기 염소, 요 녀석들!』 Theme 093
『일요일 아침 일곱 시에』 Theme 072
『일요일이 좋아!』 Theme 072
『일찍 일어난 하루』 Theme 083
『잃어버린 구슬』 Theme 090
『잃어버린 영혼』 Theme 081
『잃어버린 토끼, 커피, 눈풀꽃』 Theme 078
『입에 딱 달라붙은 거짓말』 Theme 035
『있으려나 서점』 Theme 089

ㅈ
『자꾸 샘이 나요』 Theme 034
『자꾸만 샘이 나요』 Theme 034
『자꾸자꾸 화가 나』 Theme 027
『자유의 길』 Theme 097
『작고 똑똑한 늑대의 좀 어리석은 여행기』 Theme 078
『작고 빨간 물고기』 Theme 086
『작은 배』 Theme 012
『작은 새』 Theme 095
『작은 이빨 요정』 Theme 030
『작은 집 이야기』 Theme 082
『작은 풀꽃의 이름은』 Theme 021
『잘 가, 나의 비밀친구』 Theme 048
『잘 가, 안녕』 Theme 070
『잘 가, 작은 새』 Theme 008
『잘 자, 코코』 Theme 100+
『잘 자요 달님』 Theme 082
『잘만 3형제 방랑기』 Theme 010
『잠이 오는 이야기』 Theme 029
『잠이 오지 않는 밤』 Theme 048
『잠이 오지 않는 밤에』 Theme 029
『잠자리 편지』 Theme 057
『장난감 형』 Theme 041
『장화 쓴 공주님』 Theme 093
『잭과 못된 나무』 Theme 093

『저승사자에게 잡혀간 호랑이』 Theme 093
『저승사자와 고 녀석들』 Theme 096
『절대로 잡아먹히지 않는 빨간 모자 이야기』 Theme 093
『점』 Theme 088
『점동아, 어디 가니?』 Theme 077
『정원을 만들자!』 Theme 021
『제빵사 곰』 Theme 083
『제인 에어와 여우, 그리고 나』 Theme 037
『조개맨들』 Theme 074
『조그만 광대 인형』 Theme 025
『조그만 발명가』 Theme 090
『조금 다른 꽃눈이』 Theme 053
『조금 부족해도 괜찮아』 Theme 019
『조금만』 Theme 001
『조금만 기다려 봐』 Theme 045
『조마조마』 Theme 024
『조막이』 Theme 043
『조용한 밤』 Theme 096
『조지와 마사』 Theme 069
『조지와 제멋대로 그림자』 Theme 050
『종이 봉지 공주』 Theme 077, Theme 093
『종이학』 Theme 086
『주문이 많은 요리점』 Theme 096
『준치가시』 Theme 086
『줄리와 그림자』 Theme 077
『줄무늬가 생겼어요』 Theme 038
『줄어드는 아이 트리혼』 Theme 040
『중요한 문제』 Theme 097
『즐거운 비』 Theme 086
『즐거운 우리집』 Theme 054
『지각 대장 샘』 Theme 088
『지각대장 존』 Theme 088
『지각한 이유가 있어요』 Theme 046
『지구의 파란 심장 바다』 Theme 012
『지금은 몇 시?』 Theme 065
『지하철은 달려온다』 Theme 085
『지혜로운 멧돼지가 되기 위한 지침서』 Theme 070
『진짜 친구』 구스노키 시게노리 저, 후쿠다 이와오 그림
　　　 Theme 039
『진짜 코 파는 이야기』 Theme 096

『진짜 투명인간』 Theme 013
『질투가 나는 걸 어떡해!』 Theme 034
『질투는 나의 힘』 Theme 034
『집게네 네 형제』 Theme 058
『집으로 가는 길』 Theme 029
『집을 잃어버린 아이』 Theme 074
『짜장 줄넘기』 Theme 098
『짜장면』 Theme 098
『짜장면 나왔습니다!』 Theme 098
『짜장면 더 주세요!』 Theme 098
『짜장면 왔습니다!』 Theme 098
『짝짝이 양말』 Theme 038, Theme 078
『쨍아』 Theme 066
『쪽매』 Theme 059
『쪽빛을 찾아서』 Theme 061
『쯤 이상한 사람들』 Theme 038

ㅊ
『찰리가 온 첫날 밤』 Theme 013
『책』 Theme 084
『책 요정 초초』 Theme 073, Theme 089
『책 읽기 좋아하는 할머니』 Theme 094
『책 읽는 두꺼비』 Theme 036
『책 읽어 주는 고릴라』 Theme 091
『책 읽어 주는 할머니』 Theme 016
『책 청소부 소소』 Theme 085
『책나무』 Theme 086, Theme 089
『책보』 Theme 068
『책의 아이』 Theme 085
『처음 학교 가는 날』 Theme 046
『처음으로 친구를 사귄 날』 Theme 022
『천만의 말씀』 Theme 049
『천하태평 금금이의 치매 엄마 간병기』 Theme 079
『첫 번째 질문』 Theme 100+
『첫눈을 기다리는 코딱지 코지』 Theme 069
『체피토, 뭐하니?』 Theme 007
『첼로 노래하는 나무』 Theme 005
『촉촉한 여름 숲길을 걸어요』 Theme 004
『춤을 출 거예요』 Theme 061
『치과 의사 드소토 선생님』 Theme 030, Theme 094

551

『치마를 입어야지, 아멜리아 블루머』　Theme 077
『친구가 되고 싶다면』　Theme 039
『친구가 미운 날』　Theme 044
『친구가 생긴 날』　Theme 039
『친구란 뭘까?』　Theme 039
『친구랑 싸웠어!』　Theme 044
『친구를 만나러 가는 길』　Theme 035
『친구를 모두 잃어버리는 방법』　Theme 039
『친구야, 네가 필요해!』　Theme 039
『친구야, 미안해』　Theme 039
『친구와 헤어져도』　Theme 039
『칠면조를 부탁해!』　Theme 092
『침대 밑 괴물』　Theme 024
『침대 밑에 괴물이 있어요!』　Theme 024

ㅋ

『카멜라의 행복한 소원』　Theme 023
『카진스키 할머니를 위한 선물』　Theme 003
『캘빈의 마술쇼』　Theme 092
『커다란 구름이』　Theme 084
『커다란 나무 같은 사람』　Theme 003
『커다란 방귀』　Theme 085
『커럼포의 왕 로보』　Theme 084
『케이티와 폭설』　Theme 082, Theme 085
『케찰코아틀』　Theme 043
『코끼리 미용실』　Theme 096
『코끼리 아저씨와 100개의 물방울』
　　　　Theme 015, Theme 094
『코끼리는 절대 안 돼!』　Theme 053, Theme 086
『코끼리의 밤』　Theme 024
『코딱지가 보낸 편지』　Theme 096
『코리가 누구더라?』　Theme 040
『코뿔소 한 마리 싸게 사세요!』　Theme 050
『코숭이 무술』　Theme 077
『콩닥콩닥 콩닥병』　Theme 042
『콰앙!』　Theme 070
『크레용이 화났어!』　Theme 086
『크리스마스 선물』　Theme 092
『크리스마스까지 아홉 밤』　Theme 045
『크릭터』　Theme 099

『크림, 너라면 할 수 있어!』　Theme 073
『큰 늑대 작은 늑대의 별이 된 나뭇잎』　Theme 013
『큰고니의 하늘』　Theme 084

ㅌ

『탁탁 톡톡 음매~ 젖소가 편지를 쓴대요』　Theme 057
『태양신 라의 눈을 빼앗아라』　Theme 043
『태어나 줘서 고마워』　Theme 001
『태어난 아이』　Theme 086, Theme 088
『터널』　Theme 070, Theme 078
『털모자가 좋아』　Theme 028
『텅 빈 냉장고』　Theme 053
『테디를 찾습니다』　Theme 025
『토끼 씨와 거북이 양』　Theme 093
『토끼 아저씨와 멋진 선물』　Theme 018
『토끼 인형의 눈물』　Theme 025, Theme 083
『토끼가족 이야기 시리즈』　Theme 083
『토끼들의 밤』　Theme 036
『토끼와 거북이』　Theme 093
『토르의 황금 밧줄을 찾아서』　Theme 043
『토마토 나라에 온 선인장』　Theme 051
『토선생 거선생』　Theme 086, Theme 093
『토요일의 기차』　Theme 072, Theme 095
『토토와 오토바이』　Theme 043
『투둑 떨어진다』　Theme 021
『투명 강아지 아무개의 마법』　Theme 082
『트럭』　Theme 085
『트리혼의 세 가지 소원』　Theme 023
『특별한 친구들』　Theme 050
『틀려도 괜찮아』　Theme 019
『틀리면 어떡해?』　Theme 019

ㅍ

『파도가 온다』　Theme 061
『파도가 차르르』　Theme 012
『파도야 놀자』　Theme 012
『파란 도시』　Theme 061
『파란 시간을 아세요?』　Theme 065
『파란 집에 여름이 왔어요』　Theme 084
『파란나무』　Theme 010

『파란막대 파란상자』 Theme 077
『파랑 오리』 Theme 079
『파랑새의 노래』 Theme 017
『파랑이 싫어!』 Theme 010
『파랗고 빨갛고 투명한 나』 Theme 049
『파리의 휴가』 Theme 092
『파이팅!』 Theme 001
『판다 목욕탕』 Theme 069
『판다의 딱풀』 Theme 036
『팔딱팔딱 목욕탕』 Theme 069
『팔랑팔랑』 Theme 075
『팔랑팔랑 버들잎 여행』 Theme 021
『팥빙수의 전설』 Theme 062
『팥이 영감과 우르르 산토끼』 Theme 069
『팬티 입은 늑대』 Theme 051
『페르디의 봄동산』 Theme 100
『펠레의 새 옷』 Theme 078
『펭귄 호텔』 Theme 096
『펭귄은 너무해』 Theme 094
『편지 할머니』 Theme 057
『편지가 왔어요 답장도 썼어요』 Theme 083
『편지를 주세요』 Theme 057
『포포의 거짓말』 Theme 035
『폭풍우가 몰려와요』 Theme 081
『프레드릭』 Theme 086, Theme 094
『피터와 늑대』 Theme 088
『피튜니아, 공부를 시작하다』 Theme 094
『핀두스, 너 어디 있니?』 Theme 094

ㅎ

『하나도 안 심심해』 Theme 031
『하늘에서 음식이 내린다면』 Theme 076
『하늘을 나는 마법 약』 Theme 050
『하늘을 나는 사자』 Theme 040
『하멜른의 피리 부는 사나이』 Theme 082
『하얀 눈 환한 눈』 Theme 082
『하얀 사람』 Theme 050
『하요 왕자의 행복한 숫자 왕국』 Theme 078
『학교 가는 날』 Theme 068
『한 입만』 Theme 028

『한 줌의 모래』 Theme 012
『한밤의 선물』 Theme 065, Theme 086
『한밤의 왕국』 Theme 024
『한밤중에』 Theme 083
『한밤중에 아무도 몰래』 Theme 007
『한밤중의 외출』 Theme 025
『한입에 덥석』 Theme 062
『한조각 두조각 세조각』 Theme 059
『할머니 머릿속에 가을이 오면』 Theme 079
『할머니 어디 있어요?』 Theme 008
『할머니 엄마』 Theme 016
『할머니 주름살이 좋아요』 Theme 016
『할머니 집 가는 길』 Theme 022
『할머니, 어디 가요? 쑥 뜯으러 간다!』 Theme 100
『할머니네 방앗간』 Theme 016
『할머니를 위한 자장가』 Theme 016
『할머니에겐 뭔가 있어!』 Theme 016
『할머니와 고양이』 Theme 003
『할머니와 하얀 집』 Theme 053
『할머니의 기억은 어디로 갔을까?』 Theme 003
『할머니의 식탁』 Theme 053
『할머니의 여름휴가』 Theme 012, Theme 086
『할머니의 장난감 달달달』 Theme 005
『할머니의 조각보』 Theme 005
『할머니의 찻잔』 Theme 005
『할머니의 트랙터』 Theme 077
『할아버지 요강』 Theme 067
『할아버지, 할아버지』 Theme 016
『할아버지는 바람 속에 있단다』 Theme 008
『할아버지는 외계인일지도 몰라!』 Theme 016
『할아버지와 나의 정원』 Theme 079
『할아버지와 빨간 모자』 Theme 091
『할아버지의 낡은 타자기』 Theme 005
『할아버지의 바닷속 집』 Theme 064
『할아버지의 시계』 Theme 005
『할아버지의 이야기나무』 Theme 016
『해와 달이 된 오누이』 Theme 093
『해적』 Theme 012
『행복을 나르는 버스』 Theme 053
『행복을 전하는 편지』 Theme 057

553

『행복을 찾은 건물』 Theme 064
『행복을 파는 상인』 Theme 100+
『행복한 가방』 Theme 069
『행복한 두더지』 Theme 076
『행복한 봉숭아』 Theme 021
『행복한 사자』 Theme 095
『행복한 줄무늬 선물』 Theme 028
『행복한 질문』 Theme 100+
『행복한 책』 Theme 089
『행운 전달자』 Theme 051
『행운을 찾아서』 Theme 063
『허먼과 로지』 Theme 100+
『헉! 오늘이 그날이래』 Theme 046
『헨리는 피치버그까지 걸어서 가요』 Column 3
『헨리에타의 첫 겨울』 Theme 009
『형보다 커지고 싶어』 Theme 041
『호랑이 씨 숲으로 가다』 Theme 038
『호박 달빛』 Theme 073
『호박이 넝쿨째』 Theme 062
『호주머니를 갖고 싶어요』 Theme 083
『호텐스와 그림자』 Theme 026
『혼나지 않게 해 주세요』 Theme 001
『혼자 버스를 타고』 Theme 022
『혼자 오니?』 Theme 004

『혼자 집 보는 날』 Theme 007, Theme 086
『혼자가 아닌 날』 Theme 031
『화 잘 내는 법』 Theme 027
『화가 나서 그랬어!』 Theme 027
『화가 날 땐 어떡하지?』 Theme 027
『화난 책』 Theme 061
『화내지 말고 예쁘게 말해요』 Theme 027
『화를 낼까? 화를 풀까?』 Theme 027
『화분을 키워 주세요』 Theme 007
『후루룩 냠냠 라면기차』 Theme 006
『후리소리』 Theme 074
『후와후와 씨와 뜨개 모자』 Theme 013
『훈트와 대디』 Theme 007
『훌륭한 이웃』 Theme 053
『휴, 다행이다!』 Theme 021
『흑설공주』 Theme 093
『흔들흔들 다리에서』 Theme 083
『흔한 자매』 Theme 041
『흥칫뽕』 Theme 040
『흰 눈』 Theme 066
『흰쥐 이야기』 Theme 086
『힐다, 트롤과 마주치다』 Theme 043
『힘든 때』 Theme 083

초등·청소년

『1학년 3반 김송이 입니다!』 Theme 046

ㄱ

『가정 통신문 소동』 Theme 055
『개가 말하는 친구 사용법』 Theme 039
『개구쟁이 노마와 현덕 동화나라』 Theme 090
『거짓말 아닌 거짓말』 Theme 035
『거짓말을 먹는 나무』 Theme 035
『거짓말쟁이 왕바람』 Theme 035
『광명을 찾아서』 Theme 090

『귀머거리 너구리와 백석 동화나라』 Theme 058
『귀신 사는 집으로 이사 왔어요』 Theme 010
『그 무엇보다 소중한 나』 Theme 026
『그 여름의 덤더디』 Theme 074
『그리운 메이 아줌마』 Theme 008
『금요일에 만난 개, 프라이데이』 Theme 072
『금요일의 영웅』 Theme 072
『깜깜한 밤은 싫어!』 Theme 024
『꼬마 너구리 라스칼』 Theme 009
『꽃으로 만든 소시지』 Theme 042

554

ㄴ

『나에 관한 연구』 Theme 078
『나중에 엄마』 Theme 071
『난 빨강』 Theme 067
『난 시간 많은 어른이 될 거야!』 Theme 065
『난 왜 자꾸 질투가 날까?』 Theme 034
『남준혁 멀리하기 규칙』 Theme 042
『내 다래끼』 Theme 079
『내 마음이 조각조각』 Theme 042
『내 맘대로 학교』 Theme 046
『내 안의 새는 원하는 곳으로 날아간다』 Theme 077
『내 이름은 삐삐 롱스타킹』 Theme 080
『내 이름은 패딩턴』 Theme 076
『내 진짜 진짜 소원은』 Theme 023
『내 짝꿍의 비밀』 Theme 047
『내 친구 윈딕시』 Theme 003
『내가 제일이다』 Theme 090
『내가 좋아하는 장소에게』 Theme 064
『내가 주인공이야』 Theme 032
『내가 할아버지를 유괴했어요』 Theme 079
『냠냠』 Theme 062
『너는 닥스 선생님이 싫으냐?』 Theme 055
『너하고 안 놀아』 Theme 080, Theme 090
『네 잎 클로버』 Theme 063
『노란 우체통』 Theme 057

ㄷ

『단짝 친구가 이사 가는 날』 Theme 039
『달빛 마신 소녀』 Theme 060
『닭답게 살 권리 소송 사건』 Theme 070
『도둑왕 아모세』 Theme 043
『돌 씹어 먹는 아이』 Theme 088
『동그라미 바이러스』 Theme 042
『동물 농장』 Theme 080
『두근두근 1학년을 부탁해』 Theme 022
『두려움을 담는 봉투』 Theme 024
『딸들이 자라서 엄마가 된다』 Theme 014
『딸에게 보내는 심리학 편지』 Theme 014
『똥개의 복수』 Theme 036

ㄹ

『라면 맛있게 먹는 법』 Theme 006
『라면 먹는 개』 Theme 006
『라면은 멋있다』 Theme 006
『레츠와 고양이』 Theme 070

ㅁ

『마녀의 옷 수선집』 Theme 059
『마두의 말씨앗』 Theme 002
『마들렌과 마법의 과자』 Theme 062
『마루 밑 바로우어즈』 Theme 076
『마법의 빨간 부적』 Theme 041
『마음도 복제가 되나요?』 Theme 011
『마지막 이벤트』 Theme 008
『마지막 책을 가진 아이』 Theme 089
『마틸다』 Theme 036
『말들이 사는 나라』 Theme 002
『망나니 공주처럼』 Theme 077
『머빈의 달콤 쌉쌀한 복수』 Theme 036
『멋진 여우 씨』 Theme 076
『모리의 거짓말』 Theme 040
『몰라요, 그냥』 Theme 040
『몽당연필도 주소가 있다』 Theme 056
『몽실 언니』 Theme 080
『무민 골짜기의 11월』 Theme 009
『무엇으로』 Theme 097
『미움받아도 괜찮아』 Theme 019

ㅂ

『바꿔!』 Theme 036
『바느질 소녀』 Theme 059
『바느질하는 아이』 Theme 059
『바다 마녀 우슐라의 고민 상담소』 Theme 050
『바다 이야기』 Theme 012
『바다소』 Theme 088
『바보처럼 잠만 자는 공주라니!』 Theme 093
『반짝이고양이와 꼬랑내생쥐』 Theme 026
『발표하기 무서워요!』 Theme 026
『벽장 속의 모험』 Theme 043
『보란 듯이 걸었다』 Theme 077

555

『보물섬의 비밀』 Theme 043
『복수의 여신』 Theme 036
『복제인간 윤봉구』 Theme 010
『불편한 이웃』 Theme 054
『비밀 가족』 Theme 047
『비밀 귀신』 Theme 047
『비밀은 내게 맡겨!』 Theme 047
『비밀의 숲 테라비시아』 Theme 076, Theme 080
『빕스의 엉뚱한 소원』 Theme 023
『뻥이오, 뻥』 Theme 091

ㅅ
『사랑에 대한 작은 책』 Theme 013
『사랑이 훅!』 Theme 042
『사랑해 언니 사랑해 동생』 Theme 041
『산책을 듣는 시간』 Theme 004
『상상력 천재 기찬이』 Theme 050
『상어를 사랑한 인어 공주』 Theme 093
『새콤달콤 비밀 약속』 Theme 047
『샬롯의 거미줄』 Theme 080
『선생님, 우리 집에도 오세요』 Theme 055
『선생님도 1학년』 Theme 022
『선생님이 오셨다』 Theme 055
『세 번째 소원』 Theme 023
『세상에서 제일 맛있는 짜장면』 Theme 098
『소원 자판기』 Theme 023
『소원이 이루어지는 길모퉁이』 Theme 091
『소풍 가기 좋은 날』 허은순 저, 노인경 그림 Theme 075
『수요일의 눈물』 Theme 072
『수요일의 전쟁』 Theme 072
『쉿! 엄마에겐 비밀이야』 Theme 047
『시간가게』 Theme 065
『시간을 파는 상점』 Theme 065
『시의 숲에서 길을 찾다』 Theme 067
『신호등 특공대』 Theme 043
『심야 이동도서관』 Theme 089

ㅇ
『아드리안, 네 차례야』 Theme 031
『아북거, 아북거』 Theme 076

『아주 작은 개 치키티토』 Theme 099
『아홉 살 마음 사전』 Theme 088
『아홉 살 첫사랑』 Theme 042
『아홉 살 함께 사전』 Theme 053
『애완공룡을 키우고 싶어』 Theme 099
『앵그리 병두의 기똥찬 크리스마스』 Theme 036
『야호, 소풍 가자!』 Theme 075
『어느 날 목욕탕에서』 Theme 055
『어린이를 위한 흑설공주 이야기』 Theme 093
『엄마는 거짓말쟁이』 Theme 035
『엄마라고 불러도 될까요?』 Theme 013
『엄마를 미워해도 될까요?』 Theme 014
『엉망진창 10가지 소원』 Theme 023
『에바』 Theme 074
『엘 데포』 Theme 010
『여자 친구 사귀고 싶어요』 Theme 042
『연필을 잡으면 그리고 싶어요』 Theme 056
『열두 달 토끼 밥상』 Theme 062
『열두 살에게는 너무 무거운 비밀』 Theme 047
『열세 살의 여름』 Theme 042
『오늘 넌 최고의 고양이』 Theme 099
『오늘 참 예쁜 것을 보았네』 Theme 017
『오늘은 기쁜 날』 Theme 063
『오월의 달리기』 Theme 074
『오즈의 마법사』 Theme 080
『오직 토끼하고만 나눈 나의 열네 살 이야기』 Theme 078
『온 산에 참꽃이다!』 Theme 100
『올리버 버튼은 계집애래요』 Theme 077
『왕재수 없는 날』 Theme 063
『왜 나한테만 그래?』 Theme 002
『우리 빌라에는 이상한 사람들이 산다』
　　　Theme 006, Theme 053
『우리 학교에 호랑이가 왔다』 Theme 077
『우체통과 이주홍 동화나라』 Theme 057
『월화수토토토일』 Theme 072
『이 고쳐 선생과 이빨투성이 괴물』 Theme 030
『이상한 편지』 Theme 057
『이야기꾼 생쥐와 이야기 좋아하는 고양이』 Theme 091
『인간만 골라골라 풀』 Theme 043
『입춘대길 코춘대길』 Theme 100

556

ㅈ

『조직의 쓴맛』 Theme 055

『조커, 학교 가기 싫을 때 쓰는 카드』 Theme 046

『주머니쥐 할아버지가 들려주는 지혜로운 고양이 이야기』 Theme 091

『진짜 친구』 셔넌 헤일 글, 원 팸 그림 Theme 039

『진짜진짜 비밀이야』 Theme 047

『질투의 왕』 Theme 034

『짜장 짬뽕 탕수육』 Theme 098

『짜장면 로켓 발사』 Theme 098

『짜장면 먹는 날』 Theme 098

『짜장면 배달 왔어요!』 Theme 098

『짜장면 불어요!』 Theme 098

『짜장면이 오면』 Theme 098

ㅊ

『착한 편지 고마워』 Theme 057

『책가방 토끼』 Theme 099

『책가방의 봄 소풍』 Theme 075

『처음 친구 집에서 자는 날』 Theme 022

『첫사랑 진행 중』 Theme 042

『청소년, 시와 대화하다』 Theme 067

『최악이야!』 Theme 044

『추억의 마니』 Theme 076

『축 졸업 송언 초등학교』 Theme 055

『치타는 짜장면을 배달한다』 Theme 098

『친구가 안 되는 99가지 방법』 Theme 039

『컵 고양이 후루룩』 Theme 099

『콩가면 선생님이 웃었다』 Theme 055

『쿵푸 아니고 똥푸』 Theme 043

『키다리 아저씨』 Theme 057

ㅌ

『탐정 칸의 대단한 모험』 Theme 043

『토요일의 보물찾기』 Theme 072

ㅍ

『파랑 채집가』 Theme 010

『평화가 평화롭기 위해』 Theme 074

『평화는 어디에서 오나요』 Theme 074

『푸른 사자 와니니』 Theme 053

『풋사랑』 Theme 042

ㅎ

『하늘은 맑건만』 Theme 090

『하룻밤』 Theme 091

『학교 가기 싫은 날』 Theme 046

『한밤중 달빛 식당』 Theme 060

『할머니의 꽃무늬 바지』 Theme 079

『해룡이』 Theme 053

『핵 폭발 뒤 최후의 아이들』 Theme 074

『행운에 빠진 고동구』 Theme 063

『헉, 나만 다른 반이라고?』 Theme 044

『헨쇼 선생님께』 Theme 057

『호로로 히야, 그리는 대로』 Theme 043

『혼자 되었을 때 보이는 것』 Theme 037

『화요일의 두꺼비』 Theme 072

『화장실 몬스터』 Theme 002

『화장실 좀 써도 돼?』 Theme 069

『히글티 피글티 팝!』 Theme 073

『히틀러의 딸』 Theme 074

성인

『1984』 Column 2

『On Reading』 Theme 007

ㄱ

『가끔, 오늘이 참 놀라워서』 Theme 009

『걷기의 인문학』 Theme 004

『고독한 산책자의 몽상』 Theme 004

『고양이와 느릿느릿 걸어요』 Theme 004
『고향에서 놀던 때가 그립습니다』 Theme 068
『곰돌이가 괜찮다고 그랬어』 Theme 025
『관계를 읽는 시간』 Theme 011
『그 밥은 어디서 왔을까』 Theme 062
『그래, 나는 연필이다』 Theme 056
『그래도라는 섬이 있다』 Theme 019
『그레구아르와 책방 할아버지』 Theme 084
『그림책 공감 수업』 Theme 055
『그해, 여름 손님』 Theme 076
『금요일에 읽는 가족의 시』 Theme 072
『기다리는 행복』 Theme 045
『까치밥나무 열매가 익을 때』 Epilog

ㄴ
『나 안 괜찮아』 Theme 019
『나는 나, 엄마는 엄마』 Theme 014
『나는 나로 살기로 했다』 Theme 038
『나는 엄마와 거리를 두는 중입니다』 Theme 014
『나는 왜 엄마에게 화가 날까』 Theme 014
『나는 정신병에 걸린 뇌 과학자입니다』 Theme 079
『나는 착한 딸을 그만두기로 했다』 Theme 014
『나무늘보라도 괜찮아』 Theme 019
『나와 나타샤와 흰 당나귀』 Theme 058
『나의 고릿적 몽블랑 만년필』 Theme 005
『나의 이탈리아 인문 기행』 Column 1
『내 마음이 지옥일 때』 Theme 067
『내 영혼이 따뜻했던 날들』 Theme 091
『내성적 아이의 힘』 Theme 032
『느리게 걷는 즐거움』 Theme 004

ㄷ
『다르면 다를수록』 Theme 038
『다시 소중한 것들이 말을 건다』 Theme 056
『달의 위로』 Theme 060
『달의 조각』 Theme 060
『달팽이 식당』 Theme 062, Theme 076
『당신이 옳다』 Theme 011
『동물농장』 Column 2
『동전 하나로도 행복했던 구멍가게의 날들』 Theme 068

『따뜻함을 드세요』 Theme 062
『딸은 엄마의 감정 쓰레기통이 아니다』 Theme 014
『뜻밖의 좋은 일』 Column 2

ㄹ
『라면 완전정복』 Theme 006
『라면을 끓이며』 Theme 006, Theme 009

ㅁ
『마음 사전』 Theme 088
『말 그릇』 Theme 002
『모든 요일의 여행』 Theme 010
『뭉클』 Theme 013
『민병헌』 Column 4

ㅂ
『밥하는 시간』 Column 4
『백석 평전』 Theme 058
『벌거숭이들』 Theme 009
『베로니카, 죽기로 결심하다』 Theme 009
『북유럽 그림이 건네는 말』 Theme 078
『비에도 지지 않고』 Theme 066
『빛 혹은 그림자』 Theme 009

ㅅ
『산책자』 Theme 004
『산책하는 마음』 Theme 004
『삶은 언제 예술이 되는가』 Theme 010
『색채심리』 Theme 010
『색채의 향연』 Theme 010
『생각하는 연필』 Theme 056
『소리 내어 읽는 즐거움』 Theme 091
『속깊은 이성 친구』 Theme 084
『순이 삼촌』 Theme 080
『숨결이 바람 될 때』 Theme 008
『숲으로 읽는 그림책테라피』 Theme 021
『시가 뭐고?』 Theme 067
『시를 어루만지다』 Theme 067
『시와 산책 Poetry and Walks』 Theme 004
『시즈코 상』 Theme 014

ㅇ

『아무튼 문구』　Theme 056
『아무튼 식물』　Curation 5
『아이의 감정이 우선입니다』　Theme 027
『아침에는 죽음을 생각하는 것이 좋다』　Column 1
『애도 일기』　Theme 008
『어떻게 죽을 것인가』　Theme 008
『어릴 적 그 책』　Theme 068
『언어의 온도』　Theme 002
『언제 들어도 좋은 말』　Theme 002
『엄마도 처음이라서 그래』　Theme 022
『엄마됨을 후회함』　Theme 001
『엄마와 딸 사이』　Theme 014
『엄마의 공책』　Theme 079
『엄마의 끌쓰기』　Theme 057
『엄마의 말공부』　Theme 002
『엄마의 죽음은 처음이니까』　Theme 008
『연필 깎기의 정석』　Theme 056
『예감은 틀리지 않는다』　Theme 076
『오늘은 뭘 만들까 과자점』　Theme 062
『오늘의 인생』　Theme 017
『오래된 집에 머물다』　Theme 005
『온전히 나답게』　Theme 010
『완벽하지 않아도 괜찮아』　Theme 019
『외로운 사람끼리 배추적을 먹었다』　Theme 062
『우리가 인생이라 부르는 것들』　Theme 067
『월요허구』　Theme 072
『웬만해선 아무렇지 않다』　Theme 019
『유럽의 그림책 작가들에게 묻다』　Theme 078
『이상한 정상가족』　Theme 054
『익명의 엄마들』　Theme 001
『인생의 일요일들』　Theme 072
『일곱해의 마지막』　Theme 058
『일인분 인문학』　Theme 037
『잊기 좋은 이름』　Theme 056

ㅈ

『잘못은 우리 별에 있어』　Theme 076
『정본 백석 시집』　Theme 058
『정신은 좀 없습니다만 품위까지 잃은 건 아니랍니다』　Theme 079
『조르조 모란디 서화집』　Column 1
『조지 오웰, 시대의 작가로 산다는 것』　Column 2
『존 버거의 글로 쓴 사진』　Column 4
『주문을 틀리는 요리점』　Theme 079
『죽음이라는 이별 앞에서』　Theme 008
『지독한 하루』　Theme 061
『직녀와 목화의 바느질 공방』　Theme 059

ㅊ

『창에는 황야의 이리가 산다』　Theme 084
『책 따위 안 읽어도 좋지만』　Theme 089
『책 좀 빌려줄래?』　Theme 089
『책을 지키려는 고양이』　Theme 089
『처음 만나는 야생화 그림책 : 봄 여름』　Theme 021
『처음부터 엄마는 아니었어』　Theme 022
『초등 자존감의 힘』　Theme 026

ㅋ

『코르시아 서점의 친구들』　Column 1

ㅍ

『펜슬 퍼펙트』　Theme 056
『풀 나들이도감』　Curation 3
『풀꽃 친구야 안녕?』　Theme 021
『필사의 힘 : 백석처럼 사슴 따라쓰기』　Theme 058

ㅎ

『하늘 잠자리』　Theme 009
『한밤중의 육아일기』　Theme 001
『혼자 책 읽는 시간』　Theme 089
『혼자가 혼자에게』　Theme 037
『혼자를 기르는 법』　Theme 037
『화요앵담』　Theme 072
『환상의 빛』　Theme 076
『흔들린다』　Theme 066

100개의 주제로 엮은 그림책 북큐레이션 북

그림책의 책

초판1쇄 발행 2020년 11월 22일
초판3쇄 발행 2023년 9월 15일

지은이 　 제닝
펴낸이 　 유상원
펴낸곳 　 헤르츠나인(상상+모색)
디자인 　 이정아
표지그림 　 윤병운
등록일 　 2010년 11월 5일
등록번호 　 상상+모색 제313-2010-322호
주　소 　 경기도 고양시 일산동구 탄중로344 태영 601동 401호
전　화 　 070-7519-2939
팩　스 　 02-6919-2939
이메일 　 hertz9books@gmail.com
ISBN 　 979-11-86963-45-6 03800

copyright ⓒ 2020, 제닝
저자와의 협의 아래 인지를 생략합니다. 파본은 구입하신 서점이나 본사에서 교환해드립니다. 책값은 뒤표지에 있습니다.
본 책은 저작권법에 의해 보호를 받는 저작물이므로 무단 전재와 복제를 금합니다.

헤르츠나인은 상상+모색의 출판브랜드입니다.

이 도서는 한국출판문화산업진흥원의 '2020년 출판콘텐츠 창작 지원 사업'의 일환으로 국민체육진흥기금을 지원받아 제작되었습니다.